현대시의 모든 것

KB052190

모든것

시리즈의 교재 개발에 도움을 주신 모든 선생님들께 깊이 감사드립니다.

🖋 서울

강경한 영신여고	강명구 홍익대사대부고	강호영 성남고	강호준 보인고
고정재 배문고	공원기 대신고	곽동훈 세화고	김경완 휘경여고
김동진 건국대사대부고	김선호 배재고	김영희 휘문고	김은형 인헌고
김정관 경신고	김채현 중앙고	김호영 대진여고	남미선 혜성여고
박거성 상문고	박정준 오산고	박철한 신광여고	박한나 대원외고
박현주 상암고	박현주 동덕여고	박형석 중산고	서정의 진선여고
서진숙 배화여고	송원석 서울여고	송제훈 동성고	신 원 예일디자인고
신홍규 한양대사대부고	오재혁 혜화여고	윤나경 영동일고	윤지형 숭문고
이경호 중동고	이석준 용문고	이승필 송곡여고	이진희 서초고
이호형 서라벌고	임현도 동국대사대부고	임현아 배재고	정용준 개포고
정형욱 대진고	조성혁 장충고	차화자 당곡고	최진평 경희여고
최현일 대원여고	한명국 경성고	한선희 서문여고	한창석 대원고
현 홍 명지고	황보성 동국대사대부여고		

🖋 경기·인천

강신구 숙지고	강희란 수원여고	강희수 송림고	김나영 평택여고
김문성 진위고	김옥순 계양고	김용기 신천고	김지은 일산대진고
김학성 비전고	김한성 태광고	김호식 영복여고	김황곤 영생고
남성일 영복여고	문준영 은혜고	민수연 은행고	박명희 모락고
박성순 평택고	박완호 풍생고	박윤희 영복여고	박진주 영생고
박혜정 안양공고	배준식 태원고	변경수 청북고	손병욱 현화고
손흥국 송림고	송미영 시흥고	안규상 신한고	엄내리 돌마고
엄정선 한광여고	오복섭 낙생고	윤숙현 정왕고	윤정현 안성고
이경숙 군포e비즈니스고	이광은 안산동산고	이동주 성문고	이수진 분당고
이원재 분당영덕여고	이재현 야탑고	이지은 수성고	이지현 수일고
이태훈 성일고	이혜영 영복여고	이혜영 인천예일고	임광택 동광고
임윤정 인천산곡고	장재진 명신여고	전원선 효명고	정남식 한광고
정대영 라온고	정유정 수성고	정지윤 세원고	정해철 창조고
정현숙 안성여고	조석제 백영고	조성임 평촌고	조소정 인천외고
한진숙 수원여고	홍민영 작전고	황지은 계산여고	

🖋 광주·전라

강성일 성심여고	강영준 상산고	구미향 광주동신고	김경숙 근영여고
김대강 송원고	김민영 우석고	김민재 빛고을고	김병호 신흥고
김상영 해성고	김수진 수완고	김영우 서강고	김용국 정광고

김윤정 장덕고 　김정열 보문고 　김중빈 동아여고 　김학문 능주고
김희석 동암고 　민경호 설월여고 　박규남 살레시오여고 　박영우 광주서석고
백지열 영생고 　손영란 양현고 　송혜진 전주대사대부고 　안성섭 전북대사대부고
양근승 광주동성고 　양학식 순천매산고 　오금식 순천매산여고 　옹기현 전일고
원태성 제일고 　유기영 전북여고 　유옥우 광주대동고 　유재주 전주한일고
유환백 순천매산여고 　이미화 전남대사대부고 　이상준 전일고 　이성연 순천매산고
이성용 문성고 　이성환 숭덕고 　이영미 전주고 　이인경 전주여고
이정송 중앙여고 　임은주 완산고 　전영철 제일고 　정복진 호남제일고
정은주 광주숭일고 　정준호 창평고 　정태성 조선대부고 　조영선 전라고
조영식 대성여고 　조현수 기전여고 　차재형 광주석산고 　최영주 광주동신여고
최 진 광주인성고 　홍지혜 솔내고

🎵 대구·경북

강정민 달성고 　공진익 정동고 　권석영 도원고 　권오직 상인고
권창범 송현여고 　권형중 경북고 　김균홍 포항중앙고 　김대현 오천고
김병학 동지고 　김성진 대동고 　김언동 다사고 　김해진 대건고
김현수 포항고 　남영동 영남고 　노재규 경명여고 　류지은 상원고
박세원 영일고 　박영순 운암고 　박재범 청구고 　박창동 심인고
박춘수 포산고 　박현진 강동고 　박호현 현풍고 　백승재 경화여고
서민정 영송여고 　서보경 신명고 　성재영 상산전자고 　송준은 매천고
신혜영 대곡고 　윤동희 남산고 　윤수환 영진고 　윤원경 포항여고
윤정옥 수성고 　이미숙 와룡고 　이수진 포항동성고 　이연호 경신고
이진혁 상주공업고 　이창호 대진고 　이향주 경원고 　이헌욱 대구고
이혜민 영신고 　임정욱 우석여고 　장정화 대구여고 　정기웅 강북고
정석진 칠성고 　정수길 효성여고 　조남선 성광고 　조정래 경북여고
지상훈 정화여고 　최가은 유성여고 　최대영 포항영신고 　최원오 동부고
최은정 세화고 　최정자 포항중앙여고 　최지웅 성화여고 　편동현 능인고
허남수 원화여고 　허정동 중앙고 　홍성만 경북대사대부고 　홍은아 서부고
홍지훈 성산고

🎵 대전·충청·강원

강수경 청주여고 　강은영 천안중앙고 　곽지연 둔산여고 　구교민 신탄진고
김동욱 청석고 　김동철 성수여고 　김록한 양청고 　김 미 반석고
김병빈 관저고 　김빛나 둔원고 　김성률 한빛고 　김용길 천안청수고
김우진 대전외고 　김유진 충주여고 　김은숙 반석고 　김은지 천안여고
김한주 대덕고 　노영희 일신고 　류권섭 남대전고 　명세현 춘천고
문철호 청란여고 　박광순 이문고 　박민정 도안고 　박영선 청주신흥고
박윤숙 청주중앙여고 　박윤지 천안여고 　박종희 청원고 　박주희 한밭고
박진현 유성여고 　박충배 대전고 　박현정 송촌고 　방승호 우송고
변경환 강원고 　서아람 봉명고 　서용의 보문고 　양다미 봉의고
양선모 성모여고 　양종순 대전외고 　오현주 세광고 　오홍주 서일여고
유혜선 상당고 　윤정실 산남고 　윤종준 만년고 　윤태호 청주신흥고
윤홍식 충주대원고 　이문섭 충북고 　이선옥 청주고 　이수정 둔원고

이승희 둔산여고 이옥경 한밭고 이웅룡 동산고 이윤희 지족고
이은재 대덕고 이재신 대전여고 이지원 괴정고 이철진 중일고
이학근 유봉여고 임미자 청주고 임수빈 노은고 장광현 성수고
전소라 춘천여고 정규선 서원고 정몽주 서일고 정복기 서대전고
정선혜 청주중앙여고 정재훈 천안여고 주미정 강원대사대부고 진광연 서대전여고
최기풍 중산고 최연화 유성고 최재웅 우송중 허종필 운호고
홍영은 오송고 황연호 충남고 김경식 김한춘김경식학원 정유진 정유진학원
오지혜 관저수학원

부산·울산·경남

고인숙 부산일과학고 권주빈 남목고 권태윤 경혜여고 김건수 진주제일여고
김덕곤 성일여고 김동현 가야고 김병훈 대아고 김봉식 테레사여고
김상환 방어진고 김새밝 삼현고 김성훈 경해여고 김원재 범서고
김 인 신정고 김정희 다대고 김준우 명호고 김지윤 창원봉림고
김창덕 경상고 김현경 부산자동차고 김형천 동성고 김혜진 창원신월고
나영선 부산진여고 류재현 창원경일여고 민병관 금성고 박서윤 삼성여고
박수진 남창고 박영이 건국고 박인규 성광여고 박재홍 동천고
박정자 제일고 박지민 문현고 박춘남 성도고 박태진 창원성민여고
박혜민 화암고 방기주 창원경일고 배준형 언양고 서석명 제일고
서필란 창원대암고 서 헌 삼진고 서호진 대동고 선민주 온산고
손규상 천상고 송경선 창원중앙여고 신희범 삼일여고 안성철 화봉고
안세영 삼산고 유승기 양산제일고 이규민 부산진고 이동환 우신고
이병직 덕문여고 이성환 성모여고 이승주 웅상고 이승호 진해세화여고
이정림 진해세화여고 이진아 마산중앙고 이진형 부산여고 이태조 개성고
이태식 창원고 이호영 대덕여고 장영수 부산대저고 정문화 다운고
정상민 창원남고 정영수 양산고 정재영 창원대암고 정지훈 동아고
정철원 진해세화여고 조영민 부일외고 주이회 경남외고 진대호 학성고
진동일 대연고 차광진 동명고 채미란 문수고 최경덕 무거고
최선길 광명고 최호성 부산동고 하순희 경남고 허수진 마산무학여고
허정아 개성고 황은미 중앙고

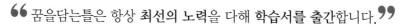

66 꿈을담는틀은 항상 최선의 노력을 다해 학습서를 출간합니다. 99

꿈을담는틀은 집필 · 개발 · 제작에 참여하는
모든 구성원의 땀과 열정으로 꼭 필요한 교재를 출판하기 위해 매일매일 노력합니다.

〈모든 것 시리즈〉는 저작권법을 준수하여 개발하였으며
일체의 내용 및 편집 형태 또한 저작권법의 보호를 받습니다.

본 교재의 무단 복제, 정보 통신망을 통한 전송(인터넷 게재) 등을 금하며
창작 · 집필 · 편집자의 저작권 보호를 위해 최선을 다하겠습니다.

현대시의 모든 것

구성과 특징

구성

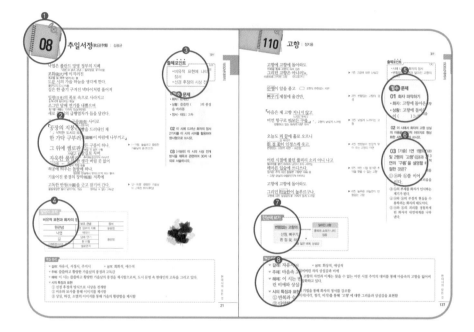

❶ 작품 선정

교과서 작품, 기출 작품, 주요 작가의 낯선 작품 등 내신과 수능에 나올 만한 작품을 모두 담았습니다.

❷ 작품 분석

작품을 이해하는 데 있어 꼭 필요한 내용과 특징을 시의 흐름에 따라 일목요연하게 정리하였습니다.

❸ 출제 포인트

내신과 수능에 출제될 만한 핵심 포인트를 정리하여 학습의 방향을 잡도록 하였습니다.

❹ 알맹이 포착

작품 전체를 관통하는 핵심 내용을 따로 정리하여 보다 깊이 있게 작품을 이해할 수 있도록 하였습니다.

❺ 필수 문제

작품의 핵심 내용을 문제화한 필수 문제를 배치하여 작품에 대한 이해를 확인해 볼 수 있도록 하였습니다.

❻ 기출문제

작품 이해에 도움을 줄 수 있는 적절한 기출문제를 배치하여 실제 시험에 대비할 수 있도록 하였습니다.

❼ 한눈에 보기

작품의 내용을 간단하게 도식화하여 쉽고 빠르게 작품을 이해할 수 있도록 하였습니다.

❽ 핵심 정리

작품의 갈래, 주제, 해제, 특징 등의 핵심 사항을 쉽고 빠르게 정리할 수 있도록 하였습니다.

특징

★ 내신·수능 대비 **필수 작품**, 주요 작가의 **낯선 작품** 엄선

교과서에 수록된 작품, EBS 연계 교재에 수록된 주요 작품, 기출 작품, 주요 작가의 낯선 작품 등 내신 및 수능에 나올 만한 작품을 모두 모아 수록하였습니다.

★ **꼼꼼한** 분석과 **압축**적인 정리

짧은 시간 안에 작품의 모든 내용을 완벽하게 숙지할 수 있도록 작품을 꼼꼼하게 분석하여 제시하고 핵심적인 사항을 압축적으로 정리하였습니다.

★ **출제 빈도**가 높은 필수 문제 배치

학습 활동에서 다룬 내용, 내신 및 수능에 출제될 가능성이 높은 내용을 문제화함으로써 작품에 대해 이해한 것을 확인하고 적용해 볼 수 있도록 구성하였습니다.

★ **기출문제 배치**로 학습 효과 극대화

수능, 수능 모의평가, 학력평가 등에 출제되었던 작품의 경우에는 기출문제를 엄선해 배치함으로써 학습한 내용을 실제 시험에 적용해 볼 수 있도록 구성하였습니다.

┤ 일러두기 ├

▼ 작품의 제시

  교과서 : 문학 교과서, 국어 교과서의 본문 및 학습 활동에 수록된 작품

  EBS : EBS 교재에 수록된 작품 필수 : 내신과 수능 대비에 필요한 중요 작품

  수능 기출 모의 기출 : 평가원에서 실시하는 수능 및 수능 모의평가에 출제된 작품

  낯선 작품 : 널리 알려지지 않았지만 시험에 출제될 가능성이 있는 낯선 작품

▼ 필수 문제에 제시된 기출문제

  • 필수 문제 중에서 [기출]이라고 표기되어 있는 것은 평가원에서 실시하는 수능 및 수능 모의평가, 교육청에서 실시하는 학력평가에 출제되었던 기출문제입니다.

  • 필요에 따라 내용을 해치지 않는 선에서 일부 문제를 변형하였습니다.

▼ 주의 사항

  • 작품의 내용에 대한 해석은 선생님이나 독자에 따라 다를 수 있습니다.

  • 내신 대비를 할 때는 반드시 해당 학교의 선생님께서 어떻게 해석하고 있는지 확인해 주세요.

현대시 공부법

다음 작품을 통해 현대시 공부법 및 작품 감상 방법을 익혀 보자.

진주(晉州) 장터 생어물전에는
바다 밑이 깔리는 해 다 진 어스름을,

울 엄매의 장사 끝에 남은 고기 몇 마리의
빛 발(發)하는 눈깔들이 속절없이
은전(銀錢)만큼 손 안 닿는 한(恨)이던가.
울 엄매야 울 엄매,

별밭은 또 그리 멀리
우리 오누이의 머리 맞댄 골방 안 되어

손 시리게 떨던가 손 시리게 떨던가.

진주(晉州) 남강(南江) 맑다 해도
오명 가명
신새벽이나 별빛에 보는 것을,
울 엄매의 마음은 어떠했을꼬.
달빛 받은 옹기전의 옹기들같이
말없이 글썽이고 반짝이던 것인가.

– 박재삼, 〈추억에서〉

감상 이전

1단계 현대시 필수 개념을 미리 익혀 둔다.

① 청자를 명시적으로 설정하여 풍자적으로 비판하고 있다.
② 유사한 시구를 반복함으로써 화자의 의지를 강조하고 있다.
③ 다양한 이미지를 통해 자연의 모습을 감각적으로 드러내고 있다.
④ 시적 대상에 생명력을 부여하여 의지를 지닌 존재로 나타내고 있다.
⑤ 반어적 어조를 활용하여 현실에 대한 비관적 태도를 드러내고 있다.

⋯⋯▶ 실제 수능에서 출제되었던 문제의 선택지들이다. 현대시에서 언급되는 개념을 이해하고 있지 않으면 제대로 작품을 감상하거나 문제를 풀 수 없다. 화 자, 청자, 시적 대상, 어조, 이미지, 반어, 역설 등 현대시 필수 개념을 미리 학습하고, 이러한 개념이 문제에 어떻게 활용되는지 익혀 둔다.

감상 과정

2단계 시인의 이름과 작품의 제목을 확인한다.

• 박재삼, 〈추억에서〉

⋯⋯▶ 같은 시인의 작품은 비슷한 경향을 보이는 경우가 많다. 평소에 시인들의 작품 세계를 확인하는 습관을 들일 필요가 있다. 〈추억에서〉를 쓴 박재삼은 수능에도 출제된 적이 있는 시인으로, 한(恨)이라는 전통적 정서를 다룬 작품을 주로 창작하였다.

⋯⋯▶ 시의 제목은 시 전체의 내용을 함축하고 있으므로, 제목에 담긴 의미가 무엇인지 미리 짐작해 본다. 이 시는 '추억에서'라고 하였으므로, 화자의 추억에 대한 내용이라는 것을 짐작할 수 있다. 시를 감상하며 어떤 내용의 추억을 다루고 있는지 확인한다.

3단계 화자와 시적 상황을 파악한다.

> • 울 엄매의 장사 끝에 남은 고기 몇 마리 / 우리 오누이

⋯▶ 화자는 어린 시절을 회상하고 있는 '오누이' 중의 한 명임을 알 수 있다. 즉 이 시는 어른이 된 화자가 생선을 팔러 장에 나간 어머니를 기다리던 가난했던 어린 시절을 회상하고 있는 작품이다.

4단계 화자의 정서와 태도를 짐작해 본다.

> • 손 안 닿는 한이던가 / 손 시리게 떨던가 / 울 엄매의 마음은 어떠했을꼬

⋯▶ 화자가 처한 시적 상황이 화자의 정서와 태도로 이어진다. '손 시리게 떨던가'를 통해 화자는 '한'을 느낄 만큼 어린 시절을 가난하고 힘겹게 살았음을 알 수 있다. 세월이 흐른 지금 화자는 이른 새벽부터 늦은 밤까지 일하시던 어머니의 고달픈 삶에 대해 연민을 느끼고 있다.

5단계 시어의 의미를 유추한다.

> • 은전만큼 손 안 닿는 한 / 별밭은 또 그리 멀리 / 우리 오누이의 머리 맞댄 골방 안 되어

⋯▶ 시적 상황과 맥락, 화자의 정서와 태도를 고려하면 시어의 의미를 유추할 수 있다. 손이 닿지 않는 '은전'은 소유할 수 없는 부(富)를, 멀리 있는 '별밭'은 소망의 세계를, 손 시리게 떨던 '골방'은 가난한 삶을 상징하고 있다.

6단계 표현상의 특징을 정리한다.

> • 빛 발하는 눈깔들이 / 은전만큼 / 달빛 받은   • 진주 장터 / 울 엄매 / 진주 남강

⋯▶ 시의 표현 방법과 관련된 현대시 개념을 알고 있어야 표현상의 특징을 정리하는 데 유리하다. 이 시는 '빛 발하는 눈깔들이', '은전', '달빛' 등과 같이 시각적 이미지를 통해 한의 정서를 형상화하고 있으며, 구체적인 지명과 경상도 방언을 사용하여 향토적인 느낌을 조성하고 있다.

7단계 시의 주제를 생각해 본다.

> • 은전만큼 손 안 닿는 한 / 말없이 글썽이고 반짝이던 것

⋯▶ 앞에서 정리한 내용들을 종합하여 시인이 말하고자 하는 주제를 파악한다. 이 시는 '가난했던 어린 시절과 어머니의 한스러운 삶에 대한 회상'을 주제로 하는 작품이다.

감상 이후

8단계 문제를 풀면서 학습한 내용을 적용해 본다.

⋯▶ 작품의 내용을 이해했다고 해서 바로 문제를 쉽게 해결할 수 있는 것은 아니다. 교재에 작품과 함께 제시된 '필수 문제'를 풀면서, 자신이 이해한 내용을 문제에 적용할 수 있는지 확인해야 한다. 무엇보다 좋은 학습 방법은 기출문제를 반복해서 풀어 보는 것이다.

차례

1940년대

작가 찾아보기

01

노신(魯迅) | 김광균

시(詩)를 믿고 어떻게 살아가나
예술적 신념   생활인으로서의 비애, 회의감
서른 먹은 사내가 하나 잠을 못 잔다.
화자 = 젊은 시인
먼— 기적 소리 처마를 스쳐가고

잠들은 아내와 어린것의 벼개 맡에
가족을 부양해야 하는 화자의 처지 – 생활인으로서의 처지
밤눈이 내려 쌓이나 보다.
화자가 느끼는 생활의 무게이자 자신의 삶을 성찰하게 하는 분위기를 조성함
무수한 손에 뺨을 얻어맞으며
삶의 시련과 고통
항시 곤두박질해 온 생활의 노래
절망스러운 현실 암시
지나는 돌팔매에도 이제는 피곤하다.
삶의 시련과 고통
먹고 산다는 것,
불가피한 생활의 문제
너는 언제까지 나를 쫓아오느냐.

▶ 1연: 현실의 고통으로 인한 예술적 신념에 대한 회의

등불을 켜고 일어나 앉는다.
'노신'을 환기하는 소재
담배를 피워 문다.
화자의 내적 갈등의 형상화
쓸쓸한 것이 오장을 씻어 내린다.
화자의 내적 고뇌 – 현실적 삶과 예술적 삶 사이의 갈등
노신(魯迅)이여
중국의 작가 루쉰(1881~1936)을 우리 한자음으로 읽은 이름
이런 밤이면 그대가 생각난다.

온— 세계가 눈물에 젖어 있는 밤
삶의 고통을 견디기 힘든 밤
상해(上海) 호마로(胡馬路) 어느 뒷골목에서
'노신'이 신념을 지키며 살던 초라한 삶의 공간
쓸쓸히 앉아 지키던 등불
힘든 상황에서도 문학적 의지를 잃지 않았던 '노신'을 비유
등불이 나에게 속삭인다.
주객전도의 표현
『여기 하나의 상심(傷心)한 사람이 있다.
『』: 노신과 자신을 동일시하여 고통을 극복하려는 의지를 나타냄
여기 하나의 굳세게 살아온 인생이 있다.』

▶ 2연: '노신'을 떠올리며 현실 극복 의지를 다짐

핵심 정리

❤ 갈래: 자유시, 서정시   ❤ 성격: 고백적, 의지적
❤ 주제: 현실과 이상 사이에서의 갈등과 그 극복 의지
❤ 해제: 이 시는 가난한 시인인 화자가 생활인으로서의 현실적 고통에 힘겨워하다가, 어려운 상황에서도 굳세게 살았던 중국의 작가 '노신'을 떠올리며 현실을 극복하고자 하는 의지를 다지고 있는 작품이다.
❤ 시의 특징과 표현
    ① 화자의 고뇌를 솔직하고 담담한 어조로 표현함
    ② 현실 공간과 상상 공간의 이중 구조를 지님

02 데생 | 김광균

필수

1

향료를 뿌린 듯 곱 — 다란 노을 위에
노을 진 아름다운 하늘을 공감각적으로 표현(시각의 후각화)
전신주 하나하나 기울어지고
해가 진 후 전신주가 어둠에 묻히는 모습

▶ 1-1연: 노을 진 어두운 하늘

먼 — 고가선(高架線)* 위에 밤이 켜진다.
고가선 위로 별들이 뜨기 시작함

▶ 1-2연: 어두워진 하늘에 별이 뜸

2

구름은

보랏빛 색지 위에
어두워지며 노을에 물든 하늘의 모습
마구 칠한 한 다발 장미.
노을에 물든 구름

▶ 2-1연: 장미처럼 붉게 물든 구름

목장의 깃발도 능금나무도

부을면 꺼질 듯이 외로운 들길.
'깃발'과 '능금나무'를 촛불에 비유   화자의 고독감이 이입된 대상

▶ 2-2연: 쓸쓸한 들길

■ 고가선(高架線): ① 땅 위에 높은 구조물을 만들어 그 위에 가설한 철도 ② 높이 건너질러 가설하여 고압 전류를 송전하는 전선

출제 포인트

- 시각적 이미지를 통한 풍경 묘사
- 시에 나타난 화자의 정서
- 시선의 이동에 따른 시상 전개

필수 문제

01 화자 파악하기
- 화자: 황혼 풍경을 바라보는 이
- 상황: (   )의 풍경을 바라보며 외로움을 느낌
- 정서·태도: 외로움

02 이 시는 시선의 이동에 따라 시상이 전개되고 있다. 화자의 시선이 이동하는 순서를 〈보기〉와 같이 나타낼 때 빈칸에 들어갈 알맞은 말을 쓰시오.

〈보기〉
하늘 → 구름 → (   )

03 이 시에서 화자의 정서가 직접적으로 표출된 시어를 찾아 3음절로 쓰시오.

알맹이 포착

'들길'의 역할
화자는 '들길'을 '외로운'이라고 하여, 쓸쓸한 내면 심리를 드러내고 있다. 따라서 '들길'은 화자의 고독한 감정이 이입된 대상이라고 할 수 있다.

시에 나타난 화자의 정서
'목장의 깃발도 능금나무도' 사라질 듯한 황혼 무렵의 풍경을 '꺼질 듯이'와 '외로운 들길'이라고 표현함으로써 화자의 외롭고 고독한 심리를 직설적으로 드러내고 있다.

핵심 정리

- 갈래: 자유시, 서정시   ▾ 성격: 회화적, 서정적, 묘사적
- 주제: 노을이 지는 황혼 무렵의 외로움
- 해제: 이 시는 황혼 무렵의 풍경을 한 폭의 수채화처럼 묘사하고 있는 작품으로, 이를 통해 화자의 고독한 내면을 보여 주고 있다.
- 시의 특징과 표현
  ① 시선의 이동에 따라 시상을 전개함
  ② 회화적 수법으로 화자의 정서를 감각적으로 형상화함

성호 부근(星湖附近) | 김광균

1

양철로 만든 달이 하나 수면(水面) 위에 떨어지고,
차갑고 단단한 이미지
『부서지는 얼음 소리가
얼음 소리를 태평소 소리에 비유함
날카로운 ■호적(胡笛)같이 옷소매에 스며든다.』
「 」: 차갑고 쓸쓸한 겨울 분위기 형성

▶ 1-1연: 달빛이 비치는 겨울 호수의 풍경

해맑은 밤 바람이 이마에 내리는

여울가 모래밭에 홀로 거닐면

노을에 빛나는 은모래같이
'호수'의 보조 관념 ①

▶ 1-2연: 홀로 호숫가를 거닒

호수(湖水)는 한 포기 화려한 꽃밭이 되고,
'호수'의 보조 관념 ②
여원 추억(追憶)의 가지가지엔
아픈 추억
조각난 빙설(氷雪)이 눈부신 빛을 발하다.
아픈 추억의 조각들이지만 아름다운 빛을 발함
('추억'이라는 관념을 시각적으로 형상화함)

▶ 1-3연: 겨울 호수의 화려함과 여원 추억의 눈부심

2

낡은 고향의 허리띠같이

강물은 기일게 얼어붙고
향수를 불러일으키는 매개체 ①

▶ 2-1연: 길게 얼어붙은 강물

『차창(車窓)에 서리는 황혼 저 머얼리
향수를 불러일으키는 시간적 배경
노을은
향수를 불러일으키는 매개체 ②
나어린 향수(鄕愁)처럼 희미한 날개를 펴고 있었다.』
「 」: 화자의 정서를 구체적으로 형상화함(활유법)

▶ 2-2연: 차창 너머 황혼의 노을이 퍼짐

■ 호적(胡笛): '태평소'를 달리 이르는 말

출제 포인트

- 화자의 정서와 객관적 상관물
- 비유적 표현 이해

필수 문제

01 화자 파악하기
- 화자: '드러나지 않음'(호수를 거닐며 노을을 보는 이)
- 상황: 겨울 호수를 홀로 거닐며 차창 너머 퍼지는 (   )을 봄
- 정서·태도: 쓸쓸함, 아름다움

02 이 시에서 '추억'이라는 관념을 시각적으로 형상화한 시행을 찾아 쓰시오.

03 이 시의 '2'에서 (   )과 (   )은 화자에게 고향의 모습을 떠올리게 하는 객관적 상관물이다.

핵심 정리

- ♥ 갈래: 자유시, 서정시   ♥ 성격: 회화적, 감각적
- ♥ 주제: 달빛에 비친 겨울 호수와 향수
- ♥ 해제: 이 시는 달빛이 비치는 겨울 호수의 풍경을 회화적으로 그리고 있는 작품으로, 화자는 강가를 거닐다 황혼 무렵 노을을 보며 향수에 젖는다.
- ♥ 시의 특징과 표현
  ① 공간 이동에 따라 시상을 전개함
  ② 감각적 묘사와 비유를 통해 이미지를 제시함

수철리(水鐵里)* | 김광균

산비탈엔 들국화가 환—하고 누이동생의 무덤 옆엔 밤나무 하나가
<u>무덤과 대조적인 풍경</u>　　　　　　　　　<u>누이동생의 표상</u>
오뚝 서서 바람이 올 때마다 아득—한 공중을 향하여 여읜 가지를 내어
　　　　　　　　　　　　　　　　　　<u>누이동생의 여읜 모습</u>
저었다. 갈 길을 못 찾는 영혼 같애 절로 눈이 감긴다. 무덤 옆엔 작은
<u>원관념 - 밤나무</u>
시내가 은실을 긋고 등 뒤에 서걱이는 떡갈나무 수풀 앞에 차단—한 비
　　　　　　　　　　　　　<u>누이동생의 비석 - 차가운 죽음의 이미지</u>
석이 하나 노을에 젖어 있었다. 흰나비처럼 여읜 모습 아울러 어느 무
　　　　　　　　　　　　　　<u>누이동생의 여읜 모습을 연상시키는 소재</u>
형(無形)한 공중에 그 체온이 꺼져 버린 후 밤낮으로 찾아 주는 건 비인
<u>누이동생이 죽은 후</u>
묘지의 물소리와 바람 소리뿐.「동생의 가슴 우엔 비가 나리고 눈이 쌓
<u>황량하고 적막한 분위기</u>　　　「」: 비석과 누이동생을 동일시하고 있음
이고 적막한 황혼이면 별들은 이마 우에서 무엇을 속삭였는지,」한 줌
흙을 헤치고 나즉—히 부르면 함박꽃처럼 눈뜰 것만 같애 서러운 생각
<u>죽은 누이동생에 대한 그리움</u>　　　<u>누이동생을 연상시키는 소재</u>
이 옷소매에 숨었다.
<u>옷소매에 눈물을 닦음</u>

* 수철리: 공동묘지가 있던 서울의 한 마을

출제 포인트

• 죽은 누이동생에 대한 화자의 정
서와 태도
• '밤나무'의 의미

필수 문제

01 화자 파악하기
• 화자: 누이동생을 잃은 이
• 상황: 죽은 누이동생의 무덤
앞에서 누이동생을 그리워하
며 (　　)을 흘림
• 정서 · 태도: 슬픔, 그리움

02 이 시에서 '갈 길을 못 찾는
영혼'의 원관념으로, 죽은 누이동생
을 표상하는 소재를 찾아 쓰시오.

03 [기출] 이 시의 시어에 대한
설명으로 적절하지 <u>않은</u> 것은?
① '환—하고', '아득—한' 등
의 '—'는 시어의 느낌을 풍
부하게 한다.
② '밤나무'의 '여읜 가지'는 쓸
쓸한 시적 분위기를 형성한다.
③ '흰나비'는 '누이동생'의 여
읜 모습을 연상시킨다.
④ '묘지'는 화자가 죽은 누이를
떠올리는 공간이다.
⑤ '비', '눈', '별' 등은 화자의
의지를 상징한다.

한눈에 보기

화자의 상황	→	화자의 정서
누이동생의 무덤을 찾음		누이동생을 그리워하며 서러워함

핵심 정리

▽ 갈래: 산문시, 서정시　　　▽ 성격: 애상적
▽ 주제: 누이동생의 무덤에서 느끼는 감회
▽ 해제: 이 시는 '수철리'에 있는 누이동생의 무덤을 찾은 화자가 느끼는 감회를 다양한 이미지를 통해 감각적으로 표현
　　하고 있다.
▽ 시의 특징과 표현
　　① 시의 분위기와 대비되는 풍경을 제시하여 슬픔의 정서를 부각함
　　② 선명한 감각적 이미지를 활용하여 시적 상황을 표현함
　　③ 줄표(—)를 사용하여 시어의 느낌을 풍부하게 함

오후의 ˚구도(構圖) | 김광균

바다 가까운 노대(露臺) 위에
　　　난간돌, 발코니
아네모네의 고요한 꽃망울이 바람에 졸고
　노대의 고요하고 아늑한 분위기(활유법)
흰 거품을 몰고 밀려드는「파도의 발자취가
　　　　　　　　　　　　「」: 창밖에 파도치는 소리(의인법)
눈보라에 얼어붙은 계절(季節)의 창 밖에
겨울(계절적 배경)　　　　　화자의 내면과 외부 풍경의 매개 장치
나즉히 조각난 노래를 응얼거린다.」
　① '파도 소리'의 비유 ② 공감각적 심상(청각의 시각화)

▶ 1연: 고즈넉한 노대와 창 밖의 파도 소리

천정(天井)에 걸린 시계는 새로 두 시 / 하──얀 기적(汽笛) 소리를 남기고
　　　　　　　　　시간적 배경(오후) 공감각적 심상(청각의 시각화)
고독한 나의 오후(午後)의 응시(凝視) 속에 잠기어 가는
「」: 자취를 남기며 아득히 멀어지는 배의 모습 묘사(시각화)
「북양 항로(北洋航路)의 깃발이
북태평양 뱃길로 지나는 배의 깃발, 이국적 정취
지금 눈부신 호선(孤線)을 긋고 먼 해안(海岸) 위에 아물거린다.」
　　활동 모양으로 굽은 선　 주체: 배의 깃발

▶ 2연: 기적 소리와 자취를 남기고 멀어져 가는 배

　　　　　　　　　　이국적 정취
「기인 뱃길에 한배 가득히 장미(薔薇)를 싣고
　먼 거리를 항해함 「」: 작은 배에 한가득 장미를 싣고 해질 무렵 부두에 돌아온 배
황혼(黃昏)에 돌아온 작은 기선(汽船)이 부두에 닻을 내리고
　　　　　　　　　　　증기선
「창백(蒼白)한 감상(感傷)에 녹슬은 돛대 위에
　┌─ 쓸쓸하고 슬픔에 젖어 떠도는 갈매기(감정 이입물)　악보를 그리기 위한 오선(五線)
떠도는 갈매기의 날개가 그리는 / 한 줄기 보표(譜表)는 적막하려니.」
「」: 녹슨 돛대 위를 나는 갈매기의 모습 형상화(시각화)

▶ 3연: 장미를 한가득 싣고 돌아온 기선과 돛대 위를 쓸쓸히 떠도는 갈매기

「바람이 올 적마다
「」: 바람에 커튼이 흔들려 빛이 새어 들어옴, 어둠과 밝음의 대비(시각적 심상)
어두운 카─텐을 새어 오는 햇빛에 가슴이 메어

여윈 두 손을 들어 창을 내리면

하이얀 추억(追憶)의 벽 위엔 별빛이 하나
관념(추억)을 시각화(벽, 하이얀하여 표현)
눈을 감으면 내 가슴엔 처량한 피도 소리뿐.
내면을 응시하는 행위　　　 화자의 심리 상태

▶ 4연: 쓸쓸하고 슬픈 화자의 내면 응시

■ 구도(構圖): 그림에서 모양, 색깔, 위치 따위의 짜임새

출제 포인트

· 표현상의 특징 이해
· 시간적 배경과 화자의 심리

필수 문제

01 화자 파악하기
· 화자: '나' (오후의 적막한 항구의 풍경을 바라보는 이)
· 상황: 적막하고 (　　　)한 오후의 항구의 풍경을 바라보다 슬픈 내면을 응시함
· 정서 · 태도: 애상감, 고독감

02 이 시에서 '조각난 노래를 응얼거린다.'와 '(　　　　　)'에는 공감각적 심상이 사용되고 있다.

03 이 시에서 '고독, 감상(感傷), 적막, 처량' 등이 화자의 심리 상태라고 할 때, 이와 같은 화자의 심리 조성에 기여하는 시간적 배경을 나타내는 시어를 3연에서 찾아 쓰시오.

핵심 정리

﹀ 갈래: 자유시, 서정시　　﹀ 성격: 애상적, 회화적
﹀ 주제: 오후의 고독과 풍경들
﹀ 해제: 이 시는 오후의 적막하고 고독한 해안의 서경을 회화적으로 그리고 있다. 고요한 꽃망울, 파도의 발자취, 하─얀 기적, 눈부신 호선, 한배 가득한 장미, 녹슬은 돛대, 떠도는 갈매기 등으로 항구의 풍경을 시각적으로 묘사하고 있다. 4~5월에 피는 '아네모네'와 '눈보라'를 공시적으로 제시하거나, '창백한 감상(感傷), 처량한' 등의 감정의 과잉은 아쉬운 부분이다.
﹀ 시의 특징과 표현
　① 시각적, 공감각적 심상의 사용과 풍경의 묘사가 두드러짐
　② 외부 풍경 묘사에서 내면의 응시로 시상이 전개됨

06 와사등(瓦斯燈) | 김광균

수능·모의 기출

시적 허용
차단─한 등불이 하나 비인 하늘에 걸려 있다.
차단(시적 허용)   공허한 내면 상징
내 호올로 어딜 가라는 슬픈 신호냐.
삶의 방향을 상실한 화자

▶ 1연: 삶의 방향을 상실한 화자

긴─ 여름 해 황망히 나래를 접고
해가 지는 모습을 새에 비유(활유법)
늘어선 고층 창백한 묘석같이 황혼에 젖어
          고층 빌딩을 묘석에 비유 – 도시 문명의 불모성 비판
찬란한 야경 무성한 잡초인 양 헝클어진 채
          현대 도시 문명의 무질서
사념 벙어리 되어 입을 다물다.

▶ 2연: 도시 문명의 불모성과 무질서함

피부의 바깥에 스미는 어둠
공감각적 이미지(시각의 촉각화)
「낯설은 거리의 아우성 소리
「 」: 낯선 도시 문명 속에서 느끼는 비애
까닭도 없이 눈물겹고나」

▶ 3연: 도시 문명에서 느끼는 비애

「공허한 군중의 행렬에 섞이어
「 」: 군중 속에서 느끼는 고독과 비애
내 어디서 그리 무거운 비애를 지고 왔기에」

길─게 늘인 그림자 이다지 어두워
고독하고 쓸쓸한 현대인 상징

▶ 4연: 삶의 중압감과 비애

「내 어디로 어떻게 가라는 슬픈 신호기
차─단한 등불이 하나 비인 하늘에 걸리어 있다.」
「 」: 변형된 수미 상관 – ① 형태상의 안정감 부여
          ② 삶의 방향을 상실한 현대인의 고독과 비애 강조

▶ 5연: 삶의 방향을 상실한 화자

■ 와사등(瓦斯燈): 석탄 가스로 불을 켜는 등
■ 사념(思念): 근심하고 염려하는 따위의 여러 가지 생각

출제 포인트

• 시에 나타난 화자의 정서와 심리
• 도시 문명을 비유한 표현

필수 문제

01 화자 파악하기
• 화자: '나' (현대인)
• 상황: (   ) 속에서 삶의 목표를 잃고 방황함
• 정서·태도: 고독, 비애

02 이 시에서 비판적 시각으로 도시 문명을 비유한 시구 2가지를 찾아 각각 2어절로 쓰시오.

03 [기출] 〈보기〉의 설명에 해당하는 시어로 보기 어려운 것은?

〈보기〉
근대 이후의 서정시에서는 자아와 세계 사이의 분열에 대한 자아의 반응을 함축하고 있는 시어들이 자주 나타난다.

① 1연의 '슬픈'
② 2연의 '늘어선'
③ 3연의 '낯설은'
④ 4연의 '공허한'
⑤ 5연의 '차단─한'

핵심 정리

▽ 갈래: 자유시, 서정시   ▽ 성격: 회화적, 주지적
▽ 주제: 도시 문명 속에서 느끼는 현대인의 고독과 비애
▽ 해제: 이 시는 도시의 밤을 배경으로, 삶의 방향을 상실한 현대인의 고독과 비애를 보여 주고 있다.
▽ 시의 특징과 표현
  ① 수미 상관의 구성으로 주제를 부각함
  ② 감각적 묘사와 비유를 통해 이미지를 제시함
  ③ 시적 허용('비인', '호올로')을 통해 화자의 정서를 강조함

외인촌(外人村) | 김광균

수능 기출

하이얀 모색(暮色) 속에 피어 있는
_{날이 저물어 가는 어스레한 빛}
산협촌(山峽村)의 고독한 그림 속으로
_{산속의 골짜기 마을}
파아란 역등(驛燈)을 단 마차가 한 대 잠기어 가고
_{역마차 등불}   _{상실, 소멸의 이미지}
바다를 향한 산마루 길에 / 우두커니 서 있는 전신주 위엔

지나가던 구름이 하나 새빨간 노을에 젖어 있었다. ▶ 1연: 저녁 무렵 산협촌
_{고독의 이미지}   의 원경

「바람에 불리우는 작은 집들이 창을 내리고
└ 「」: 적막한 산협촌의 풍경   _{창을 닫고 – 하강의 이미지}
갈대밭에 묻힌 돌다리 아래선

작은 시내가 물방울을 굴리고,」   ▶ 2연: 산협촌의 근경

「안개 자욱한 화원지(花園地)의 벤치 위엔
└ 「」: 공허한 화원지의 풍경   _{이국적 소재}
한낮에 소녀들이 남기고 간

가벼운 웃음과 시들은 꽃다발이 흩어져 있었다.」 ▶ 3연: 화원지의 풍경
_{공감각적 이미지(청각의 시각화)}

「외인 묘지(外人墓地)의 어두운 수풀 뒤엔
_{이국적 소재}
밤새도록 가느단 별빛이 내리고,」   ▶ 4연: 외인 묘지의 밤 풍경
└ 「」: 별빛이 내리는 외인 묘지 – _{하강의 이미지}
   고독감 환기

공백(空白)한 하늘에 걸려 있는 촌락(村落)의 시계(時計)가
_{아무것도 없이 비어 있음}
여윈 손길을 저어 열 시를 가리키면,
_{시계 바늘(의인법)}
날카로운 고탑(古塔)같이 언덕 위에 솟아 있는

퇴색(褪色)한 성교당(聖敎堂)의 지붕 위에선
_{이국적 소재}

분수(噴水)처럼 흩어지는 푸른 종소리.   ▶ 5, 6연: 성교당의 종소리
_{공감각적 이미지(청각의 시각화)}

출제 포인트

- 시에 나타난 화자의 정서
- 시에 사용된 감각적 이미지

필수 문제

01 화자 파악하기
- 화자: 현대인
- 상황: 이국적이고 적막한 (   )의 풍경을 바라봄
- 정서·태도: 고독, 우수

02 이 시에서 '외인촌'의 풍경에서 느껴지는 정서를 압축하여 나타낸 시어를 찾아 2음절로 쓰시오.

03 3연의 '가벼운 웃음과 시들은 꽃다발이 흩어져 있었다.'와 이미지를 드러내는 방식이 같은 시행을 찾아 쓰시오.

핵심 정리

- ♥ 갈래: 자유시, 서정시   ♥ 성격: 회화적, 감각적
- ♥ 주제: 이국적인 외인촌의 풍경을 통한 도시인의 고독
- ♥ 해제: 이 시는 이국적인 외인촌의 풍경을 감각적으로 묘사하며 현대인의 고독과 우수를 보여 주고 있다.
- ♥ 시의 특징과 표현
  감각적 이미지를 통해 정서를 형상화함

08 추일서정(秋日抒情) | 김광균

낙엽은 폴란드 망명 정부의 지폐
<small>'낙엽'의 보조 관념 – 쓸모없음, 무가치함</small>
포화(砲火)에 이지러진
<small>총포를 쏠 때에 일어나는 불</small>
도룬 시의 가을 하늘을 생각케 한다.
<small>폴란드의 도시 이름</small>
길은 한 줄기 구겨진 넥타이처럼 풀어져

일광(日光)의 폭포 속으로 사라지고
<small>눈부시게 쏟아지는 햇살</small>
조그만 담배 연기를 내뿜으며
<small>증기를 내뿜는 기차의 모습(의인법)</small>
새로 두 시의 급행열차가 들을 달린다.

포플라나무의 근골(筋骨) 사이로
<small>앙상한 나뭇가지</small>
「공장의 지붕은 흰 이빨을 드러내인 채
<small>「」: 삭막한 도시의 모습</small>
한 가닥 구부러진 철책(鐵柵)이 바람에 나부끼고」

그 위에 셀로판지로 만든 구름이 하나.
<small>가볍고 쉽게 사라져 버릴 것 같은 구름</small>
자욱한 풀벌레 소리 발길로 차며
<small>시각화 ← 청각적 이미지 → 촉각화(공감각적 이미지)</small>
호올로 황량(荒凉)한 생각 버릴 곳 없어
<small>화자의 정서 직접 표출</small>
허공에 띄우는 돌팔매 하나.
<small>황량한 현실에서 벗어나고자 하는 행위</small>
기울어진 풍경의 장막(帳幕) 저쪽에

고독한 반원(半圓)을 긋고 잠기어 간다.
<small>돌팔매질한 돌이 날아가는 모습   벗어날 수 없는 고독감</small>

▶ 1~11행: 쓸쓸하고 황량한 가을날의 풍경(선경)

▶ 12~16행: 황량한 가을날의 고독한 화자(후정)

비유적 표현과 화자의 정서

원관념	보조 관념	정서
낙엽	망명 정부의 지폐	쓸쓸함
길	넥타이	
급행열차의 증기	담배 연기	황량함
공장의 지붕	흰 이빨	
구름	셀로판지	

- 갈래: 자유시, 서정시, 주지시   성격: 회화적, 애수적
- 주제: 쓸쓸하고 황량한 가을날의 풍경과 고독감
- 해제: 이 시는 쓸쓸하고 황량한 가을날의 풍경을 제시함으로써, 도시 문명 속 현대인의 고독을 그리고 있다.
- 시의 특징과 표현
  ① 선경 후정의 방식으로 시상을 전개함
  ② 비유와 묘사를 통해 이미지를 제시함
  ③ 상실, 하강, 소멸의 이미지를 통해 가을의 황량함을 제시함

길 | 김기림

『나의 소년 시절은 은(銀)빛 바다가 엿보이는 그 긴 언덕길을 어머니의
상여(喪輿)와 함께 꼬부라져 돌아갔다.』
죽음
☐: 떠남과 이별의 이미지, 한번 가면 돌아오지 않음의 속성을 지님

「」: 관념의 시각화
그리움의 대상 ①

▶ 1연: 어머니를 여읜 소년 시절
의 언덕길

내 첫사랑도 그 길 위에서 조약돌처럼 집었다가 조약돌처럼 잃어버
그리움의 대상 ②   만났다가 이별함
렸다.

▶ 2연: 첫사랑과의 만남과 이별
의 길

그래서 나는 푸른 하늘 빛에 혼자 때없이 그 길을 넘어 강(江)가로 내
2연의 내용   잃어버린 사랑을 찾을 수 있을까 하는 희망
려갔다가도 노을에 함뿍 자줏빛으로 젖어서 돌아오곤 했다.
      사랑을 찾지 못한 실망감을 감각적으로 형상화

▶ 3연: 사랑을 찾아 강가에 나섰
다가 실망하여 돌아옴

그 강(江)가에는 『봄이, 여름이, 가을이, 겨울이 나의 나이와 함께 여러
                「」: 시간의 흐름을 구체화하여 표현(활유법)   모래 언덕
번 다녀갔다.』 가마귀도 날아가고 두루미도 떠나간 다음에는 누런 모래
둔과 그리고 어두운 내 마음이 남아서 몸서리쳤다. 그런 날은 항용 감기
돌아올 수 없는 대상에 대한 그리움과 쓸쓸함   늘, 항상
를 만나서 돌아와 앓았다.

▶ 4연: 사랑의 그리움과 이별의
쓸쓸함에 몸서리치며 앓음

할아버지도 언제 난 지를 모른다는 동구 밖 그 늙은 버드나무 밑에서
                              화자의 현재 위치
나는 지금도 돌아오지 않는 어머니, 돌아오지 않는 계집애, 돌아오지
않는 이야기가 돌아올 것만 같아 멍하니 기다려 본다. 그러면 어느새
   ○: 그리움의 대상들
어둠이 기어와서 내 뺨의 얼룩을 씻어 준다.
관념의 시각화(활유법)   눈물(돌아올 수 없는 추억에 대한 애상)

▶ 5연: 돌아오지 않는 사람과 돌
아오지 않는 추억을 기다림

필수 문제

01 화자 파악하기
• 화자: '나'(상실의 아픔을 겪
은 이)
• 상황: '길'에 대한 추억을 떠
올리며 돌아오지 않는 대상들
을 (   )
• 정서 · 태도: 그리움

02 이 시에서 화자는 (   ),
(   ) 등에 대한 그리움
의 정서를 드러내고 있다.

03 이 시의 (   )연은 시상
이 과거 회상에서 현재로 넘어오
는 연이다.

핵심 정리

▼ 갈래: 자유시, 서정시   ▼ 성격: 회상적, 애상적
▼ 주제: 길 위에 어린 추억에 대한 그리움
▼ 해제: 이 시는 현재 시점에서 '나'가 과거를 회상하는 형식을 통해 길 위에서 떠나보낸 소중한 대상들에 대한 그리움
을 노래하고 있다. 이 시에서 '길'은 화자의 추억이 서린 공간으로, '이별과 상실, 기다림'의 상징적 의미를 띠고 있다.
▼ 시의 특징과 표현: 산문적 진술과 회상적 어조로 화자의 정서를 담담하게 그려 냄

10 바다와 나비 | 김기림

아무도 그에게 수심(水深)을 일러 준 일이 없기에
<u>흰 나비</u>는 도무지 <u>바다</u>가 무섭지 않다.
    나비   바다의 깊이 – 가혹한 현실을 상징
    순수한 존재   냉혹한 현실
         색채 대비

▶ 1연: 바다의 무서움을 모르는 순진한 나비

청(靑)무우밭인가 해서 내려갔다가는
나비가 동경하는 세계, 생명의 공간
어린 날개가 물결에 절어서
순진한 나비   현실의 가혹함
공주(公主)처럼 지쳐서 돌아온다.
연약한 나비   가혹한 현실에 부딪힌 나비의 좌절

▶ 2연: 바다로 날아갔다가 지쳐서 돌아온 나비

삼월(三月)달 바다가 꽃이 피지 않아서 서글픈
         생명력을 상실한 불모의 공간
나비 허리에 새파란 초생달이 시리다.
나비의 좌절된 꿈을 공감각적 이미지로 형상화(시각의 촉각화)

▶ 3연: 냉혹한 현실과 좌절된 나비의 꿈

출제 포인트
- '바다'와 '나비'의 상징적 의미
- 푸른색과 흰색의 색채 대비

필수 문제

01 화자 파악하기
- **화자**: 바다와 나비를 바라보는 이
- **상황**: 순진한 (　　　)가 바다로 날아갔다가 현실에 부딪혀 좌절함
- **정서·태도**: 안타까움

02 이 시에서 '흰 나비'가 지향하는 세계를 의미하는 공간과, 그와 대비되는 공간을 나타내는 시어를 각각 찾아 쓰시오.

03 이 시의 시어 중 이미지가 이질적인 것은?
① 수심(水深)
② 바다
③ 청(靑)무우밭
④ 물결
⑤ 새파란 초생달

04 이 시에서 '청(靑)무우밭', '어린 날개', '공주'의 이미지를 중심으로 '흰 나비'의 의미를 간략하게 쓰시오.

알맹이 포착

'바다'의 의미

이 시에서 '바다'는 순수하고 연약한 존재인 '나비'를 '지쳐서 돌아오'게 만드는 냉혹한 현실을 의미한다. 1930년대라는 이 시의 창작 시기를 고려할 때 냉혹한 바다는 거대한 근대 문명을 뜻한다고 볼 수 있다. 그리고 그곳은 '꽃이 피지 않'는 불모(不毛: 땅이 거칠고 메말라 식물이 나거나 자라지 아니함)와 죽음의 세계로 나타난다.

핵심 정리

- ▾ 갈래: 자유시, 서정시, 주지시   ▾ 성격: 주지적, 상징적, 감각적
- ▾ 주제: 새로운 세계에 대한 동경과 좌절
- ▾ 해제: 이 시는 순진하고 연약한 나비가 겪는 시련과 좌절을 통해 현실의 냉혹함(근대 문명의 냉혹함)을 보여 주고 있다.
- ▾ 시의 특징과 표현
  ① 상징적이고 구체적인 소재를 통해 추상적 관념을 표현함
  ② 푸른색과 흰색의 색채 대비를 통해 주제를 형상화함

˚연륜(年輪) | 김기림

모의 기출

무너지는 꽃이파리처럼
'서른 나문 해'라는 시간을 시각화한 표현
휘날려 발 아래 깔리는
초라함, 보잘것없음, 허무함
서른 나문 해야
서른 정도의, 서른 남짓의

▶ 1연: 지나온 초라한 삶

『구름같이 피려던 뜻은 날로 굳어
「 」: 높은 뜻을 이루지 못한 채 활력을 잃고 나이만 먹는 화자의 모습
한 금 두 금 곱다랗게 감기는 연륜(年輪)』
'연륜'이라는 추상적 대상을 구체적인 사물처럼 시각화함

▶ 2연: 자신의 뜻을 펴지
못한 채 나이만 먹음

갈매기처럼 꼬리 떨며
현실을 떨치고 비상하는 화자
산호(珊瑚) 핀 바다 바다에 나려앉은 섬으로 가자
화자가 지향하는 공간

▶ 3연: 현실을 떨치고 이
상적인 공간으로 떠나려
고 함

「 」: 이상적인 공간(섬)의 모습
『비취빛 하늘 아래 피는 꽃은 맑기도 하리라
푸른빛
무너질 적에는 눈빛 파도에 적시우리』
흰빛

▶ 4연: 이상적인 공간의
모습

초라한 경력을 육지에 막은 다음
(육지에서 쌓은) 부정적 공간
주름 잡히는 연륜(年輪)마저 끊어 버리고
지금까지의 삶에 대한 단호한 부정
나도 또한 불꽃처럼 열렬히 살리라
초라하고 덧없는 삶을 버리고, 자신의 뜻을 펼치겠다는 강한 의지

▶ 5연: 열렬한 삶을 살겠
다는 강한 의지

■ 연륜(年輪): 여러 해 동안의 노력이나 경험으로 이룩된 숙련의 정도. 또는 그러한 노력이
나 경험이 진행된 세월

출제 포인트

· 공간적 의미 이해
· 화자의 태도 이해

필수 문제

01 화자 파악하기
· 화자: '나'(삶에 대한 열정을
보이는 이)
· 상황: 자신의 뜻을 이루지 못
한 채 살아온 삶을 돌아보며
(   )으로 살 것을 다짐함
· 정서 · 태도: 열렬함

02 이 시에서 (   )은 화자
가 지향하는 이상적인 공간을 의
미하는 시어이다.

03 이 시에서 열정적인 삶에 대
한 화자의 강한 의지가 가장 잘
드러난 시행을 찾아 쓰시오.

핵심 정리

▼ 갈래: 자유시, 서정시   ▼ 성격: 감각적, 의지적
▼ 주제: 열정적인 삶의 추구
▼ 해제: 이 시는 지나온 삶을 되돌아보며 앞으로는 자신의 뜻을 펼치는 열렬한 삶을 살 것을 다짐하는 화자의 의지를
보여 주고 있다. 이 시에서 '주름 잡히는 연륜(年輪)'은 '초라한 경력'과 상통하는 부정적인 의미를 지닌 시구로, 자
신의 뜻을 펴지 못한 채 덧없이 흘러가 버린 시간을 가리킨다.
▼ 시의 특징과 표현
① '육지'와 '섬'의 대조를 통해 화자가 지향하는 공간을 부각시킴
② '~자', '~리라'라는 종결 어미를 통해 화자의 강한 의지를 나타냄

12

유리창 | 김기림

낯선 작품

여보
시적 청자
내 마음은 유린가 봐, 겨울 ■한울처럼
고뇌
이처럼 작은 한숨에도 흐려 버리니……
화자의 여린 마음을 유리의 잘 흐려지는 속성에 빗댐

도치(화자의 여린 마음 강조)
▶ 1연: 쉽게 흐려지는 유리 같은 '나'의 마음

『만지면 무쇠같이 굳은 체하더니
「 」: 화자의 마음을 단단해 보이지만 약한 유리의 속성에 빗댐
하로밤 찬 서리에도 금이 갔구료』
외부 충격

▶ 2연: 금이 잘 가는 유리 같은 '나'의 마음

『눈포래 부는 날은 소리치고 우오
눈보라에 유리창이 흔들리며 나는 소리를 표현(청각적 이미지)
밤이 물러간 뒤면 온 뺨에 눈물이 어리오』
유리창에 눈이 녹아 남아 있는 모습

「 」: 화자의 마음을 유리가 눈보라에 영향을 받는 모습에 빗댐
▶ 3연: 눈보라에 영향을 받는 유리 같은 '나'의 마음

'별들'
타지 못하는 정열, 박쥐들의 등대
열렬하게 무언가를 하지 못하는 화자의 모습
밤마다 날어가는 별들이 부러워 쳐다보며 밝히오
화자의 마음을 유리에 실내등이 비치는 속성에 빗댐

▶ 4연: 부러움에 불빛을 밝히는 유리 같은 '나'의 마음

『여보
「 」: 수미상관 → 화자의 여린 마음 강조
내 마음은 유린가 봐』
도치(화자의 여린 마음 강조)
달빛에도 이렇게 부서지니
화자의 여린 마음을 유리의 약한 속성에 빗댐

▶ 5연: 잘 부서지는 유리 같은 '나'의 마음

■ 한울: 천도교에서, '하늘'을 달리 이르는 말
■ 눈포래: '눈보라'의 방언(평안, 함경)

출제 포인트

• 시어의 상징적 의미
• 화자의 정서 이해

필수 문제

01 화자 파악하기
• 화자: '나'(마음이 여린 이)
• 상황: 아내에게 자신의 (   )은 유리와 같다고 말함
• 정서·태도: 여림, 고백

02 이 시에서 (   )는 화자가 자신의 마음을 빗대어 표현하고 있는 소재이다.

03 이 시에서 화자의 여린 마음에 영향을 미치는 소재를 아래와 같이 정리할 때 빈칸에 들어갈 내용은?

1연	작은 한숨
2연	찬 서리
3연	눈포래
5연	( )

핵심 정리

▼ 갈래: 자유시, 서정시   ▼ 성격: 감각적, 애상적
▼ 주제: 유리창과 같은 여린 마음
▼ 해제: 이 시는 맑고 투명하여 쉽게 깨어질 듯한 '유리창'의 이미지를 화자의 마음과 연결하여 참신하게 표현하고 있다.
▼ 시의 특징과 표현
  ① 참신한 비유를 통해 문학적 아름다움을 표현함
  ② 화자의 마음속 감정이 절제된 모습으로 나타남
  ③ 평범한 사물을 통해 화자의 내면세계를 섬세하게 전달함

현대시의 모든 것

13 내 마음은 | 김동명

☐ : '내 마음'을 비유한 시어

내 마음은 호수요,
맑고 잔잔하고 평화로운 상태
그대 노 저어 오오.

나는 그대의 흰 그림자를 안고 옥같이
옥처럼 하얗게
그대의 뱃전에 부서지리라.
열정적 · 헌신적 사랑

내 마음은 촛불이요,
자기희생적 사랑
그대 저 문을 닫아 주오.

나는 그대의 비단 옷자락에 떨며, 고요히

최후의 한 방울도 남김없이 타오리다.
열정과 희생의 태도

▶ 1, 2연: '그대'를 향한 화자의
열정적이고 희생적인 사랑

내 마음은 나그네요,
외로이 떠도는 존재
그대 피리를 불어 주오.
'그대'와 '나'의 정서적 매개물
나는 달 아래 귀를 기울이며 호젓이▪

나의 밤을 새이오리다.
'그대'를 향한 그리움

내 마음은 낙엽이요,
쓸쓸하게 떠도는 존재
잠깐 그대의 뜰에 머무르게 하오.

이제 바람이 일면 나는 또 나그네같이, 외로이

그대를 떠나오리다.
안타까움과 애달픔

▶ 3, 4연: '그대'로 인한 화
자의 그리움과 애달픔

▪ 호젓이: 매우 홀가분하여 쓸쓸하고 이롭게

출제 포인트

출제 포인트
• 화자의 마음을 비유적으로 표현
한 시어
• '그대'에 대한 화자의 태도

필수 문제

01 화자 파악하기
• **화자:** '나' (사랑을 소망하는
이)
• **상황:** 정열과 애수가 교차하는
( )을 호소함
• **정서 · 태도:** 연정, 애상적

02 이 시에서 화자의 마음을 비
유적으로 표현한 시어를 모두 찾
아 쓰시오.

03 이 시에 나타난 화자의 정서
나 태도로 볼 수 없는 것은?
① 고독(孤獨)
② 애상(哀傷)
③ 열정(熱情)
④ 희생(犧牲)
⑤ 회의(懷疑)

핵심 정리

⩗ **갈래:** 자유시, 서정시   ⩗ **성격:** 낭만적, 정열적, 비유적
⩗ **주제:** 임에 대한 사랑과 애달픔
⩗ **해제:** 이 시는 화자의 마음을 다양한 대상에 비유하여, '그대'를 향한 화자의 열정적 사랑과 그리움, '그대'로 인한
화자의 애달픔을 형상화하고 있다.
⩗ **시의 특징과 표현**
① 다양한 비유를 통해 화자의 마음을 드러냄
② 부드럽게 호소하는 듯한 독백적인 어조를 사용함
③ 동일 통사 구조를 반복하여 운율을 형성함

14 수선화 | 김동명

강인한 의지(추상적 관념의 감각화)

그대는 차디찬 의지의 날개로
수선화(의인법)
끝없는 고독 위를 날으는
2연의 1, 2행과 같은 의미임
애달픈 마음.
수선화 ①(은유법)

┤ 강인한 의지로 고독을 마주하는

▶ 1연: 애달픈 마음인 수선화

또한 그리고 그리다가 죽는,
1연이 연속됨
죽었다가 다시 살아 또 다시 죽는

① 그리움에 죽고 살기를 반복함
② 불사조의 강인한 이미지(= 차디찬 의지)

가여운 넋은 아닐까.
수선화 ②(은유법) 수선화가 애달픈 마음이고 가여운 넋이라는 화자의 확신(설의법)

▶ 2연: 가여운 넋인 수선화

『부칠 곳 없는 정열을 「 」: ① 화자가 닮고 싶은 수선화의 궁극적인 모습
② 시상 전환의 근거가 되는 수선화의 모습[애달픔(1연),
가슴 깊이 감추고   가여움(2연) → 아름다움(4연), 내 사랑(5연)]

찬바람에 빙그레 웃는 적막한 얼굴이여!』
수선화 ③(은유법)

▶ 3연: 적막한 얼굴인 수선화

그대는 신의 창작집 속에서
희랍 신화의 수선화 전설(나르시소스가 벌을 받아 수선화가 됨)
가장 아름답게 빛나는

불멸의 ■소곡.
수선화 ④(은유법)

▶ 4연: 불멸의 소곡인 수선화

또한 나의 작은 애인이니
수선화 ⑤(은유법)
아 아 내 사랑 수선화야!
수선화에 대한 넘치는 사랑(감정의 과잉 노출, 영탄법)
나도 그대를 따라서 눈길을 걸으리.
① 수선화의 강인한 의지를 닮고 싶은 화자 ② '눈길'(시대의 고난) 극복의
의지를 다지는 화자 ③ 1연 '차디찬 의지'와 의미가 조응되어 시상이 완결됨

▶ 5연: '나'의 작은 애인인
수선화

■ 소곡(小曲): 규모가 작은 음악 작품

출제 포인트

- 소재의 상징적 이해
- 표현상의 특징 이해

필수 문제

01 화자 파악하기
- 화자: '나' (수선화와 같은 삶을 살고 싶은 이)
- 상황: (   )의 의지와 아름다움을 예찬함
- 정서·태도: 예찬적, 의지적

02 이 시에서 각 연의 1~3행의 통사 구조인 'A는 B'의 형식에서 벗어나 시상이 집약되어 주제 의식이 드러나는 시행을 찾아 쓰시오.

03 이 시에서 화자가 수선화를 비유한 표현을 아래와 같이 정리할 때 빈칸에 들어갈 내용은?

수선화	애달픈 마음
	가여운 넋
	( )
	불멸의 소곡
	나의 작은 애인

핵심 정리

- **갈래**: 자유시, 서정시   **성격**: 예찬적, 의지적, 상징적
- **주제**: 수선화에 대한 예찬과 수선화를 닮고 싶은 의지
- **해제**: 이 시는 자연물인 수선화에 인격을 부여하여 수선화의 강인함과 의지를 따라 닮으려는 화자의 태도가 제시되고 있다. 희랍 신화 속에 등장하는 수선화의 전설이 제시되면서 시의 어두운 이미지가 밝은 이미지로 변화하고 있다.
- **시의 특징과 표현**
  ① 의인화된 대상에게 화자의 마음을 고백하는 어조임
  ② 은유법을 통해 대상의 속성을 효과적으로 제시함
  ③ 1, 2연의 어두운 시상(애달픔, 가여움)이 4, 5연에서 밝은 이미지(소곡, 내 사랑)로 전환됨

15 파초(芭蕉)˚ | 김동명

조국을 언제 떠났노.

<u>파초</u>의 꿈은 가련하다.
조국을 잃어버린 화자의 감정이 이입된 대상

▶ 1연: 조국을 떠나온 파초
(조국을 잃은 화자)

남국(南國)을 향한 불타는 향수(鄕愁),
조국을 그리워하는 화자의 정서와 일치
너의 넓은 수녀(修女)보다도 더욱 외롭구나!
파초(의인법)   고독한 이미지

▶ 2연: 조국을 향한 파초(화자)의 향수

소낙비를 그리는 너는 정열의 여인,
파초의 열정적 이미지
나는 샘물을 길어 네 발등에 붓는다.
파초의 갈증을 해소할 수 있는 것   파초의 뿌리 윗부분
– 파초에 대한 화자의 정성

▶ 3연: 파초의 갈증과 파초에 대한 화자의 정성

이제 <u>밤</u>이 차다.
일제 강점하의 암담한 시대 상황 상징
나는 또 너를 내 머리맡에 있게 하마.

▶ 4연: 파초에 대한 동반자적 애정

나는 즐겨 너를 위해 <u>종</u>이 되리니,
파초에 대한 화자의 헌신적 태도
너의 그 드리운 치맛자락으로 우리의 <u>겨울</u>을 가리우자.
파초의 넓은 잎   일제 강점하의 냉혹한 시대적 상황

▶ 5연: 파초에 대한 헌신과 냉혹한 현실에 대한 극복 의지

■ 파초(芭蕉): 파초과의 여러해살이풀. 높이는 2미터 정도이며, 잎은 뭉쳐나고 긴 타원형임. 약재로 쓰고 관상용으로 재배함

○ 파초

출제 포인트

- '파초'에 이입되어 있는 화자의 정서
- 비유적 표현의 의미

필수 문제

01 화자 파악하기
- 화자: '나' (파초를 바라보는 이)
- 상황: 남국을 떠나온 파초를 보며 (   )의 유대감을 느낌
- 정서·태도: 그리움, 의지적

02 [기출] 이 시를 감상한 내용으로 적절하지 <u>않은</u> 것은?
① 파초를 '또' 머리맡에 둔다고 한 것을 보니, 계속해서 파초를 돌보겠다는 의지를 알 수 있군.
② 파초를 위해 '종'이 된다고 한 것을 보니, 파초를 아끼는 마음을 알 수 있군.
③ 파초의 잎을 '치맛자락'으로 비유한 것을 보니, 파초는 '나'에게 모성적 존재임을 알 수 있군.
④ '나'와 파초를 '우리'로 묶어 표현한 것을 보니, '나'는 파초에 대해서 일체감을 느끼고 있음을 알 수 있군.
⑤ 파초와 '나'가 처한 상황이 차가운 겨울밤인 것을 보니, 시련과 고난의 상황에 놓여 있음을 알 수 있군.

핵심 정리

▼ 갈래: 자유시, 서정시   ▼ 성격: 상징적, 우의적, 의지적
▼ 주제: 잃어버린 조국에 대한 향수와 현실 극복 의지
▼ 해제: 이 시는 '파초'의 모습을 조국을 잃은 화자의 처지와 동일시하여, '조국'에 대한 향수와 냉혹한 현실에 대한 극복 의지를 형상화하고 있다.
▼ 시의 특징과 표현
① 의인화, 감정 이입의 수법을 통해 화자의 정서를 드러냄
② 대상에 대한 호칭의 변화('파초' → '너' → '우리')를 통해 대상과의 심리적 · 정서적 거리감을 좁힘

국경(國境)의 밤 | 김동환

제1부

1장

"아하, 무사히 건넜을까,
불안감 조성
이 한밤에 남편은
시간적 배경
두만강(豆滿江)을 탈 없이 건넜을까?
공간적 배경

저리 국경 강안(江岸)*을 경비하는
저렇게
외투(外套) 쓴 검은 순사(巡査)가
일제 강점하의 암담한 시대적 배경 암시
왔다 — 갔다 —

오르명 내리명 분주히 하는데
오르락내리락하며
발각도 안 되고 무사히 건넜을까?"

소금실이 밀수출(密輸出) 마차를 띄워 놓고
남편이 소금 밀수출을 함 – 아내가 걱정하는 이유
밤새 가며 속 태우는 젊은 아낙네,
주인공 '순이'
물레 젓던 손도 맥이 풀려서
남편에 대한 걱정 때문에
'파!' 하고 붙는 어유(魚油) 등잔*만 바라본다.
불안감을 조성하는 의성어 ▶ 순이의 불안감을 고조시키는 객관적 상관물
북국(北國)의 겨울밤은 차차 깊어 가는데.
일제 강점하의 냉혹한 현실을 상징

밀수출 나간 남편의 안위를 걱정하는
아내(순이)의 독백 부분

▶ 제1부 1장: 밀수출 떠난 남편의 안
전을 염려하는 아내의 초조한 마음

2장

어디서 불시에 땅 밑으로 울려 나오는 듯,
갑자기
"어 — 이" 하는 날카로운 소리 들린다.
긴장감 조성(실제로는 '벌부 떼'가 주고받는 소리)
저 서쪽으로 무엇이 오는 군호(軍號)*라고

촌민(村民)들이 넋을 잃고 우두두 떨 적에,
당시의 불안한 시대상과 우리 민족의 암울한 생활상을 엿볼 수 있음
처녀(妻女)만은 잡히우는 남편의 소리라고
젊은 아낙네(순이)   아낙네의 착각 – 긴장 고조
가슴을 뜯으며 긴 한숨을 쉰다.

「눈보라에 늦게 내리는
「 」: 소리의 실체 – 독자의 긴장 완화
영림창(營林廠)* 산림(山林)실이 벌부(筏夫)* 떼 소리언만.」

▶ 제1부 2장: 벌부들이 주고받는
소리에도 불안해하는 아낙네

출제 포인트

- 최초의 근대 서사시로서의 의의
- 시의 서사적 특성
- 인물의 심리와 태도

필수 문제

01 화자 파악하기
- 화자: 남편을 걱정하는 아내를 지켜보는 이
- 상황: 일제 강점기 국경 지방의 한겨울 밤, 아내가 (   )을 걱정함
- 정서·태도: 묘사

02 이 시에서 '아하', '파!', '어 – 이'와 같은 표현을 통해 느껴지는 지배적인 분위기를 쓰시오.

03 이 시에 나타난 '젊은 아낙네'의 심리 상태를 표현한 말로 적절하지 않은 것은?
① 간담상조(肝膽相照)
② 노심초사(勞心焦思)
③ 전전반측(輾轉反側)
④ 좌불안석(坐不安席)
⑤ 학수고대(鶴首苦待)

04 이 시에서 남편의 위태로운 처지를 상징하면서 '젊은 아낙네'의 불안감을 고조시키는 소재를 찾아 2어절로 쓰시오.

- 강안(江岸): 강물에 잇닿은 가장자리의 땅
- 어유(魚油) 등잔: 물고기 기름으로 불을 켜는 등잔
- 군호(軍號): 군 안에서 보내는 신호
- 영림창(營林廠): 산림(山林)을 관리하는 기관
- 벌부(筏夫): 뗏목에 물건을 실어 나르는 인부

'젊은 아낙네'의 심리와 태도

이 시는 밀수출을 떠난 남편의 안부를 걱정하는 젊은 아낙네(순이)를 주인공으로 하고 있다. 이런 아낙네의 심정은 '아하, 무사히 건넜을까', '물레 젓던 손도 맥이 풀려서' 등의 시구에 잘 나타나 있다. '아하'는 남편을 걱정하는 아내의 심정을 함축적으로 나타내는 감탄사이고, '물레 젓던 손도 맥이 풀려서'는 남편을 걱정하는 마음으로 인해 일이 손에 안 잡히는 초조한 아내의 심리를 형상화하고 있다.

시의 서사적 특성

이 시는 일반적인 서정시와는 시상 전개가 다르다. 인물과 사건, 배경 등 서사적인 요소를 갖추고 있으며 스토리를 가지고 있다는 점, 시어의 함축보다는 대화와 설명에 의해 사건이 전개된다는 점, 전지적 시점을 지닌 외부의 서술자가 있다는 점 등의 서사적 특성을 갖추고 있기 때문이다. 이를 통해 이 시는 일제 강점하 우리 민족이 겪는 혹독한 삶을 서사적으로 형상화하고 있다.

작품 전체의 구성과 내용

제1부 (1~27장)	1~7장	밀수출 나간 남편에 대한 걱정	현재(저녁 → 밤) 두만강 변
	8~10장	마을을 배회하는 낯선 청년	
	11장	요약 반복	
	12~16장	순이의 옛사랑 회상	
	17~27장	순이와 옛사랑 청년의 재회	
제2부 (28~57장)	28~35장	수난받는 여진족의 후예인 순이의 내력	과거(회상) 산곡(山谷) 마을
	36~46장	순이와 청년의 사랑	
	47~57장	신분 차이에 의한 순이와 청년의 이별	
제3부 (58~72장)	58장	감격적인 재회와 청년의 구애에 대한 순이의 거절	현재(밤 → 새벽 → 낮) 두만강 변 → 산곡 마을
	59~62장	마적의 총에 맞아 시체로 돌아온 남편	
	63~72장	이튿날 고향(산곡)에 남편의 시신을 매장하는 순이	

- **갈래**: 자유시, 서사시   **성격**: 서사적, 비극적
- **주제**: 일제 강점기 우리 민족의 애환
- **해제**: 이 시는 전체 3부 72장으로 된 장편 서사시로, 국경 지대인 두만강 변의 작은 마을을 공간적 배경으로 하여 밀수꾼 병남(丙南)과 그의 아내 순이, 그리고 순이의 첫사랑이었던 청년 사이에서 벌어지는 사건을 그리고 있다. 또한 북국의 겨울밤이 주는 암울한 이미지를 통해 일제 강점하에서 살아가는 우리 민족의 고통스러운 삶과 불안을 형상화하고 있다.
- **시의 특징과 표현**
  ① 전체 3부 72장으로 구성된 최초의 근대 서사시임
  ② 상황을 서사적으로 전개하고, 인물의 심리와 분위기 묘사에 치중함
  ③ 감탄사나 의성어 등을 이용해 분위기를 효과적으로 드러냄

17 눈이 내리느니 | 김동환

계속되는 시련과 고난
북국(北國)에는 날마다 밤마다 눈이 내리느니,
일제의 수탈과 탄압을 피해 이주한 북간도나 연해주
회색 하늘 속으로 흰 눈이 퍼부을 때마다
□ : 연결 어미의 반복으로
시상의 안정감 조성
눈 속에 파묻히는 하아얀 북조선이 보이느니.
조국에 대한 그리움   ▶ 1연: 북국 유이민의 시련과 고국에 대한
그리움

가끔가다가 당나귀 울리는 눈보라가
혹독한 추위
막북강(漠北江) 건너로 굵은 모래를 쥐어다가
고비 사막 북쪽에 있는 강
추위에 얼어 떠는 백의인(白衣人)의 귓불을 때리느니.
우리 민족   ▶ 2연: 북국의 혹독한 추위에 떠는 백의
인(조선인)

춥길래 멀리서 오신 손님을 / 부득이 만류도 못 하느니,
일제의 탄압을 피해 이주해 온 조선 동포들   못 떠나게 말릴 수도 없음
봄이라고 개나리꽃 보러 온 손님을
북국을 희망의 땅이라고 생각하고 찾아온 동포들
눈 발귀에 실어 곱게 남국에 돌려보내느니.
마소가 끄는 운반용 썰매   안타까움, 애달픔   ▶ 3연: 북국을 찾아온 동포들을 되돌려
('발구'의 함경도 방언)   보낼 수밖에 없는 안타까운 심정

백웅(白熊)이 울고 북랑성(北狼星)이 눈 깜박일 때마다
큰개자리별(시리우스)
제비 가는 곳 그리워하는 우리네는
남쪽(고국)   ('눈이 내리느니'로 제목이 고쳐지기 이전의 제목임)
서로 부둥켜안고 적성(赤星)을 손가락질하며 얼음 벌에서 춤추느니.
나라가 망할 징조를 드러내는 별   추위에 떠는 삶(고통·아픔)
▶ 4연: 고국과 고향 회귀를 희망하며 힘겹
게 살아감

모닥불에 비치는 이방인의 새파란 눈알을 보면서,
낯섦, 차가움, 두려움
북국은 추워라, 이 추운 밤에도 / 강녘에는 밀수입 마차의 지나는 소
리 들리느니, / 얼음장 트는 소리에 쇠방울 소리 잠겨지면서.
청각적 이미지
↓(전환)   ▶ 5연: 낯설고 혹독한 북국에서 밀수입을
시각적 이미지   하며 살아가는 민족의 비애

오호, 흰 눈이 내리느니, 보오얀 흰 눈이
슬픔의 정서
북새(北塞)로 가는 이사꾼 짐짝 위에
북쪽 국경 또는 변방
말없이 함박눈이 잘도 내리느니.
① 시련과 고난을 상징할 때 → 반어적 표현   ▶ 6연: 북쪽으로 떠날 수밖에 없는 우리
② 순결함이나 축복의 의미를 나타낼 때 → 따뜻한 이미지   민족의 애달픈 삶

• 시어의 상징적 의미
• 화자의 정서 이해

필수 문제

01 화자 파악하기
• 화자: '드러나지 않음' (북국으
로 간 이주민)
• 상황: 고국을 떠나 유랑을 할
수밖에 없는 우리 (   )의
애달픈 현실
• 정서·태도: 그리움, 비애

02 이 시에서 6연에 나타난
(   )를 반
어적 표현으로 보면, 시련과 고난을
상징하는 구절로 이해할 수 있다.

03 이 시에서 '북국'의 정서를
나타내는 시어를 아래와 같이 정
리할 때 빈칸에 들어갈 내용은?

막북강(漠北江)
백웅(白熊)
이방인의 새파란 눈알
(   )

핵심 정리

∨ 갈래: 자유시, 서정시   ∨ 성격: 상징적, 서정적
∨ 주제: 이국에서 유랑하는 우리 민족의 시련과 애환
∨ 해제: 이 시는 따뜻한 남쪽 고향을 뒤로하고 삭막한 동토(凍土)인 '북방'으로 이주할 수밖에 없었던 우리 민족의 비극
적인 운명을 북방의 매서운 추위와 연계시켜 형상화하고 있다.
∨ 시의 특징과 표현
① 북국의 정서를 자아내는 시어를 사용하여 우리 민족의 시련과 애환을 효과적으로 드러냄
② 묘사를 중심으로 시상을 전개함

산 너머 남촌(南村)에는 | 김동환

수능 기출

〈1〉

산 너머 남촌에는 누가 살길래
화자가 소망하는 이상 세계
해마다 봄바람이 남으로 오네.
사랑과 희망   남쪽으로부터 불어오네

꽃 피는 사월이면 진달래 향기 ┐
후각적 이미지   │ 대구법
밀 익는 오월이면 보리 내음새. ┘
후각적 이미지

어느 것 한 가진들 실어 안 오리
봄의 향기에 대한 기대감
남촌서 남풍 불 제 나는 좋데나.
봄을 맞은 화자의 흥겨움
▶ 〈1〉: 남촌의 봄바람에서 느
끼는 풍요로움과 흥겨움

〈2〉

산 너머 남촌에는 누가 살길래

저 하늘 저 빛깔이 저리 고울까.
시각적 이미지

금잔디 너른 벌엔 호랑나비 떼
넓은 벌판   시각적 이미지
버들밭 실개천엔 종달새 노래,
버드나무가 자란 들판 청각적 이미지

어느 것 한 가진들 들려 안 오리
봄의 소리에 대한 기대감
남촌서 남풍 불 제 나는 좋데나.
▶ 〈2〉: 남촌의 자연에서 느끼
는 아름다움과 평화로움

〈3〉

산 너머 남촌에는 배나무 있고

배나무꽃 아래엔 누가 섰다기,
서 있다고 하기에

그리운 생각에 재에 오르니
고개
구름에 가리어 아니 보이네.
임을 볼 수 없는 안타까운 마음

끊었다 이어 오는 가는 노래는
들릴 듯 말 듯 희미하게 들려오는 사랑의 노래
바람을 타고서 고이 들리네.
▶ 〈3〉: 남촌에 있는 임에 대
한 그리움과 안타까움

출제 포인트

• '남촌'의 의미와 성격
• 다양한 감각적 이미지의 활용

필수 문제

01 화자 파악하기
• 화자: '나' (남촌을 그리워하는 이)
• 상황: 아름다운 (   )의 모습에 대해 상상함
• 정서·태도: 그리움

02 [기출] 이 시의 구조에 대한 설명으로 적절하지 않은 것은?

① 〈1〉, 〈2〉, 〈3〉 모두 세 연씩으로, 각 연은 두 행씩으로 구성되어 형식적 통일성을 갖추고 있다.
② '산 너머 남촌에는'이 〈1〉, 〈2〉, 〈3〉의 1연마다 반복되어 시 전체의 유기적 연관성을 강화하고 있다.
③ 〈1〉, 〈2〉, 〈3〉의 각 3연이 동일한 형태로 반복되어 후렴구로 기능하고 있다.
④ 시어와 표현 면에서 〈1〉과 〈2〉는 유사성이 크지만, 〈3〉은 상대적으로 차이를 보인다.
⑤ 〈1〉의 2연은 문장 구조가 같은 두 행이 짝을 이루고 있는데, 이는 〈2〉의 2연도 마찬가지이다.

핵심 정리

▼ **갈래**: 자유시, 서정시   ▼ **성격**: 낭만적, 토속적, 민요적
▼ **주제**: 이상 세계에 대한 그리움
▼ **해제**: 이 시는 봄이 오는 따뜻한 '남촌'을 통해 이상향에 대한 그리움을 민요풍의 리듬으로 형상화하고 있다. 산 너머 남촌은 한 번도 가 보지 못한 곳이지만, 그 때문에 오히려 남촌에 대한 동경은 커지고 상상은 더욱더 자유로울 수 있다.
▼ **시의 특징과 표현**
① 7·5조, 3음보로 이루어져 민요풍의 느낌을 줌
② 다양한 감각을 이용하여 봄의 이미지를 표현함

남(南)으로 창(窓)을 내겠소 | 김상용

필수

남(南)으로 창(窓)을 내겠소.
이상향
밭이 한참갈이
잠깐이면 갈 수 있는 작은 논밭의 넓이 - 안분지족의 삶
괭이로 파고
호미론 김을 매지요.
전원적 삶의 구체적 행위

▶ 1연: 전원에서의 소박한 삶에 대한 소망

세속적 욕망
구름이 꼬인다 갈 리 있소.
유혹한다고 해도
새 노래는 공으로 들으랴오.
자연이 주는 혜택
강냉이가 익걸랑
옥수수
함께 와 자셔도 좋소.
드셔도
타인과 더불어 소박하게 살고자 하는 마음

▶ 2연: 자연 속에서 인정을 나누며 살아가려는 태도

왜 사냐건
사상과 주제의 압축
웃지요.
달관적 태도

▶ 3연: 삶에 대한 달관적 태도

출제 포인트

- 시에 드러난 자연에 대한 태도
- '웃지요'에 드러난 화자의 삶의 태도

필수 문제

01 화자 파악하기
- 화자: 전원생활을 꿈꾸는 이
- 상황: 전원생활에 대한 소박한 ( )을 표출함
- 정서·태도: 소망, 달관적

02 이 시에서 삶에 대한 관조와 여유가 드러난 3음절의 시어를 찾아 쓰시오.

03 이 시의 시어 중 함축적인 의미가 <u>이질적인</u> 것은?
① 남(南)　　② 밭
③ 구름　　④ 새 노래
⑤ 강냉이

알맹이 포착

시구의 의미
- 구름이 꼬인다 갈 리 있소 / 새 노래는 공으로 들으랴오.: '구름'과 같은 허망한 세속적 유혹을 거부하고 '공짜로 듣는 새 노래'와 같은 자연이 주는 무한한 혜택을 받으며 소박하게 살겠다는 의지를 표현하고 있다.
- 강냉이가 익걸랑 / 함께 와 자셔도 좋소: 자연 속에서 인정을 나누며 살아가겠다는 의미이다. '자연 → 인간'에서 '인간 → 인간'으로 즐거움을 나누는 과정이 확대됨으로써 전원생활의 진정한 멋이 느

껴진다.
- 왜 사냐건 / 웃지요: 화자가 전원생활을 하는 진정한 의미가 압축되어 있는 부분으로, 달관의 경지에 오른 화자(시인)의 태도를 엿볼 수 있다. 이백의 시 《산중문답(山中問答)》의 한 구절 '問余何事棲碧山 笑而不答心自閑(문건대 어이하여 청산에 사십니까. 마음이 느긋하니 미소로 대답한다.)'과 유사하다.

핵심 정리

- ▼ 갈래: 자유시, 서정시　　▼ 성격: 달관적, 자연 친화적
- ▼ 주제: 전원생활을 통한 달관적인 삶의 추구
- ▼ 해제: 이 시는 자연과 벗하며 소박하게 살아가려는 화자의 소망을 간결한 시어와 친근한 어조로 형상화하고 있다. 안분지족(安分知足)의 전통적 인생관이 잘 나타나 있는 작품이다.
- ▼ 시의 특징과 표현
  ① 간결한 시어와 소박하고 친근한 회화(會話)조를 사용함
  ② '-소, -요, -오'의 각운을 통해 운율감을 형성함

가는 길 | 김소월

「그립다

말을 할까 ← 행간 걸침 – 망설임의 감정 표현

하니 그리워

「 」: 그립다는 말을 하려고 하니
그리움이 왈칵 치솟는다는 의미

그냥 갈까
내적 갈등과 망설임

그래도

다시 더 한 번……
미련과 여운

내면적 갈등
– 짧은 시행과 느린 호흡으로
망설이는 태도 표현

▶ 1연: 이별하는 순간의 아쉬움과 그리움

▶ 2연: 이별하는 순간의 망설임과 미련

저 산(山)에도 까마귀, 들에 까마귀,

서산(西山)에는 해 진다고

갈 길이 바쁘다고, 시간이 없다고

지저귑니다.

△: 화자에게 이별을 재촉하는 존재
(객관적 상관물)

▶ 3연: 이별을 재촉하는 까마귀

앞 강물, 뒤 강물,

흐르는 물은
끝없이 흐르는 시간 및 이별의 이미지

어서 따라오라고 따라가자고
갈 길이 멀고 시간적으로 촉박함을 드러냄

흘러도 연달아 흐릅디다려.
'흐릅디다그려'의 준말(평북 방언)

외면적 상황
– 긴 시행과 빠른 호흡으로
서둘러야 할 상황 표현

▶ 4연: 이별을 재촉하는 강물

출제포인트

• 시에 나타난 화자의 정서와 태도
• 시행 배열과 시적 의미의 관계
• '까마귀'와 '강물'의 기능

필수 문제

01 화자 파악하기
• 화자: 임과 이별하는 이
• 상황: 임과 (   )해야 하는 상황에서 쉽게 떠나지 못하고 있음
• 정서·태도: 미련, 망설임

02 이 시에서 화자에게 이별을 재촉하는 대상으로, 이별의 안타까움을 심화시키는 소재 2가지를 찾아 쓰시오.

03 [기출] 이 시에 대한 감상으로 적절하지 않은 것은?
① '말을 할까'와 '그냥 갈까'에 사용된 어미를 통해 행동과 행동의 멈춤에 대한 내적 갈등을 드러낸다.
② '다시', '어서'의 부사는 화자가 떠남의 결단을 내린 것을 보여 준다.
③ '까마귀'와 지는 '해'는 화자에게 떠나가야 하는 상황임을 환기시킨다.
④ 의도적 행갈이를 통해 낭송 속도를 조절함으로써 화자의 머뭇거림의 정서를 드러낸다.
⑤ 1, 2연은 짧은 시행을, 3, 4연은 보다 긴 시행을 배열하여 화자의 심리와 상황을 드러낸다.

핵심 정리

▼ 갈래: 자유시, 서정시   ▼ 성격: 전통적, 민요적, 애상적
▼ 주제: 이별의 순간에 느끼는 아쉬움과 망설임
▼ 해제: 이 시는 이별의 상황 앞에서 떠나기 싫어하는 화자의 애상적 심정을 7·5조, 3음보의 전통적 율격과 간결한 구성을 통해 표현하고 있다.
▼ 시의 특징과 표현
① 시행 길이의 변화와 애상적 어조로 화자의 심리를 효과적으로 표현함
② 간결한 구조와 유음, 비음으로 된 시어를 사용하여 음악적 효과를 거둠
③ 1연에서 통사적으로는 2행에 놓여야 하는 '하니'라는 시어를 3행에 내려놓음으로써, 갈등하는 화자의 미세한 내면 심리를 효과적으로 표현함

21 길 | 김소월

유랑 생활의 반복을 드러냄
어제도 하룻밤 / 나그네 집에
　　화자의 처지 – 일제 강점하에서 고향을 상실한 우리 민족을 상징
까마귀 까악까악 울며 새었소.
화자의 불안한 심리 반영
　　▶ 1연: 화자(나그네)의 비극적 상황 제시

오늘은 / 또 몇십 리(十里)
　　유랑 생활의 반복
어디로 갈까.

산(山)으로 올라갈까 / 들로 갈까
오라는 곳이 없어 나는 못 가오.
　　자문자답의 형식으로 갈 곳 없는 나그네의 비애와 답답함을 드러냄
　　▶ 2, 3연: 화자의 고달픈 신세와 방향 상실의 비애

말 마소 내 집도 / 정주 곽산(定州郭山)
　　시인의 고향. 정신적 지향처
차(車) 가고 배 가는 곳이라오.
가지 '않는' 것이 아니라 가지 '못하고' 있음을 보여 줌으로써 화자의 안타까움을 강조
　　▶ 4연: 고향에 돌아가지 못하는 안타까움

여보소 공중에 / 저 기러기
　　화자의 처지와 상반되는 존재 – 부러움의 대상
공중엔 길 있어서 잘 가는가?

여보소 공중에 / 저 기러기
열십자(十字) 복판에 내가 섰소.
네거리 – 갈 곳이 정해지지 않은 막막한 처지
　　▶ 5, 6연: 방향 상실의 비애

갈래갈래 갈린 길 / 길이라도
'ㄱ, ㄹ' 음의 반복 – 운율적 효과, 방향 상실감 심화
내게 바이 갈 길은 하나 없소.
전혀 – 상황이 절망적임을 강조
　　▶ 7연: 화자의 비극적 현실 상황(절망과 비애)

출제 포인트
- '길'의 상징적 의미
- '까마귀'와 '기러기'에 투영된 화자의 정서

필수 문제

01 화자 파악하기
- 화자: '나'(나그네)
- 상황: (　　)하는 삶 속에서 막막해함
- 정서·태도: 상실감, 절망

02 내재적 관점에서의 '길'의 의미가 '정처 없는 유랑의 길'이라고 한다면, 반영론적 관점에서의 '길'의 의미는 무엇일지 20자 내외로 쓰시오.

03 [기출] 이 시에서 외로움의 정서를 심화하는 상황으로 적절하지 않은 것은?
① '오늘'도 정처 없이 '길'을 가야 함
② '오라는 곳'이 없음
③ '내 집'이 있어도 가지 못함
④ '기러기'와 떨어져 있음
⑤ 갈 곳 없이 '열십자 복판'에 서 있음

알맹이 포착

'길'의 의미
이 시에서 '길'은 화자의 삶의 여정으로, 끝없이 떠도는 유랑의 길을 의미한다. 또한 이러한 유랑의 삶의 근본적 원인이 식민지 현실에 기인하고 있다는 점에서 '길'은 일제의 탄압에 의해 삶의 터전을 상실하고 떠돌아다닐 수밖에 없는 우리 민족의 한스러운 여정을 상징한다.

핵심 정리
- ▼ 갈래: 자유시, 서정시　▼ 성격: 전통적, 애수적, 민요적
- ▼ 주제: 나그네(유랑인)의 비애와 정한
- ▼ 해제: 이 시는 정처 없이 떠돌아야 하는 나그네의 비애를 통해, 일제의 수탈로 삶의 터전을 상실하고 유랑의 삶을 살아야 했던 우리 민족의 정한을 노래하고 있다.
- ▼ 시의 특징과 표현
  ① 영탄조의 신세 타령으로 화자의 정서를 드러냄
  ② 대화체 형식을 가미한 독백체로 표현함

나의 집 | 김소월

『들가에 떨어져 나가 앉은 멧기슭의
          산기슭
넓은 바다의 물가 뒤에,
└ 『 』: '나'가 집을 지으려는 곳 – 맑고 깨끗한 순수한 공간
나는 지으리, 나의 집을,』
└ 『 』: 도치법   그대와 함께 살 곳. 화자가 소망하는 세계
다시금 큰길을 앞에다 두고.
└ 그대가 쉽게 찾아올 수 있도록 하기 위해
『길로 지나가는 그 사람들은
└ 『 』: 외로운 사람들의 모습 – 화자의 외로움이 투영됨
제가끔 떨어져서 혼자 가는 길.』

하이얀 여울턱에 날은 저물 때.
          여울의 턱이 진 부분
나는 문간에 서서 기다리리
└ 기다림에 대한 의지를 직접적으로 드러냄
새벽 새가 울며 지새는 그늘로

『세상은 희게, 또는 고요하게,
└ 『 』: 밝은 희망의 이미지
번쩍이며 오는 아침부터,』

지나가는 길손을 눈여겨보며,

그대인가고, 그대인가고.
└ '그대인가 하고'의 줄임말(반복법, 시적 여운 형성)
– 이른 아침부터 날이 저물 때까지 그대를 기다리는 간절한 심정

▶ 1~4행: 집을 지으려는 소망

▶ 5, 6행: 혼자 길을 가는 사람들

▶ 7, 8행: 해가 저물녘 그대를 기다림

▶ 9~13행: 아침부터 일어나서 그대를 기다림

출제 포인트

• 시에 나타난 화자의 정서
• '나의 집'의 의미

필수 문제

01 화자 파악하기

• 화자: '나' ('그대'를 기다리는 이)

• 상황: 정갈한 곳에 집을 짓고 (   )을 내고서 '그대'를 기다림

• 정서·태도: 그리움, 기다림

02 이 시의 화자가 '그대'와 함께 살아갈 구체적인 공간으로 제시한 곳을 찾아 2어절로 쓰시오.

03 [기출] 이 시에 대한 설명으로 적절하지 <u>않은</u> 것은?
① 문장을 도치시켜 의미를 강조하고 있다.
② 음절의 수를 조절하여 리듬감을 살리고 있다.
③ 동일한 시어를 반복하여 정서를 심화하고 있다.
④ 색채어를 통해 작품의 분위기를 조성하고 있다.
⑤ 토속적인 방언을 사용하여 향토적 정감을 환기하고 있다.

알맹이 포착

'나의 집'의 의미

화자는 떨어져 나가 앉은 산기슭이나 물가 뒤처럼 인적이 드문 곳에 큰길까지 내며 집을 짓겠다고 하였다. 그리고 그 집에서 길손을 바라보며 그대를 기다리고 있다. 이는 새로운 세계를 새 터에 건설하고 싶은 화자의 욕망이라고 볼 수 있다. 이를 고려할 때 '나의 집'은 화자가 소망하는 세계, 조국 광복에 대한 염원을 형상화한 것으로 해석할 수도 있다.

핵심 정리

▼ 갈래: 자유시, 서정시   ▼ 성격: 감각적, 의지적
▼ 주제: '그대'에 대한 간절한 기다림
▼ 해제: 이 시는 정갈한 공간에 집을 짓고 그 앞에 큰길까지 내면서 아침부터 날이 저물 때까지 '그대'를 기다리는 화자의 순수하고도 간절한 기다림을 형상화하고 있다. 시가 창작된 시대적 상황과 연관 지어 볼 때, 조국 광복에 대한 염원을 나타내고 있는 작품으로도 볼 수 있다.
▼ 시의 특징과 표현
  ① 도치법과 반복법을 사용하여 기다림의 정서를 강조함
  ② 시간과 공간의 이미지를 섬세하게 표현하여 화자의 간절함을 부각함

교과서

먼 훗날 당신이 찾으시면
　　　　　　　가정법
그때에 내 말이 "잊었노라." (라고 대답하겠습니다.)
　　　□: 결코 잊지 못하겠다는 속마음을
　　　　반어적으로 드러냄

▶ 1연: 먼 훗날 임과 만날 때의 화자의 반응

당신이 속으로 나무라면
"무척 그리다가 잊었노라." (라고 대답하겠습니다.)
　　화자의 주된 정서 – 그리움

▶ 2연: 임의 질책에 대한 화자의 반응

그래도 당신이 나무라면
"믿기지 않아서 잊었노라." (라고 대답하겠습니다.)
　당신이 다시 돌아올 것이라 믿어지지 않아서

▶ 3연: 임의 계속되는 질책에 대한 화자의 반응

오늘도 어제도 아니 잊고
　줄곧 당신을 잊지 않고 그리워하다가 – 화자의 본심이 드러남
먼 훗날 그때에 "잊었노라." (라고 대답하겠습니다.)

▶ 4연: 임을 잊지 못하는 화자의 애절한 마음

출제 포인트

• 시에 나타난 화자의 정서와 태도
• 반어적 표현의 의미와 효과

필수 문제

01 화자 파악하기

• 화자: '나' (임을 그리워하는 이)
• 상황: 임과의 재회 상황을 (　　)함
• 정서·태도: 그리움, 애절함

02 이 시에서 화자의 정서를 강조하기 위해 사용한 수사법은?

① 대유법　　② 반어법
③ 역설법　　④ 은유법
⑤ 직유법

03 [기출] 이 시에 대한 감상으로 가장 적절한 것은?

① 화자는 '먼 훗날' 인 미래에 비로소 과거의 '당신' 을 잊겠군.
② '그때' 는 화자가 '당신' 과 이별했던 과거를 의미하는군.
③ 화자는 '당신' 과의 대결 의지를 현재인 '오늘' 에서 드러내는군.
④ 화자는 '먼 훗날' 과 '잊었노라' 를 결합하여 '오늘' 의 이별 상황을 인정하고 싶어 하지 않는군.
⑤ 화자가 '먼 훗날' 을 생각하고 있는 것은 '어제' 에 '당신' 이 남긴 약속을 영원히 잊지 못해서이군.

알맹이 포착

오늘도 어제도 아니 잊고 먼 훗날 잊는 이유

'오늘도 어제도 아니 잊고' 는 그동안 줄곧 철저하게 은폐해 왔던 화자의 본심을 무심코 드러내는 시구이다. 화자는 계속 '당신' 을 '잊었노라' 고 강조하면서 '당신' 을 절대 잊을 수 없는 그리움의 정서를 반어적으로 표현하고 있다.

핵심 정리

ⅴ 갈래: 자유시, 서정시　　ⅴ 성격: 애상적, 민요적
ⅴ 주제: 떠난 임에 대한 강한 그리움
ⅴ 해제: 이 시는 결코 잊을 수 없는 임을 향한 애틋한 그리움을 간결한 형식에 담아 표현한 작품으로, 반어법을 사용하여 임을 잊지 못하는 간절한 마음을 효과적으로 부각하고 있다.
ⅴ 시의 특징과 표현
　① 가정적 상황을 통해 정서를 드러냄
　② 반어적 진술, 반복과 변조의 기법을 사용함

못 잊어 | 김소월

못 잊어 생각이 나겠지요,
임을 잊지 못하는 그리움의 정서 제시
그런 대로 한세상 지내시구려,
잊지 못하고 생각하면서
사노라면 잊힐 날 있으리다.
피동 표현 ① – 스스로는 잊지 못할 것이라는 의미

말을 건네는 형식

▶ 1연: 한세상 살다보면 잊힐 수 있을 것임

못 잊어 생각이 나겠지요,
시행의 반복 – 간절한 그리움 강조
그런 대로 세월만 가라시구려,
가라고 하시구려 – 7·5조의 음수율 고려
못 잊어도 더러는 잊히우리다.
피동 표현 ② – 스스로는 잊지 못할 것이라는 의미

1연의 통사 구조 반복
→ 잊힐 것이라는 말의 반복이
오히려 잊기 어려움을 드러냄

▶ 2연: 세월이 가면 더러 잊힐 수 있을 것임

그러나 또 한편 이렇지요,
시상 전환 : 잊을 수 있음 ↔ 잊을 수 없음
'그리워 살뜰히* 못 잊는데,
어쩌면 생각이 떠지나요*?
어떻게 잊을 수 있느냐는 반문

▶ 3연: 그러나 결코 잊지 못할 것임을 앎

■ 살뜰히: 사랑하고 위하는 마음이 자상하고 지극하게
■ 떠지다: 사이가 뜸해지다

출제 포인트

• 화자의 정서와 태도
• 시행과 통사 구조 반복의 효과

필수 문제

01 화자 파악하기
• 화자: 그리운 사람을 잊지 못하는 이
• 상황: 그리운 사람을 (   ) 애쓰지만 잊지 못하고 괴로워하고 있음
• 정서·태도: 그리움, 괴로움

02 이 시에서 피동 표현을 사용해 스스로는 그리운 사람을 잊을 수 없음을 드러내고 있는 시어 2가지를 찾아 쓰시오.

03 이 시의 2연에서 운율을 고려하여 음절 수를 줄인 시어를 찾아 쓰시오.

이 시의 말하는 이와 듣는 이
1연과 2연은 그리운 사람을 못 잊는 화자에게 '누군가가 들려주는 말'일 수도 있고, 화자가 '자기 자신에게 하는 말'일 수도 있다. 전자로 볼 경우에 3연은 '그 누군가에 대한 화자의 반문'으로 볼 수 있고, 후자로 볼 경우에 3연은 '화자 자신에 대한 내면의 반문'으로 이해할 수 있다.

♥ 갈래: 자유시, 서정시   ♥ 성격: 애상적, 전통적
♥ 주제: 잊으려 애써도 잊을 수 없는 그리움
♥ 해제: 이 시는 세월이 지나면 그리운 사람이 잊힐 것이라는 위로의 말에 과연 잊을 수 있겠냐고 반문하면서, 잊으려 애쓰지만 결코 잊을 수 없는 그리움의 정서를 노래한 작품이다.
♥ 시의 특징과 표현
   ① 상대에게 말을 건네는 형식으로 시상을 전개함
   ② 동일한 시행과 유사한 통사 구조를 반복하여 화자의 정서를 강조함
   ③ 각 연을 3행씩 규칙적으로 배열하고 3음보를 반복하여 리듬감을 형성함

바라건대는 우리에게 우리의 보습 대일 땅이 있었더면 | 김소월

필수

나는 꿈꾸었노라, 동무들과 내가 가지런히
　소망　　　　　'우리 민족'으로 확대　함께, 나란히
벌 가의 하루 일을 다 마치고
벌판
석양에 마을로 돌아오는 꿈을,
　　　　　　동무들과 함께 농사를 지으며 평화롭게 살아가고 싶은 소망
즐거이, 꿈 가운데.
　　　　　　　　　　　▶ 1연: 동무들과 함께 농사지으며
　　　　　　　　　　　　 사는 평화로운 삶에 대한 소망

시상 전환: 꿈(소망) → 현실(절망)

그러나 집 잃은 내 몸이여,
　　　　삶의 터전 – 국토, 국권으로 확대　농사지을 땅
바라건대는 우리에게 우리의 보습 대일 땅이 있었더면!
국토와 국권을 상실한 우리 민족의 현실
이처럼 떠돌으랴, 아침에 저물손에
　　　　　　　　아침부터 저물 무렵까지
새라 새로운 탄식을 얻으면서.
새롭고 새로운
　　　　　　　　　　　▶ 2연: 집과 땅을 잃고 떠도
　　　　　　　　　　　　 는 자의 탄식

동이랴, 남북이랴,
목적지가 없는 유랑의 상황
내 몸은 떠 가나니, 볼지어다.

희망의 반짝임은, 별빛의 아득임은,
희망은 아득하게 멀리 있음
물결뿐 떠올라라, 가슴에 팔다리에
절망
　　　　　　　　　　　▶ 3연: 희망이 보이지 않는
　　　　　　　　　　　　 고통과 절망의 상황

시상 전환: 절망 → 희망

그러나 어쩌면 황송한 이 심정을! 날로 나날이 내 앞에는
　　　　　　　　미래에 대한 희망이 있기 때문에 감사하는 마음을 가질 수 있음
자칫 가늘은 길이 이어 가라. 나는 나아가리라
열악한 현실을 극복할 수 있는 실낱같은 희망　　미래 지향적 극복 의지
한 걸음, 또 한 걸음. 보이는 산비탈엔
꾸준하고 끊임없는 의지
온 새벽 동무들 저 저 혼자…… 산경(山耕)을 김매이는.
　　　　　　　　　　　산비탈의 밭을 경작함 – 희망을 잃지 않으려는 태도
　　　　　　　　　　　▶ 4연: 고통과 절망의 현실을 극
　　　　　　　　　　　　 복하려는 미래 지향적 의지

■ 보습: 쟁기 끝에 달아 땅을 가는 데에 쓰는 농기구

출제 포인트

- 화자의 어조와 태도
- 시상 전개 과정의 특징

필수 문제

01 화자 파악하기
- 화자: '나'(농사지을 땅을 잃은 이)
- 상황: 농사지을 땅을 잃은 절망적 상황에서도 (　　　)을 잃지 않음
- 정서·태도: 소망, 의지적

02 [기출] 이 시의 시어에 대한 설명으로 적절하지 않은 것은?

① 1연의 '꿈꾸었노라': 현실과 대비되는 화자의 소망이 반영되어 있다.
② 2연의 '집 잃은': 삶의 터전을 상실한 화자의 현실 인식이 드러난다.
③ 2연의 '떠돌으랴': 과거 사실에 대한 화자의 반성적 자세가 나타난다.
④ 3연의 '떠 가나니': 유랑하고 있는 화자의 현재 상황이 제시되고 있다.
⑤ 4연의 '나아가리라': 부정적 현실에 대처하는 화자의 의지가 드러난다.

핵심 정리

▾ 갈래: 자유시, 서정시　　▾ 성격: 저항적, 의지적, 참여적
▾ 주제: 국권 회복에 대한 염원과 의지
▾ 해제: 이 시는 농사지을 땅을 잃은 화자가 동무들과 함께 농사지으며 평화롭게 살아가기를 소망하는 모습을 통해, 국권을 상실한 우리 민족의 절망과 그 극복 의지를 형상화하고 있다. 김소월의 시로는 드물게 강렬한 역사의식과 현실 초극 의지가 드러난 작품이다.
▾ 시의 특징과 표현
　① 어조의 변화(절망 → 의지)를 통해 시상을 전개함
　② 영탄법과 도치법을 통해 현실 극복 의지를 드러냄

삭주 구성(朔州龜城) | 김소월

『물로 사흘 배 사흘 / 먼 삼천 리
「 」: 대상과의 물리적·심리적 거리감
더더구나 걸어 넘는 먼 삼천 리
                장애물, 극복의 대상
삭주 구성은 산을 넘은 육천 리요』   ▶ 1연: 멀고 먼 삭주 구성
화자가 그리워하지만, 돌아갈 수 없는 곳

물 맞아 함빡이 젖은 제비도
물이 쪽 내배도록 젖은 모양   삭주 구성으로 돌아갈 수 없는 화자의 처지를 보여 주는 존재. 화자의 분신
가다가 비에 걸려 오노랍니다

저녁에는 높은 산 / 밤에 높은 산   ▶ 2연: 돌아갈 수 없는 삭주
                                       구성

삭주 구성은 산 넘어 / 먼 육천 리

가끔가끔 꿈에는 사오천 리
현실보다 가까운 꿈에서의 거리
가다오다 돌아오는 길이겠지요   ▶ 3연: 꿈에서는 가까운 삭
                                       주 구성

서로 떠난 몸이길래 몸이 그리워
그리움의 이유(대구법)
님을 둔 곳이길래 곳이 그리워

못 보았소 새들도 집이 그리워 / 남북으로 오며가며 아니합디까
        화자의 처지와 대조되는 존재 ①   ▶ 4연: 그리운 삭주 구성

들 끝에 날아가는 나는 구름은
              화자의 처지와 대조되는 존재 ②
밤쯤은 어디 바로 가 있을 텐고

삭주 구성은 산 넘어 / 먼 육천 리   ▶ 5연: 멀고 먼 삭주 구성
물리적·심리적 거리감

■ 삭주 구성(朔州龜城): 평안북도에 있는 군청 소재지

출제 포인트
• 소재의 기능과 의미
• 운율 형성 방법 이해

필수 문제

01 화자 파악하기
• 화자: '드러나지 않음'(삭주 구성을 그리워하는 이)
• 상황: 그리운 임이 살고 있는 (   )으로 돌아가고 싶어함
• 정서·태도: 그리움

02 이 시에서 (   )와 (   )은 삭주 구성으로 돌아갈 수 없는 화자의 처지와 대비되는 자연물이다.

03 이 시의 운율 형성은 '먼 삼천 리, 먼 육천 리'와 같이 시구의 반복에 의한 방법과 '들 끝에 날아가는 나는 구름은'과 같이 (   )조, (   )음보의 율격에 의한 방법이 사용되고 있다.

핵심 정리

▾ **갈래**: 자유시, 서정시   ▾ **성격**: 애상적, 향토적
▾ **주제**: 삭주 구성에 대한 그리움
▾ **해제**: 이 시는 그리운 임이 살고 있는 삭주 구성에 대한 간절한 그리움을 형상화하고 있다. 삭주 구성으로 갈 수 없는 화자의 처지와, 그에 따른 그리움과 미련의 정서를 자연물을 통한 시각적 이미지를 통해 잘 드러내고 있다.
▾ **시의 특징과 표현**
① 7·5조, 3음보의 민요적 율격과 시구의 반복을 통해 리듬감을 줌
② 향토적인 소재와 예스러운 말투를 통해 전통적인 느낌을 자아냄

27 산 | 김소월

산(山)새도 오리나무
화자의 감정이 이입된 대상
위에서 운다

산새는 왜 우노, 시메 산골
'산새'가 그리워하는 곳
영(嶺) 넘어 가려고 그래서 울지
고개 – 넘을 수 없는 장애물 → 비애의 원인

▶ 1연: 울고 있는 산새의 모습

눈은 내리네 와서 덮이네
장애물 – '시메 산골' 가는 길의 험난함
『오늘도 하룻길은
「 」: 정처 없는 유랑의 길
칠팔십 리(七八十里)』

돌아서서 육십 리는 가기도 했소
'삼수갑산'에 두고 온 정분 때문에

▶ 2연: 정처 없는 유랑의 길

불귀(不歸) 불귀 다시 불귀
다시 돌아가지 못함 – 'a–a–b–a'의 구조로 안타까움 강조
삼수갑산에 다시 불귀
화자가 그리워하는 곳
사나이 속이라 잊으련만,

십오 년 정분을 못 잊겠네
'삼수갑산'에 대한 그리움

▶ 3연: 돌아갈 수 없는 삼수갑산에 대한 그리움

산에는 오는 눈, 들에는 녹는 눈
고개를 넘어 산으로 갈 수 없는 상황
산새도 오리나무
├ 수미 상관 → 화자의 비애 강조
위에서 운다

삼수갑산 가는 길은 고개의 길
'삼수갑산'에 갈 수 없는 비애

▶ 4연: 삼수갑산에 돌아갈 수 없는 비애

출제 포인트
• 시에 나타난 화자의 정서
• 화자가 그리워하는 대상과 화자를 방해하는 대상

필수 문제

01 화자 파악하기
• 화자: 유랑하는 사나이
• 상황: (　　　)에 돌아가고자 하나 갈 수 없음
• 정서·태도: 그리움, 슬픔

02 이 시에서 화자가 그리워하는 대상과 화자를 방해하는 대상을 각각 2개씩 찾아 쓰시오.
㉠ 화자가 그리워하는 대상:
（　　　　　　）
㉡ 화자를 방해하는 대상:
（　　　　　　）

03 [서술형] 이 시에서 '산새도 오리나무 / 위에서 운다'라는 구절을 반복함으로써 얻는 효과를 20자 내외로 서술하시오.

핵심 정리

▿ 갈래: 자유시, 서정시　　▿ 성격: 민요적, 향토적
▿ 주제: 그리운 삼수갑산에 돌아갈 수 없는 비애
▿ 해제: 이 시는 간절한 그리움의 대상인 '삼수갑산'에 돌아가지 못하는 화자의 비애를, 고개를 넘지 못해 울고 있는 '산새'의 모습에 이입하여 노래하고 있다.
▿ 시의 특징과 표현
① 수미 상관의 기법으로 화자의 정서를 강조함
② 감정 이입을 통해 화자의 정서를 드러냄

산유화(山有花) | 김소월

교과서 EBS

존재가 생성하고 소멸하는 공간
산에는 꽃 피네 　　□: 관조적 어조 → 감정 절제의 효과
　　존재의 생성
꽃이 피네.
가을 – 운율을 고려한 표현(시적 허용)
갈 봄 여름 없이
가을, 봄, 여름에 걸쳐
꽃이 피네.　　　　　　　　　　　　　▶ 1연: 존재의 생성

산에 / 산에
피는 꽃은
　　　고독감
저만치 혼자서 피어 있네.　　　　　　　▶ 2연: 존재의 고독
① 화자와 꽃 사이의 거리
② 꽃들 사이의 거리

산에서 우는 작은 새여,
　　감정 이입 꽃과 더불어 사는 존재, 고독한 존재
꽃이 좋아
산에서
사노라네.　　　　　　　　　　　　　　▶ 3연: 존재 사이의 교감
산다고 하네

산에는 꽃 지네
꽃이 지네.　　　　변형된 수미 상관
　　존재의 소멸　– 생성과 소멸의
갈 봄 여름 없이　　순환적 의미 강조
꽃이 지네.　　　　　　　　　　　　　▶ 4연: 존재의 소멸

출제 포인트
- 시상 전개 과정의 특징
- 시어의 상징적 의미
- 이 시의 운율 형성 요소

필수 문제

01 화자 파악하기
- 화자: 산에 핀 꽃을 바라보는 이
- 상황: (　　　　)이 혼자서 피었다 짐
- 정서·태도: 고독감

02 이 시의 시상 전개 과정을 〈보기〉와 같이 도식화할 때, (　　) 안에 들어갈 알맞은 말을 쓰시오.

〈보기〉
존재의 생성 → 존재의 고독 → 존재 사이의 교감 → (　　　　)

03 이 시에서 화자의 감정이 이입된 대상을 찾아 2어절로 쓰시오.

알맹이 포착

'저만치'의 의미
2연의 '저만치'는 꽃과 꽃 사이의 거리, 꽃과 화자 사이의 거리, 자연과 인간 사이의 거리 등 다양하게 해석할 수 있다. 하지만 이 모든 해석은 결국 화자가 자연 속에서 느끼는 삶의 근원적 고독감을 드러낸다고 볼 수 있다.

핵심 정리

- **갈래**: 자유시, 서정시　　　　**성격**: 민요적, 전통적, 관조적
- **주제**: 생성과 소멸을 거듭하는 대자연의 섭리와 존재의 고독감
- **해제**: 이 시는 꽃이 피고 지는 현상을 통해, 이 세상에 존재하는 모든 사물들의 근원적인 고독과 사물들이 나고 죽는 대자연의 섭리를 노래하고 있다.
- **시의 특징과 표현**
　① 종결 어미 '–네'를 통해 각운의 효과를 얻고, 감정의 절제를 보여 줌.
　② 7·5조, 3음보와 그 변조로 운율감을 형성함

29 삼수갑산(三水甲山)* | 김소월

삼수갑산(三水甲山) 내 왜 왔노 삼수갑산이 어디뇨
<u>화자가 갇혀서 벗어나지 못하는 공간</u>
오고 나니 기험(奇險)타 아하 물도 많고 산(山) 첩첩이라 아하하
<u>정말로 험하구나</u>   <u>고향 가는 길을 가로막는 장애물</u>   <u>탄식 – 절망감</u>
▶ 1연: 벗어날 길 없는 삼수갑
산에 갇힌 현실에 대한 탄식

내 <u>고향</u>을 도로 가자 내 고향을 내 못 가네
<u>화자가 그리워하는 곳</u>
삼수갑산 멀드라 아하 촉도지난(蜀道之難)이 예로구나 아하하
<u>촉나라로 돌아가는 것이 어렵다는 뜻으로, 고향으로 돌아가는 것이 매우 힘들다는 의미</u>

삼수갑산이 어디뇨 내가 오고 내 못 가네

불귀(不歸)로다 내 고향 아하 새가 되면 떠 가리라 아하하
<u>돌아가지 못함</u>   <u>돌아가는 것이 현실적으로 불가능함</u>
▶ 2, 3연: 고향에 돌아갈 수
없는 절망적인 현실에 대
한 탄식

임 계신 곳 내 고향을 내 못 가네 내 못 가네

오다 가다 야속타 아하 삼수갑산이 날 가두었네 아하하
<u>대상과 화자의 입장을 전도시켜 표현 → 절망감 강조</u>

내 고향을 가고지고 오호 삼수갑산 날 가두었네
<u>가고 싶구나</u>
불귀로다 내 몸이야 아하 삼수갑산 못 벗어난다 아하하
▶ 4, 5연: 삼수갑산을 벗어나
임 계신 고향으로 돌아갈
수 없는 현실에 대한 절망감

■ 삼수갑산(三水甲山): 함경도에 있는 '삼수'와 '갑산'. 지세가 험해 들고 나기가 힘든 곳

출제 포인트

• 화자가 처한 현실
• 화자의 정서를 강조하기 위한
표현 방식

필수 문제

01 화자 파악하기

• 화자: '나' (고향을 떠난 이)
• 상황: 삼수갑산에 갇혀서
(   )에 갈 수 없음을 탄식
함
• 정서·태도: 절망감

02 [기출] 이 시에 대한 이해로
적절하지 <u>않은</u> 것은?

① 1연: '물도 많고 산 첩첩'이라
는 표현을 통해, 돌아가지 못
하는 고향의 아름다움을 형상
화하고 있다.
② 2연: '촉도지난'이라는 표현
을 통해, 고향에 돌아가지 못
하는 실향민의 처지를 암시하
고 있다.
③ 3연: '새가 되면'이라는 이루
어질 수 없는 상황 설정을 통
해, 귀향할 수 없는 절망적 현
실을 드러내고 있다.
④ 4연: '삼수갑산이 날 가두었'
다는 표현을 통해, 실향민이
된 것이 스스로의 의지가 아
님을 강조하고 있다.
⑤ 5연: '못 벗어난다'라는 단정
적인 표현을 통해, 우리 민족
이 식민지 현실에서 느끼는
좌절감을 드러내고 있다.

핵심 정리

♥ 갈래: 자유시, 서정시   ♥ 성격: 향토적, 애상적, 영탄적
♥ 주제: 고향에 돌아갈 수 없는 절망과 탄식
♥ 해제: 이 시는 '삼수갑산'을 능동적 존재로, 화자를 피동적 존재로 설정하여, '삼수갑산'에 갇혀 고향으로 돌아가지
못하는 화자의 절망감을 표현하고 있다.
♥ 시의 특징과 표현
① '아하'와 '아하하'의 규칙적인 반복을 통해 운율감을 형성하고 화자의 절망감을 드러냄
② '삼수갑산'을 능동적 존재로 설정하여 화자의 비애를 심화함

'서도'여운(西道餘韻) – 옷과 밥과 자유 | 김소월

공중에 떠다니는

저기 저 새여
화자와 대조되는 존재

네 몸에는 털 있고 깃이 있지
제목의 '옷'에 해당함, 옷이 없는 화자와 대비 ①

▶ 1연: 털과 깃이 있는 새

밭에는 밭곡식
제목의 '밥'과 관련됨, 밥이 없는 화자와 대비 ②
논에는 물벼

눌하게 익어서 수그러졌네!
누렇게

▶ 2연: 밭곡식과 물벼가 누
렇게 익음

초산(楚山) 지나 적유령
평북 희천군과 강계군 사이에 있는 고개
넘어선다

짐 실은 저 나귀는 너 왜 넘니?
제목의 '자유'와 관련됨, 자유가 없는 화자와 동일시됨,
고향에서 살 수 없어 떠나는 이주민의 모습

▶ 3연: 나귀가 짐을 싣고 적
유령을 넘음

- 서도(西道): 황해도와 평안도 지방을 두루 이르는 말
- 여운(餘韻): 어떤 일이 끝나거나 현상이나 시기가 다한 뒤에 아직 가시지 않고 남아 있는 운치
- 초산(楚山): 평안북도 초산군 북부, 압록강 기슭에 있는 읍

출제 포인트

- 화자의 처지 이해
- 소재의 상징적 의미

필수 문제

01 화자 파악하기
- 화자: '나' (새와 논밭과 나귀를 바라보는 이)
- 상황: (   ), (   ), (   )를 바라보며 옷과 밥과 자유를 생각함
- 정서·태도: 비애, 탄식

02 이 시에서 (   )의 몸에 있는 (   )과 (   )은 화자에게는 없는 '옷'을 의미한다.

03 이 시에서 자유를 잃은 화자의 처지와 동일시되고 있는 소재를 찾아 쓰시오

알맹이 포착

부제 '옷과 밥과 자유'의 이해
부제인 '옷과 밥과 자유'는 사람이 사람답게 살 수 있는 최소한의 생존 조건인 '의식주(衣食住)'와 관련된다. 그런데 '거처, 집'을 의미하는 '주(住)'가 '자유'로 제시된 것은 시대 상황과 관련하여 생각해 볼 수 있다. 일제, 지주와 마름의 수탈로 인해 고향을 등지고 유이민으로 떠돌아야 했던 민중들은 자기 마음대로 고향에서 살 자유마저 누리지 못한다는 점에서 '짐 실은 저 나귀'와 다를 바 없는 존재라고 할 수 있다. 따라서 시인에게 '주(住)'는 단순한 '거처'의 문제가 아닌 '자유'의 문제로 인식된 것이다.

한눈에 보기

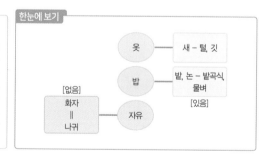

핵심 정리

- ▼ 갈래: 자유시, 서정시   ▼ 성격: 비판적, 우회적
- ▼ 주제: 일제 강점하에서 자유를 빼앗긴 우리 민족의 비참한 삶
- ▼ 해제: 이 시는 화자가 '새', '논밭', '나귀'를 바라보며 '옷'과 '밥'과 '자유'를 상실한 자신의 처지를 탄식하고 절망하는 모습을 그린 작품으로, 당대 우리 민족의 비참한 실상을 드러내고 있다.
- ▼ 시의 특징과 표현
  ① 자연물과의 대비를 통해 화자의 처지를 부각함
  ② 영탄적인 독백체와 대상에 대한 의인화가 나타남

왕십리 | 김소월

①~⑤: '오다'의 활용형을 반복 변주하여 리듬감을 형성하고
화자의 정서(기쁨 → 아쉬움) 제시(한눈에 보기 참고)

①
비가 온다 / 오누나
③   ②
오는 비는 ── 임과의 재회(봄을 재촉함)를 촉진하는 기능
         다른 해석 - 임의 떠남을 막는(지연시키는) 기능
④   ⑤
올지라도 한 닷새 왔으면 좋지.
임이 떠난 후 내린 비가 흡족하지 않음(아쉬움).
임의 부재(실연) 상황 지속

▶ 1연: 임이 떠난 후 내렸던
   비가 지금 또 내림

『여드레 스무날엔 / 온다고 하고   「 」: 믿을 수 없는 임의 약속(간접 인용을 통한
조금 때, 비가 오는 시기 주체: 임 또는 비   독백), 임과의 재회의 미련(대구법)
초하루 삭망이면 간다고 했지』
사리 때, 비가 그칠 때   주체: 임 또는 비
가도 가도 왕십리 비가 오네.
임을 찾아 나섰으나 왕십   1연의 현재 비 내리는 상황의 지속
리에서 벗어나지 못함

▶ 2연: 임을 찾아 나섰으나
   왕십리에서 더 나아가지
   못함

         벌새, 화자의 감정 이입물 ①
『웬걸, 저 새야   「 」: 왕십리에서 울지 말고 임이 있는 곳 가까이
현재 상황의 아쉬움   가서 화자의 슬픔을 전하며 울어달라는 당부
울라거든 / 왕십리 건너가서 울어나다고.』

『비맞아 나른해서 ▪벌새가 운다.』 「 」: 1행에 위치할 내용
비맞고 우는 새의 모습에 이별의   임(운다 → 울라거
슬픔의 정서 이입   든 ~ 울어나다고)

▶ 3연: 벌새가 화자의 슬픔
   을 임에게 전해주길 바람

『천안에 삼거리 실버들도 「 」: '비 → 실버들 적심 → 봄이 옴 → 재회의 소망'
여로의 공간만남과 이별 상존
촉촉이 젖어서 늘어졌다네.』
만남의 환경 조성(비의 기능) ① -다네: 화자가 이미 알고 있는 사실을 전달하는 어미 ② '다고 하네'의 준말
비가 와도 한 닷새 왔으면 좋지. ← 1연 4행의 반복, 임과 재회가 가능할 만큼
                                흡족하게 비가 내리지 않음(재회의 어려움)
구름도 산마루에 걸려서 운다. ← 임과의 재회가 실현
화자의 감정 이입물 ②   되지 않는 상황에서
                           느끼는 처연함 제시

▶ 4연: 임과의 재회가 실현
   되지 않는 현실의 안타까
   움

▪ 벌새: 들[野]새. 낮에는 배가 고파서, 밤에는 임이 그리워서 운다는 새

출제 포인트

- 소재의 상징적 의미
- 시상의 흐름 이해

필수 문제

01 화자 파악하기
- 화자: '드러나지 않음'(임과의
  재회를 고대하는 이)
- 상황: (   )한 임과의 재회
  를 기다림
- 정서·태도: 그리움, 재회의
  소망

02 이 시에서 (   )와
(   )은 임과 이별하여 슬퍼
하는 화자와 유사한 처지에 있는
자연물이다.

03 이 시에서 화자가 자연물에
게 직접 당부하는 대화의 내용을
찾아 쓰시오.

한눈에 보기

[임과의 재회를 촉진시킴, 봄을 재촉하는 비]

비

온다	오누나	오는	올지라도	왔으면
현재의 사건과 사실을 서술	깨달은 동작의 진행 설명	사건과 행위가 현재 일어남	'그렇다고 가정하더라도'	이루어지지 않은 사실 가정

핵심 정리

- **갈래**: 자유시, 서정시   **성격**: 기원적, 애상적
- **주제**: 임과의 이별의 비애와 재회에 대한 의지
- **해제**: 이 시는 '비'를 제재로 하여 임과의 이별과 재회의 기다림을 노래하고 있다. '비'에 대한 기능을 각각 다르게 해
  석하고 있으므로 유의하여 감상하도록 한다.
- **시의 특징과 표현**
  ① 7·5조, 3음보의 민요적 율격을 기본으로 다양한 어미 활용과 리듬의 변주, 대구를 적절히 활용함
  ② 화자의 감정을 직접적으로 노출하지 않고, 자연 현상과 사물에 빗대어 감정을 형상화함

32 접동새 | 김소월

접동 / 접동
의성어(접동새 울음소리)
아우래비 접동
아홉 오라비(남동생)의 활음조 현상. 접동새 울음소리

'a-a-b-a' 구조
(비극적 분위기 조성)

▶ 1연: 접동새의 울음소리

진두강(津頭江) 가람가에 살던 누나는
서북 지방에 있는 강 강가
진두강 앞마을에 / 와서 웁니다

▶ 2연: 마을을 떠나지 못하는 죽은 누나의 울음소리

옛날, 우리나라 / 먼 뒤쪽의
진두강 가람가에 살던 누나는
의붓어미 시샘에 죽었습니다.
의붓어머니(계모)

접동새 설화의 내용
– 누나의 비극적 죽음

▶ 3연: 의붓어미의 시샘에 죽은 누나

누나라고 불러 보랴 / 오오 불설워
몹시 서러워
시새움에 몸이 죽은 우리 누나는
죽어서 접동새가 되었습니다.
죽은 누나의 화신 – 한의 상징물

▶ 4연: 죽어서 접동새가 된 누나

아홉이나 남아 되던 오랩동생을
그 정도나 되던   남동생
죽어서도 못 잊어 차마 못 잊어
동생들에 대한 누나의 안타까운 심정
『야삼경(夜三更) 남 다 자는 밤이 깊으면
삼경(밤 11시부터 새벽 1시까지) 무렵의 밤
이 산 저 산 옮아 가며 슬피 웁니다.』
「 」: 죽어서도 계모의 눈을 피해 다녀야 하는 누나의 한

▶ 5연: 죽어서도 동생들을 못 잊어 슬피 우는 누나(접동새)

출제 포인트

• '접동새'의 상징적 의미
• 시의 주된 정서
• 표현상의 특징과 효과

필수 문제

01 화자 파악하기
• 화자: 죽은 누이를 그리는 남동생
• 상황: 계모의 시샘으로 죽은 누나가 (   )가 되어 슬피 욺
• 정서·태도: 한(恨)

02 [기출] 이 시에 나타난 표현상의 특징으로 적절하지 않은 것은?
① 애상적 어조를 통해 비극적 분위기를 드러내고 있다.
② 명령형의 문장을 사용하여 주제 의식을 부각하고 있다.
③ 구체적 지명을 활용하여 향토적 정서를 환기하고 있다.
④ 행의 길이에 변화를 주어 리듬의 완급을 조절하고 있다.
⑤ 동일한 시구를 반복하여 두 연을 유기적으로 결합하고 있다.

보충 학습

접동새 설화

10남매를 둔 아버지가 아내를 잃은 후 재혼을 했는데, 계모가 매우 포악하였다. 맏이인 소녀가 혼기가 차서 어느 도령과 혼약을 맺었는데, 그 집이 부자라 소녀에게 많은 예물을 보냈다. 이를 시기한 계모는 소녀를 장롱 속에 가두고 불을 질러 죽였다. 소녀가 죽은 뒤 한 마리 접동새가 날아올랐는데 이는 소녀의 혼이 새가 된 것이었다. 관가에서 이를 알고 의붓어미를 잡아다 불에 태워 죽였는데, 재 속에서 까마귀가 나왔다. 접동새가 된 소녀는 아홉 남동생들을 몹시 걱정했지만 까마귀가 무서워 깊은 밤에만 동생들이 자는 창가에 와서 슬피 울었다.

핵심 정리

▼ 갈래: 자유시, 서정시   ▼ 성격: 전통적, 애상적, 민요적, 향토적
▼ 주제: 비극적 현실을 초월하려는 애절한 혈육의 정
▼ 해제: 이 시는 서북 지방의 전래 설화를 모티프로 하여, 민요적 가락과 우리말의 어감을 잘 살리면서 혈육에 대한 애절한 정을 형상화하고 있다.
▼ 시의 특징과 표현
① 서북 지방의 설화를 제재로 하여 시상을 전개함
② 의성어를 통해 혈육에 대한 정을 표출함

33 진달래꽃 | 김소월

나 보기가 역겨워
　　　몹시 싫어서
가실 때에는
이별의 상황을 가정(가시겠다면)　　□ : 각운 효과, 여성적 어조
『말없이 고이 보내 드리우리다.』
원망이나 만류의 말　　　『 』 : 이별의 상황에 대한 체념

▶ 1연: 이별의 상황을 가정하고 체념함

영변(寧邊)에 약산(藥山)
　　　　　평안북도 영변에 있는 산으로 진달래꽃으로 유명함
진달래꽃
화자의 분신이자 사랑의 표상
『아름 따다 가실 길에 뿌리우리다.』
임에 대한 사랑을　　　『 』 : 산화공덕(散花功德)
시각적으로 물량화한 표현

▶ 2연: 떠나는 임에게 꽃을 뿌리며 축복함

가시는 걸음걸음

놓인 그 꽃을
　　　　임에 대한 '나'의 희생적 사랑
『사뿐히 즈려밟고 가시옵소서.』
　　　내리눌러 밟고　『 』 : 자기희생을 통해 이별의 한을
　　　　　　　　　　숭고한 사랑으로 승화함

▶ 3연: 자기희생을 통한 사랑의 승화

나 보기가 역겨워

가실 때에는　　　　　　　　변형된 수미 상관 — 안정감 부여, 의미 강조

죽어도 아니 눈물 흘리우리다.
슬픔을 참고 견디겠다는 의미 – 애이불비(哀而不悲)의 정서(반어법, 도치법)

▶ 4연: 인고(忍苦)의 태도로 이별의 정한 극복

출제 포인트
• '진달래꽃'의 상징적 의미
• 시상 전개에 따른 화자의 정서

필수 문제

01 화자 파악하기
• 화자: '나'(임과의 이별을 예감한 여인)
• 상황: (　　　)의 상황을 가정하여 임이 떠난다 하더라도 슬퍼하지 않겠다고 함
• 정서 · 태도: 표면적: 인고적, 순종적 / 내면적: 임을 보낼 수 없다는 의지

02 이 시에 나타난 정서나 태도로 적절하지 않은 것은?
① 고립무원(孤立無援)
② 산화공덕(散花功德)
③ 애이불비(哀而不悲)
④ 여필종부(女必從夫)
⑤ 지고지순(至高至純)

03 [기출] 이 시의 표현상의 특징 및 효과로 적절하지 않은 것은?
① 종결 어미 '−우리다'를 반복하여 리듬감을 살렸다.
② 각 연을 3행으로 배열하여 형태적 안정감을 얻었다.
③ 반어법을 사용하여 임에 대한 화자의 심정을 드러냈다.
④ 유사한 시구를 처음과 끝에 반복하여 주제를 강조했다.
⑤ 청각적 이미지로 시적 화자의 정서를 생동감 있게 드러냈다.

핵심 정리

▼ **갈래:** 자유시, 서정시　　▼ **성격:** 전통적, 애상적, 민요적, 향토적
▼ **주제:** 이별의 정한(情恨)과 그 승화
▼ **해제:** 이 시는 이별의 아픔을 체념과 인종(忍從)으로 극복해 내려는 여인의 정한(情恨)을 민요적 율격과 애절한 여성적 어조로 형상화하고 있다.
▼ **시의 특징과 표현**
　① 이별의 상황을 가정하여 시상을 전개함
　② 표면적으로는 임과의 이별을 수용하고 있지만 이면에는 강한 만류의 뜻이 담겨 있음
　③ 7 · 5조, 3음보의 민요조 율격과 각운('−우리다')을 통해 운율감을 형성함
　④ 변형된 수미 상관의 구조를 통해 화자의 정서를 강조함

34 집 생각 | 김소월

산에나 올라서서 / 바다를 보라
<small>고향을 그리워하며 오르는 공간</small>
사면(四面)에 백열 리, 창파(滄波) 중에
<small>백십 리 – 화자와 고향과의 거리감</small>
객선(客船)만 둥둥…… 떠나간다
<small>화자와 대조적인 존재 ① – 고향에 대한 그리움의 심화</small>

명산대찰(名山大刹)이 그 어디메냐
<small>이름난 산과 큰 절 – 기원의 공간</small>
향안, 향탑, 대그릇에
<small>제사 때에 향로나 그릇을 올려놓는 상</small>
석양이 산머리 넘어가고
<small>고향에 가지 못하는 쓸쓸함을 고조시키는 시간적 배경</small>
사면에 백열 리, 물소리라

「"젊어서 꽃 같은 오늘날로
<small>「 」: 인용을 통한 과거 회상 – 고향을 떠날 때 누군가 화자를 위해 기원했던 내용</small>
금의(錦衣)로 환고향(還故鄉) 하옵소서."」
<small>금의환향</small>
객선만 둥둥…… 떠나간다

사면에 백열 리, 나 어찌 갈까
<small>고향에 돌아갈 수 없는 처지</small>

까투리도 산속에 새끼 치고
<small>화자의 감정이 이입된 대상 – 타관에서 고향을 그리워하는 화자의 처지를 드러냄</small>
타관만리(他關萬里)에 와 있노라고
<small>고향에서 멀리 떨어진 곳</small>
「산중(山中)만 바라보며 목메인다
<small>「 」: 고향에 대한 간절한 그리움(도치법)</small>
눈물이 앞을 가리운다고」

들에나 내려오면 / 치어다보라
<small>향수를 떨치지 못하는 공간</small>
해님과 달님이 넘나든 고개
<small>화자와 대조적인 존재 ② – 부러움의 대상</small>
구름만 첩첩…… 떠돌아간다
<small>화자와 대조적인 존재 ③ – 고향에 대한 그리움의 심화</small>

▶ 1, 2연: 산에 올라 바다를 보며 고향을 떠올림

▶ 3, 4연: 고향에 가기 어려운 화자의 현재 처지

▶ 5연: 고향에 대한 그리움의 심화

출제 포인트

- 화자의 감정이 이입된 대상
- 화자의 처지와 대비되는 소재

필수 문제

01 화자 파악하기
- 화자: 고향을 그리워하는 이
- 상황: 타향에서 산에 올라가 ( )를 바라보며 집(고향) 생각을 하고 있음
- 정서·태도: 그리움, 안타까움

02 〈보기〉에서 설명하고 있는 자연물을 찾아 쓰시오.

<보기>
화자는 자연물에 자신의 감정을 투영하는 방법을 사용하여 고향에 돌아갈 수 없는 서글픈 감정을 부각하고 있다.

03 [기출] 이 시의 시어에 대한 설명으로 적절하지 않은 것은?
① '산'은 화자가 고향을 그리워하며 오르는 공간을 의미한다.
② '백열 리'는 화자가 고향에서 멀리 떠나 있음을 나타낸다.
③ '객선'은 화자가 그리워하는 대상을 의미한다.
④ '까투리'는 화자의 처지를 비유적으로 나타낸다.
⑤ '구름'은 고향에 대한 화자의 그리움을 심화시킨다.

핵심 정리

- **갈래**: 자유시, 서정시   **성격**: 애상적
- **주제**: 고향을 그리워하는 애틋하고 안타까운 마음
- **해제**: 이 시는 고향을 떠나온 화자가 산에 올라 바다를 내려다보며 고향을 그리워하는 애틋한 마음을 형상화한 작품이다. 까투리에 화자의 감정을 이입하여 고향에 돌아갈 수 없는 처지를 효과적으로 드러내고 있다.
- **시의 특징과 표현**
  ① 자연물에 감정을 이입하여 화자의 처지를 드러냄
  ② 동일한 시구의 반복으로 화자가 처한 상황을 부각함
  ③ 화자의 처지와 대비되는 소재를 통해 화자의 정서를 강조함

초혼(招魂) | 김소월

산산이 부서진 이름이여!
영탄법 - 사무치는 그리움
허공중에 헤어진 이름이여!
흩어진
불러도 주인 없는 이름이여!

부르다가 내가 죽을 이름이여!
임을 잃은 슬픔의 크기

임의 죽음 암시
- 영탄과 반복을 통해 화자의
애절한 심정을 드러냄

▶ 1연: 임의 부재를 절감한
화자의 절규

심중에 남아 있는 말 한마디는
못다 한 사랑의 고백
끝끝내 마저 하지 못하였구나.
고백하지 못한 사랑에 대한 안타까움, 회한
사랑하던 그 사람이여! / 사랑하던 그 사람이여!
반복을 통해 슬픔과 그리움 강조

▶ 2연: 사랑을 고백하지 못
한 안타까움

붉은 해는 서산마루에 걸리었다.
이별의 시간, 삶과 죽음의 경계의 시간
사슴의 무리도 슬피 운다.
감정 이입의 대상
떨어져 나가 앉은 산 위에서
고립·단절의 공간, 죽음에 대한 무력감
나는 그대의 이름을 부르노라.

▶ 3연: 임과의 이별로 인한
좌절감과 무력감

설움에 겹도록 부르노라. / 설움에 겹도록 부르노라.
참거나 견딜 수 없을 정도로
부르는 소리는 비껴가지만

하늘과 땅 사이가 너무 넓구나.
저승과 이승의 거리감, 절망감

▶ 4연: 삶과 죽음 사이의 절
망적 거리감

선 채로 이 자리에 돌이 되어도
그리움과 한이 응집된 상징물 - 망부석 모티프와 연결됨
부르다가 내가 죽을 이름이여!

사랑하던 그 사람이여! / 사랑하던 그 사람이여!

▶ 5연: 슬픔의 극한과 임을
향한 처절한 그리움

* 초혼(招魂): 사람이 죽었을 때, 그 혼을 소리쳐 부르는 일. 죽은 사람이 생시에 입던 저고
리를 왼손에 들고 오른손을 허리에 대고는 지붕에 올라서거나 마당에 서서, 북쪽을 향하
여 '아무 동네 아무개 복(復)'이라고 세 번 부른다.

출제 포인트

* 화자가 처한 상황과 정서
* '돌'의 상징적 의미

필수 문제

01 화자 파악하기
* 화자: '나'(임을 여읜 이)
* 상황: 사랑하는 임을 여의고
그 (   )을 격정적으로 부름
* 정서·태도: 슬픔, 안타까움

02 이 시에서 임에 대한 화자의
그리움과 한이 응집된 시어를 찾
아 쓰시오.

03 이 시에서 화자와 임과의
거리감을 표현한 시행을 찾아 쓰
시오.

핵심 정리

▾ 갈래: 자유시, 서정시   ▾ 성격: 전통적, 애상적, 격정적
▾ 주제: 임의 죽음으로 인한 슬픔과 임에 대한 그리움
▾ 해제: 이 시는 장례 절차의 일부인 '초혼' 의식을 소재로 하여, 사랑하는 사람을 잃은 화자의 처절한 슬픔과 절망적
인 심정을 격정적인 어조로 노래하고 있다.
▾ 시의 특징과 표현
① 영탄법과 반복법, 감정 이입, 격정적 어조 등을 통해 화자의 정서를 표출함
② 7·5조, 3음보의 전통적 민요조의 율격을 통해 운율을 형성함

36 봄은 간다 | 김억

밤이로다.
암담한 현실
봄이다.
덧없이 흘러가는 상실의 시간

밤만도 애달픈데
정서의 직접 표출 ┐ 대구법
봄만도 생각인데 ┘
생각에만 그치는 계절인데
– 희망의 봄은 생각에만 존재하고 현실의 봄은 상실감만을 줌

날은 빠르다.
덧없는 시간의 흐름
봄은 간다. ┘ – 상실감 강조

▶ 1~3연: 가는 봄에 대한 아쉬움과 상실감

깊은 생각은 아득이는데
아득하기만 한데
저 바람에 새가 슬피 운다.
거센 폭력과 시련 감정 이입의 대상

검은 내 떠돈다.
절망적 현실 = 밤
종소리 빗긴다.
희망이 비끼어 사라짐 – 공감각적 이미지(청각의 시각화)

▶ 4, 5연: 아득한 절망감과 희망이 사라진 현실

말도 없는 밤의 설움 ┐ 침묵할 수밖에 없는
정서의 직접 표출   암담한 현실(대구법)
소리 없는 봄의 가슴 ┘

꽃은 떨어진다.
봄(희망)의 상실
님은 탄식한다.
슬픔과 절망감의 재확인

▶ 6, 7연: 침묵할 수밖에 없는 현실과 상실감의 재확인

출제 포인트
• 화자의 정서와 태도
• 표현상의 특징과 효과

필수 문제

01 화자 파악하기
• 화자: 봄밤에 '봄'에 대해 생각하는 이
• 상황: 봄밤에 애상감을 느끼며 (   )이 가는 것을 서러워하고 있음
• 정서·태도: 슬픔, 애달픔, 설움

02 이 시에서 느낄 수 있는 '봄'의 정서로 알맞지 <u>않은</u> 것은?
① 무상감   ② 상실감
③ 생동감   ④ 애상감
⑤ 절망감

03 이 시에서 희망이 사라져 가는 상황을 감각적으로 형상화하고 있는 2어절의 시구를 찾아 쓰시오.

핵심 정리

▼ 갈래: 자유시, 서정시   ▼ 성격: 애상적, 독백적, 절망적
▼ 주제: 봄밤에 느끼는 상실감과 절망감
▼ 해제: 이 시는 봄밤을 배경으로 암담한 시대 현실로 인한 절망감을 노래하고 있는 작품으로, 봄밤에 느끼는 화자의 애상적 정서를 독백체의 표현과 간결한 구조를 통해 형상화하고 있다.
▼ 시의 특징과 표현
① 상징적 소재와 하강 이미지의 시어를 사용하여 화자의 정서를 드러냄
② 규칙적인 시행 배열, 대구, 각운(-다, -데, -ㅁ) 등을 통해 운율을 형성함

37 오다 가다 | 김억

낯선 작품

오다 가다 길에서
잠시의 인연 ①
만난 이라고

그저 보고 그대로

갈 줄 아는가.
그냥 갈 수 없다는 화자의 의지를 강조(설의법)

▶ 1연: 오다 가다 만난 이에 대한 그리움

『뒷산은 청청(靑靑) 「 」: 싱그럽고 경쾌한 자연의 모습을 제시하여
화자의 그리움에 아름다운 서정성을 부여함
풀 잎사귀 푸르고
짙어 가는 그리움
앞바단 중중(重重)
물결이 밀려와 주름지는 모습
흰 거품 밀려든다.』
밀려드는 그리움

▶ 2연: 싱그럽고 경쾌한 산과 바다(자연)의 모습

산새는 죄죄 / 제 흥을 노래하고
새가 우는 소리
바다엔 흰 돛 / 옛 길을 찾노란다.
추억의 길

▶ 3연: 산새와 돛단배의 조화

자다 깨다 꿈에서 / 만난 이라고
잠시의 인연 ②
그만 잊고 그대로 / 갈 줄 아는가.

▶ 4연: 꿈속에서 만난 이에 대한 그리움

십리 포구 산 너머 / 그대 사는 곳
송이송이 살구꽃 / 바람과 논다.

▶ 5연: 그대 사는 곳의 아름다움

수로 천 리(水路千里) 먼먼 길
멀고도 먼(음수율을 고려하고 정감의
왜 온 줄 아나. 깊이를 나타내기 위한 시어 선택)
예전 놀던 그대를
잠시의 인연 ③
못 잊어 왔네.
화자의 정서(그리움)

▶ 6연: 그대를 못 잊어 먼 길을 찾아옴

출제 포인트
- 화자의 태도와 정서 이해
- 운율과 표현의 특징

필수 문제

01 화자 파악하기
- 화자: '드러나지 않음'(임을 그리워하는 이)
- 상황: 잠시 (   )을 맺은 사람을 못 잊어 찾아옴
- 정서·태도: 그리움

02 이 시에서 화자와 잠시의 인연을 맺은 대상을 나타내는 표현을 모두 찾아 쓰시오.(3개)

03 이 시의 '송이송이 살구꽃 / 바람과 논다.'에서는 (   )조, (   )음보의 운율을 확인할 수 있다.

핵심 정리

- 갈래: 자유시, 서정시   성격: 민요적
- 주제: 잠시 인연을 가졌던 사람에 대한 그리움
- 해제: 이 시는 대상에 대한 그리움을 애상적으로 노래한 대부분의 시들과는 달리, 경쾌한 7·5조, 3음보의 운율을 바탕으로 아름다운 자연의 모습과 화자의 그리움의 정서를 조화시켜 밝고 정겨운 느낌으로 드러내고 있다.
- 시의 특징과 표현
  ① 음성 상징어를 적절히 사용하여 우리말의 미감을 살림
  ② 싱그럽고 경쾌한 자연의 모습을 통해 그리움의 정서를 드러냄

거문고 | 김영랑

필수

검은 벽에 기대선 채로
일제 강점기의 암담한 현실
해가 스무 번 바뀌었는데
국권을 잃은 후 많은 시간이 지남
내 기린(麒麟)은 영영 울지를 못한다
원관념 : 거문고   당당하게 소리 내지 못하는 억압적 현실

▶ 1연: 울지 못하는 거문고

그 가슴을 둥둥 흔들고 간 노인의 손
          기린을 울게 했던 존재 – 화자가 바라는 대상
지금 어느 끝없는 향연(饗宴)에 높이 앉았으려니
기린을 울 수 있게 해 줄 절대적 존재가 너무 먼 곳에 있음
땅 우의 외론 기린이야 하마 잊어졌을라
      외로운   벌써   잊어졌겠는가? – 잊지 않았을
                              것이라는 기대(설의법)

▶ 2연: 잊히지 않기를 바라는 슬픈 마음

바깥은 거친 들 이리 떼만 몰려다니고
              자유를 억압하는 부정적 세력 ①
사람인 양 꾸민 잔나비 떼들 쏘다니어
사람인 것처럼   자유를 억압하는 부정적 세력 ②
내 기린은 맘 둘 곳 몸 둘 곳 없어지다
        자유를 빼앗긴 비극적 현실

▶ 3연: 마음과 몸을 둘 곳 없는 억압적 현실

문 아주 굳이 닫고 벽에 기대선 채
억압적 현실과의 단절 – 내면적 저항
해가 또 한 번 바뀌거늘
부정적 현실의 지속
이 밤도 내 기린은 맘 놓고 울들 못한다
  암담한 현실   억압적 현실의 지속에 대한 안타까움

1연의 반복과 변주 – 시적 상황 강조

▶ 4연: 맘 놓고 울지 못하는 거문고

- 기린: 성인이 이 세상에 나올 징조로 나타난다고 하는 상상 속의 짐승
- 향연: 특별히 융숭하게 손님을 대접하는 잔치

출제 포인트

- 시어의 상징적 의미
- 화자의 정서와 태도

필수 문제

01 화자 파악하기
- **화자:** '나' (자유를 억압당하고 살아가는 이)
- **상황:** 기린(거문고)이 마음 놓고 (   ) 못하는 암담한 현실에 안타까워함
- **정서·태도:** 안타까움, 비애감

02 이 시의 시어 중, 그 이미지가 이질적인 것은?
① 검은 벽
② 노인
③ 이리 떼
④ 잔나비 떼
⑤ 밤

03 이 시에서 화자가 처한 부정적 현실이 지속되고 있음을 의미하는 시행을 찾아 쓰시오.

알맹이 포착

'거문고'와 '노인'의 상징적 의미

'거문고'는 일제 강점기의 억압적 현실을 살아가는 화자 자신 또는 우리 민족을 상징하는 소재로, 이 시에서는 이를 다시 울지 못하는 '기린'에 비유하고 있다. 또 '노인'은 그런 기린을 울 수 있게 하는 절대적인 존재이자 화자가 간절히 기다리는 대상으로, 화자는 노인이 기린을 잊지는 않았을 것이라는 기대를 드러내고 있다.

핵심 정리

▼ **갈래:** 자유시, 서정시   ▼ **성격:** 애상적, 비판적
▼ **주제:** 암담한 시대 상황에 대한 비극적 인식
▼ **해제:** 이 시는 영영 울지를 못하는 '거문고'에 빗대어, 암울한 부정적 현실에서 자유를 빼앗긴 상태로 살아가는 화자의 답답함과 슬픔을 노래하고 있는 작품이다.
▼ **시의 특징과 표현**
    ① 상징적인 시어를 사용하여 주제 의식을 드러냄
    ② 시적 대상을 의인화하여 표현함
    ③ 1연의 내용을 4연에서 반복·변주함으로써 시적 상황을 부각함

끝없는 강물이 흐르네 | 김영랑

필수

내 마음의 어딘 듯 한편에 끝없는

강물이 흐르네.
화자가 지향하는 순수한 내면세계

돋쳐 오르는 아침 날빛이 빤질한
돋아 오르는 아침 햇빛 – 밝고 평화로운 이미지

은결을 도도네.
은빛 물결을 돋우네 – 햇빛을 받아 빛나는 강물의 아름다운 이미지

가슴엔 듯 눈엔 듯 또 핏줄엔 듯

마음이 도른도른 숨어 있는 곳
　　　　나직하고 정답게 속삭이는 소리 또는 그 모양 – 생동감

「내 마음의 어딘 듯 한편에 끝없는

강물이 흐르네.」
「　」: 수미 상관 – 평화롭고 아름다운 화자의 마음 강조

▶ 1, 2행: 마음속에 흐르는 강물

▶ 3, 4행: 아침 햇빛에 빛나는 아름다운 강물

▶ 5, 6행: 마음속에서 정답게 속삭이는 강물

▶ 7, 8행: 마음속에 흐르는 강물

출제 포인트

- '강물'의 상징적 의미, 이미지
- 작품에 쓰인 운율 형성 요소

필수 문제

01 화자 파악하기

- 화자: '나' (내면의 평화를 느끼는 이)
- 상황: (　　)에 빗대어 자신이 지향하는 맑고 순수한 내면세계를 드러내고 있음
- 정서 · 태도: 평화로움

02 이 시의 음악적 효과를 형성하는 요소로 거리가 먼 것은?
① 각운
② 3음보
③ 고유어
④ 수미 상관
⑤ 유음과 비음

03 이 시에서 '강물'의 상징적 의미를 10자 내외로 쓰시오.

알맹이 포착

'강물'의 의미

화자의 '마음'을 비유한 시어로, '아침 날빛'을 받아 반짝반짝 빛나는 '은결'로 구체화되어 있다. 이 시에서 '강물'은 정지한 상태가 아니라 끝없이 흐르는 모습으로 나타나는데 추상적인 내면세계인 '마음'의 미묘한 심리 흐름이 은연중에 그려지고 있는 것이다. '마음이 도른도른 숨어 있는 곳'이 어느 한 곳이 아니라 '가슴', '눈', '핏줄' 등의 여러 곳에 있는 것처럼 빗대어지고 있는 까닭이 여기에 있다.

한눈에 보기

핵심 정리

- **갈래**: 자유시, 서정시, 순수시
- **성격**: 서정적, 낭만적, 유미적
- **주제**: 평화롭고 아름다운 내면세계
- **해제**: 이 시는 아름답고 순수한 화자의 내면세계를 '강물'의 흐름에 비유하여 형상화한 작품으로, 잘 다듬어진 시어의 음악성이 돋보인다.
- **시의 특징과 표현**
  ① 각운(-ㄴ, -네, -ㅅ)과 유음(ㄹ), 비음(ㄴ, ㅁ, ㅇ)을 사용하여 운율감을 형성함
  ② 수미 상관의 형식을 통해 내용과 구성에 안정감을 줌

40 내 마음을 아실 이 | 김영랑

내 마음을 아실 이
　　　　알아줄 사람이
내 혼자 마음 날같이 아실 이
　　　　　　　나같이
그래도 어디나 계실 것이면,
혹시라도 '내 마음'을 알아줄 사람이 어디에든 계신다면(가정)
- 현재는 '내 마음'을 알아줄 사람이 없음을 의미

▶ 1연: '나'의 마음을 알아줄 임의 존재에 대한 가정

「내 마음에 때때로 어리우는 티끌과
속임 없는 눈물의 간곡한 방울방울,
　　　　　번뇌, 번민
푸른 밤 고이 맺는 이슬 같은 보람을
　　　순수, 진실
보밴 듯 감추었다 내어 드리지.」
　고귀한 가치
「」: '내 마음'의 번뇌와 순수, 고귀한 삶의 가치를
　　모두 임에게 바치겠다는 의미

▶ 2연: 임에게 '나'의 마음을 모두 드리겠다는 다짐

아! 그립다.
정서의 직접적 표출
내 혼자 마음 날같이 아실 이
꿈에나 아득히 보이는가.
'내 마음'을 알아줄 임의 존재에 대한 회의

▶ 3연: 임의 존재에 대한 회의(물음)

「향 맑은 옥돌에 불이 달아
　은근하고 순수한 사랑
사랑은 타기도 하오련만」
「」: 은근히 달아오르는 옥돌처럼 임을 향한 사랑은 변함없이 타오르지만
불빛에 연긴 듯 희미론 마음은,
　　　　　　　희미한
사랑도 모르리, 내 혼자 마음은.
'내 마음'을 알아줄 임이 부재하는 현실에 대한 안타까움

▶ 4연: 임의 부재로 인한 안타까움(대답)

출제 포인트

- 임에 대한 화자의 소망
- 음악성을 고려한 시어의 조탁

필수 문제

01 화자 파악하기
- **화자:** '나' (마음을 알아줄 임을 찾는 이)
- **상황:** 자신의 (　　　)을 알아줄 임을 간절히 그리워함
- **정서 · 태도:** 그리움, 안타까움

02 이 시에서 임을 향한 화자의 그리움과 사랑이 응축된 시구를 찾아 3어절로 쓰시오.

03 이 시에서 음악성을 고려하여 의도적으로 변형한 시어가 <u>아닌</u> 것은?
① 날같이　　② 어리우는
③ 보밴 듯　　④ 하오련만
⑤ 희미론

핵심 정리

- ▼ **갈래:** 자유시, 서정시, 순수시　　▼ **성격:** 낭만적, 여성적, 유미적
- ▼ **주제:** 내 마음을 알아줄 임에 대한 간절한 그리움
- ▼ **해제:** 이 시는 자신의 마음을 알아줄 임에 대한 간절한 그리움과 그러한 임의 부재에 대한 안타까움을 표현한 작품이다.
- ▼ **시의 특징과 표현**
  ① 임의 존재를 가정하고 자문자답의 형식으로 시상을 전개함
  ② 여리고 섬세한 여성적 어조를 통해 주제를 강조함
  ③ 음악성을 살리기 위해 곱고 부드럽게 다듬은 시어를 사용함

41 독(毒)을 차고 | 김영랑

필수

내 가슴에 독(毒)을 찬 지 오래로다
　　　품은 지
　　　일제 강점기의 암담한 현실에 대한 대결 의지
아직 아무도 해(害)한 일 없는 새로 뽑은 독
　　　　　　　　　　　내면의 순수한 의지가 담겨 있는 독
「벗은 그 무서운 독 그만 흩어 버리라 한다.
현실 순응적 인물　　　　　세상과 타협하며 살라고 한다
나는 그 독이 선뜻 벗도 해할지 모른다 위협하고」 ▶ 1연: 독을 차고 살아가는
「 」: 벗의 충고와 '나'의 대답　　　　　　　　　　'나'의 태도

「독 안 차고 살아도 머지않아 너 나 마주 가 버리면
「 」: 벗의 충고 – 허무주의적 세계관　　　죽어 버리면
억만 세대(億萬世代)가 그 뒤로 잠자코 흘러가고
수많은 세월
나중에 땅덩이 모지라져 모래알이 될 것임을
　　　　　　닳아 없어져
'허무(虛無)한듸!' 독은 차서 무엇 하느냐고?」 ▶ 2연: 허무주의적인 세계
　　　　　　　　　　　　　　　　　　관을 가진 벗의 충고

아! 내 세상에 태어났음을 원망 않고 보낸

어느 하루가 있었던가, '허무한듸!' 허나
허무함에 대한 화자의 인정　　시상 전환
앞뒤로 덤비는 이리 승냥이 바야흐로 내 마음을 노리매
화자가 독을 차고 맞서고자 하는 대상 – 일제　순결한 삶에의 의지
내 산 채 짐승의 밥이 되어 찢기고 할퀴우라 내맡긴 신세임을
화자가 처한 처참한 현실 – 일제 강점하의 삶　　　　▶ 3연: 독을 차고 살 수밖에
　　　　　　　　　　　　　　　　　　없는 '나'의 처참한 현실

나는 독을 차고 선선히 가리라.
막음 날 내 외로운 혼(魂) 건지기 위하여. ▶ 4연: 독을 차고 살아가려
죽는 날　　순수하게 살고자 하는 정신,　　　는 '나'의 결연한 의지
　　　　일제에 저항하는 민족정신

알맹이 포착

'독(毒)'의 의미

이 시에서 '독'은 현실에 대한 화자의 저항 의지를 상징한다. 이 '독'은 '아무도 해(害)한 일 없는' 것으로, 이는 내면적인 순수함을 뜻한다. 결국 '독을 차는' 행위는 화자가 자기 자신을 지키고자 하는 의지의 표상이라 할 수 있다.

1930년대까지

출제 포인트

- '독'의 상징적 의미
- '벗'과 '나'의 대조적인 삶의 태도

필수 문제

01 화자 파악하기

- 화자: '나'(독을 차고 살아가려는 이)
- 상황: 암울한 현실에 '독'을 차고 적극적으로 (　　)하며 살고자 함
- 정서·태도: 저항적, 의지적

02 [기출] 〈보기〉의 화자가 이 시의 '벗'에게 할 수 있는 말로 가장 타당한 것은?

〈보기〉
이 몸이 주거 가서 무어시 될고 하니 / 봉래산 제일봉에 낙락장송 되야 이셔 / 백설이 만건곤할 제 독야청청 하리라.
– 성삼문

① 삶을 긍정적으로 수용하면서 슬픔을 극복하려는 자세가 필요합니다.
② 현실에 순응하기보다는 가치 있는 삶이 무엇인지를 생각해 보십시오.
③ 시간이 약이겠지요. 좀 더 여유롭게 생각하며 대처하는 것이 좋을 것입니다.
④ 비록 적일지라도 그들과 아름답게 동행할 수 있는 마음의 자세가 중요합니다.
⑤ 우리네 삶은 일장춘몽이라던데, 세상사에 늘 고민하는 것은 어리석은 짓이라 생각합니다.

핵심 정리

▼ 갈래: 자유시, 서정시　　　▼ 성격: 의지적, 저항적, 상징적
▼ 주제: 식민지 현실에 대한 대결 의지
▼ 해제: 이 시는 순수 서정의 세계를 노래하던 김영랑의 주된 시적 경향과는 크게 다른 작품이다. 시의 제목이기도 한 '독을 차는' 행위는 일제에 대한 화자의 적극적 저항 의지를 표상하는 동시에, 고통스러운 현실을 극복하고자 하는 순결한 내면 의지를 상징하고 있다.
▼ 시의 특징과 표현
　① '독'이라는 상징적 소재를 통해 화자의 의지를 강조함
　② 두 가지 삶의 자세를 대조적으로 보여 줌(벗: 순응적 ↔ '나': 현실 저항적)

현대시의 모든 것

55

42 돌담에 속삭이는 햇발 | 김영랑

□: 화자가 소망하는 밝고 순수한 내면세계의 이미지

돌담에 속삭이는 햇발같이
　　　　밝고 따사로움
풀 아래 웃음 짓는 샘물같이
　　　　　　　맑고 깨끗함
내 마음 고요히 고운 봄 길 위에
원관념
오늘 하루 하늘을 우러르고 싶다.
　　　　화자가 동경하는 세계

▶ 1연: 봄 하늘을 우러르고
싶은 소망

새악시˙ 볼에 떠오르는 부끄럼같이
　　　　　　　　아름답고 순수함
시(詩)의 가슴에 살포시 젖는 물결같이
　　　　　　　　　　포근하고 평화로움
보드레한˙ 에메랄드 얇게 흐르는
　　　　　맑고 투명한 느낌
실비단 하늘을 바라보고 싶다.

▶ 2연: 아름다운 하늘을 바
라보고 싶은 소망

▪ 새악시: '새색시'의 방언
▪ 보드레한: 꽤 보드라운 느낌이 있는

출제 포인트

- '내 마음'을 비유한 시어
- 표현상의 특징과 효과

필수 문제

01 화자 파악하기

- 화자: '나'(하늘을 동경하는 이)
- 상황: 밝고 맑은 (　　)을 우러르고 싶어 함
- 정서·태도: 소망, 동경

02 이 시에서 '내 마음'을 비유적으로 표현한 시어가 아닌 것은?

① 햇발　　　② 샘물
③ 봄 길　　　④ 부끄럼
⑤ 물결

03 이 시에서 화자가 지향하는 평화롭고 아름다운 세계를 의미하는 시어를 찾아 쓰시오.

한눈에 보기

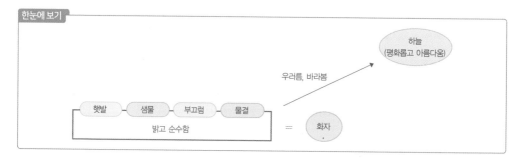

핵심 정리

▼ 갈래: 자유시, 서정시, 순수시　　▼ 성격: 낭만적, 감각적
▼ 주제: 밝고 맑은 세계에 대한 동경
▼ 해제: 이 시는 밝고 순수한 천상의 세계인 '하늘'을 동경하는 화자의 마음을 형상화한 시로, 우리말의 아름다움을 잘 살린 시어가 돋보이는 순수시이다.
▼ 시의 특징과 표현
　① 울림소리(ㄴ, ㄹ, ㅁ)와 동일 어구(-같이, -고 싶다)를 사용하여 운율감을 형성함
　② 리듬감을 고려하여 다듬은 시어(새악시, 보드레한)를 사용함

현대시의 모든 것

모란이 피기까지는 | 김영랑

모란이 피기까지는
화자의 소망. '봄', '보람'으로 대치됨
나는 아직 나의 봄을 기다리고 있을 테요.
소망을 포기하지 않을 것임을 보여 줌
모란이 뚝뚝 떨어져 버린 날,
깊은 절망감의 표현
나는 비로소 봄을 여읜* 설움에 잠길 테요.
'모란'이 떨어진 슬픔 – 삶의 보람과 의미를 잃은 설움
오월 어느 날, 그 하루 무덥던 날,
봄의 막바지 = 봄의 상실
떨어져 누운 꽃잎마저 시들어 버리고는

천지에 모란은 자취도 없어지고,

뻗쳐 오르던 내 보람 서운케 무너졌으니,
모란이 피었을 때의 보람을 잃고 화자의 소망도 무너짐
「모란이 지고 말면 그뿐, 내 한 해는 다 가고 말아,
화자에게 '모란'이 인생 그 자체임을 드러냄
삼백예순 날 하냥* 섭섭해 우웁내다.」
서러운 정감의 깊이   「」: '모란'에 대한 화자의 절대적 태도
모란이 피기까지는

나는 아직 기다리고 있을 테요, 찬란한 슬픔의 봄을.
여전히 – 화자의 숙명적인 기다림   관념의 시각화, 역설법(모순 형용)

▶ 1, 2행: 모란이 피기를 기다림

▶ 3~10행: 모란을 잃은 설움

▶ 11, 12행: 모란이 다시 피기를 기다림

- 여읜: 이별한
- 하냥: '늘', '함께'의 방언

- '모란'의 상징적 의미
- 역설적 표현의 의미와 효과

필수 문제

01 화자 파악하기
- 화자: '나'(모란을 기다리는 이)
- 상황: (   )이 다시 피기를 기다림
- 정서·태도: 상실감, 기다림

02 [기출] 이 시에 대한 이해로 적절하지 않은 것은?
① 3행의 '뚝뚝'은 모란이 떨어지는 모습을 바라보는 화자의 안타까움을 강조한다.
② 4행의 '비로소'는 모란이 완전히 져버린 것에 대한 화자의 상실감을 강조한다.
③ 9행의 '다'는 모란이 피지 못할 것이라는 화자의 불안감을 강조한다.
④ 10행의 '하냥'은 모란을 보지 못하는 것에 대한 화자의 슬픔을 강조한다.
⑤ 12행의 '아직'은 모란이 다시 피기를 기다리는 화자의 간절함을 강조한다.

알맹이 포착

'모란'의 의미
이 시에서 '모란'은 화자가 간절히 기다리는 소망의 대상으로, '나의 봄', '내 보람'과 의미가 상통한다. 이 시의 화자는 '모란'이 저 버리면 하염없이 섭섭해 운다고 말하며, 다시 필 때까지 숙명적으로 기다릴 것임을 드러내고 있다.

핵심 정리
- 갈래: 자유시, 서정시   - 성격: 유미적, 낭만적, 탐미적
- 주제: 모란(소망, 아름다움)에 대한 기다림
- 해제: 이 시는 실재하는 자연의 꽃인 동시에 지상에 존재하는 모든 아름다움을 대표하는 '모란'을 소재로 하여, 한시적인 아름다움의 소멸을 바라보는 화자의 비애감과 그 아름다움에 대한 간절한 기다림을 노래하고 있다.
- 시의 특징과 표현
  ① 수미 상관의 구조를 통해 주제를 강조함
  ② 역설적 표현(모순 형용)을 사용함

북 | 김영랑

필수

자네 소리 하게 내 북을 잡지.
서로 조화를 이루어야 하는 관계

▶ 1연: 소리와 북의 조화

『진양조 ▪중모리 ▪중중모리 「」: 소리와 북 장단이 어우러져 가는 모습

▪엇모리 ▪자진모리」 휘몰아 보아
소리와 북이 어우러진 흥겨움

▶ 2연: 판소리 장단

이렇게 숨결이 꼭 맞아서만 이룬 일이란
고수와 창자의 호흡이 일치하여 조화를 이루는 일
인생에 흔치 않아 어려운 일 시원한 일.

▶ 3연: 소리와 북은 호흡의 일치가 이루어져야 함

'소리'와 조화를 이루지 못하면
소리를 떠나서야 북은 오직 가죽일 뿐
동편제 판소리의 명창 '송만갑'을 지칭 '북'으로서의 가치가 없음
헛 때리면 만갑이도 숨을 고쳐 쉴밖에
고수가 장단을 제대로 치지 못하면 천하의 명창이라도
'소리'를 제대로 할 수 없음

▶ 4연: 북을 잘못 치면 소리를 제대로 하지 못함

장단(長短)을 친다는 말이 모자라오.
장단을 친다는 말로는 '북'을 치는 의의 의미를 모두 표현할 수 없음
연창(演唱)을 살리는 반주(伴奏)쯤은 지나고,
창을 공연함   반주('소리'의 보조적 역할)에 그치는 것이 아니고
북은 오히려 컨덕터요.
지휘자(판소리에서 '북' 역할의 중요성)

▶ 5연: 북은 판소리를 조화롭게 이끄는 존재임

떠받는 명고(名鼓)인데 잔가락을 온통 잊으오.
이름난 고수(鼓手)   완전한 몰입의 상태
떡 궁! 동중정(動中靜)이오 소란 속에 고요 있어
움직임 속에 고요함이 있음
인생이 가을같이 익어 가오.
인생이 예술과 일치하여 가을처럼 성숙해 간다는 의미

▶ 6연: 조화를 이루는 예술과 일치하는 인생

자네 소리 하게 내 북을 치지.
수미상관

▶ 7연: 소리와 북의 조화

- 진양조: 24박 1장단의 가장 느린 판소리 장단
- 중모리: 4분의12 박자의 중간 빠르기 판소리 장단
- 중중모리: 중모리보다 빠르고 자진모리보다 느린 판소리 장단
- 엇모리: 2박과 3박이 뒤섞인 빠른 10박의 판소리 장단
- 자진모리: 휘모리보다 좀 느리고 중중모리보다 빠른 판소리 장단

출제 포인트

- 소재의 관계와 의미 이해
- 시상 전개와 주제 의식

필수 문제

01 화자 파악하기
- 화자: '나'(판소리에서 북을 치는 이)
- 상황: 소리꾼에게 소리와 (   )의 조화에 대한 자신의 생각을 말함
- 정서·태도: 애정, 심미적

02 이 시에서는 '북'이 '소리'와 조화를 이루지 못했을 때 가치가 없음을 (   )이라는 시어로 표현하고 있다.

03 이 시에서 예술의 일치를 통한 인생의 성숙함을 비유적이고 감각적으로 표현한 시행을 찾아 쓰시오.

핵심 정리

▼ 갈래: 자유시, 서정시   ▼ 성격: 전통적, 감상적
▼ 주제: 예술과 인생에 있어서의 조화
▼ 해제: 이 시는 판소리에서 '북'과 '소리'가 조화를 이룰 때 판소리가 예술로 완성되듯이, 인생에 있어서도 모든 것이 서로 조화를 이룰 때 전체가 완성된다는 것을 보여 주는 작품이다.
▼ 시의 특징과 표현
  ① 남성적 어조와 대화체 형식을 사용하여 주제를 형상화함
  ② 수미상관의 구성 방식을 통해 의미를 강조하고 시적 안정감을 부여함

연 2 | 김영랑

좀평나무 높은 가지 끝에 얽힌 다아 해진

흰 실낱을 남은 몰라도
_{잃어버린 꿈의 흔적}
보름 전에 산을 넘어 멀리 가버린 내 연의
_{실을 끊고 날아가 버린 / 꿈, 이상, 희망, 보람 등을 상징}
한 알 남긴 설움의 첫 씨
_{꿈을 상실한 데서 비롯된 슬픔}
태어난 뒤 처음 높이 띄운 보람 맛본 보람
_{꿈을 품고 있을 때 느꼈던 기쁨들}

안 끊어졌다면 그럴 수 없지.

찬바람 쐬며 콧물 흘리며 그 겨우내

그 실낱 치어다보러 다녔으리.
_{잃어버린 꿈에 대한 미련}

내 인생이란 그때부터 벌써 시든 상싶어.
_{연이 날아가 버렸을 때   시든(잘못된) 것 같아}
철든 어른을 뽐내다가도 그 실낱같은 병의 실마리
_{꿈을 포기한 어른인 척하다가도   마음에 남아 있는 꿈에 대한 미련}
마음 어느 한 구석에 도사리고 있어 얼씬거리면

아이고! 모르지.
_{영탄법과 부정어 → 꿈의 상실로 인한 회의감 강조}
불다 자는 바람 타다 버린 불똥
_{허무하게 사라지는 존재}
아! 인생도 겨레도 다아 멀어지더구나.
_{철든 어른 같은 생각도 다 잊고 꿈을 잃은 설움에 잠기게 됨}

▶ 1~8행: 날아가 버린 연에
대한 아쉬움과 설움

▶ 9~14행: 연을 잃고 느끼
는 허무함과 회의

출제 포인트

• 소재의 상징적 의미
• 화자의 정서와 태도

필수 문제

01 화자 파악하기
• 화자: '나' (연이 날아가 버린
후 설움을 느끼는 이)
• 상황: 잃어버린 (   )을 떠
올리며 인생에 대해 생각함
• 정서 · 태도: 안타까움, 미련,
설움

02 이 시에서 화자가 연을 띄우
며 느낀 기쁨을 의미하는 2음절의
시어를 찾아 쓰시오.

03 이 시에서 마음에 남아 있는
꿈에 대한 미련을 의미하는 시구
를 찾아 2어절로 쓰시오.

핵심 정리

▼ 갈래: 자유시, 서정시   ▼ 성격: 서정적, 애상적
▼ 주제: 잃어버린 꿈에 대한 미련과 설움
▼ 해제: 이 시는 어린 시절의 꿈과 이상을 '연'에 빗대어 인생의 잃어버린 꿈과 희망에 대해 노래하고 있다. 화자는 꿈
을 잃어버린 자신의 인생이 이미 시들었다면서 철든 어른 흉내를 내다가도, 여전히 마음속에 남아 있는 꿈에 대한
미련 때문에 설움에 잠기고 있다.
▼ 시의 특징과 표현
① 상징적 소재를 사용하여 주제 의식을 형상화함
② 영탄적 표현을 통해 안타까움의 정서를 드러냄

오매, 단풍 들것네 | 김영랑

'어머나'의 전라도 방언
"오매, 단풍 들것네." → 누이의 말
계절의 빠른 변화에 대한 감탄
장광에 골 붉은 감잎 날아오아
장독대의 향토적 분위기   날아와 – 운율을 맞추기 위한 시어의 변형
누이는 놀란 듯이 치어다보며
                      쳐다보며
"오매, 단풍 들것네." → 누이의 말

▶ 1연: 붉은 감잎을 보는 누이의 감탄

추석이 내일모레 기둘리니
          기다리니
바람이 자지어서 걱정이리
     자주 불어서 일에 대한 걱정
누이의 마음아 나를 보아라.
걱정하지 말고 계절의 변화를 느껴라
"오매, 단풍 들것네." → 화자의 말

▶ 2연: 누이의 모습을 보는 '나'의 마음

• '오매, 단풍 들것네'라는 표현에 담긴 의미
• 시에 나타난 토속적 정서

필수 문제

01 화자 파악하기
• 화자: '나'(오빠)
• 상황: (   )을 느끼는 누이를 봄
• 정서·태도: 기쁨, 놀라움

02 이 시에서 '가을'의 이미지를 시각적으로 표현한 시어 2가지를 찾아 쓰시오.

03 [서술형] 이 시에서 '오매, 단풍 들것네.'라는 표현을 통해 얻고 있는 효과를 30자 내외로 서술하시오.

알맹이 포착

'오매, 단풍 들것네'라는 표현에 담긴 의미

화자는 1연의 "오매, 단풍 들것네."라는 누이의 말에서 닥쳐올 추석과 찬 바람이 부는 겨울에 대한 은근한 걱정을 읽는다. 즉, 설렘의 순간에도 생활에 대한 걱정을 하는 누이의 마음을 알아챈 것이다. 그래서 화자는 그 '누이의 마음'더러 '나를 보아라'라고 함으로써 계절의 변화를 설렘 그 자체로 느끼라는 말을 하고자 한 것이다. 마지막의 "오매, 단풍 들것네."는 그러한 화자의 마음을 담은 말이라고 볼 수 있다.

핵심 정리

▾ 갈래: 자유시, 서정시   ▾ 성격: 서정적, 감상적, 토속적
▾ 주제: 가을이 오는 것에 대한 감회
▾ 해제: 이 시는 장독대의 붉은 감잎을 보고 놀란 누이의 감탄을 통해, 계절의 변화에 대한 설렘을 노래하고 있다.
▾ 시의 특징과 표현
   ① 전라도 방언과 향토적 소재의 사용으로 토속적 정서를 유발함
   ② "오매, 단풍 들것네."를 후렴구처럼 반복하여 음악성을 형성함

오월(五月) | 김영랑

필수

들길은 마을에 들자 붉어지고
_{붉은 황톳길}
마을 골목은 들로 내려서자 푸르러진다.
_{푸른 들판}

『바람은 넘실 천 이랑* 만 이랑

이랑 이랑 햇빛이 갈라지고』
「 」: 바람에 보리가 흔들리는 모습 모사
보리도 허리통이 부끄럽게 드러났다.
_{보리가 바람에 휘는 모습 – 관능적 표현(의인화)}
꾀꼬리는 여태 혼자 날아 볼 줄 모르나니
_{꾀꼬리는 늘 짝을 지어 날아다님}
『암컷이라 쫓길 뿐

수놈이라 쫓을 뿐』
「 」: 암수가 정답게 노니는 꾀꼬리의 모습 – 봄날의 생명력
황금 빛난 길이 어지럴 뿐

얇은 단장하고 아양* 가득 차 있는
_{푸르게 물들기 시작한 오월의 산봉우리를 의인화한 표현}
산봉우리야 오늘 밤 너 어디로 가 버리련?
_{아름다운 오월의 산봉우리가 밤이 되면}
_{어둠 속으로 사라져 버리는 것에 대한 아쉬움}

색채 대비

▶ 1, 2행: 봄이 가득한 마을과 들길의 정경

▶ 3~5행: 바람에 흔들리는 보리의 모습

▶ 6~9행: 암수 꾀꼬리의 정다운 모습

▶ 10, 11행: 산봉우리의 아름다운 자태

- 이랑: 갈아 놓은 밭의 한 두둑과 한 고랑을 아울러 이르는 말
- 아양: 귀염을 받으려고 알랑거리는 언행

출제 포인트

- 시선의 이동에 따른 시상 전개
- 의인화와 색채 대비의 효과

필수 문제

01 화자 파악하기
- 화자: 오월의 풍경을 바라보는 이
- 상황: (   )의 정취를 감상함
- 정서·태도: 예찬적

02 이 시에서 의인법을 통해 형상화된 대상 2가지를 찾아 쓰시오.

03 이 시는 시선의 이동에 따라 시상이 전개되고 있다. 〈보기〉의 (   ) 안에 들어갈 알맞은 소재를 찾아 쓰시오.

〈보기〉
들길 → 마을 → 들 → 보리 → (   ) → 산봉우리

한눈에 보기

| 마을의 황톳길과 푸른 들판의 정경 | → | 바람에 흔들리는 보리의 모습 | → | 암수 꾀꼬리의 정다운 모습 | → | 산봉우리의 아름다운 자태 |

시선의 이동에 따른 시상 전개

핵심 정리

- 갈래: 자유시, 서정시   성격: 감각적, 낭만적, 묘사적
- 주제: 오월에 느끼는 봄의 생동감
- 해제: 이 시는 아름답고 싱그러운 오월의 생명력을 향토적인 소재, 시각적 심상의 대비, 섬세한 시어, 구체적이고 감각적인 이미지들을 통해 형상화하고 있다.
- 시의 특징과 표현
  ① 시선의 이동에 따라 시상이 전개됨
  ② 의인화와 색채 대비를 통해 오월의 생동감을 강조함

남사당(男寺黨)* | 노천명

필수

「나는 얼굴에 분칠을 하고
「 」 공연을 위해 여장을 한 화자의 모습
삼단 같은 머리를 땋아 내린 사나이.」

▶ 1연: 여자로 분장한 사나이

초립*에 쾌자*를 걸친 조라치들이
                    관악기를 연주하는 사람
날라리를 부는 저녁이면
태평소를 달리 이르는 말
다홍치마를 두르고 나는 향단(香丹)이가 된다.
                        화자의 역할
이리하여 장터 어느 넓은 마당을 빌어
램프불을 돋운 포장 속에선
공연이 진행 중인 천막
내 남성(男聲)이 십분 굴욕되다.
남사당의 고충과 비애

▶ 2연: 남사당패 사나이의 비애

산 넘어 지나온 저 동리엔
은반지를 사 주고 싶은 / 고운 처녀도 있었건만
사랑하는 사람과 정착하고 싶은 소망
다음 날이면 떠남을 짓는
처녀야! / 나는 집시의 피였다.
            유랑의 운명
내일은 또 어느 동리로 들어간다냐.
떠돌이 인생의 비애

▶ 3연: 떠돌이 인생의 슬픔

우리들의 도구(道具)를 실은 / 노새의 뒤를 따라
산딸기의 이슬을 털며 / 길에 오르는 새벽은
고달픈 유랑의 삶
구경꾼을 모으는 날라리 소리처럼
슬픔과 기쁨이 섞여 핀다.
화자의 삶의 애환 – 흥겨움과 서러움이 교차하는 삶

▶ 4연: 삶의 애환이 교차하는 새벽길

■ 남사당(男寺黨): 무리를 지어 이곳저곳 떠돌아다니면서 소리나 춤을 팔던 남자
■ 초립(草笠): 누런 빛깔이 나는 풀이나 말총으로 결어서 만든 갓
■ 쾌자(快子): 소매가 없고 등솔기가 허리까지 트인 옷

출제 포인트

• 유랑에 대한 화자의 인식
• '슬픔과 기쁨이 섞여 핀다'에 담긴 의미

필수 문제

01 화자 파악하기
• 화자: '나' (남사당 사나이)
• 상황: 어느 남사당패의 삶의 (   )을 고백함
• 정서 · 태도: 서글픔

02 이 시에서 남성으로서 지니는 사랑과 정착에 대한 소망을 표현한 7어절의 시구를 찾아 쓰시오.

03 이 시에서 화자가 지닌 유랑의 운명을 단적으로 표현한 2어절의 시구를 찾아 쓰시오.

핵심 정리

▽ 갈래: 자유시, 서정시   ▽ 성격: 주정적, 감상적, 고백적
▽ 주제: 유랑의 삶을 사는 남사당 사나이의 애환
▽ 해제: 이 시는 남동생의 탄생을 원했던 부모로 인해 어린 시절 남장을 하고 살아온 시인의 실제 경험이 역으로 시화 (詩化)된 작품으로, 여장을 하고 살아가야 하는 남사당 사나이의 수치심과 유랑의 애환을 노래하고 있다.
▽ 시의 특징과 표현
고백적 · 독백적 어조를 통해 화자의 삶의 애환을 형상화함

49 푸른 오월 | 노천명

낯선 작품

청자(青瓷)빛 하늘이
푸른 도자기빛
육모정(六角亭) 탑 위에 그린 듯이 곱고,
여섯 개의 기둥으로 여섯 모가 나게 지은 정자
연못 창포 잎에 / 여인네 맵시 위에 / 감미로운 첫여름이 흐른다.

▶ 1연: 초여름 오월의 아름다운 정취

라일락 숲에 / 내 젊은 꿈이 나비처럼 앉는 정오(正午)

계절의 여왕 오월의 푸른 여신 앞에
아름다운 자연과 외로운 마음의 대비
내가 웬일로 무색하고 외롭구나.

▶ 2연: 아름다운 오월에 느끼는 외로움

밀물처럼 가슴속으로 몰려드는 향수를
관념의 시각화(화자의 정서 제시)
어찌하는 수 없어, / 눈은 먼 데 하늘을 본다.

▶ 3연: 몰려드는 향수

긴 담을 끼고 외딴 길을 걸으며 걸으며, / 생각이 무지개처럼 핀다.
지난날에 대한 추억

▶ 4연: 외딴 길을 걸으며 생각함

『풀 냄새가 물큰 / 향수보다 좋게 내 코를 스치고』
냄새가 확 풍기는 모양   「」: 후각적 표현
청머루 순이 뻗어 나오던 길섶 / 어디메선가 한나절 꿩이 울고
            길의 가장자리   청각적 표현
나는 / 활나물, 호납나물, 젓가락나물, 참나물을 찾던
        나물의 이름 열거
잃어버린 날이 그립지 아니한가, 나의 사람아.
지난날에 대한 그리움의 정서를 표출함

나물을 캐던 어린 시절에 대한 회상

▶ 5연: 지난날의 추억과 그리움

아름다운 노래라도 부르자. / 서러운 노래를 부르자.

▶ 6연: 아름답고 서러운 노래를 부름

보리밭 푸른 물결을 헤치며
종달새 모양 내 마음은 / 하늘 높이 솟는다.

▶ 7연: 하늘 높이 솟는 마음

오월의 창공이여! / 나의 태양이여!
오월의 정취에 대한 화자의 감격

▶ 8연: 오월의 정취에 대한 감격

출제 포인트

- 감각적 색채어 이해
- 화자의 정서와 상징어 이해

필수 문제

01 화자 파악하기
- 화자: '나' (향수에 잠긴 이)
- 상황: (   )의 아름다운 정취 속에서 향수에 잠김
- 정서 · 태도: 외로움, 향수

02 이 시는 오월의 정취를 드러내기 위해 '청자빛, 푸른 여신, 청머루, 푸른 물결' 등 (   )의 색채를 주로 사용하고 있다.

03 이 시의 1~3연에서 화자의 주된 정서를 드러내는 시어를 찾아 표현 그대로 쓰시오.(2개)

핵심 정리

- **갈래**: 자유시, 서정시
- **성격**: 회고적, 향토적
- **주제**: 오월의 정취와 지난날에 대한 향수
- **해제**: 이 시는 초여름 오월의 싱그러운 정취 속에서 지난날에 대한 추억에 잠긴 화자의 심정을 잘 드러내고 있다.
- **시의 특징과 표현**: 오월의 싱그러운 정취와 화자의 외로운 심정을 대비시킴

50 떠나가는 배 | 박용철

나 두 야 간다.
띄어쓰기 → ① 의지의 강조 ② 망설임, 아쉬움, 섭섭함, 머뭇거림의 표현
나의 이 젊은 나이를

눈물로야 보낼 거냐.
눈물로 보낼 수는 없음(설의법)
나 두 야 가련다.

▶ 1연: 어디론가 떠나려는 마음

아늑한 이 항군들 손쉽게야 버릴 거냐.
평화롭고 정든 고향   떠나고 싶지 않은 마음(설의법)
안개같이 물 어린 눈에도 비치나니
떠나는 슬픔의 눈물
골짜기마다 발에 익은 묏부리" 모양
떠나는 조국의 국토
주름살도 눈에 익은 아아 사랑하는 사람들.
정든   일제 강점하 우리 민족에 대한 사랑

▶ 2연: 고향과 사람들에 대한 사랑과 미련

버리고 가는 이도 못 잊는 마음
떠나기 싫어하는 마음
쫓겨 가는 마음인들 무어 다를 거냐.
화자의 처지
돌아다보는 구름에는 바람이 희살" 짓는다.
고향을 돌아다봐도 잘 보이지 않음 – 절망적 현실
앞 대일 언덕인들 마련이나 있을 거냐.
정착지, 지향하는 목표   준비되어 있지 않음(설의법) – 절망적 상황

▶ 3연: 떠나는 처지와 미래에 대한 불안

나 두 야 가련다.
나의 이 젊은 나이를   수미 상관의 구조
눈물로야 보낼 거냐.   – 화자의 처지와 의지 강조
나 두 야 간다.

▶ 4연: 떠날 수밖에 없는 처지와 결연한 의지

■ 묏부리: '멧부리'의 옛말. 산등성이나 산봉우리의 가장 높은 꼭대기
■ 희살(戲殺): 희롱하여 훼방을 놓음

출제 포인트

• 시에 나타난 화자의 정서
• 의도적인 띄어쓰기의 효과

필수 문제

01 화자 파악하기
• 화자: '나' (젊은이)
• 상황: 암울한 현실 때문에 (   )을 떠나려고 함
• 정서·태도: 슬픔, 의지적

02 3연의 '앞 대일 언덕'이 무엇을 의미하는지 1어절로 쓰시오.

03 [서술형] 이 시에서 의도적인 띄어쓰기를 통해 얻는 효과를 30자 내외로 서술하시오.

핵심 정리

▼ 갈래: 자유시, 서정시   ▼ 성격: 의지적, 자탄적, 애상적
▼ 주제: 고향과 사랑하는 사람들을 떠나는 슬픔
▼ 해제: 이 시는 일제 강점하의 암담한 현실에서 벗어나고 싶은 화자의 소망과, 그리운 고향을 떠나 유랑할 수밖에 없는 처지를 노래하고 있다.
▼ 시의 특징과 표현
① 의도적인 띄어쓰기를 통해 화자의 감정과 의지를 표현함
② 수미 상관의 구조를 통해 화자의 처지를 강조함
③ 설의법을 통해 감정을 표출함

51 이대로 가랴마는 | 박용철

▪ 설만들 이대로 가기야 하랴마는
└─ 반복을 통한 운율 형성
이대로 간단들 못 간다 하랴마는
보내고 싶지 않은 마음(역설법)

▶ 1연: 이별에 대한 부정

『바람도 없이 고이 떨어지는 꽃잎같이
└─ 자연의 순리처럼 어쩔 수 없이 다가오는 이별의 모습
파란 하늘에 사라져 버리는 구름쪽같이』
『 』: 반복, 대구에 의한 운율 형성

▶ 2연: 어쩔 수 없는 이
별에 대한 수긍

『조그만 열로 지금 ▪숫더리는 피가 멈추고
『 』: 이별에 대한 극단적 거부의 심정(이별을 죽음과 동일시함)
가는 숨길이 여기서 끝맺는다면──』

아─ 얇은 빛 들어오는 ▪영창 아래서

차마 흐르지 못하는 눈물이 온가슴에 젖어나리네
눈물조차 흘리지 못할 정도로 아픈 마음의 상태

▶ 3연: 이별의 비애

■ 설만들: 설마인들, 아무리 하기로인들
■ 숫더리는: 떨떡이는, 두근거리는
■ 영창: 방을 밝게 하기 위하여 방과 마루 사이에 낸 두 쪽의 미닫이

출제 포인트
• 비유적 표현의 의미
• 역설적 표현의 이해

필수 문제

01 화자 파악하기
• 화자: '드러나지 않음' (이별을 슬퍼하는 이)
• 상황: (　　　)에 대한 거부의 심경을 드러내며 이별을 슬퍼함
• 정서·태도: 슬픔, 한, 비애

02 이 시에서 이별의 모습을 비유적으로 드러내는 자연물을 찾아 쓰시오.(2개)

03 이 시에서 임을 보내고 싶지 않은 화자의 마음이 역설적 표현으로 제시되고 있는 시행을 찾아 쓰시오.

알맹이 포착

'꽃잎같이, 구름쪽같이'와 〈돌담에 속삭이는 햇발같이〉의 표현
박용철은 15세에 일본 유학을 떠났다가 관동 대지진 때문에 귀국하여 27세가 되던 1930년 사비를 모아 『시문학』을 창간한다. 같은 시기에 활동하던 김영랑, 정지용 등과 비교하여 스스로 시인으로서의 한계를 느끼고 활동의 영역을 이론 쪽으로 향한다. 이 작품의 2연에 사용된 직유법은 김영랑 시의 '돌담에 속삭이는 햇발같이 / 풀 아래 웃음짓는 샘물같이, 새악시 볼에 떠오는 부끄럼같이 / 시의 가슴에 살포시 젖는 물결같이'와 유사하여 이를 떠올리게 한다.

한눈에 보기

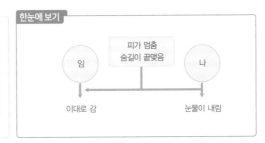

핵심 정리

˅ 갈래: 자유시, 서정시　　˅ 성격: 애상적, 독백적
˅ 주제: 이별에 대한 부정과 비애
˅ 해제: 이 시에서 화자는 이별을 아쉬워하는 마음, 그리움과 한과 슬픔, 비애를 감정의 절제 없이 대구와 반복, 역설의 표현을 통해 드러내고 있다.
˅ 시의 특징과 표현
　① 시어와 행의 반복을 통해 시의 운율을 형성함
　② 문장 부호(-,──)를 사용하여 시적 효과를 드러냄

52 고향(故鄕) | 백석

나는 북관(北關)*에 혼자 앓아누워서
  타향에서 유랑하는 소외감과 고독감
어느 아침 의원(醫員)을 뵈이었다.
  고향의 따뜻함을 느끼게 되는 계기
의원(醫員)은 여래(如來) 같은 상을 하고 관공(關公)의 수염을 드리워서
  석가여래처럼 자비롭고 인자한 모습   관운장의 수염 - 너그럽고 푸근한 정감
먼 옛적 어느 나라 신선 같은데
  동화적 요소 - 과거와 고향 회상의 실마리
『새끼손톱 길게 돋은 손을 내어
  「」: 대화와 행동을 통한 극적 제시 → 생동감
묵묵하니 한참 맥을 짚더니
  의원으로서의 행동
문득 물어 고향(故鄕)이 어데냐 한다.
  전통적인 인간관계 형성의 계기
평안도(平安道) 정주(定州)라는 곳이라 한즉
  극적 전환의 계기
그러면 아무개 씨(氏) 고향이란다.
  화자와 '의원'의 관련성 형성
그러면 아무개 씰 아느냐 한즉

의원은 빙긋이 웃음을 띠고
  고향 사람에 대한 친근감
막역지간(莫逆之間)*이라며 수염을 쓸는다.

나는 아버지로 섬기는 이라 한즉
  아버지라 부를 만큼 가까운 사이
의원은 또다시 넌지시 웃고

말없이 팔을 잡아 맥을 보는데』

손길은 따스하고 부드러워
  고향 사람과도 같은 따뜻한 정
고향도 아버지도 아버지의 친구도 다 있었다.
  의원을 통해 고향과 아버지의 정을 간접적으로 체험함

▶ 1, 2행: 북관에서 의원에게 진찰을 받음

▶ 3~7행: 고향을 묻는 의원

▶ 8~12행: 고향의 아무개씨와 친구인 의원

▶ 13~15행: 부드럽고 따스한 정으로 진맥하는 의원

▶ 16, 17행: 의원의 손길을 통해 고향을 느낌

■ 북관(北關): '함경도'의 다른 이름
■ 막역지간(莫逆之間): 서로 거스르지 않는 사이라는 뜻으로, 허물이 없는 아주 친한 사이를 이르는 말

출제 포인트

• 시의 구조와 시상 전개 과정
• '의원'을 통해 느낀 화자의 정서

필수 문제

01 화자 파악하기
• 화자: '나' (고향을 떠나 온 이)
• 상황: 타향에서 병을 앓다가 (   )을 만나 고향의 정을 느낌
• 정서·태도: 그리움

02 이 시에서 화자가 고향에 대한 그리움을 느끼는 계기가 되는 소재를 찾아 2음절로 쓰시오.

03 이 시에서 '나'와 '의원'의 공통점을 10자 내외로 쓰시오.

04 이 시에서 '나'가 '의원'의 손길에서 느낀 것이 무엇인지 2어절로 쓰시오.

핵심 정리

∨ 갈래: 자유시, 서정시   ∨ 성격: 서사적, 감각적
∨ 주제: 고향과 혈육에 대한 그리움
∨ 해제: 이 시는 낯선 타향에서 고향을 그리워하던 화자가 의원과의 대화를 통해 따스한 고향의 정을 느끼게 되는 상황을 형상화하고 있다.
∨ 시의 특징과 표현
  ① 서사적 형식으로 시상이 전개됨
  ② 극적 대화 형식과 다정다감한 어조를 통해 공동체적 삶에 대한 그리움을 드러냄

국수 | 백석

『눈이 많이 와서
「 」: 계절적 배경 - 겨울
산엣새가 벌로 나려 멕이고
산에 사는 새   활발히 움직이고
눈구덩이에 토끼가 더러 빠지기도 하면』

마을에는 그 무슨 반가운 것이 오는가 보다
        국수 - 정겹고 평화로운 삶을 의미함   기대
한가한 애동들은 어둡도록 꿩 사냥을 하고
      아이들
가난한 엄매는 밤중에 김치가재미*로 가고   국수를 만들기
                                                    위한 준비와
마을을 구수한 즐거움에 사서 은근하니 흥성흥성 들뜨게 하며   그로 인한
      국수를 먹는다는 즐거움   흥거운 분위기
이것은 오는 것이다. □: 반복을 통해 반가움의 정서 강조
국수
『이것은 어늬 양지귀 혹은 능달 쪽 외따른 산 옆 은댕이 예데가리밭*에서
              햇살 바른 가장자리   가장자리
하로밤 뿌옇한 흰 김 속에 접시귀 소기름불이 뿌우현 부엌에
'이무기'의 평안도 말
산멍에 같은 분틀을 타고 오는 것이다.』   「 」: 밭의 밀이 부엌의 국수로
            국수틀   변하는 과정을 표현함
『이것은 아득한 녯날 한가하고 즐겁든 세월로부터
  「 」: 국수가 우리의 정서에 맞는 전통 음식임을 드러냄
  실 같은 봄비 속을 타는 듯한 녀름볕 속을 지나서 들쿠레한* 구시월
  국수의 재료인 밀이 익어 가는 과정을 계절별로 표현함
갈바람 속을 지나서

대대로 나며 죽으며 죽으며 나며 하는 이 마을 사람들의 으젓한 마음
을 지나서 텁텁한 꿈을 지나서

지붕에 마당에 우물 둔덩에 함박눈이 푹푹 쌓이는 여늬 하로밤
                                              하룻밤
아배 앞에 그 어린 아들 앞에 아배 앞에는 왕사발에 아들 앞에는 새
끼사발에 그득히 사리워* 오는 것이다.』

『이것은 그 곰의 잔등에 업혀서 길여 났다는 먼 녯적 큰마니가
                  재채기   '할머니'의 평안도 말
또 그 짚등색이에 서서 자채기를 하면 산넘엣 마을까지 들렸다는
    짚이나 칡덩굴로 짜서 만든 자리
먼 녯적 큰아바지가 오는 것이다.』   ▶ 1연: 국수를 만드는 마을
    할아버지   「 」: 국수가 오래된 전설과 같이 전해져   의 정경
                  내려오는 토속 음식임을 드러냄

아, 이 반가운 것은 무엇인가 ◯: 반복을 통해 국수의 특성을 보여 줌
              국수
이 히수무레하고 부드럽고 수수하고 슴슴한* 것은 무엇인가
    국수에 대한 이미지
『겨울밤 쩡하니 닉은 동티미국을 좋아하고 얼얼한 댕추가루를 좋아하
                익은   고춧가루
고 싱싱한 산꿩의 고기를 좋아하고

그리고 담배 내음새 탄수 내음새 또 수육을 삶는 육수국 내음새 자욱
                  식초
한 더북한 삿방* 쩔쩔 끓는 아르궅을 좋아하는 이것은 무엇인가』
              아랫목
「 」: 국수에 곁들여 먹는 음식과 국수와 관련된 냄새를   ▶ 2연: 관련된 음식과 냄새
    나열하여 정감 있는 농촌 공동체의 모습을 그림   를 통한 국수의 이미지

출제 포인트

- '국수'가 지닌 의미
- 표현상의 특징과 효과

필수 문제

01 화자 파악하기
- 화자: '국수'에 대한 기억을
  떠올리는 이
- 상황: 눈이 내리던 겨울날에
  (   )를 만들어 먹으며 즐
  거워하던 고향을 떠올림
- 정서·태도: 반가움, 그리움

02 이 시에 나타난 '국수'의 이
미지로 알맞지 않은 것은?
① 친근함   ② 가난함
③ 반가움   ④ 소박함
⑤ 정겨움

03 이 시의 화자가 궁극적으로
그리고 있는 삶의 모습으로 가장
적절한 것은?
① 풍요롭고 행복한 삶
② 흥취를 아는 풍류적 삶
③ 자연 친화적인 탈속적 삶
④ 끈질긴 생명력을 지닌 삶
⑤ 전통적인 농촌 공동체적 삶

『이 조용한 마을과 이 마을의 으젓한 사람들과 살틀하니 친한 것은 무
엇인가』 「 」: 국수에 담긴 전통적 삶의 원형, 심성으로서의 의미를 드러냄
　　　　　　　　　　　　　사랑하고 위하는 마음이 자상하고 지극하니

이 그지없이 고담(枯淡)하고* 소박(素朴)한 것은 무엇인가
소박하고 담백한 국수의 이미지를 제시하여
우리 민족의 순박한 심성을 드러냄　　　　　　▶ 3연: 국수에 대한 인상

- 김치가재미: 북쪽 지역에서 김치를 넣어 두는 창고, 움막
- 예데가리밭: 산의 맨 꼭대기에 있는 오래된 비탈밭
- 들쿠레한: 좀 달고 구수하고 시원한
- 사리워: 국수 따위를 동그랗게 말아
- 슴슴한: 음식 맛이 자극적이지 않고 싱거운
- 삿방: 삿(갈대를 엮어서 만든 자리)을 깐 방
- 고담(枯淡)하고: 글이나 그림 따위의 표현이 꾸밈이 없고 담담하고

한눈에 보기

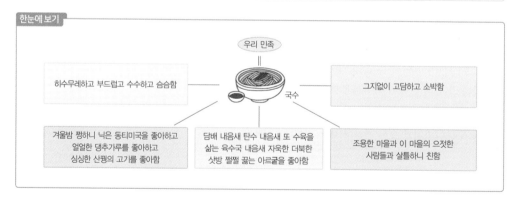

현대시의 모든 것

54 나와 나타샤와 흰 당나귀 | 백석

가난한 내가
화자의 현재 상황
아름다운 나타샤를 사랑해서
　　화자가 그리워하는 대상 – 이국적이고 환상적인 분위기 조성
오늘밤은 푹푹 눈이 나린다
순백의 이미지, 순수하고 낭만적인 분위기 환기
▶ 1연: 눈이 푹푹 내리는 밤 사랑하는 사람을 그리워함

나타샤를 사랑은 하고 / 눈은 푹푹 날리고

나는 혼자 쓸쓸히 앉어 소주(燒酒)를 마신다
술로 그리움과 고독을 달램
소주를 마시며 생각한다

현실 ┌
상상 └ 나타샤와 나는
　　　　　　　　'산골'로 인도할 매개체
눈이 푹푹 쌓이는 밤 흰 당나귀 타고
흰색과 검은색의 이미지 대비　　　　　'오막살이'의 방언 – 소박한 삶
산골로 가자 출출이 우는 깊은 산골로 가 마가리에 살자
순수의 세계　　　'뱁새'의 방언
탈속의 공간
▶ 2연: 고독의 심화와 순수 세계에 대한 열망

눈은 푹푹 나리고

나는 나타샤를 생각하고

나타샤가 아니 올 리 없다
나타샤에 대한 믿음
언제 벌써 내 속에 고조곤히 와 이야기한다
깨끗함　　　　'고요히'의 방언
「산골로 가는 것은 세상한테 지는 것이 아니다

세상 같은 건 더러워 버리는 것이다」
더러움　　「」: 화자의 부정적 현실 인식이 드러남
▶ 3연: 순수 세계 지향에 대한 자기 합리화

눈은 푹푹 나리고
동일 시구의 반복 – 대상에 대한 그리움을 심화시킴
아름다운 나타샤는 나를 사랑하고
화자의 바람
어데서 흰 당나귀도 오늘밤이 좋아서 응앙응앙 울 것이다
흰 당나귀가 나와 나타샤의 사랑을 축복해 줄 것이라 생각함
– 순수 세계에 대한 열망
▶ 4연: 사랑의 실현과 순수 세계로의 열망

출제 포인트

- '흰 당나귀'의 의미
- '산골'과 '세상'의 대립적 이미지

필수 문제

01 화자 파악하기

- 화자: '나'(순수 세계를 꿈꾸는 이)
- 상황: 눈이 푹푹 내리는 밤에 나타샤와 함께 흰 당나귀를 타고 (　　　)로 가고자 함
- 정서·태도: 그리움, 소망

02 [기출] 이 시에 대한 감상으로 적절하지 <u>않은</u> 것은?

① '산골로 가자', '마가리에 살자'라는 표현에서 '나'의 소망을 느낄 수 있다.
② '눈'과 '흰 당나귀'의 흰색 이미지를 중첩시켜 순결함에 대한 '나'의 지향을 드러내고 있다.
③ '푹푹' 내리는 '눈'과 '깊은 산골'은 '마가리'의 내밀함과 고립적 이미지를 강조하고 있다.
④ '혼자 쓸쓸히' 소주를 마시는 행위에서 '나'의 고독한 처지와 '나타샤'에 대한 그리움을 느낄 수 있다.
⑤ '나'가 '나타샤'를 사랑하는 상황이 '나타샤'가 '나'를 사랑하는 상황으로 바뀌면서 '나타샤'의 아름다운 이미지가 반전되고 있다.

핵심 정리

▾ 갈래: 자유시, 서정시 　　▾ 성격: 이국적, 환상적
▾ 주제: 사랑하는 사람에 대한 그리움과 순수 세계에 대한 소망
▾ 해제: 이 시는 이국적이고 환상적인 분위기의 '나타샤'를 시적 대상으로 삼아 현실에서 이루어질 수 없는 순수한 사랑에 대한 기대와 실현 의지를 노래하고 있다. 화자는 순백의 이미지를 부각시키며 세상을 떠나 자신만의 순수 세계로 표상되는 '산골'로 들어가기를 열망하고 있다.
▾ 시의 특징과 표현
① 순백의 시각적 이미지를 주로 사용함
② 대립적 이미지의 시어를 통해 주제를 형상화함
③ 유사한 문장을 변형, 반복함으로써 화자의 정서적 깊이를 심화함

남신의주 유동 박시봉방(南新義州柳洞朴時逢方) | 백석

「어느 사이에 나는 아내도 없고, 또,
『」: 현실의 고난과 고독
아내와 같이 살던 집도 없어지고,

그리고 살뜰한* 부모며 동생들과도 멀리 떨어져서,
　　　　　　　가족의 해체
그 어느 바람 세인 쓸쓸한 거리 끝에 헤매이었다.」
　　　　객지에서의 방랑 – 화자의 처지
바로 날도 저물어서,
　　　　　　시련
바람은 더욱 세게 불고, 추위는 점점 더해 오는데,
암울한 현실
나는 어느 목수(木手)네 집 헌 삿을 깐,
　　박시봉　　　　　　　　　갈대를 엮어서 만든 자리
한 방에 들어서 쥔을 붙이었다.
셋방살이를 함
이리하여 나는 이 습내 나는 춥고, 누긋한* 방에서,

낮이나 밤이나 나는 나 혼자도 너무 많은 것같이 생각하며,
　　　　　　　　　　자신의 몸도 추스르지 못할 정도의 어려운 생활
딜옹배기*에 북덕불*이라도 담겨 오면,

「이것을 안고 손을 쬐며 재 우에 뜻 없이 글자를 쓰기도 하며,
『」: 나약하고 무기력한 화자의 모습
또 문밖에 나가지두 않구 자리에 누워서,

머리에 손깍지베개를 하고 굴기도 하면서,」
　　　　　　　구르기도
나는 내 슬픔이며 어리석음이며를 소처럼 연하여 쌔김질하는 것이었다.
　　　　　회한의 정서　　　　　　　　　　슬프고 어리석은 삶의 반추, 반성
「내 가슴이 꽉 메어 올 적이며,
『」: 비애와 회한에 사로잡혀 지낼 때
내 눈에 뜨거운 것이 핑 괴일 적이며,
　　　　눈물
또 내 스스로 화끈 낯이 붉도록 부끄러울 적이며,」

나는 내 슬픔과 어리석음에 눌리어 죽을 수밖에 없는 것을 느끼는 것
이었다.　　　　　　　　　　　　모진 운명에 대한 체념

그러나 잠시 뒤에 나는 고개를 들어,
시상 전환(절망 → 희망)　　시선의 변화 – 심리 및 태도의 변화 암시
허연 문창을 바라보든가 또 눈을 떠서 높은 천장을 쳐다보는 것인데,

이때 나는 내 뜻이며 힘으로, 나를 이끌어 가는 것이 힘든 일인 것을
생각하고,　　　　　　　　　무기력한 자아 인식

이것들보다 더 크고, 높은 것이 있어서, 나를 마음대로 굴려 가는 것
을 생각하는 것인데,　초월적 존재 – 운명　　　　　　운명에 대한 인식 – 운명론적 세계관

이렇게 하여 여러 날이 지나는 동안에,

「내 어지러운 마음에는 슬픔이며, 한탄이며, 가라앉을 것은 차츰 앙금
『」: 마음이 진정됨 – 감정의 정화

▶ 1~8행: 고향을 떠나 방황하는 쓸쓸한 삶

▶ 9~19행: 죽음을 생각하는 절망적 현실

출제 포인트

• 시상 전개의 특징 – 편지 형식
• 화자의 정서 변화
• '갈매나무'의 상징적 의미

필수 문제

01 화자 파악하기
• 화자: '나'(고향을 떠나 방황하는 이)
• 상황: 고향을 상실하고 방랑 생활을 하던 중 삶의 (　　)를 다짐
• 정서·태도: 성찰적, 의지적

02 이 시가 서간문의 형식으로 쓰여졌다고 할 때, 제목이 의미하는 바가 무엇인지 쓰시오.

03 이 시에서 '갈매나무'가 상징하는 의미를 10자 이내로 쓰시오.

04 [기출] 이 시의 공간적 배경인 '방'에 대해 이해한 내용으로 적절하지 <u>않은</u> 것은?

① 1~8행: 화자가 가족이나 고향과 '멀리 떨어져서' 외롭게 지내는 자신의 처지를 확인하는 공간이다.
② 9~15행: '나 혼자' 누워 있는 단절된 공간으로, 화자가 자신의 삶에 대해 끊임없이 고뇌하는 공간이다.
③ 16~19행: '죽을 수밖에 없' 다고 느낄 만큼 화자의 절망감이 심화되는 공간이다.
④ 20~23행: 화자가 '천장'을 쳐다보며 운명론에서 벗어나 타인에 대한 책임감을 느끼는 공간이다.
⑤ 24~32행: 화자가 '굳고 정한 갈매나무'를 생각하며 현실 극복의 의지를 드러내는 공간이다.

이 되어 가라앉고,

외로운 생각만이 드는 때쯤 해서는,

더러 나줏손에 쌀랑쌀랑 싸락눈이 와서 문창을 치기도 하는 때도 있는데,

나는 이런 저녁에는 화로를 더욱 다가 끼며, 무릎을 꿇어 보며,

어느 먼 산 뒷옆에 바우섶에 따로 외로이 서서,

『어두워 오는데 하이야니 눈을 맞을, 그 마른 잎새에는,

쌀랑쌀랑 소리도 나며 눈을 맞을,』

그 드물다는 굳고 정한 갈매나무라는 나무를 생각하는 것이었다.

▶ 20~32행: 갈매나무와 같은 새로운 삶의 다짐

- 남신의주 유동 박시봉방(南新義州柳洞朴時逢方): '남신의주 유동'에 사는 '박시봉 씨네'라는 의미. 즉, 편지 봉투에 쓰는 발신인의 주소에 해당함
- 살뜰한: 사랑하고 위하는 마음이 자상하고 지극한
- 누긋한: 메마르지 않고 좀 눅눅한
- 딜옹배기: 아가리가 넓은 질그릇
- 북덕불: 짚이나 풀 따위를 태워 담은 화톳불

알맹이 포착

제목의 의미

남신의주의 유동이라는 동네에 있는 박시봉의 방을 의미한다. '방(方)'은 편지에서 집주인의 이름 아래 붙여 그 집에 거처함을 뜻하는 말로, 고향을 떠나 낯선 곳에서 외로운 떠돌이 삶을 사는 화자 자신의 근황과 참담한 심경을 누군가에게 편지 쓰듯 고백하는 시의 내용과 어울려 시적 효과를 더해 주고 있다.

'갈매나무'의 상징적 의미

'갈매나무'는 굳세고 정결한 태도로 살아가겠다는 화자의 현실 극복 의지를 형상화한 소재이다. 흰 눈을 맞으며 의연하게 서 있는 갈매나무를 상상함으로써, 화자 자신도 현재의 시련과 고통을 이겨 낼 의지와 희망을 갖게 되는 것이다.

핵심 정리

- 갈래: 자유시, 서정시
- 성격: 독백적, 반성적, 의지적
- 주제: 무기력한 삶에 대한 반성과 새로운 삶의 의지
- 해제: 이 시는 고향을 떠나 방황하는 화자가 암울한 현실 속에서 무기력하게 살아가는 자신의 모습을 돌아보고 반성하는 작품으로, 절망 속에서도 희망을 잃지 않는 현실 극복의 의지를 노래하고 있다.
- 시의 특징과 표현
  ① 편지의 형식을 빌려 화자의 근황을 드러냄
  ② 절망의 정서에서 희망의 정서로 시상이 전개됨
  ③ 산문적 서술 형태이나, 쉼표의 적절한 사용을 통해 내재율을 획득함

56 동뇨¹부(童尿賦) | 백석

낯선 작품

봄철날 한종일 내 ¹노곤하니 벌불 장난을 한 날 밤이면 으레히 ¹싸개
　　　　　온종일　　들불
똥당을 지나는데 잘망하니 누어 싸는 오줌이 넓적다리를 흐르는 따근
　　　　(하는 짓, 모양새가)얄밉게도　졸음에 겨워 자리에 누운 채로 오줌을 쌈
따근한 맛 지리에 펑하니 괴이는 척척한 맛 ☐ : 오줌에 관한 기억의 감각화(촉각)
　　　　오줌에 젖은 요의 느낌　　　　　　▶ 1연: 봄에 불장난하고 밤
　　　　　　　　　　　　　　　　　　　에 오줌 싼 일

첫 여름 「이른 저녁을 해치우고 인간들이 모두 터 앞에 나와서 물외포
기에 당콩포기에 오줌을 주는 때,」 터 앞에 밭마당에 샛길에 떠도는 오줌
「 」: 남자들이 오줌 거름을 주는 모습(해학적)　텃밭　　오이
　강낭콩　　　　　　　　　바깥 마당
의 매캐한 재릿한 내음새　　　　　　　▶ 2연: 여름에 오줌 거름을
　　☐ : 오줌에 관한 기억의 감각화(후각)　　　주던 일

긴긴 겨울밤 인간들이 모두 한잠이 들은 재밤중에 나 혼자 일어나서
　　　　　　　　　　　　　　깊은 잠　한밤중
머리맡 쥐발 같은 새끼 요강에 한없이 누는 잘 매럽던 오줌의 사르릉
　　　　　　알맞춤한 작은 요강
쪼로록하는 소리　　　　　　　　　　　▶ 3연: 겨울 한밤중에 요강
　☐ : 오줌에 관한 기억의 감각화(청각)　　　에 오줌 누던 일

그리고 또 엄매의 말엔 내가 아직 굳은 밥을 모르던 때 살갗 퍼런 막
　　　　　　　　　　　　굳은 밥을 먹기 전, 젖만 먹던 아기 때
내 고무가 잘도 받어 세수를 하였다는 내 오줌빛은 이슬같이 샛말갛기
　　　　　　　　예뻐지기 위한 행동, 미백을 위한 오줌 세수 풍속
도 샛맑았다는 것이다.　　　　　　　　▶ 4연: '나'의 오줌에 얽힌
　☐ : 오줌에 관한 기억의 감각화(시각)　　　엄마의 추억

- ▪ 부: 시경에서 이르는 시의 여섯 체[부(賦), 비(比), 흥(興), 풍(風), 아(雅), 송(頌)] 중의 하나.
  사물이나 그에 대한 감상을 비유를 쓰지 않고 직접 서술하는 작법
- ▪ 노곤하니: 나른하고 피곤하니
- ▪ 싸개똥당: 오줌을 참다가 기어코 싸는 장소. 사개동장. 오줌싸개의 왕

출제 포인트

- 감각적 심상의 이해
- 시상 전개 방식 이해

필수 문제

01 화자 파악하기

- 화자: '나' (어린 시절 오줌과 관련된 추억을 회상하는 이)
- 상황: 어린 시절 봄, 여름, 겨울, 작은 고모와 (　　　)에 관한 기억을 떠올림
- 정서·태도: 따뜻함, 그리움

02 이 시에서 오줌에 관한 추억에 사용되지 않은 감각적 이미지는?

03 이 시에서 엄마가 '나'에게 한 말의 내용에 해당하는 표현을 찾아 그대로 쓰시오.

알맹이 포착

각 연의 종결 방식의 이해

이 시의 1~3연은 명사로 종결되고 4연은 '~는 것이다'로 종결된다. 화자의 개인적인 이야기가 '~는 것이다'의 종결 형태로 제시됨으로써 사적 이야기가 객관적 이야기로 대상화되어 전달되는 효과가 생긴다. 또한, 1~3연은 명사로 끝맺으며 'ㅅ' 음이 들어간 단어 '맛, 내음새, 소리'를 배치하여 '한문체에서 글귀 끝에 운을 달고 대(對)를 맞추어 짓는 글'이라는 '부(賦)'의 형식적 특성을 드러내고 있다.

한눈에 보기

핵심 정리

- ▼ 갈래: 자유시, 서정시　　　▼ 성격: 회고적, 토속적, 낭만적
- ▼ 주제: 어린 시절 오줌과 관련된 추억의 회상
- ▼ 해제: 이 시는 어린 시절 오줌과 관련한 추억을 봄, 여름, 겨울의 계절과 함께 단상으로 제시하고 마지막 연에서는 '나'의 오줌에 얽힌 엄마의 추억을 전하는 형식을 취하고 있다.
- ▼ 시의 특징과 표현
  ① 어린 시절 추억이 담긴 오줌을 촉각, 후각, 청각, 시각적 심상으로 감각화함
  ② 한시의 문체인 '부'의 형식에 따라 사물에 대해 직접 서술하는 방식으로 시상을 전개함

현대시의 모든 것

72

57 모닥불 | 백석

『새끼오리도 헌신짝도 소똥도 갓신창도 개니빠디도 너울쪽도 짚검불』
새끼줄 '오리'는 '올'의 평안 방언   가죽신의 밑창   개의 이빨   널쪽, 널빤지 조각

도 가랑잎도 머리카락도 헝겊 조각도 막대꼬치도 기왓장도 닭의 깃도

개 터럭도 타는 모닥불
『 』: 모닥불에 타고 있는 사물들 - 열거법

▶ 1연: 하찮고 쓸모없는 것
들이 모여 타는 모닥불

『재당도 초시도 문장(門長) 늙은이도 더부살이 아이도 새 사위도
『 』: 모닥불을 쪼이고 있는 사람들과 동물들 - 열거법

갓사둔도 나그네도 주인도 할아버지도 손자도 붓장사도 땜쟁이도 큰
새 사돈   땜질을 직업으로 하는 사람

개도 강아지도 모두 모닥불을 쪼인다

▶ 2연: 차별이나 구별 없이 모여
모닥불을 쪼이는 사람과 동물들

『모닥불은 어려서 우리 할아버지가 어미아비 없는 서러운 아이로 불
연민의 대상   일제 강점기에 주권을 상실한 우리 민족을 상징

상하니도 몽동발이가 된 슬픈 역사가 있다』
『 』: 할아버지의 생애를 통해 우리 민족이 겪었던 고통의 역사를 보여 줌

▶ 3연: 모닥불에 서린 할아
버지의 슬픈 생애

- 짚검불: 짚 지끄러기 뭉치
- 재당: 재실(齋室)에서 제사를 지내거나 문중 회의를 할 때 일을 주관하던 학덕 높은 집안의 어른
- 초시(初試): 과거의 첫 시험에 급제한 사람
- 문장(門長): 한 문중(門中)에서 항렬과 나이가 제일 위인 사람
- 몽동발이: 딸려 붙었던 것이 다 떨어지고 몸뚱이만 남은 것

출제 포인트

- '모닥불'의 상징적 의미
- 열거된 소재들의 의미

필수 문제

01 화자 파악하기
- 화자: '나'(모닥불을 쪼는 이)
- 상황: 모두가 모여서 (   )을 쪼이고 있음
- 정서·태도: 사색, 관찰

02 이 시에 열거된 소재의 의미를 다음과 같이 정리할 때, ㉠과 ㉡에 들어갈 말을 각각 쓰시오.

구분	특징	의미
1연	㉠	모두 모닥불을 만드는 소중한 재료
2연	다양한 사람과 동물들	㉡

알맹이 포착

'모닥불'의 의미

이 시에서 '모닥불'은 사소한 것들을 태워 사람들을 따뜻하게 해 주는 희생적 의미를 지닌다. 또한 '모닥불'을 중심으로 모여든 이들로 하여금 공동체적 합일을 이루게 한다. 그러나 한편으로는 우리 민족의 슬픈 역사가 서려 있는 대상이기도 하다. 즉, '모닥불'은 민족 공동체의 모습이자 수난의 역사를 상징하는 셈이다.

한눈에 보기

마을 사람들과 동물들이 모두 쬠

모닥불

할아버지의 슬픈 역사가 서려 있음

사소한 것들이 타서 피워 냄

핵심 정리

- 갈래: 산문시, 서정시
- 성격: 토속적, 민족적
- 주제: 우리 민족의 공동체적 삶과 비극적 역사
- 해제: 이 시는 하찮고 쓸모없는 것들이 모여 타는 모닥불을 통해서 우리 민족의 공동체적 삶과 그 이면에 담긴 비극적 역사를 그리고 있다.
- 시의 특징과 표현
  ① 토속적 어휘를 나열하여 향토적 정감을 불러일으킴
  ② 보조사 '도'를 통해 대상을 나열함으로써 대상들 간의 관계를 형성함

목구(木具) | 백석

가을걷이나 세간 따위를 넣어 두는 광

오대(五代)나 나린다는 크나큰 집 다 찌그러진 들지고방 **어득시근한**

목구(木具)가 놓여 있는 공간

구석에서 쌀독과 말쿠지와 숫돌과 **신뚝과 그리고 옛적과 또 열두 데

옷 따위를 걸기 위해 벽에 박은 못

석님과 친하니 살으면서

제석신, 무당이 받드는 가신제(家神祭)의 대상

▶ 1연: 고방에서 오대에 걸쳐 내
려온 목구

한 해 몇 번 매연지난 먼 조상들의 최방등 제사에는 컴컴한 고방 구

매년 지내 온   평북 정주 지방의 제사, 복을 부르기 위해 지냄

석을 나와서 대멀머리에 외얏맹건을 지르터 맨 늙은 제관의 손에 정갈

맨 머리   오얏망건   졸라

히 몸을 씻고 **교의 우에 모신 **신주 앞에 환한 촛불 밑에 피나무 소담

제사에 쓰기 위해 깨끗이 씻긴 목구

한 제상 우에 떡 보탕 식혜 산적 나물 지짐 반봉 과일들을 공손하니 받

좋은 생선

들고 먼 후손들의 공경스러운 절과 잔을 굽어보고 또 애끊는 통곡과 축

을 귀애하고 그리고 합문 뒤에는 흠향오는 구신들과 호호히 접하는 것

제사 때에 읽어 신명(神明)께 고하는 글

병풍을 쳐서 가림   제물을 받아서 먹음   귀신

▶ 2연: 최방등 제사에서 조상과
후손을 교감하게 하는 목구

『구신과 사람과 넋과 목숨과 있는 것과 없는 것과 한 줌 흙과 한 점 살

「」: 열거(운율감 형성)

과 먼 옛 조상들과 먼 훗 자손의 거룩한 아득한 슬픔을 담는 것

세대와 세대   삶의 애환

▶ 3연: 조상과 후손의 삶의 애환
을 담는 목구

내 손자의 손자와 나와 할아버지와 할아버지의 할아버지와 할아버지

미래 세대   현재 세대   과거 세대, 나의 고조 할아버지

의 할아버지의 할아버지와…… 수원 백씨(水原白氏) 정주 백촌(定州白村)

나의 8대 할아버지   수원 백씨의 집안, 가문

의 힘세고 꿋꿋하나 어질고 정 많은 호랑이 같은 곰 같은 소 같은 피의

가문의 성품·특성·혈통

비 같은 밤 같은 달 같은 슬픔을 담는 것 아 슬픔을 담는 것

▶ 4연: 과거, 현재, 미래를 이어
주는 목구

- 목구(木具): '목기(木器)' 의 평안북도 사투리
- 어득시근한: 조금 어둑한 듯한(어스레한)
- 신뚝: 방이나 마루 앞에 신발을 올리도록 놓아둔 돌
- 교의: 신주(神主)를 모시는, 다리가 긴 의자
- 신주: 죽은 사람의 위패

출제 포인트

- 화자의 상황과 정서
- 감각적 심상과 그리움의 정서

필수 문제

01 화자 파악하기
- 화자: '나' (목구의 의미를 생
각하는 이)
- 상황: (   )를 통해 집안의
유구한 내력과 현재, 미래를
생각함
- 정서 · 태도: 교감, 애정

02 이 시에서 백씨 가문의 성품
과 혈통의 특성을 제시한 표현을
쓰시오.

03 이 시에서 '목구' 가 보관되
는 장소를 제시한 부분을 찾아 그
대로 쓰시오.

핵심 정리

- ✓ 갈래: 자유시, 서정시   ✓ 성격: 토속적
- ✓ 주제: 가족사와 함께하는 '목구' 의 의미
- ✓ 해제: 이 시는 나무로 만든 제기(祭器)인 '목구' 를 통해 정주 지역 수원 백씨 집안의 유구한 내력과 과거 · 현재 · 미래
로 이어지는 사물의 영원한 시간성을 노래하고 있다.
- ✓ 시의 특징과 표현
  ① 제사 풍속의 묘사와 토속어의 사용으로 당대의 사회 · 문화를 이해하는 민속학적 자료로서 의미가 있음
  ② 열거법을 사용하여 사물의 영원성을 나타냄

박각시 오는 저녁 | 백석

당콩밥에 가지 냉국의 저녁을 먹고 나서
강낭콩밥　　여름 음식(계절감)
　　　　　　　　　　　　　　　　　▶ 1행: 저녁을 먹음
바가지꽃 하이얀 지붕에 ■박각시 ■주락시 붕붕 날아오면
박꽃 하얀 지붕(시각적)　　　　　　음성 상징어, 청각적(생동감)
집은 안팎 문을 횅 하니 열젖기고
자연과 인간의 벽　　열어젖히고
인간들은 모두 뒷등성으로 올라 멍석자리를 하고 바람을 쐬이는데
　마을 공동체의 구성원　　　　　　무더운 여름 더위를 식히기 위해 바람을 쐼
풀밭에는 어느새 『하이얀 대림질감들이 한불 널리고』
　　　　　　　　　『 』: 다림질하기 좋도록 밤이슬을 맞힘. 시각적
■돌우래며 팟중이 산옆이 들썩하니 울어댄다
　팥중이(메뚜기)　　요란한 벌레 울음소리(시각+청각), 과장법
　　　　　　　　　　　　　　　▶ 2∼6행: 자연과 어우러진
　　　　　　　　　　　　　　　　　여름밤의 정경
이리하여 하늘에 별이 『잔콩 마당 같고』┐자연(하늘, 별, 이슬)과 인간의 삶(잔
　　　　　　　『 』: 여름밤 하늘에 별이 가득하게 떠있음 │콩 마당, 강낭밭)의 동화로 자연과 인
　　　　　　　　　　　　　　　　　　　　　　　　　　┘간의 어우러진 삶을 보여 줌
『강낭밭에 이슬이 비 오듯 하는』밤이 된다
옥수수밭　　『 』: 7행과 대구인 땅의 모습
　　　　　　　　　　　　　　　　　　▶ 7, 8행: 깊어가는 여름밤

■ 박각시: 박각시나방. 박쥐나비. 해 질 무렵 주로 박꽃 등을 찾아다니며 꿀을 빨아 먹음. 날
　면서 먹이를 먹기 때문에 '붕붕' 하는 소리를 크게 냄
■ 주락시: 줄각시나방. 나비목 자나방과. 성충은 4∼5월에 나타남
■ 대림질감: 다림질할 것
■ 한불: 한 자락 가득히
■ 돌우래: 말똥 벌레나 땅강아지와 비슷함. 땅을 파고 다니며 '오르오르' 소리를 냄
■ 잔콩: '팥'의 함북 방언

1930년대까지

출제 포인트

• 시상의 전개와 확산
• 감각적 이미지의 이해

필수 문제

01 화자 파악하기
• 화자: '드러나지 않음'(자연과 동화된 생활을 하는 이)
• 상황: 여름밤 (　　　)과 어우러져 평화롭게 살아감
• 정서·태도: 평안함. 소박함

02 이 시에 사용된 청각적 심상을 모두 찾아 쓰시오.(2개)

03 이 시에서 자연과 인간의 소통과 동화가 극적으로 확산되고 있는 부분의 첫 어절과 끝 어절을 쓰시오.

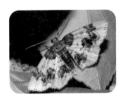
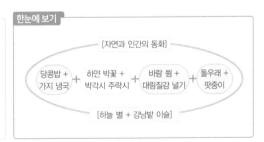

알맹이 포착

'강낭밭에 이슬이 비 오듯 하는 밤'의 이해
이 시에 제시되는 인간의 삶과 자연의 모습은 마지막 두 행에서 하나로 결합한다. '저녁 먹고 → 바람 쐬고 → 다림질감 널고'의 평화로운 인간의 삶과 '박꽃 하얀 지붕에 박각시 주락시 날고 → 풀밭에는 돌우래 팟중이 울고'의 현란하고 다채로운 자연은 마지막 두 행에서 '하늘에 별(자연)'이 '잔콩 마당(인간의 삶)'과 어우러지고, '강낭밭(인간의 삶)'에는 '이슬(자연)'이 비 오듯 내려 동화되는 모습을 확인할 수 있다.

한눈에 보기

[자연과 인간의 동화]

당콩밥 + 가지 냉국 + 하이얀 박꽃 + 박각시 주락시 + 바람 쐼 + 대림질감 널기 + 돌우래 + 팟중이

[하늘 별 + 강낭밭 이슬]

핵심 정리

∨ 갈래: 자유시, 서정시　　∨ 성격: 토속적, 감각적, 낭만적
∨ 주제: 자연과 어우러져 살아가는 전원생활
∨ 해제: 이 시는 여름밤 자연의 풍경과 그에 동화되어 살아가는 인간의 삶을 한 폭의 아름다운 그림처럼 제시하고 있다.
　　'사람의 구체적 생활 → 현란한 자연의 향연 → 자연과 하나 되는 인간의 삶'이 감각적으로 형상화되고 있다.
∨ 시의 특징과 표현
　① 시간의 흐름에 따라 시상이 전개됨
　② 토속어와 순우리말의 구사로 시골의 풍경을 아름답게 그려 냄

현대시의 모든 것

북방에서 | 백석

먼 과거
아득한 옛날에 나는 떠났다.
북방을 떠나 한반도로 내려옴
『부여(夫餘)를 ■숙신(肅愼)을 발해(渤海)를 여진(女眞)을 요(遼)를 금(金)을
「 」: 민족의 옛 터전
■흥안령(興安嶺)을 음산(陰山)을 아무우르를 ■숭가리를』
요동 인근 지역   흑룡강 주변
범과 사슴과 너구리를 배반하고
─── 과거의 '떠남'에 대한 부정적 인식
송어와 메기와 개구리를 속이고 나는 떠났다. ▶ 1연: 북방의 터전을 떠나
온 '나'(민족의 역사)

나는 그때
뿌리 뽑힌 자아를 발견하고 내면의 성찰을 하는 이
『자작나무와 ■이깔나무의 슬퍼하든 것을 기억한다.
「 」: 세상 만물이 평화롭게 공존하던 곳을 떠나옴
갈대와 장풍의 붙드든 말도 잊지 않았다.』
창포   붙들던
■오로촌이 멧돌을 잡어 나를 잔치해 보내든 것도
멧돼지
■쏠론이 십 리 길을 따러나와 울든 것도 잊지 않았다.
▶ 2연: 떠나는 '나'에 대한
북방 민족들의 아쉬움

나는 그때

아무 이기지 못할 슬픔도 시름도 없이
떠남을 만류하고 슬퍼하던 구성원들을 개의치 않고 떠나옴(4연 3행과 대비됨)
다만 게을리 먼 ■앞대로 떠나 나왔다.
안일하고 편한 삶을 찾아 한반도로 옴
『그리하여 따사한 햇귀에서 하이얀 옷을 입고
「 」: 평화로운 삶의 영위
매끄러운 밥을 먹고 단샘을 마시고 낮잠을 잤다.』
과거 『밤에는 먼 개 소리에 놀라나고
수많은 외침(外侵)으로 인한 두려움과 긴장감
아침에는 지나가는 사람마다에게 절을 하면서도』
사대주의적 태도   「 」: 욕된 굴욕의 삶
나는 나의 부끄러움을 알지 못했다. ▶ 3연: 한반도에서 편안하
지만 비겁하게 살아감

「 」: 오랜 시간의 경과 제시(어둡고 굴곡이 많았던 긴 세월)
『그동안 돌비는 깨어지고 많은 은금보화는 땅에 묻히고 가마귀도 긴
돌로 된 비석(북방 개척비 또는 조상의 유적)   오랜 세월이 흐름
족보를 이루었는데』

이리하여 또 한 아득한 새 옛날이 비롯하는 때
현재
이제는 참으로 이기지 못할 슬픔과 시름에 쫓겨
혼자 남은 상황의 인식과 절박함(떠나온 시원을 다시 찾게 됨)
나는 나의 옛 하늘로 땅으로 - 나의 태반(胎盤)으로 돌아왔으나
우리 민족의 시원(始原)인 북방   ▶ 4연: 한반도에서의 시련
을 피해 북방으로 돌아옴

『이미 해는 늙고 달은 파리하고 바람은 미치고
「 」: 1, 2연에서 화자를 배웅하던 모든 구성원이 존재하지 않음
보래구름만 혼자 넋없이 떠도는데』   ▶ 5연: 과거의 영화가 사라
보랏빛 구름(평안북도 방언)   진 허무한 모습의 북방

출제 **포인트**

· 화자의 역사 인식
· 시상 전개 방식 이해

필수 문제

01 화자 파악하기

· 화자: '나'(일제 강점기의 유
이민)

· 상황: 유이민으로 살아가는 화
자가 민족의 (   )를 회상
하며 자책함

· 정서·태도: 무력감, 자책감

02 이 시에서 '이제는 참으로
이기지 못할 슬픔과 시름'이 의미
하는 우리나라의 역사적 현실은?

03 [서술형] 이 시에 나타나는
시상 전개 방식을 간략히 서술하
시오.

『아, 나의 조상은 형제는 일가친척은 정다운 이웃은
「 」: 돌아온 화자를 맞이해 줄 구성원들(영원히 혼자임을 인식하게 됨)
그리운 것은 사랑하는 것은 우러르는 것은△: 허무하게 사라지는 존재

『나의 자랑은 나의 힘은 없다 바람과 물과 세월과 같이 지나가고 없다.』
「 」: 처연하고 비관적인 부재와 고립의 정서   ▶ 6연: 자랑과 힘이 허무하게
                                                     사라진 '나'(민족)의 모습

- 숙신(肅愼): 광개토대왕 때 병합된 만주의 이민족
- 흥안령(興安嶺): 초원 지대인 북만주의 산맥
- 숭가리: 송화강. 흑룡강의 최대 지류로, 백두산 천지에서 발원함
- 이깔나무: 깊은 산과 고원에서 잘 자라는 소나무과의 낙엽 교목
- 오로촌: 만주의 유목 민족. 한국인과 비슷하고 예절이 바름
- 쏠론: 아무르강의 남방에 분포하는 퉁구스족
- 앞대: 어떤 지방에서 그 남쪽의 지방을 이르는 말

'나는 떠났다'와 '나의 태반으로 돌아왔으나' 그리고 '나의 힘은 없다'의 의미

이 시는 '근원적 시공간에서 떠남 – 정착한 곳에서의 시련과 굴욕 – 떠나온 곳으로 돌아감'의 구조로 시상이 전개된다. 화자는 근원적 시공간에서 자연과 일대의 종족들과 어울려 살다가 '먼 앞대'인 한반도로 떠나온다. 떠날 때 화자는 함께하는 구성원의 소중함을 인식하지 못한다. 근원적 시공간을 떠나온 뒤에 화자는 평화롭고 한가한 삶을 영위하기도 하지만 긴장감과 굴욕의 욕된 삶을 감수하는 삶을 오랫동안 보내게 된다. 어둡고 굴욕이 많았던 긴 세월 후에 화자는 떠나왔던 '태반' 즉, 근원적 시원인 북방으로 돌아온다. 그렇지만 떠나올 때와 달리 막상 돌아와 보니 그 시공간의 구성원들은 모두 화자의 곁에 존재하지 않는다. 돌아온 화자를 맞이해 줄 조상, 형제, 일가친척, 그리운 것, 사랑하는 것, 우러르는 것 모두가 사라졌다는 것을 비로소 인식한 화자는 '나의 힘은 없다'라는 처연함을 드러낸다. 이러한 화자의 모습은 식민지 시대 현실 속에서 뿌리 뽑힌 채 유랑하던 우리 민족의 의식과도 연결되는 것이라 할 수 있다.

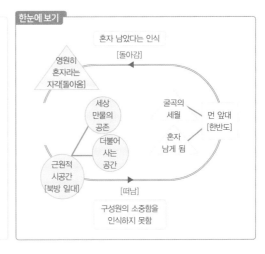

핵심 정리

∨ 갈래: 자유시, 서정시   ∨ 성격: 회고적, 허무적
∨ 주제: 민족의 지난 역사에 대한 회상과 현실의 부끄러움
∨ 해제: 이 시는 일제 강점기의 암담한 현실에서 유이민으로 살아가는 화자가 우리 민족의 지난 역사를 회상하며 자책하는 작품으로, 이 시의 화자는 민족의 역사를 대변한다.
∨ 시의 특징과 표현
  ① 시간의 흐름에 따라 시상이 전개되며 과거와 현재가 대비됨
  ② 화자의 고독과 절망감을 누군가에게 말하는 듯한 형식으로 표현함

61 선우사(膳友辭) – 함주시초(咸州詩抄) 4 | 백석

책상처럼 생긴 장방형의 큰 상

낡은 나조반에 흰밥도 가재미도 나도 나와 앉아서
○: 화자가 동류의식을 느끼는 소재 - 음식을 친밀한 대상으로 인격화함
쓸쓸한 저녁을 맞는다 ▶ 1연: '흰밥'과 '가재미'와 함께하
화자의 쓸쓸한 처지 는 '나'의 쓸쓸한 저녁

흰밥과 가재미와 나는

우리들은 그 무슨 이야기라도 다 할 것 같다
일체감의 표현   허심탄회하고 친한 사이임
우리들은 서로 미덥고 정답고 그리고 서로 좋구나
'나'와 '흰밥', '가재미' 사이의 친밀감을 드러냄 ▶ 2연: 서로 미덥고 정다우며 좋은
'흰밥'과 '가재미'와 '나'

우리들은 맑은 물밑 해정한 모래톱에서 하구 긴 날을 모래알만 헤이
맑고 깨끗한
며 잔뼈가 굵은 탓이다
'가재미'가 흰 이유 - 우리들이 서로 미덥고 정답고 좋은 이유 ①
바람 좋은 한벌판에서 물닭이 소리를 들으며 단이슬 먹고 나이 들은
'흰밥'이 흰 이유 - 우리들이 서로 미덥고 정답고 좋은 이유 ②
탓이다

외따른 산골에서 소리개 소리 배우며 다람쥐 동무하고 자라난 탓이다
'나'가 흰 이유 - 우리들이 서로 ▶ 3연: '흰밥'과 '가재미'와 '나'가
미덥고 정답고 좋은 이유 ③ 서로 미덥고 정답고 좋은 이유

우리들은 모두 욕심이 없어 희여졌다
우리들의 공통점 - 욕심이 없고 맑고 깨끗함
착하디착해서 세관은 가시 하나 손아귀 하나 없다
성질이나 기세가 억센 우리들과 대비되는 폭력성, 욕심 등
너무나 정갈해서 이렇게 파리했다
'깨끗해서 창백하다'는 역설적 발상을 통해 욕심이 없음을 강조 ▶ 4연: 욕심이 없고 정갈한 '흰밥'
과 '가재미'와 '나'

우리들은 가난해도 서럽지 않다 / 우리들은 외로워할 까닭도 없다
욕심 없고 착하고 정갈하기 때문에   함께 있기 때문에
그리고 누구 하나 부럽지도 않다
만족하고 있기 때문에(1연의 쓸쓸함과 대비됨) ▶ 5연: 가난해도 서럽지 않고 외롭
지 않고 누구도 부럽지 않음

흰밥과 가재미와 나는 / 우리들이 같이 있으면
'세상'에서 벗어난 삶을 긍정함
세상 같은 건 밖에 나도 좋을 것 같다
화자의 삶과 대립되는 공간 ▶ 6연: 서로에 대한 정감과 세상과
의 거리감

출제 포인트

• 화자가 지향하는 삶의 태도
• '흰밥'과 '가재미'와 화자의 공통점

필수 문제

01 화자 파악하기
• 화자: '나' (저녁 밥상을 마주한 이)
• 상황: '흰밥'과 '가재미'를 놓고 혼자 (   )을 먹으며 애정을 드러냄
• 정서·태도: 욕심 없음, 소박함

02 [기출] 이 시에 대한 이해로 적절하지 않은 것은?
① 1연: '낡은 나조반'을 중심으로 화자와 '흰밥', '가재미'가 함께 있는 상황이 제시되어 있다.
② 2연: '우리들'이라는 시어를 통해 '흰밥', '가재미'에 대해 화자가 느끼는 친근감을 보여 주고 있다.
③ 3, 4연: '모래톱', '한벌판', '산골'이라는 공간에서 비롯된 '우리들'의 공통점을 감각적으로 형상화하고 있다.
④ 5연: 화자는 '않다', '없다'와 같은 부정적 표현을 활용하여 이상과 현실의 괴리를 나타내고 있다.
⑤ 6연: 화자는 '우리들'의 관계를 바탕으로 '세상'을 대하는 태도를 드러내고 있다.

핵심 정리

▼ **갈래**: 자유시, 서정시   ▼ **성격**: 성찰적, 독백적
▼ **주제**: 욕심 없고 정갈한 삶에 대한 지향
▼ **해제**: '선우(膳友)'는 반찬 친구를 가리키는 말로, 화자인 '나'와 반찬 친구인 '흰밥', '가재미'는 모두 욕심이 없고 착하며 정갈하다는 공통점을 지니고 있다. 즉 이 시는 음식을 소재로 하여 욕심 없고 소박한 삶에 대한 화자의 지향을 형상화하고 있다.
▼ **시의 특징과 표현**
① 화자가 지향하는 삶의 태도와 유사한 대상들을 통해 주제 의식을 구현함
② 사물에 인격을 부여하여 친밀감을 드러냄

수라(修羅) | 백석

□ : 거미 가족과 관련된 화자의 감정 변화

거미 새끼 하나 방바닥에 나린 것을 나는 아무 생각 없이 문밖으로
① ─ 거미 가족의 구성원
쓸어버린다

차다찬 밤이다
일제 강점기의 시대적 배경과 관련됨

▶ 1연: 거미 새끼 하나를 아무
생각 없이 문밖으로 쓸어버림

어니젠가 새끼 거미 쓸려 나간 곳에 큰 거미가 왔다
자식을 찾기 위한 모정   어미 거미
나는 가슴이 짜릿한다
② ─ 화자의 감정 변화
나는 또 큰 거미를 쓸어 문밖으로 버리며
새끼 거미와 만나게 해 주기 위함
찬 밖이라도 새끼 있는 데로 가라고 하며 서러워한다
③
▶ 2연: 큰 거미를 문밖으로
쓸어버리며 서러워함

이렇게 해서 아린 가슴이 싹기도 전이다
가라앉기도
『어데서 좁쌀만 한 알에서 가제 깨인 듯한 발이 채 서지도 못한 무척
방금, 막
적은 새끼 거미가 이번엔 큰 거미 없어진 곳으로 와서 아물거린다』
『 』: 어미를 찾기 위한 연약한 존재의 모습   조금씩 움직인다
나는 가슴이 메이는 듯하다
④
내 손에 오르기라도 하라고 나는 손을 내어 미나 분명히 울고불고할
작은 새끼 거미에 대한 연민
이 작은 것은 나를 무서우이 달아나 버리며 나를 서럽게 한다
무서워하여   ⑤
나는 이 작은 것을 고이 보드러운 종이에 받어 또 문밖으로 버리며
정성스러운 태도   위험하지만 가족과 함께 있을 수 있는 곳
이것의 엄마와 누나나 형이 가까이 이것의 걱정을 하며 있다가 쉬이
만나기나 했으면 좋으련만 하고 슬퍼한다
가족 공동체 회복에 대한 소망   ⑥
▶ 3연: 작은 새끼 거미를 문
밖으로 쓸어버리며 슬퍼함

■ 수라(修羅): '아수라(阿修羅)'의 줄임말로, 불교에서 싸움을 일삼는 나쁜 귀신을 뜻함
■ 어니젠가: '언젠가'의 평안도 방언. 여기서는 '어느 사이엔가'라는 뜻

출제 포인트

• 제목의 의미
• 시적 대상에 대한 화자의 감정 변화

필수 문제

01 화자 파악하기
• 화자: '나' (거미의 처지에 연민을 느끼는 이)
• 상황: (   )를 차례로 문밖으로 쓸어버림
• 정서·태도: 연민

02 시적 대상에 대한 화자의 감정 변화 양상을 다음과 같이 정리할 때, ㉠과 ㉡에 들어갈 말을 쓰시오.

구분	대상	화자의 감정
1연	거미 새끼	아무 생각 없음
2연	큰 거미	가슴이 짜릿함, (㉠)
3연	무척 적은 새끼 거미	(㉡) 서러움, 슬픔

03 [서술형] 이 시의 제목을 '수라'로 정한 이유를 시대적 상황과 관련지어 서술하시오.

▼ 갈래: 자유시, 서정시   ▼ 성격: 애상적, 상징적
▼ 주제: 붕괴된 공동체 회복에 대한 소망
▼ 해제: 이 시는 거미에 대한 화자의 반복된 행위와 그에 따른 감정 변화의 양상을 통해 급속도로 가족 공동체가 붕괴되어 가던 1930년대 후반의 민족적 현실을 그려 내고 있다. 시인은 아름답고 풍요로운 가족 공동체가 깨진 참담한 현실을 격심한 혼돈을 연상시키는 '수라(修羅)'라는 제목을 통해 잘 드러내고 있다.
▼ 시의 특징과 표현
  ① 거미를 문밖으로 버리는 화자의 반복된 행위를 통해 시상이 전개되어 나감
  ② 거미를 대하는 화자의 감정이 점층적으로 고조됨

여승(女僧) | 백석

여승은 합장*하고 절을 했다.
시적 대상 – 서사의 주인공
가지취*의 내음새가 났다.
후각적 이미지 → 속세와의 단절
쓸쓸한 낯이 옛날같이 늙었다.
여승이 고통스럽고 서러운 속세의 흔적이 여전히 느껴짐
나는 불경처럼 서러워졌다.
　　　속세를 떠날 수밖에 없었던 여인에 대해 슬픔을 느낌

▶ 1연: 여승과 '나'의 대면 (현재)

평안도의 어느 산 깊은 금점판*

나는 파리한 여인에게서 옥수수를 샀다.
　　　출가 전의 여승
여인은 나어린 딸아이를 때리며 가을밤같이 차게 울었다.
　　　나이 어린　　　　　힘겹고 고달픈 삶의 형상화(청각의 촉각화)

▶ 2연: 여인과의 첫 만남(과거 ①)

섶벌*같이 나아간 지아비 기다려 십 년이 갔다.

지아비는 돌아오지 않고

어린 딸은 도라지꽃이 좋아 돌무덤으로 갔다.
죽음의 미화적 표현 → 여인의 비극적 삶을 심화시킴

▶ 3연: 여인의 비극적인 삶 (과거 ②)

산꿩도 섧게 울은 슬픈 날이 있었다.
감정 이입(여인의 울음을 형상화)
산절의 마당귀*에 여인의 머리오리가 눈물방울과 같이 떨어진 날이
현실의 고통을 초탈하기 위한 세계　　　여인의 삭발 모습 – 한(恨)의 형상화
있었다.

▶ 4연: 여승이 되는 여인의 모습(과거 ③)

■ 합장(合掌): 두 손바닥을 합하여 마음이 한결같음을 나타냄. 또는 그런 예법
■ 가지취: 산나물인 취나물의 일종
■ 금점판: 예전에, 주로 수공업적 방식으로 작업하던 금광의 일터
■ 섶벌: 재래종 벌의 하나. 일벌
■ 마당귀: 마당의 한쪽 귀퉁이

출제 포인트

• 시상 전개 방식의 특징 – 역순행적 구성
• '산꿩'의 상징적 의미
• 시에 반영된 시대 상황

필수 문제

01 화자 파악하기
• 화자: '나' (여승을 만난 이)
• 상황: 한 가난한 여인이 (　　　)이 되기까지의 기구한 삶의 모습을 회상함
• 정서·태도: 애상감

02 이 시의 1~4연을 시간적 순서에 따라 재배열하시오.

03 이 시에서 '여승'의 감정이 이입된 시어를 찾아 2음절로 쓰시오.

핵심 정리

∨ 갈래: 자유시, 서정시　　　∨ 성격: 서사적, 애상적, 감각적
∨ 주제: 한 여인의 비극적 삶을 통해 본 일제 강점기 우리 민족의 수난
∨ 해제: 이 시는 일제 강점기의 어려운 현실을 배경으로 힘겹게 살아가던 한 여인이 여승이 되기까지의 삶의 모습을 보여 줌으로써, 우리 민족의 비극적 현실을 반영하고 있다.
∨ 시의 특징과 표현
　① 역순행적 구성으로 여승의 삶의 궤적을 압축하여 제시함
　② 화자를 관찰자로 설정하여 여승의 삶을 사실감 있게 전달함
　③ 감각적인 어휘 구사와 적절한 비유를 통해 비극적인 여인의 삶을 형상화함

64 여우난골족 | 백석

교과서 EBS

명절날 나는 엄매 아배 따라 우리 집 개는 나를 따라 진할머니 진할
시간적 배경   '친할머니, 친할아버지'의 평안도 방언
아버지 있는 큰집으로 가면
         공간적 배경   ▶ 1연 명절을 쇠러 큰집에 감

얼굴에 별 자국이 솜솜 난 말수와 같이 눈도 껌벅거리는 하루에 베
        곰보 자국   자기표현이 자유롭지 못하고 어눌함
한 필을 짠다는 벌 하나 건너 집엔 복숭아나무가 많은 신리(新里) 고무
우직하게 일만 하는   벌판   마을명   고모
고무의 딸 이녀(李女) 작은 이녀(李女)

열여섯에 사십(四十)이 넘은 홀아비의 후처가 된 포족족하니 성이 잘
        토산 고무의 이력   예민한 성격
나는 살빛이 매감탕 같은 입술과 젖꼭지는 더 까만 예수쟁이 마을 가까
이 사는 토산(土山) 고무 고무의 딸 승녀(承女) 아들 승(承)동이

육십 리(六十里)라고 해서 파랗게 뵈이는 산(山)을 넘어 있다는 해변에
서 과부가 된 코끝이 빨간 언제나 흰옷이 정하던 말끝에 설게 눈물을
짤 때가 많은 큰골 고무 고무의 딸 홍녀(洪女) 아들 홍(洪)동이 작은 홍
         큰골 고모의 생김새와 성격
(洪)동이

배나무 접을 잘하는 주정을 하면 토방돌을 뽑는 오리치를 잘 놓는
      삼촌의 특징
면 섬에 반디것 담그러 가기를 좋아하는 삼춘 삼춘 엄매 사춘 누이 사
춘 동생들

이 그득히들 할머니 할아버지가 있는 안간에들 모여서 방 안에서는
                              안방
새 옷의 내음새가 나고
명절빔(후각적 이미지) – 명절의 기대감   끼니때
또 인절미 송구떡 콩가루차떡의 내음새도 나고 끼때의 두부와 콩나
        명절 음식(후각적 이미지)
물과 뽁은 잔디와 고사리와 도야지비계는 모두 선득선득하니 찬 것들
명절 음식(촉각적 이미지)   ▶ 2, 3연: 큰집에 모인 친척
이다   들과 설빔, 명절 음식

○: 시간의 흐름에 따른 시상 전개
저녁술을 놓은 아이들은 외양간 섶 밭마당에 달린 배나무 동산에서
저녁 식사를 마친   '옆'의 방언
쥐잡이를 하고 숨굴막질을 하고 꼬리잡이를 하고 가마 타고 시집가는
            숨바꼭질
놀음 말 타고 장가가는 놀음을 하고 이렇게 밤이 어둡도록 북적하니 논다
                              현재형 진술 – 과거 체험의 생생한 현재화
밤이 깊어 가는 집 안엔 엄매는 엄매들끼리 아르간에서들 웃고 이야
                                  아랫간(아랫방)
기하고 아이들은 아이들끼리 웃간 한 방을 잡고 조아질하고 쌈방이 굴
                                  공기놀이   주사위 같은 놀이 기구
리고 바리깨돌림하고 호박떼기하고 제비손이구손이 하고 이렇게 화디
      주발 뚜껑 놀이   말타기 놀이와 비슷한 놀이 ': 세세한 열거 → 이미지의 구체화, 생동감 있는 표현 효과
의 사기방등에 심지를 몇 번이나 돋구고 홍게닭이 몇 번이나 울어서 졸
              새벽닭

출제 포인트

- 시에 나타난 명절날의 모습과 분위기
- 시간의 흐름에 따른 시상 전개

필수 문제

01 화자 파악하기
- 화자: '나'(어린 소년)
- 상황: 큰집에 가서 (   )을 쇠던 흥겨운 분위기를 회상함
- 정서·태도: 유대감

02 이 시의 분위기로 적절하지 않은 것은?
① 단란함   ② 생동감
③ 정겨움   ④ 혼란함
⑤ 흥겨움

03 이 시의 2연에서 친척들의 호칭을 열거함으로써 독자에게 전달하고자 하는 바를 간단히 쓰시오.

04 이 시의 4연에 나타난 시상 전개 방법을 쓰시오.

음이 오면 아릇목싸움 자리싸움을 하며 히드득거리다 잠이 든다 그래서

는 문창에 텅납새의 그림자가 치는 <u>아침</u> 시누이 동세들이 욱적하니 흥성
　　　　　　처마의 안쪽 지붕

거리는 부억으론 샛문 틈으로 장지문 틈으로 <u>무이징게국</u>을 끓이는 맛
활기차게 자꾸 떠드는

있는 내음새가 올라오도록 잔다　　　　　▶ 4연: 밤새도록 이어지는
명절날 아침의 평화로움(후각적 이미지)　　　　　명절의 흥겨운 분위기

- 여우난골족: 여우가 나왔다는 골짜기 주위에 모여 사는 일가친척들
- 포족족하니: 빛깔이 고르지 않고 파르스름한 기운이 도는. 화가 나서 토라지는 모양을 흉내 내는 말
- 매감탕: 엿을 고거나 메주를 쑨 후 솥을 씻은 진한 갈색의 물
- 토방돌: 섬돌. 집의 낙수 고랑 안쪽으로 돌려 가며 놓은 돌
- 오리치: 평안북도에서 오리 사냥에 쓰는 특별한 사냥 용구
- 반디젓: 밴댕이젓
- 제비손이구손이: 서로 다리를 끼우고 노래를 부르며 손으로 다리를 세는 놀이
- 화디: '등잔걸이'의 방언. 등잔을 얹는 기구
- 사기방등: 방에서 켜는 사기로 만든 등
- 무이징게국: 민물 새우와 무를 넣어 끓인 국

한눈에 보기

아침	낮	저녁	밤	새벽	아침
큰집에 감	친척들이 모임	저녁 먹고 아이들이 놂	어른들은 어른들대로 아이들은 아이들대로 놂	놀다가 잠이 듦	아침 냄새가 올라오도록 잠

시간의 흐름

핵심 정리

- 갈래: 산문시, 서정시　　　▽ 성격: 토속적, 회고적
- 주제: 명절날의 정취와 가족 공동체 간의 유대감
- 해제: 이 시는 어린 소년을 화자로 설정하여 명절날 큰집에 모인 친척들의 삶의 모습과 흥겨운 분위기를 묘사함으로써, 농촌 공동체의 평화로운 모습을 형상화하고 있다.
- 시의 특징과 표현
  ① 어린아이의 시선으로 관찰하면서 서술함
  ② 민속적 소재의 나열을 통해 한국인의 전통적 삶의 모습을 보여 줌
  ③ 반복, 열거, 대구 등을 적절히 사용하여 리듬감을 형성함
  ④ 현재 시제의 종결 어미를 통해 생동감을 부여함
  ⑤ 평안도 방언의 사용으로 향토적 분위기를 조성함

65 팔원(八院) – 서행시초(西行詩抄) 3 | 백석

모의 기출

차디찬 아침인데
<u>시간적 배경 – 고난, 시련</u>
묘향산행 승합 자동차는 텅하니 비어서
<u>공간적 배경 – 쓸쓸함, 황량함</u>
나이 어린 계집아이 하나가 오른다.
<u>화자가 관찰하는 대상</u>
옛말속같이 진진초록 새 저고리를 입고
<u>새로운 곳을 찾아가는 깨끗한 차림</u>
손잔등이 밭고랑처럼 몹시도 터졌다.
<u>계집아이의 고된 삶을 보여 줌</u>
계집아이는 자성(慈城)으로 간다고 하는데
<u>지명(평안북도 최북단)</u>
자성은 예서 삼백오십 리 묘향산 백오십 리
<u>계집아이가 가야 할 힘든 여정</u>
묘향산 어디메서 삼촌이 산다고 한다.
<u>의지할 친척을 찾아가는 계집아이의 처지</u>
새하얗게 얼은 자동차 유리창 밖에
내지인(內地人) 주재소장(駐在所長) 같은 어른과 어린아이 둘이 내임
<u>일본인</u>
을 낸다.

계집아이는 운다, 느끼며 운다.
<u>새로이 옮겨 가는 곳에 대한 두려움과 자신의 처지에 대한 슬픔</u>
텅 비인 차 안 한구석에서 어느 한 사람도 눈을 씻는다.
<u>계집아이에 대한 화자의 동정과 연민</u>
『계집아이는 몇 해고 내지인 주재소장 집에서
밥을 짓고 걸레를 치고 아이보개를 하면서
이렇게 추운 아침에도 손이 꽁꽁 얼어서
찬물에 걸레를 쳤을 것이다.』

「 』: 화자가 상상하는 계집아이의 지난 삶
  – 일제 강점기에 고난을 겪던 우리 민족의 전형적인 삶의 모습

▶ 1~3행: 이른 아침 승합차에 오르는 어린 계집아이

▶ 4~12행: 계집아이의 고통스러운 삶에 대한 연민

▶ 13~16행: 계집아이의 고달픈 삶에 대한 화자의 상상

■ 팔원(八院): 묘향산 부근에 있는 작은 산촌의 지명
■ 주재소(駐在所): 일제 강점기에, 순사가 머무르면서 사무를 맡아보던 경찰의 말단 기관
■ 아이보개: 아이를 돌보는 일을 맡아 하는 사람

출제 포인트
- '계집아이'에 대한 화자의 태도
- 시에 반영된 현실

필수 문제

01 화자 파악하기
- 화자: 어린 계집아이를 지켜보는 이
- 상황: 어린 계집아이를 지켜보며 아이의 (   ) 삶을 상상함
- 정서·태도: 애상감, 연민

02 [기출] 이 시에 대한 이해로 적절하지 <u>않은</u> 것은?
① 3행: '어린', '하나'는 화자가 계집아이에게 주목하게 된 계기를 나타낸다.
② 5행: '밭고랑'에 비유된 '손잔등'은 계집아이의 고달픈 삶을 드러낸다.
③ 7행: '삼백오십 리', '백오십 리'는 계집아이의 여정이 고단할 것임을 나타낸다.
④ 9행: '유리창 밖'은 안과 대비되어 육친과 이별하는 계집아이의 슬픔을 강조한다.
⑤ 12행: '눈을 씻는다'는 계집아이에 대한 연민의 정서를 드러낸다.

- 갈래: 자유시, 서정시   성격: 서정적, 애상적
- 주제: 일제 강점하 우리 민족의 삶의 비애
- 해제: 이 시는 4편으로 된 연작시 〈서행시초(西行詩抄)〉의 세 번째 작품으로, 승합 자동차를 타고 가는 나이 어린 계집아이의 모습을 통해 일제 강점기 우리 민족의 비극적 삶을 형상화하고 있다.
- 시의 특징과 표현
  ① 승합 자동차 안팎의 상황을 사실적으로 묘사함
  ② 계집아이의 삶을 화자의 상상과 추측으로 표현함

66 흰 바람벽˚이 있어 | 백석

教科書

『오늘 저녁 이 좁다란 방의 흰 바람벽에
　　　　화자의 현재 위치　화자의 가난한 현실 상징
어쩐지 쓸쓸한 것만이 오고 간다」「 」: 낯선 곳에서 겪는 어려움이 드러남
　　　화자의 심리 반영
이 흰 바람벽에

희미한 십오 촉(十五燭) 전등이 지치운 불빛을 내어던지고
화자의 어려운 삶 암시　　　　　　　　화자의 지친 모습을 나타냄
때글은˚ 다 낡은 무명 샤쯔가 어두운 그림자를 쉬이고
가난한 생활상
그리고 또 달디단 따끈한 감주나 한 잔 먹고 싶다고 생각하는 내 가
　　　　　　　　화자의 소박한 소망
지가지 외로운 생각이 헤매인다　　▶ 1~6행: 흰 바람벽을 보며
　　　　화자의 심리 직접 제시　　　　든 외로운 생각들
그런데 이것은 또 어인 일인가

이 흰 바람벽에
　　　기억의 영상이 비치는 곳
『내 가난한 늙은 어머니가 있다
「 」: 어머니에 대한 추억
내 가난한 늙은 어머니가

이렇게 시퍼러둥둥하니 추운 날인데 차디찬 물에 손은 담그고 무이

며 배추를 씻고 있다」

『또 내 사랑하는 사람이 있다
「 」: 사랑하는 사람에 대한 추억
내 사랑하는 어여쁜 사람이

어늬 먼 앞대˚ 조용한 개포˚가의 나즈막한 집에서

그의 지아비와 마조 앉어 대구국을 끓여 놓고 저녁을 먹는다

벌써 어린것도 생겨서 옆에 끼고 저녁을 먹는다　▶ 7~16행: 어머니와 사랑
　　　　　　　　　　　　　　　　　　　하는 여인을 떠올림
그런데 또 이즈막하야 어늬 사이엔가
　　　　① 시간이 그리 많이 흐르지 않아 ② 이슥한 시간이 되어
『이 흰 바람벽엔
「 」: 주객전도식 표현 – 실제로는 '나'가 쓸쓸한 얼굴로 흰 바람벽을 쳐다보는 상황임
내 쓸쓸한 얼골을 쳐다보며」

이러한 글자들이 지나간다

　　　　— 나는 이 세상에서 가난하고 외롭고 높고 쓸쓸하니 살어가도록
　　　　　　화자의 운명론적인 태도(체념)가 드러남
태어났다

　　　　그리고 이 세상을 살어가는데

　　　　내 가슴은 너무도 많이 뜨거운 것으로 호젓한˚ 것으로 사랑으
로 슬픔으로 가득 찬다　　　　　▶ 17~23행: 운명론적인 체
　　　　　　　　　　　　　　　　념
그리고 이번에는 나를 위로하는 듯이 『나를 울력하는˚ 듯이
　　　　　　　　　　　　　　　　「 」: 의인법
눈질을 하며 주먹질을 하며」이런 글자들이 지나간다

　　　『— 하눌이 이 세상을 내일 적에 그가 가장 귀해하고 사랑하는 것들
　　　「 」: 화자의 자기 위로와 위안 – 현실 극복 의지를 보여 줌

현대시의 모든 것

84

필수 문제

01 화자 파악하기

• 화자: '나'(흰 바람벽을 바라
보는 이)

• 상황: '흰 바람벽'을 바라보며
그리운 대상들을 떠올리고 자
신의 현실을 (　　　)함

• 정서·태도: 쓸쓸함, 자기 위안

02 이 시의 내용을 〈보기〉와 같
이 정리할 때, ㉠~㉢에 들어갈
시어를 찾아 각각 2어절로 쓰시
오.

〈보기〉

화자

↓

㉠

| 외로운 생각 | 그리운 대상 – (㉡) (㉢) | 체념과 위안의 글자들 |

03 이 시에서 화자가 자신의 삶
에 대해 운명론적인 체념의 태도
를 드러내고 있는 시행을 찾아 쓰
시오.

04 [기출] 이 시의 표현상의 특
징으로 적절하지 않은 것은?

① 시어의 반복을 통해 의미를
강조한다.

② 현재형 어미를 사용하여 상황
을 부각한다.

③ 독백의 어조를 통해 화자의
심정을 표출한다.

④ 반어적 표현을 활용하여 시적
대상의 특성을 드러낸다.

⑤ 도치의 구문으로 시상을 종결
하여 주제 의식을 강화한다.

은 모두

가난하고 외롭고 높고 쓸쓸하니 그리고 언제나 넘치는 사랑과

슬픔 속에 살도록 만드신 것이다』

초생달과 바구지꽃과 짝새와 당나귀가 그러하듯이
　　　　박꽃　　　　뱁새

그리고 또 '프랑시쓰 쨈'과 도연명과 '라이넬 마리아 릴케'가

그러하듯이

하늘이 가장 귀해하고
사랑하는 것들

고독하게 살면서 당당하게
자연이나 인간의 실존을 노래한 시인들

▶ 24~29행: 자기 위로와
위안

- 바람벽: 방이나 칸살의 옆을 둘러막은 둘레의 벽
- 때글은: 때에 절어 검어진
- 앞대: 어떤 지방에서 그 남쪽의 지방을 이르는 말
- 개포: 강이나 내에 바닷물이 드나드는 곳
- 호젓한: ① 후미져서 무서움을 느낄 만큼 고요한 ② 매우 홀가분하여 쓸쓸하고 외로운
- 울력하는: 여러 사람이 힘을 합하여 일하는. 여기에서는 '억누르는'의 뜻으로 쓰임

일맹이 포착

'흰 바람벽'의 의미와 기능

'흰 바람벽'은 화자의 가난한 현실을 상징하는 소재이며, 영상을 담아 내는 영화의 스크린과 같은 기능을 한다. 화자가 떠올린 과거의 추억과 자기 다짐이 '흰 바람벽'이라는 스크린에 투사되고 있는 것이다. 이를 통해 화자는 사색과 성찰의 시간을 갖게 된다.

화자의 정서와 태도

화자는 자신이 외롭고 쓸쓸하게 살아가도록 태어난 이유가 하늘이 자신을 가장 귀히 여기고 사랑하기 때문이라고 생각해 보고 있다. 이 같은 생각은 화자의 자기 위안이자, 앞으로도 계속 그렇게 외롭게 살아야 한다는 인식을 바탕으로 한 것이라고 할 수 있다.

핵심 정리

- 갈래: 자유시, 서정시　　　▼ 성격: 애상적, 회상적, 의지적
- 주제: 외로운 현실에서 오는 자기 체념과 위안
- 해제: 이 시는 외로운 처지의 화자가 '흰 바람벽'을 바라보며 그리운 대상들을 떠올리고 자신의 삶을 운명론적으로 받아들이며 스스로를 위로하고 있는 작품이다.
- 시의 특징과 표현
  ① '흰 바람벽'을 스크린처럼 활용하여 화자의 자화상을 보여 줌
  ② 화자의 심리가 운명론적 체념에서 자기 위안으로 변화됨
  ③ 향토적 정감을 불러일으키는 소재들을 통해 화자의 심리를 강조함

67 논개 | 변영로

거룩한 분노는
왜적에 대한 민족적 분노
종교보다도 깊고

불붙는 정열은
조국애, 민족애
사랑보다도 강하다.

중의적 표현 – ① 진주의 남강 ② 영원한 역사
아! 강낭콩꽃보다도 더 푸른 / 그 물결 위에
김탄
양귀비꽃보다도 더 붉은 / 그 마음 흘러라.
색채 대비 → 주제 부각
▶ 1, 2연: 논개의 분노와 애
조국에 대한 충정 – 일편단심(一片丹心)   국적 정열

『아리땁던 그 아미(蛾眉)
미인의 눈썹
높게 흔들리우며』
「 」: 분노를 띤 논개의 의연한 모습
『그 석류 속 같은 입술
「 」: 논개의 순국을 아름답게 형상화함
죽음을 입맞추었네!』

아! 강낭콩꽃보다도 더 푸른 / 그 물결 위에
양귀비꽃보다도 더 붉은 / 그 마음 흘러라.
▶ 3, 4연: 논개의 의로운 죽
음

『흐르는 강물은
「 」: 민족 역사의 영원성, 불변성
길이길이 푸르리니』
『그대의 꽃다운 혼
「 」: 영원히 빛나는 논개의 아름다운 영혼
어이 아니 붉으랴.』

아! 강낭콩꽃보다도 더 푸른 / 그 물결 위에
양귀비꽃보다도 더 붉은 / 그 마음 흘러라.
▶ 5, 6연: 논개의 충절에 대
한 추모

출제 포인트

- 색채 대비를 이용한 주제 형상화
- 시에 쓰인 다양한 표현 방법

필수 문제

01 화자 파악하기
- 화자: '논개'를 추모하는 이
- 상황: 논개의 순국과 조국에 대한 (   )을 예찬함
- 정서·태도: 추모

02 이 시에서 '논개'의 우국충절을 색채 이미지를 통해 시각적으로 형상화하고 있는 시구를 찾아 3어절로 쓰시오.

03 [서술형] 이 시의 '푸른 그 물결'에 사용된 표현법과 그것이 의미하는 바를 간단히 서술하시오.

○ 김은호 화백, 〈논개 영정〉

핵심 정리

- **갈래**: 자유시, 서정시
- **성격**: 추모적, 민족주의적
- **주제**: 논개의 충절에 대한 추모와 예찬
- **해제**: 이 시는 임진왜란 중 진주 촉석루에서 왜장을 끌어안고 남강에 몸을 던진 의기(義妓) 논개의 우국충절을 감각적으로 형상화하고 있다.
- **시의 특징과 표현**
  ① 푸른색과 붉은색의 선명한 색채 대비를 통해 주제를 부각함
  ② 영탄법, 직유법, 반복법, 대구법, 대조법, 비교법, 중의법 등의 다양한 표현 방법을 사용함

68 봄비 │ 변영로

『나직하고, 그으윽하게 부르는 소리 있어, 「 」: 각 연의 서두에 반복(운율감 조성)
외부의 자극(봄비 내리는 소리)
나아가 보니, 아, 나아가 보니─
외부의 자극에 대한 화자의 반응
『졸음 잔뜩 실은 듯한 젖빛 구름만이
「 」: 특별한 변화를 보이지 않는 구름의 무심한 모습(활유법)
무척이나 가쁜 듯이, 한없이 게으르게
힘겹게   임을 기다리는 화자의 애타는 마음과 대비
푸른 하늘 위를 거닌다.』

아, 잃은 것 없이 서운한 나의 마음!
임을 볼 수 없는 서운함

▶ 1연: 임을 기다리는 마음

나직하고, 그으윽하게 부르는 소리 있어,

나아가 보니, 아, 나아가 보니─

아려─ㅁ풋이 나는, 지난날의 회상(回想)같이
어렴풋하게 생기나는   사랑했던 옛 기억의 환기
떨리는, 뵈지 않는 꽃의 입김만이
떠난 임의 숨결(추억)
그의 향기로운 자랑 안에 자지러지노나!
(임과의) 향기로운 추억에 짜릿한 느낌임
아, 찔림 없이 아픈 나의 가슴!
임과의 추억을 떠올리며 아파함

▶ 2연: 지난날 임과의 사랑 회상

나직하고, 그으윽하게 부르는 소리 있어,

나아가 보니, 아, 나아가 보니─

이제는 젖빛 구름도 꽃의 입김도 자취 없고
시간의 경과 임이 없는 상황에서 그나마 의지할 대상
다만 비둘기 발목만 붉히는 은(銀)실 같은 봄비만이
임께 소식을 못 전함 부끄러움   사랑의 징표로 보내고 싶은 봄비(보내지 못함, 장애물)
노래도 없이 근심같이 내리노니!
재회의 희망이 없는 화자의 마음
아, 안 올 사람 기다리는 나의 마음!
임이 안 올 것이라 단정하면서도 기다림, 헛헛한 마음(모순 형용)

▶ 3연: 오지 않을 임을 기다리는 마음

출제 포인트
· 소재의 상징적 의미
· 시상 전개 방식 이해

필수 문제
01 화자 파악하기
· 화자: '나'(안 올 사람을 기다리는 이)
· 상황: (   ) 내리는 날 오지 않을 사람을 애절하게 기다림
· 정서·태도: 애절함, 헛헛함

02 이 시에서 '(   )'는 봄비 내리는 소리를 임이 부르는 소리로 화자가 오인한 것이다.

03 이 시에서 화자의 심정을 직접 제시하고 있는 시어를 모두 찾아 쓰시오.(2개)

핵심 정리
▽ 갈래: 자유시, 서정시   ▽ 성격: 애상적, 반성적
▽ 주제: 오지 않을 사랑에 대한 헛헛한 기다림
▽ 해제: 이 시는 봄비 내리는 날 오지 않을 사람에 대한 화자의 헛헛한 기다림을 드러내고 있다. 화자는 마지막 연에서 '안 올 사람'이라고 단정하면서도 임을 기다리는 애절한 모습을 보이고 있다.
▽ 시의 특징과 표현
① 통사 구조의 반복과 유사한 연의 구성의 반복으로 리듬감을 형성하고 화자의 정서를 강조함
② 감탄사와 모순 형용의 표현으로 주제 의식을 부각함
③ 구조의 반복과 변주를 통해 화자의 심리를 효과적으로 제시함

그날이 오면 | 심훈

조국 광복의 날
그날이 오면 그날이 오면은
상황의 가정. 반복법 → 화자의 간절한 염원 표현
『삼각산(三角山)이 일어나 더덩실 춤이라도 추고』 「」: 의인법을 통해 광복의 환
북한산 - '우리나라'의 대유   희를 역동적으로 표현
한강 물이 뒤집혀 용솟음칠 그날이
'우리나라'의 대유
이 목숨이 끊기기 전에 와 주기만 할 양이면

나는 밤하늘에 날으는 까마귀와 같이
암담한 시대 현실   화자의 고독한 모습 – 자기희생의 이미지
종로(鍾路)의 인경(人磬)을 머리로 들이받아 울리오리다.
자기희생의 실천적 의지 표현
두개골은 깨어져 산산조각이 나도
소망의 절대성을 강조하기 위한 표현 ①
기뻐서 죽사오매 오히려 무슨 한(恨)이 남으오리까.
광복을 향한 간절한 염원 ①
                              ▶1연: 조국 광복의 '그날'에 대한
                                 간절한 염원과 자기희생 의지

그날이 와서 오오 그날이 와서
상황의 가정   격정적 호흡
육조(六曹) 앞 넓은 길을 울며 뛰며 뒹굴어도
경복궁 앞   극한적·역동적 표현
그래도 넘치는 기쁨에 가슴이 미어질 듯하거든

드는 칼로 이 몸의 가죽이라도 벗겨서
소망의 절대성을 강조하기 위한 표현 ②
커다란 북[鼓]을 만들어 들쳐 메고는   자기희생의 실천적 의지 표현
'인경(종)'과 대응   선구자적 자세
여러분의 행렬(行列)에 앞장을 서오리다.
광복의 '그날'을 기뻐하는 우리 민족
우렁찬 그 소리를 한 번이라도 듣기만 하면
광복을 기뻐하는 함성
그 자리에 거꾸러져도 눈을 감겠소이다.
광복을 향한 간절한 염원 ②
                              ▶2연: 조국 광복이 찾아온 '그
                                 날'의 감격과 자기희생 의지

■ 인경(人磬): 조선 시대에, 통행금지를 알리거나 해제하기 위하여 치던 종. 인정(人定)
■ 육조(六曹): 고려·조선 시대에, 국가의 정무(政務)를 나누어 맡아보던 여섯 관부(官府). 이
  조, 호조, 예조, 병조, 형조, 공조를 이름

출제 포인트

- '그날'의 의미
- 가정적 상황 설정의 의미와 효과
- '인경', '북'을 통해 드러나는 화자의 태도

필수 문제

01 화자 파악하기
- 화자: '나' (조국 광복을 소망하는 이)
- 상황: (   )의 의지를 통해 조국 광복을 열망함
- 정서·태도: 염원, 자기희생

02 이 시에서 화자의 자기희생의 실천적 의지를 표현하며, '그날'이 온 기쁨을 민족에게 알리기 위한 수단이 되는 소재 2가지를 찾아 쓰시오.

03 이 시에 나오는 '그날'의 의미를 3어절로 쓰시오.

핵심 정리

▼ 갈래: 자유시, 저항시   ▼ 성격: 격정적, 의지적
▼ 주제: 조국 광복의 '그날'에 대한 간절한 염원
▼ 해제: 이 시는 조국 광복의 상황을 가정하여, 광복의 '그날'이 왔을 때의 환희와 감격을 형상화한 작품이다. 조국의
  독립을 염원하는 화자의 자기희생적 태도를 격정적으로 표현하고 있다.
▼ 시의 특징과 표현
  ① 반복과 대구를 통해 주제 의식을 강조함
  ② 극한적 표현을 사용하여 격정적 감정을 직설적으로 드러냄
  ③ 경어체의 종결 어미를 통해 경건하고 엄숙한 분위기를 조성함

독백 | 심훈

사랑하는 벗이여
<small>화자가 자신의 속마음을 드러내는 이</small>
슬픈 빛 감추기란 매맞기보다도 어렵소이다
<small>설움을 참고 살아감   분노하고 항의하다 좌절당하기</small>

└ 2연의 1, 2행과 대구, 굴종의 삶에 대한 변명 ①

「온갖 설움을 꿀꺽꿀꺽 참아 넘기고
<small>「 」: '슬픈 빛 감추기'의 구체적 모습</small>
낮에는 히히 허허 실없는 체 하건만」

쥐죽은 듯한 깊은 밤은 사나이의 통곡장이외다
<small>슬픈 빛을 감추지 않아도   바겁한 삶을 사는 자신의 부끄러움
되는 시간</small>

▶ 1연: 생존을 위한 굴종과 부끄러움

사랑하는 벗이여

분한 일 참기란 생목숨 끊기보다도 힘드오이다
<small>울분을 참고 살아감   자결, 목숨 걸고 항거하기</small>

└ 1연의 1, 2행과 대구, 굴종의 삶에 대한 변명 ②

「적덩이처럼 치밀어 오르는 가슴의 불길을
<small>「 」: '분한 일 참기'의 구체적 심정</small>
분화구와 같이 하늘로 뿜어내지도 못하고」
<small>분노의 표출</small>
청춘의 염통을 알콜에나 짓담그려는
<small>술의 힘을 빌어 자신의 부끄러움을 감추려고 함</small>
이 놈의 등어리에 채찍이라도 얹어 주소서
<small>화자, 굴종의 삶을   굴종의 삶에 대한 부정과 변화의 의지
살고 있는 이</small>

▶ 2연: 굴종과 회피의 삶에 대한 반성

사랑하는 그대여

조상에게 그저 받는 뼈와 살이어늘
<small>스스로가 이루어 만든 것이 아님, 자책</small>
남은 것이라고는 벌거벗은 알몸 뿐이어늘
<small>적에게 다 빼앗긴 상황, 국권 상실의 부끄러움</small>
그것이 아까워 놈들 앞에 절하고 무릎을 꿇는
<small>신체, 목숨   굴종의 대상, 적   굴종의 구체적 모습</small>
나는 샤일록보다도 더 인색한 놈이외다
<small>자신만을 아끼는 부끄러운 자   민족을 위해서가 아닌 자신을 위해서만 살아가는 이</small>
살 삶은 것 먹을 줄이나 아니 그 이름이 사람이외다
<small>자기 목숨만 위하는 일   '그렇게 사는 것이 사람
이냐'의 반어법</small>

▶ 3연: 이기적인 삶에 대한 자성과 비판

■ 적덩이: 적(積), 뱃속에 생긴 덩어리. 가슴 속에 쌓여 뭉친 울분. 용암

출제 포인트
• 화자의 태도와 시상의 흐름
• 시어의 함축적 의미

필수 문제

01 화자 파악하기
• 화자: '나' (굴종의 삶을 반성하는 이)
• 상황: 적에 굴종하는 이기적인 삶에 대해 (   )하고 스스로를 비판함
• 정서 · 태도: 반성적, 고백적

02 이 시에 나타난 화자의 삶을 아래와 같이 정리할 때 빈칸에 들어갈 말을 쓰시오.

굴종	항거(항의)
슬픈 빛 감추기	매맞기
( )	생목숨 끊기
절하고 무릎 꿇기	생목숨 끊기

03 이 시에서 자기 자신만을 위해 살아가는 화자를 칭하는 시구를 찾아 2어절로 쓰시오.

핵심 정리
▼ 갈래: 자유시, 서정시   ▼ 성격: 고백적, 반성적, 의지적
▼ 주제: 굴종의 삶에 대한 고백과 자성적 비판
▼ 해제: 이 시의 작가는 살아남기 위해 적에게 굴종하며 살아왔다고 고백하는 화자를 통해, 국권 상실의 시대에 우리가 진정으로 가져야 할 의지와 행동이 무엇인가를 역설적으로 묻고 있다.
▼ 시의 특징과 표현
① '-오이다, -외다, -소서'의 종결 어미로 화자의 공손하고 솔직한 태도를 부각시킴
② 적에 대한 분노와 적개심이 담긴 강한 시어를 통해 강렬한 저항의 의지를 드러냄

고향 앞에서 | 오장환

흙이 풀리는 내음새
계절의 변화(겨울 → 봄) - 후각적 이미지
강바람은

산짐승의 우는 소릴 불러
쓸쓸하고 적막한 분위기 - 청각적 이미지
다 녹지 않은 얼음장 울명울명 떠내려간다.
울음이 터질 것 같은 화자의 마음 투영

▶ 1연: 강이 풀리는 이른 봄의 정경

귀향의 통로
진종일 / 나룻가에 서성거리다
고향에 대한 그리움 + 고향을 등진 자책감 → 망설임
행인의 손을 쥐면 따뜻하리라.
고향의 따뜻함에 대한 간접 경험 - 고향에 대한 그리움

▶ 2연: 고향을 그리며 나룻가를 서성임

고향 가까운 주막에 들러
고향 소식을 접하기 위한 일시적 위안의 공간
누구와 함께 지난날의 꿈을 이야기하랴.
고향에 관한 옛 추억
양귀비 끓여다 놓고

주인집 늙은이는 공연히 눈물 지운다.
동병상련의 정서 - 일제 강점기 현실에서 고향의 상실은
개인적 문제이기보다 민족적 차원의 슬픔임

▶ 3연: 주막에서 주인집 늙은이와 회한에 젖음

간간이 잔나비 우는 산기슭에는
쓸쓸하고 적막한 분위기
아직도 무덤 속에 조상이 잠자고
존재의 근원으로서의 고향
설레는 바람이 가랑잎을 휩쓸어 간다.
고향에 대한 그리움

▶ 4연: 쓸쓸한 고향의 모습

예제로 떠도는 장꾼들이여!
여기저기로
상고(商賈)하며 오가는 길에 / 혹여나 보셨나이까.
장사

『전나무 우거진 마을
술을 담그는 평화로운 분위기
집집마다 누룩을 디디는 소리, 누룩이 뜨는 내음새……」
「 」: 고향의 모습과 지난날의 꿈을 감각적(시각, 청각, 후각)으로
형상화함 → 절실한 그리움 강조

▶ 5, 6연: 고향을 그리워하는 마음

출제 포인트

- 시에 나타난 화자의 정서와 태도
- '나룻가'와 '주막'의 의미
- 화자가 생각하는 '고향'의 모습

필수 문제

01 화자 파악하기
- 화자: 고향을 그리워하는 이
- 상황: (   )을 눈앞에 두고도 갈 수 없음
- 정서·태도: 자책, 그리움

02 [기출] 이 시에 사용된 시어에 대한 설명으로 적절하지 않은 것은?

① '나룻가', '주막', '산기슭' 등의 공간을 활용해서 시상을 전개하고 있다.

② '행인', '주인집 늙은이', '장꾼들'과 시적 화자가 처해 있는 상황은 동일하다.

③ '강바람'과 '설레는 바람'은 고향에 대한 시적 화자의 심리를 담아내는 매개체이다.

④ '공연히', '아직도', '혹여나' 등 부사어를 통해 시적 화자의 내면을 효과적으로 드러내고 있다.

⑤ 첫 행과 마지막 행의 '내음새'는 고향에 대한 기억을 그리움으로 확장시키는 역할을 하고 있다.

핵심 정리

▼ **갈래:** 자유시, 서정시   ▼ **성격:** 감각적, 낭만적

▼ **주제:** 잃어버린 고향에 대한 향수

▼ **해제:** 이 시는 일제 강점기의 시대적 현실을 배경으로, 고향을 눈앞에 두고도 갈 수 없는 화자의 자책과 한을 노래하고 있다.

▼ **시의 특징과 표현**
   ① 다양한 감각적 표현을 통해 고향에 대한 그리움을 형상화함
   ② 현재 시제의 사용으로 그리움의 절박성을 강조함

성탄제 | 오장환

산 밑까지 내려온 어두운 숲에
　　　　생명이 위협받는 부정적 공간
몰이꾼의 날카로운 소리는 들려오고,
생명을 유린하는 존재
쫓기는 사슴이 / 눈 위에 흘린 따뜻한 핏방울.
연약하고 순수한 생명　　흰색과 붉은색의 대비, 차가움과
　　　　　　　　따뜻함의 대비 – 잔혹성 부각

▶ 1연: 피 흘리며 몰이꾼에 게 쫓기는 사슴

골짜기와 비탈을 따라 내리며 / 넓은 언덕에
폭력과 살상의 시간
밤 이슥히 횃불은 꺼지지 않는다.
　　　타오르는 사냥의 열기, 생명 유린의 광기

▶ 2연: 밤이 깊도록 꺼지지 않는 몰이꾼들의 횃불

뭇짐승들의 등 뒤를 쫓아

며칠씩 산속에 잠자는 포수와 사냥개.
　　　　　　　생명을 유린하는 존재
나어린 사슴은 보았다

오늘도 몰이꾼이 메고 오는 / 표범과 늑대.
　　사나운 짐승조차 살육당하는 냉혹한 상황 – 두려움 유발

▶ 3연: 사냥으로 죽은 표범 과 늑대를 지켜 본 어린 사슴

어미의 상처를 입에 대고 핥으며
연민의 정서 유발
어린 사슴이 생각하는 것 / 그는
　　　　　　　　그것(= 샘, 약초)은
어두운 골짝에 밤에도 잠들 줄 모르며 솟는 샘과
└── 절망적 시·공간 ──┘　　└── 생명 소생에 대한 희망
깊은 골을 넘어 눈 속에 하얀 꽃 피는 약초.

▶ 4연: 어미의 치유와 소생 을 소망하는 어린 사슴

멀리서 들리는 범종 소리에서 '성탄제'의 종소리 연상 – 구원, 용서, 화해의 의미 상징
아슬한 참으로 아슬한 곳에서 쇠북 소리 울린다.
두렵고 위태로운, 아찔하게 높은　성경 구절 인용 – 다양한 해석이 가능한 역설적 표현
죽은 이로 하여금 　　　┌ ① 죽은 어미를 두고 도망가라는 '쇠북 소리'의 메시지
　　　　　　　　　　　├ ② 잔인한 살육자에게 외치는 '어린 사슴'의 절규
죽는 이를 묻게 하라. └ ③ 잔혹한 폭력과 살상에 대한 '화자'의 분노

▶ 5연: 울려 퍼지는 쇠북 소리 와 극한 상황에서의 목소리

길이 돌아가는 사슴의 / 두 뺨에는
① 영원한 죽음의 세계로 가는 어미 사슴 ② 길을 돌아 도망가는 어린 사슴
맑은 이슬이 내리고
① 죽어 가는 어미 사슴의 눈물 ② 도망가는 어린 사슴의 눈물
눈 위에 아직도 따뜻한 핏방울……
감각의 대비와 부사어 '아직도'를 통해 비극성을 부각함
– 말줄임표를 통한 여운 조성

▶ 6연: 죽어 가는 순결한 생 명의 비극성

출제 포인트
• '성탄제'의 의미와 주제 의식
• 대비적 소재의 상징적 의미
• 다양한 감각적 이미지의 역할

필수 문제

01 화자 파악하기
• **화자**: 비극적 현실에 대해 성 찰하는 이
• **상황**: 깊은 밤 어두운 (　　　) 에서 순수하고 연약한 생명이 잔인하게 살육당하는 현실을 묘사함
• **정서·태도**: 안타까움, 슬픔

02 이 시의 제목인 '성탄제'의 이미지를 연상시키는 소재를 찾아 2어절로 쓰시오.

03 이 시의 시어 중, 그 이미지 가 이질적인 것은?
① 몰이꾼
② 횃불
③ 포수
④ 사냥개
⑤ 표범

핵심 정리

▼ **갈래**: 자유시, 서정시　　　▼ **성격**: 비판적, 성찰적, 애상적
▼ **주제**: 생명의 순결성과 이를 유린하는 인간의 폭력성에 대한 성찰
▼ **해제**: 이 시는 일제의 군국주의가 극단으로 치닫던 1930년대에 창작된 작품으로, 성스러운 사랑과 생명의 탄생을 의 미하는 '성탄제'라는 역설적 제목을 통해 순결한 생명이 살상되는 비극적 현실에 대한 성찰을 유도하고 있다.
▼ **시의 특징과 표현**
　① 색채 대비, 냉온 감각의 대비, 역설적 표현 등을 통해 주제를 형상화함
　② 명령형 서술과 명사형 종결을 통해 주제 의식을 강조하고, 말줄임표를 사용하여 여운을 형성함

소야(小夜)의 노래 | 오장환

필수

무거운 쇠사슬 끄으는 소리 내 맘의 뒤를 따르고
_{일제 강점기의 억압과 구속}
여기 쓸쓸한 자유는 곁에 있으나
_{떠날 수는 있지만 참다운 자유는 없음}
풋풋이 흰 눈은 흩날려 이정표 썩은 막대 고이 묻히고
_{목적지를 상실한 암담한 현실}
더러운 발자국 함부로 찍혀
_{일제에 짓밟힌 현실}
오직 치미는 미움
_{일제에 대한 분노}
낯선 집 울타리에 돌을 던지니 개가 짖는다.
_{일제에 대한 분노에서 나온 행동 – 충동적, 감정적}

▶ 1연: 쓸쓸한 자유의 길을 걷는 화자의 분노

어메야, 아직도 차디찬 묘 속에 살고 있느냐.
_{어머니 – 그리움의 대상}
정월 기울어 낙엽송에 쌓인 눈 바람에 흐트러지고
산짐승의 우는 소리 더욱 처량히
_{└── 화자의 외롭고 쓸쓸한 처지가 투영된 객관적 상관물}
개울물도 파랗게 얼어

진눈깨비는 금시에 내려 비애를 적시울 듯

도형수(徒刑囚)의 발은 무겁다.
_{화자의 처지 비유}

▶ 2연: 어머니를 그리는 화자의 비애와 무거운 발길

출제 포인트

- '도형수'의 상징적 의미
- 화자의 처지가 투영된 객관적 상관물

필수 문제

01 화자 파악하기
- 화자: '나' (도형수)
- 상황: (   ) 같은 삶(일제 강점기)을 삶
- 정서·태도: 비애

02 이 시에서 화자의 외롭고 쓸쓸한 처지가 투영된 대상 2가지를 찾아 쓰시오.

03 이 시에서 화자가 억압적 현실을 살아가고 있는 자신의 모습을 비유한 3음절의 시어를 찾아 쓰시오.

알맹이 포착

'도형수(徒刑囚)'의 의미

도형수(徒刑囚)는 조선 시대 다섯 가지 형벌 중 하나로 죄인을 중노동에 종사시키는 형벌인 도형에 처해진 죄수를 말한다. 이 시의 화자는 일제 강점기의 억압적인 현실을 살아가는 자신의 모습을 '도형수'에 비유하며 현실에 대한 분노와 비애를 표현하고 있다.

한눈에 보기

무거운 쇠사슬,
더러운 발자국
→
치미는 미움,
처량함, 비애

일제 강점기
억압적 현실
도형수(=화자)의
정서

핵심 정리

- 갈래: 자유시, 서정시   성격: 감각적, 상징적
- 주제: 억압적 현실을 살아가는 분노와 비애
- 해제: 이 시는 일제 강점기의 억압적 현실을 살아가는 화자의 분노와 비애를, 형벌의 삶을 사는 '도형수'의 모습으로 형상화하고 있다.
- 시의 특징과 표현
  ① 상징적 소재와 객관적 상관물을 통해 화자의 정서를 표현함
  ② 시각과 청각의 이미지를 사용해 화자의 정서를 효과적으로 표현함

˙여수(旅愁) | 오장환

여수에 잠겼을 때, 나에게는 쬐그만 희망도 숨어 버린다.
화자가 현재 객지에 나와 있음을 보여 줌
요령처럼 흔들리는 슬픈 마음이여!
놋쇠로 만든 종 모양의 큰 방울
˙요지경 속으로 나오는 좁은 세상에 이상스러운 세월들
혼란한 시대 상황을 보여 줌
나는 추억이 무성한 숲속에 섰다.
고향에 있을 때의 여러 기억을 떠올림

▶ 1연: 현실에 대한 비판과 객지에서 떠올린 고향에서의 추억

요지경을 메고 다니는 늙은 장돌뱅이의 고달픈 주막꿈처럼
여러 장을 돌아다니면서 물건을 파는 장수
누덕누덕이 기워진 때문은 추억,
관념의 구체화(시각화)
신뢰할 만한 현실은 어디에 있느냐!
현실에 대한 화자의 불신
『나는 ˙시정배와 같이 현실을 모르며 아는 것처럼 믿고 있었다.』
「 」: 현실을 모르고 살아온 삶에 대한 자책

▶ 2연: 현실에 대한 비판과 자신의 삶에 대한 자책

나그네가 되어 돌아다님
괴로운 행려 속 외로이 쉬일 때이면
괴롭고 외로운 화자의 처지
『달팽이 깍질 틈에서 문밖을 내다보는 얄미운 노스타르자
화자의 분신   노스탤지어(nostalgia). 고향을 몹시 그리워하는 마음
너무나, 너무나, 뼈 없는 마음으로
오 늬는 무슨 두 뿔따구를 휘저어 보는 것이냐!』
달팽이   노스타르자
「 」: 껍데기 속에서 내미는 달팽이의 뿔처럼 고향에 대한 향수가 솟아오름

▶ 3연: 괴롭고 외로울 때마다 떠오르는 향수

- 여수(旅愁): 객지에서 느끼는 쓸쓸함이나 시름
- 요지경(瑤池鏡): 확대경을 장치하여 놓고 그 속의 재미있는 그림을 돌리면서 구경하는 장난감
- 시정배: 시장에서 장사하는 사람의 무리. 시정아치

- 소재의 의미 이해
- 화자의 정서와 표현의 이해

필수 문제

01 화자 파악하기
- 화자: '나' (고향을 그리워하는 이)
- 상황: 객지에서 (   )에서의 추억을 떠올리며 향수에 젖음
- 정서·태도: 향수, 슬픔, 외로움

02 이 시에서 화자와 동일시되고 있는 자연물을 찾아 쓰시오.

03 이 시에서 화자의 주된 정서를 고려하여 '문밖을 내다보는 얄미운 노스타르자'와 의미상 대응되는 시구를 찾아 쓰시오.(5어절)

핵심 정리

ˇ 갈래: 자유시, 서정시   ˇ 성격: 애상적
ˇ 주제: 고향에 대한 그리움
ˇ 해제: 이 시는 현실에 대한 비판 의식을 바탕으로 고향에 대한 화자의 그리움을 표현하고 있다. 이 시에서 화자는 세상 돌아가는 것을 제대로 알고 있다고 생각했는데 오히려 그렇지 못하다는 것을 깨닫고, 현실에 대한 깊은 회의를 느끼면서 향수에 젖어 든다.
ˇ 시의 특징과 표현: 자연물의 행위에 빗대어 화자의 심정을 드러냄

귀고(歸故) | 유치환

『 』: 고향 마을에 돌아옴
『검정 사포를 쓰고 똑딱선을 내리면』
　　　모자의 일종　　　발동기로 움직이는 작은 배
우리 고향의 선창가는 길보다도 사람이 많았소 ▶ 1, 2행: 고향의 선착장에 도착한 '나'

『양지바른 뒷산 푸른 송백을 끼고 「 」: 거의 변하지 않고 남아 있는 고향의
　　　　　　　　　소나무와 잣나무　　　모습이 시각적으로 제시됨
남쪽으로 트인 하늘은 깃발처럼 다정하고

낯설은 신작로 옆대기를 들어가니
　　　　　　　염댕이, '옆'을 속되게 이르는 말
내가 트던 돌다리와 집들이
　　　　'놀았던'의 의미로 추정됨
소리 높이 창가하고 돌아가던
　　　　　노래 부르고
저녁놀이 사라진 채 남아 있고』 ▶ 3~8행: 고향 집으로 오는 중에 본 풍경

그 길을 찾아가면

우리 집은 유약국
　　　유치환의 생가, 약국을 함
행이불언(行而不言)하시는 아버지께선『어느덧 「 」: 늙으신 아버지의 모습
행동하지만 말하지는 않음. 아버지의 실천적인 성격을 보여 줌
돋보기를 쓰시고』나의 절을 받으시고

『헌 ■책력(冊曆)처럼 애정에 낡으신 어머님 옆에서
　늙으신 '어머니'의 비유　　　　「 」: 고향이 모성적 공간으로 그려짐
　나는 끼고 온 신간을 그림책인 양 보았소』 ▶ 9~14행: 부모님 곁에서 진정한 고향을 느끼는 '나'
　새로 간행된 책. 화자를 비유　　화자가 어린 시절의 느낌으로 돌아가 있음을 보여 줌

■ 책력(冊曆): 천체를 관측하여 달의 운행이나 월식, 일식, 절기 따위를 적어 놓은 책. 역서나 달력

• 시상 전개의 이해
• 소재의 상징적 의미

필수 문제

01 화자 파악하기
• 화자: '나' (고향에 돌아온 이)
• 상황: (　　　) 집에 돌아와 푸근함과 부모님의 애정을 느낌
• 정서·태도: 편안함

02 이 시의 공간의 이동을 〈보기〉와 같이 정리할 때 빈칸에 들어갈 시어를 찾아 쓰시오.

〈보기〉
선창가 → 신작로 옆 → 마을 길 → (　　　)

03 이 시에서 '신간'이 화자를 비유하는 소재라고 할 때 이와 대응되는 소재로 '어머니'를 비유하는 시어를 찾아 2어절로 쓰시오.

핵심 정리

▾ 갈래: 자유시, 서정시　　▾ 성격: 토속적, 비유적
▾ 주제: 돌아온 고향에서 느끼는 감회
▾ 해제: 이 시는 고향에 돌아온 화자의 감회를 공간의 이동에 따라 전개하고 있다. 즉, 선창가에 도착해 마을을 지나 고향 집에 돌아와서 아버지께 절을 하고 어머니 옆에서 신간을 보게 되기까지의 과정을 순서대로 제시하고 있다. 이 시에서 '고향'은 화자에게 변함없는 고향의 푸근함을 느낄 수 있고, 부모님의 온정을 확인하게 해 주는 공간으로 형상화되고 있다.
▾ 시의 특징과 표현
　① 귀향하는 과정을 공간의 이동에 따라 드러냄
　② 공간이 점점 좁혀지며 이에 따라 시상이 전개되는 공간의 수축 작용을 보여 줌

76 깃발 | 유치환

필수

: 원관념 - 깃발

이것은 소리 없는 **아우성**
깃발   침묵 속에서도 끊이지 않는 내적 몸부림(역설법)
저 푸른 **해원(海原)**을 향하여 흔드는
      이상 세계, 초월적 세계
영원한 **노스탤지어의 손수건**
      향수(鄕愁)   이상향에 대한 동경
순정(純情)은 물결같이 바람에 나부끼고
이상향에 대한 순수한 소망과 갈구
오로지 맑고 곧은 이념의 푯대 끝에
      깃대 - 깃발의 숙명적 한계
애수(哀愁)는 백로처럼 날개를 펴다.
      '푸른 해원' 과의 색채 대비(청 ↔ 백)

『아, 누구던가
이렇게 슬프고도 애달픈 **마음을**
      창조주
맨 처음 공중에 달 줄을 안 그는.』
「 」: 인간 운명에 대한 근원적 의문(도치법)

▶ 1~3행: 이상향을 동경하는 깃발의 역동적 모습

▶ 4~6행: 깃발의 순수한 열정과 한계로 인한 애수

깃대로 인해 이상 세계에 도달할 수 없는 운명적 한계(좌절감)

▶ 7~9행: 이상향에 도달할 수 없는 인간 존재의 한계와 좌절의 슬픔

출제 포인트

- '깃발' 을 비유한 시어
- '깃발' 이 이상 세계에 갈 수 없는 이유

필수 문제

01 화자 파악하기
- 화자: 깃발을 바라보는 이
- 상황: (   )에 매달린 깃발을 보며 인간의 운명과 고뇌를 노래함
- 정서·태도: 관찰, 비애

02 [기출] 이 시와 〈보기〉를 연결하여 이해한 내용으로 적절하지 않은 것은?

〈보기〉
ⓐ 이상, ⓑ 한계

① ⓐ에 대한 열망은 깃발의 '아우성' 으로 나타나 있다.
② ⓐ는 '푸른 해원' 의 이미지로 형상화되어 있다.
③ ⓑ를 인식하며 느낀 좌절감이 '손수건' 으로 드러나 있다.
④ ⓑ를 지녔으면서도 ⓐ를 향한 '순정' 을 간직하는 것은 인간의 보편적 속성이다.
⑤ ⓐ를 동경하면서도 ⓑ를 지닐 수밖에 없는 상황을 '슬프고도 애달픈 마음' 으로 표현하고 있다.

알맹이 포착

'깃발' 의 의미
이 시에서 깃발은 '푸른 해원' 을 향하여 한없이 펄럭이며 역동적인 모습을 보이지만 깃대에 매어 있는 숙명적인 한계를 지녔다. 이 시는 이러한 한계를 지닌 깃발을 통해 이상향에 도달하고자 염원하지만 현실적인 벽을 뛰어넘지 못하는 인간의 운명적인 한계와 좌절을 나타내고 있다.

핵심 정리

▼ **갈래:** 자유시, 서정시   ▼ **성격:** 상징적, 역동적
▼ **주제:** 이상향에 대한 동경과 좌절
▼ **해제:** 이 시는 이상향을 동경하지만 숙명적 한계로 인해 좌절할 수밖에 없는 인간의 운명과 고뇌를, 끊임없이 펄럭이는 '깃발' 의 모습으로 형상화하고 있다.
▼ **시의 특징과 표현**
　① 비유법을 통해 깃발의 보조 관념을 제시함 – 구체적 사물을 관념화함
　② 깃발의 역동성과 색채 대비를 통해 선명한 이미지를 제시함
　③ '펄럭임' 과 '매임' 이라는 깃발의 두 속성을 통해 이상향에 대한 인간의 동경과 근원적 한계라는 주제를 표현함

깨우침 | 유치환

화자의 상태
「깊은 잠결의 어느 겨를에 생겼음인지 한결같이 울려오는 낭랑한 먼

다듬이질 소리와 닭 울음소리로 새벽이 가까워 옴을 인식함
다듬이 소리는 한 해 두 해 간곡히 외치는 닭 울음소리로 더불어 겨우
화자의 의식을 깨우는 소리, 청각적 심상
짐작할 수 있는 새벽의 가차워 옴에 따라 점점 맑아질 따름이었다」 ▶1

열사흘 달은 어느덧 서쪽 대밭 위에 기울고 마을은 집집이 지닌 한량
보름 전의 크고 둥근 달   새벽이 오고 있음을 보여 줌   끝이나 한이 없이. 그지없이
없이 아늑한 제 그늘에 가리어 누리는 늘어진 안식도 이미 몇 고비를
깊은 밤을 지나 새벽이 가까이 옴
무르익은 무렵 차라리 먼 암자의 인경 소리는 ■겨을한 중의 선하품과
파루(통행금지 해제를 알리는 소리)로 볼 수 있음
시금한 눈시울의 여운을 늘어뜨려 오건만「어느 마을방 어둑한 등잔 아
「 」: 여인의 모습을 추측하여 묘사함. 시각적 심상
래 초롱초롱 맑은 눈매와 단정한 앉음새로 홀로 일어 깨우치는」이 여인
다듬이질을 하는 여인
의 다듬이 소리는「물 같은 밤 고요의 온갖에 울림하여 남김없는 그 대
「 」: 다듬이 소리가 잠든 별을 깨고 우주로 울려 퍼짐(작가의 상상력)
기(大氣)의 무늬는 드디어 깊이 잠든 먼 별들까지 즐거운 선율로 눈뜨이

고 다시 몇 억만 광년을 인과불멸(因果不滅)의 법칙과도 같이 무궁으로
원인과 결과의 사슬은 없어지지 않는다는 법칙   계속 울려 퍼질 것임
무궁으로 번지어 갈지니,   ▶2
엉겅퀴 - 자줏빛꽃
  저 먼 동방의 항가새꽃 빛 새벽을 부르며 부르며—   ▶3
시각적 심상을 통해 의식의 깨어남을 그려 냄

  ■ 겨을한: '집중이 흐트러진' 정도의 의미를 가진 고어

출제 포인트

• 표현상의 특징 이해
• 소재의 기능 이해

필수 문제

01 화자 파악하기

• 화자: '드러나지 않음' (다듬이 소리에 잠을 깬 이)
• 상황: 새벽녘 다듬이 소리에 (   )을 깨어 생각함
• 정서・태도: 각성

02 이 시에서 아침이 오기 직전 동쪽 새벽 하늘의 자줏빛 색을 시각적으로 표현한 시구를 찾아 2어절로 쓰시오.

03 이 시에서 화자를 비롯한 세상의 모든 물상의 의식을 깨우는 역할을 하는 소재를 찾아 2어절로 쓰시오.

시상의 전개

한눈에 보기

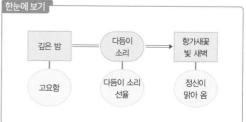

핵심 정리

▾ 갈래: 산문시, 서정시   ▾ 성격: 명상적
▾ 주제: 세상 모든 물상의 의식을 깨우는 다듬이 소리
▾ 해제: 이 시는 잠결 속에 들은 다듬이 소리가 화자의 의식뿐만 아니라, 세상의 모든 물상을 깨우는 소리임을 노래하고 있다. 이 시에서 화자는 깊이 잠들었다가 다듬이 소리에 잠을 깨게 되고, 그 소리를 들으면서 정신이 차츰 맑아져 옴을 느낀다. 그러면서 다듬이 소리의 즐거운 선율에 세상의 온갖 사물들도 눈을 뜨고 그것이 무궁으로 번져 갈 것임을 생각하게 되는 것이다.
▾ 시의 특징과 표현
  ① 청각적 심상과 시각적 심상의 사용이 두드러짐
  ② 산문체와 만연체를 사용하여 의식(정신)이 깨어나는 과정을 보여 줌

바위 | 유치환

내 죽으면 한 개 바위가 되리라.
강인하고 단호한 남성적 어조
초월적 존재 - 굳센 의지의 결정체
『아예 애련(愛憐)*에 물들지 않고
인간적 감정
희로(喜怒)에 움직이지 않고』「」: 인간적 감정의 초월
기쁨과 노여움
비와 바람에 깎이는 대로
외부의 역경과 시련
억 년(億年) 비정(非情)*의 함묵(緘默)*에

안으로 안으로만 채찍질하여
내면적 성찰과 단련
드디어 생명도 망각하고
유한한 생명에의 초월
흐르는 구름 ──┐ 유혹에도 흔들림 없는
머언 원뢰(遠雷)* ──┘ 화자의 내면세계 형상화

『꿈꾸어도 노래하지 않고
이상 세계 동경 겉으로 표현하지 않고
두 쪽으로 깨뜨려져도
극한 시련과 현실적 좌절
소리하지 않는 바위가 되리라.」「」: 대구적 표현
불평하지 않는 - 인고의 태도(= '비정의 함묵')

▶ 1행: 바위가 되겠다는 의지

▶ 2~6행: 어떠한 것에도 흔들리지 않고 내면적 단련을 하는 바위

▶ 7~9행: 모든 것을 초월한 바위의 삶

▶ 10~12행: 바위가 되겠다는 굳은 의지

- 애련(愛憐): 어리거나 약한 사람을 가엾게 여기어 사랑함
- 비정(非情): ① 사람으로서의 따뜻한 정이나 인간미가 없음 ② 나무나 돌 따위와 같이 감각이 없는 것
- 함묵(緘默): 입을 다문다는 뜻으로, 말하지 아니함을 이르는 말
- 원뢰(遠雷): 멀리서 울리는 우레

출제 포인트

- '바위'의 상징적 의미
- 시의 주제 의식과 화자의 태도

필수 문제

01 화자 파악하기

- 화자: '나'('바위'가 되려는 이)
- 상황: 외부의 시련과 역경에 (   ) 없는 바위처럼 되리라고 노래함
- 정서 · 태도: 단호함, 의지적

02 [기출] 이 시에 대한 감상으로 적절하지 않은 것은?

① '애련에 물들지 않고', '희로에 움직이지 않'으려는 것에서 인간적인 감정에 휘둘리지 않으려는 화자의 모습이 보이는군.

② '비와 바람에 깎이는 대로'에서 시련을 묵묵히 견뎌 내려는 화자의 태도가 드러나는군.

③ '안으로 안으로만 채찍질하'려는 것에서 자신을 단련하려는 화자의 태도를 엿볼 수 있군.

④ '생명도 망각하'는 것에서 현실에 좌절하고 굴복하는 화자의 모습이 나타나는군.

⑤ '노래하지 않고', '소리하지 않는 바위가 되'려는 것에서 일체의 감정을 초월하려는 화자의 모습이 형상화되어 있군.

알맹이 포착

'바위'의 의미

이 시에서 '바위'는 내면의 감정과 외부의 상황에 흔들리지 않는 초월적 존재를 나타낸다. 화자는 이러한 '바위'와 같이 인간적인 감정에 휘둘리지 않고 극한 시련과 현실적 좌절에도 묵묵히 견뎌 내는 존재가 되기를 소망하고 있다.

핵심 정리

ˇ 갈래: 자유시, 서정시   ˇ 성격: 의지적, 상징적

ˇ 주제: 현실을 초극하려는 굳은 의지

ˇ 해제: 이 시는 굳센 '바위'와 같이 현실을 초극할 수 있는 존재가 되고 싶은 화자의 소망을 강인하고 단호한 남성적 어조로 노래하고 있다.

ˇ 시의 특징과 표현
  ① 자연물의 속성을 통해 화자의 의지를 형상화함
  ② 생경한 한자어 및 관념어의 사용과 강인하고 단호한 어조로 주제를 표현함

생명의 서(書) | 유치환

수능·모의 기출 EBS

『나의 지식이 독한 회의(懷疑)를 구(救)하지 못하고
_{현실적 자아}   _{삶의 본질에 대한 의구심}   _{해결하지}

내 또한 삶의 애증(愛憎)을 다 짐 지지 못하여』
_{인간적 감정}   _{감당하지}   『 』: 자신의 지식과 인생에 대한 회의

병든 나무처럼 생명이 부대낄 때
_{생명력의 약화}   _{시적 허용 - '나'와 청유형 '가자'의 불일치 → 의지 강조}

저 머나먼 아라비아의 사막(沙漠)으로 나는 가자.   ▶ 1연: 생명과 삶의 본질에
_{화자가 설정한 성찰의 공간}   대한 회의

『거기는 한 번 뜬 백일(白日)이 불사신같이 작열하고
_{뜨거운 태양 - 고통, 시련}   _{허무와 적막}

일체가 모래 속에 사멸한 영겁(永劫)의 허적(虛寂)에
_{소멸과 죽음의 공간 - 본연의 '나'와 대면할 수 있는 공간}

오직 알라의 신(神)만이
『 』: 생명이 없는 공간인 아라비아의 사막에서
생명을 성찰하는 역설적 상황

밤마다 고민하고 방황하는 열사(熱沙)의 끝.』   ▶ 2연: 생명의 본질을 추구
_{성찰의 행위}   _{시련과 극한의 공간}   하는 극한적 공간인 사막

그 열렬한 고독(孤獨) 가운데
_{삶의 애증에서 벗어난 상태}

옷자락을 나부끼고 호올로 서면

운명처럼 반드시 '나'와 대면(對面)케 될지니
_{본원적 자아 - 생명의 참모습}

하여 '나'란 나의 생명이란

그 쓸쓸의 본연한 자태를 다시 배우지 못하거든
_{화자가 추구하는 생명의 본질}

차라리 나는 어느 사구(砂丘)에 회한 없는 백골을 쪼이리라.
_{현실적 자아}   _{본원적 자아를 찾기 위해 죽음까지 각오하는 비장한 의지}

   ▶ 3연: 생명의 본질을 찾으
   려는 비장한 의지

■ 백일(白日): 구름이 끼지 않아 밝게 빛나는 해
■ 열사(熱沙): 햇볕 때문에 뜨거워진 모래
■ 사구(砂丘): 해안이나 사막에서 바람에 의하여 운반·퇴적되어 이루어진 모래 언덕

출제 포인트

• 시적 상황과 화자의 태도
• '아라비아의 사막'의 의미

필수 문제

01 화자 파악하기

• 화자: '나'('아라비아의 사막' 으로 가려는 이)

• 상황: 사막으로 가서 본연의 (   )를 추구하고자 함

• 정서·태도: 의지적, 강인함

02 이 시에서 본원적(본질적) 자아를 찾기 위해 화자가 선택한 방법을 10자 내외로 쓰시오.

03 이 시에서 죽음을 각오하고 본원적 자아를 찾겠다는 화자의 비장한 의지가 드러나 있는 시구를 찾아 4어절로 쓰시오.

알맹이 포착

'아라비아의 사막(沙漠)'의 의미

'아라비아의 사막'은 화자가 생명의 본질을 추구하기 위해 설정한 공간으로 모든 것이 죽어 사라지는 시련과 죽음의 공간이다. 화자는 이렇게 모든 것이 소멸하고 사라지는 극한의 공간에서 본연의 모습과 대면하고, 생명에 대한 성찰을 하고자 하는 비장한 의지를 다지고 있다.

핵심 정리

▼ 갈래: 자유시, 서정시   ▼ 성격: 상징적, 의지적, 관념적
▼ 주제: 생명의 본질을 추구하는 비장한 의지
▼ 해제: 이 시는 '아라비아의 사막'이라는 극한 상황의 설정을 통해, 생명의 본질을 추구하고자 하는 화자의 비장한 의지를 노래하고 있다.
▼ 시의 특징과 표현
  ① 생경한 한자어 및 관념어의 사용과 남성적이고 의지적인 어조로 주제를 표현함
  ② '1연: 출발(떠남) → 2연: 고행 → 3연: 대결(성취)'의 과정으로 내용이 전개됨

80 일월(日月) | 유치환

필수

나의 가는 곳
　자유와 광명의 세계를 찾아가는 망명의 길
어디나 백일(白日)이 없을쏘냐.
　　본연의 생명, 광명, 순수, 진실 – 화자의 삶의 지표

▶ 1연: 광명에 대한 추구

『머언 미개(未開)적 유풍(遺風)을 그대로
『 』: 원시적 생명력과 순수함을 그대로 지닌 모습
성신(星辰)과 더불어 잠자고』
　별

▶ 2연: 미개적 유풍대로 자
　연과 함께하는 삶

자연과 더불어 삶을 생각하며
비와 바람을 더불어 근심하고
　참된 삶을 지향하는 의지　　　　적극적·주체적 사랑 – 광명에 대한 화자의 태도
나의 생명과 / 생명에 속한 것을 열애(熱愛)하되
　　　　참된 삶을 사는 데 필요한 요소들 – 정의, 의지
삼가 애련(愛憐)에 빠지지 않음은
　　　나약하고 소극적인 감정
— 그는 치욕(恥辱)임일레라.
　'애련'에 빠지는 삶

▶ 3연: 애련에 빠지는 삶에
　대한 경계

나의 원수와
　　　　　생명을 위협하는 모든 부정적 존재 –
　　　　　불의, 부정, 일제의 억압
원수에게 아첨하는 자에겐
가장 옳은 증오(憎惡)를 예비하였나니.
　불의의 세력에 대한 정당한 증오

▶ 4연: 불의에 대한 옳은 증
　오

마지막 우러른 태양이
　　　　　광명 – 정신적·이념적 지표
두 동공(瞳孔)에 해바라기처럼 박힌 채로
죽는 순간까지 태양을 지향하는 자세
내 어느 불의(不意)에 짐승처럼 무찔리기로
① 갑자기 짐승처럼 무자비하게 희생을 당하는
② 불의한 존재에게 한이 있어도 – 희생양의 이미지

▶ 5연: 죽음까지 각오한 결
　연한 의지

오오, 나의 세상의 거룩한 일월(日月)에
　　　　　　　광명 – 삶의 지표
또한 무슨 회한(悔恨)인들 남길쏘냐.
　비장한 결의 – 소신과 의지를 굽힐 수 없음

▶ 6연: 후회하지 않는 삶의
　의지

▪ 백일(白日): 구름이 끼지 않아 밝게 빛나는 해
▪ 유풍(遺風): 옛날부터 전하여 내려오는 풍속

출제 포인트

- '일월'의 상징적 의미
- 부정적 대상에 대한 화자의 대
　응 태도

필수 문제

01 화자 파악하기
- 화자: '나'(광명을 추구하는
　이)
- 상황: 일월(광명, 생명 본연의
　모습)을 추구하며 (　　　)에
　타협하지 않겠다고 노래함
- 정서·태도: 비장함, 의지적

02 이 시에서 화자가 추구하는
광명 및 희망의 이미지를 지닌 시
어 3가지를 찾아 쓰시오.

03 이 시에서 자신의 삶을 억압
하는 존재에 대한 화자의 대응 태
도를 보여 주는 시행을 찾아 쓰
시오.

핵심 정리

- ✓ 갈래: 자유시, 서정시　　✓ 성격: 의지적, 관념적
- ✓ 주제: 광명의 추구와 불의의 세력에 대한 대결 의지
- ✓ 해제: 이 시는 '일월'로 상징되는 광명과 생명 본연의 모습을 추구하며, 어떠한 불의의 세력과도 타협하지 않고 끝까
　지 대결하겠다는 강인한 의지를 노래하고 있다.
- ✓ 시의 특징과 표현
　① 생경하고 관념적인 한자어의 사용과 거칠고 극단적인 표현을 통해 주제를 강조함
　② 영탄과 설의적 표현을 통해 정서를 직설적으로 표출함

81 저녁놀 | 유치환

농촌 현실의 참담함, 서글픔
굶주리는 마을 위에 놀이 떴다.

화안히 곱기만 한 저녁놀이 떴다.
자연의 아름다움(농촌의 참담한 현실과 대비되는 소재)

▶ 1연: 가난한 농촌 마을 위에 뜬 저녁놀

씻어 낸
가신 듯이 집집이 연기도 안 오르고
가난한 농촌의 모습
어린것들 늙은이는 먼저 풀어져 그대로 밤 자리에 들고,
배고픔에 지쳐

▶ 2연: 굶주림을 잠으로 달램

끼니를 놓으니 할 일이 없어
굶주림
쉰네도 나와 참 고운 놀을 본다.
시골 아낙네   마을 사람들에게는 서글프게 보이는 저녁놀임

▶ 3연: 서글프게만 보이는 저녁놀

『원도 사또도 대감도 옛같이 없잖아 있어
△ : 농민을 수탈하는 세력
거들어져 있어—』
거들먹거리고
『 』: 사회적 약자에 대한 수탈과 억압이 완전히
없어지지 않았음(사회적 모순 비판)

▶ 4연: 수탈과 착취로 얼룩진 농촌 현실에 대한 비판

하늘의 선물처럼
가난하고 배고픈 사람들에겐 '저녁놀'이 아름다운 선물일 수 없음(반어적 표현)
소리 없는 백성 위에 저녁놀이 떴다.
백성들의 궁핍한 삶을 함축적으로 표현함

▶ 5연: 저녁놀의 의미

필수 문제

01 화자 파악하기
• 화자: '드러나지 않음' (농촌의 저녁 풍경을 바라보는 이)
• 상황: 굶주린 (   )의 저녁 풍경을 드러냄
• 정서·태도: 비판적

02 이 시에서 굶주린 농촌의 사람들에게 '저녁놀'이 축복의 대상일 수 없음을 반어적으로 나타내는 표현을 찾아 2어절로 쓰시오.

03 이 시에서 농촌의 굶주림이 약자에 대한 수탈과 억압에 기인하고 있음을 드러내는 시행을 찾아 쓰시오.

핵심 정리

▼ 갈래: 자유시, 서정시   ▼ 성격: 비판적, 사실적
▼ 주제: 농촌의 가난한 삶
▼ 해제: 이 시는 굶주림에 지친 농촌의 저녁 풍경을 사실적으로 그리면서 농촌 사회의 구조적 모순에 대한 비판 의식을 드러내고 있다. 시인은 환하게 고운 저녁놀을 굶주리는 농촌 마을의 현실과 대조하여 가난한 삶에서 오는 농민들의 서글픔과 우울함의 정서를 부각시키고 있다.
▼ 시의 특징과 표현: 대조적 의미의 시어와 반어적 표현을 통해 주제 의식을 강조함

행복 | 유치환

『사랑하는 것은
「 」: 사랑에 대한 화자의 생각 – 주제 의식
사랑을 받느니보다 행복하나니라.』

오늘도 나는
에메랄드빛 하늘이 훤히 내다뵈는
누군가를 사랑하는 화자의 행복한 심정
우체국 창문 앞에 와서 너에게 편지를 쓴다.
                                                사랑을 표현하는 행위

▶ 1연: 사랑하는 사람에게
  편지를 씀

행길을 향한 문으로 숱한 사람들이
우체국의 출입문   편지를 보내려는 사람들
제각기 한 가지씩 생각에 족한 얼굴로 와선
                    사랑하여 행복함이 가득한 얼굴
총총히 우표를 사고 전보지를 받고
행복감에서 오는 가벼운 발걸음
먼 고향으로 또는 그리운 사람께로
사랑하는 대상
슬프고 즐겁고 다정한 사연들을 보내나니.

▶ 2연: 편지를 보내는 사람
  들의 행복한 모습

세상의 고달픈 바람결에 시달리고 나부끼어
고달픈 현실과 삶
더욱더 의지 삼고 피어 헝클어진 인정의 꽃밭에서
                                참다운 인정이 피어나는 곳
너와 나의 애틋한 연분도
            애틋하게 그리운
한 방울 연연한 진홍빛 양귀비꽃인지도 모른다.
                고달픈 현실을 딛고 피어난 진정한 사랑의 아름다움

▶ 3연: '너'와 '나'의 애틋
  한 연분과 진정한 사랑

사랑하는 것은 / 사랑을 받느니보다 행복하나니라.
화자의 생각을 반복하여 강조함
오늘도 나는 너에게 편지를 쓰나니

그리운 이여 그러면 안녕!
설령 이것이 이 세상 마지막 인사가 될지라도
이별을 하게 되더라도
사랑하였으므로 나는 진정 행복하였네라.
사랑하였다는 사실만으로도 행복할 수 있음

▶ 4, 5연: 참다운 사랑으로
  얻은 행복

필수

출제 포인트

- 사랑에 대한 화자의 태도
- 중요 시구에 담긴 의미와 역할

필수 문제

01 화자 파악하기
- 화자: '나' (편지를 쓰는 이)
- 상황: 사랑하는 이에게 보낼
  (   )를 쓰며 행복해함
- 정서·태도: 만족, 행복

02 이 시에서 화자가 생각하는
사랑의 진리가 직접적으로 제시된
부분을 찾아 쓰시오.

03 이 시에서 화자와 '너'가 고
달픈 세상의 역경을 극복하고 이
룩한 진정한 사랑의 아름다움을
의미하는 시어를 찾아 2어절로 쓰
시오.

핵심 정리

▼ 갈래: 자유시, 서정시   ▼ 성격: 감상적, 서정적
▼ 주제: 참된 사랑의 소중함과 그에서 얻는 행복
▼ 해제: 이 시는 사랑을 받는 것보다 주는 것에 진정한 행복의 가치가 있다는 평범한 진리를 통해, 순결하고 참다운 사
  랑의 소중함을 노래하고 있다.
▼ 시의 특징과 표현
    ① 수미 상관의 구성을 통해 주제를 강조함
    ② 부드럽고 서정적인 시어로 사랑에 대한 화자의 생각을 표현함

1

한 손에 책(册)을 들고 조오다 선뜻 깨니
졸다(음수율 고려)
드는 볕 비껴가고 서늘바람 일어오고
비스듬히 스쳐 지나가고   피어라
난초는 두어 봉오리 바야흐로 벌어라.
'난초'의 개화

▶ 1편: 난초의 개화

2

새로 난 난초 잎을 바람이 휘젓는다.
'난초'에게 시련과 고난을 주는 대상
깊이 잠이나 들어 모르면 모르려니와

눈 뜨고 꺾이는 양을 차마 어찌 보리아.
볼 수 있겠는가(설의법)
– 화자의 안타까움

▶ 2편 1수: 난초의 시련

산뜻한 아침 볕이 발 틈에 비쳐 들고
대나 구슬을 엮어 무엇을 가리는 물건
난초 향기는 물밀 듯 밀어오다
'난초' 향의 공감각적 표현(후각의 시각화)
잠신들 이 곁에 두고 차마 어찌 뜨리아.
잠시인들(음수율 고려)   (자리를) 뜰 수 있겠는가(설의법)
– 화자의 아쉬움

▶ 2편 2수: 난초의 향기와
난초에 대한 화자의 애정

3

오늘은 온종일 두고 비는 줄줄 나린다.

꽃이 지던 난초 다시 한 대 피어나며
'난초'의 생명력
고적(孤寂)한 나의 마음을 적이 위로하여라.
외롭고 쓸쓸한   꽤, 어지간히

▶ 3편 1수: 난초의 생명력

나도 저를 못 잊거니 저도 나를 따르는지
화자와 '난초'의 정서적 교감 – 물아일체(物我一體)의 경지
외로 돌아앉아 책을 앞에 놓아 두고
왼쪽 방향으로
장장(張張)이 넘길 때마다 향을 또한 일어라.
한 장 한 장

▶ 3편 2수: 난초와의 교감

4

빼어난 가는 잎새 굳은 듯 보드랍고
'대'의 방언 – 줄기   피고
자줏빛 굵은 대공 하이얀 꽃이 벌고
색채 대비 → '난초'의 아름다움 형상화   '난초'의 외면
이슬은 구슬이 되어 마디마디 달렸다.
아침에 보는 '난초'의 순수하고 청신한 모습

▶ 4편 1수: 난초의 외양

필수 문제

01 화자 파악하기
• 화자: '나' (난초와 교감하는
이)
• 상황: 난초의 (   ) 모습을
묘사함
• 정서·태도: 예찬적

02 이 시조의 시어에 대한 설명
으로 적절하지 않은 것은?
① 바람: 난초에게 닥치는 시련
과 고난
② 비: 외롭고 쓸쓸한 분위기를
조성하는 소재
③ 이슬: 애틋한 슬픔의 눈물
④ 미진(微塵): 더러운 세속적 삶
⑤ 우로(雨露): 맑고 고결한 삶

03 이 시조의 시어들을 〈보기〉와
같이 대조적 이미지를 지니는 것끼
리 나눌 때, ㉠, ㉡, ㉢에 들어갈 알
맞은 소재를 각각 찾아 쓰시오.

〈보기〉
• 가는 잎새 ↔ (㉠)
• 자줏빛 대공 ↔ (㉡)
• 미진(微塵) ↔ (㉢)

04 [서술형] 이 시조의 4편 2수
에 사용된 주된 표현 기법을 쓰고,
그 역할을 간단히 서술하시오.

본래 그 마음은 깨끗함을 즐겨 하여
'난초'의 의인화 - 화자의 감정 이입('난초'의 본성 = 화자의 생활 태도)   '난초'의 내면
정(淨)한 모래 틈에 뿌리를 서려 두고
깨끗한   뿌리를 땅속에 얼기설기 엉기게 하여
미진(微塵)도 가까이 않고 우로(雨露) 받아 사느니라.
작은 티끌이나 먼지   비와 이슬 - 고결한 삶
- 세속적 삶   ▶ 4편 2수: 난초의 성품

❂ 난초

4편 1, 2수의 시상 전개상의 특징

4편의 1, 2수에서는 서경에서 서정으로 나아가는 선경 후정(先景後情)의 기법이 활용되고 있다. 1수에서는 외유내강(外柔內剛)의 모습을 지닌 난초의 아름다운 외면을 감각적으로 묘사하고 있다. 2수에서는 난초의 마음이 깨끗한 것을 좋아해서 '정한 모래'에 뿌리를 내린 채 '우로'를 받아 사는 모습을 그리고 있다. 언뜻 보면 2수는 난초의 생태적인 특성을 이야기하는 듯이 보이지만, 그것은 곧 고결한 삶을 살고자 하는 시인 내면의 소망을 표현한 것으로 이해할 수 있다.

한눈에 보기

	예찬, 물아일체	난초
화자	→	아름다움, 순수함, 깨끗함

핵심 정리

▾ 갈래: 현대 시조, 연시조   ▾ 성격: 묘사적, 관조적
▾ 주제: 난초의 고결한 모습 예찬
▾ 해제: 이 시조는 전 4편 7수의 연시조로, 화자와 '난초'와의 교감을 노래하고, '난초'의 아름다운 외양과 고결한 성품을 예찬하고 있다.
▾ 시의 특징과 표현
   ① 의인화의 기법을 통해 대상에 화자의 감정을 이입하여 표현함
   ② 감각적인 이미지와 격조가 담긴 시어를 활용하여 대상을 예찬적으로 묘사함

박연 폭포(朴淵暴布) | 이병기

필수

이제 산에 드니 산에 정이 드는구나.
　　　□ : 어휘 반복을 통한 운율 형성
오르고 내리는 길 괴로움을 다 모르고
　　속세를 버리고 산에서 은거하는 사람(은자)
저절로 산인(山人)이 되어 비도 맞아 가노라.
　　자연과 합일된 경지(물아일체)

▶ 1수: 산인이 된 즐거움

이 골 저 골 물을 건너고 또 건너니
　반복적 표현을 통한 운율 형성(역동적 이미지)
「발 밑에 우는 폭포 백이요 천이러니　「」: 원근감
　멀리까지 울려 퍼지는 폭포 소리의 웅장함(의인법, 과장법)
박연(朴淵)을 이르고 보니 하나밖에 없어라.」
　가까이서 바라본 박연 폭포의 빼어난 모습

▶ 2수: 박연 폭포의 웅장함

봉머리 이는 구름 바람에 다 날리고
　산의 봉우리　　　　유한성, 가변성
바위에 새긴 글발 메이고 이지러지고
　　　　　　　메워지고
다만, 그 흐르는 물이 긏지 아니하도다.
　　박연 폭포의　　　　그치지
　　무한성, 불변성

▶ 3수: 박연 폭포의 영원성

필수 문제

01 화자 파악하기
• 화자: '드러나지 않음' (박연 폭포에 이른 이)
• 상황: (　　　　)에 이르러 그 웅장함과 무한성을 느낌
• 정서·태도: 예찬적

02 이 시조에서 자연과 합일된 은자(隱者)로서의 화자의 모습을 보여 주는 2음절의 시어를 찾아 쓰시오.

03 이 시조에서 '박연 폭포'의 속성과 대조를 이루는 시어 2개를 찾아 쓰시오.

알맹이 포착

2수의 의미
박연 폭포에 다가설수록 그 폭포 소리가 너무 웅장해 물줄기가 백 개나 천 개 정도 되는 줄 알았는데 폭포에 도착해 보니 물줄기가 하나뿐이더라는 이야기로, 박연 폭포의 웅장함을 드러낸다.

3수의 의미
봉우리에 낀 구름도, 바위에 새긴 글도 모두 날아가고 지워지는 법인데 박연 폭포의 흐르는 물은 그치지 않더라는 이야기로, 박연 폭포의 불변성을 예찬하고 있다.

한눈에 보기

[무한성/불변성]　　　　　　[유한성/가변성]

핵심 정리

▾ 갈래: 현대시조, 연시조　　　▾ 성격: 묘사적, 예찬적
▾ 주제: 박연 폭포의 웅장함과 영원성 예찬
▾ 해제: 이 시조는 개성의 유명한 폭포인 '박연 폭포'의 장엄함과 불변성을 다양한 표현법과 감각적 이미지를 통해 형상화하고 있다.
▾ 시의 특징과 표현
　① 시각적, 청각적 이미지 등을 이용하여 대상의 웅장함을 형상화함
　② 과장법, 대조법 등을 통해 의미를 효과적으로 전달함
　③ 원경에서 근경으로 시상을 전개함

가정 | 이상

문(門)을암만잡아다녀도안열리는것은안에생활(生活)이모자라는까닭
　가정으로부터의 단절 소외　　　　　　　　　　가장으로서의 무능력함
이다. 밤이사나운구지람으로나를졸른다. 나는우리집내문패(門牌)앞에서
　　　　　　　　　　가장으로서의 강박 관념, 자책　　　　　　　가장으로서의 책무
여간성가신게아니다. 나는밤속에들어서서제웅처럼자꾸만감(滅)해간다.
자신에 대한 무력감　　　　　　　　무력감의 자조적 표현　　줄어든다 – 초라해짐
식구(食口)야봉(封)한창호(窓戶)어데라도한구석터놓아다고내가수입(收入)
　　　　　　　　　　　　닫힌 창과 문　　　　　　가족들에게 경제적으로 보탬이 되지 못하는 화자의 비참한 현실
되어들어가야하지않나. 지붕에서리가내리고뾰족한데는침(鍼)처럼월광
　　　　　　　　　　　　　　　가정에 닥치는 시련 – 부정적 이미지
(月光)이묻었다. 『우리집이앓나보다그러고누가힘에겨운도장을찍나보다.
수명(壽命)을헐어서전당(典當)잡히나보다. 나는그냥문(門)고리에쇠사슬
　　　　　　　　　　　　　　비참한 상황에 처해 있는 화자의 절박한 심정
늘어지듯매어달렸다. 문(門)을열려고안열리는문(門)을열려고.
　　　　　　　현실 극복의 절박한 몸짓 – 정상적인 삶을 회복하려는 노력

　「　」: 가난 때문에 가족들이 고난을 겪는 데 대한 화자의 고뇌

- 제웅: 제사 때 쓰이는 짚으로 만든 사람 모양의 물건
- 전당(典當): 기한 내에 돈을 갚지 못하면 맡긴 물건을 마음대로 처분하여도 좋다는 조건하에 돈을 빌리는 일

출제 포인트
- 시에 나타난 화자의 정서와 태도
- 시의 표현 기법과 그 효과

필수 문제

01 화자 파악하기
- 화자: '나' (가장)
- 상황: (　　　)으로서 제 역할을 못하는 현실을 극복하고 일상적 삶을 회복하고자 함
- 정서·태도: 고뇌, 의지적

02 이 시에서 화자가 자신에게 느끼는 무력감을 자조적으로 형상화한 시어를 찾아 쓰시오.

03 이 시에서 정상적인 삶을 회복하려는 화자의 노력이 잘 드러난 부분을 찾아 쓰시오.

알맹이 포착

시구의 의미
- 나는우리집내문패(門牌)앞에서여간성가신게아니다: 화자는 문패 앞에 선 자신의 모습이 무척이나 초라하다고 생각한다. 화자는 문패를 통해 자신이 한 집안의 가장이라는 사실을 거듭 확인하지만 일상생활 속에서 요구되는 가장의 역할을 제대로 수행하지 못하고 있어서 자책감과 자괴감을 느끼고 있다.
- 문(門)을열려고안열리는문(門)을열려고: 가정으로부터의 단절을 의미하는 '문'을 열고 들어가 가정의 일원이 되어 정상적인 삶을 회복하려는 화자의 노력과 현실 극복의 의지가 나타난 부분이다. 현재의 처지에서 벗어나려고 하는 화자의 내면적 의지가 강하게 드러나고 있다.

○ 구본웅, 〈친구의 초상〉 – 친구 이상을 모델로 그린 그림

핵심 정리

- ▼ 갈래: 산문시, 초현실주의시　　　▼ 성격: 관념적, 초현실주의적
- ▼ 주제: 가장으로서의 일상적 삶을 회복하고 싶은 의지
- ▼ 해제: 이 시는 한 '가정'의 가장으로서 제 역할을 다하지 못하는 화자의 부끄러움과 고뇌를 표현하며, 현실을 극복하고 일상적 삶을 회복하고 싶은 절박한 심정을 노래하고 있다.
- ▼ 시의 특징과 표현
  - ① 띄어쓰기를 하지 않음으로써 화자의 답답한 내면을 효과적으로 표현함
  - ② 다양한 비유와 자동기술법에 의해 자의식의 세계를 표현함
    - ■ 자동기술법(自動記述法): 초현실주의 기법으로, 이성이나 기존의 미학을 배제하고 무의식 세계에서 생긴 이미지를 그대로 기록하는 것. 주로 시(詩)와 회화에서 행해짐

거울 | 이상

교과서 EBS

거울속에는소리가없소
현실과 단절된 자의식의 세계
저렇게까지조용한세상은참없을것이오
거울 밖 세계와 거울 속 상상이 단절됨을 청각적 차이로 드러냄

▶ 1연: 현실과 단절된 거울 속의 세계

거울속에도내게귀가있소 △: 현실적·일상적 자아
○: 내면적·무의식적 자아
내말을못알아듣는딱한귀가두개나있소
현실적 자아와 내면적 자아의 분열과 단절

▶ 2연: 의사소통이 단절된 거울 속의 세계

거울속의나는왼손잡이오
현실적 자아와 상반된 모습
내악수(握手)를받을줄모르는―악수를모르는왼손잡이오
두 자아의 화해 시도   화해가 불가능한 단절의 심화

▶ 3연: 두 자아의 화해 실패와 단절의 심화

「거울때문에나는거울속의나를만져보지를못하는구료마는
단절의 장치
거울이아니었던들내가어찌거울속의나를만나보기만이라도했겠소」
연결의 매개체   「 」: 거울의 이중성, 양면성

▶ 4연: 거울의 단절과 연결의 이중성

나는지금(至今)거울을안가졌소마는거울속에는늘거울속의내가있소
독자적으로 존재하는 거울 속의 '나'
잘은모르지만외로된사업(事業)에골몰할게요
내면적 자아가 혼자 하는 일 – 현실적 자아의 의도와 어긋난 행동

▶ 5연: 자의식의 분열 심화

거울속의나는참나와는반대(反對)요마는 / 또꽤닮았소
나는거울속의나를근심하고진찰(診察)할수없으니퍽섭섭하오
자아 분열에 대한 안타까움

▶ 6연: 분열된 자아의 모습과 그에 대한 안타까움

출제 포인트

- '거울' 의 의미와 기능
- 시의 표현 기법과 그 효과

필수 문제

01 화자 파악하기
- 화자: '나' (자아 분열을 겪는 이)
- 상황: 거울 속의 '나' 를 보며 (   )된 자아의 모습을 확인함
- 정서·태도: 안타까움

02 [서술형] 이 시에 나타난 '거울' 의 이중성을 40자 내외로 서술하시오.

03 〈보기〉와 같은 의미를 지닌 시구를 찾아 쓰시오.

─〈보기〉─
- 내면적 자아가 현실적 자아의 의사와는 어긋난 일에 몰입함
- 자아 분열의 심각성을 드러냄

알맹이 포착

'거울' 의 의미
이 시에서 '거울' 은 자기 자신 안의 자아를 들여다보는 상징물로, 단절과 연결의 이중적 속성을 지닌다. 즉, 이 시의 '거울' 은 분열된 현실적 자아와 내면적 자아를 연결하는 동시에, 두 자아를 완전히 차단하는 기능도 함께 담당하고 있다.

한눈에 보기

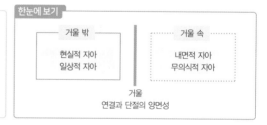

거울 밖	거울 속
현실적 자아 일상적 자아	내면적 자아 무의식적 자아

거울
연결과 단절의 양면성

핵심 정리

▼ 갈래: 자유시, 초현실주의시   ▼ 성격: 주지적, 관념적
▼ 주제: 현대인의 자아 분열과 갈등
▼ 해제: 이 시는 '거울' 이라는 소재를 통해 분열된 자의식의 세계를 보여 줌으로써, 현대인의 불안 의식과 자아 분열 양상에 대한 안타까움을 형상화하고 있다.
▼ 시의 특징과 표현
    ① 띄어쓰기를 하지 않음으로써 화자의 분열된 자의식을 효과적으로 표현함
    ② 자동기술법을 활용하여 참된 자아 의식을 나타내려 함

오감도(烏瞰圖)* – 시 제1호 | 이상

교과서

불안, 공포로부터의 탈출 행위
13인의아해(兒孩)가도로로질주하오.
제목의 까마귀와 더불어 불길함, 불안감의 상징
(길은막다른골목이적당하오.)

▶ 1연: 13인의 아이들이 도
로를 질주함

『제1의아해가무섭다고그리오. / 제2의아해도무섭다고그리오.
제3의아해도무섭다고그리오. / 제4의아해도무섭다고그리오.
제5의아해도무섭다고그리오. / 제6의아해도무섭다고그리오.
제7의아해도무섭다고그리오. / 제8의아해도무섭다고그리오.
제9의아해도무섭다고그리오. / 제10의아해도무섭다고그리오.』

「 」 ① 맹목적인 질주 – 반복을 통한 속도감
② 모든 아이가 무서워함 – 공포의 대상이 명확하지 않음

┌ 연의 바뀜: ① 불안한 세대의 지속
│ ② 변함없는 공포 상황의 지속

제11의아해도무섭다고그리오. / 제12의아해도무섭다고그리오.
제13의아해도무섭다고그리오.

『13인의아해는무서운아해와무서워하는아해와그렇게뿐이모였소.』
「 」: 아이들은 서로 공포의 주체이면서 객체임 – 막연한 실존적 불안감 암시
(다른사정은없는것이차라리나았소.)

▶ 2, 3연: 13인의 아이들이
모두 무섭다고 함

『그중에1인의아해가무서운아해라도좋소.
그중에2인의아해가무서운아해라도좋소.
그중에2인의아해가무서워하는아해라도좋소.
그중에1인의아해가무서워하는아해라도좋소.』
「 」: 무서운 아이와 무서워하는 아이의 관계가 동일시됨
– 누가 무서운 아이가 될지 모르는 불안 심리 서술

▶ 4연: 아이들의 상태는 상
관없음

『(길은뚫린골목이라도적당하오.)
공포로부터 탈출이 불가능함 – 질주의 의미가 없음
13인의아해가도로로질주하지아니하여도좋소.』
「 」: 1연과 대칭 구조이지만 내용은 상반됨
– 불안과 공포로부터 벗어날 수 없음을 암시

▶ 5연: 아이들이 도로를 질
주하지 않아도 좋음

■ 오감도(烏瞰圖): 위에서 내려다본 상태의 건축 도면을 의미하는 조감도(鳥瞰圖)를 조작하여
만든 말로, '鳥(새 조)' 자에서 획을 하나 뺌으로써 '烏(까마귀 오)' 자로 바꾸어 낯섦과 동시
에 까마귀가 주는 부정적 분위기를 형성함

출제 **포인트**

• 화자가 드러내려고 하는 현대인
의 심리
• 시의 표현 기법과 그 효과

필수 문제

01 화자 파악하기
• 화자: 13인의 아이를 바라보는
이
• 상황: (   )로부터 벗어날
길이 없는 상황임
• 정서 · 태도: 불안, 공포

02 이 시에서 화자가 나타내고
자 하는 현대인의 심리를 쓰시오.

03 1연과 5연의 상반된 표현을
통해 화자가 드러내고자 하는 의
도를 간단하게 쓰시오.

핵심 정리

˅ 갈래: 자유시, 초현실주의시   ˅ 성격: 주지적, 관념적, 초현실주의적, 실존적
˅ 주제: 현대인의 불안 의식
˅ 해제: 이 시는 초현실주의적 경향을 보여 주는 〈오감도〉 연작시 중 첫 작품으로, 형식을 파괴하는 새로운 기법을 통
해 현대인의 불안 심리를 표현하고 있다.
˅ 시의 특징과 표현
① 띄어쓰기의 무시와 자동기술법을 통해 내면의 분열 의식을 드러냄
② 동일한 통사 구문의 반복과 낯설게 하기 기법을 통해 불안과 공포 상황을 심화 · 강조함

자상(自像) | 이상

화자는 자화상을 어느 나라의 죽음과 동일시하고 있음

여기는어느나라의**데드마스크**다. 데드마스크는도적(盜賊)맞았다는

자화상

소문도있다.』풀이**극북**(極北)에서**파과**(破瓜)하지않던이수염은절망(絶望)

북쪽의 맨끝   생식하지 않던   자아의 상실

을알아차리고생식(生殖)하지않는다.』천고(千古)로**창천**(蒼天)이**허방**빠져

자라나지 않는다 → 죽음을 상징함 ▶ 2   안으로 깊숙이 가라앉아 있는 눈빛 또는 생기를 잃은 낯빛

있는함정(陷穽)에유언(遺言)이석비(石碑)처럼은근히침몰(沈沒)되어있다.』

죽음의 그림자가 얼굴에 드리워져 있는 모습   ▶ 3

그러면이곁을소(生疎)한한손짓발짓의신호(信號)가지나가면서무사(無事)

화자의 얼굴   낯설고 이해하기 어려운 표정   일없이

히**스스로와한다.**『점잖던내용(內容)이이래저래구기기시작이다.』 ▶ 4

화자의 쑥스럽고 어색한 심경을 나타냄   『 』: 화자의 얼굴이 품격을 상실함.
                                    화자 자신의 모습에 대한 자조

- **자상**(自像): 자화상(自畫像)의 조어
- **데드마스크**: '데스마스크(death mask)'를 말함. 사람이 죽은 직후에 그 얼굴을 본떠서 만든 안면상
- **창천**(蒼天): 푸른 하늘
- **허방**: 땅바닥이 움푹 패어 빠지기 쉬운 구덩이
- **스스로와한다**: 스스로워한다. '스스롭다'는 '서로 사귀는 정분이 두텁지 않아 조심스럽다' 또는 '수줍고 부끄럽다'라는 뜻임

출제 **포인트**

- 소재의 의미
- 표현상의 특징 이해

필수 문제

01 화자 파악하기
- 화자: '드러나지 않음'(자아의 상실을 느끼는 이)
- 상황: '데드마스크'와 같은 자신의 (   )을 그림
- 정서·태도: 절망, 자조

02 이 시에서 화자가 자신의 얼굴을 비유하고 있는 시어를 찾아 한 단어로 쓰시오.

03 이 시에서 화자가 자신의 표정을 낯설어하는 모습을 묘사한 시행을 찾아 쓰시오.

시상의 전개

한눈에 보기

핵심 정리

- ▼ 갈래: 산문시, 초현실주의시   ▼ 성격: 관념적, 상징적
- ▼ 주제: 무기력한 삶과 자아에 대한 자조
- ▼ 해제: 이 시는 화자가 자신의 얼굴을 '데드마스크'로 비유하면서 자아의 상실감을 느끼는 자신의 모습과, 스스로의 삶에 대한 자조의 심경을 띄어쓰기의 무시와 관념적인 한자어의 사용을 통해 낯설게 묘사하고 있다.
- ▼ 시의 특징과 표현
  ① 띄어쓰기를 무시하여 기존의 질서를 거부하려는 의식을 표현함
  ② 한자어와 조어를 과도하게 사용하여 시의 분위기를 낯설게 함

89 가장 비통한 기욕(祈慾) – 간도 이민을 보고 | 이상화

아, 가도다, 가도다, 쫓겨 가도다
유민(流民)이 되어 정처 없이 간도와 요동으로 쫓겨 가는 식민지 백성의 비분이 점층적으로 강조됨
『잊음 속에 있는 간도(間島)와 요동(遼東)벌로
　　　　고구려 유민의 처지와 심정을 상기시키는 공간
주린 목숨 움켜쥐고, 쫓겨 가도다』
　△: 보잘것없는 먹을거리
『진흙을 밥으로, 해채를 마셔도
　　　　시궁창 물. 맵고 쓴 나물로 보기도 함
마구나, 가졌으면, 단잠은 얽맬 것을─』
마구간　　　　조물주
『사람을 만든 검아, 하루 일찍
　식민지 유민의 고통스러운 상황을 단적으로 나타냄
차라리 주린 목숨, 빼어 가거라!』
　　　○: 영탄적 어조로 비극적 상황을 강조함

▶ 1연: 간도와 요동벌로 쫓겨 가는 식민지 유민들의 비애

『」: 일본 제국주의자들의 식민지 수탈로 인한 가혹하고 비극적인 상황을 보여 줌

『」: 잠을 잘 수 있는 공간도 갖지 못한 유민의 처절한 심정을 드러냄

아, 사노라, 사노라, 취해 사노라
식민지 백성의 무기력한 생활이 점층적으로 강조됨
『자폭(自暴) 속에 있는 서울과 시골로
『」: 식민지 백성의 자포자기한 상황을 보여 줌
멍든 목숨 행여 갈까, 취해 사노라』
『어둔 밤 말 없는 돌을 안고서
식민지 현실　마음속에 품은 뜻
피 울음을 울으면, 설움은 풀릴 것을─』
『사람을 만든 검아, 하루 일찍
『」: 식민지 백성의 비참한 상황을 단적으로 제시함
차라리 취한 목숨, 죽여 버려라!』

『」: 설움을 풀지 못하는 식민지 백성의 비애를 나타냄

▶ 2연: 이 땅에 남아 비참하게 살아가는 백성의 비애

• 표현상의 특징 이해
• 시상 전개 방식의 이해

필수 문제

01 화자 파악하기
• 화자: '드러나지 않음' (식민지 유민들을 바라보는 이)
• 상황: 간도와 요동으로 쫓겨가는 (　　　)을 바라보며 안타까워함
• 정서·태도: 비참함, 안타까움, 슬픔

02 이 시에서 점층적 전개를 통해 식민지 유민들의 비애를 강조하고 있는 시행 2개를 찾아 쓰시오.

03 이 시의 2연에서 식민지의 암담한 현실을 나타내는 표현을 찾아 2어절로 쓰시오.

핵심 정리

▿ 갈래: 자유시, 서정시　　▿ 성격: 영탄적
▿ 주제: 식민지 유민들의 비극적 삶에 대한 비분강개
▿ 해제: 이 시는 일제의 수탈과 억압에서 벗어나기 위해 간도와 요동벌로 떠나는 식민지 유민들의 모습을 통해 당대의 비참했던 현실 상황을 극명하게 보여 주고 있다. 이 시의 제목에서 '기욕(祈慾)'은 '기도'를 말하는 것으로, 시인과 식민지 백성들의 절실한 심정을 담고 있는 표현이다.
▿ 시의 특징과 표현
　① 점층적 표현을 통해 현실의 급박함과 안타까움을 전달함
　② 영탄적 어조를 통해 고통스러운 상황을 강조함

현대시의 모든 것

나의 침실(寢室)로 | 이상화

필수

'마돈나' 지금은 밤도 모든 목거지에 다니노라 피곤하여 돌아가려는도다.
_{잃어버린 조국 – 구원의 여성상}   _{'모꼬지'의 방언. 모임}   _{밤이 다 가고 날이 밝으려 함}
아, 너도 먼동이 트기 전으로 수밀도(水蜜桃)의 네 가슴에 이슬이 맺
_{젊은 여인의 관능적 아름다움}
도록 달려오너라.
_{만남에 대한 갈구}

'마돈나' 오려무나, 네 집에서 눈으로 유전(遺傳)하던 진주(眞珠)는 다
_{눈물을 강요하던 인습의 굴레(낡은 가치관)}
두고 몸만 오너라.

빨리 가자, 우리는 밝음이 오면 어덴지 모르게 숨는 두 별이어라.
_{새 출발의 염원}   _{발각되어서는 안 되는 꿈을 추구함}

'마돈나' 구석지고도 어둔 마음의 거리에서 나는 두려워 떨며 기다
_{암담하고 절망적인 시대 상황}
리노라.

아, 어느덧 첫닭이 울고 — 뭇 개가 짖도다, 나의 아씨여, 너도 듣느냐.
_{시간의 경과 – 새벽}
  ▶ 1~3연: 마돈나와의 만남에 대한 갈구와 새 출발의 염원

'마돈나' 지난밤이 새도록 내 손수 닦아 둔 침실로 가자, 침실로!
_{안식처 – 새로운 희망이 잉태되는 곳}
낡은 달은 빠지려는데 내 귀가 듣는 발자국 — 오, 너의 것이냐?
_{달이 지려는 시간 – 새벽}

'마돈나' 짧은 심지를 더우잡고 눈물도 없이 하소연하는 내 마음의
_{심지가 짧아짐 – 새벽이 옴}   _{기다리는 화자의 안타까운 마음}
촛불을 봐라.

양털 같은 바람결에도 질식(窒息)이 되어, 얄푸른 연기로 꺼지려는도다.
_{기다림에 지친 화자의 모습}   _{기다림에 연약해진 화자의 정신}

'마돈나' 오너라, 가자 앞산 그리메가 도깨비처럼 발도 없이 가까이
_{그림자}
오도다.

아, 행여나 누가 볼는지 — 가슴이 뛰누나, 나의 아씨여, 너를 부른다.
_{화자의 불안하고 절박한 마음}   _{'마돈나'에 대한 재촉}
  ▶ 4~6연: 안식처에 대한 지향과 기다림에 지친 안타까운 마음

'마돈나' 날이 새련다. 빨리 오려무나, 사원(寺院)의 쇠북이 우리를
_{기다림의 불안과 안타까움}   _{아침을 알리는 종}
비웃기 전에,

네 손에 내 목을 안아라, 우리도 이 밤과 같이 오랜 나라로 가고 말자.
_{침실 – 영원한 안식처}

'마돈나' 뉘우침과 두려움의 외나무다리 건너 있는 내 침실, 열 이도
_{쉽게 접근할 수 없는 안식과 평화의 세계}
없느니!

아, 바람이 불도다, 그와 같이 가볍게 오려무나, 나의 아씨여, 네가 오느냐?

출제 포인트
• '마돈나'와 '침실'의 의미
• 대표적인 감상적 낭만주의 작품으로서의 의의

필수 문제

01 화자 파악하기
• 화자: '나' ('마돈나'와 '침실'로 가려는 이)
• 상황: 마돈나와 함께 '침실(   )'로 가고자 함
• 정서·태도: 갈구, 안타까움

02 이 시에 나타난 화자의 소망과 구원의 대상을 찾아 쓰시오.

03 이 시의 시어 중 그 이미지가 이질적인 것은?
① 마음의 거리
② 침실
③ 오랜 나라
④ 부활(復活)의 동굴(洞窟)
⑤ 아름답고 오랜 거기

04 이 시가 창작된 시대적 배경을 고려할 때, '침실로 가자'의 의미를 간단하게 쓰시오.

'마돈나' 가엾어라, 나는 미치고 말았는가, 없는 소리를 내 귀가 들
　　　　　_{화자 자신에 대한 연민}
음은 ─.

내 몸에 피란 피 ─ 가슴의 샘이 말라 버린 듯 마음과 몸이 타려는도다.
　　　　　　　　　　　　　_{기다림에 지쳐 피폐해진 화자의 모습}
　　　　　　　　　　　▶ 7~9연: 급박한 상황의 강조와 기
　　　　　　　　　　　　다림에 지친 자신에 대한 연민

'마돈나' 언젠들 안 갈 수 있으랴, 갈 테면 가자, 끄을려 가지 말고!
　　　　　　　　　　　　　　_{적극적이고 능동적인 태도}
너는 내 말을 믿는 '마리아' ─ 내 침실이 부활(復活)의 동굴(洞窟)임
　　　　　　　　　_{구원, 부활의 표상}　　　_{피폐해진 정신에 안식과 활력을 주는 공간}
을 네야 알련만……

　　　　　　　　　　　　　　　　　　　　　　_{뒹구는}
'마돈나' 밤이 주는 꿈, 우리가 얽는 꿈, 사람이 안고 궁구는 목숨의
　　　_{밤과 육체가 얽어 내는 세계가 삶의 본질과 다르지 않음 ─ '침실'은 죽음과 재생, 정신과 육체가 합일된 세계임}
꿈이 다르지 않으니.

아, 어린애 가슴처럼 세월(歲月) 모르는 나의 침실로 가자, 아름답고
　　　　　　　　　　　　　　　　　　_{아름답고 영원한 공간}
오랜 거기로.

'마돈나' 별들의 웃음도 흐려지려 하고, 어둔 밤 물결도 잦아지려는
　　　　　　　　　_{아침이 오려 함}
도다.

아, 안개가 사라지기 전으로 네가 와야지, 나의 아씨여, 너를 부른다.
　　_{은밀한 만남의 분위기 형성}　　　　　　　　_{마지막 갈구}
　　　　　　　　　　　　▶ 10~12연: 안식처에서의 부활
　　　　　　　　　　　　에 대한 소망과 마지막 갈구

- 수밀도(水蜜桃): 껍질이 얇고 살과 물이 많으며 맛이 단 복숭아
- 더우잡고: '더위잡고'의 방언. 끌어 잡고

알맹이 포착

'마돈나'의 의미

귀부인이나 애인을 높여 부르는 말, 혹은 '성모 마리아'를 달리 이르
는 말로, 이 시에서는 화자를 구원하는 여성상을 나타낸다. 이 시가
3·1 운동이 실패로 돌아간 절망적 시대 상황 속에서 쓰인 것을 고려
한다면 잃어버린 조국을 의미하는 것으로도 이해할 수 있다.

'침실'의 의미

이 시에서 '침실'은 '오랜 나라', '부활(復活)의 동굴(洞窟)' 등으로 변
주되어 나타나고 있다. '침실'은 '마돈나'와의 관능적인 합일이 이루
어지는 공간으로 화자에게는 영원하고 아름다운 안식처이자 도피처,
새로운 희망이 잉태되는 곳이다.

핵심 정리

ˇ 갈래: 자유시, 낭만시　　　ˇ 성격: 감각적, 격정적, 퇴폐적
ˇ 주제: 아름답고 영원한 안식처에 대한 소망
ˇ 해제: 이 시는 시인이 18세의 나이에 발표한 작품으로, 3·1 운동이 실패로 돌아간 후의 절망적 시대 상황 속에서 영
　원한 안식처를 찾고 싶은 소망을 형상화하고 있다.
ˇ 시의 특징과 표현
　① 시대 현실에 대한 절망감을 도피적인 욕구를 통해 표현함
　② 각 행의 처음에 '마돈나'를 반복하여 소망의 간절함을 드러냄
　③ 감상적이고 격정적인 문체를 통해 화자의 불안감과 절박함을 표현함

달아! | 이상화

달아!
기원의 대상
하늘 가득히 서러운 안개 속에
임을 보지 못하는 화자의 심정
꿈 모닥이 같이 떠도는 달아
꿈 모음(기대를 가득 품음)
나는 혼자 / 고요한 오늘밤을 들창에 기대어
임을 생각하기에 좋은 밤
처음으로 안 잊히는 그이만 생각한다
화자의 첫사랑
달아!

너의 얼굴이 그이와 같네
달의 모습이 임과 같음(유사성)
언제 보아도 웃던 그이와 같네
화자가 좋아하는 임의 모습
착해도 보이는 달아
화자가 기대하는 임의 성격
만져 보고 저운 달아
임과 사랑을 나누고 싶음
잘도 자는 풀과 나무가 예사롭지 않네
화자의 마음을 몰라주는 사물들   못마땅함(임과의 만남이 어려울 것을 암시함)
달아!

나도 나도 / 문틈으로 너를 보고
짝사랑, 화자의 부끄러움(시각적)
그이 가깝게 있는 듯이 / 야릇한 이 마음 안은 이대로
임에 대한 화자의 갈망   설레는 마음 품은
다른 꿈은 꾸지도 말고 단잠에 들고 싶다
꿈에라도 임을 만나고 싶음
달아!

「너는 나를 보네
「 」: 도치법   '나'를 살갑게 대하지 않는 임의 눈
밤마다 손치는 그이 눈으로」
밤마다 보여 주기를 거부하는(시각적)
달아 달아
「 」: 소망의 실현 불가능에 대한 인지와 체념
「즐거운 이 가슴이 아프기 전에
임과 닮은 달을 보고 야릇한 마음
잠 재워다오◯내가 내가 자야겠네」
              ↑ 달에 대한 실망
잠시 동안의 침묵, 시간의
흐름을 나타내는 부호

▶ 1~6행: 달을 보며 임을
   생각함

▶ 7~12행: 보고 싶은 임

▶ 13~18행: 임을 생각하며
   잠에 들고 싶음

▶ 19~24행: 임을 볼 수 없
   는 현실의 안타까움

출제 포인트

• 소재의 상징적 의미
• 화자의 태도와 구절의 의미

필수 문제

01 화자 파악하기

• 화자: '나' (달을 보며 임을 그
  리워하는 이)

• 상황: (   )을 보며 임을 보
  고 싶어 하는 마음을 드러내고
  임을 볼 수 없는 현실에 안타
  까워함

• 정서 · 태도: 그리움, 안타까움,
  실망

02 이 시에서 임을 그리워하는
화자의 마음을 몰라주는 사물에
해당하는 구절을 찾아 4어절로 쓰
시오.

03 이 시에서 살갑지 않은 눈으
로 자신을 보는 달에 대한 화자의
실망감이 담긴 행동을 찾아 3어절
로 쓰시오.

핵심 정리

▼ 갈래: 자유시, 서정시   ▼ 성격: 독백적, 영탄적
▼ 주제: 임에 대한 사랑과 임을 볼 수 없는 안타까움
▼ 해제: 이 시는 화자의 독백을 통해 임을 보지 못할 것을 예감하면서도 임을 보고 싶어 하는 화자의 심정을 형상화하
   고 있다.
▼ 시의 특징과 표현
   ① 반복과 열거를 통해 임을 보고 싶은 간절함을 드러냄
   ② 시각적 이미지와 도치법을 통해 임을 그리워하는 화자의 모습과 마음을 강조함

비음(緋音) – 비음(緋音)의 서사(序詞) | 이상화

이 세기(世紀)를 몰고 너흐는, 『어둔 밤에서
　　　　　　　　　너희
다시 어둠을 꿈꾸노라, 조우는 조선의 밤
　　　　　　　　　조는　　조선의 암담한 현실
『」: 어둠에서 어둠을 꿈꾸는 절망 의식을 나타냄

망각(忘却) 뭉텅이 가튼, 이 밤 속으로

해쌀이 비초여 오지도 못하고,
햇살　　비치어
한우님의 말슴이, 배부른 군소리로 들니노라.　▶ 1연: 조선의 암울한 상황
하느님　　말씀　　　　쓸데없는 말

나제도 밤— 밤에도 밤—
절망의 극한 상황　　　　　　　　'뒤지기', '두더지'의 방언
그 밤의 어둠에 씀여 난, 뒤직이 가튼 신령은
　　　　스며 난, 태어난　암담한 현실에서 태어나 살아가는 화자를 비유
『광명(光明)의 목거리란 일흠도 모르고　「」: 비탄에 잠긴 화자의 심정을 보여 줌
　　　　　　　　　　이름
술 취한 장님이 머—ㄴ 길을 가듯
화자를 비유
비틀거리는 자욱엔, 피물이 흐른다.』　▶ 2연: 암담한 현실로 인해
　　　　　핏물　　　　　　　　　　　비탄에 잠김

- 비음(緋音): '붉은 소리'라는 뜻으로, 어디서 오는지 확실하지 않음. 낭만적이고 퇴폐적이며 환몽적인 세계를 붉은 색채를 띤 용어로 표현한 것으로 보임
- 목거리: '모거지'의 오식(誤植)으로 보임. '모거지'는 여러 사람이 모여 흥청대는 잔치 마당을 뜻함

출제 포인트
- 화자의 정서 이해
- 시구의 의미 이해

필수 문제
01 화자 파악하기
- 화자: '드러나지 않음'(나라를 잃은 이)
- 상황: (　　　)의 암담한 현실로 인해 절망에 빠짐
- 정서·태도: 비탄, 절망

02 이 시에서 화자가 느끼는 조선의 절망적인 극한 상황을 표현한 시행을 2연에서 찾아 그대로 쓰시오.

03 이 시에서 암담한 조선 현실로 인해 비탄에 빠진 화자의 모습을 비유적으로 나타낸 표현 두 개를 찾아 각각 3어절로 쓰시오.

핵심 정리
- 갈래: 자유시, 서정시　　성격: 비유적
- 주제: 나라를 잃은 설움과 비애
- 해제: 이 시는 '밤'과 같은 조선의 암울한 현실 속에서 비탄과 절망에 잠겨 있는 화자의 모습을 통해 나라를 잃은 이의 설움을 표현하고 있다. 이 시에서 화자는 스스로를 '뒤직이 가튼 신령'과 '술 취한 장님'으로 비유하여 암담한 현실에 대한 절망감을 드러내고 있다.
- 시의 특징과 표현
  ① '밤'이라는 시어를 반복하여 암담한 현실을 강조함
  ② '~가튼', '~가듯' 등의 비유적 표현을 통해 화자의 심경을 드러냄

현대시의 모든 것

빼앗긴 들에도 봄은 오는가 | 이상화

『지금은 남의 땅 — 빼앗긴 들에도 봄은 오는가?』
　　　　　　빼앗긴 국토 – 일제 강점하의 조국　　　조국의 광복
「 」: 국권 회복에 대한 염원의 역설적 강조

▶ 1연: 빼앗긴 조국의 현실에 대한 인식

나는 온몸에 햇살을 받고,
　　　　　　강렬한 열망
푸른 하늘 푸른 들이 맞붙은 곳으로,
희망의 세계 – 해방된 국토
가르마 같은 논길을 따라 꿈속을 가듯 걸어만 간다.
여성적 이미지 → 정서적 친밀감　　　몽환적 세계 – 감각의 표현

▶ 2연: 봄을 맞는 감격

입술을 다문 하늘아, 들아,
표현의 자유를 박탈당한 답답한 현실
내 맘에는 나 혼자 온 것 같지를 않구나!

네가 끌었느냐, 누가 부르더냐, 답답워라. 말을 해 다오.
'하늘', '들'　　　　　　　　국권 상실의 비애

▶ 3연: 침묵하는 조국에 대한 답답함

바람은 내 귀에 속삭이며, 　□ : 자연과의 일체감 회복

한 자욱도 섰지 마라, 옷자락을 흔들고,
잠시라도 서 있지 말아라
종다리는 울타리 너머 아씨같이 구름 뒤에서 반갑다 웃네.
　　　　　　　한국적 정취

고맙게 잘 자란 보리밭아,
대지의 생명력
간밤 자정이 넘어 내리던 고운 비로

너는 삼단 같은 머리를 감았구나. 내 머리조차 가뿐하다.
'보리밭' 비에 씻기어 아름답게 출렁이는 보리　　자연에의 동화
　　　　　– 여성적 이미지

혼자라도 가쁘게나 가자.
상실한 국토에 봄이 왔다는 기쁨의 표출
마른 논을 안고 도는 착한 도랑이

젖먹이 달래는 노래를 하고, 제 혼자 어깨춤만 추고 가네.
도랑물 흐르는 소리　　　　　　　흥겨움

▶ 4~6연: 봄을 맞은 국토의 활기찬 모습

나비, 제비야, 깝치지 마라.
　　　　　재촉하지, 서두르지(경상남도 방언)
맨드라미, 들마꽃에도 인사를 해야지.
국토의 모든 자연
아주까리기름"을 바른 이가 지심매던" 그 들이라 다 보고 싶다.
농민들, 민족 또는 동포들
– 전통적 한국 여인의 이미지

내 손에 호미를 쥐어 다오.
국권 회복을 위한 적극성 – 국토에 대한 애정
살진 젖가슴과 같은 부드러운 이 흙을
국토에 대한 애정 표현 – 모성적 이미지
발목이 시도록 밟아도 보고, 좋은 땀조차 흘리고 싶다.
국토에 대한 애정의 구체적 표현

▶ 7, 8연: 국토에 대한 애정

출제 포인트

- '빼앗긴 들에도 봄은 오는가'의 제목의 의미
- 시의 구조적 특징
- '푸른 웃음, 푸른 설움'의 의미

필수 문제

01 화자 파악하기
- 화자: '나'('들'을 빼앗긴 이)
- 상황: '들'을 빼앗긴 현실에 (　　　)을 느끼고 '들'을 되찾고자 함
- 정서·태도: 비애, 울분, 의지

02 이 시가 쓰인 시대적 상황을 고려할 때, '빼앗긴 들'과 '봄'이 의미하는 바를 각각 쓰시오.
㉠ 빼앗긴 들:
㉡ 봄:

03 이 시에서 화자가 현실을 깨달으면서 자연 속의 흥취에서 갑자기 깨어나는 연을 쓰시오.

04 이 시에서 화자의 불안정한 심리 상태를 동작으로 형상화한 시구를 찾아 쓰시오.

강가에 나온 아이와 같이,
호기심 가득한 천진난만한 아이
짭도 모르고 끝도 없이 닫는 내 혼아,
세상 물정도 모르고 날뛰는 자신에 대한 반성
무엇을 찾느냐, 어디로 가느냐, 웃어웁다, 답을 하려무나.
식민지 현실에 대한 허탈감 – 자조적 태도

나는 온몸에 풋내를 띠고,
조국의 봄과 일체감이 이루어진 체취
푸른 웃음, 푸른 설움이 어우러진 사이로,
봄에서 느낀 기쁨과 국권 상실의 현실이 주는 슬픔의 시각화
다리를 절며 하루를 걷는다. 아마도 봄 신령이 지폈나 보다.
기쁨과 슬픔이 교차하는 심리 상태 – 정서적 불균형
　　　　　　　　　　　　　　　▶ 9, 10연: 암담한 현실에
　　　　　　　　　　　　　　　　대한 깨달음

그러나 지금은 — 들을 빼앗겨 봄조차 빼앗기겠네.
　　비관적 현실　　빼앗긴 조국에 대한 재인식 → 조국을 빼앗길 수 없다는 의지의 역설적 표현
　　　　　　　　　　　　　　　▶ 11연: 빼앗긴 조국의 현실
　　　　　　　　　　　　　　　　에 대한 재인식

▪ 아주까리기름: 피마자유. 피마자 열매의 씨로 짠 기름. 완화제나 관장제로 쓰이며 얼굴이
　나 머리에 바르기도 함
▪ 지심매던: '김매던'의 방언. 논밭의 잡풀을 뽑아내던

알맹이 포착

제목의 의미
'빼앗긴 들'은 국권이 상실된 현재의 상황을 의미하고, '봄'은 자연의
봄과 조국 광복의 중의적인 의미를 담고 있다. 이 시의 화자는 겨울이
지나 봄이 오듯이 빼앗긴 국권을 회복할 수 있는지 질문을 던지면서
조국의 현실을 인식하고 국권 회복에 대한 염원을 강조하고 있다.

'푸른 웃음, 푸른 설움'의 의미
'푸른 웃음'은 봄이 찾아온 자연의 들판에서 느낀 기쁨을 형상화한 것
이고, '푸른 설움'은 봄은 찾아왔으나 국권을 상실한 현실 상황으로
인한 슬픔을 형상화한 것이다. 자연의 봄과 현실 상황 사이에서 '웃
음'과 '설움'을 동시에 느낀 화자의 모순된 감정을 시각화하여 표현하
고 있다.

핵심 정리

▽ 갈래: 자유시, 서정시　　　▽ 성격: 낭만적, 저항적
▽ 주제: 국권 상실의 울분과 국권 회복에 대한 염원
▽ 해제: 이 시는 '들'과 '봄'이라는 소재를 상징적으로 표현하며 민족 현실에 대한 자각과 국권 회복에 대한 염원을 간
　절하게 표출하고 있다.
▽ 시의 특징과 표현
　① 상징적 표현과 다양한 비유를 통해 주제를 부각함
　② 향토적 소재의 사용으로 국토에 대한 애정을 표현함
　③ 각 연마다 행의 길이가 점층적으로 길어지면서 내용이 심화됨
　④ 6연을 중심으로 '1연 – 11연 / 2연 – 10연 / 3연 – 9연 / 4, 5연 – 7, 8연'의 대칭 구조로 시상이 전개됨
　⑤ '의욕적 어조(시상의 상승) → 자조적 어조(시상의 하강)'로 이어지는 어조의 변화를 통해 화자의 내면을 표출함

94 그리움 | 이용악

수능 기출 EBS

□: 의문형 종결 어미의 반복으로 그리움의 정서 강조

눈이 오는가 북쪽엔
그리움의 매개체   가족이 있는 고향
함박눈 쏟아져 내리는가

▶ 1연: 고향에 대한 그리움

험한 벼랑을 굽이굽이 돌아간
지형이 험한 곳
백무선(白茂線) 철길 위에
함경북도 백암에서 무산에 이르는 협궤 철도
느릿느릿 밤새워 달리는

화물차의 검은 지붕에

잇닿아 있는
연달린 산과 산 사이
두메산골
너를 남기고 온
가족   함박눈 – 축복의 이미지
작은 마을에도 복된 눈 내리는가
가족이 있는 곳 – 북쪽(실제 시인의 처가인 무산)

▶ 2, 3연: 눈이 오는 고향의
모습 회상

잉크병 얼어드는 이러한 밤에
혹독한 추위
어쩌자고 잠을 깨어
그리운 곳 차마 그리운 곳
그리움의 응축 – 차마 말로 표현할 수 없을 정도로

▶ 4연: 한밤중에 느끼는 그
리움

눈이 오는가 북쪽엔
함박눈 쏟아져 내리는가
수미 상관의 구성 → 형태적 안정감, 그리움 강조

▶ 5연: 고향에 대한 그리움

출제 포인트

- '눈'의 의미와 기능
- 시에 나타난 화자의 정서

필수 문제

01 화자 파악하기
- 화자: 가족을 북쪽에 두고 온 이
- 상황: 작은 마을(북쪽)과 그곳
  에 두고 온 (   )을 그리워
  함
- 정서·태도: 그리움

02 [기출] 이 시를 감상한 내용
으로 적절하지 않은 것은?
① 1연에서 고향을 나타내는 '북
쪽'을 '함박눈'의 이미지와
연결하여 그리움의 정서를 환
기하고 있군.
② 2, 3연에서 '화물차의 검은
지붕'과 '눈'의 이미지 대비
를 통해 문명에 대한 화자의
비판적 인식을 부각하였군.
③ 3연에서 '너'가 있는 '작은
마을'의 '복된 눈'에는 사랑
하는 사람이 축복 받기를 바
라는 마음이 함축되어 있군.
④ 4연에서 '잉크병 얼어드는'
곳에서 '잠'을 깬 화자는 고
향에 대한 그리움이 더 간절
하겠군.
⑤ 5연에서 '함박눈'이 '내리는
가'를 다시 반복하여 고향과
그리운 이에 대한 화자의 정
서를 심화하고 있군.

알맹이 포착

'눈'의 의미와 기능
북쪽에 있는 고향과 그곳에 있는 가족을 떠오르게 하는 그리움의 매
개체이다. 화자는 내리는 눈을 보며 북쪽의 작은 마을에 있는 가족들
을 생각하고 있는데, 쏟아져 내리는 함박눈을 '복된 눈'이라 말하며
눈을 차갑고 냉혹한 이미지가 아닌, 축복의 이미지로 나타내고 있다.

핵심 정리

▼ 갈래: 자유시, 서정시   ▼ 성격: 서정적, 회상적
▼ 주제: 떠나온 고향과 가족에 대한 그리움
▼ 해제: 이 시는 내리는 '눈'을 보며 떠나온 고향과 그곳에 있는 가족을 그리워하는 화자의 애틋한 마음을 노래하고 있다.
▼ 시의 특징과 표현
　① 의문형 종결 어미를 통해 그리움의 정서를 고조함
　② 수미 상관의 구성을 통해 안정감을 얻고 주제를 강조함

낡은 집 | 이용악

날로 밤으로 / 왕거미 줄치기에 분주한 집
낮으로   사람이 살지 않는 흉가
마을서 흉집이라고 꺼리는 낡은 집
   불길한 집   일제 강점하의 생활고를 견디지 못하고 유랑해야
이 집에 살았다는 백성들은 하는 민족의 현실을 드러내는 소재

대대손손에 물려줄 / 은동곳 도 산호 관자 도 갖지 못했니라.
                  부와 권력을 누리지 못함 – 궁핍한 현실

재를 넘어 무곡 을 다니던 당나귀
고개   곡식을 실어 나르던
항구로 가는 콩실이 에 늙은 둥글소
              일제의 수탈에 등이 휜 농민
모두 없어진 지 오랜 / 외양간엔 아직 초라한 내음새 그윽하다만
                              가난의 심화
털보네 간 곳은 아무도 모른다.   ▶ 1, 2연: 폐허가 된 낡은
일제의 수탈로 신음하는 우리 민족(대유법)   집의 모습(현재)

찻길이 놓이기 전 / ⌜노루 멧돼지 쪽제비 이런 것들이
                  ⌜ ⌟: 일제 강점 이전의 평화롭던 시절
앞뒤 산을 마음 놓고 뛰어다니던 시절⌟

털보의 셋째 아들은 / 나의 싸리말 동무 는
이 집 안방 짓두광주리 옆에서 / 첫울음을 울었다고 한다.

⌜"털보네는 또 아들을 봤다우.
   ⌜ ⌟: 극심한 가난으로 자신의 출생을 기뻐할 수만은 없는 현실
송아지라두 붙었으면 팔아나 먹지."⌟
              낳았으면
마을 아낙네들은 무심코

차가운 이야기를 가을 냇물에 실어 보냈다는
자식의 출생보다 생계를 더 중요하게 생각하는 비극적인 삶
그날 밤 / 저륙등 이 시름시름 타들어 가고
              속 타는 농민들의 심정
소주에 취한 털보의 눈도 일층 붉더란다.
자식이 태어나도 기뻐할 수 없는 자신의 처지를 슬퍼함

갓주지 이야기와 / 무서운 전설 가운데서 가난 속에서
부모들이 바라지 않은 자식을 갓주지가 잡아간다는 전설
나의 동무는 늘 마음 졸이며 자랐다.
가난 때문에 언제 버림받을지 몰라 불안해함
당나귀 몰고 간 애비 돌아오지 않는 밤

노랑 고양이 울어 울어 / 종시 잠 이루지 못하는 밤이면

어미 분주히 일하는 방앗간 한구석에서

나의 동무는 도토리의 꿈을 키웠다.
                작고 소박한 꿈

그가 아홉 살 되던 해 / 사냥개 꿩을 쫓아다니던 겨울
                  일제   우리 민족   혹독한 현실
이 집에 살던 일곱 식솔이 / 어디론지 사라지고 이튿날 아침
          털보네 가족   털보네의 야반도주
북쪽을 향한 발자욱만 눈 위에 떨고 있었다.
가난 때문에 삶의 터전을 떠나야 하는 냉혹한 현실을 드러냄

일제의
수탈 ─
상징

더러는 오랑캐령 쪽으로 갔으리라고 / 더러는 아라사로 갔으리라고
만주   러시아 – 시베리아
이웃 늙은이들은 / 모두 무서운 곳을 짚었다. ▶ 3~7연: 고향을 떠날 수밖에 없었
             만주나 러시아 모두 낯설고 불안한 곳임   던 털보네 가족의 이야기(과거)

『지금은 아무도 살지 않는 집
「 」: 우리 민족의 비참한 현실을 드러냄
마을서 흉집이라고 꺼리는 낡은 집』

제철마다 먹음 직한 열매 / 탐스럽게 열던 살구
평화와 풍요가 넘치던 과거
살구나무도 글거리*만 남았길래
         피폐한 민족 현실
『꽃 피는 철이 와도 가도 뒤 울안에

꿀벌 하나 날아들지 않는다.』   ▶ 8연: 황폐해진 낡은 집의
「 」: 일제 강점하의 암울한 현실 – 계절이 바뀌어도   모습(현재)
  황폐한 낡은 집의 상황은 나아지지 않음

- 은동곳: 은으로 만든 동곳. '동곳'은 상투를 튼 뒤에 풀어지지 않도록 꽂는 남자의 장신구
  로, 관자와 함께 재료에 따라 부귀의 정도를 드러냄
- 산호 관자(珊瑚貫子): 산호로 만든 관자. '관자'는 망건에 달아 망건 줄을 꿰는 작은 고리
- 무곡(貿穀): 이익을 보려고 곡식을 몰아서 사들임. 또는 그 곡식
- 콩실이: 콩을 싣고 다님
- 둥글소: '황소'의 방언으로, 큰 수소를 말함
- 싸리말 동무: 죽마고우(竹馬故友). '싸리말'은 싸리로 조그맣게 엮어 짜서 말처럼 만든 것
  으로, 함경도에서는 아이들이 이것을 말 삼아 타고 놀기도 함
- 짓두광주리: 바늘, 실, 골무 등 바느질 도구를 담는 반짇고리를 일컫는 함경도 방언
- 저룹등: '겨릅등'의 함경도 방언. 뜨물에 버무린 좁쌀 겨를 겨릅대에 입혀서 만들었던 등
- 갓주지: 갓을 쓴 주지승(住持僧). 옛날에는 아이들을 달래거나 울음을 그치게 할 때 이 갓
  주지 이야기를 했다고 함
- 글거리: '그루터기'의 함경남도 방언. 풀이나 나무들을 베고 남은 아랫동아리

일맹이 포착

'낡은 집'과 우리 민족의 삶의 모습
일제의 가혹한 수탈과 그로 인한 궁핍한 현실을 견디지 못하고 조국
을 떠나 유랑민이 된 우리 민족('털보네 가족')의 낡아 버린 집을 통
해, 일제 강점기 우리 민족이 겪어야 했던 피폐하고 곤궁한 삶의 모
습을 간접적으로 드러내고 있다.

한눈에 보기

외부 이야기(현재)	
폐허가 된 낡은 집의 모습 (1, 2, 8연)	내부 이야기(과거) 털보네 가족의 이야기 (3~7연)

핵심 정리

- 갈래: 자유시, 서정시   - 성격: 서사적, 향토적
- 주제: 일제 강점기 유랑민의 비극적인 삶
- 해제: 이 시는 일제의 수탈을 피해 고향을 떠날 수밖에 없었던 '털보네' 가족의 이야기를 통해 우리 민족의 비극적
  삶과 한을 형상화하고 있다.
- 시의 특징과 표현
  ① 액자식 구성과 과거 회상 형식을 통해 시상을 전개함
  ② 가족사적 일대기 형식을 통해 일제 강점기 농촌의 전형적인 삶을 표현함

현대시의 모든 것

96 너는 피를 토하는 슬픈 동무였다 | 이용악

△: 고통스런 삶의 시간

『겨울이 다 갔다고 생각자』
「 」: 미래에 대한 소망과 의지
조 들창에 / 봄빛 다사로이 헤여들게』 　　　▶ 1연: 봄이 오기를 바람
저, 저기　　　소생의 빛, 밝은 미래　　　스며들게

너는 불 꺼진 토기 화로를 끼고 앉어
난방도 하지 못하는 친구의 비참한 모습
나는 네 잔등에 이마를 대고 앉어 / 우리는 봄이 올 것을 믿었지
　　　　　친구와의 남다른 정서적 유대감
식아 / 너는 때로 피를 토하는 슬픈 동무였다　　▶ 2연: 따사로운 미래에 대
친구를 부름　① 폐결핵 환자 ② 식민지 현실에 대한 분노 표출　　한 기대감과 친구와의 유대감

봄이 오기 전 할미집으로 돌아가던
　　　　치유를 위한 귀향
너는 병든 얼골에 힘써 웃음을 새겼으나
　　　　　애써 웃음 지었으나
『고동이 울고 바퀴 돌고 쥐였던 손을 놓고
뱃고동　　　「 」: 친구와 이별하는 상황
서로 머리 숙인 채 / 눈과 눈이 마조칠 복된 틈은 다시 없었다
　　　이별의 아쉬움, 안타까움　친구의 죽음　▶ 3연: 할미집으로 간 친구

일년이 지나 또 겨울이 왔다
　　　시간이 흘러도 달라지지 않는 고통의 시간
너는 내 곁에 있지 않다 / 너는 세상 누구의 곁에도 있지 않다
　　　　　　　친구가 세상을 떠남(죽음)　▶ 4연: 친구의 죽음

너의 눈도 귀도 밤나무 그늘에 길이 잠들고
애꿎은 기억의 실마리가 풀리기에
　　　　죽은 친구에 대한 회상, 추억
『오늘도 등신처럼 턱을 받들고 앉어 / 나는 저 들창만 바라본다』
「 」: 친구의 죽음으로 인한 상실감, 허탈감　　　▶ 5연: 죽은 친구에 대한 회상

「 」: 죽은 친구에게 건네는 말
『봄이 아조 왔다고 생각자 / 너도 나도
조국 광복에 대한 의지와 소망
푸른 하늘 알로 뛰어나가게』　　　▶ 6연: 봄이 오기를 소망함
　　　　아래로

『너는 어미 없이 자란 청년 / 나는 애비 없이 자란 가난한 사내』
「 」: 국권을 상실한 우리 민족의 비참한 모습(대구법)
『우리는 봄이 올 것을 믿었지
친구와 내가 바랐던 조국 광복에 대한 소망
식아 / 너는 때로 피를 토하는 슬픈 동무였다
「 」: 2연 3~5행의 반복, 봄의 도래에 대한 믿음과 죽은 친구에 대한 연민　▶ 7연: 봄의 도래에 대한 믿음과 죽은 친구에 대한 연민

필수 문제

01 화자 파악하기
· 화자: '나' (조국의 광복을 소망하고 친구의 죽음을 슬퍼하는 이)
· 상황: 불우한 삶을 살다 죽은 친구를 회상하며 조국이 (　　　)되기를 소망함
· 정서 · 태도: 슬픔, 상실감, 소망, 의지

02 이 시에서 '고통의 시간'을 상징하는 계절과 '밝은 미래'를 상징하는 계절을 각각 쓰시오.

03 이 시에서 조국의 광복(봄의 도래)에 대한 화자와 친구의 확신이 드러난 시행을 찾아 쓰시오.

핵심 정리

⌄ 갈래: 자유시, 서정시　　⌄ 성격: 독백적, 의지적
⌄ 주제: 조국 광복의 도래에 대한 소망과 죽은 친구에 대한 연민
⌄ 해제: 이 시에서 작가는 불우한 삶을 살다 죽은 친구를 회상하며 암울한 현실을 극복하고 싶은 소망을 드러내고 있다.
⌄ 시의 특징과 표현: 유사한 통사 구조의 반복, 시간의 흐름에 따른 시상 전개, 화자의 독백으로 주제 의식을 강조함

다리 위에서 | 이용악

EBS

바람이 거센 밤이면
화자의 가족에게 몰아닥친 힘겨운 현실을 의미
몇 번이고 꺼지는 네모난 장명등"을

궤짝 밟고 서서 몇 번이고 새로 밝힐 때
키가 작은 어린아이이기 때문에 – 아버지가 돌아가셨음을 알 수 있음
누나는
추억과 그리움의 대상
별 많은 밤이 되어 무섭다고 했다
가족이 느꼈던 두려움과 공포를 함축

▶ 1연: 힘겨웠던 시절 누나가 했던 말을 떠올림

국숫집 찾아가는 다리 위에서
화자의 과거와 현재를 이어 주는 공간
문득 그리워지는
화자의 정서를 직접 제시
누나도 나도 어려선 국숫집 아이
가족이 생계를 위해 고단한 생활을 해야 했던 공간

▶ 2연: 국숫집 가는 다리 위에서 유년 시절을 추억함

단오도 설도 아닌 풀벌레 우는 가을철
화자의 쓸쓸한 정서 환기
단 하루
『아버지의 제삿날만 일을 쉬고
「」: 아버지의 죽음으로 인해 화자와 가족이 감당해야 했던 삶의 고달픔
어른처럼 곡을 했다』

▶ 3연: 아버지의 기일만 쉴 수 있었던 과거를 돌아봄

▪ 장명등: 대문 밖이나 처마 끝에 달아 두고 밤에 불을 켜는 등

출제 포인트

• '다리'라는 공간의 기능
• 시에 나타난 화자의 정서와 태도

필수 문제

01 화자 파악하기
• 화자: '나' (유년 시절을 회상하는 이)
• 상황: (   )으로 가는 다리 위에서 힘들게 살았던 유년 시절을 회상함
• 정서 · 태도: 그리움

02 [서술형] 이 시에서 '다리'의 기능을 25자 내외로 서술하시오.

03 [기출] 이 시를 감상한 내용으로 적절하지 <u>않은</u> 것은?
① '다리'는 과거와 현재를 매개하는 공간으로 생각할 수 있어.
② '풀벌레 우는 가을철'은 화자의 쓸쓸한 정서를 드러내 주는 것 같아.
③ '바람이 거센 밤이면'에서 화자의 가족이 처한 어려운 현실을 짐작할 수 있어.
④ 화자의 집은 아버지가 없는 상황에서 국숫집을 해서 생계를 유지했던 것 같아.
⑤ '어른처럼 곡을 했다'에서 인생의 참된 가치를 깨달은 화자의 모습을 알 수 있어.

한눈에 보기

현재		과거
다리 위	회상 ⟶	아버지가 일찍 돌아가시고 힘겨운 유년 시절을 보냄

핵심 정리

▾ 갈래: 자유시, 서정시   ▾ 성격: 회상적, 고백적, 애상적
▾ 주제: 유년 시절에 대한 회상과 그리움
▾ 해제: 이 시는 아버지가 일찍 돌아가시고 가난과 두려움 속에서 힘겹게 살았던 화자가, 어른이 되어 국숫집으로 향하는 다리 위에서 자신의 유년 시절을 돌아보고 있는 작품이다.
▾ 시의 특징과 표현
① 특정 공간에서 과거를 회상하는 방식으로 시상이 전개됨
② 독백적 어조로 그리움의 정서를 드러냄

현대시의 모든 것

두만강 너 우리의 강아 | 이용악

「나는 죄인처럼 수그리고
「 」: 부끄러움, 죄의식
나는 코끼리처럼 말이 없다」

두만강 너 우리의 강아
우리 민족의 역사(고통스러운 민족의 역사를 지켜보는 증인)
너의 언덕을 달리는 찻간에

조그마한 자랑도 자유도 없이 앉았다

▶ 1연: 민족의 욕된 운명에 대한
부끄러움

아무것도 바라볼 수 없다만

너의 가슴은 얼었으리라

그러나 / 나는 안다

다른 한 줄 너의 흐름이 쉬지 않고
얼음 밑으로 흐르는 강물(시련에 굴하지 않고 끊임없이 전개되는 민족의 역사)
바다로 가야 할 곳으로 흘러내리고 있음을
역사의 궁극적 지향점

▶ 2연: 끊임없는 역사의 전개에
대한 믿음

지금 / 차는 차대로 달리고

바람이 이리처럼 날뛰는 강 건너 벌판엔
외적인 시련
나의 젊은 넋이 / 무엇인가 기다리는 듯 얼어붙은 듯 섰으니

욕된 운명은 밤 위에 밤을 마련할 뿐
암울한 현실이 가속되는 절망적 역사 현실

▶ 3연: 현재의 절망적인 역사 현실

잠들지 마라 우리의 강아 / 오늘 밤도
암담한 현실
너의 가슴을 밟는 뭇 슬픔이 목마르고
두만강 건너가는 유이민의 슬픔
얼음길은 거칠다 길은 멀다
유이민이 걸어야 하는 고난의 길

▶ 4연: 암담한 현실에 대한 인식

길이 마음의 눈을 덮어 줄 / 검은 날개는 없느냐
절망적 상황을 인식하는 눈   절망적 심정을 위안해 줄 존재
두만강 너 우리의 강아

북간도로 간다는 강원도치와 마주 앉은
고향인 강원도를 잃고 이국땅으로 이주하는 유이민
나는 울 줄을 몰라 외롭다.

▶ 5연: 유이민의 슬픔과 외로움

• 소재의 상징적 의미
• 시어의 상징적 의미

필수 문제

01 화자 파악하기
• 화자: '나' (조국을 떠날 수밖
에 없는 이)
• 상황: (   )을 건너 조국을
떠나며 슬픔과 외로움을 느낌
• 정서 · 태도: 부끄러움, 슬픔

02 이 시에서 끊임없이 지속되
는 고통스러운 우리 민족의 역사
를 상징하는 소재를 한 단어로 쓰
시오.

03 이 시의 4연에서 우리 민족
의 현실을 상징하는 단어와 유이
민의 고난의 길을 상징하는 시어
를 각각 한 단어로 쓰시오.

핵심 정리

⌄ 갈래: 자유시, 서정시   ⌄ 성격: 고백적, 상징적
⌄ 주제: 유이민의 욕된 운명에 대한 부끄러움과 슬픔
⌄ 해제: 이 시는 민족의 역사를 증명하는 '두만강'을 건너 조국을 떠날 수밖에 없는 유이민의 욕된 모습에 대한 부끄러
움과 슬픔을 노래하고 있다.
⌄ 시의 특징과 표현: 상징과 대상의 의인화를 통해 주제를 전달함

등을 둥그리고 | 이용악

한 방 건너 관 덮는 모다귀소리 바삐 그친다
　　　　　　　못 박는 소리(함경도 방언)　서둘러 관을 만드는 모습
목메인 울음 땅에 땅에 슬피 내린다
사별의 슬픔　　　많은 사람이 죽어나감
▶ 1연: 사람이 죽어나간 병실

흰 그림자 바람벽을 거닐어

이어 이어 사라지는 흰 그림자 등을 묻어 무거운데
계속해서 죽어 나가는　　　　　남겨진 자가 느끼는 부담감
아무 은혜도 받들지 못한 여러 밤이 오늘 밤도
미래의 전망을 찾지 못한
유리창은 어두워
밝지 않은 외부 상황
▶ 2연: 남겨진 자의 책무와 열악한 상황

무너진 하늘을 헤치며 별빛 흘러가고
좌절한 꿈　　　　　　　시간의 흐름
『마음의 도랑을
「 」: 희망을 다시 찾으려는 노력(관념의 시각화)
시들은 풀잎이 저어가고』
좌절한 화자 모습
나의 병실엔 초라한 돌문이 높게 솟으라선다
화자가 있는 곳　　상황에 꺾이지 않으려는 화자의 의지와 굳센 다짐
▶ 3연: 상황을 이겨 내려는 의지의 재확인

어느 나라이고 새야

외로운 새야 벙어리야 나를 기대려 길이 울라
홀로 남아 비상을 꿈꾸는 화자　　　　　울어라(명령)
　　　　　　　　　　　오랜 세월이 지나도록 내내
너의 사람은 눈을 가리고 미웁다
현실의 고통에 응답하지 않는 사람　'너의 사람'에 대한 원망
▶ 4연: 현실을 외면하는 자에 대한 원망

출제 포인트

• 시구의 상징적 의미
• 공간적 배경과 화자의 상황

필수 문제

01 화자 파악하기
• 화자: '나' (병실에서 죽어나가는 동료들을 보며 좌절하고 분노하는 이)
• 상황: 자신이 처한 좌절과 분노의 상황에서 (　　　) 의지를 다짐
• 정서 · 태도: 좌절감, 분노, 극복 의지

02 이 시의 3연에서 현실의 상황에 좌절한 화자의 모습을 상징하는 시구를 찾아 2어절로 쓰시오.

03 이 시에서 화자가 현재 위치하고 있는 장소를 찾아 쓰시오.

핵심 정리

ᴗ 갈래: 자유시, 서정시　　　ᴗ 성격: 의지적, 상징적
ᴗ 주제: 현실의 상황에 대한 좌절, 분노와 극복의 의지
ᴗ 해제: 이 시에서 화자는 죽어 나가는 동료들을 보며 좌절하고 분노하는 모습과 상황을 이겨 내려는 의지를 북돋는 모습을 보여 주고 있다.
ᴗ 시의 특징과 표현
　① 화자의 외로운 처지와 상태를 상징하는 소재를 제시함
　② 하강적('내린다')에서 상승적('솟으라선다') 이미지로의 변화로 미래를 위한 노력의 다짐을 표출함

오랑캐꽃 | 이용악

― 긴 세월을 오랑캐와의 싸움에 살았다는 우리의 머언 조상들이 너를 불러 '오랑
캐꽃'이라 했으니 어찌 보면 너의 뒷모양이 머리채를 드리운 오랑캐의 뒷머리와도
같은 까닭이라 전한다. ―
'오랑캐꽃'의 명명(命名) 유래

▶ 서사: 오랑캐꽃의 어원

아낙도 우두머리도 돌볼 새 없이 갔단다.
여진족이 쫓겨 가던 상황
도래샘도 띳집도 버리고 강 건너로 쫓겨 갔단다.
└ 삶의 터전 ┘
고려 장군님 무지무지 쳐들어와
고려 시대의 장군인 윤관이 오랑캐를 정벌한 상황
오랑캐는 가랑잎처럼 굴러갔단다.
힘이 없어 쫓겨날 수밖에 없었던 여진족의 비참한 운명

▶ 1연: 고려 군사에 의해 쫓
겨 간 오랑캐

『구름이 모여 골짝 골짝을 구름이 흘러
└ 덧없이 흘러간 세월(역사) ┘
백 년이 몇백 년이 뒤를 이어 흘러갔나.』

▶ 2연: 세월의 흐름

『너는 오랑캐의 피 한 방울 받지 않았건만
└→ 일제 강점하에서 억울하고 비통한 삶을 살아갈 수밖에 없는 연약하고
순수한 우리 민족의 모습(우리 민족의 객관적 상관물)
오랑캐꽃,
너는 돌가마도 털메투리도 모르는 오랑캐꽃』 ┌『 』: 오랑캐와 '오랑캐꽃'이
돌로 만든 가마와 털로 삼은 신 – 오랑캐들이 사용했다고 하는 물건 └관련이 없음을 인식
『두 팔로 햇빛을 막아 줄게
└『 』: 일제에 의해 설움을 겪는 현실 → 우리 민족의 비극적 삶 암시
울어 보렴 목놓아 울어나 보렴 오랑캐꽃.』
'오랑캐꽃'에 대한 연민과 슬픔 – 동병상련(同病相憐)

▶ 3연: 오랑캐꽃에 대한 연
민과 슬픔

출제 포인트

• '오랑캐꽃'의 상징적 의미
• 이 시의 시상 전개 방식

필수 문제

01 화자 파악하기
• 화자: '오랑캐꽃'을 보는 이
• 상황: 두 팔로 (   )의
햇빛을 막아 주고자 함
• 정서·태도: 연민, 동병상련

02 이 시의 시상 전개를 다음과
같이 도식화할 때, ㉠과 ㉡에 알맞
은 시어를 각각 찾아 쓰시오.

1연
여진족 – (㉠   )

↓

2연
세월의 흐름

↓

3연
우리 민족 – (㉡   )

알맹이 포착

'오랑캐꽃'의 의미
제비꽃을 일상적으로 부르는 이름으로, 뒷모양이 머리채를 내린 오랑
캐와 같다고 하여 붙여졌다. 화자는 억울하게 삶의 터전을 잃어야 했
던 오랑캐의 이름을 갖고 있으며, 오랑캐의 피가 한 방울도 섞이지 않

았음에도 오랑캐라 불리고 죄인 취급을 당하며 설움을 겪는 '오랑캐
꽃'과, 아무런 잘못 없이 일제에 의해 쫓겨나 설움을 겪는 우리 민족
을 동일시하며 그에 대한 연민과 슬픔을 드러내고 있다.

핵심 정리

▿ 갈래: 자유시, 서정시   ▿ 성격: 서정적, 독백적
▿ 주제: 일제 강점기 유랑민들의 비극적인 삶과 비애
▿ 해제: 이 시는 고려 때 우리 민족에게 쫓겨 간 오랑캐의 모습과 현재 일제에 의해 설움을 겪는 우리 민족의 모습을 동
일시함으로써, '오랑캐꽃'으로 형상화된 우리 민족에 대한 연민과 비애를 노래하고 있다.
▿ 시의 특징과 표현
① '오랑캐꽃'과 '오랑캐', 우리 민족의 삶을 동일시함으로써 역사적 비극을 형상화함
② 서정성과 서사성을 동시에 포용함으로써 민족의 비애를 나타냄

우라지오 가까운 항구에서 | 이용악

삽살개 짖는 소리

『눈보라에 얼어붙은 섣달그믐
「 」: 시간적 배경 – 냉혹한 현실

밤이

얄궂은 손을 하도 곱게 흔들길래
짓궂은   '밤'의 의인화

술을 마시어 불타는 소월이 이 부두로 왔다.
              고향으로 돌아가고 싶은 간절한 마음

▶ 1연: 고향에 대한 불타는 향수(현재)

걸어온 길가에 찔레 한 송이 없었대도
과거의 인생길   위안이 될 만한 일 – 작은 행복

나의 아롱범은
    표범 – 현실에 맞서는 화자의 치열한 삶의 표상

자옥 자옥을 뉘우칠 줄 모른다.
걸어온(발자국)을 회후하지 않는 당당한 태도

어깨에 쌓여도 하얀 눈이 무겁지 않고나.

▶ 2연: 지나온 삶에 대한 회고와 당당한 삶의 자세

철없는 누이 고수머릴랑 어루만지며
              곱슬머리를

우라지오"의 이야길 캐고 싶던 밤이면
유년 시절 – 우라지오가 동경의 대상이었음

울 어머닌

서투른 마우재 말"도 들려주셨지.

졸음졸음 귀 밝히는 누이 잠들 때꺼정

등불이 깜빡 저절로 눈 감을 때꺼정
등불이 꺼질 때까지 – 밤이 깊어 감

다시 내게로 헤여드는
          헤치고 들어오는

어머니의 입김이 무지개처럼 어질다.
어머니의 따스한 사랑 회상

▶ 3~5연: 어린 시절에 대한 회상(과거)

나는 그 모두를 살뜰히 담았으니
        어머니의 이야기

어린 기억의 새야 귀성스럽다".
어린 시절을 회상하는 화자의 마음

기다리지 말고 마음의 은줄에 작은 날개를 털라.
        어린 시절에 대한 회상을 새가 날개를 털고 일어나는
        것에 비유 – 적극적으로 과거를 회상하려는 마음

▶ 6연: 어린 시절로 돌아가고 싶은 마음

드나드는 배 하나 없는 지금
절망적 현실 – 회상에서 현실로 돌아옴

부두에 호젓 선 나는 멧비둘기 아니건만
                    고향으로 돌아가고 싶은 마음을 나타내는 매개물

날고 싶어 날고 싶어.
그리움의 심화

출제 포인트

- 시에 나타난 화자의 상황과 처지
- '멧비둘기'의 의미와 기능

필수 문제

01 화자 파악하기
- 화자: '나' (이국땅에서 외롭게 사는 이)
- 상황: 고향이 그리워서 찾은 (   ) 근처 항구에서 오도 가도 못함
- 정서·태도: 절망, 간절함

02 이 시에서 고향에 가고 싶은 화자의 마음을 담고 있는 소재를 찾아 쓰시오.

03 [기출] 이 시의 시어와 시구에 대한 이해로 적절하지 않은 것은?
① 화자는 자신을 '아롱범'으로 표현하여 자신의 삶에 대한 당당함을 드러내고 있다.
② '어머니의 입김'은 화자의 추억과 연결되어 포근한 느낌을 자아내고 있다.
③ 화자의 처지를 '등대'와 연결하여 '가도 오도' 못하는 상황을 드러내고 있다.
④ '어슴푸레 그리어진'은 화자의 추억이 희미한 것임을 나타내고 있다.
⑤ '얼음이 두껍다'는 화자가 지닌 신념의 강도를 상징적으로 드러내고 있다.

머리에 어슴푸레 그리어진 그곳
_{고향}
우라지오의 바다는 얼음이 두껍다.
_{고향에 돌아갈 수 없는 절망감}

등대와 나와
_{배가 항해할 수 없어 의미가 없는 '등대'와 고향에 갈 수 없는 화자를 동일시함}
서로 속삭일 수 없는 생각에 잠기고

밤은 얄팍한 꿈을 끝없이 꾀인다.
_{가고 싶으나 갈 수 없는 고향에 대한 꿈}
가도 오도 못할 우라지오.
_{방황하는 이국땅 – 절망적인 상황}

▶ 7, 8연: 고향으로 갈 수
없는 절망적 현실(현재)

- 우라지오: 러시아의 블라디보스토크
- 마우재 말: 러시아 말
- 귀성스럽다: 수수하면서도 마음을 끄는 맛이 있다

알맹이 포착

'멧비둘기'의 기능

드나드는 배 하나 없는 부두에 선 화자는 고향에 가고 싶어도 갈 수 없는 상황이다. 따라서 하늘을 자유롭게 나는 '멧비둘기'는 화자에게 있어 부러움의 대상이다. 화자는 하늘을 나는 '멧비둘기'를 보고 날고 싶다고 반복해서 말하며 고향으로 가고 싶은 간절함을 심화시키고 있다.

화자의 상황과 처지

현재 화자는 고향의 가족들과 헤어져 우라지오 항구 어딘가에 서 있다. 화자는 간절히 고향으로 가기를 바라지만 그럴 수도 없는 처지이다. '우라지오의 바다는 얼음이 두껍다.'라는 시구는 화자가 외부와 단절된 채 고독한 상황에 처해 있음을 말해 준다.

한눈에 보기

핵심 정리

- 갈래: 자유시, 서정시   성격: 애상적, 회상적
- 주제: 우라지오에서의 고향에 대한 간절한 그리움과 절망감
- 해제: 이 시는 고향을 떠나 이국땅에서 외롭게 살아가는 화자의 슬픔을 형상화한 작품으로, 어린 시절을 회상하며 고향에 돌아가고 싶은 화자의 간절한 마음을 노래하고 있다.
- 시의 특징과 표현
  ① '현재 → 과거(회상) → 현재'의 시간적 흐름에 따라 시상을 전개함
  ② 향토색이 짙은 토속어를 사용하여 고향의 이미지를 형성함

전라도 가시내 | 이용악

필수

『알룩조개에 입 맞추며 자랐나
└─ '전라도 가시내'의 고향 바닷가와 관련된 소재
눈이 바다처럼 푸를 뿐더러 까무스레한 네 얼굴』
「 」: '전라도 가시내'의 외모 – 감각적 묘사

가시내야

나는 『발을 얼구며
고향을 잃고 유랑하는 민족의
얼리며
모습을 대변함
무쇠 다리를 건너온』 함경도 사내
「 」: 온갖 고난을 겪음

▶ 1연: 전라도 가시내와 함
경도 사내의 만남

바람 소리도 호개°도 인전 무섭지 않다만
이제는
어두운 등불 밑 안개처럼 자욱한 시름을 달게 마시련다만
고달픈 삶의 시름을 인내하고 받아들이는 자세
어디서 흉참한° 기별이 뛰어들 것만 같애

두터운 벽도 이웃도 못 미더운 북간도 술막
공간적 배경 – 불안하고 흉흉한 분위기와 삭막한 인심

▶ 2연: 불안하고 삭막한 북
간도의 상황

온갖 방자의 말을 품고 왔다
방자한(제멋대로, 거리낌 없는)
눈포래°를 뚫고 왔다
시련, 고난
가시내야
'전라도 가시내'의 어두운 삶, 슬픈 과거
『너의 가슴 그늘진 숲 속을 기어간 오솔길을 나는 헤매이자
'전라도 가시내'의 이야기를 들음
술을 부어 남실남실 술을 따라

가난한 이야기에 고이 잠겨 다오』
「 」: '전라도 가시내'의 이야기에 동화되어 가는 화자 – 동류의식(유대감)

▶ 3연: 전라도 가시내의 이야기
에 동화되어 가는 함경도 사내

『네 두만강을 건너왔다는 석 달 전이면
「 」: '전라도 가시내'가 북간도로 팔려 올 때의 심정
단풍이 물들어 천 리 천 리 또 천 리 산마다 불탔을 겐데
삼천 리 강산(조국) – 반복에 의한 강조
그래도 외로워서 슬퍼서 치마폭으로 얼굴을 가렸더냐

두 낮 두 밤을 두루미처럼 울어 울어
고향을 떠나는 '전라도 가시내'의 슬픔 – 유랑하게 된 민족의 한
불술기° 구름 속을 달리는 양 유리창이 흐리더냐』
▶ 4연: 전라도 가시내의 비
극적 삶

차알삭 부서지는 파도 소리에 취한 듯
'전라도 가시내'의 고향(전라도 바닷가) 이미지
때로 싸늘한 웃음이 소리 없이 새기는 보조개

가시내야

울 듯 울 듯 울지 않는 전라도 가시내야
'전라도 가시내'의 강인한 성격
두어 마디 너의 사투리로 때 아닌 봄을 불러 줄게
'전라도 가시내'에 대한 연민의 표현
손때 수줍은 분홍 댕기 휘휘 날리며

잠깐 너의 나라로 돌아가거라
여인의 고향 – 조선

▶ 5연: 전라도 가시내에 대한
함경도 사내의 연민의 정

출제 포인트

- '전라도 가시내'와 '함경도 사내'의 처지 및 정서
- 시의 서사 구조

필수 문제

01 화자 파악하기
- 화자: '나'(함경도 사내)
- 상황: 함경도 사내가 술상을 놓고 (   )의 사연을 들음
- 정서·태도: 위로, 연민, 비장함

02 이 시에서 '전라도 가시내'와 '함경도 사내'는 어떤 존재를 상징하는지 10자 이내로 쓰시오.

03 이 시에서 '전라도 가시내'가 살아온 슬픈 과거를 형상화하고 있는 시구를 찾아 3어절로 쓰시오.

04 [기출] 1연의 '함경도'(㉠), 2연의 '북간도 술막'(㉡), 5연의 '너의 나라'(㉢)에 대한 설명으로 적절하지 <u>않은</u> 것은?
① '나'는 마음을 굳게 다잡고 ㉠에서 ㉡으로 왔다.
② ㉢에서 살았던 '가시내'는 두만강을 건너 ㉡으로 왔다.
③ ㉡에서 '가시내'를 만난 '나'는 '가시내'에게 연민을 느낀다.
④ '나'는 '가시내'가 ㉢을 떠올릴 수 있도록 도와준다.
⑤ '나'는 '가시내'와 함께 ㉢으로 돌아가려고 한다.

이윽고 얼음길이 밝으면
_{현실의 고난}
나는 눈포래 <u>휘감아치는</u> 벌판에 우줄우줄 나설 게다
_{암담한 역사의 현실} _{비장하고 결연한 모습}
『노래도 없이 사라질 게다
『 』: 암담한 역사와 맞서는 '함경도 사내'의 비장한 의지
자욱도 없이 사라질 게다』

▶ 6연: 암담한 현실에 맞서는
   함경도 사내의 비장한 모습

- 호개: 호가(胡歌). 오랑캐의 노래
- 흉참한: 흉악하고 참혹한
- 눈포래: '눈보라'의 방언(평안, 함경)
- 불술기: '기차'의 방언(함북)

알맹이 포착

이 시의 서사성
이 시는 가난과 핍박에 억눌린 전라도 가시내와 함경도 사내인 '나'가
고통과 한(恨)의 땅인 북간도 어느 허름한 술집에서 우연히 만난 이야
기로 이루어져 있다. 이 시는 일제 강점기에 피폐해지고 혹독한 탄압
에 시달리고 있던 우리 민족 구성원의 현실적인 정서를 서사적인 구
조로 보여 주고 있다.

전라도 가시내와 함경도 사내의 만남의 의미
전라도는 한반도 제일 남쪽에 위치해 있고, 함경도는 제일 북쪽에 위
치해 있다. 이 두 곳에서 온 남녀가 북간도에서 만났다는 것은 당시
우리 민족 전체가 고향을 잃어버려야 했던 비참한 현실을 나타낸다.
그렇기에 화자인 함경도 사내는 전라도 가시내에게 동질감과 연민을
느끼는 것이다.

한눈에 보기

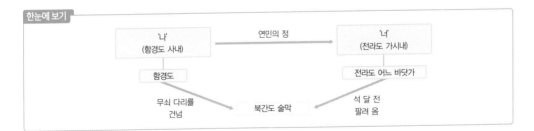

핵심 정리

ᵛ 갈래: 자유시, 서정시, 이야기시   ᵛ 성격: 서사적, 애상적
ᵛ 주제: 북간도로 떠밀려 간 우리 민족의 비극적 삶
ᵛ 해제: 이 시는 북간도 술막에서 이루어진 '전라도 가시내'와 '함경도 사내'의 만남을 통해 일제 강점하에 추운 북간
    도까지 떠밀려 간 유이민의 비참하고 비극적인 삶을 형상화하고 있다.
ᵛ 시의 특징과 표현
    ① 서사적 요소를 통해 민족의 삶을 구체적으로 형상화함
    ② 토속적인 시어와 방언의 사용으로 향토적 정서를 조성함

103 **풀벌레 소리 가득 차 있었다** | 이용악

모의 기출 EBS

우리 집도 아니고 / 일갓집도 아닌 집
친척집
고향은 더욱 아닌 곳에서
점층적 고조
– 이국의 쓸쓸함 강조

아버지의 침상(寢床) 없는 최후 최후의 밤은
최소한의 안식도 없는 비참한 죽음 – 궁핍한 현실
풀벌레 소리 가득 차 있었다.
슬픈 분위기 조성 – 아버지의 죽음으로
슬픔에 잠긴 화자의 심정 투영

▶ 1연: 타향에서의 아버지의
죽음과 풀벌레 소리

노령(露領)을 다니면서까지 / 애써 자래운 아들과 딸에게
러시아 영토 – 유이민의 삶을 드러냄   자라게 한
한마디 남겨 두는 말도 없었고,
유언도 남기지 못한 갑작스러운 죽음
아무을만(灣)의 파선도
아무르 지역 – 러시아 지명
설룽한 니코리스크의 밤도 완전히 잊으셨다.
춥고 차가운 니콜라예프스크 – 시베리아의 항구 도시
목침을 반듯이 벤 채.
아버지의 죽음

▶ 2연: 아버지의 갑작스러
운 죽음

『다시 뜨시잖는 두 눈에
사라지고
피지 못한 꿈의 꽃봉오리가 갈앉고,
아버지가 지니시던 꿈을 펼쳐 보지 못함
얼음장에 누우신 듯 손발은 식어 갈 뿐

입술은 심장의 영원한 정지(停止)를 가리켰다.』
「 」: 아버지의 죽음 묘사 – 감정의 객관(절제)화
때늦은 의원이 아모 말 없이 돌아간 뒤

이웃 늙은이 손으로

눈빛 미명은 고요히 / 낯을 덮었다.
희미하게 밝음

▶ 3연: 죽은 아버지의 모습

『우리는 머리맡에 엎디어
「 」: 가족들의 비통함 표출
있는 대로의 울음을 다아 울었고』

아버지의 침상 없는 최후 최후의 밤은
수미 상관식 구성 – 아버지의
죽음에 대한 참담한 심정 강조
풀벌레 소리 가득 차 있었다.

▶ 4연: 아버지의 죽음에 대
한 슬픔

출제 **포인트**

• 시에 나타난 당대의 사회상
• '풀벌레 소리'의 의미와 기능

필수 문제

01 화자 파악하기
• 화자: 자식(아버지의 임종을
지키는 이)
• 상황: 아버지가 낯선 이국땅에
서 침상도 없이 (   )을 맞
음
• 정서 · 태도: 슬픔, 참담함

02 이 시에서 화자의 내면을 투
영하며, 아버지의 죽음을 더 비극
적으로 부각시키는 소재를 찾아
쓰시오.

03 이 시에서 공간적 배경에 해
당하며, 유이민의 삶을 보여 주는
시어 3가지를 찾아 쓰시오.

핵심 정리

▾ **갈래**: 자유시, 서정시   ▾ **성격**: 비극적, 사실적, 회고적
▾ **주제**: 아버지의 비참한 죽음과 유이민의 비애
▾ **해제**: 이 시는 이국땅에서 비참한 임종을 맞은 아버지의 모습을 통해, 일제의 수탈을 피해 유랑해야 했던 우리 민족
의 비극적인 삶의 비애를 형상화하고 있다.
▾ **시의 특징과 표현**
① 자연물을 통해 화자의 감정을 우회적으로 표현함
② 객관적인 상황 묘사를 통해 감정을 절제하며 비극적인 상황을 서술함
③ 수미 상관식 구성으로 여운을 남김

현대시의 모든 것

128

104 고양이의 꿈 | 이장희

『시내 위에 돌다리
「 」: 고양이가 노래 부르는 시간적, 공간적 배경

달 아래 버드나무

봄안개 어리인 시냇가에, 푸른 고양이
봄과 고양이의 동일시(우울한 화자 상징)

곱다랗게 단장하고 빗겨 있소, 울고 있소,
아름다운 고양이의 모습   따로 떨어져 있는 모습(화자의 외로움 투영)

기름진 꼬리를 쳐들고
건강한 고양이(봄의 풍요)

밝은 애달픈 노래를 부르지요.
봄을 충분히 즐기지 못하는 슬픔(봄의 생기와 화자의 외로움, 역설법)

푸른 고양이는 물오른 버드나무에 스르르 올라가   「 」: 봄의 충만한 생명력을
         봄의 생명력   즐기는 고양이의 모습

버들가지를 안고 버들가지를 흔들며』

또 목놓아 웁니다, 노래를 부릅니다.
풍요로운 봄을 즐기지 못하는 우울한 모습(화자의 모습)

▶ 1연: 풍요로운 봄밤에 애달프게 우는 고양이

멀리서 검은 그림자가 움직이고,
         고양이의 노래를 참지 못하는 재불길함)

칼날이 은같이 번쩍이더니,
고양이의 죽음. 봄의 생명력과 대조되는 차가운 죽음의 이미지

푸른 고양이도 볼 수 없고,

꽃다운 소리도 들을 수 없고,

그저 쓸쓸한 모래 위에 선혈이 흘러 있소.
봄의 찬란함이 사라진 곳   고양이의 죽음(꿈이 꺾인 화자의 참담한 심정)

▶ 2연: 고양이의 죽음

알맹이 포착

'고양이'의 관능적 모습과 처참한 모습의 대비

이 시에서 화자는 어느 봄날 벌어진 고양이의 살해 상황을 제시하여 화자 자신의 꿈의 상실과 애달픈 마음을 드러내고 있다. 봄밤 고양이의 관능적 모습과 고양이가 살해당한 후의 처참한 장면이 시간의 흐름에 따라 제시되는데, 대조되는 두 모습을 통해서 화자의 외롭고 슬픈 심정이 효과적으로 드러나고 있다.

한눈에 보기

[관능적 모습]

푸른
고양이
↓   [동일시, 투영] ←   애달픈
                                          화자
살해된
고양이

[처참한 모습]

핵심 정리

ˇ 갈래: 자유시, 서정시   ˇ 성격: 시각적, 묘사적, 대조적
ˇ 주제: 꿈의 좌절에서 오는 아픔
ˇ 해제: 이 시에서 작가는 감각적 이미지와 대조적 상황을 통해 '고양이'로 형상화된 자신의 꿈이 꺾여 버린 화자의 참담한 심정을 짧고 명징한 언어로 나타내고 있다.
ˇ 시의 특징과 표현
  ① '푸른 고양이'가 우는 생기 있는 봄밤의 모습과 분위기를 정물화처럼 묘사함
  ② 어휘의 반복으로 의미를 강화하고 운율감을 살림

105 봄은 고양이로다 | 이장희

교과서

꽃가루와 같이 부드러운 고양이의 털에
촉각적 이미지
고운 봄의 향기(香氣)가 어리우도다.
후각적 이미지 - 봄의 포근함
□ : 각운적 요소

▶ 1연: 봄의 향기 - 고양이의 털

금방울과 같이 호동그란 고양이의 눈에
시각적 이미지
미친 봄의 불길이 흐르도다.
시각적·역동적 이미지 - 봄의 생명력

▶ 2연: 봄의 불길 - 고양이의 눈

고요히 다물은 고양이의 입술에
청각적, 시각적 이미지
포근한 봄의 졸음이 떠돌아라.
촉각적 이미지 - 봄날의 나른함

▶ 3연: 봄의 졸음 - 고양이의 입술

날카롭게 쭉 뻗은 고양이의 수염에
시각적 이미지
푸른 봄의 생기(生氣)가 뛰놀아라.
시각적 이미지 - 봄의 생동감

▶ 4연: 봄의 생기 - 고양이의 수염

출제 포인트

- '봄'과 '고양이'의 이미지 결합
- 정적인 이미지와 동적인 이미지의 구별

필수 문제

01 화자 파악하기
- 화자: 고양이를 관찰하는 이
- 상황: 고양이의 여러 모습에서 (　　　)을 느낌
- 정서·태도: 치밀한 관찰

02 이 시에서 정적 이미지가 표현된 연과 동적 이미지가 표현된 연을 구별하여 쓰시오.
㉠ 정적 이미지가 표현된 연:
(　　　　)
㉡ 동적 이미지가 표현된 연:
(　　　　)

03 이 시에서 화자는 '고양이'의 어떤 부위에서 봄의 나른함을 느끼고 있는지 찾아 쓰시오.

한눈에 보기

1연 ……	꽃가루같이 부드러운 고양이의 털	=	고운 봄의 향기
2연 ……	금방울같이 호동그란 고양이의 눈	=	미친 봄의 불길
3연 ……	고요히 다문 고양이의 입술	=	포근한 봄의 졸음
4연 ……	날카롭게 쭉 뻗은 고양이의 수염	=	푸른 봄의 생기

1연·2연: 정적 분위기
3연·4연: 동적 분위기

핵심 정리

- ▾ 갈래: 자유시, 서정시　　▾ 성격: 감각적, 즉물적▪
- ▾ 주제: 고양이의 모습을 통해 드러나는 봄의 분위기
- ▾ 해제: 이 시는 고양이에 대한 섬세하고 치밀한 관찰을 바탕으로, 봄의 분위기를 감각적으로 표현하고 있다.
- ▾ 시의 특징과 표현
  - ① 의미 전달보다는 대상의 이미지 전달을 중심으로 함
  - ② 각 연이 유사한 통사 구조로 이루어져 운율을 형성함
  - ③ 정적인 분위기와 동적인 분위기를 대칭시킴
  - ▪ 즉물적(卽物的): 대상에 관념이나 추상적 의미를 부여하지 않고 감각적으로 묘사하려는 경향

현대시의 모든 것

우리 오빠와 화로 | 임화

사랑하는 <u>우리 오빠</u> 어저께 그만 그렇게 위하시던 오빠의 <u>거북무늬</u>
시적 대상 – 편지의 수신자　① 단란한 가정 ② 계급 투쟁 조직
질화로가 깨어졌어요.

언제나 오빠가 우리들의 '피오닐' 조그만 기수라 부르던 영남(永男)
계급 혁명을 이끌어 갈 어린 세대
이가

『지구에 해가 비친 하루의 모—든 시간을 담배의 독기 속에다
「 」: 열악한 현실에서 노동하는 영남이　　　영남의 직업 – 담배 공장 노동자
어린 몸을 잠그고』사 온 그 거북무늬 화로가 깨어졌어요.
오빠의 투옥 – 투쟁 조직과　　▶ 1연: 오빠가 아끼던 거북
단란한 가정 파괴　　무늬 질화로가 깨어짐

그리하여 지금은 <u>화젓가락</u>만이 불쌍한 영남이하구 저하고처럼
외롭고 쓸모없게 된 존재 – 남겨진 남매 비유
똑 우리 사랑하는 오빠를 잃은 남매와 같이 외롭게 벽에 가 나란히
걸렸어요.　　▶ 2연: 오빠를 잃고 남매만
　　남겨짐

오빠……

저는요 저는요 잘 알았어요.
시적 화자 – 누이동생
왜 — 그날 오빠가 우리 두 동생을 떠나 <u>그리로</u> 들어가신 그날 밤에
감옥 – 계급 투쟁(노동 운동)을 하다 투옥됨
연거푸 말은 궐련[卷煙]을 세 개씩이나 피우시고 계셨는지
투옥을 예상한 오빠의 고뇌와 갈등, 남겨질 가족에 대한 걱정
저는요 잘 알았어요 오빠.　　▶ 3연: 오빠의 고뇌와 갈등
　　을 이해함

언제나 철없는 제가 오빠가 공장에서 돌아와서 고단한 저녁을 잡수
실 때 오빠 몸에서 신문지 냄새가 난다고 하면
오빠의 직업 – 인쇄 공장 노동자
　오빠는 파란 얼굴에 피곤한 웃음을 웃으시며
노동에 지친 모습
…… 네 몸에선 누에 똥내가 나지 않니 — 하시던 세상에 위대하고
화자의 직업 – 제사 공장(실 만드는 공장) 노동자
용감한 우리 오빠가 왜 그날만
　말 한마디 없이 담배 연기로 방 속을 메워 버리시는 우리 용감한 오
빠의 마음을 저는 잘 알았어요.

　천정을 향하여 기어 올라가던 외줄기 담배 연기 속에서 — 오빠의 <u>강철</u>
가슴 속에 박힌 위대한 결정과 성스러운 각오를 저는 분명히 보았어요.
오빠의 외로운 투쟁 의지 상징
투옥을 불사하는 투쟁의 각오
　그리하여 제가 영남이의 <u>버선</u> 하나도 채 못 기웠을 동안에
아주 짧은 순간에
　문지방을 때리는 쇳소리 마루를 밟는 거칠은 구두 소리와 함께 — 가
오빠가 잡혀갈 당시의 긴박한 상황과 두려움 – 청각적 이미지
버리지 않으셨어요.　　▶ 4연: 오빠의 성스러운 각
　　오를 이해함

출제 포인트

* 시의 구조와 형식적 특징
* 상징적 소재의 의미

필수 문제

01 화자 파악하기
* **화자**: '저'(감옥에 간 오빠를 그리워하는 이)
* **상황**: 계급 투쟁을 하다 감옥에 간 오빠에게 자신과 동생의 처지 및 심경을 (　　　) 형식의 글로 전달함
* **정서·태도**: 그리움, 극복 의지

02 이 시에서 '오빠'가 체포된 뒤에 남겨진 남매를 비유한 4음절의 시어를 찾아 쓰시오.

03 이 시의 시어 중, 인물들의 직업을 알 수 있게 하는 표현이 아닌 것은?
① 담배의 독기
② 말은 궐련
③ 신문지 냄새
④ 누에 똥내
⑤ 제사기

04 이 시에서 오빠가 끌려가던 상황을 형상화하기 위해 사용한 감각적 이미지는?
① 시각적 이미지
② 청각적 이미지
③ 후각적 이미지
④ 미각적 이미지
⑤ 촉각적 이미지

05 이 시에서 '오빠'에 대한 남매의 사랑을 의미하는 2음절의 시어를 찾아 쓰시오.

그러면서도 사랑하는 우리 위대한 오빠는 저희 남매의 근심을 담배 연기에 싸 두고 가지 않으셨어요.

오빠! 그래서 저도 영남이도

오빠와 또 가장 위대한 용감한 오빠 친구들의 이야기가 세상을 뒤집
<u>노동 운동에 헌신하는 사람들의 활약상이 세상에 알려질 때</u>
을 때

『저는 제사기(製絲機)˝를 떠나서 백 장의 일 전짜리 봉통(封筒)에 손톱
봉투
을 부러뜨리고

영남이도 담배 냄새 구렁을 내쫓겨 봉통 꽁무니를 뭅니다.』
「 』: 오빠의 구속과 관련되어 공장에서 쫓겨나고 봉투 붙이는 일을 하는 남매
지금 ― 만국 지도 같은 누더기 밑에서 코를 고을고 있습니다.
남겨진 남매의 궁핍하고 비참한 처지　　　　▶ 5연: 오빠를 잃고 힘겨운 상황에
　　　　　　　　　　　　　　　　　　　　　　처함

오빠 ― 그러나 염려는 마세요.

저는 용감한 이 나라 청년인 우리 오빠와 핏줄을 같이 한 계집애이고

영남이도 오빠도 늘 칭찬하던 쇠 같은 거북무늬 화로를 사 온 오빠의
동생이 아니에요?

그리고 참, 오빠, 아까 그 젊은 나머지 오빠의 친구들이 왔다 갔습니다.
오빠와 함께 노동 운동을 하던 동무들
눈물 나는 우리 오빠 동무의 소식을 전해 주고 갔어요.

사랑스런 용감한 청년들이었습니다.

세상에 가장 위대한 청년들이었습니다.
　　　　　　　　　　　　　　통사 구조의 반복
　　　　　　　　　　　　　　– 노동 운동에 대한 우호적 태도 강조
　　　　　　　　　　　　　　　▶ 6연: 오빠를 위로하고 자부심
　　　　　　　　　　　　　　　　을 드러냄

화로는 깨어져도 화젓갈은 깃대처럼 남지 않았어요.
남겨진 남매가 굳센 의지를 지니고 살아감
우리 오빠는 가셨어도 귀여운 '피오닐' 영남이가 있고

그리고 모든 어린 '피오닐'의 따뜻한 누이 품 제 가슴이 아직도 더웁
오빠의 뒤를 잇겠다는 다짐과 노동 운동의 연대 의식 강조
습니다.
　　　　　　　　　　　　　　　▶ 7연: 굳은 의지로 시련을 이겨
　　　　　　　　　　　　　　　　내려 함

그리고 오빠……

저뿐이 사랑하는 오빠를 잃고 영남이뿐이 굳세인 형님을 보낸 것이
자신들이 당한 일이 여러 사람에게 닥친 문제임을 인식함
겠습니까?

섧지도 않고 외롭지도 않습니다.

세상에 고마운 청년 오빠의 무수한 위대한 친구가 있고 오빠와 형님
을 잃을 수 없는 계집아이와 동생

저희들의 귀한 동무가 있습니다.
　　　　　　　　　　　　　　　▶ 8연: 고통받는 동무들에 대한
　　　　　　　　　　　　　　　　연대감을 드러냄

그리하여 이 다음 일은 지금 섭섭한 분한 사건을 안고 있는 우리 동무 손에서 싸워질 것입니다.
개인의 문제가 아니라 계급적 문제임을 인식함

▶ 9연: 자신의 상황이 공동체의 문제임을 인식함

오빠 오늘 밤을 새워 이만 장을 붙이면 사흘 뒤엔 새 솜옷이 오빠의
오빠에 대한 사랑
떨리는 몸에 입혀질 것입니다.

▶ 10연: 오빠에 대한 가족애를 드러냄

이렇게 세상의 누이동생과 아우는 건강히 오늘 날마다를 싸움에서
감옥 밖에 있는 화자와 영남   오빠를 안심시키기 위한 의지적 태도
보냅니다.

▶ 11연: 적극적인 투쟁 의지를 다짐함

영남이는 여태 잡니다. 밤이 늦었어요.

▶ 12연: 마무리 인사

— 누이동생
편지글의 형식

- 피오닐: 영어의 'pioneer'에 해당하는 러시아 말로, '개척자, 선구자'라는 뜻과 함께 '소년 공산 당원'을 일컫는 말이기도 함
- 화젓가락: 화로에 꽂아 두고 불덩이를 집거나 불을 헤치는 데 쓰는 쇠젓가락
- 궐련: 얇은 종이로 가늘고 길게 말아 놓은 담배
- 제사기: 고치나 솜 따위로 실을 만드는 기계

알맹이 포착

'거북무늬 질화로'의 의미

'거북무늬'는 육각형의 무늬가 연속적으로 이어진 것으로 '단결'과 '계급 투쟁 조직'을 상징한다. 또 뜨거운 불을 담고 있는 '화로'는 '따뜻한 가족애'나 '불타는 투쟁 의지'를 의미한다. 따라서 '거북무늬 질화로'는 '가족애로 뭉친 단란한 가정' 또는 '불타는 투쟁 의지'를 지닌 혁명 조직'을 의미한다고 볼 수 있다.

보충 학습

임화의 삶과 계급주의 문학

임화(1908~1953)는 시인이자 평론가로 카프(KAPF)의 핵심 멤버로 활동하였다. 1947년에 월북했다가 한국 전쟁 후 미제의 앞잡이로 몰려 사형당했다. 당시의 계급주의 문학은 문학을 계급 혁명의 수단으로 취급한다는 비판을 받기도 하지만, 〈우리 오빠와 화로〉는 정치성과 예술성을 동시에 갖추었다고 평가된다.

핵심 정리

▽ **갈래**: 자유시, 단편 서사시   ▽ **성격**: 서사적, 의지적, 목적 의식적
▽ **주제**: 오빠에 대한 그리움과 계급 투쟁의 의지
▽ **해제**: 이 시는 감옥에 있는 오빠에게 보내는 누이동생의 편지 형식을 통해, 노동 운동과 계급 투쟁이라는 무거운 주제를 정감 있게 그려 내고 있는 작품이다. 상징적 소재인 깨어진 화로를 매개로 하여, 오빠에 대한 그리움과 강한 삶의 의지를 잘 형상화하고 있다.
▽ **시의 특징과 표현**
① 편지 형식의 대화체를 통해 주제 의식을 전달함
② 계급 투쟁 의식을 고취하기 위한 목적성이 강하게 드러남
③ 다양한 감각적 이미지를 사용해 인물들이 처한 상황을 형상화함

107 차중 | 임화

낯선 작품

『돌아올 날을』
「 」: 내쫓기듯 어쩔 수 없이 타국으로 이주하는 사람들
기약코

길을 떠난 / 사람이

하나도 없는』

『찻간은 / 한숨도 곤하여』
「 」: 차 안에 탄 사람들의 생기 없고 고단한 모습

▶ 1연: 기약 없이 고향을 떠나는 사람들

누군가

싸우듯

『북방의 희망을 / 언쟁하던』
「 」: 미래의 불확실성에 대한 언쟁
시끄런 음성은 / 엊저녁 꿈이다.
희망을 잃은 유이민의 심정
(조그마한 희망도 가지지 못함)

▶ 2연: 희망에 대해 언쟁하던 엊저녁

『밤차가
「 」: 타국으로 떠나는 길, 시선의 이동: 내부(차 안) → 외부(먼 길)
달리는 / 먼 길』위에

발자국마다

『꿈은 조약돌처럼 / 부스러져』
「 」: 미래에 대한 기대가 점점 사라져 가는 모습의 구체화

▶ 3연: 꿈이 보이지 않는 먼 길

『고향의
「 」: 고향이 멀어져 보이지 않는 모습
제일 높다는 산도

인제 / 병풍 쪽처럼

뒤를 / 넘어가고』

▶ 4연: 점점 멀어져 가는 고향

밤은 타관에
자기가 나서 자란 지역이 아닌 다른 고장
한창 / 깊어갔다.
이미 낯선 땅에 들어온 지 오래되었음(시간의 경과, 밤이 된 지 오래되었다는 의미도 담김)

▶ 5연: 깊어 가는 타관의 밤

출제 포인트

- 공간적 배경의 이해
- 표현의 이중적 의미

필수 문제

01 화자 파악하기
- 화자: '드러나지 않음' (타국으로 이주하는 이)
- 상황: 타국으로 (　　　)하기 위해 기약 없는 먼 길을 떠남
- 정서·태도: 비애, 막막함

02 이 시에서 화자와 유이민들이 향하고 있는 곳을 찾아 쓰시오.(2개)

03 이 시에서 '밤이 된 지 오래되었다.'는 의미와 '낯선 땅에 들어선 지 오래되었다.'는 이중적 의미의 표현이 담긴 연을 쓰시오.

핵심 정리

▼ 갈래: 자유시, 서정시　　▼ 성격: 비극적, 현실 부정적
▼ 주제: 타국으로 떠나는 유이민의 비애
▼ 해제: 이 시의 작가는 일제 강점기하에서 희망도 없이 고국을 떠나는 유이민의 비애를 그리고 있다. 시상이 전개되며 타국(북방)에서의 삶의 기대는 사라져 가고 고향에 대한 그리움만이 짙어지는 유이민들의 심정을 형상화하고 있다.
▼ 시의 특징과 표현
① '차 안 → 차 밖'으로 시선이 이동하면서 유이민의 비극적 삶을 형상화함
② 주로 시각적 이미지를 사용하여 유이민의 비참한 심정을 묘사함

현대시의 모든 것

108 달·포도·잎사귀 | 장만영

복합 감각적 이미지(청각 + 시각)
(순이), 벌레 우는 고풍(古風)한 뜰에
청자, 순박하고 친근한 한국 여인의 표상   ┗► 생성과 성숙의 공간
달빛이 밀물처럼 밀려왔구나.
시각적 이미지

▶ 1연: 달빛이 넘치는 고풍
스러운 뜰

달은 나의 뜰에 고요히 앉아 있다.
              활유법 – '달'에 대한 친근감 유발
달은 과일보다 향그럽다.
공감각적 이미지(시각의 후각화)

▶ 2연: 고요하고 향기로운
달

동해 바다 물처럼

푸른   ┐
            │ 한 행씩 배열(입체적 구조)
가을   │ → 시각적 이미지 강조
원숙함, 성숙의 이미지 │ – 선명한 정경 제시
밤   ┘
아늑하고 고요한 성숙의 시간

▶ 3연: 가을밤의 정취

『포도는 달빛이 스며 고웁다.
「」: '포도'의 내적 성숙을 낭만적 분위기로 표현
포도는 달빛을 머금고 익는다.』

▶ 4연: 달빛 속에 익어 가는
포도

순이, 포도 넝쿨 아래 어린 잎새들이
달빛에 젖어 호젓하구나.
          고요하고 쓸쓸하구나

▶ 5연: 달빛에 젖은 호젓한
잎새들

출제 포인트

• 다양한 감각적 이미지의 활용
• 표현상의 특징과 그 효과

필수 문제

01 화자 파악하기
• 화자: '나'(가을밤의 정취를 느끼는 이)
• 상황: (   )에게 가을 달밤의 정취를 설명해 줌
• 정서·태도: 쓸쓸함, 관조적

02 [서술형] 3연에 나타난 표현상의 특징과 효과를 서술하시오.

03 [기출] 이 시를 쓰기 위해 구상하는 과정에서 떠올렸을 생각으로 적절하지 않은 것은?
① 달빛을 동적인 이미지로 표현하면 → 밀물처럼 밀려오다
② 달빛을 의인화하여 친근하게 표현하면 → 고요히 앉아 있다
③ 달빛을 신선하게 표현하면 → 과일보다 향그럽다
④ 달빛의 하강적 이미지를 강조하면 → 동해 바다 물처럼 푸르다
⑤ 달빛과 포도의 조화를 표현하면 → 스며 고웁다

한눈에 보기

화자 — [달 → 포도 → 잎새] → 순이
⋮
가을 달밤의 아름다운 정취

핵심 정리

▽ 갈래: 자유시, 서정시   ▽ 성격: 낭만적, 서정적, 회화적
▽ 주제: 가을 달밤의 아름다운 정취
▽ 해제: 이 시는 회화성을 강조하는 모더니즘 계열의 작품으로, 가을밤 달빛이 비치는 뜰의 정취를 감각적 이미지를 통해 낭만적이고 서정적인 분위기로 나타내고 있다.
▽ 시의 특징과 표현
  ① 감각적 이미지를 사용하여 정경을 묘사함
  ② 대화체의 어조를 통해 친근한 느낌을 형성함
  ③ 의도적인 시행 배치(3연)를 통해 시각적 이미지와 시적 의미를 강조함

나는 바다로 가는 길로 걸어간다. 『노오란 호박꽃이 많이 핀 돌담을
_{어린 시절의 고향}　　　　　　『 』: 추억 속의 아름다운 고향
끼고 황혼이 있다.』
　　　　　　　　　　　　　　　　　　▶ 1행: 향수에 젖는 나

돌담을 돌아가면 – 바다가 소리쳐 부른다. 바다 소리에 내가 젖는다.
　　　　　　　　추억에 잠기는 '나', 바다와의 공감(청각, 청각의 촉각화)
내가 젖는다.
　　　　　　　　　　　　　　　　　　▶ 2행: 추억에 잠긴 나

『물바람이 생활처럼 차다. 몸에 스며든다. 요새는 모든 것이 짙은 커
　　　현실의 쓸쓸함
피처럼 너무도 쓰다.』 『 』: 고통스러운 현실(촉각, 미각적 심상)
현실의 고단함　　　　　　　　　　　▶ 3행: 고통스러운 현실

『나는 고향에 가고 싶다. 고향의 숲이, 언덕이, 들이, 시내가 그립다.』
『 』: 귀향을 바라는 간절함(3행의 현실과 대비됨)
어릴 적 기억이 파도처럼 달려든다.
고향의 정경들이 떠오름　　　　　　　▶ 4행: 간절히 귀향을 바람

바다가 어머니라면 – 하고 나는 생각해 본다. 바다의 품에 안기고 싶
　　　　포근함을 주는 안기고 싶은 대상　　　　=고향, 어머니(보편적 모성)
다. 안기어 날개같이 보드러운 물결을 쓰고 맘 편히 쉬고 싶다.
　고향에서 마음 편하게 지내고 싶은 마음　　　　▶ 5행: 고향에서 쉬고 싶음
『수평선 아득히 아물거리는 은빛의 향수』 나는 찢어진 추억의 천막을
『 』: 갈 수 없는 고향에 대한 그리움　파도, 고향　'은빛의 향수'와 대비, 결핍의 현
집는다. 여기 모래벌에 주저앉아……　　실 상황, 고향을 잃은 화자의 삶
　　　　향수의 매개체　　　　　　　　▶ 6행: 바닷가에서 향수에
　　　　　　　　　　　　　　　　　　　젖는 '나'

필수 문제

01 화자 파악하기
• 화자: '나' (어릴 적 고향을 그
　리워하는 이)
• 상황: 힘겨운 현실에 지쳐 휴
　식할 수 있는 어릴 적 (　　)
　을 그리워함
• 정서·태도: 슬픔, 그리움, 힘
　겨움

02 이 시에서 보편적인 모성이
자 화자가 그리워하는 고향을 의
미하는 시어를 찾아 쓰시오.(2개)

03 이 시에서 포근함과 따뜻한
추억의 공간인 고향과, 이와 대립
되는 차갑고 쓸쓸한 결핍의 공간
인 현실이 제시된 문장을 찾아 그
대로 쓰시오.

알맹이 포착

이미지를 활용한 작가의 시 창작 경향 이해
이 시의 작가는 감각적 심상을 활용한 표현과 가쁜 호흡의 어조를
통해 포근한 고향에 대한 그리움과 고향에 돌아갈 수 없는 비애를
효과적으로 드러내고 있다. '노오란 호박꽃, 황혼, 소리쳐 부른다, 젖
는다, 차다, 커피처럼 너무도 쓰다, …… 은빛의 향수, 찢어진 추억의
천막' 등에는 시각, 촉각, 청각, 미각적 심상이 드러난다. 또한 촉각
(생활처럼 차다)과 미각(커피처럼 너무도 쓰다) 그리고 시각(찢어진
추억의 천막)적 심상의 표현에서는 감각을 통해 현실의 차갑고 쓸쓸
하고 결핍된 생활상을 효과적으로 드러낸다.

한눈에 보기

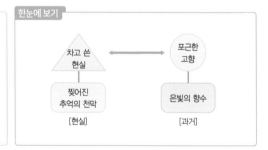

핵심 정리

▼ 갈래: 자유시, 서정시　　　▼ 성격: 감각적, 회고적, 현실 부정적
▼ 주제: 포근한 고향에 돌아가고 싶은 간절함과 돌아갈 수 없는 슬픔
▼ 해제: 이 시의 화자는 고통스러운 현실에 지쳐 어머니의 품 같은 고향을 간절한 마음으로 그리워하고 있다. 고향의
　포근함과 그리움, 그곳에 돌아갈 수 없는 슬픔이 감각적으로 형상화되고 있다.
▼ 시의 특징과 표현
　① 산문 형식과 간결한 문장, 급한 호흡으로 화자의 정서를 강조함
　② 과거와 현재의 교차를 통해 현실의 모습과 대비되는 고향의 포근한 모습을 강조함
　③ 다양한 이미지(시각, 촉각, 미각, 청각)를 사용하여 주제 의식을 강화함

110 고향 | 정지용

필수

고향에 고향에 돌아와도
_{반복을 통해 고향의 의미 강조}
그리던 고향은 아니러뇨.
_{마음속에 간직한 고향   아니로구나}

▶ 1연: 고향에 대한 상실감

산꿩이 알을 품고 ☐: 고향의 변함없는 자연

뻐꾸기 제철에 울건만,

▶ 2연: 변함없는 고향의 정경

『마음은 제 고향 지니지 않고
_{느끼지 못하고}
머언 항구로 떠도는 구름.』 『』: 고향이 낯설게 느껴짐
_{방황하고 있는 화자의 내면 의식}

▶ 3연: 낯설게 느껴지는 고향

오늘도 뫼 끝에 홀로 오르니
_{산 꼭대기}
흰 점 꽃이 인정스레 웃고,
_{변함없는 고향의 자연 – 의인법}

▶ 4연: 변함없이 반갑게 맞아 주는 고향의 자연

어린 시절에 불던 풀피리 소리 아니 나고
_{풀피리를 불던 여유와 낭만이 모두 사라짐}
메마른 입술에 쓰디쓰다.
<sub>정겨운 추억 대신 씁쓸한 기분만 더해 줌
– 고향 상실의 아픔(미각적 이미지)</sub>

▶ 5연: 어린 시절 정겨운 추억을 찾을 수 없는 고향

고향에 고향에 돌아와도

그리던 하늘만이 높푸르구나.
_{고향에 대한 상실감으로 거리가 멀게 느껴짐}

▶ 6연: 높푸른 하늘만이 변함없는 고향

출제 포인트

- 시에 나타난 화자의 정서
- 변함없는 자연과 달라진 고향의 대비

필수 문제

01 화자 파악하기
- 화자: 고향에 돌아온 이
- 상황: 고향에 돌아왔으나 고향이 (   ) 느껴짐
- 정서·태도: 상실감, 그리움

02 이 시에서 화자의 고향 상실의 아픔을 미각적 이미지로 형상화한 시행을 찾아 쓰시오.

03 [기출] 1연 1행의 '고향'(ⓐ) 및 2행의 '고향'(ⓑ)과 관련하여 3연의 '구름'을 설명할 때, 가장 적절한 것은?
① ⓐ와 ⓑ를 이어 주는 매개물이다.
② ⓐ에 대한 화자의 그리움을 환기한다.
③ ⓑ의 부재를 화자가 인식하는 계기가 된다.
④ ⓐ와 ⓑ의 부정적 현실을 수용하려는 화자의 태도이다.
⑤ ⓐ와 ⓑ의 괴리를 경험하게 된 화자의 내면세계를 나타낸다.

한눈에 보기

핵심 정리

- ▿ 갈래: 자유시, 서정시   ▿ 성격: 회상적, 애상적
- ▿ 주제: 마음속 고향을 잃어버린 자의 상실감과 비애
- ▿ 해제: 이 시는 변함없는 고향의 자연과 이제는 찾을 수 없는 어린 시절 추억의 대비를 통해 마음속의 고향을 잃어버린 비애와 상실감을 형상화하고 있다.
- ▿ 시의 특징과 표현
  ① 반복과 수미 상관의 기법을 통해 화자의 정서를 강조함
  ② 다양한 감각적 이미지(시각, 청각, 미각)를 통해 '고향'에 대한 그리움과 상실감을 표현함

그의 반 | 정지용

내 무엇이라 이름 하리 그를?
도치법을 통해 '그'에 대한 경외의 마음을 강조함

나의 영혼 안의 고운 불,

공손한 이마에 비추는 달,

나의 눈보다 값진 이,

바다에서 솟아올라 나래 떠는 금성(金星),
날갯짓하는

쪽빛 하늘에 흰 꽃을 달은 고산 식물(高山植物),
단

『나의 가지에 머물지 않고
「 」: '나'와 '그'와의 먼 거리감을 보여 줌

나의 나라에서도 멀다.』

홀로 어여삐 스스로 한가로워—항상 머언 이,
'그'(절대자)

나는 사랑을 모르노라 오로지 수그릴 뿐.
'그'에 대한 경배의 태도

『때 없이 가슴에 두 손이 여미어지며
바로 합쳐 단정하게 만들어지며

구비 구비 돌아 나간 시름의 황혼(黃昏) 길 위—』
「 」: '그'에 대한 존경의 마음으로 시름이 잦아든 상태

『나— 바다 이편에 남긴
「 」: '나'는 '그'의 반이기에 서로 떨어질 수 없는 관계임을 표명함

그의 반임을 고이 지니고 걷노라.』

▶ 1행: '그'에 대한 경외의 마음

□: 비유적 형상화를 통해 '그'가 고결하고 높은 존재임을 나타내며 '그'에 대한 경외감을 표현함

▶ 2~6행: 고결하고 높은 '그'의 존재

▶ 7~10행: '나'와 '그'와의 먼 거리

▶ 11~14행: '그'에 대한 존경과 '그'와의 관계

• 표현상의 특징 이해
• '그'에 대한 화자의 태도 이해

필수 문제

01 화자 파악하기
• 화자: '나'(절대자를 믿는 이)
• 상황: '나'와 '그'의 차이를 인식하고 '그'에 대한 존경과 (   )의 마음을 표현함
• 정서·태도: 경외감

02 이 시에서 고결한 존재인 '그'에 대한 경외감을 효과적으로 표현하기 위해 1행과 2~6행에 사용된 수사법을 각각 쓰시오.

03 이 시에서 절대적 존재인 '그'와 화자 자신이 서로 떨어질 수 없는 관계라는 것을 드러내고 있는 2개의 시행을 찾아 쓰시오.

핵심 정리

▼ 갈래: 자유시, 서정시   ▼ 성격: 독백적, 관념적
▼ 주제: 절대적 존재인 '그'에 대한 존경과 경배
▼ 해제: 이 시는 독실한 가톨릭 신자였던 시인의 구도적 태도가 잘 드러난 작품으로, 작가는 이 시를 통해 절대적 존재인 '그'(즉 신앙의 대상인 신)에 대한 경배와 묵도의 의지를 다지고 있다. '그의 반'이라는 표현은 '그' 없이는 '나'가 존재할 수 없다는 의미로, 불완전한 존재인 화자가 절대적 존재인 '그'를 통해 삶의 구원을 얻으려 함을 보여 주는 것이다.
▼ 시의 특징과 표현
  ① 도치법을 통해 화자 자신을 낮추고 '그'에 대한 경외감을 강조함
  ② 은유법을 통해 고결하고 높은 '그'의 존재감을 형상화함

달 | 정지용

선뜻! 뜨인 눈에 하나 차는 영창
　　　　　　　　방 안과 바깥을 잇는 매개체
달이 이제 밀물처럼 밀려오다.
화자가 마당으로 나가는 계기

▶ 1연: 유리창에 밀려오는 달빛

미욱한 잠과 베개를 벗어나
어리석고 미련한
부르는 이 없이 불려 나가다.
달빛에 이끌려

▶ 2연: 달빛에 이끌려 마당으로 나감

한밤에 홀로 보는 나의 마당은
　　　　　　달밤의 풍경을 바라보는 고즈넉한 분위기 형성
호수같이 둥긋이 차고 넘치노나.
　　　　　둥근 듯하게

▶ 3연: 달빛이 비치는 마당의 풍경

쪼그리고 앉은 한옆에 흰 돌도
화자의 모습　　　　　　　　　화자가 교감하는 대상
이마가 유달리 함초롬 고와라.
달빛에 비친 '흰 돌'을 의인화함

▶ 4연: 달빛에 더욱 곱게 느껴지는 흰 돌의 모습

연연틴 녹음, 수묵색으로 짙은데
완연한, 뚜렷한　　　엷은 먹물의 색
한창때 곤한 잠인 양 숨소리 설키도다.
숨소리가 들릴 정도로 고요함

▶ 5연: 녹음이 더욱 짙어 보이는 고요한 밤

『비둘기는 무엇이 궁거워" 구구 우느뇨,
「 」: 달밤의 고즈넉한 정취가 심화됨
오동나무 꽃이야 못 견디게 향그럽다.』
　　　　　　　매우

▶ 6연: 심화되는 달밤의 정취

■ 궁거워: 궁금하여

출제 포인트

- 시에 나타난 화자의 정서와 태도
- '마당'이라는 공간의 의미와 기능

필수 문제

01 화자 파악하기
- 화자: '나'(달밤의 풍경을 바라보는 이)
- 상황: 한밤중에 홀로 (　　　)에 나와 달밤의 정취를 즐김
- 정서·태도: 감흥

02 이 시에서 달빛이 밀려옴을 느끼게 하면서 방 안과 바깥을 잇는 매개체 역할을 하는 시어를 찾아 쓰시오.

03 [기출] 3연의 '홀로 보는'에 대한 이해로 가장 적절한 것은?
① 화자가 간직한 추억을 환기한다.
② 화자의 담담한 태도를 표현한다.
③ 화자의 반성적 자세를 보여 준다.
④ 앞날에 대한 화자의 기대감을 부각한다.
⑤ 화자를 둘러싼 고즈넉한 분위기를 드러낸다.

핵심 정리

▼ 갈래: 자유시, 서정시　　　▼ 성격: 회화적, 감각적, 낭만적
▼ 주제: 달빛에 비친 조화로운 풍경에 대한 감흥
▼ 해제: 이 시는 한밤중에 달빛에 이끌려 마당으로 나간 화자가 달빛에 비친 풍경을 보며 느낀 감흥을 노래하고 있는 작품이다. 섬세하고 감각적인 시어를 사용하여 한 편의 수묵화를 보는 듯이 달밤의 아름다운 풍경을 형상화하고 있다.
▼ 시의 특징과 표현
　① 섬세하고 감각적인 시어로 달밤의 풍경을 묘사함
　② 시각, 청각, 후각 등 다양한 감각적 이미지를 활용함

113 바다 1 | 정지용

필수

오·오·오·오·오· 소리치며 달려가니,
오·오·오·오·오· 연달아서 몰아온다.

▶ 1연: 파도가 밀려오는 바다

파도가 소리를 내며 밀려오는 모습을 형상화
함 – 시각적 효과도 염두에 둔 표현으로, 다
섯 음절의 '오'는 아래의 그림과 같이 넘실
거리는 물결의 모습을 연상하게 함

ⵔⵔⵔⵔ

간밤에 잠 살포시
뇌성의 이미지를 부드럽게 해 줌
머언 뇌성이 울더니,
'포돗빛' 바다를 탄생시키기 위해
바다가 겪어야 할 시련

오늘 아침 바다는

포돗빛으로 부풀어졌다.
건강하고 싱그러운 바다의 모습(시각적 이미지)

▶ 2, 3연: 뇌성이 지난 후
포돗빛으로 부푼 바다

철썩, 처얼썩, 철썩, 처얼썩, 철썩
역동적인 바다의 모습(청각적 이미지)
제비 날아들 듯 물결 사이사이로 춤을 추어.
생동감 넘치는 바다의 모습(시각적 이미지)

▶ 4연: 역동적이고 생동감
넘치는 바다

출제 포인트

- 다양한 감각적 이미지의 활용
- 표현상의 특징과 그 효과

필수 문제

01 화자 파악하기
- 화자: 아침 바다를 바라보는 이
- 상황: (   )의 아침 바다에
파도가 침
- 정서·태도: 관찰

02 이 시에서 바다를 청각적 이
미지와 시각적 이미지로 동시에
보여 주는 표현을 찾아 쓰시오.

03 이 시에서 바다가 건강한 생
명력을 얻기 위해 겪어야 할 시련
의 의미를 지닌 2음절의 시어를
찾아 쓰시오.

핵심 정리

∨ **갈래**: 자유시, 서정시   ∨ **성격**: 감각적, 역동적
∨ **주제**: 아침 바다의 역동적인 아름다움
∨ **해제**: 이 시는 의성어와 감각적 이미지를 사용하여 생명력 넘치는 아침 바다의 모습을 역동적으로 형상화하고 있다.
∨ **시의 특징과 표현**
 ① 의성어와 가운뎃점('오·오·오·오·오·')을 사용해 파도의 모습을 형상화함
 ② 감각적 이미지(청각·시각)를 통해 역동적인 바다의 모습을 나타냄

현대시의 모든 것

바다 9 | 정지용

『바다는 뿔뿔이 / 달어날랴고 했다.』
「 」: 바닷물이 빠르게 밀려나가는 모습(활유법)

◯◯ : 선명한 색채감을 형성하는 시어

푸른 도마뱀 떼같이
파도의 푸른 물결
재재발렀다.
재치 있고 빨렀다 – 해안가로 밀려온 파도가 순식간에 밀려나간 모습

『꼬리가 이루
여간하여서는 도저히
잡히지 않었다.』
「 」: 끊임없이 빠르게 움직이는 파도의 모습 – 생동감 강조

▶ 1~3연: 빠르게 밀려나가는 파도의 모습

『흰 발톱에 찢긴
파도의 흰 물거품
산호(珊瑚)보다 붉고 슬픈 생채기!』
거센 파도가 밀려간 뒤의 해안가 모습
「 」: 흰색과 붉은색의 조화로 선명한 시각적 심상을 보여 줌

가까스루 몰아다 부치고
파도가 해안으로 마구 밀려들어온 모습
『변죽을 둘러 손질하여 물기를 시쳤다.』
가장자리   씻었다
「 」: 파도가 밀려나가면서 해안의 곡선이 선명하게 드러난 모습

애를 쓴
이 앨쓴 해도(海圖)에
바다의 지도 – 파도가 해안에 남기고 간 흔적을 비유
손을 싯고 떼었다.
의인법

▶ 4~6연: 바닷물이 밀려나간 해안의 모습

찰찰 넘치도록
넘실거리는 바다의 모습
돌돌 굴르도록
음성 상징어 사용 – ① 경쾌하고 역동적인 느낌 극대화
② 리듬감 형성

회동그란히 바쳐 들었다!
둥근 지구가 바다를 받쳐 든 모습
지구(地球)는 연(蓮)닢인 양 옴으라들고…… 펴고……
지구 위의 모든 바닷물이 육지로 밀려오고 밀려가는 모습

▶ 7~8연: 바다의 역동적인 모습

출제 포인트

• 선명한 색채 이미지의 사용
• 비유적 표현의 의미와 효과

필수 문제

01 화자 파악하기

• 화자: 바다를 바라보는 이
• 상황: (   )인 바다의 움직임을 관찰함
• 정서·태도: 관찰

02 〈보기〉의 (   ) 안에 들어갈 시구를 찾아 각각 3어절로 쓰시오.

─〈보기〉─
이 시는 바다의 다양한 모습을 선명한 색채 이미지로 표현하고 있다. (   )와/과 '흰 발톱'은 파도의 물결과 물거품을, (   )은/는 파도에 의해 씻겨 나간 해안의 모습을 비유적으로 형상화한 것이다.

핵심 정리

▽ 갈래: 자유시, 서정시   ▽ 성격: 감각적, 역동적, 비유적
▽ 주제: 생동감 넘치는 바다의 모습
▽ 해제: 이 시는 시인의 재치 있는 상상력을 바탕으로 생동감 넘치는 바다의 모습을 다양한 비유와 선명한 색채 이미지를 통해 참신하게 형상화하였다.
▽ 시의 특징과 표현
  ① 참신하고 다양한 비유를 사용하여 바다의 모습을 나타냄
  ② 선명한 시각적 이미지로 바다의 생동감을 나타냄
  ③ 대상에 대한 상상력으로 바다의 모습을 새롭게 표현함

낯선 작품

처마 끝에 서린 연기 따러

포도순이 기어 나가는 밤, 소리 없이,
적막하고 습한 여름밤 정경 – 어순 도치를 통해 시적 긴장감 형성

「가믈음 땅에 스며든 더운 김이
「 」: 아이의 몸에 열이 오르고 있는 상황을 촉각적으로 표현

등에 서리나니, 훈훈히,」
어순 도치

아아, 이 애 몸이 또 달어 오르노나.
아이의 고통에 대한 안타까움(영탄법)

「가쁜 숨결을 드내 쉬노니, 박나비"처럼,
붉은색의 이미지로 열병 표현 ①

가녀린 머리, 주사" 찍은 자리에, 입술을 붙이고」「 」: 쉼표의 잦은 사용 –
붉은색의 이미지로 열병 표현 ②   아이의 고통 형상화

나는 중얼거리다, 나는 중얼거리다,
동일 시구의 반복 – 화자의 절박한 심정 강조

부끄러운 줄도 모르는 다신교도"와도 같이
아이를 위해 누구에게든 빌 수 있는 절박한 심정

아아, 이 애가 애자지게" 보채노나!
무력한 화자의 안타까움과 절망감(영탄법)

불도 약도 달도 없는 밤,
아이를 위해 아무것도 할 수 없는 암담한 상황

아득한 하늘에는
아픈 아이를 바라보는 화자의 아득한 심정

별들이 참벌 날으듯 하여라.
아이에 대한 걱정으로 어지러운 화자의 마음 표현

▶ 1~5행: 여름밤에 열이 오르는 아이에 대한 안타까움

▶ 6~10행: 아픈 아이를 지켜보는 애타는 마음

▶ 11~13행: 아이의 고통 앞에서 느끼는 무력감

■ 박나비: 박나방. 몸은 흰색이고 배에는 붉은 줄무늬가 있음
■ 주사: 짙은 붉은색의 광물질로, 한방에서 열을 내리는 데 사용하였음
■ 다신교도: 많은 신을 믿는 종교의 신도
■ 애자지게: '애처롭게' 의 방언

출제 포인트
• 시적 상황과 화자의 정서와 태도
• 표현상의 특징과 효과

필수 문제

01 화자 파악하기
• 화자: '나' (아픈 자식을 바라보는 이)
• 상황: (   )을 앓고 있는 어린 자식의 곁을 지키며 안타까워하고 있음
• 정서 · 태도: 안타까움, 괴로움, 무력감

02 이 시에서 아이를 위해 기도하는 절박한 심정을 드러내기 위해 화자를 비유적으로 표현한 4음절의 시어를 찾아 쓰시오.

03 이 시에서 아픈 아이의 숨가쁜 이미지와 그를 지켜보는 화자의 애타는 마음을 표현하기 위해 반복적으로 사용한 문장 부호가 무엇인지 쓰시오.

한눈에 보기

배경 묘사		상황과 정서 진술		배경 묘사
습한 열기로 가득한 여름밤의 정경	→	아이의 고통과 이를 지켜보는 화자의 안타까운 마음	→	아득하고 어지러운 밤하늘의 풍경

〈여름밤의 열기를 통해 아이의 고통을, 밤하늘 풍경을 통해 화자의 괴로운 마음을 형상화함〉

핵심 정리

∨ 갈래: 자유시, 서정시   ∨ 성격: 애상적, 감각적, 영탄적
∨ 주제: 어린 자식의 고통을 지켜보는 부모의 애타는 마음
∨ 해제: 이 시는 열병을 앓고 있는 자식의 모습을 바라보는 화자의 안타까운 심정을, 잦은 쉼표의 사용과 도치법을 통해 형상화하고 있는 작품이다. 화자의 정서가 '아아' 라는 감탄사의 반복을 통해 그대로 노출되고 있으며, 아득한 밤하늘을 바라보는 화자의 마지막 모습이 진한 여운을 남기고 있다.
∨ 시의 특징과 표현
① 촉각적 이미지와 시각적 이미지를 활용하여 시적 상황을 구체화함
② 쉼표의 잦은 사용으로 아이의 고통과 화자의 애타는 심리를 드러냄
③ 어순의 도치, 영탄법, 반복법 등을 통해 화자의 안타까운 마음을 강조함

백록담(白鹿潭) | 정지용

1

절정에 가까울수록 뻐꾹채꽃 키가 점점 소모된다. 「한 마루 오르면 허
_{고지대로 올라갈수록 뻐꾹채의 줄기가 짧아짐}
리가 스러지고 다시 한 마루 우에서 모가지가 없고 나중에는 얼굴만 갸
웃 내다본다. 화문(花紋)*처럼 판 박힌다.」바람이 차기가 함경도 끝과 맞
_{「」: 백록담으로의 등반 과정에 따른 변화}
서는 데서 뻐꾹채 키는 아주 없어지고도 팔월 한철엔 흩어진 성신(星辰)
처럼 난만하다. 산그림자 어둑어둑하면 그러지 않아도 뻐꾹채 꽃밭에
_{꽃만 있을 정도로 뻐꾹채의 줄기가 줄어듦}
서 별들이 켜 든다. 제자리에서 별이 옮긴다. 나는 여기서 기진했다.
_{흩어져 핀 꽃을 '별'에 비유 – 한라산의 신비로운 모습}

_{피곤한 몸으로 자연에 취해 황홀경을 느낌}
▶ 1연: 한라산 정상 부근의
자연 풍경

2

암고란(巖古蘭), 환약같이 어여쁜 열매로 목을 축이고 살아 일어섰다.
_{기진한 화자가 암고란의 열매를 먹고 기력을 회복함}
▶ 2연: 자연과 동화되어 생
명력을 회복함

3

백화(白樺) 옆에서 백화가 촉루*가 되기까지 산다. 내가 죽어 백화처
_{백화와 촉루의 흰색 이미지 결합 – 신비롭고 정갈한 이미지}
럼 흴 것이 숭 없지* 않다.
_{자연과의 합일을 통해 정갈한 삶에의 의지를 드러냄}
▶ 3연: 백화와 같은 정갈한
삶에 대한 의지

4

귀신도 쓸쓸하여 살지 않는 한 모롱이, 도체비꽃이 낮에 혼자 무서워
_{인적이 드물고 쓸쓸한 분위기} _{도체비꽃이 파랗게 핀 정경 묘사}
파랗게 질린다.
▶ 4연: 한라산 정상 부근의
쓸쓸하고 신비로운 모습

5

바야흐로 해발 육천 척 우에서 마소가 사람을 대수롭게 아니 여기고
_{속세와의 거리감} _{사람과 자연의 공존}
산다. 말이 말끼리 소가 소끼리, 망아지가 어미 소를 송아지가 어미 말
_{평화롭고 신비로운 분위기}
을 따르다가 이내 헤어진다.
▶ 5연: 한라산 정상 부근의
평화로운 모습

6

첫 새끼를 낳노라고 암소가 몹시 혼이 났다. 얼결에 산길 백 리를 돌
_{첫 새끼를 낳느라고 혼이 난 어미소가 놀라 달아남}
아 서귀포로 달아났다. 물도 마르기 전에 어미를 여읜 송아지는 움매—
_{태어나자마자}
움매— 울었다. 말을 보고도 등산객을 보고도 마구 매어 달렸다. 우리
_{어미를 잃은 송아지의 슬픔}
새끼들도 모색(毛色)*이 다른 어미한테 맡길 것을 나는 울었다.
_{어미를 잃은 송아지를 보는 화자의 심정}
_{– 일제 강점하에서 자라날 후손들에 대한 안타까움}
▶ 6연: 화자가 전해 들은 송
아지와 관련된 이야기

출제 포인트

- 공간의 이동에 따른 시상 전개
- 화자의 정서와 태도

필수 문제

01 화자 파악하기

- 화자: '나'(백록담을 등반하는 이)
- 상황: 한라산을 오르면서 자연과 ( )가 됨
- 정서·태도: 신비감, 즐거움, 일체감

02 〈보기〉는 이 시의 시인이 쓴 기행문의 일부이다. ㉠, ㉡과 관련 있는 내용을 다룬 연을 찾아 쓰시오.

〈보기〉
㉠ 고산 식물 암고란 열매의 달고 신맛에 다시 입 안이 고이는 것입니다.
㉡ 그 살찌고 순하고 사람 따르는 고원의 마소들이 ~

03 이 시를 시대적 배경과 관련 지어 감상한다고 할 때, 일제를 뜻 하는 시구를 찾아 3어절로 쓰시오.

7

『풍란이 풍기는 향기, 꾀꼬리 서로 부르는 소리, 제주 휘파람새 휘파
「 」: 생명력으로 가득 찬 아름다운 자연의 모습 형상화
람 부는 소리, 돌에 물이 따로 구르는 소리, 먼 데서 바다가 구길 때
쇠— 쇠— 솔소리,』물푸레 동백 떡갈나무 속에서 나는 길을 잘못 들었
다가 다시 칡넌출 기어간 흰 돌박이 고부랑길로 나섰다. 문득 마주친
아롱점말이 피하지 않는다.

말이 인간을 경계하지 않음   ▶ 7연: 백록담으로 가는 길의
                                              아름다운 자연 풍경

8

고비 고사리 더덕순 도라지꽃 취 삿갓나물 대풀 석용" 별과 같은 방
백록담 근처에 서식하는 고산 식물 나열
울을 달은 고산 식물을 새기며" 취하며 자며 한다. 백록담 조촐한 물을
그리어 산맥 우에서 짓는 행렬이 구름보다 장엄하다. 소나기 놋낱" 맞
으며 무지개에 말리우며 궁둥이에 꽃물 이겨 붙인 채로 살이 붓는다.

백록담을 향해 가는 즐거움이 드러남   ▶ 8연: 자연의 생명력에 취해
                                              백록담을 향해 가는 즐거움

9

가재도 기지 않는 백록담 푸른 물에 하늘이 돈다. 불구에 가깝도록
맑고 청정한 백록담의 모습 묘사
고단한 나의 다리를 돌아 소가 갔다. 쫓겨 온 실구름 일말에도 백록담
백록담 등정으로 인한 피로감   작은 구름 한 조각에도 흐려질 정도로 물이 맑음
은 흐리운다. 나의 얼굴에 한나절 포긴 백록담은 쓸쓸하다. 나는 깨다
좋다 기도조차 잊었더니라.

자연과 합일된 화자의 모습   ▶ 9연: 백록담에서 자연과 완
                                              전한 합일을 이룸

- 화문(花紋): 꽃무늬
- 촉루(髑髏): 해골
- 숭 없다: '흉이 없다'의 방언. 말이나 행동 따위가 불쾌할 정도로 흉하다
- 모색(毛色): 털색
- 석용(石茸): 석이(石栮), 즉 석이버섯의 오류
- 새기며: 소나 양 따위의 반추 동물이 먹었던 것을 도로 내어서 다시 씹으며
- 놋낱: 노끈처럼 굵은 비를 나타내는 말

핵심 정리

▼ 갈래: 산문시, 서정시   ▼ 성격: 관조적, 묘사적, 자연 친화적
▼ 주제: 백록담 등정에서 느끼는 물아일체의 경지
▼ 해제: 이 시는 백록담 등반 과정에서 본 자연 풍경과 그곳에서 느낀 정서를 노래한 작품으로, 한라산을 오르면서 본
  자연의 아름다움을 묘사하면서 자연과의 합일과 물아일체의 동양적 세계관을 드러내고 있다.
▼ 시의 특징과 표현
  ① 공간의 이동(백록담 등반 과정)에 따라 시상을 전개함
  ② 현재 시제를 사용하여 현장감과 사실감을 줌

현대시의 모든 것

별 | 정지용

누워서 보는 별 하나는

진정 멀―고나.
'별'과의 거리감

▶ 1연: 누운 채로 먼 별을
바라봄

어스름 다치랴는 눈초리와
자다 깨서 반쯤 감긴 눈으로 별을 보고 있음
금(金)실로 이은 듯 가깝기도 하고,
밝은 별빛이 길게 비치면서 마치 자신과 이어져 있는 듯한 느낌을 받음

▶ 2연: 자신과 별이 가깝게
느껴짐

잠 살포시 깨인 한밤엔
화자의 현재 상황 - 한밤에 잠에서 깨어 별을 바라보고 있음
창유리에 붙어서 엿보나.
별이 방 안을 엿보는 것처럼 가깝게 보임

▶ 3연: 깊은 밤에 방 안을
엿보는 별

불현듯, 솟아날 듯, ┐ _별에게서 받는 다양한 느낌 - 갑자기_
│ _마음속에 일어난 회한의 감정_
불리울 듯, 맞아 드릴 듯, ┘

▶ 4연: 별에 대한 다양한 인
상

문득, 영혼 안에 외로운 불이
바람처럼 이는 회한(悔恨)에 피어오른다.
화자의 감정이 함축적으로 드러남

▶ 5연: 별을 바라보다가 회
한을 느낌

흰 자리옷 채로 일어나
_잠옷_   _누움 → 일어남: 의식의 변화가 행동의 변화로 이어짐_
가슴 위에 손을 넘이다.
기도하는 자세를 취함 - 경건한 태도

▶ 6연: 기도를 통해 회한을
달램

- '별'이 환기하는 이미지
- 시에 나타난 화자의 정서와 태도

필수 문제

01 화자 파악하기
- **화자**: 별을 보다 기도하는 이
- **상황**: 잠에서 깨어 별을 바라
보다 회한을 느끼고 (   )
를 함
- **정서·태도**: 회한

02 이 시에서 화자의 감정이 함
축적으로 드러난 시어를 찾아 쓰
시오.

03 이 시에서 화자의 의식의 변
화가 행동의 변화로 이어지고 있
음을 보여 주는 3음절의 시어를
찾아 쓰시오.

한눈에 보기

영혼 안에 외로운 불이
바람처럼 이는 회한에 피어오름

누워서 별을 바라봄 ─────────▶ 일어나 기도를 함

핵심 정리

- ⌄ **갈래**: 자유시, 서정시   ⌄ **성격**: 회화적, 감각적
- ⌄ **주제**: 별을 바라보다 느낀 회한으로 인한 구도의 자세
- ⌄ **해제**: 이 시는 잠에서 깨어 창밖의 별을 바라보다가 문득 느낀 회한에 기도를 하는 경건한 마음을 절제 있게 표현하
고 있다.
- ⌄ **시의 특징과 표현**
  ① 섬세하고 감각적인 시어와 회화적인 이미지를 사용함
  ② 차분한 어조로 감정을 절제하여 표현함

비 | 정지용

『돌에

그늘이 차고,』
「 」: 비구름이 몰려와 그늘진 모습

비 내리기 직전 바람이 부는 모습
– 비가 올 듯한 분위기 묘사

『따로 몰리는
차고 매서운 바람
소소리바람.』
「 」: 바람에 나뭇잎이 한곳으로 몰리는 모습

▶ 1, 2연: 비가 오기 직전의 모습

『앞서거니 하여

꼬리 치날리어 세우고,』
「 」: 빗방울이 앞다퉈 떨어지기 시작하는 모습

빗방울이 여기저기 떨어지기 시작하는 모습

『종종 다리 까칠한

산(山)새 걸음걸이.』
「 」: 떨어지는 빗줄기를 튀듯이 걷는 새의 걸음에 비유

▶ 3, 4연: 빗방울이 떨어지기 시작하는 모습

『여울 지어

수척한 흰 물살,』
「 」: 빗물이 여울을 이루어 얕게 흘러가는 모습

빗물이 여울을 이루어 흘러가는 모습

『갈갈이

손가락 펴고.』
「 」: 물줄기가 여러 갈래로 흐르는 모습

▶ 5, 6연: 빗물이 여울을 이루어 흘러가는 모습

『멎은 듯
            빗방울
새삼 돋는 빗낱』
「 」: 비가 멎은 듯하다가 다시 내리는 모습

그치는 듯 다시 내리는 빗줄기의 모습

『붉은 잎 잎

소란히 밟고 간다.』
「 」: 나뭇잎에 빗방울이 떨어지며 소리를 내는 모습

▶ 7, 8연: 빗방울이 나뭇잎에 떨어지는 모습

출제 포인트

- 시상 전개 방식의 특징
- 비 오는 모습을 감각적으로 형상화한 시구와 그 의미

필수 문제

01 화자 파악하기
- 화자: 비 오는 정경을 바라보는 이
- 상황: 비가 내리는 모습을 (   )하고 있음
- 정서·태도: 관조적

02 [기출] 〈보기〉는 이 시를 산문으로 서술한 것이다. 이 시의 내용과 달라진 것은?

〈보기〉
⊙ 구름이 끼고 찬바람이 불더니 비가 내리기 시작한다. ⓛ 빗방울은 여기저기서 서로 다투듯이 쏟아져 내린다. ⓒ 산새는 빗소리에 놀라 날갯짓을 하며 종종걸음으로 비를 피하고 있다. ② 땅에 떨어진 빗물은 여울을 이루며 흘러가고 있다. ⑪ 잠시 주춤했던 빗방울은 다시 붉은 꽃잎에 후두둑 후두둑 소리를 내며 떨어진다.

① ⊙   ② ⓛ   ③ ⓒ
④ ②   ⑤ ⑪

핵심 정리

- 갈래: 자유시, 서정시   ∨ 성격: 감각적, 묘사적
- 주제: 비 내리는 날의 정경
- 해제: 이 시는 비 오는 날의 정경을 섬세하고 감각적인 언어와 비유를 통해 그려 낸 작품으로, 화자는 비 내리는 모습을 절제된 감정으로 관찰하고 묘사하고 있다.
- 시의 특징과 표현
  ① 화자의 감정을 절제하고 섬세한 묘사로 시상을 전개함
  ② 간결한 시행과 규칙적인 연 구성을 보임
  ③ 비 내리는 모습을 시간의 흐름에 따라 전개함

119 비로봉(毘盧峯) 1 | 정지용

필수

백화(白樺) 수풀 앙당한 속에
자작나무   춥거나 겁이 나 몸을 움츠린
계절(季節)이 쪼그리고 있다.
가을에서 초겨울로 접어드는 때(시각적·의인법)

▶ 1연: 늦가을 비로봉의 정경

　　　　　　　　고요하고 쓸쓸한
이곳은 육체(肉滯) 없는 적막한 향연장(饗宴場)
비로봉   수풀이 앙상해진 늦가을의 모습을 의인화
이마에 스며드는 향그러운 자양(滋養)!
　　　　　　몸의 영양을 좋게 하는 물질

▶ 2연: 고요한 비로봉의 모습

『해발 오천 피트 ■권운층 위에
「」: 해가 질 무렵 구름을 붉게 물들이는 노을의 모습
그싯는 성냥불!』

▶ 3연: 구름을 붉게 물들이는 노을의 모습

동해는 푸른 삽화처럼 움직이지 않고
① 유리알 ② 우박 ③ 벌레의 이름
누뤼 알이 참벌처럼 옮겨 간다.
① 유리알처럼 단단한 얼음 결정이 떨어지는 모습
② 꿀벌처럼 움직이는 벌레의 모습

▶ 4연: 비로봉에서의 원경과 근경의 묘사

연정(戀情)은 그림자마저 벗자
인간적인 감정을 벗어 버리려는 화자의 의지
산드랗게 얼어라! 귀뚜라미처럼.
촉각적 이미지, 갑자기 찬   자연에 동화되어 살아가는 존재
느낌이나 놀라는 느낌이 들게

▶ 5연: 인간적인 감정을 벗어 버리고자 하는 의지

■ 비로봉(毘盧峯): 금강산에서 가장 높은 봉우리
■ 권운층(卷雲層): 푸른 하늘에 높이 떠 있는 하얀 섬유 모양의 구름인 권운이 겹쳐 쌓인 층

출제 포인트
• 감각적 표현의 효과
• 소재의 상징적 의미

필수 문제
01 화자 파악하기
• 화자: '드러나지 않음' (비로봉에 오른 이)
• 상황: (   )에 올라 주변 경관을 바라봄
• 정서·태도: 탈속적, 의지적

02 이 시에서 계절이라는 추상적 개념을 의인화하여 시각적으로 드러낸 시행을 찾아 쓰시오.

03 이 시에서 화자가 인간적인 감정을 벗어 버리고 닮고자 하는 대상을 찾아 쓰시오.

핵심 정리
▽ 갈래: 자유시, 서정시　　▽ 성격: 서경적
▽ 주제: 늦가을 비로봉의 고요한 정경과 탈속의 의지
▽ 해제: 이 시는 늦가을 비로봉의 고요한 정취를 감각적인 이미지를 통해 잘 표현하고 있다. 이 시를 통해 화자는 인간적인 감정을 벗어 버리고 산의 일부인 '귀뚜라미'와 같은 존재가 되고자 하는 염원을 드러내고 있다.
▽ 시의 특징과 표현: 시각적 이미지와 촉각적 이미지를 통해 비로봉의 고요하고 서늘한 정경을 나타냄

유리창 1 | 정지용

창 안(삶)과 밖(죽음)을 단절시키는
동시에 연결해 주는 매개체
유리(琉璃)에 차고 슬픈 것이 어린거린다. ◯: 죽은 아이의 영상
　　　'입김'(새로 형상화됨)
열없이 붙어 서서 입김을 흐리우니
맥없이 – 자식을 잃은 상실감
길들은 양 언 날개를 파다거린다.
　　　사라지는 입김(날아가는 새로 표현)

▶ 1~3행: 유리창에 어린 죽
은 아이의 영상

지우고 보고 지우고 보아도
죽은 아이에 대한 간절한 그리움과 안타까움
새까만 밤이 밀려 나가고 밀려서 부딪히고,
죽음의 세계
물 먹은 별이, 반짝, 보석(寶石)처럼 백힌다.
화자의 눈물 어린 눈에 비친 별빛

▶ 4~6행: 창밖에 보이는
밤의 풍경

밤에 홀로 유리를 닦는 것은
죽은 아이와 만나고자 하는 화자의 행위
외로운 황홀한 심사이어니,
자식의 죽음으로 인한 외로움과 아이의 영상을 본 황홀함(역설법)

▶ 7, 8행: 유리를 닦으면서 느
끼는 외롭고 황홀한 심사

고운 폐혈관(肺血管)이 찢어진 채로
아이가 폐병으로 죽었음을 암시
아아, 늬는 산(山)ㅅ새처럼 날아갔구나!
　　　잠시 머물다 떠나버린 자식에 대한
　　　허망함과 안타까움

▶ 9, 10행: 아이의 죽음을
인식한 데서 오는 탄식

출제 포인트

- 죽은 아이를 형상화한 표현
- '유리창'의 의미와 기능
- 역설적 표현의 의미와 효과

필수 문제

01 화자 파악하기
- 화자: 아이를 잃은 아버지
- 상황: (　　　)의 입김을 쓸고
닦으며 '늬(죽은 아들)'를 그림
- 정서 · 태도: 슬픔, 그리움

02 이 시의 소재 중 죽은 아이
의 이미지로 볼 수 없는 것은?
① 차고 슬픈 것
② 언 날개
③ 새까만 밤
④ 물 먹은 별
⑤ 산(山)ㅅ새

03 이 시에서 죽은 아이에 대한
아버지의 간절한 그리움이 행동으
로 가장 잘 드러난 시행을 찾아
쓰시오.

알맹이 포착

'유리(琉璃)'의 의미

'유리'는 죽은 아이가 있는 창밖의 '새까만 밤'의 세계와 화자가 있
는 창 안을 단절하는 존재이다. 하지만 화자는 유리창에 어른거리는
입김을 통해 아이의 형상을 느끼고 홀로 유리를 닦으며 죽은 아이와
만나고자 한다. 이처럼 이 시에서 '유리'는 화자와 죽은 자식을 단절
하는 동시에 만남을 매개하는 이중적 기능을 하고 있다.

한눈에 보기

창 안(이승)		창 밖(저승)	
화자	유 리 창	· 차고 슬픈 것 · 언 날개 · 물 먹은 별 · 산(山)ㅅ새	죽은 아이

핵심 정리

▾ **갈래**: 자유시, 서정시　　　▾ **성격**: 상징적, 회화적, 감각적
▾ **주제**: 죽은 아이에 대한 슬픔과 그리움
▾ **해제**: 이 시는 어린 자식을 잃은 아버지의 슬픔과 그리움을 '유리창'을 매개로 하여 선명한 감각적 이미지로 그려 내
고 있다.
▾ **시의 특징과 표현**
　① 감정의 대위법* 및 역설적 표현을 통해 화자의 감정을 절제함
　② 감각적 묘사와 비유를 통해 선명한 시각적 이미지를 전달함
　* 감정의 대위법: 두 가지 상반된 정서가 어울려 감정을 절제하는 효과를 주는 표현 기법

이른 봄 아침 | 정지용

『 』: 째깍거리는 시계 소리 같은 새소리가 잠을 깨움

『귀에 설은 새소리가 새로 들어와

익숙하지 않은
참한 은시계로 자근자근 얼어맞은 듯,』

은근히 조금씩
『마음이 이 일 저 일 보살필 일로 갈라져,

복잡한 화자의 심경을 나타냄
수은 방울처럼 동글동글 나동그라져,』

추상적인 마음을 구체적인 형태로 형상화함
즙기는 하고 진정 일어나기 싫어라.

감탄형 종결 어미의 반복

▶ 1연: 새소리에 잠을 깬 '나'의 상념

쥐나 한 마리 훔켜 잡을 듯이 / 미닫이를 살포—시 열고 보노니

사루마다 바람으론 오호! 추워라.

일본인의 검은색 무명 팬티

▶ 2연: 살며시 문을 열고 아침을 맞음

『마른 새삼 넝쿨 사이사이로

「 」: 넝쿨 사이를 왔다 갔다 하는 산새의 모습
빠알간 산새 새끼가 물레에 북 드나들 듯,』

베틀에서, 날실의 틈으로 왔다 갔다 하면서 씨실을 푸는 기구

▶ 3연: 넝쿨 사이의 산새를 발견함

새 새끼 와도 언어 수작을 능히 할까 싶어라.

말장난을 잘 하고 싶구나
날카롭고도 보드라운 마음씨가 파닥거리어.

화자가 느끼는 새 새끼의 마음씨   세계 여러 나라 사람들이 공통으로
새 새끼와 내가 하는 에스페란토는 휘파람이라. 사용하기 위해 고안된 국제 보조어

휘파람으로 새와 교감하는 화자
새 새끼야, 한종일 날아가지 말고 울어나 다오,

날이 저물 때까지
오늘 아침에는 나이 어린 코끼리처럼 외로워라.

연약한 존재

▶ 4연: 산새와 교감을 함

측면에서 본 모습
산봉오리—저쪽으로 몰린 프로필 / 패랑이꽃 빛으로 불그레하다.

저 한편으로 보이는 산봉우리의 옆모습
씩 씩 뽑아 올라간, 밋밋하게 / 깎어 세운 대리석 기둥인 듯,

생김새가 미끈하고 곧게, 경사나 굴곡이 심하지 않고 평평하게
『간덩이 같은 해가 이글거리는 / 아침 하늘을 일심으로 떠받치고 섰다.』

「 」: 산봉우리 위로 떠오른 해의 모습   태양이 중심이 된 아침 하늘을 떠받치고 있는 모습
봄 바람이 허리띠처럼 휘이 감돌아 서서

생동감 넘치는 새의 모습 표현
사알랑 사알랑 날아오노니, / 새 새끼도 포르르 포르르 불려 왔구나.

가볍게 부는 바람 모양 표현

▶ 5연: 상쾌한 아침 풍경의 묘사

출제 포인트

- 감각적 표현의 효과
- 음성 상징어의 효과

필수 문제

01 화자 파악하기

- 화자: '드러나지 않음' (이른 봄에 아침을 맞은 이)
- 상황: 이른 봄 아침 풍경 속에서 (   )와 교감함
- 정서 · 태도: 외로움, 새소리에 감응함

02 이 시에서 외로운 화자에게 위안을 주는 존재를 3연에서 찾아 3어절로 쓰시오.

03 이 시에 주로 사용된 '시각적, 청각적, 촉각적' 심상 중 5연에 사용된 감각적 심상의 종류를 쓰시오.

핵심 정리

- ∨ 갈래: 자유시, 서정시   ∨ 성격: 감각적
- ∨ 주제: 이른 봄 아침 새와의 교감
- ∨ 해제: 이 시는 이른 봄 아침 풍경을 음성 상징어와 감각적 표현을 통해 생기 있게 나타내고 있다.
- ∨ 시의 특징과 표현
    ① 감각적이고 비유적인 표현을 통해 화자의 정서를 드러냄
    ② 음성 상징어를 사용하여 시에 생기를 불어넣음

인동차(忍冬茶) | 정지용

노주인(老主人)의 장벽(腸壁)에
시적 대상   창자의 벽
                                    내린다
무시(無時)로 인동(忍冬) 삼긴˙ 물이 나린다.
시도 때도 없이   중의법 – ① 인동차를 마신다.
              ② 겨울(시련)을 참고 견딘다.

▶ 1연: 인동차를 마시는 노주인

자작나무 덩그럭˙ 불이

도로 피어 붉고,
역경에 굴하지 않는 강인한 생명력 ①
                      붉은색과 푸른색의 선명한 이미지
                      – 암울한 현실을 참고 견디려는
                        화자의 의지 상징

▶ 2연: 다시 피어나는 불

구석에 그늘 지어

무가 순 돌아 파릇하고,
역경에 굴하지 않는 강인한 생명력 ②

▶ 3연: 파릇하게 돋아나는 무순

흙냄새 훈훈히 김도 서리다가
봄(조국 광복)에 대한 희망과 기대
바깥 풍설(風雪) 소리에 잠착하다˙.
고통스러운 현실 상황(일제 강점기)

▶ 4연: 풍설이 몰아치는 현실

산중(山中)에 책력(冊曆)˙도 없이
속세와 단절된 공간 시간의 흐름을 초월함
                      시간의 흐름도 초월한 탈속의 경지
                      – 동양적 세계관이 드러남
삼동(三冬)이 하이얗다.
추운 겨울 – 일제 강점기

▶ 5연: 삼동을 묵묵히 인내함

- 삼긴: 삶긴 물에 삶아 우려낸
- 덩그럭: 장작의 다 타지 않은 덩어리에 붙은 불
- 잠착하다: 어떤 한 가지 일에만 마음을 골똘하게 쓰다
- 책력(冊曆): 달력

출제 포인트

- 방 안 풍경과 바깥 풍경이 주는 대조적 이미지
- '노주인'에서 연상되는 의미와 정서

필수 문제

01 화자 파악하기
- 화자: '인동차'를 마시는 노인을 바라보는 이
- 상황: 추운 겨울 산중의 방 안에서 노주인이 (   )를 마심
- 정서·태도: 관찰

02 이 시에서 '인동(忍冬)'은 중의적 의미를 지닌다. 차를 만드는 식물 이름이라는 것 외에 어떠한 의미를 지니는지 간단히 쓰시오.

03 〈보기〉의 (   ) 안에 들어갈 알맞은 말을 각각 쓰시오.

〈보기〉
이 시는 다양한 색채 이미지를 통해 시적 상황을 형상화하고 있다. '눈'의 흰색을 통해 화자가 처한 현실을 제시하며, '불'의 (   )와/과 '무순'의 (   )을/를 통해 현실을 이겨 내려는 강인한 생명력을 형상화하고 있다.

알맹이 포착

'인동(忍冬) 삼긴 물이 나린다.'의 의미

노주인이 인동(忍冬) 삶긴 물을 마시며 삼동(三冬) 추위를 이겨 내려는 모습을 표현하고 있다. 이 시의 시대적 배경을 고려할 때 '겨울'은 일제 강점기의 현실을 의미하는 것으로, 인동차를 마시며 묵묵히 겨울을 보내는 노주인의 모습에서 어려운 현실을 묵묵히 견디는 의지를 찾을 수 있다.

핵심 정리

- 갈래: 자유시, 서정시   - 성격: 동양적, 관조적, 회화적
- 주제: 시련을 묵묵히 견디는 인내
- 해제: 이 시는 겨울의 추위를 이겨 내기 위해 인동차를 마시는 노주인의 모습을 통해 어려운 현실을 묵묵히 견디려는 인내와 기다림을 형상화하고 있다.
- 시의 특징과 표현
  ① 여백미와 절제미를 통해 동양적 세계관을 표현함
  ② 색채 이미지의 대비를 통해 견인(堅忍)의 태도를 드러냄

123 장수산 1 | 정지용

필수

◯ : 고풍스러운 시어 – 동양적인 분위기 조성

『벌목정정(伐木丁丁)』이랬거니 아람도리 큰 솔이 베혀짐즉도 ⓗ하이 골
　　　　　　　　　　　아름드리
이 울어 멩아리 소리 쩌르렁 돌아옴즉도 ⓗ하이 다람쥐도 좇지 않고 뭇새
　메아리　　　　　『 』: 깊고 울창한 숲의 적막한 모습
도 울지 않어 깊은 산 고요가 차라리 뼈를 저리우는데 눈과 밤이 조히
　　　　　　　　　　　　　　　　뼈에 사무치는 적막감　　눈 내린 밤이 종이보다 흼
보담 희고녀! 달도 보름을 기달려 흰 뜻은 한밤 이 골을 걸음이란다? 웃
　　　　　　　　　　　　　　　　　　　　　　　　　걷게 하려는 것인가
절 중이 여섯 판에 여섯 번 지고 웃고 올라간 뒤 조찰히 늙은 사나이의
탈속의 모습 – 장수산의 이미지와 조응　　　　　　　　　　　　　'웃절 중'
남긴 내음새를 줏는다? 시름은 바람도 일지 않는 고요에 심히 흔들리
삶의 태도를 생각하고 배운다　　시름에 젖은 화자의 내면을 드러냄
우노니, 오오 견디랸다 차고 올연(兀然)히 슬픔도 꿈도 없이 장수산 속
　　　　　　홀로 우뚝하게　　슬픔도 꿈도 장수산 속 겨울 한밤의
겨울 한밤내 ―　　　　　　　　　　고요 속에 묻어 버림

- 장수산(長壽山): 황해도 재령군의 장수면, 화산면, 용산면, 하성면 등의 네 개 면에 걸쳐 있는 산. 풍경이 매우 아름다운 유람지로 황해 금강(黃海金剛)이라고도 불림
- 벌목정정(伐木丁丁): 커다란 나무가 베어질 때 나는 소리. 실제로 나무를 벤다는 뜻이 아니라, 나무 쓰러지는 소리가 골짜기에서 메아리로 쩌렁쩌렁 돌아올 만큼 숲이 깊고 울창하다는 의미임
- 조찰히: 아담하고 깨끗하게

알맹이 포착

'장수산'의 의미

슬픔도 꿈도 묻어 버리는 절대적 고요의 공간으로, 세상과 단절되어 화자에게 적막함을 느끼게 하는 곳이다. '장수산'의 고적함은 겨울의 한밤이라는 시간적 배경으로 더욱 강화되는데, 화자는 이곳에서 온갖 세상사를 잊고 세속에 대한 초월과 마음의 평화를 얻고자 한다.

한눈에 보기

```
   장수산              웃절 중
  (고요함,      =   (세속적 욕망과
  탈속의 세계)         집착을 초월)

        평화로움과 탈속의 경지 추구
```

핵심 정리

- 갈래: 산문시, 서정시
- 성격: 감각적, 동양적
- 주제: 장수산의 절대 고요와 탈속의 세계에 대한 염원
- 해제: 이 시는 슬픔도 꿈도 묻어 버리는 절대 고요의 세계인 겨울 장수산을 배경으로, 탈속의 세계에 대한 화자의 염원을 예스러운 어투로 드러내고 있다.
- 시의 특징과 표현
  ① 예스러운 말투를 사용하고 있으며, 산문시의 형태를 취함
  ② 고요한 자연의 정경과 화자의 내면 의식을 절묘하게 조화시킴
  ③ 시행의 종결을 의도적으로 거부함

출제 포인트

- '장수산'이 주는 이미지
- '웃절 중'의 의미
- 예스러운 어투의 시적 효과

필수 문제

01 화자 파악하기
- 화자: 장수산의 고요함을 느끼는 이
- 상황: (　　　) 장수산의 겨울 밤 풍경을 묘사함
- 정서·태도: 은일(隱逸)적

02 이 시에서 '장수산'의 핵심적 이미지를 보여 주는 2음절의 시어를 찾아 쓰시오.

03 이 시에서 '장수산'의 이미지와 조응되며, 탈속의 태도를 보여 주고 있는 대상을 찾아 쓰시오.

04 〈보기〉의 (　　) 안에 들어갈 알맞은 시어를 찾아 쓰시오.

〈보기〉
이 시에서 화자는 (　　　)을/를 느끼지만 '슬픔도 꿈도' 묻어 버릴 장수산의 모습을 통해서 그것을 '올연히' 견딜 것을 다짐하고 있다.

조찬(朝餐) | 정지용

□: 화자의 시선이 이동하는 대상

해ㅅ살 피어
시간적 배경 – 아침
이윽한 후,
'이슥한'의 방언

원경(遠景)

머흘머흘
구름이 뭉게뭉게 낀 모양
골을 옮기는 구름.

계절적 배경 – 초여름, 향토적 분위기 조성
길경(桔梗) 꽃봉오리
도라지
흔들려 씻기우고.
물기를 머금은 채 바람에 흔들리는 모습

근경(近景)

『차돌부리
뭇살 차돌의 뾰족하게 튀어나온 부분을 의미함
족 족 죽순(竹筍) 돋듯.』
의태어   『』: 차돌에 물방울이 떨어지면서 튀는 모습

▶ 1~4연: 비 온 뒤의 아침 정경

물소리에

이가 시리다.
'물소리'를 차갑게 인식함

가리어
앉음새 갈히여
남의 눈에 띄지 않게 조심스레 앉아서
양지 쪽에 쪼그리고,

정서

서러운 새 되어
감정 이입 – 암울한 현실로 인한 화자의 서글픈 처지
흰 밥알을 쫏다.
아침밥을 먹음

▶ 5~7연: 암울한 현실에서 느끼는 서러움

출제 포인트

• 선경 후정의 시상 전개
• '서러운 새'의 상징적 의미

필수 문제

01 화자 파악하기
• 화자: 비 온 뒤 풍경을 바라보는 이
• 상황: 비 온 뒤 아침 정경을 바라보며 서러운 새가 되어 흰 (   )을 쫌
• 정서·태도: 서러움

02 이 시에서 화자의 감정이 이입되어 있는 대상을 찾아 2어절로 쓰시오.

03 [기출] 이 시에 대한 설명으로 적절하지 <u>않은</u> 것은?
① 선경 후정의 방식을 활용하여 시상을 전개하고 있다.
② 모든 연을 2행으로 구성하여 형태적 통일성을 추구하고 있다.
③ 제2연에서는 명사로 연을 마무리하여 사물의 정적인 모습을 강조하고 있다.
④ 제2연에서 제3연으로 전개되면서 화자의 시선이 원경에서 근경으로 이동하고 있다.
⑤ 제4연에서는 비유적 표현을 활용하여 사물에 동적인 이미지를 부여하고 있다.

핵심 정리

∨ 갈래: 자유시, 서정시   ∨ 성격: 감각적, 회화적, 묘사적
∨ 주제: 비 온 뒤의 아침 정경에서 느끼는 서러움
∨ 해제: 이 시는 비 온 뒤의 고요한 아침 풍경을 감각적으로 묘사한 후 화자의 감정을 '새'에 이입함으로써 일제 말기 억압의 현실을 살아야 했던 서러움을 부각하고 있다.
∨ 시의 특징과 표현
  ① 시선의 이동(원경 → 근경)과 선경 후정(先景後情)의 방식으로 시상을 전개함
  ② 선명한 시각적 이미지와 음성 상징어를 활용하여 생동감을 부여함
  ③ 간결한 시행과 연 구성으로 동양적인 여백의 미를 조성함

춘설(春雪) | 정지용

교과서 EBS

문 열자 선뜻!
　　이른 봄에 내린 눈을 보고 놀람
먼 산이 이마에 차라.
눈 덮인 먼 산의 차가움이 이마에 와 닿는 듯한 느낌 – 공감각적 표현(시각의 촉각화)

우수절(雨水節)■ 들어
계절적 배경 – 이른 봄
바로 초하루 아침,
　　　시간적 배경

새삼스레 눈이 덮인 멧부리와
봄의 눈이 내린 낯선 풍경에 대한 느낌
서늘옵고 빛난 이마받이■하다.
눈 덮여 빛나는 산봉우리와 그로부터 느껴지는 차가움을 공감각적으로 표현

▶ 1~3연: 이른 봄에 눈 덮인 산봉우리를 본 느낌

얼음 금 가고 바람 새로 따르거니
　　　　　　　　　　　　　　 성큼 다가온 봄의 향기
흰 옷고름 절로 향기로워라.
공감각적 표현(시각의 후각화)

옹송그리고■ 살아난 양이
봄의 만물이 꿈틀거리는 모습
아아 꿈 같기에 설워라.
봄의 생명력에 대한 경이로움

미나리 파릇한 새순 돋고
　　　　　　　　　　　　　　봄의 생명력
옴짓 아니 기던 고기 입이 오물거리는,
움직이지 않던

▶ 4~6연: 봄의 약동하는 생명력

꽃 피기 전 철 아닌 눈에
춘설. 이른 봄에 느껴지는 늦겨울 추위
핫옷 벗고 도로 춥고 싶어라.
솜옷

겨울옷을 벗고 생동하는 봄의 기운을 느끼고 싶은 마음

▶ 7연: 눈의 차가움 속에서 봄 기운을 만끽하고 싶은 마음

■ 우수절(雨水節): 우수. 이십사절기의 하나. 입춘과 경칩 사이에 들며, 양력 2월 18일경이 됨
■ 이마받이: ① 이마로 부딪침 ② 두 물체가 몹시 가깝게 맞붙음
■ 옹송그리고: 춥거나 두려워 몸을 궁상맞게 몹시 웅크리고

출제 포인트

• '봄눈'에 대한 화자의 정서
• 시에 쓰인 다양한 감각적 이미지

필수 문제

01 화자 파악하기
• 화자: 봄을 맞은 이
• 상황: 이른 봄 (　　　)이 쌓인 먼 산을 바라보며 봄의 정취를 느낌
• 정서·태도: 설렘, 경이로움

02 이 시의 계절적 배경을 쓰시오.

03 〈보기〉의 설명에 해당하는 시행을 찾아 쓰시오.
　　　　　　　　〈보기〉
• 성큼 다가온 봄의 향기를 형상화함
• 공감각적 표현이 사용됨

04 [기출] 시상의 흐름을 고려할 때, 7연에 담긴 시적 화자의 내면 심리로 가장 적절한 것은?
① 이젠 추위 정도는 견딜 수 있어.
② 나른한 봄보다는 역시 겨울이 좋아.
③ 서늘한 기운을 통해 봄을 더욱 생생하게 느끼고 싶어.
④ 서러운 현재보다는 인정 넘치는 옛날로 돌아가고 싶어.
⑤ 봄이 왔으니 꽃구경을 가려면 옷차림을 가볍게 해야겠어.

핵심 정리

∨ 갈래: 자유시, 서정시　　　∨ 성격: 감각적, 묘사적, 영탄적
∨ 주제: 이른 봄에 내린 '춘설'에 대한 감각적인 느낌
∨ 해제: 이 시는 이른 봄 아침에 눈 쌓인 먼 산을 바라보며, 이미 찾아와 약동하는 봄의 생명력을 표현하고 있다. 봄을 맞아 설레는 시인의 감정이 다양한 감각적 이미지를 통해 효과적으로 드러나고 있다.
∨ 시의 특징과 표현
　　다양한 감각적 이미지를 사용하여 봄이 온 것을 생생하게 묘사함

향수(鄕愁) | 정지용

교과서 수능 기출 EBS

넓은 벌 동쪽 끝으로

옛이야기 지줄대는 실개천이 휘돌아 나가고,
얼룩백이 황소가
　　　낮은 음성으로 자꾸 지껄이는
해설피▪ 금빛 게으른 울음을 우는 곳,
　　　공감각적 이미지(청각의 시각화)

―― 그곳이 차마 꿈엔들 잊힐 리야.
후렴구 – 시의 안정감과 통일성 확보 + 고향에 대한 그리움의 정서 환기

▶ 1연: 평화롭고 한가로운
　　고향의 정경

질화로에 재가 식어지면
시간의 경과 – 밤이 깊어짐
비인 밭에 밤바람 소리 말을 달리고,
활유법, 공감각적 이미지(청각의 시각화) – 바람 소리가 거셈
엷은 졸음에 겨운 늙으신 아버지가
살포시 든 잠
짚베개를 돋아 고이시는 곳,
아버지에 대한 그리움

―― 그곳이 차마 꿈엔들 잊힐 리야.

▶ 2연: 겨울밤 풍경과 아버
　　지에 대한 회상

흙에서 자란 내 마음
파아란 하늘빛이 그리워
　　　꿈과 동경의 이미지
함부로 쏜 화살을 찾으려
　　　미지의 세계에 대한 호기심
풀섶 이슬에 함추름▪ 휘적시던 곳,

―― 그곳이 차마 꿈엔들 잊힐 리야.

▶ 3연: 꿈과 호기심으로 가
　　득 찼던 유년 시절 회상

『전설 바다에 춤추는 밤물결 같은

검은 귀밑머리 날리는 어린 누이와』 「 」: 검은 머릿결의 묘사를 통해 사랑스럽고
　　　　　　　　　　　　　　　　　　구김살 없는 어린 누이의 모습 표현
『아무렇지도 않고 예쁠 것도 없는
평범한 모습
사철 발 벗은 아내가
따가운 햇살을 등에 지고 이삭 줍던 곳,』
「 」: 농사일에 바빠 신발도 제대로 신지 못하는 아내의 모습
　　 – 가난하고 고단한 농촌의 삶과 소박하고 향토적인 아내의 모습

―― 그곳이 차마 꿈엔들 잊힐 리야.

▶ 4연: 누이와 아내에 대한
　　회상

출제 포인트

• 시에 드러난 고향의 이미지
• 후렴구의 기능
• 시에 쓰인 공감각적 이미지

필수 문제

01 화자 파악하기
• 화자: 고향을 그리는 남자
• 상황: 고향 마을과 그곳에 살
았던 (　　　)들이 꿈에도 잊
혀지지 않을 것임을 노래함
• 정서·태도: 그리움

02 이 시의 시어 중 고향의 정
경을 표상하는 이미지가 **아닌** 것
은?
① 실개천　　② 얼룩백이 황소
③ 질화로　　④ 짚베개
⑤ 전설 바다

03 이 시에서 가난하고 고단한
고향의 모습을 그리고 있는 연 2개
를 찾아 쓰시오.

04 [기출] 이 시의 각 단계의 장
면들을 그림으로 표현하려 할 때,
시적 화자의 시각과 거리가 **먼** 것
은?
① 멀리서 바라본 농촌의 들판을
　그리되, 평화롭고 향토적인
　분위기가 나도록 한다.
② 시골집 방 안에 누워 계신 아
　버지를 그리되, 노년의 서글
　픔이 느껴지도록 한다.
③ 풀숲을 달리는 소년을 그리
　되, 동심이 꾸밈없이 드러나
　도록 한다.
④ 들판에서 이삭 줍는 여인네들
　을 그리되, 소박한 삶의 모습
　이 나타나도록 한다.
⑤ 불빛이 새어 나오는 초가집을
　그리되, 따뜻하고 아늑한 느
　낌이 들도록 한다.

하늘에는 성근 별
시간의 흐름 – 새벽이 옴
알 수도 없는 모래성으로 발을 옮기고,
동화적 분위기 – 신비로움
서리 까마귀 우지짖고 지나가는 초라한 지붕,
가을 까마귀   가난한 고향집
흐릿한 불빛에 돌아앉아 도란도란거리는 곳,
단란하고 행복한 모습

—— 그곳이 차마 꿈엔들 잊힐 리야.

▶ 5연: 단란한 농가의 정겨
운 가족의 모습

○ 정지용 생가

■ 해설피: 해가 설핏 기울 무렵
■ 함추름: '함초롬'의 방언. 젖거나 서려 있는 모습이 가지런하고 차분한 모양

읽앵이 포착

후렴구의 기능

이 시는 각 연에 '그곳이 차마 꿈엔들 잊힐 리야.'라는 후렴구를 배치하고 있다. 이를 통해 각 연의 시상을 매듭지어 연과 연의 관계를 구별하고, 시 전체에 안정적인 통일성을 부여해 주고 있다. 또한 동일한 구절의 반복을 통해 운율감을 형성하며, 고향에 대한 화자의 그리움을 심화시키고 있다.

다양한 이미지의 활용

이 시는 시각, 청각, 촉각, 공감각적 심상 등 다양한 감각적 이미지를 사용해 고향의 모습을 묘사함으로써 고향에 대한 그리움을 불러일으키고 있다. 특히 '금빛 게으른 울음(청각의 시각화)', '밤바람 소리 말을 달리고(청각의 시각화)' 등의 공감각적 이미지는 시의 서정성을 극대화하고 있다.

한눈에 보기

핵심 정리

∨ 갈래: 자유시, 서정시   ∨ 성격: 향토적, 감각적
∨ 주제: 고향에 대한 그리움과 추억
∨ 해제: 이 시는 가난하지만 평화로웠던 어린 시절 고향에 대한 그리움을 다양한 감각적 이미지를 통해 구체적으로 형상화하고 있다.
∨ 시의 특징과 표현
  ① 토속적 시어와 선명하고 감각적인 이미지를 통해 향토적 정감을 표현함
  ② 후렴구를 통해 안정감과 통일성을 이루고, 그리움의 정서를 강조하는 효과를 얻음

경부 텰도° 노래 | 최남선

1

우렁탸게 토하난 긔뎍(汽笛) 소리에
우렁차게 토하는 기적 소리에 – 새로운 문명의 태동을 의미함
남대문(南大門)을 등디고 떠나 나가서
남대문(서울역)을 등지고 떠나 나가서 – 서울역에서 부산 방향으로 출발함
빨니 부난 바람의 형세 갓흐니
빨리 부는 바람의 형세 같으니 ┐ 근대 문물에 대한 예찬적 태도 – 직유법, 과장법,
날개 가딘 새라도 못 따르겟네. ┘ 영탄적 어조
날개 가진 새라도 못 따르겠네.
▶ 1절: 우렁찬 소리로 빨리 가는 기차의 모습 예찬

2

늙은이와 덞은이 셕겨 안젓고
늙은이와 젊은이 섞여 앉았고 ┐ ① 세대 차별이 없는 평등한 개화사상
우리네와 외국인 갓티 탓스나 ┘ ② 외국 문명에 대한 개방적 분위기
우리네와 외국인 같이 탔으나
내외 틴소(內外親疏) 다 갓티 익히 디내니
내국인과 외국인, 친한 사람과 낯선 사람 다 같이 친숙하게 지내니
됴고마한 딴 세상 뎔노 일웠네.
(별천지와 같은) 조그마한 딴 세상 절로 이뤘네. – 개화에 대한 긍정적 태도
▶ 2절: 기차 안의 새로운 세상 모습 예찬

3

관왕묘(關王廟)와 연화봉(蓮花峯) 둘너보난 듕
관왕묘(관우의 영정을 모신 사당)와 연화봉(서울 용산구에 있는 산)을 둘러보는 중에
어늬 덧에 용산역(龍山驛) 다다럿도다.
어느덧 용산역에 다다랐구나.
새로 일운 뎌댜는 모다 일본(日本) 딥
새로 이룬 저자시장)는 모두 일본 집 ┐ 조선 땅에서 일본인들이 거리를 이룬
이천여 명 일인(日人)이 예긔 산다네. ┘ 변화된 세상 풍경 제시
이천여 명의 일본 사람들이 여기(용산) 산다고 하네.
▶ 3절: 용산역에서 바라본 일본 집들의 풍경

〈후략〉

■ 경부 **텰도**: 경부 철도, 서울과 부산을 잇는 기차

• 개화와 문명에 대한 화자의 태도
• 운율 및 표현상의 특징

필수 문제

01 화자 파악하기
• 화자: 개화 문명을 예찬하는 이
• 상황: 경부 철도의 여러 역을 열거하면서 (   ) 안팎의 모습을 관찰함
• 정서 · 태도: 동경, 예찬

02 이 시에서 청각적 이미지를 통해 개화 문명의 역동적 이미지를 형상화한 시구를 찾아 2어절로 쓰시오.

03 이 시에 나타난 기차 안팎의 모습이 아닌 것은?
① 남녀를 평등하게 대우함
② 외국인과 함께 타고 있음
③ 친분 정도에 구애받지 않음
④ 노인과 청년의 차별이 없음
⑤ 일본인들이 사는 집이 보임

한눈에 보기

1절 (예찬적)	+	2절 (긍정적)	+	3절 (개방적)
우렁찬 기적 소리와 빠른 기차		기차 안 노소, 내외 친소의 풍경		용산역 부근의 일본 집 풍경

기차 안팎의 풍경을 통해 개화된 세상에 대한 동경과 찬양을 노래함

핵심 정리

▼ 갈래: 창가   ▼ 성격: 계몽적, 예찬적
▼ 주제: 개화된 근대 문명에 대한 동경과 예찬
▼ 해제: 이 시는 근대 문명을 상징하는 경부 철도의 개통을 예찬함으로써 문명개화에 대한 긍정적 시각을 드러내고 있는 작품이다. 스코틀랜드 민요 〈밀밭에서〉의 곡조에 전 67절로 된 가사를 붙인 7 · 5조 운율의 창가이다.
▼ 시의 특징과 표현
   ① 7 · 5조, 3음보로 노래한 전 67절의 장편 창가임
   ② 직유, 과장, 영탄 등의 표현 방법을 통해 예찬적 태도를 드러냄

해(海)에게서 소년에게 | 최남선

1

처……ㄹ썩, 처……ㄹ썩, 척, 쏴……아.
_{파도 소리의 의성어 – ① 파도처럼 밀려 들어오는 신문명 ② 소년의 씩씩한 기개}
때린다, 부순다, 무너 버린다.
_{구질서의 파괴 – 개화에 대한 열망}
태산(泰山) 같은 높은 뫼, 집채 같은 바윗돌이나,
_{문명개화에 방해가 되는 세력}
요것이 무어야, 요게 무어야.
_{두려워하지 않는 바다의 기상}
나의 큰 힘 아느냐, 모르느냐, 호통까지 하면서
_{문명개화를 이룰 수 있는 힘}
때린다, 부순다, 무너 버린다.

처……ㄹ썩, 처……ㄹ썩, 척, 튜르릉, 콱.
_{1행의 '쏴아'를 '튜르릉, 콱'으로 바꾸어 리듬감을 살림}

▶ 1: 모든 것을 부술 수 있는 바다의 위용

2

처……ㄹ썩, 처……ㄹ썩, 척, 쏴……아.

내게는, 아무것, 두려움 없어,
_{권세}
육상(陸上)에서, 아무런, 힘과 권(權)을 부리던 자(者)라도,
_{개화에 방해가 되는 구시대의 낡은 세력}
내 앞에 와서는 꼼짝 못하고,

아무리 큰 물건도 내게는 행세하지 못하네.
_{세도를 부리지}
내게는 내게는 나의 앞에는.

처……ㄹ썩, 처……ㄹ썩, 척, 튜르릉, 콱.

▶ 2: 모든 것을 제압하는 바다의 위력

3

처……ㄹ썩, 처……ㄹ썩, 척, 쏴……아.

나에게, 절하지, 아니한 자(者)가
_{'나'에게 굴복하지 않은 자}   _{기별하여 알림}
지금(只今)까지, 없거든, 통기하고 나서 보아라.
_{과시적인 태도}
진시황(秦始皇), 나팔륜, 너희들이냐.
_{나폴레옹}
누구 누구 누구냐, 너희 역시(亦是) 내게는 굽히도다.

나하고 겨룰 이 있건 오너라.
_{있거든}
처……ㄹ썩, 처……ㄹ썩, 척, 튜르릉, 콱.

▶ 3: 아무리 위대한 인간이라도 복종시키는 바다의 위엄

4

처……ㄹ썩, 처……ㄹ썩, 척, 쏴……아.

조그만 산(山) 모를 의지(依支)하거나,
_{산모퉁이}
좁쌀 같은 작은 섬, 손뼉만 한 땅을 가지고,
_{보잘것없는 작은 것}
그 속에 있어서 영악한 체를,
_{잘난 체을}

• 시의 창작 의도와 주제 의식
• '바다'와 '소년'의 상징적 의미

필수 문제

01 화자 파악하기
• 화자: '나' (바다)
• 상황: 위력을 뽐내며 (   )
  에 대한 애정을 드러냄
• 정서·태도: 애정, 기대감

02 이 시의 표현 중 의미가 이질적인 것은?
① 태산(泰山) 같은 높은 뫼
② 집채 같은 바윗돌
③ 힘과 권(權)을 부리던 자(者)
④ 나 혼자 거룩하다 하는 자(者)
⑤ 크고 길고, 너르게 뒤덮은 바저 푸른 하늘

03 '4'에서 화자가 비판하고 있는 대상을 표현하기에 적절한 속담을 쓰시오.

04 각 연의 처음과 끝에 쓰인 의성어가 상징하는 바를 간단하게 쓰시오.

부리면서, 나 혼자 거룩하다 하는 자(者),「 」: 오만한 태도로 문명개화를 거부하는 사람들
<u>우물 안 개구리</u>

이리 좀 오너라, 나를 보아라.

처……ㄹ썩, 처……ㄹ썩, 척, 튜르릉, 콱.　　　　▶ 4: 잘난 척하는 인간들에
　　　　　　　　　　　　　　　　　　　　　　　대한 바다의 호통

5

처……ㄹ썩, 처……ㄹ썩, 척, 쏴……아.

나의 짝 될 이는 하나 있도다.
'나'와 함께할 수 있는 이
<u>크고 길고, 너르게 뒤덮은 바 저 푸른 하늘.</u>
바다와 뜻이 통하는 이는 푸른 하늘뿐임
저것은 우리와 틀림이 없어,

<u>적은 시비(是非) 작은 쌈 온갖 모든 더러운 것 없도다.</u>
푸른 하늘의 깨끗함 – 현실 세계의 더러움과 대비됨
<u>저 따위 세상(世上)에 저 사람처럼,</u>
온갖 시비를 일으키는 더러운 자들
처……ㄹ썩, 처……ㄹ썩, 척, 튜르릉, 콱.　　　　▶ 5: 바다의 짝이 될 만한
　　　　　　　　　　　　　　　　　　　　　　　순결한 하늘

6

처……ㄹ썩, 처……ㄹ썩, 척, 쏴……아.

<u>저 세상(世上) 저 사람 모두 미우나,</u>
세상 사람들에 대한 부정적 인식 – 소년의 존재를 부각하는 효과
그중에서 똑 하나 사랑하는 일이 있으니,

<u>담(膽) 크고 순정(純情)한 소년배(少年輩)들이,</u>
새로운 문명으로 새로운 세상을 열어 갈 용감하고 순수한 세대
<u>재롱(才弄)처럼 귀(貴)엽게 나의 품에 와서 안김이로다.</u>
소년에 대한 애정과 기대감
오너라 소년배 입맞춰 주마.

처……ㄹ썩, 처……ㄹ썩, 척, 튜르릉, 콱.　　　　▶ 6: 소년에 대한 바다의 애
　　　　　　　　　　　　　　　　　　　　　　　정과 기대

한눈에 보기

바다	애정, 기대	소년
강한 위용과 순결함을 지닌 존재	→	담이 크고 순정한 새 시대를 열어갈 세대

핵심 정리

- ▼ 갈래: 신체시　　　▼ 성격: 계몽적, 낙관적
- ▼ 주제: 새로운 문명개화의 시대를 열어 갈 소년에 대한 기대
- ▼ 해제: 이 시는 의인화된 '바다'를 화자로 설정한 작품으로, 신문명에 대한 열망과 개화를 실현할 주역인 소년에 대한
  기대와 믿음을 노래하고 있다.
- ▼ 시의 특징과 표현
  ① 의인화한 바다를 화자로 설정하여 시상을 전개함
  ② 웅장하고 힘찬 남성적 어조와 직설적 표현을 사용함

129 거짓 이별 | 한용운

당신과 나와 이별한 때가 언제인지 아십니까.
연인, 조국, 부처, 절대자, 진리 등
가령 우리가 좋을 대로 말하는 것과 같이 거짓 이별이라 할지라도 나
객관적인 이별 상황을 주관적으로 부정함
의 입술이 당신의 입술에 닿지 못하는 것은 사실입니다.

『이 거짓 이별은 언제나 우리에게서 떠날 것인가요.』
「 」: 임과의 재회가 쉽지는 않을 것임(재회를 소망하는 안타까운 마음)
한 해 두 해 가는 것이 얼마 아니 된다고 할 수가 없습니다.
화자의 젊음 ▶ 1~4행: 이별의 상황과 그로 인한 고통
『시들어 가는 두 볼의 도화가 무정한 봄바람에 몇 번이나 스쳐서 낙화
「 」: 아름다움을 잃고 덧없이 늙어 가는 화자 자신의 모습에 대한 안타까움   젊음을 잃은 화자
가 될까요.』

회색이 되어 가는 두 귀 밑의 푸른 구름이, 쪼이는 가을볕에 얼마나
검은 머리
바래서 백설이 될까요.』
흰머리 ▶ 5, 6행: 덧없이 늙어 가는 세월에 대한 안타까움
『머리는 희어 가도 마음은 붉어 갑니다.
「 」: 화자의 변함없는 사랑(대구, 대조)
피는 식어 가도 눈물은 더워 갑니다.』
임을 기다리는 마음
『사랑의 언덕엔 사태가 나도 희망의 바다엔 물결이 뛰놀아요.』
「 」: '당신'과의 만남에 대한 희망
『이른바 거짓 이별이 언제든지 우리에게서 떠날 줄만은 알아요.』
「 」: '당신'과의 만남에 대한 확신 ▶ 7~10행: 임에 대한 변함없는 사랑과 만남에의 확신
『그러나 한 손으로 이별을 가지고 가는 날은 또 한 손으로 죽음을 가
「 」: 이별을 거부하겠다는 화자의 강한 의지
지고 와요.』
▶ 11행: 이별을 거부하겠다는 강한 의지

출제 포인트
• 시구의 의미와 화자의 태도
• 시행의 의미와 화자의 정서

필수 문제

01 화자 파악하기
• 화자: '나'(임과 이별한 이)
• 상황: 이별의 상황을 (   )
하여 임과 다시 만날 것을 확
신함
• 정서·태도: 그리움, 소망

02 이 시에서 객관적 이별의 상
황을 화자가 주관적으로 부정하고
있는 표현을 찾아 2어절로 쓰시
오.

03 이 시에서 임과의 재회에 대
한 화자의 확신을 단적으로 보여
주는 시행을 찾아 쓰시오.

핵심 정리
▼ 갈래: 자유시, 서정시   ▼ 성격: 상징적, 여성적
▼ 주제: 임과의 재회에 대한 소망
▼ 해제: 이 시는 '당신'이 떠나가 버린 객관적 상황을 주관적으로 부정함으로써 '당신'과의 이별 상황에 대한 극복 의
지와 다시금 만날 수 있으리라는 재회에의 소망을 담고 있다. 이 시의 제목인 '거짓 이별'은 〈님의 침묵〉에서 '님은
갔지마는 나는 님을 보내지 아니하였습니다.'라는 구절과 같은 의미로, 사랑과 이별에 대한 역설의 미학을 잘 보여
주는 표현이다.
▼ 시의 특징과 표현
① 여성적 어조를 통해 소망의 간절함을 강조함
② 경어체의 사용으로 경건한 분위기를 조성함

130 나룻배와 행인 | 한용운

나는 나룻배,
화자 – '당신'을 사랑하는 여인, 불도, 독립운동가
당신은 행인.
청자 – 연인, 중생, 조국

▶ 1연: '나'와 당신의 관계

당신은 흙발로 나를 짓밟습니다.
무정한 '당신'의 태도
나는 당신을 안고 물을 건너갑니다.
'당신'을 소중하게 생각함
「나는 당신을 안으면 깊으나 얕으나 급한 여울이나 건너갑니다.」
시련과 역경   「 」: '당신'에 대한 '나'의 희생과 헌신
▶ 2연: 무정한 당신을 위한 '나'의 희생과 헌신

「만일 당신이 아니 오시면 나는 바람을 쐬고 눈비를 맞으며 밤에서 낮
까지 당신을 기다리고 있습니다.」
「 」: 헌신적인 '나'의 기다림   인고(忍苦)의 자세
당신은 물만 건너면 나를 돌아보지도 않고 가십니다그려.
무정하고 무심한 '당신'의 태도
그러나 당신이 언제든지 오실 줄만은 알아요.
'당신'에 대한 절대적 믿음 – 거자필반(去者必返)
나는 당신을 기다리면서 날마다 날마다 낡아 갑니다.
인고의 기다림
▶ 3연: 당신을 향한 인고의 기다림

나는 나룻배,
수미 상관
당신은 행인. – ① '나'와 '당신'의 관계 강조 ② 시상 전개에 안정감을 줌
▶ 4연: '나'와 당신의 관계 강조

출제 포인트
• '나룻배'와 '행인'의 상징적 의미
• '당신'에 대한 화자의 태도

필수 문제

01 화자 파악하기
• 화자: '나' ('나룻배')
• 상황: 당신을 위해 (   )하고 기다릴 것임을 노래함
• 정서·태도: 희생적, 인고(忍苦)

02 〈보기〉의 (   ) 안에 들어갈 시어를 각각 찾아 쓰시오.

〈보기〉
이 시에서는 '나'와 '당신'의 관계를 (   )와/과 (   )의 관계로 설정하여, 참된 사랑의 본질인 희생과 믿음, 자비와 인내를 보여 주고 있다.

03 이 시에서 '당신'에 대한 화자의 희생과 헌신의 자세를 가장 잘 보여 주는 시행을 찾아 쓰시오.

알맹이 포착

'나룻배'의 의미
'당신'에 대한 희생과 헌신, 숭고한 사랑을 드러내는 화자를 가리키며, 시인이 승려임을 고려할 때 중생을 구제하는 불도(佛道)로, 시대적 상황을 고려할 때 독립운동가로 해석할 수 있다.

'행인'의 의미
화자가 기다리는 무정한 임으로, '나'를 불도로 볼 때 불도의 소중함을 알지 못하고 고통과 번뇌의 삶을 살아가는 중생으로, '나'를 독립운동가로 볼 때 조국으로 해석할 수 있다.

핵심 정리

▾ 갈래: 자유시, 서정시   ▾ 성격: 상징적, 여성적
▾ 주제: 참된 사랑의 본질인 희생과 믿음
▾ 해제: 이 시는 사랑의 본질은 희생과 믿음, 자비와 인내라는 인식을 바탕으로, '당신'에 대한 무한한 사랑을 노래하고 있다.
▾ 시의 특징과 표현
① 경어체의 표현을 통해 진실성을 강조함
② 수미 상관의 기법으로 시상 전개에 안정감을 줌
③ 비유와 상징의 표현을 통해 주제를 효과적으로 형상화함

131 님의 침묵 | 한용운

교과서 수능 기출 EBS

님은 갔습니다. 아아, 사랑하는 나의 님은 갔습니다.
그리운 대상(조국, 민족, 연인, 부처, 진리 등)

푸른 산빛을 깨치고 단풍나무 숲을 향하여 난 작은 길을 걸어서, 차
밝음, 희망 ↓ 임을 잃은 허무와 좌절감 조락(凋落), 절망

마 떨치고 갔습니다.

황금(黃金)의 꽃같이 굳고 빛나던 옛 맹서(盟誓)는 차디찬 티끌이 되어
영원한 사랑의 약속 허무, 보잘것없는 존재

서 한숨의 미풍(微風)에 날아갔습니다.

날카로운 첫 키스의 추억(追憶)은 나의 운명(運命)의 지침(指針)을 돌려
임에 대한 사랑을 깨달은 순간을 감각적으로 표현 삶의 방향

놓고, 뒷걸음쳐서 사라졌습니다.
▶ 1~4행(기): 임과의 이별

『나는 향기로운 님의 말소리에 귀먹고, 꽃다운 님의 얼굴에 눈멀었습
「 」: 임의 절대성(역설법, 대구법)

니다.』

사랑도 사람의 일이라, 만날 때에 미리 떠날 것을 염려하고 경계하지

아니한 것은 아니지만, 이별은 뜻밖의 일이 되고, 놀란 가슴은 새로운
임과의 갑작스러운 이별로 인한 충격과 슬픔

슬픔에 터집니다.
▶ 5, 6행(승): 이별 후의 슬픔

그러나 이별을 쓸데없는 눈물의 원천(源泉)을 만들고 마는 것은 스스
시상의 전환 이별하였다는 이유로 눈물만 흘리고 있는 것

로 사랑을 깨치는 것인 줄 아는 까닭에, 걷잡을 수 없는 슬픔의 힘을 옮
슬픔을 새로운 희망으로 전환시킴

겨서 새 희망(希望)의 정수박이에 들어부었습니다.
'정수리'의 방언

『우리는 만날 때에 떠날 것을 염려하는 것과 같이, 떠날 때에 다시 만
이별에 대한 염려 – 회자정리(會者定離) 재회에 대한 믿음 – 거자필반(去者必返)

날 것을 믿습니다.』 「 」: 불교의 윤회 사상
▶ 7, 8행(전): 슬픔을 극복한 새로운 희망

아아, 님은 갔지마는 나는 님을 보내지 아니하였습니다.
현실적으로는 임이 떠나갔지만 재회에 대한 화자의 믿음이 있는 한 임은 반드시 돌아올 것임(역설법)

제 곡조를 못 이기는 사랑의 노래는 님의 침묵을 휩싸고 돕니다.
임에 대한 북받치는 사랑과 믿음 현실 – 임의 부재 부정적 현실의 극복 의지
▶ 9, 10행(결): 영원한 사랑의 다짐

출제 포인트

- '님'의 상징적 의미
- 시상 전개에 따른 화자의 태도 변화
- 역설적 표현에 담긴 의미

필수 문제

01 화자 파악하기
- 화자: '나'(임과 이별한 이)
- 상황: 떠난 임을 언젠가 다시 만날 수 있을 것이라며 영원한 (   )을 다짐함
- 정서·태도: 극복, 소망

02 이 시에서 임이 부재하는 현실을 단적으로 표현하고 있는 2어절의 시구를 찾아 쓰시오.

03 [기출] 이 시에 대한 설명으로 적절하지 않은 것은?
① 1행: 동일한 시구를 반복하여 임을 잃은 상실감을 표현하고 있다.
② 3행: 대비적 의미를 지닌 시구를 통해 화자의 좌절감을 그려 내고 있다.
③ 5행: 연쇄법을 사용하여 임의 절대성을 강조하고 있다.
④ 7행: 접속어를 사용하여 이별에 대한 화자의 인식이 전환되고 있음을 드러내고 있다.
⑤ 9행: 역설적인 표현 방식을 통해 영원한 사랑을 다짐하는 화자의 태도를 드러내고 있다.

핵심 정리

- 갈래: 자유시, 서정시   성격: 상징적, 의지적
- 주제: 임을 향한 영원한 사랑
- 해제: 이 시는 임과의 이별로 인한 슬픔을 불교적 진리를 통해 극복하고자 하는, 화자의 간절한 소망을 노래하고 있다.
- 시의 특징과 표현
  ① 연가풍의 여성적 어조로 화자의 소망을 표현함
  ② 역설적 표현을 통해 주제 의식을 강조함
  ③ 불교적 비유와 고도의 상징이 돋보임

당신을 보았습니다 | 한용운

당신이 가신 뒤로 나는 당신을 잊을 수가 없습니다.
조국, 연인, 부처　　　　　　'당신'이 '나'의 삶의 지표이기 때문에
까닭은 당신을 위하나니보다 나를 위함이 많습니다.
　　　　　　　　'나'의 고통을 견디기 위해
　　　　　　　　　　▶ 1연: 당신을 잊지 못함

나는 갈고 심을 땅이 없음으로 추수(秋收)가 없습니다.
일제 강점기 우리 민족의 궁핍한 현실
『저녁거리가 없어서 조나 감자를 꾸러 이웃집에 갔더니,

주인(主人)은 "거지는 인격(人格)이 없다. 인격이 없는 사람은 생명(生
일제　　　　　우리 민족
命)이 없다. 너를 도와주는 것은 죄악(罪惡)이다."고 말하얐습니다.』
　　　　　　　　　　「 」: 핍박받는 우리 민족의 상황
그 말을 듣고 돌어 나올 때에, 쏟아지는 눈물 속에서 당신을 보았습
니다.　　　　　　　　　　비인격적인 핍박을 견딜 수 있게 하는 힘
　　　　　　　　　　▶ 2연: 주인에게 모멸을 당
　　　　　　　　　　　　 한 뒤 당신을 봄

나는 집도 없고 다른 까닭을 겸하야 민적(民籍)이 없습니다.
　　　　　　　　　　　　호적 – 주권
"민적 없는 자(者)는 인권(人權)이 없다. 인권이 없는 너에게 무슨 정
나라를 잃은 우리 민족
조(貞操)냐." 하고 능욕(凌辱)하랴는 장군(將軍)이 있었습니다.
　　　 남을 업신여겨 욕보임　　　　일제
그를 항거한 뒤에, 남에게 대한 격분이 스스로의 슬픔으로 화(化)하는
　　　　 일제에 대한 분노　　　 나라를 지키지 못한 자책　변화하는
찰나에 당신을 보았습니다.
불의에 항거할 수 있는 원동력
　　　　　　　　　　▶ 3연: 장군에게 항거한 뒤
　　　　　　　　　　　　 당신을 봄

아아『온갖 윤리(倫理), 도덕(道德), 법률(法律)은 칼과 황금을 제사 지내
　　　　정의라고 믿는 규범들　　　　　　　권력과 돈(대유법)
는 연기(煙氣)인 줄을 알았습니다.』「 」: 정의라고 믿고 있던 것들이 권력과 돈에
허망함, 덧없음　　　　　　봉사하는 허망한 것임을 깨달음
영원(永遠)의 사랑을 받을까, 인간 역사(人間歷史)의 첫 페이지에 잉크칠
이 세상을 벗어남(죽음)　　 인류 역사에 대한 부정
을 할까, 술을 마실까 망서릴 때에 당신을 보았습니다.
자포자기의 삶　　　　　　절망의 순간 '당신'을 보고 새로운 삶의 의지를 다짐
　　　　　　　　　　▶ 4연: 절망으로 자포자기
　　　　　　　　　　　　 한 순간 당신을 봄

핵심 정리

▼ 갈래: 자유시, 서정시　　　▼ 성격: 상징적, 희망적
▼ 주제: 굴욕적인 삶(식민지 현실)을 극복하려는 의지와 참된 가치의 추구
▼ 해제: 이 시는 일제의 핍박 속에서도 '당신'에 대한 믿음을 통해 삶의 절망을 극복하려는 화자의 의지와 신념을 노래하고 있다.
▼ 시의 특징과 표현
　① 상징적 표현을 통해 민족의 현실을 드러냄
　② 부재하는 대상에게 말을 건네는 대화체의 형식으로 시상이 전개됨
　③ 경어체의 어미를 반복하여 화자의 정서를 강조함

133 복종 | 한용운

필수

남들은 자유를 사랑한다지마는, 나는 복종을 좋아하여요.
　　　　　　　　　　　　타율적인 강요가 아닌, 자발적이고 능동적인 복종

자유를 모르는 것은 아니지만, 당신에게는 복종만 하고 싶어요.
　　　　　　　　　　절대 복종의 대상 – 조국, 민족, 절대자, 진리 등

복종하고 싶은 데 복종하는 것은 아름다운 자유보다 더 달콤합니다.
스스로가 선택한 자발적인 복종　　　　'당신'에게 복종하는 것은 자유보다 더 큰 행복임

그것이 나의 행복입니다.
　　　　　　　　　　　　　　▶ 1연: 당신에게 복종하는
　　　　　　　　　　　　　　　　것은 '나'의 행복임

　　　　　　　　　일제
그러나 당신이 나더러 다른 사람을 복종하라면, 그것만은 복종할 수
'다른 사람'에게 복종하는 것은 '당신'에 대한 절대 복종이 될 수 없기 때문에
가 없습니다.

다른 사람을 복종하려면 당신에게 복종할 수가 없는 까닭입니다.
　　　　　　　　　　　　　　▶ 2연: 당신에게만 복종하
　　　　　　　　　　　　　　　　고 싶은 '나'의 마음

출제 포인트

• '당신'과 '복종'의 의미
• 시대적 배경을 고려한 시의 감상

필수 문제

01 화자 파악하기
• 화자: '나'(당신에게 복종하고 싶은 이)
• 상황: 당신에게만 (　　　)하고 싶음
• 정서·태도: 영원한 사랑

02 이 시에 나타난 '복종'의 속성으로 가장 알맞은 것은?
① 수동적　　② 애상적
③ 자발적　　④ 체념적
⑤ 회의적

03 이 시가 창작된 역사적 상황을 고려할 때, '다른 사람'이 의미하는 바를 쓰시오.

한눈에 보기

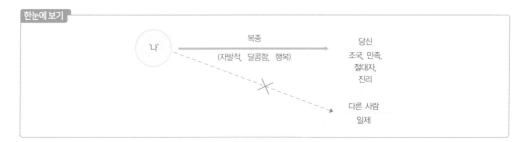

핵심 정리

ˇ 갈래: 자유시, 서정시　　ˇ 성격: 여성적, 연가풍
ˇ 주제: 절대적 존재에 대한 복종과 그 기쁨
ˇ 해제: 이 시는 화자가 진정한 자유와 행복이라고 믿는 '자발적인 복종'을 소재로, '당신'에 대한 영원한 사랑을 노래하고 있다.
ˇ 시의 특징과 표현
　① 자유보다 복종이 좋다는 역설적 발상을 통해 당신에 대한 사랑을 표현함
　② 연가풍의 여성적 어조를 통해 낭만적 분위기를 드러냄

'사랑'을 사랑하여요 | 한용운

□: 내가 사랑하는 당신의 본질　　　청자에게 어떤 사실을 알리거나 설명하는 종결 어미

당신의 얼굴은 봄 하늘의 고요한 별이어요.
　　　　　　　　두드러지지 않게 빛나는 별

그러나 찢어진 구름 사이로 돌아 오는 반달 같은 얼굴이 없는 것이
　　　　　　　　　　　　　　　어여쁜 얼굴. 모두의 눈에 띄게 환히 빛나는 얼굴
아닙니다.

만일 어여쁜 얼굴만을 사랑한다면 왜 나의 베갯모에 달을 수놓지 않
반달 같은 얼굴
고 별을 수놓아요.
　　　어떤 사실을 강하게 부정하는 뜻을 나타내는 종결 어미 ①　　▶ 1연: 고요한 별 같은 당신
　　　　　　　　　　　　　　　　　　　　　　　　　　의 얼굴을 사랑함

『♪: 1~3연 각 1행 통사 구조 반복
당신의 마음은 티 없는 숫옥(玉)이어요.』
　　　　　아직 다듬지 않은 옥

그러나 곱기도 밝기도 굳기도 보석 같은 마음이 없는 것이 아닙니다.
　　　　　　　　　　　　아름다운 마음

만일 아름다운 마음만을 사랑한다면 왜 나의 반지를 보석으로 아니
보석 같은 마음
하고 옥으로 만들어요.　　　　　　　　　　　　　　▶ 2연: 숫옥 같은 당신의 마
　　　어떤 사실을 강하게 부정하는　　　　　　　　음을 사랑함
　　　뜻을 나타내는 종결 어미 ②

당신의 시(詩)는 봄비에 새로 눈트는 금(金)결 같은 버들이어요.
　　　　　　　　　　　　　친숙함을 주는 좋은 시

그러나 기름 같은 검은 바다에 피어오르는 백합꽃 같은 시가 없는 것
이 아닙니다.　　　　　　　　　화려하게 빛나는 시

만일 좋은 문장(文章)만을 사랑한다면 왜 내가 꽃을 노래하지 않고 버
백합꽃 같은 시
들을 찬미하여요.　　　　　　　　　　　　　　　▶ 3연: 버들 같은 당신의 시
　　　어떤 사실을 강하게 부정하는 뜻을 나타내는 종결 어미 ③　를 찬미함

『온 세상 사람이 나를 사랑하지 아니할 때에 당신만이 나를 사랑하였
「」: 내가 당신을 사랑하는 이유
습니다.』

나는 당신을 사랑하여요. 나는 당신의 사랑을 사랑하여요.
　　　　　　　　　　　　사랑은 주고받는 것임(나를 사랑　▶ 4연: 당신의 사랑을 사랑
　　　　　　　　　　　　하는 당신의 사랑을 사랑함)　　　함

출제 포인트

• 시구의 의미 이해
• 화자의 정서와 태도 이해

필수 문제

01 화자 파악하기
• 화자: '나' (당신을 사랑하는 이)
• 상황: '(　　)'를 사랑하는 당신을 사랑함
• 정서·태도: 사랑

02 이 시에서 '나'가 사랑하는 당신의 본질 세 가지를 모두 찾아 쓰시오.

03 이 시에서 '나'가 당신을 사랑하는 이유가 제시된 부분이 몇 연인지 쓰시오.

핵심 정리

▼ 갈래: 자유시, 서정시　　▼ 성격: 비유적, 고백적
▼ 주제: '나'를 진실로 사랑하는 당신을 사랑함
▼ 해제: 이 시는 사랑이란 겉으로 보이는 화려함이 아니라 진실로 '나'를 사랑하는 마음이며, 서로 진실한 마음을 주고받는 것임을 통사 구조의 반복과 비유적 표현을 통하여 강조하고 있다.
▼ 시의 특징과 표현
① 통사 구조의 반복과 비유적 표현을 통해 '님'의 모습을 형상화함
② '−어(여)요'의 설명형, 부정형 종결 어미를 각각 반복 사용하여 운율감을 형성하고 주제 의식을 강화함

현대시의 모든 것

사랑의 측량 | 한용운

즐겁고 아름다운 일은 양이 많을수록 좋은 것입니다.
사람들의 일반적인 생각
그런데 당신의 사랑은 양이 적을수록 좋은가 봐요.
양이 적으면 당신과의 거리가 가까워지기 때문에 - 역설적 표현
당신의 사랑은 당신과 나와 두 사람의 사이에 있는 것입니다.
조국, 연인, 부처(진리)
사랑의 양을 알려면, 당신과 나의 거리를 측량할 수밖에 없습니다.
사랑의 크기를 측정하기 위한 방법 – 추상적 개념을 구체화함
그래서 당신과 나의 거리가 멀면 사랑의 양이 많고, 거리가 가까우면
사랑의 양이 많음 = 거리가 멂 → 괴로움
사랑의 양이 적을 것입니다.
사랑의 양이 적음 = 거리가 가까움 → 즐거움   「 」: 역설적 표현
『그런데 적은 사랑은 나를 웃기더니 많은 사랑은 나를 울립니다.』
당신과의 거리가 가깝기 때문에   당신과의 거리가 멀기 때문에
▶ 1연: 당신과 '나'의 거리
와 사랑의 양

뉘라서 사람이 멀어지면, 사랑도 멀어진다고 하여요.
사랑에 대한 일반적인 인식의 부정
『당신이 가신 뒤로 사랑이 멀어졌으면, 날마다 날마다 나를 울리는 것
「 」: 이별의 상황에서도 사랑은 오히려 더 깊어짐
은 사랑이 아니고 무엇이어요.』
▶ 2연: 당신이 가신 뒤로 더
깊어지는 사랑

▪ 측량(測量): 기기를 써서 물건의 높이, 깊이, 넓이, 방향 따위를 잼

필수

출제 포인트
• 사랑에 대한 화자의 인식
• 역설적 표현에 담긴 의미

필수 문제

01 화자 파악하기
• 화자: '나' (사랑하는 사람과
헤어져 있는 이)
• 상황: 이별의 상황에서도 당신
과의 사랑을 (   )함
• 정서·태도: 슬픔, 괴로움

02 이 시에 나타난 역설적 표현
의 의미를 다음과 같이 정리할 때
(   ) 안에 들어갈 알맞은 말을
쓰시오.

역설적 표현	당신의 사랑은 양이 적을수록 좋은가 봐요.
화자의 인식	사랑의 양이 적으면 당신과의 거리가 ( ) 때문에 좋다.

03 [서술형] 이 시와 〈보기〉에
나타난 발상의 공통점을 30자 내
외로 서술하시오.

〈보기〉
동짓달 기나긴 밤을 한 허리
를 버혀 내여

한눈에 보기

핵심 정리

▾ 갈래: 자유시, 서정시   ▾ 성격: 여성적, 역설적
▾ 주제: 임에 대한 간절한 기다림과 참된 사랑의 의미
▾ 해제: 이 시는 사랑하는 사람과의 거리가 멀수록 오히려 사랑의 양은 많아진다는 역설적 인식을 바탕으로, 임과 떨어
져 있어도 오히려 사랑은 더 깊어질 수 있음을 드러내고 있는 작품이다.
▾ 시의 특징과 표현
① 추상적 개념인 사랑을 물리적 개념인 거리로 치환하여 발상의 참신함을 드러냄
② 경어체를 사용하여 임에 대한 절대적 사랑을 노래함
③ 역설적 표현을 통해 사랑에 대한 새로운 인식을 나타냄

수(繡)의 비밀 | 한용운

나는 당신의 옷을 다 지어 놓았습니다.
　　임에 대한 사랑과 정성
심의(深衣)도 짓고 도포도 짓고 자리옷도 지었습니다.
신분이 높은 선비들이 입던 옷옷　　　　　　잠잘 때 입는 옷
짓지 아니한 것은 작은 주머니에 수놓는 것뿐입니다.
재회의 순간을 위해 옷의 완성을 미루어 둠
　　　　　　　　　　　　　　　▶ 1연: 주머니만 짓지 아니하고
　　　　　　　　　　　　　　　　　당신의 옷을 다 지어 놓음

그 주머니는 나의 손때가 많이 묻었습니다.
　　　　　　옷을 짓는 행위가 오랫동안 지속되었음을 알 수 있음
짓다가 놓아두고 짓다가 놓아두고 한 까닭입니다.
임의 부재를 부인하고 싶은 화자의 마음이 내재되어 있음
다른 사람들은 나의 바느질 솜씨가 없는 줄로 알지마는 그러한 비밀
　　　　　　　　　　수의 비밀 – 계속 수를 놓으며 당신에 대한 사랑과 기다림을 이어 가고자 함
은 나밖에는 아는 사람이 없습니다.

나는 마음이 아프고 쓰린 때에 주머니에 수를 놓으려면 나의 마음은
　　　　　　이별의 상황으로 힘들 때
수놓는 금실을 따라서 바늘구멍으로 들어가고 주머니 속에서 맑은 노
　　　　　　　　　　　　　수를 놓는 과정을 통해 화자의 자기 정화가 이루어짐
래가 나와서 나의 마음이 됩니다.

그러고 아직 이 세상에는 그 주머니에 넣을 만한 무슨 보물이 없습니다.
　　　　　　　　　　임의 존재를 대신할 만한 가치 있는 것
『이 작은 주머니는 짓기 싫어서 짓지 못하는 것이 아니라 짓고 싶어서
「 」: 역설적 표현 – 임의 부재가 환기되는 상황을 지연시키려는 태도
다 짓지 않는 것입니다.』
　　　　　　　　　　　　　　　▶ 2연: 계속되는 수놓기를 통한
　　　　　　　　　　　　　　　　　당신에 대한 사랑

출제 포인트

• 화자가 주머니에 수놓는 것을 미루는 이유
• 역설적 표현에 담긴 의미

필수 문제

01 화자 파악하기
• 화자: '나' (임의 옷을 짓는 이)
• 상황: 임의 옷을 다 지어 놓고 (　　)에 수를 놓아 완성하는 일을 미루고 있음
• 정서 · 태도: 사랑, 기다림

02 [기출] 이 시를 감상한 내용으로 적절하지 <u>않은</u> 것은?

① '나의 손때가 많이 묻었습니다'를 통해 화자의 일상적 행위가 오랫동안 지속되었음을 짐작할 수 있군.
② '짓다가 놓아두고 짓다가 놓아두고'에는 임의 부재라는 현실을 부인하고 싶은 화자의 심리가 내재되어 있다고 할 수 있군.
③ '마음이 아프고 쓰린'에는 화자의 주체적 선택과 극복 의지가 드러나 있다고 할 수 있군.
④ '맑은 노래가 나와서 나의 마음이 됩니다'에서 수를 놓는 과정을 통해 화자의 자기 정화가 이루어졌다고 할 수 있군.
⑤ '짓고 싶어서 다 짓지 않는 것입니다'에는 임의 부재가 환기되는 상황을 지연시키려는 화자의 태도가 드러나 있다고 할 수 있군.

한눈에 보기

사랑과 정성　　　나　　　재회의 기대
　　　　다 지어 놓음　　다 짓지 않음
　당신의 옷　　　　　　　작은 주머니

핵심 정리

▾ 갈래: 자유시, 서정시　　▾ 성격: 여성적, 고백적, 성찰적
▾ 주제: 임을 기다리는 간절한 마음
▾ 해제: 이 시는 임에 대한 사랑을 임의 옷을 만드는 과정에 비유하여, 임의 부재라는 현실을 인식하면서도 그 현실을 부인하고자 하는 화자의 태도를 역설적인 표현으로 형상화하고 있다.
▾ 시의 특징과 표현
　① 수를 놓는 구체적 행위를 통해 화자의 추상적인 심리를 표현함
　② 경어체를 사용하여 화자의 간절한 마음을 표현함
　③ 역설적 표현으로 화자의 정서를 효과적으로 드러냄

알 수 없어요 | 한용운

모의 기출   EBS

□ : 절대적 존재를 깨닫게 하는 자연 현상

바람도 없는 공중에 수직(垂直)의 파문을 내며 고요히 떨어지는 오동잎
임의 발자취(시각적 이미지)
은 누구의 발자취입니까?
임 – 절대적 존재조국, 부처 등)

지리한 장마 끝에 서풍에 몰려가는 무서운 검은 구름의 터진 틈으
세속적인 번뇌와 고난
로, 언뜻언뜻 보이는 푸른 하늘은 누구의 얼굴입니까?
임의 얼굴(시각적 이미지)

꽃도 없는 깊은 나무에 푸른 이끼를 거쳐서, 옛 탑(塔) 위의 고요한
하늘을 스치는 알 수 없는 향기는 누구의 입김입니까?
임의 입김(후각적 이미지)

근원은 알지도 못할 곳에서 나서, 돌부리를 울리고 가늘게 흐르는
불도의 세계 – 무한함, 신비함, 영원함
작은 시내는 굽이굽이 누구의 노래입니까?
임의 노래(청각적 이미지)

연꽃 같은 발꿈치로 가이없는 바다를 밟고, 옥 같은 손으로 끝없는

하늘을 만지면서, 떨어지는 날을 곱게 단장하는 저녁놀은 누구의 시(詩)
해 혹은 하루   임의 시(시각적 이미지)
입니까?
▶ 1~5행: 자연 현상을 통해
드러나는 절대적 존재

타고 남은 재가 다시 기름이 됩니다. 그칠 줄 모르고 타는 나의 가
윤회 사상을 바탕으로 한 역설적 표현   절대적 존재에 대한 사랑, 진리를 향한 구도 정신
슴은 누구의 밤을 지키는 약한 등불입니까?
임이 부재하는 암담한 현실 '밤'을 몰아내려는 화자의   ▶ 6행: 임을 향한 끝없는 구
의지와 희생정신   도의 정신

- 지리한: '지루한'의 잘못. 시간이 오래 걸리거나 같은 상태가 오래 지속되어 따분하고 싫
증이 나는
- 가이없는: '가없는'의 잘못. 끝이 없는

알맹이 포착

'타고 남은 재가 다시 기름이 됩니다.'의 의미
불교의 윤회 사상을 바탕으로 한 역설적 표현으로, '타고 남은 재'라
는 소멸의 이미지를 '기름'이라는 생성의 이미지로 연결하여 절대적
인 존재를 향한 화자의 끝없는 구도의 의지를 드러낸다. 자신의 모든
것을 다 바쳐서 진리를 찾을 것이며 이렇게 찾아낸 진리는 어둠을
밝히는 역할을 하여 더 큰 진리를 찾는 기름이 될 것이라는 의미로
이해할 수 있다.

출제 포인트

- 자연 현상에서 발견한 '누구'의 모습
- '밤'과 '등불'의 의미
- 역설적 표현에 담긴 의미

필수 문제

01 화자 파악하기
- 화자: '나'(임의 존재를 믿는 이)
- 상황: 임의 존재를 깨닫고 임이 부재하는 밤에 (   )이 될 것이라 다짐함
- 정서 · 태도: 구도, 의지적

02 이 시는 '누구'의 모습을 자연 현상으로 형상화하고 있다. 그 내용을 다음과 같이 도식화할 때, ㉠~㉣에 들어갈 알맞은 시어를 각각 찾아 쓰시오.

원관념	보조 관념
발자취	㉠
얼굴	푸른 하늘
입김	㉡
㉢	작은 시내
시	㉣

03 이 시에서 '임'이 부재하는 현실을 형상화하고 있는 시어를 찾아 1음절로 쓰시오.

04 불교의 윤회 사상을 역설적으로 표현한 시구를 찾아 쓰시오.

핵심 정리

- 갈래: 자유시, 서정시   ▼ 성격: 구도적, 역설적
- 주제: 절대적 존재에 대한 동경과 그에 대한 구도의 정신
- 해제: 이 시는 '절대적 존재'에 대한 동경과 구도의 자세를 다양한 자연 현상과 감각적 이미지를 통해 형상화하고 있다.
- 시의 특징과 표현
  ① 자연 현상을 의인화하여 임의 존재를 형상화함
  ② 경어체의 사용으로 화자의 간절한 마음을 표현함
  ③ 다양한 감각적 이미지를 사용하여 임의 모습을 나타냄

이별은 미의 창조 | 한용운

『이별은 미(美)의 창조(創造)입니다.』
　▶ 1행: 이별은 미의 창조
「　」: 이별은 자기 인식의 출발이자 님의 존재를 깨닫게 하는 계기, 역설법

이별의 미(美)는『아침의 바탕(質) 없는 황금(黃金)과 밤의 올(絲)없는 검
「　」: 견줄 대상, 자신을 빛나게 해 줄 대상이 없는 일방적 존재
은 비단과 죽음없는 영원(永遠)의 생명(生命)과 시들지 않은 하늘의 푸른
꽃에도 없습니다.』
　▶ 2행: 이별의 미의 가치

임이여,『이별이 아니면 나는 눈물에서 죽었다가 웃음에서 다시 살아
「　」: 이별은 임의 존재를 재확인하고 임과의 단절을 극복하는 출발선임, 역설법
날 수가 없습니다.』오오, 이별이여.
　▶ 3행: 이별의 의미

『미(美)는 이별의 창조(創造)입니다.』
　▶ 4행: 미는 이별의 창조
「　」: 1행의 반복(수미상응), 역설적 내용과 통사 구조의 반복으로 의미 강조, 운율감 형성

출제 포인트

- 표현의 특징 이해
- 시적 상황의 이해

필수 문제

01 화자 파악하기
- 화자: '나' (임과 이별한 이)
- 상황: (　　　)과의 단절을 극복하여 영원한 사랑을 이루려고 함
- 정서·태도: 깨달음

02 이 시에서 운율을 형성하고 주제 의식을 강조하는 표현 방법을 4음절로 쓰시오.

03 이 시에서 화자가 처해 있는 시적 상황을 한 단어로 찾아 쓰시오.

핵심 정리

- ♥ 갈래: 자유시, 서정시　　♥ 성격: 역설적, 명상적, 사색적
- ♥ 주제: 이별에 대한 예찬과 임에 대한 영원한 사랑
- ♥ 해제: 이 시의 화자는 임과의 이별로 인한 아픔과 슬픔을 역설적으로 인식하여 임의 존재를 재확인하고 임과의 단절을 극복하고 있다.
- ♥ 시의 특징과 표현
  ① '이별'을 단절로 인식하지 않고 임에 대한 영원한 사랑으로 승화하는 역설적 표현이 나타남
  ② 통사 구조를 반복하여 운율을 형성하고 시적 의미를 강조함

찬송 | 한용운

님이여, 당신은 백 번이나 단련한 금(金)결입니다.
초월적 존재, 절대적 존재 / 순수, 불변의 가치
뽕나무 뿌리가 산호(珊瑚)가 되도록 천국(天國)의 사랑을 받읍소서.
영원히 - 불가능한 상황을 전제로 한 표현
님이여, 사랑이여, 아침 볕의 첫걸음이여.
어둠을 극복하고 새로운 세계를
여는 존재(시각적 이미지)

▶ 1연: 백 번 단련한 금결과
같은 지고지순한 임

님이여, 당신은 의(義)가 무거웁고 황금(黃金)이 가벼운 것을 잘 아십
절대적·초월적 가치 / 세속적·물질적 가치
니다.

거지의 거친 밭에 복(福)의 씨를 뿌리옵소서.
소외되고 억압받는 존재 - 약자, 중생
님이여, 사랑이여, 옛 오동(梧桐)의 숨은 소리여.
신비하고 숭고한 존재(청각적 이미지)

▶ 2연: 의(義)의 소중함을
아는 의로운 임

님이여, 당신은 봄과 광명(光明)과 평화(平和)를 좋아하십니다.
화자가 소망하는 새로운 세계의 질서 - 밝고 희망적인 이미지
약자(弱者)의 가슴에 눈물을 뿌리는 자비(慈悲)의 보살(菩薩)이 되옵
소외되고 억압받는 존재 / 구원·자비의 표상
소서.

님이여, 사랑이여, 얼음 바다에 봄바람이여.
자애롭고 따뜻한 존재(촉각적 이미지)

▶ 3연: 봄과 광명과 평화를
좋아하는 자비의 임

출제 포인트

• 임에 대한 화자의 태도
• 임을 비유한 시어

필수 문제

01 화자 파악하기
• 화자: 임을 사랑하는 이
• 상황: 지고지순하고 의로운 자
비의 임을 (　　　)함
• 정서·태도: 찬양

02 이 시의 표현 중 의미가 <u>이
질적인</u> 것은?
① 백 번이나 단련한 금(金)결
② 아침 볕의 첫걸음
③ 거지의 거친 밭
④ 옛 오동(梧桐)의 숨은 소리
⑤ 얼음 바다에 봄바람

03 이 시에서 불가능한 상황을
전제로 하여 임에 대한 축복이 영
원하기를 바라는 화자의 태도가
드러난 시행을 찾아 그 첫 어절과
끝 어절을 쓰시오.

한눈에 보기

		님 = 절대자
화자	찬양, 송축 →	백 번이나 단련한 금(金)결 아침 볕의 첫걸음 옛 오동(梧桐)의 숨은 소리 얼음 바다에 봄바람 〈절대자에 대한 송축과 기원〉

핵심 정리

▼ **갈래:** 자유시, 송축시　　　▼ **성격:** 예찬적, 기원적
▼ **주제:** 임에 대한 송축과 기원
▼ **해제:** 이 시는 다양한 비유를 통해 화자가 소망하는 '임'의 모습을 형상화하며, '임'의 절대성을 찬양하고 있다.
▼ **시의 특징과 표현**
　① 비유와 감각적 이미지를 통해 '임'의 속성을 다양하게 형상화함
　② '-ㅂ니다', '-ㅂ소서', '-(이)여'의 종결 형태를 반복적으로 사용하여 운율을 형성하고 의미를 강조함

140 해당화 | 한용운

    당신은 해당화[▪] 피기 전에 오신다고 하였습니다. 봄은 벌써 늦었습
약속의 매개물
기다림의 대상 - 연인, 조국, 광복 등
해당화 피는 늦봄이 되었지만,
약속했던 임이 오지 않음
니다.

    봄이 오기 전에는 어서 오기를 바랐더니 봄이 오고 보니 너무 일찍
만남에 대한 기대와 갈망
왔나 두려워합니다.
만남이 이루어지지 않을 것에 대한 두려움
▶ 1연: 봄이 왔는데도 돌아
오지 않는 당신

    철모르는 아이들은 뒷동산에 해당화가 피었다고 다투어 말하기로 들
당신이 오지 않은 현실을 일깨워 주는 존재 ①
고도 못 들은 체하였더니
현실을 인정하고 싶지 않은 화자의 심리
    야속한 봄바람은 나는 꽃을 불어서 경대[▪] 위에 놓입니다그려
당신이 오지 않은 현실을 일깨워 주는 존재 ②
    시름없이 꽃을 주워서 입술에 대이고 '너는 언제 피었니' 하고 물었
근심과 걱정으로 맥이 없이   현실을 인정할 수밖에 없는 화자의 슬픈 물음
습니다.

    꽃은 말도 없이 나의 눈물에 비쳐서 둘도 되고 셋도 됩니다.
오지 않는 임으로 인한 슬픔   눈물 어린 눈에 비친 꽃이 두세 개로 번져 보임
▶ 2연: 당신에 대한 그리움
과 슬픔

- 해당화: 5~8월(늦봄~여름)에 붉은 자주색 꽃이 피는 장미과의 낙엽 활엽 관목
- 경대: 거울을 버티어 세우고 그 아래에 화장품 따위를 넣는 서랍을 갖추어 만든 가구

- '해당화'의 의미
- '봄'에 대한 화자의 태도 변화

필수 문제

01 화자 파악하기
- 화자: '나' (당신을 간절하게 기다리는 이)
- 상황: (　　　　)가 피기 전에 온 다던 당신이 오지 않은 현실에 슬퍼함
- 정서·태도: 그리움, 슬픔

02 이 시에서 당신과의 재회가 실현될 약속의 시간이면서, 동시에 당신이 오지 않아 고통의 시간이 되는 시적 배경을 찾아 1음절로 쓰시오.

03 이 시에서 화자에게 당신이 오지 않음을 자각하게 해주는 대상 2가지를 찾아 각각 3음절로 쓰시오.

한눈에 보기

	화자의 현실을 일깨우는 존재		화자의 반응
아이들	해당화가 피었다고 다투어 말함	→	못 들은 체함 → 현실을 인정하지 않으려 함
봄바람	해당화 꽃잎을 경대 위에 놓음	→	꽃을 입술에 대고 말을 건네며 눈물을 흘림 → 현실을 인정함

핵심 정리

- 갈래: 자유시, 서정시　　　▾ 성격: 애상적, 여성적
- 주제: 오지 않는 임에 대한 간절한 그리움
- 해제: 이 시는 해당화를 매개로 하여 돌아오지 않는 임에 대한 간절한 그리움을 노래한 작품으로, 화자는 임이 돌아오지 않은 현실을 외면하다가 결국은 그러한 현실을 인정할 수밖에 없는 슬픔을 드러내고 있다.
- 시의 특징과 표현
  ① 자연 현상을 매개로 하여 화자의 정서를 형상화함
  ② 경어체를 사용하여 운율을 형성하고 화자의 섬세한 정서를 드러냄

무서운 밤 | 함형수

△: 화자를 위협하는 외부 존재들

사나운몸부림치며밤내 ■하늬바람은연약한바람벽을뒤흔들고미친듯
위협적인 적의 모습　　　　　　　　　　　　외부의 위협을 막기엔 허약한 힘. 약한 저항력
울음치며긴긴밤을눈보라는가난한볏짚이엉에몰아쳤으나굳게굳게닫히
　　　　　기나긴 고난의 세월 ①　　　　　　자신을 위협하는 바깥의 적에 대한 비타협적 증오.
운증오(憎惡)의창(窓)에밤은깊어도깊어도한그루의붉은순정(純情)의등
　　　　기나긴 고난의 세월 ②　　적에게 대항하는 화자의 무기. 새 세상에 대한 희망
(燈)불이꺼질줄을모르고무서웁게무서웁게어두운바깥을노려보는날카
　　절망하지 않는 모습　　　　　　　　　상대를 직시하며 결의를 다지는 모습
로운적—은눈동자들이빛났다.
미약하지만 굳은 결의를 드러내며 때를 기다리는 모습

■ 하늬바람: 북풍. 맑은 날에 부는 서늘하고 건조한 바람

출제 포인트
• 시어의 상징적 의미
• 시구의 의미 이해

필수 문제

01 화자 파악하기
• 화자: '드러나지 않음' (새로운 날의 희망을 놓치지 않은 소년을 연상하는 이)
• 상황: 현실의 고통을 직시하며 새로운 날에 대한 (　　　)을 위한 저항 의지를 다짐
• 정서·태도: 저항, 의지

02 이 시에서 화자를 위협하는 외부 존재 3개를 찾아 쓰시오.

03 이 시에서 외부 상황을 직시하며 굳은 저항 의지를 다지는 소년의 모습이 제시된 부분을 찾아 그대로 쓰시오.

핵심 정리

▾ 갈래: 산문시, 서정시　　　▾ 성격: 저항적, 의지적
▾ 주제: 부정적 현실에 대한 저항 의지와 새로운 날에 대한 희망
▾ 해제: 이 시는 어두운 현실의 고통 속에서도 새 세계의 도래에 대한 희망을 놓치지 않고 저항의 의지를 다지는 소년의 모습을 형상화하고 있다.
▾ 시의 특징과 표현
① 띄어쓰기는 물론 행, 연의 구분을 하지 않음(〈소년행〉 표제의 시를 쓰던 시기(1936~1937)의 시)
② 자연 현상을 통해 외부의 폭압적 현실과 소년의 결의를 보여 줌

해바라기의 비명(碑銘)* - 청년 화가 L을 위하여 | 함형수

필수

◯ : 명령형 - 의지적 태도

나의 무덤 앞에는 그 차가운 빗돌*을 세우지 말라.
화자 - 청년 화가 L   죽음 - 정열이 사라져 버린 삶

나의 무덤 주위에는 그 노오란 해바라기를 심어 달라.
태양과 같은 정열적인 삶에 대한 지향

그리고 해바라기의 긴 줄거리 사이로 끝없는 보리밭을 보여 달라.
□ : 색채 이미지 사용 - 강렬한 생명 의식 표현   풍요로운 생명력의 상징

「노오란 해바라기는 늘 태양같이 태양같이 하던 화려한 나의 사랑이
          태양을 지향하던
라고 생각하라.」「 」: '태양'과 '해바라기'의 속성을 동일시함

푸른 보리밭 사이로 하늘을 쏘는 노고지리가 있거든 아직도 날아오
                              '꿈'을 표상함
르는 나의 꿈이라고 생각하라.
죽어서도 꿈을 버리지 않으려는 화자의 강렬한 의지

- 비명(碑銘): 비석에 새긴 글자
- 빗돌: 비석. 돌로 만든 비

출제 포인트

- 시적 상황과 화자의 태도
- 대립적 이미지의 시어를 통한 주제 강조

필수 문제

01 화자 파악하기
- 화자: '나'(청년 화가 L)
- 상황: 자신의 (   ) 앞에 노고지리 나는 푸른 보리밭과 해바라기를 보이게 해 달라고 명령함
- 정서·태도: 소망, 의지적

02 이 시의 시어 중 화자가 지향하는 세계와 거리가 먼 것은?
① 무덤   ② 해바라기
③ 태양   ④ 보리밭
⑤ 노고지리

03 이 시에서 강렬한 색채 이미지를 드러내고 있는 시어 2가지를 찾아 쓰시오.

알맹이 포착

'해바라기'와 '보리밭'의 의미
'해바라기'는 항상 태양을 향하는 것으로 죽음을 의미하는 '차가운 빗돌'과 대비를 이루며 죽음을 초월한 삶에 대한 강렬한 의지 혹은 정열을 의미한다. 또 보리는 추운 겨울을 이겨 내고 푸른 싹을 틔우는 존재이므로, '보리밭' 역시 강인하고 풍요로운 생명력을 상징하는 것으로 이해할 수 있다.

한눈에 보기

죽음		삶
무덤, 차가운 빗돌 (비생명성)	⟷	해바라기(정열) 보리밭(생명력) 노고지리(꿈)

핵심 정리

- **갈래**: 자유시, 서정시   - **성격**: 정열적, 낭만적
- **주제**: 삶에 대한 강렬한 의지와 열정
- **해제**: 이 시는 이미 죽은 청년 화가를 화자로 설정하여, 죽음을 초월한 뜨거운 정열과 삶에 대한 의지를 형상화하고 있다.
- **시의 특징과 표현**
  ① 죽음을 가정한 유언의 형식으로 시상을 전개함
  ② 명령형의 단호한 어조로 화자의 의지를 강조함
  ③ 대립적인 이미지의 시어를 사용하여 삶에 대한 태도를 드러냄

가정(家庭) | 박목월

지상에는 / 아홉 켤레의 신발.
삶의 현실   아홉 명의 자식
아니 현관에는 아니 들깐에는
아니 어느 시인의 가정에는 / 알전등이 켜질 무렵을
화자
문수(文數)가 다른 아홉 켤레의 신발을.
신 따위의 치수(1문 = 2.4cm)

▶ 1연: 현관에 놓인 아홉 켤레의 신발

내 신발은
십구 문 반(十九文半),
가장으로서의 책임감 상징(약 47cm – 실제 크기가 아님)
눈과 얼음의 길을 걸어 / 그들 옆에 벗으면
고달픈 삶의 현실 ①
육 문 삼(六文三)의 코가 납작한
막내의 신발 – 화자의 신발과 대조적인 크기
귀염둥아 귀염둥아 / 우리 막내둥아.
반복법 – 막내에 대한 애정

대조

▶ 2연: 고달픈 하루를 마치고 집에 돌아옴

미소하는 / 내 얼굴을 보아라.
얼음과 눈으로 벽(壁)을 짜 올린
고달픈 삶의 현실 ②
여기는 / 지상.
연민(憐憫)한 삶의 길이여. / 내 신발은 십구 문 반.
스스로를 가련하고 불쌍하게 생각함   가장으로서의 책임감 강조

▶ 3연: 가족에 대한 사랑과 자신의 처지에 대한 연민

아랫목에 모인 / 아홉 마리의 강아지야.
아홉 명의 자식을 비유 – 사랑에서 나온 애칭
강아지 같은 것들아.
굴욕과 굶주림과 추운 길을 걸어
고달픈 삶의 현실 ③
내가 왔다. / 아버지가 왔다.
아니 십구 문 반의 신발이 왔다. / 아니 지상에는
아버지라는 어설픈 것이 / 존재한다.
가장으로서의 책임감을 다하지 못한다는 자책감
미소하는 / 내 얼굴을 보아라.
가족에 대한 사랑 → 현실 극복 의지

▶ 4연: 가족을 사랑하는 마음으로 현실을 극복하고자 함

출제 포인트

• 시에 나타난 화자의 삶의 모습
• '십구 문 반'의 신발이 상징하는 의미

필수 문제

01 화자 파악하기
• 화자: '나' (시인, 아버지)
• 상황: 고달픈 일과를 마치고 집으로 돌아와 아홉 켤레의 (   )을 봄
• 정서·태도: (자신에 대한) 연민, (가족에 대한) 사랑

02 이 시에서 '십구 문 반(十九文半)'이라는 시어가 상징하는 의미를 2어절로 쓰시오.

03 이 시에서 가장으로서의 책임을 다하지 못하는 화자의 자조를 표현한 시구를 찾아 3어절로 쓰시오.

핵심 정리

▼ 갈래: 자유시, 서정시   ▼ 성격: 독백적, 상징적
▼ 주제: 가장으로서의 고달픈 삶과 가족에 대한 사랑
▼ 해제: 이 시는 가장으로서 느끼는 삶의 고달픔을 '십구 문 반'의 '신발'을 통해 상징적으로 표현하며, 가족에 대한 사랑으로 힘겨움을 극복하고자 하는 화자의 의지를 노래하고 있다.
▼ 시의 특징과 표현
다양한 비유와 적절한 상징으로 주제를 전달함

나그네 | 박목월

수능 기출

강나루 건너서
— 향토성 – '나그네'의 여정, 향토적 이미지
밀밭 길을

▶ 1연: 나그네의 여정

구름에 달 가듯이
유유자적(悠悠自適), 행운유수(行雲流水)의 달관적 이미지
가는 나그네.

▶ 2연: 유유자적한 나그네의 모습

길은 외줄기
'나그네'의 외로움을 시각적으로 형상화
남도 삼백 리
'나그네'가 느끼는 정감의 깊이

▶ 3연: 나그네의 외로운 여정

술 익는 마을마다
향토적 정서 – 후각적 심상
타는 저녁놀
시각적 심상 → '밀밭 길 → 술 → 저녁놀(술 내음에 취하는 나그네의
모습과 호응함)'로 긴밀하게 시상이 연결됨

▶ 4연: 술 익는 마을의 향토적 분위기

구름에 달 가듯이

가는 나그네.
변형된 수미 상관 → 주제 강조, 여운 조성

▶ 5연: 체념과 달관의 나그네

출제 포인트

• '나그네'의 이미지
• 표현상의 특징과 효과

필수 문제

01 화자 파악하기
• 화자: '나그네'를 바라보는 이
• 상황: (   )가 외로운 길을 감
• 정서·태도: 관조적

02 〈보기〉의 빈칸에 들어갈 알맞은 시어를 각각 찾아 쓰시오.

┌─────────〈보기〉
이 시에서는 '밀밭 길 →
(   ) → (   )'(으)
로 이어지는 시어의 긴밀한 이
미지 연결을 통해 시상을 완성
시키고 있다.

03 [서술형] 이 시에서 '나그네가 간다'를 '가는 나그네'로 바꾸어 표현했을 때 얻을 수 있는 효과를 20자 내외로 서술하시오.

알맹이 포착

'나그네'의 이미지
'나그네'가 외롭게 떠도는 모습에서 깊은 고독과 애수, 애달픈 향수와 같은 이미지를 엿볼 수 있다. 모든 것을 버리고 홀로 떠도는 나그네의 이와 같은 이미지를 통해 체념과 달관의 태도가 드러나며, 현실에 얽매이지 않고 유유자적하는 모습을 떠올릴 수 있다.

핵심 정리

❤ **갈래:** 자유시, 서정시   ❤ **성격:** 낭만적, 향토적
❤ **주제:** 나그네의 외로운 여정과 달관적 삶의 자세
❤ **해제:** 이 시는 조지훈의 〈완화삼〉에 대한 화답시로, 외로운 나그네의 여정을 통해 체념과 달관의 경지를 형상화하고 있다.
❤ **시의 특징과 표현**
  ① 3음보의 전통적 율격과 7·5조의 음수율을 지님
  ② 명사형 종결로 간결한 느낌을 자아냄

145 나무 | 박목월

모의 기출 EBS

▢ : 공간의 이동에 따른 시상 전개

<u>유성</u>에서 <u>조치원</u>으로 가는 어느 들판에 우두커니 서 있는 한 그루 늙
여행의 출발지, 새로운 인식의 시작   시적 대상 - 화자의 고독한 내면을 표상
은 나무를 만났다. 수도승일까. 묵중하게 서 있었다.
   원관념: 늙은 나무 - 나무에게서 받은 인상 ① ▶ 1행: 수도승 같은 나무에게서 묵중함을 느낌

다음날은 조치원에서 <u>공주</u>로 가는 어느 가난한 마을 어귀에 그들은

떼를 져 몰려 있었다. 멍청하게 몰려 있는 그들은 어설픈 과객일까. 몹
     원관념: 떼로 몰려 있는 나무들 - 나무에게서 받은 인상 ②
시 추워 보였다.
          ▶ 2행: 과객 같은 나무에게서 춥고 침울한 모
              습을 봄

    공주에서 <u>온양</u>으로 우회하는 뒷길 어느 산마루에 그들은 멀리 서 있
       원관념: 멀리 서 있는 나무들 - 나무에게서 받은 인상 ③
었다. 하늘 문을 지키는 파수병일까. 외로워 보였다.
            ▶ 3행: 파수병 같은 나무에게서 외로움을 느낌

    온양에서 <u>서울</u>로 돌아오자, 「놀랍게도 그들은 이미 내 안에 뿌리를 펴
              여행의 도착지, 본질적 인식의 도달
고 있었다.」묵중한 그들의. 침울한 그들의. 아아 고독한 모습. 그 후로
「 」: 나무로부터 받은 인상이 사실은 자신의 내면적 속성이었음을 깨달음
나는 뽑아낼 수 없는 몇 그루의 나무를 기르게 되었다.
     나무와의 동질성 확인   ▶ 4행: 자신의 안에 뿌리를 편 나무를 발견함

1940년대

출제 포인트

• 화자의 여정이 지니는 의미
• '나무'를 비유적으로 표현한 시
어

필수 문제

01 화자 파악하기
• 화자: '나' (여행길에 오른 이)
• 상황: 여행길에서 본 (   )
들을 통해 내면을 성찰함
• 정서·태도: 성찰, 고독

02 이 시에서 여행의 도착지이
자 화자의 본질적 인식의 도달
을 의미하는 공간을 찾아 쓰시오.

03 이 시에서 시적 대상인 '나
무'를 비유적으로 표현한 시어를
모두 찾아 쓰시오.

한눈에 보기

핵심 정리

✓ **갈래**: 자유시, 서정시   ✓ **성격**: 관조적, 성찰적
✓ **주제**: 인생의 실존적 고독에 대한 성찰
✓ **해제**: 이 시는 여행 중에 본 '나무'의 모습에서 느낀 감상을 통해 존재의 본질적 고독을 노래하고 있는 작품이다. 이
때 '나무'는 단순히 화자가 여행하는 경로에 서 있는 자연물이 아니라, 화자의 고독한 내면을 표상하기 위해 선택된
감정 이입의 대상이다. 즉 '나무'는 함께 어울리기도 하지만 결국은 혼자일 수밖에 없는 인간 존재의 고독한 본질을
드러내기 위해 사용되고 있다.
✓ **시의 특징과 표현**
   ① 공간의 이동에 따라 시상이 전개됨
   ② 유사한 문장 구조의 반복으로 시적 의미를 강조함
   ③ 자연물에 감정을 이입하여 화자의 내면을 드러냄

현대시의 모든 것

만술 아비의 축문(祝文)* | 박목월

아베요 아베요
'아버지'의 경상도 사투리 반복 → 애틋한 토속적 정감 부각
내 눈이 티눈인 걸
문맹 – 축문을 못 쓰는 처지
아베도 알지요.
알지요
등잔불도 없는 제사상에
가난한 형편
축문이 당한기요.
당키나 한가요, 당치 않아요
눌러 눌러
△: 단어의 반복 → 정성과 애틋함 강조

소금에 밥이나마 많이 묵고 가이소.
죽은 아버지에 대한 정성
윤사월 보릿고개
양력 6월 무렵 – 쌀은 떨어지고 보리는 수확되기 이전의 힘든 시기
아베도 알지요.

간고등어 한 손이믄
자반 고등어 두 마리
아베 소원 풀어 드리런만
제사상에 고등어를 올리지 못한 안타까움
저승길 배고플라요.

소금에 밥이나마 많이 묵고 묵고 가이소.

▶ 1연: 아버지에 대한 가난한 아들의 축문 – 아들의 독백

여보게 만술 아비

니 정성이 엄첩다.
대견하다
이승 저승 다 다녀도

인정보다 귀한 것 있을락꼬,
있겠는가
망령(亡靈)도 응감(應感)*하여, 되돌아가는 저승길에
죽은 아버지의 혼
니 정성 느껴 느껴 세상에는 굵은 밤이슬이 온다.
① 정성을 느낌 ② 감동하여 흐느낌   죽은 아버지의 눈물 – 망령의 감동

▶ 2연: 아들의 정성으로 인한 망령의 감동 – 제3자의 평가

■ 축문(祝文): 제사 때에 읽어 신명(神明)께 고하는 글
■ 응감(應感): 마음에 응하여 느낌

핵심 정리

▼ 갈래: 자유시, 서정시   ▼ 성격: 토속적, 민족적
▼ 주제: 죽은 아버지에 대한 애틋한 사랑
▼ 해제: 이 시는 아버지의 제사상에 '소금에 밥'밖에 차려 놓지 못한 가난한 아들의 정성과, 이에 대한 죽은 아버지의 응감을 보여 주고 있다.
▼ 시의 특징과 표현
① 경상도 방언의 사용으로 토속적 정감과 인물의 소박한 정서를 잘 드러냄
② 1연과 2연의 화자가 각기 다른 인물로 구성됨

147 모일(某日) | 박목월

시인이라는 말은

내 성명 위에 늘 붙는 관사(冠詞)
'시인'이라는 말이 자신에게 '관사'처럼 늘 붙어 다님을 의미

이 낡은 모자를 쓰고
오래된 시인으로서의 삶, '관사(冠詞)'의 모자 관(冠)과 이어지는 비유

나는

비 오는 거리를 헤매었다.
시인으로서 살아가는 모습

이것은 전신을 가리기에는

너무나 어쭙잖은 것
생활의 어려움, 자조적 표현 ①

또한 나만 쳐다보는

어린 것들을 덮기에도

너무나 어처구니없는 것.
생활의 어려움, 자조적 표현 ②

허나, 인간이
시상 전환

평생 마른 옷만 입을까 보냐.
인식의 전환, 인생에는 언제나 어려움이 있음
물질적, 경제적 풍요

다만 두발(頭髮)이 젖지 않는
정신만은 세상과 타협하지 않고 바르게 지키고 있음을 의미

그것만으로

나는 고맙고 눈물겹다.
시인으로서의 삶에 감사하는 태도

▶ 1~5행: 시인으로서의 삶을 살아옴

▶ 6~10행: 시인으로서의 삶으로 인해 생활의 어려움을 겪음

▶ 11~15행: 시인으로서의 삶에 만족하며 감사해 함

출제 포인트

• 시어의 비유적 의미
• 시상 전환의 이해

필수 문제

01 화자 파악하기
• 화자: '나' (시인으로서의 삶에 감사하는 이)
• 상황: 가난하지만 (　　)으로서 자신이 지켜온 소박한 삶에 만족하고 감사함
• 정서·태도: 긍정적

02 이 시에서 (　　)는 화자가 오랜 세월 시인으로서의 삶을 살아왔음을 비유적으로 드러내는 표현이다.

03 이 시에서 시인으로서의 삶에 감사하는 태도로 화자의 인식이 전환되는 부분의 시행을 찾아 그대로 쓰시오.

핵심 정리

▾ 갈래: 자유시, 서정시　　▾ 성격: 고백적
▾ 주제: 시인으로서의 삶에 대한 감사
▾ 해제: 이 시는 '어느 날'을 의미하는 '모일(某日)'이라는 제목에서처럼, 어느 날 문득 자신의 삶을 되돌아보게 된 한 시인의 깨달음을 담고 있다. 이 시에서 화자는 자신의 삶을 되돌아보며, 가난하고 초라하지만 자신이 지켜 온 소박한 삶이 고맙고 눈물겹다고 고백하고 있다.
▾ 시의 특징과 표현
　① 적절한 비유로 삶에 대한 화자의 진정성과 겸허함을 표현함
　② 단호한 어조로 흔들리지 않는 화자의 소신을 드러냄

불국사 | 박목월

흰 달빛
시간적 배경
자하문(紫霞門)
공간적 배경 ①

시각적 이미지
(정밀미(靜謐美))

▶ 1연: 자하문의 흰 달빛

『달 안개
달 안개(달밤에 끼는 안개)
물 소리』
「 」: 시각적 + 청각적 이미지(탈속적 · 명상적 분위기)

▶ 2연: 자하문의 달 안개, 물 소리

대웅전(大雄殿)
공간적 배경 ②
큰 보살
문수보살과 보현보살

▶ 3연: 대웅전의 큰 보살

『바람 소리
「 」: 청각적 이미지(고즈넉함)
솔 소리』

▶ 4연: 대웅전의 바람 소리, 솔 소리

「 」: 공감각적 이미지(시각의 촉각화)
『범영루(泛影樓)
공간적 배경 ③
뜬 그림자
'범영루'를 한자대로 풀이함(탈속적, 신비감)

▶ 5연: 범영루의 뜬 그림자

↓ 달빛에
흐는히
흔흔히(기쁘고 만족스럽게)
젖는데」
다른 연과 다르게 서술어로 이루어짐

▶ 6연: 달빛에 젖은 범영루

흰 달빛

자하문

변형된 수미상관
(시상의 안정과 운율감 형성)
① 자연과 조화를 이룬 아름다움
② 여백의 미와 명상적 분위기

▶ 7연: 자하문의 흰 달빛

바람 소리

물 소리

▶ 8연: 자하문의 바람 소리, 물 소리

출제 포인트

- 감각적 심상의 효과
- 시상 전개의 효과

필수 문제

01 화자 파악하기
- 화자: '드러나지 않음'(불국사의 경내를 바라보는 이)
- 상황: (   )의 자하문, 대웅전, 범영루와 어우러진 자연을 느낌
- 정서 · 태도: 차분함, 명상적

02 이 시에서 불국사와 어우러지는 자연물에는 '달빛, 달 안개, 물 소리, 바람 소리, (   )' 등이 제시되고 있다.

03 이 시에서 시각적 심상을 촉각적 심상으로 전이하여 자연과 조화를 이룬 불국사의 모습을 표현한 두 연을 찾아 모두 쓰시오.

○ 불국사

핵심 정리

▾ **갈래**: 자유시, 서정시　　▾ **성격**: 전통적, 회화적, 정적
▾ **주제**: 불국사의 고요하고 신비로운 정경
▾ **해제**: 이 시는 주관적 감정을 배제한 채, 절제된 언어와 교묘한 시행의 배열을 통해 불국사의 신비로운 정경을 묘사하고 있다.
▾ **시의 특징과 표현**
　　① 주관적 감정 표현을 배제한 채 감각적 이미지를 통해 대상을 묘사함
　　② 명사 중심의 절제된 언어와 3음절 중심의 느린 호흡으로 여백의 미를 형성함

산도화(山桃花) | 박목월

산은

구강산(九江山)
이상향, 탈속적 공간
보랏빛 석산(石山)
신비로운 분위기

┐ 원경 - 정적 이미지

▶ 1연: 구강산의 신비로운 모습

산도화
산 복숭아꽃 - 동양적 이상향의 이미지
두어 송이
여백의 아름다움
송이 버는데
벌어지는데 - 꽃이 피는 모습

▶ 2연: 피어나는 산도화

봄눈 녹아 흐르는
깨끗하고 맑은 이미지
『옥 같은
물에,
「ʃ 세속을 벗어난 이상향
 - 옥계(玉溪), 옥수(玉水)

┐ 근경 - 동적 이미지
→ 정중동(靜中動)의 동양적 세계관

▶ 3연: 옥같이 흐르는 물

『사슴은
「ʃ 'ʌ' 음의 반복 → 운율감 형성
암사슴
고결하고 순수한 이미지
발을 씻는다.』
생동하는 자태, 평화로운 분위기

▶ 4연: 시냇물에 발을 씻는 암사슴

출제 포인트
- 시적 대상이 환기하는 이미지
- 시선의 이동에 따른 시상 전개

필수 문제

01 화자 파악하기
- 화자: '구강산' 정경을 보는 이
- 상황: '(   )'의 신비로운 모습을 바라봄
- 정서·태도: 관조적

02 이 시에서 동양적 이상향인 '무릉도원(武陵桃源)'의 이미지를 조성하는 시어를 찾아 쓰시오.

03 이 시의 시상 전개가 시선의 이동에 따라 이루어진다고 할 때, 〈보기〉의 (   ) 안에 들어갈 알맞은 시어를 찾아 쓰시오.

〈보기〉
구강산 → 산도화 → 옥 같은 물 → (   )

알맹이 포착

'구강산(九江山)'의 의미

'구강산(九江山)'은 아홉 개의 강, 혹은 큰 강이 흐르고 있는 산으로, 실재하는 산이라기보다는 화자의 머릿속에 가상으로 존재하는 '보랏빛 석산(石山)'이다. 그 안에는 '두어 송이의 산도화(山桃花)', '옥 같은 물', '발을 씻는 암사슴'이 조심스럽게 움직이고 있으며 도교적 분위기를 지닌 이상적 공간이다.

핵심 정리

- ˅ **갈래:** 자유시, 서정시   ˅ **성격:** 관조적, 회화적, 탈속적
- ˅ **주제:** 이상적 세계의 평화롭고 아름다운 정경
- ˅ **해제:** 이 시는 정제된 언어와 형식을 통해, 평화롭고 아름다운 동양적 이상향의 모습을 그리고 있다.
- ˅ **시의 특징과 표현**
  ① 간결하게 정제된 형식미와 3음보, 7·5조의 율격이 드러남
  ② 시선의 이동과 원근(遠近)의 변화에 따라 시상을 전개함

산이 날 에워싸고 | 박목월

산이 날 에워싸고
순수한 자연
『씨나 뿌리며 살아라 한다.
산이 화자에게 던지는 명령형의 권유
밭이나 갈며 살아라 한다.』
「」: 자연에 토대를 두고 최소한의 생계를 유지하는 소박한 삶

▶ 1연: 전원에서의 소박한 삶

어느 짧은 산자락에 집을 모아

아들 낳고 딸을 낳고

흙담 안팎에 호박 심고

『들찔레처럼 살아라 한다.
「」: 인위적인 것 없이 자연스러운 상태 그대로 살아가는 삶
쑥대밭처럼 살아라 한다.』

▶ 2연: 자연스러운 삶

산이 날 에워싸고

그믐달처럼 사위어지는 목숨
죽음을 자연의 질서에 따르는 자연스러운 과정으로 받아들임
『그믐달처럼 살아라 한다.
「」: 순리에 따르는 삶
그믐달처럼 살아라 한다.』

▶ 3연: 순리에 따르는 삶

출제 포인트

- 화자의 소망과 태도
- 주객전도의 표현 효과

필수 문제

01 화자 파악하기
- 화자: '나' (자연에서의 삶을 꿈꾸는 이)
- 상황: (   ) 속에서 평화롭고 소박한 삶을 살고자 함
- 정서·태도: 자연 친화, 달관적

02 이 시와 〈보기〉에 공통적으로 드러나는 발상을 쓰시오.

〈보기〉
공명(功名)도 날 꾀우고, 부귀(富貴)도 날 꾀우니,
청풍명월(淸風明月) 외(外)에 엇던 벗이 잇스올고.
– 정극인, 〈상춘곡(賞春曲)〉

03 이 시에서 '(   )'은/는 자연의 순리에 따르는 삶을 의미한다.

산

| 씨나 뿌리며, 밭이나 갈며 살아라(소박한 삶) |
| 들찔레처럼, 쑥대밭처럼 살아라(자연스러운 삶) |
| 그믐달처럼 살아라(순리에 따르는 삶) |

화자

핵심 정리

- ♥ 갈래: 자유시, 서정시   ♥ 성격: 자연 친화적, 탈속적
- ♥ 주제: 자연 속에서의 평화롭고 소박한 삶에 대한 소망
- ♥ 해제: 이 시는 암울한 현실에서 벗어나 '산'으로 상징되는 평화로운 자연의 품에서 살아가고 싶은 화자의 마음을 담고 있다.
- ♥ 시의 특징과 표현
  ① 통사 구조의 반복을 통해 운율을 형성하고 주제를 드러냄
  ② 화자의 소망을 마치 '산'이 화자에게 명령하는 것처럼 표현하여 소망을 더욱 강조함

소찬(素饌) | 박목월

오늘 나의 밥상에는
　　2~6행(소박한 상차림)
『냉잇국 한 그릇
「　」: 계절적 배경(봄)
풋나물무침에

신태(新苔)
　　햇김
미나리김치』

투박한 보시기에 끓는 장찌개
　김치나 깍두기 따위를 담는 반찬 그릇

▶ 1연: 봄나물로 차려진 소박한 밥상의 모습

실보다 가는 목숨이 타고난 복록(福祿)을,
연약하고 힘없는 존재　　　복되고 영화로운 삶
가난한 자의 성찬(盛饌)을,
　　　　　풍성하게 잘 차린 음식
묵도(默禱)를 드리고
가난한 삶에도 감사할 줄 아는 태도
젓가락을 잡으니

━ 역설적 표현

혀에 그득한

자연의 쓰고도 향긋한 것이여
봄나물의 맛(힘든 삶 속의 행복)
경건한 봄의 말씀의 맛이여
봄나물로 차려진 밥상에서 소박한 삶에 대한 경건한 자세를 깨우침

▶ 2연: 가난한 삶에 만족하고 감사하는 태도

■ 소찬(素饌): 고기나 생선이 들어 있지 않은 반찬. 소박한 식사

출제 포인트
- 화자의 정서와 태도
- 시어의 의미 이해

필수 문제

01 화자 파악하기
- 화자: '나'(소박한 삶을 사는 이)
- 상황: (　　　)로 차려진 소박한 밥상으로 식사를 하며 행복을 찾으려 함
- 정서·태도: 만족감, 겸허함

02 이 시에서 (　　　)은 '푸짐하게 잘 차려진 음식'이라는 뜻으로 화자가 마주한 소박한 밥상을 의미한다.

03 이 시에서 화자의 경건한 삶의 자세를 드러내기 위해 봄나물의 맛을 구체적으로 제시하고 있는 시행을 찾아 쓰시오.

핵심 정리
- 갈래: 자유시, 서정시　　· 성격: 자족적, 감각적
- 주제: 소박한 삶에 대한 만족감
- 해제: 이 시는 봄나물로 차려진 소박한 밥상을 받으면서 가난한 삶 속에서도 행복을 찾으려는 화자의 여유 있는 마음가짐을 드러내고 있다. 이 시에서 화자는 소박한 삶에 만족하고 작은 것에 감사할 줄 아는 겸허함, 그리고 가난하면서도 가난을 탓하지 않는 빈이무원(貧而無怨)의 자세를 잘 보여 주고 있다.
- 시의 특징과 표현
  ① 반찬을 구체적으로 나열하여 소박한 삶의 모습을 생생하게 보여 줌
  ② '복록(福祿)', 성찬(盛饌), 묵도(默禱)'라는 단어를 사용하여 겸허한 삶의 자세를 드러냄
  ③ '~이여'라는 문장 구조의 반복을 통해 주제 의식을 강하게 전달함

이별가(離別歌) | 박목월

뭐락카노, 저편 강기슭에서
　　　저승
「니 뭐락카노, 바람에 불려서」 「」: 바람 때문에 목소리가 잘 안 들림
　　　　△: 이승과 저승의 소통을 방해하는 존재

이승 아니면 저승으로 떠나는 뱃머리에서
　　　　이승과 저승의 갈림길(화자의 위치)
나의 목소리도 바람에 날려서
죽은 이를 애타게 부르는 화자의 목소리

▶ 1, 2연: 이승과 저승 사이의 거리감

뭐락카노 뭐락카노

썩어서 동아 밧줄은 삭아 내리는데
　　　이승에서의 인연　인연의 소멸

하직을 말자, 하직 말자
이별의 거부
인연은 갈밭을 건너는 바람
'바람'에 대한 인식의 변화가 일어난 부분: 단절 → 인연

뭐락카노 뭐락카노 뭐락카노
점층법 – 단절감, 안타까움의 심화
니 흰 옷자라기만 펄럭거리고…….
　수의 – 죽음의 상징

▶ 3~5연: 인연이 다함에 대한 안타까움

오냐, 오냐, 오냐.
죽음에 대한 수긍과 체념 – 마음으로 죽은 이의 말을 들음
이승 아니면 저승에서라도…….
　　　　재회에 대한 소망

이승 아니면 저승에서라도
인연은 갈밭을 건너는 바람
　　　　이승과 저승 사이를 이어 줌

▶ 6, 7연: 저승에서의 재회 소망

뭐락카노, 저편 강기슭에서

니 음성은 바람에 불려서

오냐, 오냐, 오냐.
이승과 저승의 단절 수긍
나의 목소리도 바람에 날려서.
　　　'나'의 목소리를 죽은 이에게 전해 주는 존재

▶ 8, 9연: 이승과 저승의 거리에 대한 수긍

• '바람'의 의미 변화
• 죽음에 대한 화자의 태도
• 반복과 점층의 시상 전개

필수 문제

01 화자 파악하기
• 화자: '나' (죽은 이를 떠나보내는 이)
• 상황: 죽은 이를 떠나보내며 이별의 (　　)을 느낌
• 정서·태도: 그리움, 안타까움

02 이 시에서 대상과의 소통을 방해하다가 대상과의 인연을 지속시키는 역할로 의미가 변화하는 시어를 찾아 쓰시오.

03 이 시에서 죽음과 이별에 대한 화자의 태도가 '거부'에서 '수긍'으로 변화하는 시행을 찾아 쓰시오.

핵심 정리

▼ 갈래: 자유시, 서정시　　▼ 성격: 상징적, 전통적
▼ 주제: 생사를 초월한 이별의 정한
▼ 해제: 이 시는 죽은 이에 대한 그리움과 안타까움을 형상화한 작품으로, 이승(삶)과 저승(죽음)의 경계인 '강'을 사이에 두고 죽음을 넘어서는 인연에 대한 의지를 노래하고 있다.
▼ 시의 특징과 표현
　① 경상도 방언과 대화체의 표현으로 소박한 정감과 친근감을 형성함
　② 반복과 점층의 표현을 통해 그리움과 안타까움을 심화시킴

153 청노루 | 박목월

시적 허용 – 화자와의 심리적 거리감 강조

머언 산 청운사(靑雲寺)

푸른색 이미지 – 탈속적 분위기 ◯: 시선의 이동: 원경 → 근경

낡은 기와집,

— 이상적 세계 – 평화, 아름다움

▶ 1연: 멀리 있는 청운사

산은 자하산(紫霞山)

자주색 이미지 – 환상적 분위기

봄눈 녹으면,

시간적 배경

▶ 2연: 봄눈 녹는 자하산

느릅나무

속잎 피어 가는 열두 굽이를

시행이 늘어나 급박하게 낭송해야 하는 부분 →
동적 이미지 형성('청노루'가 산을 뛰어가는 듯한 경쾌한 리듬감)

▶ 3연: 새잎이 돋는 느릅나무

청노루

순수하고 고결한 생명의 상징

맑은 눈에

순수한 이미지

도는

느린 호흡 → 정적인 분위기 환기

구름.

탈속적 이미지 – 그윽한 자연의 아름다움 표상

▶ 4, 5연: 청노루의 눈에 비친 구름

출제 포인트

- 운율의 변화가 주는 효과
- 시선의 이동에 따른 시상 전개

필수 문제

01 화자 파악하기
- 화자: '자하산'의 정경을 보는 이
- 상황: 이른 봄에 '(   )'의 탈속적인 정경을 바라봄
- 정서·태도: 관조적

02 이 시에서 고결하고 순수한 생명력을 상징하는 소재를 찾아 쓰시오.

03 〈보기〉의 (   ) 안에 들어갈 알맞은 말을 차례대로 쓰시오.

┌─────〈보기〉─────
│ 〈청노루〉는 탈속적인 자연
│ 의 정경을 노래한 작품으로,
│ (   )에서 (   )(으)
│ 로의 시선 이동을 통하여 시상
│ 을 전개하고 있다.
└──────────────

알맹이 포착

운율의 변화에 따른 느낌

1, 2연은 각 행이 2음보로 이루어져 있다. 그런데 3연에서는 1행이 1음보, 2행이 3음보로 변화하면서 호흡에 긴장을 부여하고 청노루가 산을 뛰어가는 듯한 느낌을 주고 있다. 또 4, 5연은 각 행을 1음보로 구성하여 다시 호흡이 느려지고 청노루가 멈춰 서서 하늘을 보는 듯한 느낌을 주고 있다.

핵심 정리

- ∨ 갈래: 자유시, 서정시   ∨ 성격: 관조적, 서경적, 묘사적
- ∨ 주제: 봄의 정취와 이상적 세계의 추구
- ∨ 해제: 이 시는 간결한 리듬과 압축적인 표현을 통해, 탈속적인 자연의 정취를 한 폭의 동양화처럼 형상화하고 있다.
- ∨ 시의 특징과 표현
  ① 정적 이미지와 동적 이미지가 조화를 이룸
  ② 시선의 이동과 원근(遠近)의 변화에 따라 대상들을 묘사함
  ③ '비음(ㄴ, ㅁ, ㅇ)'을 활용하여 아늑하고 은은한 분위기를 조성함

교과서

1940년대

현대시의 모든 것

183

크고 부드러운 손 | 박목월

크고 부드러운 손이
<small>죽음을 감싸안는 신의 권능</small>
내게로 뻗쳐온다.
<small>신의 섭리를 감지함</small>
다섯 손가락을 / 활짝 펴고

그득한 바다가 / 내게로 밀려온다.
<small>충만한 신의 섭리</small>
인간의 종말이
<small>죽음</small>
이처럼 충만한 것임을 / 나는 미처 몰랐다.
<small>죽음에 대한 새로운 인식</small>
허무의 저편에서
<small>죽음 이후의 세계</small>
살아나는 팔.

치렁치렁한 / 성좌가 빛난다.
<small>별자리</small>
멀끔한
<small>훤하고 깨끗한</small>
목 언저리쯤 / 가슴 언저리쯤
<small>몸 구석구석마다</small>
손가락 마디 마디마다

그것은 보석
<small>성좌</small>
그것은 / 눈짓의 신호

그것은 부활의 조짐
<small>종말을 오히려 부활의 조짐으로 파악함</small>
「하얗게 삭은
<small>「」: 죽음</small>
뼈들이 살아나서
<small>죽음 후 부활한 모습.</small>
<small>밝고 아름다운 세계</small>
바람과 빛 속에서
<small>표상</small>
풀잎처럼 수런거린다.
<small>생명의 이미지</small>
다섯 손가락마다

하얗게 떼를 지어서 / 맴도는 새.
<small>부활한 생명</small>
날개와 울음

「치렁치렁한 / 성좌의 / 둘레 안에서.」
<small>「」: 모든 것이 신의 섭리 안에서 이루어짐</small>

□ : 신의 권능과 섭리를 나타내는 시어

▶ 1~9행: 충만한 신의 권능을 감지함

▶ 10~21행: 죽음을 부활의 조짐으로 인식함

▶ 22~32행: 신의 섭리 안에서 부활한 생명

출제 포인트

• 시어의 비유적 의미
• 시어의 상징적 의미

필수 문제

01 화자 파악하기
• 화자: '나'(신의 권능을 믿는 이)
• 상황: ( )을 충만하고, 환한 세계, 새로운 생명으로 부활하는 과정으로 인식함
• 정서 · 태도: 만족감, 깨달음

02 이 시에서 ( )는 부활한 생명을 상징하는 소재이다.(1음절)

03 이 시에서 신의 권능과 섭리를 비유하는 시어를 모두 찾아 쓰시오.(7개)

핵심 정리

❤ 갈래: 자유시, 서정시　　❤ 성격: 종교적, 상징적
❤ 주제: 죽음에 깃든 부드러운 신의 섭리
❤ 해제: 이 시는 보이지 않지만 '크고 부드러운 손'이 인간을 죽음이라는 종말 이후에 아름다운 세계로 이끌고 감을 말하고 있다. 화자는 죽음을 두렵고 고통스러운 것으로 파악하는 것이 아니라 충만하고 환한 세계, 새로운 생명으로 부활하는 과정으로 인식하고 있다.
❤ 시의 특징과 표현: 신의 권능을 다양한 비유를 통해 참신하게 표현함

하관(下棺) | 박목월

관(棺)이 내렸다.
아우의 죽음   혈육의 인연
깊은 가슴 안에 밧줄로 달아 내리듯.
화자의 마음속에 아우를 묻음
주여

용납(容納)하옵소서.
너그럽게 받아 주소서
머리맡에 성경(聖經)을 얹어 주고

나는 옷자락에 흙을 받아
중의적 표현 – ① 작별을 고함 ② 흙을 아래로 떨어뜨림
좌르르 하직(下直)했다.
흙 떨어지는 소리를 의성어(하강의 이미지)로 표현
→ 무너지는 아픈 마음을 절제된 어조로 표현

▶ 1연: 아우의 장례식

그 후로 / 그를 꿈에서 만났다.
            아우
턱이 긴 얼굴이 나를 돌아보고

형(兄)님! / 불렀다.

오오냐. 나는 전신(全身)으로 대답했다.
            아우를 만난 절실한 반가움
그래도 그는 못 들었으리라.
이승과 저승의 단절감, 거리감
이제 / 네 음성(音聲)을

나만 듣는 여기는 눈과 비가 오는 세상.
       이승   삶의 쓸쓸함 인식(하강의 이미지)

▶ 2연: 꿈에서 본 아우와의
단절감

너는 / 어디로 갔느냐.
       아우에 대한 그리움
그 어질고 안쓰럽고 다정한 눈짓을 하고.

형님! / 부르는 목소리는 들리는데

내 목소리는 미치지 못하는.
이승과 저승의 단절
다만 여기는

열매가 떨어지면
생명체가 죽으면(하강의 이미지)
툭 하는 소리가 들리는 세상.
현실의 허무감, 적막감, 삭막함

▶ 3연: 삶과 죽음에 대한 인
식

출제 포인트

• 시에 나타난 화자의 상황과 정서
• 하강의 이미지를 보이는 시구들

필수 문제

01 화자 파악하기
• 화자: '나' (형)
• 상황: 아우의 (   ) 후 아우
를 꿈에서 만남
• 정서·태도: 그리움

02 이 시의 시구 중 전달하는
이미지가 이질적인 것은?
① 달아 내리듯
② 좌르르 하직(下直)했다
③ 전신(全身)으로 대답했다
④ 눈과 비가 오는
⑤ 열매가 떨어지면

03 이 시에서 생명체의 죽음을
상징적으로 형상화한 시구를 찾아
2어절로 쓰시오.

핵심 정리

ⅴ 갈래: 자유시, 서정시   ⅴ 성격: 사색적, 애도적
ⅴ 주제: 죽은 아우에 대한 애틋한 그리움
ⅴ 해제: 이 시는 아우를 잃은 슬픔과 그에 대한 그리움을 노래하면서 삶과 죽음의 의미를 성찰하고 있다.
ⅴ 시의 특징과 표현
① 평이하고 절제된 표현 속에 중의적 의미를 지니는 시어를 구사함
② 하강의 이미지를 반복적으로 사용하여 죽음의 이미지를 형상화함

그 먼 나라를 알으십니까 | 신석정

어머니,
① 근원적 평화 ② 구원의 존재 ③ 잃어버린 조국
당신은 그 먼 나라를 알으십니까?
이상향 - 자유와 평화의 세계

『깊은 삼림대(森林帶)를 끼고 돌면
삼림 지대 - 현실과 이상향의 경계
고요한 호수에 흰 물새 날고,

좁은 들길에 들장미 열매 붉어.』
「」: 평화롭고 아름다운 이상 세계의 모습
- 녹색, 흰색, 붉은색의 색채 대비

멀리 노루 새끼 마음 놓고 뛰어다니는
평화와 자유의 세계
아무도 살지 않는 그 먼 나라를 알으십니까?
탈속적 세계

그 나라에 가실 때에는 부디 잊지 마셔요.
평화
나와 같이 그 나라에 가서 비둘기를 키웁시다.
평화로운 세계에 대한 소망

▶ 1~4연: 평화로운 세계에
대한 동경

어머니

당신은 그 먼 나라를 알으십니까?

『산비탈 넌지시 타고 내려오면
가만히
양지밭에 흰 염소 한가히 풀 뜯고,

길 솟는 옥수수밭에 해는 저물어 저물어』
사람의 키보다 더 높이 자란 옥수수밭 「」: 평화롭고 한가한 이상 세계의 모습
먼 바다 물소리 구슬피 들려오는
'먼 나라'에 이르지 못하는 화자의 슬픔이 투영됨
아무도 살지 않는 그 먼 나라를 알으십니까?

어머니, 부디 잊지 마셔요.
순수
그때 우리는 어린 양을 몰고 돌아옵시다.
순수한 세계에 대한 소망

▶ 5~7연: 순수한 세계에 대
한 동경

어머니,

당신은 그 먼 나라를 알으십니까?

오월 하늘에 비둘기 멀리 날고,

오늘처럼 출출히 비가 내리면,
비가 조금씩 내리는 모양

출제 포인트

- '어머니'와 '먼 나라'의 의미
- 화자가 소망하는 세계의 이미지

필수 문제

01 화자 파악하기
- 화자: '나'(이상 세계를 꿈꾸
는 이)
- 상황: (   )에게 함께 새로
운 세계에서 살자고 호소함
- 정서·태도: 동경

02 이 시의 '먼 나라'가 의미하
는 바를 10자 내외로 쓰시오.

03 이 시에 드러나 있는 정서로
적절하지 <u>않은</u> 것은?
① 낭만적   ② 목가적
③ 전원적   ④ 탈속적
⑤ 현대적

04 이 시에서 화자가 소망하는
세계의 이미지가 〈보기〉와 같이
전개된다고 할 때, (   ) 안에 들
어갈 알맞은 시어를 찾아 2어절로
쓰시오.

┌─────〈보기〉─────┐
│ 비둘기 → (   ) → │
│ 새빨간 능금   │
└──────────────────┘

꿩 소리도 유난히 한가롭게 들리리다.

서리 까마귀 높이 날아 산국화 더욱 곱고
└── 계절감(가을)
노오란 은행잎이 한들한들 푸른 하늘에 날리는

가을이면 어머니! 그 나라에서
풍성한 수확의 계절

양지밭 과수원에 꿀벌이 잉잉거릴 때,
                                         └── 의성어(청각적 이미지) → 생동감 조성
나와 함께 그 새빨간 능금을 또옥똑 따지 않으시렵니까?
          풍요, 결실의 이미지   ▶ 8~10연: 풍요로운 세계
                                                    에 대한 동경

'어머니'의 의미

화자는 현실에 몸담은 채 자신이 동경하는 이상향, '먼 나라'를 아느냐고 '어머니'에게 묻고 있다. '어머니'는 일반적으로 모성애를 상징하며, 평화와 안정의 느낌을 준다. 화자가 원하는 '먼 나라'의 모습도 평화롭고 순수하고 풍요로운 곳으로, '어머니'의 모습과 관련이 깊다. 즉, '어머니'는 화자를 이상 세계로 데려다 줄 절대적 구원자, 인도자인 것이다.

한눈에 보기

먼 나라
평화롭고 순수하고
풍요로운 세계

어머니

'나'

함께 가기를 권유함

핵심 정리

ˇ 갈래: 자유시, 서정시   ˇ 성격: 전원적, 낭만적, 목가적
ˇ 주제: 이상향에 대한 동경
ˇ 해제: 이 시는 '어머니'를 향한 물음의 형식을 통해, '먼 나라'로 상징되는 이상적 세계에 대한 동경과 소망을 부드럽고 친근한 어조로 노래하고 있다.
ˇ 시의 특징과 표현
   ① 대화체(물음) 형식을 통해 친근하고 간곡한 분위기를 조성함
   ② 동일 시행의 반복을 통해 운율감을 형성함
   ③ 감각적 표현과 묘사를 통해 전원적인 이상 세계의 모습을 표현함
   ④ 이상향의 이미지와 조응하는 시적 청자('어머니')를 설정하여 주제를 부각함

157 꽃덤불 | 신석정

태양을 의논하는 거룩한 이야기는
조국의 밝은 미래 - 광복 └ 조국 광복을 위한 논의 · 노력
항상 태양을 등진 곳에서만 비롯하였다.
일제 강점기의 암담한 현실

▶ 1연: 일제 강점기의 암담한 현실

달빛이 흡사 비오듯 쏟아지는 밤에도
일제 강점하 - 어둠의 이미지
우리는 헐어진 성터를 헤매이면서
빼앗긴 조국의 현실
언제 참으로 그 언제 우리 하늘에

오롯한 태양을 모시겠느냐고
완전한 광복, 주권의 회복
『가슴을 쥐어뜯으며 이야기하며 이야기하며
「」: 반복법 - 독립에 대한 갈망, 소망의 절실함, 현실에 대한 안타까움
가슴을 쥐어뜯지 않았느냐?』

▶ 2연: 조국 광복에 대한 갈망

그러는 동안에 영영 잃어버린 벗도 있다.
죽음
그러는 동안에 멀리 떠나 버린 벗도 있다.
유랑
그러는 동안에 몸을 팔아 버린 벗도 있다.
변절
그러는 동안에 맘을 팔아 버린 벗도 있다.
전향

동일한 통사 구조의 반복
→ 운율 형성과 의미 강조

▶ 3연: 일제 강점하의 비극적 상황

과거 ↑
현재 ↓

그러는 동안에 드디어 서른여섯 해가 지나갔다.
일제 강점기(1910~1945년)

▶ 4연: 조국 광복의 실현

다시 우러러보는 이 하늘에
광복 후의 조국
겨울밤 달이 아직도 차거니
해방 직후 사회의 혼란과 갈등
오는 봄엔 분수처럼 쏟아지는 태양을 안고
희망의 시간
그 어느 언덕 꽃덤불에 아늑히 안겨 보리라.
화자가 열망하는 세계 - 완전한 민족 국가, 화합된 조국

▶ 5연: 새로운 민족 국가 수립에 대한 기대

출제 포인트

• 화자의 현실 인식과 태도
• '꽃덤불'의 상징적 의미
• 대립적 이미지의 시어를 통한 주제 강조

필수 문제

01 화자 파악하기
• 화자: 광복을 맞은 이
• 상황: 광복 직후의 혼란스러운 상황에서 완전한 (   )가 되기를 바람
• 정서·태도: 갈망, 안타까움, 기대

02 이 시가 창작된 시대적 배경을 고려할 때, '꽃덤불'이 의미하는 바를 10자 내외로 쓰시오.

03 [기출] 이 시를 쓰기 위해 구상하는 과정에서 떠올렸을 생각으로 적절하지 않은 것은?
① 시간의 흐름을 시상에 반영하자.
② 어둠과 밝음의 대립된 이미지를 활용하자.
③ 상징적 시어를 이용하여 주제를 형상화하자.
④ 동일한 구조의 문장을 반복하여 운율을 나타내자.
⑤ 시의 처음과 끝을 유사하게 하여 화자의 정서를 강조하자.

핵심 정리

▼ 갈래: 자유시, 서정시   ▼ 성격: 독백적, 상징적
▼ 주제: 광복 후의 새로운 민족 국가 수립에 대한 염원
▼ 해제: 이 시는 고통스러운 일제 강점기가 끝난 현재에도 여전히 사회가 혼란스러움을 안타까워하며, '꽃덤불'로 형상화된 민족 국가 수립의 염원을 노래하고 있다.
▼ 시의 특징과 표현
① 어둠과 밝음의 대립적 이미지를 지닌 상징적 시어를 통해 주제를 형상화함
② 유사한 문장 구조의 반복을 통해 율격을 형성함

대숲에 서서 | 신석정

대숲으로 간다.
화자가 지향하는 세계(공간)
대숲으로 간다.
한사코 성근* 대숲으로 간다.
'a-a-b-a'의 구조
– 소망의 절실함 강조

▶ 1연: 대숲으로 가고자 하
는 의지

『자욱한 밤안개에 벌레 소리 젖어 흐르고
공감각적 표현(청각의 시각화)
벌레 소리에 푸른 달빛이 배어 흐르고』
「 」: 고요한 대숲의 풍경(연쇄법)

▶ 2연: 고요한 대숲의 풍경

대숲은 좋더라.
성글어 좋더라.
서로 거리를 두고 서 있는 모습에서 고독감을 느낌
한사코 서러워 대숲은 좋더라.
강직하지만 고독하게 서 있는 대의 모습 – 역설적 표현

▶ 3연: 대숲을 좋아하는 이
유

꽃가루 날리듯 흥근히 드는 달빛에
삶의 지향점 – 강직한 삶, 절개와 지조
기적 없이 서서 나도 대같이 살거나.
곧고 바르게 살고 싶은 마음

▶ 4연: 대처럼 살고 싶은 소
망

▪ 성근: 물건의 사이가 뜬

1940년대

출제 포인트

• 화자가 '대숲'을 좋아하는 이유
• 화자가 추구하는 삶의 자세

필수 문제

01 화자 파악하기
• 화자: '나'(대숲으로 가는 이)
• 상황: (   )으로 가며 대같
이 살고 싶다고 노래함
• 정서·태도: 소망적, 의지적

02 이 시에서 화자가 추구하는
삶의 모습을 비유적으로 드러내고
있는 1음절의 시어를 찾아 쓰시오.

03 이 시에서 3연의 '성글어'라
는 표현을 통해 화자가 드러내고
자 하는 대나무의 모습으로 가장
알맞은 것은?
① 고독함   ② 고상함
③ 강인함   ④ 넉넉함
⑤ 유연함

알맹이 포착

화자가 '대숲'을 좋아하는 이유
이 시에서는 듬성듬성 거리를 두고 서 있는 대나무의 모습을 '성글
다'고 표현하고 있으며, 그런 모습이 고독해 보이기에 화자는 대숲에
서 서러움을 느낀다. 그리고 이처럼 외롭게 떨어져 있는 대나무의 모
습에서 대처럼 곧고 조용하게 살고 싶다는 소망을 느끼고 있다.

핵심 정리

▼ 갈래: 자유시, 서정시   ▼ 성격: 전통적, 예찬적
▼ 주제: 대처럼 곧게 살고 싶은 마음
▼ 해제: 이 시는 곧고 바르게 살고 싶은 화자의 바람을 '대'를 통해 형상화하고 있다.
▼ 시의 특징과 표현
① 사물의 속성을 통해 화자가 추구하는 삶의 자세를 드러냄
② 반복적 표현을 사용해 화자의 의지를 드러내고 주제를 강조함

들길에 서서 | 신석정

수능 기출

화자가 자신과 동일시하는 존재

푸른 산이 흰 구름을 지니고 살 듯

직유

내 머리 위에는 항상 푸른 하늘이 있다.

이상, 희망

하늘을 향하고 산삼(山森)*처럼 두 팔을 드러낼 수 있는 것이 얼마나

이상과 희망을 지닌 긍정적인 삶의 태도

숭고한 일이냐.

희망을 가진 삶의 가치 ①

▶ 1, 2연: 이상과 희망을 지
닌 삶의 숭고함

『두 다리는 비록 연약하지만 젊은 산맥으로 삼고

젊은 패기, 굳센 의지

부절(不絶)*히 움직인다는 둥근 지구를 밟았거니……』

『 』: 연약하지만 어려움을 극복하고 굳세게 살아가겠다는 의지

희망을 가진 삶의 가치 ②

푸른 산처럼 든든하게 지구를 디디고 사는 것은 얼마나 기쁜 일이냐.

좌절하지 않고 굳센 의지로 살아가는 삶의 자세

▶ 3, 4연: 굳센 의지로 현실에
발 디디고 살아가는 삶의 기쁨

뼈에 저리도록 생활은 슬퍼도 좋다.

고통스러운 현실에도 절망하지 않는 강한 의지(역설법)

저문 들길에 서서 푸른 별을 바라보자!

고통스러운 현실   미래에 대한 이상과 희망
- 일제 강점기

푸른 별을 바라보는 것은 하늘 아래 사는 거룩한 나의 일과이어

암울한 현실 속에서도 희망을 잃지 않는 삶의 자세   희망을 가진 삶의 가치 ③

니…….

▶ 5, 6연: 고통스러운 현실에서도
희망을 잃지 않는 삶의 거룩함

■ 산삼(山森): 산의 숲
■ 부절(不絶)하: 끊이지 않고 계속

출제 포인트

• 화자의 삶의 태도
• 대립적 이미지의 시어를 통한
주제 강조

필수 문제

01 화자 파악하기

• 화자: '나' (이상과 희망을 가
진 이)
• 상황: 고통스러운 현실(일제
강점기) 속에서 미래에 대한
(   )을 품음
• 정서 · 태도: 의지적

02 이 시에서 화자가 소망하는
이상과 희망을 상징하는 시어 2가
지를 찾아 각각 2어절로 쓰시오.

03 이 시에서 식민지 현실을 비
유적으로 형상화한 시구와 그에 대
비되는 의미를 가진 시구가 모두
드러나 있는 시행을 찾아 쓰시오.

핵심 정리

▾ 갈래: 자유시, 서정시   ▾ 성격: 낭만적, 의지적
▾ 주제: 이상과 희망을 가지고 살아가는 삶의 가치
▾ 해제: 이 시는 절망적 현실 속에서도 굴하지 않고 희망과 이상을 지니고 살아가려는 화자의 의지를, '푸른 산'의 모
습을 통해 형상화하고 있다.
▾ 시의 특징과 표현
① 어둠('저문 들길')과 밝음('푸른 하늘', '푸른 별')의 이미지 대비를 통해 주제를 부각함
② 화자의 정서와 태도를 직설적으로 드러냄

슬픈 `구도(構圖)` | 신석정

필수

『나와 「 」: 고독한 현실 → 행의 구별을
          통한 고독감의 시각적 형상화

하늘과

하늘 아래 푸른 산뿐이로다.』　　　　　　　　▶ 1연: 고독한 현실
　　　　　　죽은 자연의 모습(부정적 이미지)

○: 아름다움, 평화, 자유

꽃 한 송이 피워 낼 지구도 없고

새 한 마리 울어 줄 지구도 없고　　　　절망적 상황, 불모성의 강조

노루 새끼 한 마리 뛰어다닐 지구도 없다.　　▶ 2연: 절망적 현실

나와

밤과　　　　　　　　　　1연의 구조 반복으로
일제 강점기의 암담한 현실　고독과 절망의 심화
무수한 별뿐이로다.　　　　　　　　　　　　▶ 3연: 고독의 심화
아득하게 멀고 막연하게 흩어져 있는 희망들

밀리고 흐르는 게 밤뿐이요,
희망이 없는 절망적 상황
흘러도 흘러도 검은 밤뿐이로다.
　　　　　벗어날 수 없는 절망적 현실(하강적 이미지)
내 마음 둘 곳은 어느 밤 하늘 별이드뇨.　　▶ 4연: 절망과 탄식
'별'을 찾을 수 없는 안타까움
　　　　　　화자가 추구하는 희망(조국 광복, 이상 세계)

■ 구도(構圖): 그림에서 모양, 색깔, 위치 따위의 짜임새

출제 포인트

- 시어의 상징적 의미
- 표현상의 특징 이해

필수 문제

01 화자 파악하기
- 화자: '나' (시대에 대해 부정적으로 인식하는 고독한 이)
- 상황: 암담하고 고독한 현실에 (　　　)함
- 정서·태도: 고독함, 설망

02 이 시에서 하강적·시각적 이미지로 절망적 현실을 표현한 시행을 찾아 쓰시오.

03 이 시에서 화자가 추구하는 구체적 희망, 이상 세계를 상징하는 시어가 제시된 연과 그 시어를 쓰시오.

핵심 정리

- **갈래**: 자유시, 서정시　　　**성격**: 절망적, 상징적
- **주제**: 암담한 현실 속의 절망감
- **해제**: 이 시는 납작한 평면적 '구도'에 갇힌 화자와 현실의 모습을 통해, 일제 강점기의 암담한 현실을 살아가는 절망감을 형상화하고 있다.
- **시의 특징과 표현**
  ① 비유와 상징을 통해 주제를 형상화함
  ② 반복과 열거, 점층적 표현을 통해 현실의 절망감을 더욱 심화시킴

아직 촛불을 켤 때가 아닙니다 | 신석정

「저 재를 넘어가는 저녁 해의 엷은 광선들이 섭섭해합니다.
　근원적인 평화와 안식
어머니, 아직 촛불을 켜지 말으셔요.
　　　　　어둠을 밝히는 존재 → 부정적 현실에 대한 저항
그리고 나의 작은 명상의 새 새끼들이
　　　　　　자유로운 영혼
지금도 저 푸른 하늘에서 날고 있지 않습니까?
　　　　자유와 동경의 공간
이윽고 하늘이 능금처럼 붉어질 때
　황혼 무렵　　┌ 부정적 이미지
그 새 새끼들은 어둠과 함께 돌아온다 합니다.」 ▶ 1연: 황혼 무렵의 아름
「 」: 밤(부정적 현실)을 조금이라도 늦춰 황혼　　　　다운 정경
　　무렵의 정경을 더 많이 느끼고자 함

언덕에서는 우리의 어린 양들이 낡은 녹색 침대에 누워서
　　　　　　　　　　　평화의 표상　　푸른 초원 – 평화와 안식
남은 햇볕을 즐기느라고 돌아오지 않고
어둠이 오기 직전의 마지막 평화
조용한 호수 위에는 인제야 저녁 안개가 자욱히 내려오기 시작하였습니다.
　　　　　　　　　　어둠의 전조
그러나 어머니, 아직 촛불을 켤 때가 아닙니다.
화자의 의지 – '촛불'을 켜야 하는 암담한 현실이 오지 않기를 소망
늙은 산의 고요히 명상하는 얼굴이 멀어 가지 않고
명상의 깊이를 지닌 존재
머언 숲에서는 밤이 끌고 오는 그 검은 치맛자락이
　　　　　　　　　　　　　　어둠 – 부정적 이미지
발길에 스치는 발자국 소리도 들려오지 않습니다. ▶ 2연: 아직 어둠이 오지 않
　정서적 거리감　　　　　　　　　　　　　은 평화롭고 고요한 전원
아직은 어둠이 오지 않은 상황

멀리 있는 기인 둑을 거쳐서 들려오는 물결 소리도 차츰차츰 멀어갑니다.

그것은 늦은 가을부터 우리 전원을 방문하는 까마귀들이

바람을 데리고 멀리 가 버린 까닭이겠습니다.

시방 어머니의 등에서는 어머니의 콧노래 섞인

자장가를 듣고 싶어 하는 애기의 잠덧이 있습니다.
안식　　　　　　　　　평화와 안식을 누리고 싶은 화자의 소망
어머니, 아직 촛불을 켜지 말으셔요.

인제야 저 숲 너머 하늘에 작은 별이 하나 나오지 않았습니까?
아직은 어둠이 오지 않은 초저녁의 상황　　　▶ 3연: 어둠이 오기 전 초저녁의 상
　　　　　　　　　　　　　　　　　　　　황과 평화로운 안식에 대한 동경

출제 포인트

- 촛불을 켜지 말라고 하는 이유
- 긍정적 이미지와 부정적 이미지의 시어

필수 문제

01 화자 파악하기
- 화자: '나' (평화로운 삶을 추구하는 이)
- 상황: 어머니에게 아직 완전한 어둠이 오지 않았으므로 (　　　)을 켜지 말라고 말함
- 정서·태도: 간절함, 소망

02 이 시에서 '어둠'이 상징하는 의미를 간단히 쓰시오.

03 [기출] 이 시에서 '촛불'의 이미지와 가장 대조적인 것은?
① 녹색 침대
② 조용한 호수
③ 늙은 산
④ 검은 치맛자락
⑤ 물결 소리

핵심 정리

▼ 갈래: 자유시, 서정시　　▼ 성격: 목가적, 상징적
▼ 주제: 순수하고 평화로운 삶에 대한 동경
▼ 해제: 이 시는 '어둠'에 대한 저항과 '촛불'에 대한 유보를 통해, 밝고 아름다운 광명의 세계와 평화로운 전원적 세계가 지속되기를 바라는 화자의 간절한 소망을 노래하고 있다.
▼ 시의 특징과 표현
　① 낭만적인 시어와 어조로 시상을 전개함
　② 빛(긍정적)의 이미지와 어둠(부정적)의 이미지를 대비하여 주제를 전달함

현대시의 모든 것

어느 지류(支流)[*]에 서서 | 신석정

필수

강물 아래로 강물 아래로
역사의 흐름
한 줄기 어두운 이 강물 아래로   △ : 어둠 - 부정적 이미지,
                                일제 강점기의 암담한 현실

검은 밤이 흐른다.
은하수가 흐른다.

낡은 밤에 숨막히는 나도 흐르고
          시대의 고통을 겪고 있는 '나'
은하수에 빠진 푸른 별이 흐른다.
'푸른 별(희망)' 마저도 사라진 암담한 현실

강물 아래로 강물 아래로
못 견디게 어두운 이 강물 아래로
빛나는 태양이
밝음 - 긍정적 이미지, 희망의 미래
다다를 무렵

                  ① 굳세게 ② 우두커니
이 강물 어느 지류에 조각처럼 서서
          역사의 본류(중심)에서 떨어져 살아온 삶
나는 다시 푸른 하늘을 우러러보리……
          희망, 이상, 조국 광복

• 지류(支流): 강의 원줄기로 흘러가거나 원줄기에서 갈려 나온 물줄기

출제 포인트

- '어느 지류'의 의미
- 대립적 이미지의 시어를 통한 주제 강조

필수 문제

01 화자 파악하기
- 화자: '나' (어느 지류에 선 이)
- 상황: 강물의 어느 (   )에 서서 캄캄한 강물을 바라봄
- 정서 · 태도: 희망, 의지적

02 이 시에서 화자가 위치한 곳을 찾아 3어절로 쓰고, 그곳의 의미를 10자 내외로 쓰시오.

03 이 시의 표현 중 그 이미지가 이질적인 것은?
① 어두운 이 강물
② 검은 밤
③ 은하수
④ 낡은 밤
⑤ 푸른 하늘

▶ 1, 2연: 검은 밤이 흐르는 어두운 강물

▶ 3, 4연: 태양이 빛나는 푸른 하늘을 그려 봄

알맹이 포착

화자의 인식의 변화
표현상으로는 1연과 3연의 내용이 유사한 것처럼 보인다. 하지만 3연에서는 '못 견디게 어두운 강물'에 '빛나는 태양'이 다다른다고 함으로써 절망이 희망으로 바뀌고 있다. 이는 고통으로 인한 시련이 극에 달했을 때 희망에 가까워진다는 화자의 인식이 드러난 것이다.

핵심 정리

- ✓ 갈래: 자유시, 서정시   ✓ 성격: 의지적, 이상적
- ✓ 주제: 암담한 현실에 대한 인식과 밝은 미래에 대한 소망
- ✓ 해제: 이 시는 암담한 민족의 현실에 적극적으로 대응하지 못한 화자의 모습을 '지류에 서서'라고 표현함으로써, 그러한 자신의 삶에 대한 성찰과 희망찬 미래에 대한 소망을 노래하고 있다.
- ✓ 시의 특징과 표현
  ① 어둠과 밝음의 대립적 이미지를 사용하여 시상을 전개함
  ② 반복적 표현을 통해 율격을 형성함

임께서 부르시면 | 신석정

도치법(의미 강조, 운율 형성)

가을날 노랗게 물들인 은행잎이
소멸의 이미지   자연의 섭리에 순응하는 존재
바람에 흔들려 휘날리듯이
가을의 쓸쓸한 분위기(조락, 죽음)
그렇게 가오리다
          경어체의 사용(진지하고 경건한 어조)
임께서 부르시면…….
자연(이상향), 연인

□ : 자연적 소재 → '화자'의 보조 관념

▶ 1연: 바람에 휘날리는 은행잎처럼 임에게 갈 것임

호수(湖水)에 안개 끼어 자욱한 밤에
쓸쓸한 분위기(죽음의 이미지)
말없이 재 넘는 초승달처럼
소멸의 이미지
그렇게 가오리다

1~4연 통사 구조의 반복.
강조와 운율감 조성

임께서 부르시면…….

▶ 2연: 말 없이 재를 넘는 초승달 처럼 임에게 갈 것임

「포근히 풀린 봄 하늘 아래
          부활
굽이굽이 하늘가에 흐르는 물처럼」
          재생과 부활의 이미지(화자가 지향하는 삶)
그렇게 가오리다

「」: 1, 2연의 소멸과 죽음의 이미지에서 부활의 이미지로 시상이 전환되어 4연으로 이어짐

임께서 부르시면…….

▶ 3연: 하늘가에 흐르는 물처럼 임에게 갈 것임

파란 하늘에 백로(白鷺) 노래하고
이른 봄 잔디밭에 스며드는 햇볕처럼
자연의 은혜 속에서 보람 있는 삶을 살고자 하는 소망
그렇게 가오리다

임께서 부르시면…….

▶ 4연: 잔디밭에 스며드는 햇볕처럼 임에게 갈 것임

출제 포인트
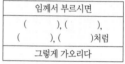

- 화자가 지향하는 삶의 태도
- 시상의 흐름과 전환 이해

필수 문제

01 화자 파악하기
- 화자: '드러나지 않음'(임의 부름을 기다리는 이)
- 상황: 임이 부르면 달려가겠다고 (   )함
- 정서·태도: 소망, 경건함

02 이 시의 내용과 구조를 아래와 같이 정리할 때 빈칸에 들어갈 시어를 차례대로 쓰시오.

임께서 부르시면		
( ),	( ),	
( ),	( )	처럼
그렇게 가오리다		

03 [서술형] 이 시의 시상 전개 과정의 특징을 〈보기〉에 제시된 단어를 활용하여 설명하시오.

〈보기〉
소멸과 죽음의 이미지, 부활과 재생의 이미지, 시상, 전환

핵심 정리

- ▼ 갈래: 자유시, 서정시   ▼ 성격: 여성적, 목가적, 시각적
- ▼ 주제: 자연의 질서에 순응하는 삶에 대한 소망
- ▼ 해제: 이 시는 평화로운 이상향으로서의 자연을 '임'으로 의인화하여, 자연적 질서에 대한 동경과 순응의 태도를 노래하고 있다.
- ▼ 시의 특징과 표현
  ① 각 연 3, 4행의 반복을 통해 형태적 안정감을 얻고 화자의 의지를 강조함
  ② 시각적 이미지의 소재를 황색(은행잎), 청색(호수·하늘·물), 백색(백로) 등으로 다양하게 제시함

164 ˙청산백운도(靑山白雲圖) | 신석정

이 투박한 대지에 발을 붙였어도
주체: 산
흰 구름 이는 머리는 항상 하늘을 향하고 사는 산
　　　　　산의 지향점　　화자가 지향하는 삶의
　　　　　　　　　　　　경지를 드러냄(의인법)

▶ 1연: 하늘을 향하고 사는 푸른 산

언제나 숭고할 수 있는 푸른 산이
화자의 이상
그 푸른 산이 오늘은 무척 부러워
　　　　　주체: 화자

▶ 2연: 푸른 산에 대한 부러움

『하늘과 땅이 비롯하던 날 그 아득한 날 밤부터
「　」: 태초의 시간
『저 산맥 위로는 푸른 별이 넘나들었고』
「　」: 산과 별의 교감

『골짝에는 양떼처럼 흰 구름이 몰려오고 가고
「　」: 산과 구름의 조화
때로는 늙은 산 수려한 이마를 쓰다듬거니』
　　　　　　　　빼어나게 아름다운

▶ 3, 4연: 별, 구름과 교감하는 산

『고산 식물을 품에 안고 길러 낸다는 너그러운 산』
「　」: 포용력 있는 산
『청초한 꽃그늘에 자고 또 이는 구름과 구름』
「　」: 편안한 휴식처가 되는 산

▶ 5연: 포용력이 있는 산

『내 몸이 가벼이 흰 구름이 되는 날은
「　」: 산과의 교감에 대한 소망
강 너머 저 푸른 산 이마를 어루만지리』

▶ 6연: 푸른 산과 교감하고 싶은 소망

■ 청산백운도(靑山白雲圖): 푸른 산과 흰 구름이 있는 그림

출제 포인트

• 소재의 상징적 의미
• 표현상의 특징

필수 문제

01 화자 파악하기
• 화자: '나' (푸른 산을 바라보는 이)
• 상황: 푸른 산을 바라보며 푸른 산과 (　　　)하고 싶은 소망을 가짐
• 정서·태도: 동경, 부러움

02 이 시에 제시된 산의 모습을 〈보기〉와 같이 정리할 때 빈칸에 들어갈 내용을 쓰시오.

─〈보기〉─
• 하늘을 향하고 사는 산
• 언제나 숭고할 수 있는 푸른 산
• 고산 식물을 품에 안고 길러 낸다는 (　　　　)

03 이 시에서 푸른 산과 교감하고 싶어 하는 화자의 심정이 잘 드러난 연을 찾아 그대로 쓰시오.

핵심 정리

▼ 갈래: 자유시, 서정시　　▼ 성격: 서경적
▼ 주제: 이상적인 삶에 대한 동경
▼ 해제: 이 시는 푸른 산의 정경 묘사를 통해 화자가 추구하는 삶의 모습을 제시하고 있다. 이 시에서 미래 지향적인 느낌을 주는 색채인 푸른빛으로 나타나고 있는 '산'은 화자의 희망과 이상을 상징한다고 볼 수 있다.
▼ 시의 특징과 표현: '산'을 의인화하여 화자가 지향하는 삶을 그림

간 | 윤동주

필수

바닷가 햇빛 바른 바위 위에

습(濕)한 간(肝)을 펴서 말리우자.
더럽혀진 양심, 존엄성의 회복

화자와 동일시됨 – 간을 지켜 낸 존재
코카서스 산중에서 도망해 온 토끼처럼
〈프로메테우스 신화〉와 〈구토지설〉의 결합
둘레를 빙빙 돌며 간을 지키자.
생명, 양심, 존엄성의 수호

▶ 1, 2연: 소중한 생명과 양심인 간을 지키겠다는 다짐

내가 오래 기르던 여윈 독수리야!
예리한 정신적·의지적 자아
와서 뜯어 먹어라, 시름없이
양심을 지키기 위한 내적 고통

「너는 살찌고   「 」: 정신을 살찌우기 위해 육체를 희생하겠다는 의지
정신적 자아('독수리')
나는 여위어야지, 그러나」
무기력한 육체적 자아

▶ 3, 4연: 정신적 자아를 지키려는 의지

거북이야!
유혹하는 존재 – 일제   의지의 재확인
다시는 용궁의 유혹에 안 떨어진다.
양심을 저버리게 하는 것 – 일제의 유혹

▶ 5연: 현실적 유혹에 대한 거부

화자와 동일시된 존재(화자가 지향하는 존재) – 속죄양 모티프
프로메테우스 불쌍한 프로메테우스.
자기 연민의 정서
불 도적한 죄로 목에 맷돌을 달고

끝없이 침전(沈澱)하는 프로메테우스.
끝없는 고통을 감내하는 프로메테우스 → 자기희생의 각오

▶ 6연: 현실적 고난을 감내하는 자기희생의 의지

출제 포인트

- '간'의 상징적 의미
- '토끼'와 '프로메테우스'를 통해 드러나는 화자의 태도

필수 문제

01 화자 파악하기
- 화자: '나' ('간'을 지키려는 이)
- 상황: 거북과 (   )의 유혹으로부터 간을 지키겠다고 노래함
- 정서·태도: 결연함, 자기희생

02 이 시에서 〈구토지설〉과 〈프로메테우스 신화〉를 결합하는 매개체가 되는 시어를 찾아 쓰시오.

03 이 시에서 화자가 '토끼'와 '프로메테우스'를 통해 얻은 교훈은 무엇인지 각각 10자 내외로 쓰시오.

04 이 시에서 '용궁의 유혹'이란 무엇을 뜻하는지 간단하게 쓰시오.

알맹이 포착

'간(肝)'의 의미
인간의 양심과 본질, 존엄성을 상징하는 소재로, 이 시의 모티프가 되고 있는 〈구토지설〉과 〈프로메테우스 신화〉를 연결하는 매개체이다.

화자는 끝없는 고통을 감내하면서까지 생명, 양심, 인간의 존엄성인 이 '간'을 지키려는 의지를 보이고 있다.

핵심 정리

- ♥ 갈래: 자유시, 서정시   ♥ 성격: 저항적, 의지적, 우의적
- ♥ 주제: 양심의 회복과 현실적 고난 극복의 의지
- ♥ 해제: 이 시는 '간'을 매개로 〈구토지설〉과 〈프로메테우스 신화〉를 결합하여, 양심의 회복에 대한 소망과 자기희생을 통해 현실을 극복하려는 의지를 표현하고 있다.
- ♥ 시의 특징과 표현
  ① 〈구토지설(龜兔之說)〉과 〈프로메테우스 신화〉를 결합하여 시상을 전개함
  ② 정신적 자아와 육체적 자아의 대립을 통해 자아 성찰과 자기희생 의지를 표현함

166 길 | 윤동주

모의 기출

잃어버렸습니다.
참된 자아의 상실
무얼 어디다 잃었는지 몰라

두 손이 주머니를 더듬어
내면세계
길에 나아갑니다.
자아 탐색의 여정 시작

▶ 1연: 참된 자아의 상실

돌과 돌과 돌이 끝없이 연달아
참된 자아에 대한 지향을 가로막는 장애물 – 극복의 대상
길은 돌담을 끼고 갑니다.
길과 평행 상태를 이루며 끝없이 펼쳐진 돌담

통로의 차단 – 자아의 단절
담은 쇠문을 굳게 닫아
절망적 상황
길 위에 긴 그림자를 드리우고
① 화자의 그림자 – 절망적 현실로 인해 고뇌하는 모습
② 쇠문의 그림자 – 어둡고 암울한 상황의 도래

『길은 아침에서 저녁으로
「」: 자아 탐색의 길 = 삶의 여정
저녁에서 아침으로 통했습니다.』

▶ 2~4연: 참된 자아를 찾는 과정

돌담을 더듬어 눈물짓다
현실적 자아를 일깨우는 존재 – 성찰의 매개체
쳐다보면 하늘은 부끄럽게 푸릅니다.
자아 성찰을 게을리한 것에 대한 부끄러움

▶ 5연: 자아 성찰을 게을리한 것에 대한 부끄러움

풀 한 포기 없는 이 길을 걷는 것은
암담한 현실
담 저쪽에 내가 남아 있는 까닭이고,
화자의 지향점 └▶ 참된 자아(이상적 자아)

내가 사는 것은, 다만,
현실적 자아
잃은 것을 찾는 까닭입니다.
현실을 극복하고 자아를 회복하려는 결의와 다짐

▶ 6, 7연: 참된 자아의 회복과 현실 극복에 대한 의지

1940년대

출제 포인트

• '길'을 걷는 과정이 지니는 의미
• '돌담'과 '쇠문'의 상징적 의미

필수 문제

01 화자 파악하기
• 화자: '나' (길을 나아가는 이)
• 상황: 길을 따라 (   ) 저쪽의 '나' (참된 자아)를 찾으려 함
• 정서 · 태도: 결의, 성찰적

02 이 시에서 화자가 지향하는 삶의 목표는 무엇인지 10자 이내로 쓰시오.

03 [기출] 6연의 '내'(ⓐ)와 7연의 '내'(ⓑ)를 중심으로 시의 내용을 파악한 것으로 적절하지 <u>않은</u> 것은?
① ⓐ를 찾는 것이 ⓑ의 삶의 목적이라고 할 수 있다.
② ⓐ는 '풀 한 포기 없는' 길을, ⓑ는 '긴 그림자'가 드리운 길을 걷고 있다.
③ ⓐ와 ⓑ는 굳게 닫힌 '쇠문'과 '돌담'으로 인해 만나는 것이 쉽지 않다.
④ ⓑ가 '주머니를 더듬어' 찾으려고 한 것은 결국 ⓐ라고 할 수 있다.
⑤ ⓑ는 길을 걷는 동안 '담 저쪽'에 있는 ⓐ의 존재를 인식하게 된다.

▾ **갈래**: 자유시, 서정시　　▾ **성격**: 고백적, 상징적, 의지적
▾ **주제**: 참된 자아의 회복과 현실 극복에 대한 의지
▾ **해제**: 이 시는 '길'이라는 상징적 소재를 통해, 잃어버린 참된 자아를 찾고 어둡고 암울한 현실을 극복하려는 화자의 여정을 차분한 어조로 형상화하고 있다.
▾ **시의 특징과 표현**
　① 상징적인 시어를 통해 내면세계를 형상화함
　② '길'을 걷는 여정을 통해 현실을 극복하려는 화자의 의지를 드러냄

현대시의 모든 것

눈 감고 간다 | 윤동주

필수

민족적 지향과 삶의 목표
태양을 사모하는 아이들아
　　　일제 강점하의 우리 민족
별을 사랑하는 아이들아
민족의 희망

▶ 1연: 아이들을 부름

『**밤**이 어두웠는데
　일제 강점기의 암담한 현실
눈 감고 **가거라.**』
「 」: 일제 강점하의 부정적 현실에 의연하게
　　대처하라는 역설적 표현

가진 바 **씨앗**을
　　　　희망의 미래를 위한 현재의 노력과 정성
뿌리면서 **가거라.**
　　□: 명령형 종결 어미 – 화자의
　　　　적극적이고 의지적인 태도

▶ 2, 3연: 부정적 현실에 대한 극복 의지

『발부리에 **돌**이 채이거든
　　　시련과 고난, 현실적 장애
감았던 눈을 와짝 **떠라.**』
「 」: 시련과 고난을 극복하기
　　위한 적극적인 태도

▶ 4연: 시련과 고난에 대한 극복 의지

출제 포인트

- 시어의 상징적 의미
- 화자의 현실 인식과 대응 태도

필수 문제

01 화자 파악하기
- 화자: 부정적 현실에 처한 이
- 상황: 부정적 현실을 (　　　)
　하자고 노래함
- 정서 · 태도: 의연함, 의지적

02 〈보기〉의 (　　) 안에 들어갈
알맞은 말을 쓰시오.
〈보기〉
이 시는 2 ~ 4연에서 명령형
종결 어미의 반복을 통해 화자
의 (　　　)을/를 강조하고
있다.

03 다음 중 '일제 강점하의 부
정적 현실'과 관련이 있는 시어 2
가지를 고르시오.
① 태양　　② 별
③ 밤　　　④ 씨앗
⑤ 돌

알맹이 포착

'눈 감고 간다'라는 제목의 의미
이 시는 일제 강점하의 부정적 현실을 '밤'으로 드러내고 있다. 그
속에서 '눈 감고 간다'라는 표현은 국권 상실의 현실을 견뎌 내려는
역설적 의미를 담고 있다. 즉, '눈을 감고' 갈 수밖에 없는 상황이 바
로 일제 강점기이며, 그 현실을 '눈을 감아'서 견뎌 내자는 것이 화
자의 태도이다.

한눈에 보기

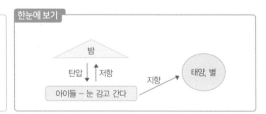

핵심 정리

- 갈래: 자유시, 서정시　　　· 성격: 의지적, 저항적, 상징적
- 주제: 일제 강점하의 부정적 현실에 대한 극복 의지
- 해제: 이 시는 일제 강점기의 암담한 현실을 살아가는 시인의 현실 인식과 희망의 미래를 위한 삶의 자세를 당당하게
　드러내고 있는 작품이다.
- 시의 특징과 표현
　① 상징적 시어를 사용하여 화자의 현실 인식을 드러냄
　② 부정적 현실에 대한 화자의 극복 의지를 역설적 표현으로 드러냄
　③ 명령형 어미의 반복을 통해 화자의 의지를 강조함

돌아와 보는 밤 | 윤동주

세상으로부터 돌아오듯이 이제 내 좁은 방에 돌아와 불을 끄옵니다.
　　　　　　　잠재된 외로움의 표출, 궁핍함　　　　세상을 차단하는 행위
불을 켜 두는 것은 너무나 피로롭은 일이옵니다. 그것은 낮의 연장이옵
세상에 대한 부정적 인식(밤에 돌아옴)　　　　자기 성찰의 공간(쉴 수 있는 곳)
기에—
세상과의 접촉　　　　　　　　울분과 피로를 얻게 되는 시간(낯선 이들을 만나고 부딪침)
　　　　　　　　　　　　　　　　　　▶ 1연: 방에 돌아와 불을 끔

이제 창을 열어 공기를 바꾸어 들여야 할 텐데 밖을 가만히 내다보아
　　　차단과 소통의 이중성을 가진 사물(세상 ← 창 → 방)
야 방안과 같이 어두워 꼭 세상 같은데 비를 맞고 오든 길이 그대로 빗
　　　　　　절망적 상황 인식 울분이 계속 쌓임　　　눈물과 슬픔으로 살아온 길
속에 젖어 있사옵니다.　　　　　　　　　　▶ 2연: 절망적인 현실 상황
여전히 달라지지 않음　　　　　　　　　　　　이 지속됨

하로의 울분을 씻을 바 없어 가만히 눈을 감으면 마음속으로 흐르는
낮에 받은 울분　　　　울분의 정신적 해소 방안을 찾으려는 행위 의지와 전망을 다잡는 내면의 소리
소리, 이제 사상이 능금처럼 저절로 익어가옵니다.　　▶ 3연: 성찰을 통한 현실 극
　　어두운 현실을　　자기 성찰을 통해 사상을 구체화하여 실현할 수　복 방법 모색
　　이겨 낼 사상　　　　있는 상태에 이름

출제 포인트

- 공간의 의미
- 화자의 태도와 시구의 의미

필수 문제

01 화자 파악하기
- 화자: '나' (좁은 방에서 절망적인 현실을 생각하는 이)
- 상황: 좁은 방에서 절망적인 (　　　)을 극복할 방법을 모색함
- 정서 · 태도: 의지적

02 이 시에서 화자가 휴식을 할 수 있는 유일한 공간이자 자기 성찰의 공간을 상징하는 시어를 쓰시오.

03 이 시에서 화자가 자기 성찰을 통해 현실 극복의 사상을 구체화하고 있는 상태를 형상화한 시구를 찾아 그대로 쓰시오.(5어절)

일맹이 포착

시상 전개와 주제 강화 방식 이해

이 시에서 화자는 '세상'에서 '좁은 방'으로 돌아와 '하루의 울분'을 되새겨보고 이를 극복하는 방법을 찾기 위해 내면의 의지와 전망을 다잡는 모습을 드러내고 있다. 작가는 '낮 – 세상'과 '밤 – 좁은 방'의 의미를 대립적 관계로 설정하여 주제를 강화하고 있다.

한눈에 보기

핵심 정리

- ▼ 갈래: 자유시, 서정시　　　▼ 성격: 성찰적, 의지적
- ▼ 주제: 부정적 현실 극복 방안의 성찰적 모색
- ▼ 해제: 이 시의 화자는 삶에서 지속적으로 받는 피로를 씻고 불만족스러운 세상을 변혁할 수 있는 의지와 전망을 되새기면서 현실의 어려움을 이겨 낼 사상을 찾으려는 의지를 드러내고 있다.
- ▼ 시의 특징과 표현
  ① '방, 낮, 창, 세상, 비, 길' 등의 상징적 · 비유적 소재로 주제 의식을 표출함
  ② 시간의 흐름에 따른 행위의 변화를 통해 화자의 의식의 변화를 표현함

또 다른 고향 | 윤동주

모의 기출 EBS

고향(故鄕)에 돌아온 날 밤에
현실적 고향 – 현실 도피적 공간
내 백골(白骨)이 따라와 한 방에 누웠다.
　　　현실 도피적 자아 – 나약함

어둔 방은 우주(宇宙)로 통하고
닫힌 세계　　열린 세계
하늘에선가 소리처럼 바람이 불어온다.
　　　열린 세계로 인도하는 존재 – 현실 안주를 꾸짖음
▶ 1, 2연: '나'의 귀향과 암담한 현실 인식

　　　　잘게 부서져 가는
『어둠 속에서 곱게 풍화 작용(風化作用)하는
암담한 현실 – 일제 강점기
백골을 들여다보며 / 눈물짓는 것이 내가 우는 것이냐
　　　　이상적 자아와 현실 도피적 자아 사이에서 갈등하는 현실적 자아
백골이 우는 것이냐 / 아름다운 혼이 우는 것이냐.』
「 」: 분열된 자아를 바라보며　이상적 자아
　느끼는 상실감과 비애감
▶ 3연: 자아의 분열과 갈등

지조(志操) 높은 개는
나약한 현실적 자아를 꾸짖는 존재
밤을 새워 어둠을 짖는다.

어둠을 짖는 개는
암담한 현실 속에서 '나'를 일깨우는 존재
나를 쫓는 것일 게다.
▶ 4, 5연: 현실적 자아를 일깨우는 소리

『가자 가자 / 쫓기우는 사람처럼 가자.
　　　　현실적 구속이 없는 세계 – 화자가 추구하는 이상 세계
백골 몰래 / 아름다운 또 다른 고향에 가자.』
「 」: 자아의 정체성 회복과 자아 분열의 극복 의지
▶ 6연: 이상 세계에 대한 동경

출제 포인트

- '또 다른 고향'의 의미
- 자아의 분열과 대립 구조 – '백골'과 '아름다운 혼'의 의미

필수 문제

01 화자 파악하기
- 화자: '나'('고향'에 돌아온 이)
- 상황: 귀향한 '어둔 방'에서 (　　　) 회복과 자아 분열 극복을 노래함
- 정서·태도: 갈등, 극복 의지

02 이 시에서 화자가 지향하는 자아의 모습과 세계를 나타내는 시구를 각각 찾아 쓰시오.

03 이 시에서 '백골(白骨)'을 '현실 도피적 자아', '아름다운 혼'을 '이상적 자아'라고 할 때, '나'는 어떤 존재인지 20자 내외로 쓰시오.

한눈에 보기

백골 (현실 도피적 자아)	거부	'나'	추구	아름다운 혼 (이상적 자아)

↓

자아 분열 극복 의지, 이상 세계에 대한 동경

핵심 정리

▾ **갈래**: 자유시, 서정시　　▾ **성격**: 성찰적, 의지적
▾ **주제**: 이상 세계에 대한 동경과 자아 분열의 극복 의지
▾ **해제**: 이 시는 일제 강점기의 암담한 현실 속에서 자아 분열의 고통을 겪고 있는 '나'의 모습을 통해, 현실의 불안을 극복하고 이상 세계를 지향하고자 하는 의지를 노래하고 있다.
▾ **시의 특징과 표현**
　① 상징적 시어를 통해 화자의 내면과 주제 의식을 표현함
　② 자아의 분열과 대립에 의한 갈등 구조를 통해 시상을 전개함

무서운 시간 | 윤동주

거기
거 나를 부르는 것이 누구요,
화자, 개인적 자아   화자를 일깨우는 존재

▶ 1연: 부름에 대한 자각

가랑잎 이파리 푸르러 나오는 그늘인데,
묵은 가랑잎이 떨어지고 새잎이 나는 시절(봄)
나 아직 여기 호흡이 남아 있소.
화자의 양심, 현실에 대한 의지, 희망이 남아 있음

▶ 2연: 남아 있는 화자의 호흡

한 번도 손들어 보지 못한 나를
현실에 적극적인 대응을 하지 못한 자신에 대한 반성
손들어 표할 하늘도 없는 나를
지켜야 할 대상, 자유, 희망

▶ 3연: 주체적인 삶을 살지 못한 '나'

어디에 내 한 몸 둘 하늘이 있어
부정적 현실 인식(자유, 희망, 의지할 곳 없음)
나를 부르는 것이오.

▶ 4연: 부정적 현실 인식과 부끄러움

일이 마치고 내 죽는 날 아침에는
소명을 다하고
서럽지도 않은 가랑잎이 떨어질 텐데……
소명을 다한 화자와 동일시

▶ 5연: 미약한 자신의 존재에 대한 인식

나를 부르지 마오.
① 현재의 무력한 자신에 대한 반성
② 소명 의식과 현실 사이의 갈등

▶ 6연: 부름에 대한 거부

출제 포인트

• 시구의 의미
• 화자의 태도 이해

필수 문제

01 화자 파악하기
• 화자: '나' (내면적 성찰의 시간을 갖는 이)
• 상황: 부정적 현실 속에서 자신의 삶을 (   )
• 정서·태도: 부끄러움

02 이 시에서 화자가 소명을 다한 상태를 나타내는 시구를 찾아 2어절로 쓰시오.

03 이 시에서 적극적이고 주체적으로 살지 못한 화자 자신을 나타내는 시행을 찾아 쓰시오.

핵심 정리

✓ 갈래: 자유시, 서정시   ✓ 성격: 독백적, 성찰적
✓ 주제: 자아에 대한 반성과 성찰
✓ 해제: 이 시는 1인칭 화자의 독백을 통해 부정적 현실 속에서 주체적 삶을 살지 못하는 자아에 대한 반성을 드러내고 있다. 화자에게 '무서운 시간'은 자신의 양심과 마주하며 부끄러움을 느끼는 성찰의 시간을 의미한다.
✓ 시의 특징과 표현: 독백체를 통해 화자의 내면을 드러냄

171 바람이 불어 | 윤동주

『바람이 어디로부터 불어와
「 」: 바람의 출처와 목표점에 대한 의문
어디로 불려 가는 것일까.』
▶ 1연: 바람을 맞으며 바람의 출처와 목표점을 생각함

『바람이 부는데
「 」: 바람을 맞으며, 괴로움에 사로잡힌 자신을 인식함
내 괴로움에는 이유가 없다.』
▶ 2연: 바람을 맞으며 괴로워하는 자신을 인식함

내 괴로움에는 이유가 없을까.
괴로움의 이유를 찾기 위해 내면을 향함
▶ 3연: 내면을 응시함

단 한 여자를 사랑한 일도 없다.
사랑 때문에 괴로운 것이 아님
시대를 슬퍼한 일도 없다.
시대적 고민이 아님
▶ 4연: 시련, 시대적 상황이 괴로움의 이유가 아님

바람이 자꾸 부는데
내 발이 ▪반석 위에 섰다.
시대의 흐름에 비껴 서 있는 자아를 발견함 ①
○: 유동성(화자의 변화를 촉구하는 시대 의식)
▭: 부동성(안일함을 추구하는 화자)
대구
▶ 5연: 정체된 삶이 괴로움과 무력감의 원인임을 깨달음 (1)

강물이 자꾸 흐르는데
내 발이 언덕 위에 섰다.
시대의 흐름에 비껴 서 있는 자아를 발견함 ②
▶ 6연: 정체된 삶이 괴로움과 무력감의 원인임을 깨달음 (2)

▪ 반석: 넓고 평평한 돌

출제 포인트
• 소재의 의미
• 화자의 정서와 시구의 의미

필수 문제

01 화자 파악하기
• 화자: '나' (바람을 맞고 서 있는 이)
• 상황: (   )된 자신의 삶에 대해 번민하고 고뇌함
• 정서 · 태도: 괴로움

02 이 시에서 정체된 자아와 대비되며 방향성을 가지고 움직이는 소재를 찾아 쓰시오.(2개)

03 이 시에서 목표 없이 정체되어 있는 화자의 삶의 모습이 구체적인 행위로 제시되고 있는 시행을 찾아 쓰시오.(2개)

핵심 정리
▼ 갈래: 자유시, 서정시   ▼ 성격: 상징적
▼ 주제: 흐르지 못하고 머물러 있는 자아의 번민
▼ 해제: 이 시는 목적을 찾지 못하고 머물러만 있는 화자의 번민을 노래하고 있다. '바람'을 '고난'이나 '시련'으로 보는 다른 시들과 달리, 이 시에서 '바람'은 화자의 무기력한 삶을 일깨워 주는 역할을 하고 있다.
▼ 시의 특징과 표현
① 유사한 어구의 반복적 사용을 통해 리듬감을 형성함
② '바람, 강물' (유동성)과 '반석, 언덕' (부동성)의 대립적 이미지를 통해 주제를 부각함

별 헤는 밤 | 윤동주

교과서 수능 기출 EBS

계절이 지나가는 하늘에는
'과거 – 현재 – 미래'의 시간을 포괄하는 시적 공간
가을로 가득 차 있습니다.
쓸쓸함, 소멸의 정서

나는 아무 걱정도 없이

가을 속의 (별)들을 다 헤일 듯합니다.
아름다움, 순수와 이상 – 구원의 대상

『가슴속에 하나 둘 새겨지는 별을
추억, 사랑, 고독, 동경, 시, 가족, 친구, 이웃, 동물, 시인 등과 같은 상념들
이제 다 못 헤는 것은
「 」: 하늘의 별을 못 다 헤아려도(이상을 실현하지 못하여도) 희망을 간직하고 있음
쉬이 아침이 오는 까닭이요,
현실적 제약
내일 밤이 남은 까닭이요,
마음의 여유
아직 나의 청춘이 다하지 않은 까닭입니다.』
미래에 대한 희망을 간직하고 있음

▶ 1~3연: 별을 보는 화자와 별에 대한 상념(현재)

『별 하나에 추억과
「 」: 별을 보며 느낀 상념(반복법, 열거법)
별 하나에 사랑과

별 하나에 쓸쓸함과

별 하나에 동경과

별 하나에 시와

별 하나에 어머니, 어머니,』
화자의 감정 고조

『어머님, 나는 별 하나에 아름다운 말 한마디씩 불러 봅니다. 소학교
그리움 – 안식의 대상
때 책상을 같이했던 아이들의 이름과, 패, 경, 옥, 이런 이국 소녀들의
어린 시절 북간도에서 만났던 중국 소녀들
이름과, 벌써 아기 어머니 된 계집애들의 이름과, 가난한 이웃 사람들의
이름과, 비둘기, 강아지, 토끼, 노새, 노루, '프랑시스 잠', '라이너 마리
프랑스 시인   독일 시인
아 릴케', 이런 시인의 이름을 불러 봅니다.』
「 」: 4연에 나타난 그리움의 구체화

이네들은 너무나 멀리 있습니다.
추억과 현실의 거리감 → 그리움의 간절함
(별)이 아스라이 멀듯이.
이상향 까마득하게

1940년대

출제 포인트

- 시간의 흐름에 따른 시상 전개
- '별'의 의미
- '벌레'의 의미와 화자의 정서

필수 문제

01 화자 파악하기
- 화자: '나'('별'을 헤아리는 이)
- 상황: 먼 타향에서 가을밤의 (   )들을 바라보며 과거를 회상하고 자신을 반성함
- 정서·태도: 그리움, 부끄러움, 희망

02 이 시의 시상이 '가을 → 겨울 → 봄'의 계절적 흐름에 따라 전개된다고 할 때, 현재와 미래의 상황을 나타내기에 적합한 계절을 각각 쓰시오.

03 이 시에서 화자의 감정이 이입된 시어를 찾고, 이입된 감정을 2음절로 쓰시오.

04 [기출] 이 시의 '별'에 대한 설명으로 가장 적절한 것은?
① 시인의 불행한 운명을 예언하고 있다.
② 시인이 지향하는 내적 세계를 나타낸다.
③ 시인의 기원을 받아 주는 초월적 존재이다.
④ 시인과 외부 세계를 단절시키는 기능을 한다.
⑤ 시인이 지니고 있는 현실적 욕망을 상징한다.

어머님,

그리고 당신은 멀리 북간도에 계십니다.
　　　　　　　　과거 회상의 구체적 공간

▶ 4~7연: 과거에 대한 상념
　과 그리움(과거)

나는 무엇인지 그리워
　　　　　화자가 지향하는 이상적 가치, 아름다움, 순수
이 많은 별빛이 내린 언덕 위에
　　　　아름다움, 순수
내 이름자를 써 보고,
자아 성찰의 행위
흙으로 덮어 버리었습니다.
부끄러운 자아에 대한 부정

딴은, 밤을 새워 우는 벌레는
암담한 현실 – 일제 강점기　감정 이입의 대상
부끄러운 이름을 슬퍼하는 까닭입니다.
행동하지 못하는 무기력한 자아에 대한 성찰

▶ 8, 9연: 현재의 삶에 대한
　부끄러움과 자아 성찰(현재)

그러나 겨울이 지나고 나의 별에도 봄이 오면,
시상 전환 고난과 시련　　　　조국　희망과 생명 – 조국 광복
무덤 위에 파란 잔디가 피어나듯이
내 이름자 묻힌 언덕 위에도 　　　 희망, 생명, 부활, 소생 의지
자랑처럼 풀이 무성할 게외다.
자기희생 – 속죄양 모티프

▶ 10연: 미래에 대한 희망과
　소생 의지(미래)

알맹이 포착

'별'의 의미
어두운 밤하늘에서 빛나는 '별'은 아름답고 순수한 존재이자, 화자가
그리는 이상향을 의미한다. 또한 별은 아름답게 반짝이지만 닿을 수
없는 거리에 있는데, 화자는 이러한 별을 회상하고 별
을 헤아리며 그리운 대상들을 떠올린다. 이렇게 별은 화자에게 있어
과거를 회상하게 하는 매개체로도 볼 수 있다.

한눈에 보기

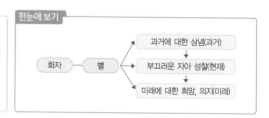

핵심 정리

▼ **갈래**: 자유시, 서정시　　▼ **성격**: 반성적, 고백적, 상징적
▼ **주제**: 아름다운 과거에 대한 추억과 자아 성찰
▼ **해제**: 이 시는 밤하늘의 별을 바라보며 아름다웠던 유년 시절을 회상하면서 부끄러운 자아를 성찰하고 미래에 대한
　 희망을 추구하는 화자의 모습을 형상화하고 있다.
▼ **시의 특징과 표현**
　 ① '현재 → 과거 → 현재 → 미래'의 시간적 흐름에 따라 시상을 전개함
　 ② 상징적 시어와 감정 이입의 기법을 통해 화자의 정서를 드러냄

173 병원 | 윤동주

모의 기출

살구나무 그늘로 얼굴을 가리고, 병원 뒤뜰에 누워, 젊은 여자가 흰
<u>좁고 밀폐된 공간</u>   <u>화자의 관찰 대상</u>
옷 아래로 하얀 다리를 드러내 놓고 일광욕을 [한다]. 한나절이 기울도록
<u>흰색의 색채 이미지를 통해 여자의 창백함을 드러냄</u>   [   ]: 현재형 시제를 사용하여 현장감을 줌
가슴을 앓는다는 이 여자를 찾아오는 이, 나비 한 마리도 [없다]. 슬프지
                <u>아픈 여자의 외롭고 쓸쓸한 처지</u>
도 않은 살구나무 가지에는 바람조차 [없다].

▶ 1연: 병원에서 일광욕을 하는 여자 환자를 관찰함

나도 모를 아픔을 오래 참다 처음으로 이곳에 찾아왔다. 그러나 나의
                <u>화자 역시 병을 앓고 있음 - 여자에게 동병상련을 느낌</u>
늙은 의사는 젊은이의 병을 [모른다]. 나한테는 병이 없다고 [한다]. 이 지
<u>의사도 치유해 줄 수 없는 병</u>
나친 시련, 이 지나친 피로, 나는 성내서는 [안 된다].

▶ 2연: 여자를 보며 자신의 병에 대해 생각함

여자는 자리에서 일어나 옷깃을 여미고 화단에서 금잔화 한 포기를
                                <u>회복에 대한 소망</u>
따 가슴에 꽂고 병실 안으로 [사라진다]. 나는 그 여자의 건강이 — 아니
<u>여자의 상황에 공감하며 자신의 회복도 기원함</u>
내 건강도 속히 회복되기를 바라며 그가 누웠던 자리에 [누워 본다].
        <u>여자와의 동질성 확인</u>

▶ 3연: 여자와 자신의 건강 회복을 기원함

출제 포인트

• 시적 대상에 대한 화자의 태도
• '금잔화 한 포기'의 상징적 의미

필수 문제

01 화자 파악하기
• 화자: '나' (병원에 간 이)
• 상황: 자신도 모를 아픔에 (   )을 찾았다가 젊은 여자를 관찰함
• 정서·태도: 연민, 소망

02 이 시에서 회복과 소생에 대한 희망을 상징하는 시어를 찾아 3어절로 쓰시오.

03 화자가 '여자'에게 동질감을 느끼고 있음을 알 수 있는 시구를 찾아 5어절로 쓰시오.

한눈에 보기

젊은 여자		'나'
• 병이 있음 • 아무도 찾아오지 않음	← 관찰	• 병이 있음 • 의사가 병을 이해하지 못함

동병상련

핵심 정리

▾ 갈래: 자유시, 서정시, 산문시   ▾ 성격: 묘사적, 시각적, 산문적
▾ 주제: 고통과 고독에 대한 연민 및 상황 극복의 기원
▾ 해제: 이 시는 화자가 병원에서 바라본 젊은 여자 환자를 통해 자신을 성찰하고, 그 여자의 병과 자신의 병이 회복되기를 바라는 마음을 표현하고 있다. 화자는 젊은 여자 환자에게 동병상련을 느끼며, 절망적인 상황에서도 치유의 희망을 잃지 않는 모습에 공감하고 있다. 시대적 상황을 고려할 때 병원은 당시의 암울한 시대적 현실을 의미한다고 해석할 수도 있다.
▾ 시의 특징과 표현
① 대상의 이동(여자 → '나')에 따라 시상을 전개함
② 현재형 시제를 사용하여 현장감을 줌

174 새로운 길 | 윤동주

필수

△: 삶의 길에서 만나는 장애물   ○: 화자가 지향하는 평화로운 공간

내 건너서 숲으로

고개를 넘어서 마을로

▶ 1연: 고난을 넘어 평화로운 곳으로 나아감

어제도 가고 오늘도 갈
변함없는 태도로 삶을 살아가겠다는 의지
나의 길 새로운 길
그동안 화자가 걸어왔고 앞으로도 걸어가야 할 인생길

▶ 2연: 언제나 가야 할 새로운 길

민들레가 피고 까치가 날고

아가씨가 지나고 바람이 일고
 □ : 길(인생)에서 만나게 되는 존재들
 – 새로운 것을 경험하고 소중한 가치를 깨닫게 함

▶ 3연: 길 위에서 만나는 다양한 존재들

나의 길은 언제나 새로운 길
항상 새롭고 도전적인 인생길 – 삶에 대한 긍정적인 태도
오늘도 …… 내일도 ……

▶ 4연: 언제나 새로운 길을 걷겠다는 다짐

『내를 건너서 숲으로
「 」: 1연의 반복(수미 상관) – 운율 형성, 의미 강조
고개를 넘어서 마을로』

▶ 5연: 고난을 넘어 평화로운 곳으로 나아감

출제 포인트

- '새로운 길'의 의미와 화자가 지향하는 삶의 태도
- 시어의 상징적 의미

필수 문제

01 화자 파악하기
- **화자**: '나' (새로운 길을 가려는 이)
- **상황**: 다양한 경험들을 하며 평화로운 곳을 향해 ( )을 걷고 있음
- **정서·태도**: 긍정적, 미래 지향적

02 이 시에서 화자가 길 위에서 만나는 다양한 존재들을 모두 찾아 쓰시오.

03 이 시에서 장애물을 의미하는 시어를 모두 찾아 쓰시오.

알맹이 포착

'길'의 의미
이 시는 언제나 새로운 길을 걷고 싶다는 화자의 소망을 노래하고 있다. 여기서 '길'은 화자가 걸어가야 하는 공간으로, 우리가 살아가야 할 인생길을 의미한다. 화자는 매일매일 되풀이되는 삶이지만, 자신에게 주어진 길을 걸을 때마다 다양한 것을 경험하고 소중한 가치를 깨닫고자 하는 의지를 드러내고 있다.

한눈에 보기

화자가 가고자 하는 인생길

새로운 길

'나'

내, 고개
시련과 고난

숲, 마을
희망, 평화의 공간

핵심 정리

- **갈래**: 자유시, 서정시   **성격**: 긍정적, 미래 지향적, 의지적
- **주제**: 늘 새로운 길을 가겠다는 다짐
- **해제**: 이 시는 어제도 걸어가고 오늘도 걸어갈 삶의 길이지만, 그 길을 언제나 새롭게 여기고 끊임없이 평화로운 공간을 향해 걷고 싶다는 화자의 소망을 노래하고 있다.
- **시의 특징과 표현**
  ① '과거 – 현재 – 미래'로 이어지는 시간적 흐름을 제시함
  ② 비슷한 시어 및 시구의 반복, 대구의 방식으로 운율을 형성함
  ③ 수미 상관의 구조를 통해 화자의 정서를 강조함

서시(序詩) | 윤동주

죽는 날까지 하늘을 우러러
　　　　윤리적 삶의 절대적 기준 – 양심을 비추어 보는 거울
한 점 부끄럼이 없기를,
순수한 삶에 대한 의지 – 엄격한 윤리 의식
잎새에 이는 바람에도
　　　　　화자의 심리적 동요, 갈등
나는 괴로워했다.
이상과 현실 사이의 갈등에서 오는 고뇌
별을 노래하는 마음으로
희망, 이상적 삶, 순수한 소망과 양심
모든 죽어 가는 것을 사랑해야지
억압받는 모든 대상(일제 강점하의 우리 민족)에 대한 사랑
그리고 나한테 주어진 길을
　　　　　사랑의 실천, 부끄러움 없는 삶 – 소명(김命) 의식
걸어가야겠다.
의지적 태도

　　이상, 외로운 양심
오늘 밤에도 별이 바람에 스치운다.
　　어두운 현실　　　현실의 시련과 고난

▶ 1연 1~4행: 내적 번민으로
인해 겪었던 갈등(과거)

▶ 1연 5~8행: 순수한 삶에
대한 결의(미래)

▶ 2연: 순수한 삶에 대한 의지와
현실적 시련 간의 갈등(현재)

출제 포인트

• 시간의 흐름에 따른 시상 전개
• 시어의 함축적 의미
• 시에 나타난 화자의 태도

필수 문제

01 화자 파악하기
• 화자: '나' (부끄러움 없는 삶
을 추구하는 이)
• 상황: (　　)과 별을 보며 자
신의 삶에 대해 성찰함
• 정서·태도: 소망, 의지적

02 〈보기〉의 설명에 해당하는
시어를 각각 찾아 쓰시오.

〈보기〉
㉠ 유혹, 시련, 고난, 갈등
㉡ 양심, 이상, 윤리적 판단의
　주재자
㉢ 이상, 희망, 순수한 삶

03 이 시를 시간의 흐름에 따라
세 부분으로 나눌 때, '미래'에 해
당하는 부분의 첫 어절과 끝 어절
을 쓰시오.

한눈에 보기

화자의 삶의 지향점
윤리적 삶의 주재자

암담한 식민지 현실

밤
바람

대립

하늘

별

화자의 심리적 동요·갈등,
일제 강점하의 시련

소망, 이상,
순수하고 결백한 화자의 삶

핵심 정리

▾ 갈래: 자유시, 서정시　　　▾ 성격: 고백적, 성찰적
▾ 주제: 부끄러움 없는 삶에 대한 소망과 의지
▾ 해제: 이 시는 상징적 시어들을 통해 식민지 현실을 살아가는 화자의 고뇌와 부끄러움 없는 삶에 대한 소망을 노래하
　고 있다.
▾ 시의 특징과 표현
　① '과거 → 미래 → 현재'의 시간적 흐름에 따라 시상을 전개함
　② 이미지의 대조('별' ↔ '바람')를 통해 시적 상황과 주제를 제시함

소년 | 윤동주

「 」: '단풍잎이 뚝뚝 떨어지는 슬픈 가을'의 시적 변용 – 슬픔과 상실감 강조

『여기저기서 단풍잎 같은 슬픈 가을이 뚝뚝 떨어진다.』 단풍잎 떨어
　　　　　　　소멸 이미지　　　　　　　　　　　　상실감 부각　　　하강 이미지
져 나온 자리마다 봄을 마련해 놓고 나뭇가지 위에 하늘이 펼쳐 있다.
　　　　　　　　　　　　　희망　　　　　　　동경의 대상 – 그리움의 정서 유발
가만히 하늘을 들여다보려면 눈썹에 파란 물감이 든다. 두 손으로 따뜻
파란 하늘과 소년의 동화 – 시각적 이미지
한 볼을 씻어 보면 손바닥에도 파란 물감이 묻어난다. 다시 손바닥을
눈물이 흘러내리는 볼 – 촉각적 이미지　　파란 눈물 – 시각적 이미지
들여다본다. 손금에는 맑은 강물이 흐르고, 맑은 강물이 흐르고, 강물
　　　　　　　　　손바닥에 파란 눈물이 강물처럼 흐름　　　반복을 통한 그리움 강조
속에는 사랑처럼 슬픈 얼굴 – 아름다운 순이(順伊)의 얼굴이 어린다.
　　사랑이 깊은 만큼 만날 수 없는 슬픔도 깊음(역설법)　　그리움의 대상
소년은 황홀히 눈을 감아 본다. 그래도 맑은 강물은 흘러 사랑처럼 슬
'순이'를 그리워하는 순수한 존재
픈 얼굴 – 아름다운 순이의 얼굴은 어린다.
반복을 통한 그리움과 깊은 사랑 강조

- 시상 전개 과정의 특징
- '소년'의 '순이'에 대한 정서

필수 문제

01 화자 파악하기
- 화자: 순이를 그리워하는 소년에 대해 노래하는 이
- 상황: 가을날 파란 하늘 아래, 소년이 그리운 (　　　)의 모습을 떠올리고 있음
- 정서·태도: 슬픔, 그리움

02 이 시에서는 파란색을 매개로 시적 대상들이 연쇄적으로 연결되어 있다. ㉠과 ㉡에 들어갈 시어를 찾아 쓰시오.

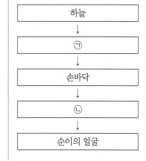

```
┌──────────┐
│   하늘   │
└──────────┘
     ↓
┌──────────┐
│    ㉠    │
└──────────┘
     ↓
┌──────────┐
│  손바닥  │
└──────────┘
     ↓
┌──────────┐
│    ㉡    │
└──────────┘
     ↓
┌──────────────┐
│ 순이의 얼굴 │
└──────────────┘
```

알맹이 포착

시상 전개의 흐름

1, 2문장 (여기저기서 ~ 펼쳐 있다.)	단풍잎 떨어지는 슬픈 가을에 파란 하늘이 펼쳐 있음
3~6문장 (가만히 하늘을 ~ 얼굴이 어린다.)	손바닥에 고인 눈물에 사랑하는 순이의 얼굴이 어림
7, 8문장 (소년은 황홀히 ~ 얼굴은 어린다.)	소년은 황홀히 눈을 감고 순이의 얼굴을 떠올림

'순이'의 의미

윤동주의 다른 시 〈눈 오는 지도〉에도 '순이'가 등장한다. '순이가 떠난다는 아침에 말 못할 마음으로 함박눈이 내려, 슬픈 것처럼 창밖에 아득히 깔린 지도 위에 덮인다.'라고 되어 있다. 윤동주의 시에서 '순이'는 그리움의 대상을 의미한다. 사랑하는 사람을 지칭하는 말로 해석할 수 있지만, 일제 강점기의 현실과 관련지어 볼 때 잃어버린 조국과 그런 현실에서 살아가는 우리 민족을 상징한다고 볼 수도 있다.

핵심 정리

- 갈래: 자유시, 서정시　　▾ 성격: 서정적, 애상적
- 주제: 사랑하는 순이에 대한 소년의 그리움과 슬픔
- 해제: 이 시는 단풍잎이 떨어지는 가을을 배경으로, 사랑하지만 만날 수 없는 대상에 대한 그리움을 노래하고 있다. 그리움을 심화시키는 파란 '하늘'에 소년의 '눈썹'이 동화되고, 눈썹에서 흐른 파란 눈물이 '손바닥'으로 이어져 손금 사이로 '강물'처럼 흐르는 가운데, 그 강물 속에 '순이의 얼굴'이 떠오르는 이미지의 연쇄적인 연결이 돋보인다.
- 시의 특징과 표현
  ① 계절적 배경을 통해 시의 분위기를 조성함
  ② 시구의 반복과 감각적 이미지의 사용으로 정서를 강조함
  ③ 시어의 연쇄적 연결을 통해 시적 상황을 구체화하고 주제 의식을 부각함

177 쉽게 씌어진 시 | 윤동주

창(窓)밖에 밤비가 속살거려
암담한 시대적 상황 – 자기 성찰의 시간
육첩방(六疊房)은 남의 나라,
구속과 억압의 현실

시인(詩人)이란 슬픈 천명(天命)인 줄 알면서도
시인으로서의 삶에 대한 성찰
한 줄 시(詩)를 적어 볼까,
식민지 지식인의 소명(召命) 의식

「땀내와 사랑내 포근히 품긴
「 」: 부모와 가족의 사랑
보내 주신 학비 봉투(學費封套)를 받아

「대학(大學) 노―트를 끼고
「 」: 시대 현실과 괴리된 화자의 삶
늙은 교수(敎授)의 강의 들으러 간다.」
현실에 안주하는 메마른 지식인

「생각해 보면 어린 때 동무들
「 」: 일제의 탄압에 의해 동무를 잃어버린 상실감
하나, 둘, 죄다 잃어버리고」

나는 무얼 바라
현실적 자아
나는 다만, 홀로 침전(沈澱)하는 것일까?
무기력한 삶에 대한 회의감 – 자신에 대한 성찰

「인생(人生)은 살기 어렵다는데
「 」: 시대 현실과 시를 쓰는 것 사이의 괴리감
시(詩)가 이렇게 쉽게 씌어지는 것은

부끄러운 일이다.」
성찰의 결과

「육첩방(六疊房)은 남의 나라
「 」: 1연의 반복·변조 – 현실에 대한 재인식 → 반성
창(窓)밖에 밤비가 속살거리는데」

암담한 일제 강점기
등불을 밝혀 어둠을 조금 내몰고,
일제에 대한 저항 의지
시대(時代)처럼 올 아침을 기다리는 최후(最後)의 나,
반드시 올   희망, 광복   반성을 통해 성숙한 내면적 자아

▶ 1, 2연: 슬픈 현실에 대한 인식

▶ 3~6연: 현재의 삶에 대한 회의

▶ 7연: 반성적 자기 성찰

출제 포인트

• 화자의 내면적 갈등과 그 해결 과정
• 시어의 함축적 의미

필수 문제

01 화자 파악하기
• 화자: '나' (시인)
• 상황: 남의 나라에서 상실감을 느끼며 자아를 (   )함
• 정서·태도: 반성, 극복

02 이 시에서 시인(詩人)으로서 느끼는 화자의 고뇌를 단적으로 표현한 시구를 찾아 2어절로 쓰시오.

03 이 시에서 화자의 현실 극복 의지를 상징하는 소재를 찾아 쓰시오.

04 [기출] 이 시를 감상한 내용으로 적절하지 않은 것은?
① '육첩방은 남의 나라'는 화자가 처해 있는 부정적인 현실을 의미하는군.
② '홀로 침전하는 것'은 일제 강점기 현실 속에서 고결함을 유지하고자 하는 화자의 의지를 나타내는군.
③ '등불을 밝혀 어둠을 조금 내몰고'는 현실 상황을 극복하려는 화자의 의지를 드러내는군.
④ '시대처럼 올 아침'은 긍정적인 미래에 대한 화자의 확고한 인식을 드러내는군.
⑤ '최초의 악수'는 현실적 자아와 이상적 자아가 화해에 이르렀음을 나타내는군.

현실적 자아
(나)는 (나)에게 작은 손을 내밀어
내면적 자아
눈물과 위안으로 잡는 최초(最初)의 악수(握手), ▶ 8~10연: 현실에 대한 재
대립하는 두 자아의 화해   인식과 극복 의지

- 육첩방(六疊房): 일본식 방의 명칭으로, 다다미 6개 넓이의 작은 방
- 천명(天命): 타고난 운명
- 침전(沈澱): 액체 속에 있는 물질이 밑바닥에 가라앉음

알맹이 포착

시어의 함축적 의미

- 육첩방(六疊房): 이 시의 공간적 배경으로 일본 유학 중인 화자가 있는 일본식 다다미방이다. 일제 강점기라는 시대 상황에 비추어 보면 화자를 억누르는 답답하고 암담한 현실을 의미하는 것으로 이해할 수 있다.
- 슬픈 천명(天命): 현실의 문제를 인식하면서도 그것을 해결하기 위해 직접 싸우기보다는 시를 지으며 살아갈 수밖에 없는 화자의 현실적인 한계를 표현한 시어이다.
- 침전(沈澱): 뚜렷한 목표 의식도 없고, 현실의 문제나 내적인 갈등을 극복하려는 적극적인 노력 또한 하지 않은 채 무기력하게 살아가는

자신에 대해 회의하면서 성찰하는 모습을 자조적으로 표현한 것이다.
- 최후(最後)의 나: 잘못된 시대 현실 속에서 무기력하게 살고 있는 현실의 '나'와는 다른, 현실을 극복하기 위해 끊임없이 현실에 대한 재인식과 반성을 하는 성숙한 내면적 자아를 의미한다.
- 악수(握手): 무기력한 현실의 자아와 내면의 이상적인 자아 사이에서 갈등하던 화자가 새로운 각오를 다지는 모습으로, 미래에 대한 희망과 현실 극복의 태도를 자연스럽게 보여 주고 있다.

한눈에 보기

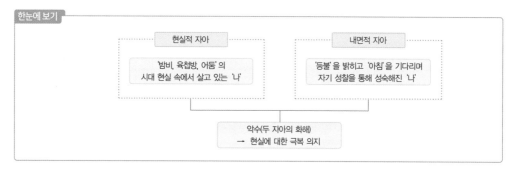

현실적 자아 | 내면적 자아
'밤비, 육첩방, 어둠'의 시대 현실 속에서 살고 있는 '나' | '등불'을 밝히고 '아침'을 기다리며 자기 성찰을 통해 성숙해진 '나'

악수(두 자아의 화해)
→ 현실에 대한 극복 의지

핵심 정리

- ♥ 갈래: 자유시, 서정시   ♥ 성격: 반성적, 미래 지향적, 고백적
- ♥ 주제: 어두운 시대 현실 속에서의 고뇌와 자기 성찰
- ♥ 해제: 이 시는 일제 강점하의 시대 현실에서 부끄럽지 않은 삶을 살고자 하는, 식민지 지식인의 고뇌와 자기 성찰을 사실적으로 형상화하고 있다.
- ♥ 시의 특징과 표현
  ① 고백적 어조를 통해 화자의 자기 성찰과 극복 의지를 보여 줌
  ② 대립적인 시어를 통해 시적 대상을 시각적으로 형상화하며 시상을 전개함

현대시의 모든 것

십자가(十字架) | 윤동주

필수

쫓아오던 (햇빛)인데
　　　　광명, 이상, 희망 – 삶의 목표
지금 교회당 꼭대기

(십자가)에 걸리었습니다.
종교적·도덕적 목표

▶ 1연: 현실 상황의 제시

『첨탑(尖塔)이 저렇게도 높은데
이상과 현실의 거리감
어떻게 올라갈 수 있을까요.』
「 」: 도달하기 어려운 삶의 목표

▶ 2연: 삶의 목표와 현실의
　　　거리감

『종소리도 들려오지 않는데
희망과 자유를 상실한 식민지 현실
휘파람이나 불며 서성거리다가,』
「 」: 암울한 현실에 대한 자조적·방관자적 태도

▶ 3연: 절망적인 현실 속에
　　　서의 방황과 갈등

괴로웠던 사나이,

행복한 예수 그리스도에게 / 처럼

역설법 – 현실에서는 괴로웠으나 인류의 구
원을 위해 스스로를 희생했으므로 행복했음

(십자가)가 허락된다면
자기희생과 고난 – 속죄양 모티프

▶ 4연: 자기희생의 삶에 대
　　　한 바람

모가지를 드리우고

(꽃)처럼 피어나는 피를
순결하고 고귀한 희생
어두워 가는 하늘 밑에
암담한 일제 강점기 현실
조용히 흘리겠습니다.
내면적 의지의 표현

자기희생 의지

▶ 5연: 자기희생의 의지와
　　　각오

알맹이 포착

'십자가'의 의미

이 시에서 1연과 4연의 '십자가'가 지니는 상징적인 의미는 각각 다
르다. 1연의 '십자가'는 기독교를 뜻하는 종교적 의미로, 화자가 추구
하는 도덕적 삶의 목표를 나타낸다. 4연의 '십자가'는 화자의 고난과
속죄양의 의미로, 암울한 시대 상황에서 자기희생과 고난을 감수하며
저항할 것이라는 화자의 의지를 나타낸다.

출제 포인트

- '십자가'의 상징적 의미
- 시에 나타난 화자의 태도 변화
- 역설적 표현에 담긴 의미

필수 문제

01 화자 파악하기

- 화자: 교회당을 서성이는 이
- 상황: 첨탑(이상)과의 거리감
  을 (　　　)에 못 박혀(자기
  희생) 극복하고자 함
- 정서·태도: 자기희생, 의지적

02 [서술형] 이 시에서 1연과 4
연의 '십자가'가 지니는 상징적
의미의 차이를 40자 이내로 서술
하시오.

03 [기출] 이 시를 감상한 내용
으로 적절하지 않은 것은?

① 1연의 '햇빛'은 화자가 생각
하는 올바른 가치를 의미하는
것으로 볼 수 있다.

② 2연의 '어떻게 올라갈 수 있
을까요'라고 한 것에서 화자
의 갈등을 엿볼 수 있다.

③ 3연의 '휘파람이나 불며 서성
거리다가'는 화자가 즐거운
마음으로 희생하겠다는 결심
을 표현한 것이다.

④ 4연의 '십자가'는 자기를 희
생하겠다는 화자의 의지를 드
러내기 위한 소재이다.

⑤ 5연의 '어두워 가는 하늘'은
화자가 극복하고자 하는 부정
적인 현실을 표현한 것이다.

핵심 정리

˅ 갈래: 자유시, 서정시　　　˅ 성격: 독백적, 기독교적, 의지적

˅ 주제: 조국 광복을 위한 자기희생의 의지

˅ 해제: 이 시는 암울한 시대를 살아가는 식민지 지식인의 무기력한 고뇌와, 이를 극복하려는 자기희생의 숭고한 의지
를 '십자가'를 통해 형상화하고 있다.

˅ 시의 특징과 표현
　상징적인 소재와 역설적인 표현을 통해 주제를 형상화함

아우의 인상화(印象畵) | 윤동주

붉은 이마에 싸늘한 달이 서리어
<u>냉혹한 현실의 이미지(시각의 촉각화)</u>
아우의 얼굴은 슬픈 그림이다.
아우를 바라보는 화자의 마음이 슬픔을 드러냄

발걸음을 멈추어

살그머니 앳된 손을 잡으며
인생의 경험이 부족한 아우
"늬는 자라 무엇이 되려니"
화자의 질문: 현실적 시련에 대한 염려
"사람이 되지"
아우의 대답: 현실의 고통을 모르는 천진난만함
아우의 <u>설은</u> 진정코 <u>설은</u> 대답이다.
어설픈   화자의 판단 – 암울한 현실에서 사람이
                    된다는 것이 쉽지 않음

슬며시 잡았던 손을 놓고

아우의 얼굴을 다시 들여다본다.
아우에 대한 연민의 정

싸늘한 달이 붉은 이마에 젖어

아우의 얼굴은 슬픈 그림이다.
순수한 아우가 화자와 같이 욕된 삶을 살아야 할
것에 대해 슬퍼함 – 애처로움과 안타까움

▶ 1연: 아우를 바라보는 슬픈 마음

▶ 2연: '나'의 질문과 아우의 설은 대답

▶ 3연: 순수한 아우에 대한 연민

▶ 4연: 아우를 바라보는 슬픈 마음

출제 포인트

- 화자가 아우를 보며 느끼는 감정
- '설은 대답'의 의미

필수 문제

01 화자 파악하기
- 화자: 아우의 얼굴을 바라보고 있는 이
- 상황: 아우의 (   )과 아우와의 (   )를 통해 사람답게 살기 어려운 현실을 깨달음
- 정서·태도: 비애, 안타까움

02 [서술형] 이 시에서 '아우의 얼굴은 슬픈 그림'이라는 시구의 의미를 20자 내외로 서술하시오.

03 [서술형] 이 시에서 '아우'의 대답을 '설은 대답'이라고 표현한 이유를 20자 내외로 서술하시오.

보충 학습

윤동주의 아우, 윤일주가 회상하는 윤동주

동주와 몽규 두 형이 각 2년의 언도를 받고 후쿠오카 형무소에 투옥된 1944년 6월 이래, 한 달에 한 장씩만 허락되는 엽서로는 그의 자세한 옥중 생활은 알 길이 없으나, 〈영화대조 신약 성서〉를 보내라 하여 보내 드린 일과 '붓끝을 따라온 귀뚜라미 소리에도 벌써 가을을 느낍니다.' 라고 한 나의 글월에 '너의 귀뚜라미는 홀로 있는 내 감방에서도 울어 준다. 고마운 일이다.' 라고 답장을 주신 일이 기억됩니다.
— 윤일주, 〈선백의 생애〉 중에서

핵심 정리

- ♥ 갈래: 자유시, 서정시   ♥ 성격: 애상적, 서정적
- ♥ 주제: 사람답게 살기 어려운 현실의 비애
- ♥ 해제: 이 시는 화자가 '아우'의 얼굴을 바라보며 느낀 인상을 표현한 작품으로, 현실적 고통을 모르는 천진한 '아우'에 대한 연민의 정을 노래하고 있다.
- ♥ 시의 특징과 표현
  ① 수미 상관의 구조를 통해 이미지를 강조함
  ② 화자(형)와 대상(아우) 사이의 대화를 넣어 시적 의미를 강화함

180 자화상(自畫像) | 윤동주

산모퉁이를 돌아 논가 외딴 <u>우물</u>을 홀로 찾아가선 <u>가만히 들여다봅</u>
<u>니다.</u>
자아 성찰의 매개체   객관적 성찰

우물 속에는 <u>달이 밝고 구름이 흐르고 하늘이 펼치고 파아란 바람이</u>
<u>불고 가을이 있습니다.</u>
순수하고 아름다운 풍경 – '사나이'의 초라한 모습과 상반됨
▶ 1, 2연: 우물 속의 평화로운 정경과 자아 성찰

그리고 <u>한 사나이</u>가 있습니다.
우물에 비친 자신의 모습 – 암담한 현실을 살고 있는 초라한 자아
어쩐지 그 사나이가 <u>미워져</u> 돌아갑니다.
화자의 태도 ① – 식민지 현실에 안주하는 자신에 대한 부끄러움
▶ 3연: 자아에 대한 미움

돌아가다 생각하니 그 사나이가 <u>가엾어</u>집니다.
화자의 태도 ② – 식민지 현실에 안주할 수밖에 없는 자신에 대한 연민
도로 가 들여다보니 사나이는 그대로 있습니다.
▶ 4연: 자아에 대한 연민

다시 그 사나이가 <u>미워져</u> 돌아갑니다. ▶ 화자의 태도 ③ – 애증의 교차, 갈등
돌아가다 생각하니 그 사나이가 <u>그리워</u>집니다.
▶ 5연: 자아에 대한 애증

우물 속에는 달이 밝고 구름이 흐르고 하늘이 펼치고 파아란 바람이
불고 가을이 있고 추억처럼 사나이가 있습니다.
순수했던 과거의 자아 발견 – 현실적 자아와의 화해
▶ 6연: 우물 속의 평화로운 정경과 자아 성찰

출제 포인트
- '우물'의 기능
- 화자의 심리 및 태도 변화

필수 문제

01 화자 파악하기
- 화자: 우물에 비친 자신의 모습을 바라보는 이
- 상황: 우물 속에 비친 자신의 모습을 보며 (   )을 함
- 정서·태도: 애증, 성찰적

02 이 시에서 자아 성찰의 매개체가 되는 소재를 찾아 쓰시오.

03 이 시에서 '사나이'에 대한 화자의 감정이 어떻게 변하는지 단계별로 쓰시오.

알맹이 포착

'우물'의 기능
'우물'은 화자가 스스로를 객관화하여 자아 성찰을 하도록 하는 매개체이다. 화자는 우물 속에 비친 자신의 모습을 객관화하여 '사나이'로 표현하고 암담한 현실에 안주하는 자아에 대해 성찰하며 미움, 연민, 그리움 등의 감정을 느끼고 있다.

한눈에 보기

미움, 연민, 그리움

화자 ─── 우물 ─→ 사나이

자아 성찰

핵심 정리

- ∨ 갈래: 자유시, 서정시   ∨ 성격: 성찰적, 고백적
- ∨ 주제: 자아 성찰과 자신에 대한 애증
- ∨ 해제: 이 시에서 화자는 '우물'을 통해 식민지 현실을 살아가는 자신의 모습을 객관적으로 성찰하며 자신에 대한 애증을 노래하고 있다.
- ∨ 시의 특징과 표현
  ① 구체적 행동을 통해 내적 갈등을 형상화함
  ② '미움 → 연민 → 미움 → 그리움'의 단계로 화자의 정서가 변화함

참회록(懺悔錄) | 윤동주

자아 성찰(참회)의 매개체
파란 녹이 낀 구리거울 속에
역사의 쇠망 – 망국의 치욕
내 얼굴이 남아 있는 것은
망국민의 부끄러운 모습
어느 왕조(王朝)의 유물(遺物)이기에
역사적 자아로서의 '나'
이다지도 욕될까.
① 국권 상실의 역사에 대한 반감 ② 무기력한 '나'에 대한 혐오

▶ 1연: 망국의 욕된 자아 확인

나는 나의 참회(懺悔)의 글을 한 줄에 줄이자.
변명 없이 솔직하게
『— 만 이십사 년 일 개월을
지나온 삶의 전부
무슨 기쁨을 바라 살아왔던가.』
「 」: 지나온 삶에 대한 참회(현재) – 갈등과 고뇌의 삶에 대한 참회

▶ 2연: 지나온 삶에 대한 현재의 참회

내일이나 모레나 그 어느 즐거운 날에
광복의 날 – 밝은 미래
나는 또 한 줄의 참회록(懺悔錄)을 써야 한다.
지나간 잘못을 고백하는 기록
『— 그때 그 젊은 나이에
만 이십사 년 일 개월의 나이 – 현재
왜 그런 부끄런 고백(告白)을 했던가.』
「 」: 현재의 삶에 대한 참회(미래) – 현실에 적극적으로
대응하지 못했던 현재의 무기력함에 대한 참회

▶ 3연: 현재의 참회에 대한 미래의 참회

밤이면 밤마다 나의 거울을
암담한 현실 – 일제 강점기
손바닥으로 발바닥으로 닦아 보자.
자아 성찰을 위한 치열한 노력 – 의지적

▶ 4연: 암담한 현실과 자기 성찰 의지

그러면 『어느 운석(隕石) 밑으로 홀로 걸어가는
죽음, 하강의 이미지
슬픈 사람의 뒷모양』이
「 」: 소명 의식을 지닌 화자의 비극적 삶 암시 – 속죄양 이미지
거울 속에 나타나 온다.
현재의 거울에 비친 미래의 모습

▶ 5연: 미래의 삶에 대한 전망

출제 포인트
• '구리거울'의 의미와 기능
• '참회'의 의미와 화자의 태도
• 시어의 함축적 의미

필수 문제

01 화자 파악하기
• 화자: '나' (참회하는 이)
• 상황: (   )을 닦으며 참회함
• 정서·태도: 의지적, 성찰적

02 이 시에서 자아 성찰의 매개체가 되는 소재를 찾아 쓰시오.

03 이 시에서 '밤'과 상징적 의미가 상반되는 시구를 찾아 4어절로 쓰시오.

04 이 시에서 자아 성찰을 통한 화자의 자기희생 의지를 표현한 시구를 찾아 3어절로 쓰시오.

알맹이 포착

'구리거울'의 의미와 기능

거울은 자신의 모습을 비추어 보는 자기 성찰의 매개체이다. 역사적인 배경에 비추어 볼 때, 거울에 파란 녹이 끼었다는 것은 망국의 치욕, 역사의 쇠망을 의미한다. 또한 '구리거울'이 오랜 시간 동안 내려온 유물이라는 점으로 볼 때 화자는 성찰의 범위를 개인적인 문제를 넘어 민족과 역사에 대한 성찰로까지 확장하고 있다고 볼 수 있다.

핵심 정리

▼ 갈래: 자유시, 서정시   ▼ 성격: 상징적, 고백적, 반성적
▼ 주제: 자기 성찰을 통한 현실 극복 의지
▼ 해설: 이 시는 '거울'이라는 상징적 소재를 통해 치욕스러운 망국의 현실에서 무기력하게 살아온 화자의 삶에 대한 성찰과, 현실을 극복하고자 하는 의지를 형상화하고 있다.
▼ 시의 특징과 표현
① '과거 → 현재 → 미래'로의 시간의 흐름에 따라 시상이 전개됨
② '거울'을 매개로 치열한 자기 성찰의 모습을 형상화함

강 건너간 노래 | 이육사

수능 기출

섣달에도 보름께 달 밝은 밤
　　　　과거의 밤 – 화자는 자신의 노래가 강을 건너간 과거를 회상하고 있음
앞내강 쨍쨍 얼어 조이던 밤에
극한의 추위를 드러내는 시간적 배경 – 암울한 상황
내가 부른 노래는 강 건너 갔소 ☐ : 반복을 통한 화자의 정서 강조
　　　　부정적 현실 극복에 대한 바람이 담겨 있는 소재
▶ 1연: 추운 겨울밤에 강 건너간 노래

강 건너 하늘 끝에 사막도 닿은 곳
삭막하고 척박한 공간 – 부정적 현실
내 노래는 제비같이 날아서 갔소
'노래'에 역동성과 생명력 부여
▶ 2연: 사막까지 날아간 노래

못 잊을 계집애 집조차 없다기에
일제 강점기에 삶의 터전을 잃은 우리 민족의 모습
가기는 갔지만 어린 날개 지치면
　　　　　연약한 모습 – 노래가 지닌 한계 인식
그만 어느 모래불에 떨어져 타서 죽겠죠.
화자가 처한 절망적 현실 상황
▶ 3연: 노래를 부른 이유와 절망적 현실

사막은 끝없이 푸른 하늘이 덮여
눈물 먹은 별들이 조상 오는 밤
부정적 현실 상황에 대한 슬픔과 절망
▶ 4연: 슬픔과 절망으로 가득한 부정적 현실

현재의 밤 – 과거 회상의 시간
밤은 옛일을 무지개보다 곱게 짜내나니
'밤'과 '무지개'의 이미지 대응 – 화자의 소망 표출
한 가락 여기 두고 또 한 가락 어디멘가
화자의 노래가 계속될 것임을 알 수 있음
내가 부른 노래는 그 밤에 강 건너 갔소.
　　　　노래를 불렀던 과거의 밤
▶ 5연: 계속되는 노래와 어려움을 극복하려는 의지

■ 조상(弔喪): 조문. 남의 죽음에 대하여 슬퍼하는 뜻을 드러내어 위문함

출제 포인트

- 화자의 현실 인식과 태도
- '노래'의 상징적 의미

필수 문제

01 화자 파악하기
- **화자**: '나'(강 건너로 노래를 보낸 이)
- **상황**: 강 건너로 노래를 보냈던 일을 (　　　)하며 부정적 현실을 극복하려는 의지를 드러냄
- **정서 · 태도**: 의지적, 희망적

02 이 시에서 부정적 현실에 대한 저항 의지와 미래에 대한 희망을 상징하고 있는 시어를 찾아 쓰시오.

03 [기출] 이 시에 대한 설명으로 적절하지 <u>않은</u> 것은?
① 1, 2연: 과거 시제를 사용하여 지난날을 회상하고 있다.
② 2연: 비유적 표현을 사용하여 대상에 동적 이미지를 부여하고 있다.
③ 3연: 일어날 수 있는 비극적 상황을 가정하고 있다.
④ 4연: 시간적 배경을 통해 화자의 정서와 분위기를 암시하고 있다.
⑤ 4, 5연: 공간의 변화를 통해 화자의 태도 변화를 드러내고 있다.

핵심 정리

- ∨ **갈래**: 자유시, 서정시　　∨ **성격**: 상징적, 의지적, 희망적
- ∨ **주제**: 부정적 현실에서도 희망을 잃지 않는 의지
- ∨ **해제**: 이 시는 암담하고 고통스러운 현실 속에서도 미래에 대한 희망과 의지를 보여 주고 있는 작품이다. 화자는 과거에 강 건너로 보냈던 자신의 노래가 모래불에 떨어져 타 죽었을지도 모르지만, 그럼에도 불구하고 노래를 보냈던 과거의 일을 떠올리며 암울한 현실에 대한 극복 의지를 드러내고 있다.
- ∨ **시의 특징과 표현**
  ① 과거 회상을 통해 시상을 전개함
  ② '갔소'를 반복하여 화자의 정서를 부각함
  ③ 처음과 마지막 연에 유사한 시행을 반복하여 의미를 강조함(수미 상관)

183 광야(曠野) | 이육사

□ : 시간의 흐름에 따른 추보식 구성

까마득한 날에
과거(태초)
하늘이 처음 열리고
'광야'의 탄생 - 천지개벽
어디 닭 우는 소리 들렸으랴.
생명의 기척
▶ 1연: 광야의 원시성(과거)

모든 산맥(山脈)들이
바다를 연모(戀慕)해 휘달릴 때에도
사랑하여(의인법) 산맥들이 생겨나는 모습(활유법) - 역동적·시각적 심상
차마 이곳을 범(犯)하던 못하였으리라.
'광야' - 삶의 터전   침범하지 못하였으리라 - 신성성, 불가침성
▶ 2연: 광야의 신성성(과거)

끊임없는 광음(光陰)을
세월
부지런한 계절(季節)이 피어선 지고
계절(세월)의 흐름 - '꽃'에 비유, 추상적 개념의 시각화
큰 강물이 비로소 길을 열었다.
문명, 역사
▶ 3연: 역사와 문명의 태동(과거)

지금 눈 내리고
현재 - 일제 강점하의 시련, 고통
매화 향기(梅花香氣) 홀로 아득하니
조국 광복의 기운, 현실 극복 의지   그윽하니
내 여기 가난한 노래의 씨를 뿌려라. → 속죄양 모티프
독립의 의지 - 강인한 생명력   명령형 종결 - 의지적 태도
▶ 4연: 암담한 현실과 극복의 의지(현재)

다시 천고(千古)의 뒤에
미래
백마(白馬) 타고 오는 초인(超人)이 있어
조국 광복을 가져오는 민족의 구원자, 지도자, 후손
『**이 광야(曠野)에서 목놓아 부르게 하리라.**』
역사의 현장 - 민족의 삶의 터전 『 』: 미래 지향적, 예언자적 태도
▶ 5연: 미래에 대한 기대와 확신(미래)

출제 포인트
- 시어의 상징적 의미
- 시간의 흐름에 따른 시상 전개
- 화자의 태도와 속죄양 모티프

필수 문제
01 화자 파악하기
- 화자: '나'('광야'에 있는 이)
- 상황: 광야에서 암울한 현실에 대한 극복 의지를 보이며 밝은 (   )를 확신함
- 정서·태도: 의지, 신념

02 이 시에서 '눈'과 '매화 향기(梅花香氣)'의 상징적 의미를 각각 쓰시오.

03 이 시가 시간의 흐름에 따라 시상이 전개된다고 할 때, '미래'를 나타내는 시어를 찾아 2어절로 쓰시오.

알맹이 포착
'광야(曠野)'라는 공간의 의미
'광야'는 태초의 원시성과 순수성을 간직하고 있는 공간으로, 우리 민족의 역사가 전개되어 온 삶의 터전이다. 지금은 차가운 눈이 내리는 시련을 겪고 있지만 화자는 이곳에 '가난한 노래의 씨'를 뿌리겠다고 말하며 현실에 대한 극복 의지를 다지고 '초인'이 오는 밝은 미래에 대한 확신을 드러내고 있다.

핵심 정리
- **갈래**: 자유시, 서정시 **성격**: 의지적, 지사적, 미래 지향적
- **주제**: 조국 광복에의 신념과 의지
- **해제**: 이 시는 우리 민족의 삶의 터전이자 역사의 현장인 '광야'의 과거, 현재의 모습을 제시하고, 미래에 대한 확신을 나타내며 암울하고 비극적인 현실에 대한 극복 의지를 형상화하고 있다.
- **시의 특징과 표현**
  '과거 → 현재 → 미래'의 추보식 구성으로 시상을 전개함

184 교목(喬木) | 이육사

푸른 하늘에 닿을 듯이
_{이상과 염원의 세계} _{상승 이미지 – 굳은 의지}
세월에 불타고 <u>우뚝</u> 남아 서서
_{일제 강점하의 혹독한 시련} □ : 강한 의미의 부사어와 부정 명령형 어미의
반복 → 화자의 강인한 저항 의지 표현
<u>차라리</u> 봄도 꽃 피진 <u>말아라.</u>
_{일제에 영합하여 이기적 행복을 누리지 않겠다는 의지}

▶ 1연: 굽힐 수 없는 신념과 의지

낮은 <u>거미집</u> 휘두르고
_{화자의 암담한 현실}
<u>끝없는 꿈길</u>에 혼자 설레이는
_{자유의 광복을 위한 투쟁}
마음은 <u>아예</u> 뉘우침 <u>아니라.</u>
_{자신이 선택한 길을 후회하지 않겠다는 결의}

▶ 2연: 후회 없는 삶의 결의

검은 그림자 쓸쓸하면
_{암울한 시대 상황} _{하강 이미지 – 죽음의 결의}
<u>마침내</u> 호수 속 <u>깊이</u> 거꾸러져
_{죽음(물)의 이미지}
<u>차마</u> 바람도 흔들진 <u>못해라.</u>
_{외부의 유혹과 압력에 흔들리지 않겠다는 강한 의지의 표현}

▶ 3연: 죽음마저 불사하는 단호한 의지

■ 교목(喬木): 줄기가 곧고 굵으며 높이가 8m를 넘는 나무
■ 휘두르고: '휘감고'를 뜻하는 경상북도 방언

출제 포인트

• '교목'의 상징적 의미
• 시어 및 시구의 의미
• 각 연을 부정어로 종결한 효과

필수 문제

01 화자 파악하기
• 화자: 가혹한 시대 현실을 견디려는 이
• 상황: 교목의 굳센 모습을 통해 (   )를 다짐
• 정서 · 태도: 단호함, 의지적, 신념

02 이 시에서 부정적인 현실을 의미하는 2어절의 시어 2가지를 찾아 쓰시오.

03 [서술형] 이 시에서 부정 명령형 어미를 반복적으로 사용하여 얻는 효과를 서술하시오.

알맹이 포착

시에 나타난 화자의 태도
화자는 자신을 '교목'에 빗대어 암담한 현실 상황을 극복하려는 태도를 보여 주고 있다. 이와 같은 화자의 모습은 '차라리, 아예, 차마' 등의 부사어와 '말아라, 아니라, 못해라' 등의 부정어를 통해 뒷받침되면서, 현실과 타협하지 않는 화자의 단호하고 강인한 의지를 효과적으로 형상화하고 있다.

한눈에 보기

교목		화자
• 세월에 불타고 우뚝 남아 섬 • 낮은 거미집을 휘두름 • 호수 속에 깊이 거꾸러짐	→	• 신념과 의지를 굽히지 않음 • 안락을 거부함 • 죽음마저 불사하겠다는 의지

핵심 정리

▼ 갈래: 자유시, 서정시   ▼ 성격: 의지적, 상징적
▼ 주제: 암담한 현실에 굴하지 않는 강인한 의지
▼ 해제: 이 시는 어떠한 유혹에도 흔들리지 않는 '교목'의 모습을 통해, 일제 강점하의 혹독한 현실에 맞서 싸우고자 하는 화자의 강인한 의지와 치열한 삶의 태도를 형상화하고 있다.
▼ 시의 특징과 표현
① 강인하고 의지적인 남성적 어조를 사용함
② 상징성이 두드러진 시어와 시구를 사용하여 주제 의식을 표출함

185 꽃 | 이육사

동방은 하늘도 다 끝나고
  우리나라 희망이 사라진 상황
비 한 방울 내리잖는 그때에도
  고난과 시련의 극한 상황
오히려 꽃은 빨갛게 피지 않는가.
  강인하고 끈질긴 생명력 – 저항 정신, 현실 극복 의지
내 목숨을 꾸며 쉬임 없는 날이여!
  목숨을 꿈꾸며(소망하며)   영탄적 서술 → 의지 강조

▶ 1연: 극한 상황을 극복하는 꽃의 생명력

북쪽 툰드라에도 찬 새벽은
  극한 상황
눈 속 깊이 꽃맹아리가 옴작거려
  고난과 시련, 혹독한 탄압 → 꽃맹아리 – 강인한 의지와 생명력, 희망
제비 떼 까맣게 날아오길 기다리나니.
  밝은 미래
마침내 저버리지 못할 약속이여!
  조국 광복에 대한 확신

▶ 2연: 새 생명 탄생을 위한 인고의 의지

한바다 복판 용솟음치는 곳
  광복의 환희가 용솟음치는 미래의 조국 → 역동적 이미지
바람결 따라 타오르는 꽃 성(城)에는
  광복을 찾은 조국
나비처럼 취하는 회상의 무리들아.
  광복의 기쁨에 취해 있을 우리 민족
오늘 내 여기서 너를 불러 보노라!
  영탄적 서술 → 의지 강조

▶ 3연: 밝은 미래에 대한 기대와 확신

출제 포인트

- '꽃'의 상징적 의미
- 대조적 이미지의 시어를 통한 주제 강조

필수 문제

01 화자 파악하기

- 화자: '나' (조국 광복을 확신하는 이)
- 상황: (   ) 상황 속에서도 피는 꽃을 통해 미래에 대한 희망을 가짐
- 정서·태도: 희망, 의지적

02 [기출] 이 시에서 시행의 함축적 의미가 다른 하나는?

① 동방은 하늘도 다 끝나고
② 오히려 꽃은 빨갛게 피지 않는가
③ 눈 속 깊이 꽃맹아리가 옴작거려
④ 제비 떼 까맣게 날아오길 기다리나니
⑤ 바람결 따라 타오르는 꽃 성(城)에는

'꽃'의 상징적 의미

이 시에서 '꽃'은 강인한 생명력을 지닌 존재로, 현실 극복에 대한 화자의 강인한 의지와 기대를 나타낸다. 비 한 방울 내리지 않고 차가운 눈이 내리는 상황 속에서도 빨갛게 피어나는 '꽃'은 어려운 고난에도 굴하지 않는 화자의 강한 신념과 의지를 보여 주고 있다.

한눈에 보기

```
하늘도 다 끝남,              꽃(꽃맹아리)
비 한 방울 내리지 않음,
북쪽 툰드라, 눈 속              │
     │                  강인한 의지,
  극한 상황  ◄──────►  생명력, 희망
```

핵심 정리

- ♥ 갈래: 자유시, 서정시   ♥ 성격: 상징적, 영탄적
- ♥ 주제: 밝은 미래에 대한 소망과 신념
- ♥ 해제: 이 시는 극한적 상황을 이겨 내고 빨갛게 피어나는 '꽃'의 강인한 생명력을 통해, 언젠가 반드시 올 조국 광복의 밝은 미래에 대한 기대와 확신을 노래하고 있다.
- ♥ 시의 특징과 표현
  ① 계절과 자연 현상을 이용하여 화자의 소망을 상징적으로 표현함
  ② 대조적 이미지의 시어를 사용하여 주제 의식을 선명히 제시함

노정기(路程記)* | 이육사

목숨이란 마—치 깨어진 뱃조각
언제 어찌 될지 알 수 없는 위태로운 삶
여기저기 흩어져 마을이 한구죽죽한 어촌보다 어설프고
　　　　　　　　　　　　　매우 지저분한
삶의 티끌만 오래 묵은 포범(布帆)처럼 달아 매였다.
뚜렷한 결과 없이 지나온　　　　베로 만든 돛
삶의 모습

▶ 1연: 위태롭고 고통스러웠
　　던 삶

남들은 기뻤다는 젊은 날이었건만
　　　　　　　　　　　　　　　　배
밤마다 내 꿈은 서해를 밀항(密航)하는 정크와 같아
암숙한 현실　　밀물과 썰물　　낯선 이국에서 쫓기듯 살아왔던 화자의 젊은 날 비유
소금에 절고 조수(潮水)에 부풀어 올랐다.
피폐했던 삶

▶ 2연: 피폐했던 젊은 날에
　　대한 회상

△: 삶의 장애물, 고난, 역경

『항상 흐릿한 밤 암초(暗礁)를 벗어나면 태풍과 싸워 가고』
「　」: 끊임없는 고난과 시련 – 치열한 투쟁의 삶 암시
전설(傳說)에 읽어 본 산호도(珊瑚島)는 구경도 못 하는
　　　　　　　　　　이상 세계
그곳은 남십자성(南十字星)이 빈저주도 않았다.
　　　　희망, 삶의 지표　　　　비쳐 주지도

▶ 3연: 희망이 보이지 않았
　　던 투쟁의 삶

쫓기는 마음! 지친 몸이길래
자신의 처지에 대한 직접적 토로
그리운 지평선을 한숨에 기오르면
이상을 이루기 위한 노력
『시궁치는 열대 식물처럼 발목을 에워쌌다.』
시궁창 – 절망적인 상황　　　　「　」: 화자를 구속하는 절망적인 상황

▶ 4연: 자신을 구속했던 어
　　두운 현실

새벽 밀물에 밀려온 거미인 양
화자 – 쫓기듯 살아옴
다 삭아 빠진 소라 껍질에 나는 붙어 왔다.
상황에 휘둘리며 수동적으로 살아온 모습
머—ㄴ 항구의 노정(路程)에 흘러간 생활을 들여다보며.
상처뿐이었던 지난날의 삶을 되돌아봄

▶ 5연: 쫓기듯 살아온 지난
　　날의 삶에 대한 성찰

■ 노정기(路程記): 여행할 길의 경로와 거리를 적은 기록

출제 포인트

- 화자의 지난 삶을 비유적으로 드러내는 표현
- '산호도'와 '남십자성'의 의미

필수 문제

01 화자 파악하기
- 화자: '나' (자신의 삶을 되돌아보는 이)
- 상황: 고통스러웠던 지난날의 삶을 (　　　)함
- 정서·태도: 성찰적

02 이 시에서 화자가 동경하는 세계와 삶의 지표를 상징하는 시어를 각각 찾아 쓰시오.

03 이 시의 시어 중 가리키는 대상이 이질적인 것은?
① 뱃조각
② 포범(布帆)
③ 정크
④ 지평선
⑤ 거미

핵심 정리

ᐁ 갈래: 자유시, 서정시　　　ᐁ 성격: 회고적, 성찰적
ᐁ 주제: 고달팠던 지난 삶에 대한 회고와 성찰
ᐁ 해제: 이 시는 어둡고 절망적인 현실에서 쫓기듯 살아온 지난날의 삶을 불안하고 고통스러웠던 항해의 여정으로 형상화하며 성찰하고 있는 작품이다.
ᐁ 시의 특징과 표현
　　① 직유법을 통해 화자의 불안하고 고통스러웠던 삶의 모습을 형상화함
　　② 살아온 인생 역정을 항해에 비유하여 형상화함

소년에게 | 이육사

차디찬 아침이슬
□: 비통의 시대에 태어나 새로운 시대를 예비하는 사물
진주가 빛나는 못가
진주(소년의 비유) ①인가, 소년의 아름다움과 빛남에 대한 감탄
연(蓮)꽃 하나 다복히 피고
소년의 비유 ②   소년에 대한 기대
▶ 1연: 소년의 탄생

                    회상, 영탄적
소년(少年)아 네가 났다니
소년 시절의 화자(진주, 연꽃)   영탄법
맑은 넋에 깃들여 / 박꽃처럼 자랐어라
깨끗함(=아침이슬, 진주)   순수, 소박(우리 민족의 형상)
▶ 2연: 소년의 성장

큰강(江) 목놓아 흘러
우리 민족의 역사, 세월
여울은 흰 돌쪽마다 / 소리 석양(夕陽)을 새기고
흰 물거품, 우리 민족   소리를 들으며 석양이 질 때까지 결의를 다짐
▶ 3연: 불우한 한국의 근대사

□: 어린 시절의 화자
너는 준마(駿馬) 달리며
          소년의 활달한 기상(소년이 다진 의지 실현을 위한 상상)
죽도(竹刀) 저 곧은 기운을 / 목숨같이 사랑했거늘
지조, 결기, 지사적 저항 의지
▶ 4연: 소년의 활달한 기상

거리를 쫓아다녀도
의지 실현을 위해 힘쓰는 모습
분수(噴水) 있는 풍경(風景) 속에 / 동상답게 서 봐도 좋다
이상의 지향(상승 이미지)   역사에 대한 소명 의식, 당당한 기상(상승 이미지)
▶ 5연: 역사적 책무를 다하는 소년

『서풍(西風) 뺨을 스치고
「 」: 쫓기지 않고 여유롭게 살 수 있는 곳
하늘 한가 구름 뜨는 곳』/ 희고 푸른 즈음을 노래하며
          밝고 따뜻한 때(기대하는 미래)
▶ 6연: 바라는 이상 세계의 모습

『노래 가락은 흔들리고
「 」: 화자의 의지를 약하게 만드는 곤핍한 상황
별들 춥다 얼어붙고』/ 너조차 미친들 어떠랴
각자 꿈꾸는 소망   너 또한 이상 실현을 위해 몰두한들(극복 의지)
▶ 7연: 시대 극복을 위한 노력을 당부함

• 시구의 상징적 의미
• 공간적 배경과 화자의 상황

필수 문제

01 화자 파악하기
• 화자: '드러나지 않음'(소년들에게 역사적 소명을 다할 것을 당부하는 이)
• 상황: 어린 시절을 회상하며 이상 실현을 위해 노력할 것을 다짐하고 (   )들에게도 역사적 소명을 다할 것을 당부함
• 정서·태도: 당부, 다짐, 의지

02 이 시에서 소년을 예찬하기 위해 사용된 소재들을 아래와 같이 정리할 때 빈칸에 들어갈 시어를 쓰시오.

아침이슬
진주
(   )
박꽃

03 이 시에서 화자가 소년들에게 잘못된 시대 상황을 극복하고 이상 실현을 위해 몰두하기를 설의적 표현을 통해 당부하고 있는 시행을 찾아 쓰시오.

핵심 정리

▼ **갈래**: 자유시, 서정시   ▼ **성격**: 의지적, 상징적, 영탄적
▼ **주제**: 이상 실현을 위한 노력과 역사적 소명의 실천 당부
▼ **해제**: 이 시의 화자는 지난날 자신의 모습을 회상하며 자라나는 소년들에게 민족의 얼을 잊지 말고 불우한 시대 상황의 극복을 위해 노력해 줄 것을 당부하고 있다.
▼ **시의 특징과 표현**
① 소년을 예찬하기 위한 소재를 나열하고 밝고 맑은 이미지를 차용함
② 영탄적 어조와 회상을 통해 화자 자신의 의지를 북돋고 자라나는 소년들의 의지를 촉구함

잃어진 고향 | 이육사

제비야
화자가 동일시하는 대상
너도 고향(故鄕)이 있느냐
돌아갈 곳, 잃어버린 꿈

▶ 1연: 제비에게 돌아갈 고
향을 물어봄

그래도 강남(江南)을 간다니
제비의 고향
저노픈 재우에 힌 구름 한쪼각
고개 위에

▶ 2연: 강남으로 간다는 제
비와 고개 위의 구름

제깃에 무드면
(힌 구름)묻으면
두날개가 촉촉이 젓겠구나

▶ 3연: 고향으로 가는 제비
의 여정

가다가 푸른숲우를 지나거든
홧홧한 네 가슴을 식혀나가렴
열이 나듯 뜨거운(귀향의 기쁨)

▶ 4연: 제비의 귀향에의 기
쁨과 화자의 부러움

불행(不幸)이 사막(沙漠)에 떠러져 타죽어도
제비와 다른 화자의 현재 상황(귀향의 좌절), 비극적 현실
아이서려야 않겠지
아 서러워하지

▶ 5연: 화자가 처한 비극적
상황

그야 한떼 나라도 『홀로 높고 빨라
그야 한 무리로 날아도 『 』: 화자(=제비)의 지고한 정신의 경지와 행위에 대한 자긍심
어느때나 외로운 넋이였거니』

▶ 6연: 화자의 정신적 경지
와 자긍심

그곳에 푸른하늘이 열리면
새로운 세상에 대한 갈망
엇저면 네새고장도 될법하이.
네 새로운 고장도

▶ 7연: 새로운 세상에 대한
기대감

출제 포인트

• 화자의 상황 제시
• 화자의 정서와 표현의 특징

필수 문제

01 화자 파악하기
• 화자: '드러나지 않음' (새로운
세상의 도래를 갈망하는 이)
• 상황: 고향으로 가는 (   )
와 고향을 가지 못하는 심정을
대비하면서 새 세상에 대한 기
대감을 드러냄
• 정서 · 태도: 슬픔, 기대감, 희
망

02 이 시에서 고향으로 가지 못
하는 화자의 비극적 현실 상황을
드러내고 있는 시행을 찾아 쓰시
오.

03 이 시에서 화자 또는 제비의
높은 정신적 경지와 자신의 행위
에 대한 자긍심이 드러난 곳은 몇
연인지 쓰시오.

핵심 정리

▼ 갈래: 자유시, 서정시   ▼ 성격: 대조적, 희망적
▼ 주제: 암울한 현실의 극복과 새 세상의 도래에 대한 기대감
▼ 해제: 이 시에서 화자는 고향을 찾아 떠나는 제비와 고향으로 가지 못하는 자신의 심정을 대비하여 드러내고 있다.
선명한 이미지와 대조적 상황의 제시로 시적 긴장감을 드러내고 새로운 세상이 올 것이라는 희망을 보여 주고 있다.
▼ 시의 특징과 표현
① 대조적 상황의 제시로 귀향을 가로막는 암울한 현실 상황을 나타냄
② 새 세상의 도래에 대한 갈망의 표현에서 〈청포도〉의 '하늘 밑 푸른 바다가 가슴을 열고'와 비슷한 심상이 사용됨

자야곡(子夜曲) | 이육사

수능 기출 EBS

수만 호˙ 빛이래야 할 내 고향이언만
화자가 생각하는 고향의 모습 – 밝고 풍요로움
노랑나비도 오잖는 무덤 위에 이끼만 푸르러라
폐허가 된 현재 고향의 모습

대조

▶ 1연: 과거의 모습과 달리 피폐해진 고향

슬픔도 자랑도 집어삼키는 검은 꿈
절망적 이미지
파이프엔 조용히 타오르는 꽃불도 향기론데
담뱃불 – 고향 생각에 잠기게 하는 매개체

고향을 떠나 유랑하는 화자의 처지를 드러냄

연기는 돛대처럼 나려 항구에 들고
파이프 담배 연기 – 고향 생각에 더욱 빠져들고 있음을 보여 줌
옛날의 들창마다 눈동자엔 짜운 소금이 저려
고향 상실과 그리움으로 흘리는 눈물

▶ 2, 3연: 고향에 대한 간절한 그리움

바람 불고 눈보라 치잖으면 못 살리라
항상 고난이 있는 현실 상황 – 역설적 표현
매운 술을 마셔 돌아가는 그림자 발자취 소리
화자의 상실감을 달래 주는 대상

숨 막힐 마음속에 어데 강물이 흐르느뇨
답답하고 절망적인 심정 – 설의적 표현
달은 강을 따르고 나는 차디찬 강 맘에 드리느라
유랑의 이미지 환기   고향을 잃은 절망감으로 유랑함

▶ 4, 5연: 고향에 가지 못하는 현실에 대한 안타까움

수만 호 빛이래야 할 내 고향이언만
노랑나비도 오잖는 무덤 위에 이끼만 푸르러라

수미 상관
– 주제 강조, 형태적 안정감

▶ 6연: 고향에 대한 그리움과 안타까움의 심화

▪ 수만 호: 수만 채의 집(일부 판본에는 '수만호'로 적혀 있는데, 이를 바탕으로 아름답고 광택이 나는 보석의 일종으로 해석하는 경우도 있음)

출제 포인트

• 화자가 생각하는 고향과 실제 고향의 모습 대비
• 시어의 의미와 이미지

필수 문제

01 화자 파악하기
• 화자: '나' (고향을 상실한 이)
• 상황: 타향에서 담배를 피우면서 (   )을 생각함
• 정서·태도: 비애감, 상실감

02 이 시에서 폐허가 된 현재 고향의 모습을 표현한 시행을 찾아 쓰시오.

03 [기출] 이 시의 흐름으로 보아 긴밀하게 연결되는 이미지끼리 묶인 것은?
① 빛 — 꽃불 — 연기
② 빛 — 파이프 — 무덤
③ 고향 — 자랑 — 소금
④ 노랑나비 — 연기 — 그림자
⑤ 연기 — 발자취 소리 — 이끼

핵심 정리

∨ 갈래: 자유시, 서정시   ∨ 성격: 애상적, 역설적
∨ 주제: 고향 상실의 아픔
∨ 해제: 이 시는 고향 상실로 인해 가슴 아파하는 화자의 비애와 절망감을 표현하고 있는 작품이다. 화자는 지금은 폐허가 된 고향을 그리워하지만 결국 고향을 떠나 유랑할 수밖에 없는데, 이를 통해 일제 강점기에 고향을 잃은 이들의 한을 효과적으로 형상화하고 있다.
∨ 시의 특징과 표현
① 대비되는 이미지를 제시하여 비극적 현실 상황을 부각함
② 동일한 종결 어미를 사용하여 운율을 형성함
③ 수미 상관의 구성을 통해 형태적 안정감을 주고 있다

절정(絶頂) | 이육사

시련 – 일제의 탄압
매운 계절(季節)의 채찍에 갈겨
일제 강점하의 가혹한 현실
마침내 북방(北方)으로 휩쓸려 오다.
수평적 극한
– 우리 민족이 유랑하던 만주, 북간도 등지

▶ 1연: 현실의 수평적 한계 상황(기)

하늘도 그만 지쳐 끝난 고원(高原)
수직적 극한
서릿발 칼날진 그 위에 서다.
생존의 극한 – 절정의 상황

▶ 2연: 현실의 수직적 한계 상황(승)

어데다 무릎을 꿇어야 하나
극한 상황의 극복에 대한 염원 – 구원을 비는 행위
한 발 재겨 디딜 곳조차 없다.
절대적 존재에게 구원을 빌 수도 없는 상황

▶ 3연: 극한 상황에 대한 인식(전)

관조를 통해 극한 상황을 정신적으로 초극하는 태도
이러매 눈 감아 생각해 볼밖에
시상 전환   희망, 자유
겨울은 강철로 된 무지갠가 보다.
'절망 + 희망'의 역설 – 비극적 삶에 대한 인식과 그에 대한 초월 상징

▶ 4연: 극한 상황에 대한 초극 의지(결)

■ 재겨: 발끝으로 겨우. 표준어는 '제겨'임.

출제 포인트

• 시상 전개 과정의 특징
• 화자의 현실 대응 태도
• 역설적 표현의 의미와 효과

필수 문제

01 화자 파악하기
• 화자: 극한에 처한 이
• 상황: 극한의 상황을 정신적으로 (   )하려고 함
• 정서·태도: 초극 의지

02 이 시의 시어 중 이미지가 이질적인 것은?
① 매운 계절(季節)
② 북방(北方)
③ 고원(高原)
④ 겨울
⑤ 무지개

03 이 시에서 극한적 상황을 정신적으로 초극하는, 자기 관조의 태도가 드러난 시구를 찾아 쓰시오.

'겨울은 강철로 된 무지갠가 보다.'의 표현상의 특징
'겨울'이라는 절망적 현실을 차갑고 강한 이미지의 '강철'과 희망과 생명의 이미지인 '무지개'를 결합한 독특한 표현으로 형상화하고 있다. 이는 비극적 현실에 대한 화자의 역설적 인식으로, 앞서 제시된 '눈 감아 생각'하는 관조의 자세를 통해 극한 상황에 대해 초월하려는 의지를 보여 준다.

기	………	'북방' — 수평적 극한	
승	………	'고원' — 수직적 극한	한계
전	………	막다른 곳 — 인식	
결	………	눈 감아 생각함 — 초월	

˅ **갈래**: 자유시, 서정시   ˅ **성격**: 저항적, 상징적, 의지적
˅ **주제**: 극한의 현실에 대한 초극 의지
˅ **해제**: 이 시는 강렬한 시어와 남성적인 어조를 통해 현실의 극한적 상황을 정신적으로 초극하려는 화자의 의지를 형상화하고 있다.
˅ **시의 특징과 표현**
  ① '기–승–전–결'의 한시(漢詩)적 구성 방식을 취하여 지사적 풍모를 드러냄
  ② 강렬한 시어와 남성적 어조를 통해 내면의 강인한 의지를 표현함
  ③ 현재형 시제를 사용하여 긴박감을 더하고 대결 의식을 나타냄
  ④ 역설적 표현을 통해 주제를 효과적으로 형상화함

청포도 | 이육사

내 고장 칠월은

청포도가 익어 가는 시절.
청색 이미지 – 맑고 풍요로움

『이 마을 전설이 주저리주저리 열리고,
　　　　과거의 평화롭던 삶 ──────→ 의태어 → 생동감
먼 데 하늘이 꿈꾸며 알알이 들어와 박혀』
　　소망, 동경, 이상　　『 』: 전설과 하늘이 '청포도'로 열매 맺음
　　　　　　　　　　　　– 지금은 잃어버린 고향의 모습

▶ 1, 2연: 청포도가 익어 가는 고향에 대한 추억

하늘 밑 푸른 바다가 가슴을 열고

흰 돛단배가 곱게 밀려서 오면,
　　　　　　　　청색과 백색의 색채 대비
　　　　　　　　→ 선명한 이미지 형성

내가 바라는 ⃝손님은 고달픈 몸으로
　　　　　　화자의 기다림의 대상 – 조국 광복
청포(靑袍)를 입고 찾아온다고 했으니,
푸른 도포: 청색 이미지 – 희망, 상서로움

▶ 3, 4연: 손님을 기다리는 마음

내 그를 맞아, 이 포도를 따 먹으면

두 손은 함뿍 적셔도 좋으련.

▶ 5연: 손님을 맞이하는 기쁨에 빠지고 싶은 소망

아이야, 우리 식탁엔 은쟁반에
　　　　　　　　　　백색 이미지 – 정성
하이얀 모시 수건을 마련해 두렴.
백색 이미지 – 순수, 순결　　손님이 올 것을 확신함 – 예언자적 태도

▶ 6연: 손님을 맞이하는 기다림의 자세

알맹이 포착

'청포도'의 의미
맑고 산뜻한 청색의 이미지로 풍요롭고 평화로운 삶과 세계를 상징한다. 과거의 평화로웠던 삶, 화자가 꿈꾸는 소망과 동경 등이 '청포도'로 열린다는 표현으로 볼 때, 그리움과 더불어 미래에 대한 꿈과 희망을 나타낸다고 볼 수 있다.

'손님'의 의미
화자가 간절하고 경건한 자세로 기다리는 대상으로, 평화롭고 이상적인 삶을 실현시켜 줄 존재이다. 이 시가 지어진 시대적 상황과 일제에 저항했던 시인의 삶을 고려할 때 조국 광복을 의미하는 것으로 이해할 수 있다.

핵심 정리

♥ 갈래: 자유시, 서정시　　♥ 성격: 상징적, 감각적
♥ 주제: 조국 광복과 평화로운 세계에 대한 소망
♥ 해제: 이 시는 평화로운 고향의 모습을 상징하는 '청포도'를 통해, 조국 광복과 평화로운 삶에 대한 소망과 기다림을 형상화하고 있다.
♥ 시의 특징과 표현
　　상징적 소재와 선명한 색채 대비를 통해 희망을 형상화함

황혼 | 이육사

내 골방의 커튼을 걷고 / 정성된 마음으로 황혼을 맞아들이노니
단절 상징
외부와 단절된 공간을 개방하는 행위   안식과 평화의 시간
바다의 흰 갈매기들같이도 / 인간은 얼마나 외로운 것이냐.
외로운 존재
▶ 1연: 인간의 외로운 처지
에 대한 인식

황혼아, 네 부드러운 손을 힘껏 내밀라.
의인법, 돈호법   황혼의 속성(따뜻하고 부드러움)
내 뜨거운 입술을 맘대로 맞추어 보련다.
화자의 애정
그리고 네 품 안에 안긴 모든 것에게 / 나의 입술을 보내게 해 다오.
소외된 모든 존재들   애정을 베풀려는 의지
▶ 2연: 소외된 존재에게 애
정을 베풀겠다는 의지

저 십이(十二) 성좌(星座)의 반짝이는 별들에게도,
종소리 저문 삼림(森林) 속 그윽한 수녀(修女)들에게도,
소외된 존재 ①
시멘트 장판 위 그 많은 수인(囚人)들에게도,
소외된 존재 ②
의지가지없는 그들의 심장(心臟)이 얼마나 떨고 있는가.
의지할 만한 대상이 없는   소외된 존재 ③
▶ 3연: 소외된 존재들의 나
열

고비 사막(沙漠)을 걸어가는 낙타(駱駝) 탄 행상대(行商隊)에게나,
소외된 존재 ④
아프리카 녹음(綠陰) 속 활 쏘는 토인(土人)들에게라도,
소외된 존재 ⑤
황혼아, 네 부드러운 품 안에 안기는 동안이라도
지구(地球)의 반(半)쪽만을 나의 타는 입술에 맡겨 다오.
소외된 지역 상징   애정을 베풀려는 의지
▶ 4연: 소외된 존재들의 나
열과 황혼에게의 당부

내 오월(五月)의 골방이 아늑도 하니
시간적 배경   새로운 인식의 공간
황혼아, 내일(來日)도 또 저 푸른 커튼을 걷게 하겠지.
암암(暗暗)히 사라지는 시냇물 소리 같아서
고요히
한 번 식어지면 다시는 돌아올 줄 모르나 보다. ▶ 5연: 지는 황혼에 대한 아
사라지는 황혼에 대한 아쉬움   쉬움과 내일에의 희망

출제 **포인트**
• 공간적 배경의 의미
• 소재의 의미 이해

필수 문제

01 화자 파악하기
• 화자: '나' (황혼을 바라보는 이)
• 상황: 골방에서 (   )을 바라보며 소외된 존재들을 생각함
• 정서 · 태도: 애정, 의지적

02 이 시에서 화자에게 새로운 인식을 가능하게 하는 공간적 배경을 한 단어로 쓰시오.

03 이 시에 나열된 고독하고 소외된 존재들을 아래와 같이 정리할 때 빈칸에 들어갈 시어를 쓰시오.

별들
수녀들
수인들
(   )
토인들

핵심 정리

▼ 갈래: 자유시, 서정시   ▼ 성격: 상징적, 의지적
▼ 주제: 소외된 존재들에 대한 애정
▼ 해제: 이 시는 소멸 직전에 세상을 따뜻하게 감싸 주는 '황혼'을 의인화하여 세상의 소외된 존재들에게 애정을 베풀려
  는 화자의 의지를 담고 있다. 이 시에서 '골방'은 '밀실'과 같은 현실 도피의 공간이 아닌, 새로운 인식을 가능하게 하
  는 공간이다.
▼ 시의 특징과 표현: 의인화된 '황혼'에게 말을 건네는 방식으로 화자의 의지를 강조함

상치쌈 | 조운

필수

쥘상치▪ 두 손 받쳐
상추쌈을 크게 싸서 두 손에 받쳐 들고
한입에 우겨넣다▪

▶ 초장: 상추쌈을 싸 입에
넣음

희뜩▪

눈이 팔려 우긴 채 내다보니
(나비에) 시선을 빼앗겨 (상추쌈을) 입에 우겨넣은 채

▶ 중장: 무엇인가에 시선을
빼앗김

『훑는 꽃 쫓던 나비
낙화
울 너머로 가더라.』「 」: 화자의 시선에 비친 풍경
울타리

▶ 종장: 꽃을 쫓는 나비를
발견함

- 쥘상치: 어떤 물건을 손가락을 오므려 힘 있게 잡는다는 뜻의 '쥐다'와 '상치(상추)'를 엮은 말로, 상추쌈을 쥐고 있는 모습을 표현하기 위해 시인이 만든 조어(造語)임
- 우겨넣다: 욱여넣다. 주위에서 중심부로 함부로 밀어 넣다
- 희뜩: 갑자기 얼굴을 돌리며 슬쩍 돌아보는 모양

출제 포인트

- 시상 전개 및 표현상의 특징
- '희뜩'의 의미와 효과

필수 문제

01 화자 파악하기
- 화자: 상추쌈을 먹다 나비를 발견한 이
- 상황: 상추쌈을 먹다가 꽃을 쫓아 날아가는 (   )를 발견함
- 정서·태도: 발견, 포착

02 이 시조의 특징으로 적절하지 않은 것은?
① 4음보의 율격
② 구별 배행의 형식
③ 개성적인 상황 묘사
④ 안타까움의 정서 표출
⑤ 시선의 이동에 따른 전개

03 이 시의 시상 전개를 '움직임 → 멈춤 → 움직임'과 같이 보았을 때, 순간 멈춘 듯한 장면을 나타내는 시어를 찾아 쓰시오.

알맹이 포착

중장의 특징

'희뜩'이라는 부사를 통해 상추쌈을 먹는 화자의 모습에서 '나비'에게로 시상을 변화시키고 있다. 이때, 행을 나눠 화자의 순간적인 동작의 멈춤을 나타내고 있는 것이 특징적이다.

종장의 의미

나비가 흩날리는 꽃잎을 쫓아 울타리 너머로 날아가는 아름다운 풍경을 시인만의 개성적인 표현으로 드러내고 있다. 여기서 '훑는 꽃'은 '흩날리는 꽃잎'을, '쫓이던 나비'는 '훑는 꽃'을 쫓는 나비의 움직임을 표현한 말이다.

핵심 정리

▼ 갈래: 현대 시조, 구별 배행 시조   ▼ 성격: 일상적, 묘사적, 해학적
▼ 주제: 일상에서 경험할 수 있는 소박한 아름다움과 여유
▼ 해제: 이 시조는 상추쌈을 먹다가 나비에게 시선을 빼앗기는 화자의 식사 시간의 한순간을 마치 한 장의 그림처럼 표현하고 있다.
▼ 시의 특징과 표현
   ① 각 장을 연으로 나누고, 구별 배행의 형태로 구성함
   ② 시조라는 고유의 형식에 일상생활에서 느끼는 소소한 즐거움을 담아 냄
   ③ 순간적으로 포착한 장면을 감각적이면서도 절제된 표현으로 나타냄

고풍 의상(古風衣裳) | 조지훈

모의 기출

하늘로 날을 듯이 길게 뽑은 부연 끝 풍경이 운다.
　　　　　　처마가 번쩍 들리게 하여 모양을 내도록 쓰는 짧은 서까래
처마 끝 곱게 늘이운 주렴에 반월(半月)이 숨어
　　　　　　구슬 따위를 꿰어 만든 발
아른아른 봄밤이 두견이 소리처럼 깊어 가는 밤　　▶ 1~3행: 두견 우는 봄밤의
　　　　고즈넉한 분위기　　　　　　　　　　　　　　　 한옥
곱아라 고아라 진정 아름답은지고.
고와라　　　　　　　◯: 작품에 고전적인 분위기를 더하는 예스러운 어투
파르란 구슬빛 바탕에
　　　　　　　　① 　　　　　　　　　
자줏빛 호장을 받친 호장저고리　　①~③: 화자의 시선 이동 순서(위 → 아래)
　　　　회장(回裝): 여자 저고리의 깃, 고름 따위에 대는 색깔 있는 헝겊
호장저고리 하얀 동정이 환하니 밝도소이다.　　▶ 4~7행: 저고리의 우아한
　　　　한복의 저고리 깃 위에 조붓하게 덧대는 하얀 헝겊 오리　　 아름다움
살살이 퍼져 내린 곱은 선이
스스로 돌아 곡선을 이루는 곳
　　　② 　　　　　　동적 이미지
열두 폭 기인 치마가 사르르 물결을 친다.　　▶ 8~10행: 치마 선의 아름
　　　　③ 　　　　　　　　　　　　　　　　 다움
치마 끝에 곱게 감춘 운혜(雲鞋) 당혜(唐鞋)
　　　　　　　　　　여인들이 신던 가죽신
발자취 소리도 없이 대청을 건너 살며시 문을 열고
　　　　　한옥에서 몸채의 방과 방 사이에 있는 큰 마루　　나비
그대는 어느 나라의 고전을 말하는 한 마리 호접(胡蝶)
치마 저고리를 입고 춤을 추는 고전적인 여인이 나비와 같이 아름답다는 의미
호접인 양 사뿟이 춤을 추라 아미(蛾眉)를 숙이고…….
　　　　　　　여인의 아름다운 눈썹을 이르는 말　　▶ 11~14행: 옷맵시와 춤사
　　　　　　　　　　　　　　　　　　　　　　　　　 위의 고전적 아름다움
「나는 이 밤에 옛날에 살아
눈 감고 거문고 줄 골라 보리니」　　「」: 고풍 의상을 입은 여인의 춤을 보고
　　　　　　　　　　　　　　　　　고전미에 도취된 화자의 모습
가는 버들인 양 가락에 맞추어
흰 손을 흔들어지이다.　　▶ 15~18행: 고풍 의상의 아름
　　　　　　　　　　　　　 다움에 도취된 화자의 모습

출제 포인트

• 화자의 시선 이동에 따른 시상 전개
• 시에 드러난 고전미

필수 문제

01 화자 파악하기
• 화자: '나'(고풍 의상의 여인을 바라보는 이)
• 상황: 고풍 의상의 아름다움에 (　　　)됨
• 정서·태도: 탐미, 도취

02 이 시에서 화자가 묘사하고 있는 여인의 '고풍 의상'의 모습을 시선의 이동 순서대로 쓰시오.

03 [기출] 이 시의 표현상 특징으로 적절하지 않은 것은?
① 의도적으로 변형한 시어를 통하여 리듬감에 변화를 주고 있다.
② 전통적인 소재와 예스러운 말투로 고전적 분위기를 조성하고 있다.
③ 시적 상황에 등장하는 인물의 행위를 자연물에 빗대어 표현하고 있다.
④ 색채어를 활용하여 시적 대상의 아름다움을 감각적으로 형상화하고 있다.
⑤ 말줄임표를 사용하여 시적 대상의 정적인 상태와 동적인 상태가 충돌하는 상황을 표현하고 있다.

핵심 정리

▼ 갈래: 자유시, 서정시　　　▼ 성격: 고전적, 전통적
▼ 주제: 전통 의상의 예스러운 아름다움
▼ 해제: 이 시는 전통 의상을 입은 여인의 우아함과 동적인 곡선이 나타내는 아름다움을 예스러운 어투를 통해 형상화하고 있다.
▼ 시의 특징과 표현
　① 고유어와 예스러운 어투('-지고', '-도소이다', '-지이다')를 통해 대상의 아름다움을 표현함
　② 시선의 이동에 따라 시상이 전개됨

낙화(落花) | 조지훈

꽃이 지기로서니

바람을 탓하랴
자연의 섭리이기 때문에 탓할 수 없음

주렴" 밖에 성긴 별이
드문드문한
하나 둘 스러지고
점차 희미해지면서 없어지고
– 날이 밝아 옴

귀촉도 울음 뒤에
화자의 정서가 간접적으로 드러남 – 한의 상징
머언 산이 다가서다.
날이 밝으니 먼 산이 가깝게 잘 보임
▶ 1~3연: 꽃이 지는 현실에
대한 수용

촛불을 꺼야 하리
꽃이 지는 모습을 관조하려는 태도
꽃이 지는데

꽃 지는 그림자

뜰에 어리어

『하이얀 미닫이가
쓸쓸함과 서글픔의 이미지
우련" 붉어라.』
「 」: 하얀 창호지를 바른 미닫이가 은은하게 붉음
▶ 4~6연: 사라져 가는 꽃
의 아름다움

묻혀서 사는 이의
화자의 상황 – 세상과의 단절
고운 마음을
꽃이 지는 것을 슬퍼하는 마음

『아는 이 있을까

저어하노니』
두려워하니 「 」: 때 묻지 않은 마음을 누구에게도
보이기 싫음

『꽃이 지는 아침은
「 」: 지는 꽃을 통해 느끼는 삶의 무상감과 비애
울고 싶어라.』
▶ 7~9연: 꽃이 지는 아침
에 느끼는 서글픔

■ 주렴: 구슬 따위를 꿰어 만든 발
■ 우련: 보일 듯 말 듯 은은하게

출제 포인트

• 시상 전개 과정의 특징
• 시에 나타난 화자의 정서

필수 문제

01 화자 파악하기
• 화자: 묻혀서 사는 이
• 상황: (   )이 지는 모습을
바라봄
• 정서·태도: 서글픔, 무상감

02 이 시에서 '낙화'에 대한 화자의 감정을 간접적으로 형상화하고 있는 시구를 찾아 2어절로 쓰시오.

03 이 시에서 '생성과 소멸'이라는 자연의 섭리에 순응하려는 화자의 태도가 드러난 연을 찾아쓰시오.

알맹이 포착

이 시의 시상 전개 방식

구분	공간	화자의 정서	화자의 시선
1~3연	뜰	꽃이 지는 슬픔	외부(낙화)
4~6연	방 안	낙화의 아름다움을 느낌	
7~9연	마음	삶의 무상감과 비애	내면(화자)

핵심 정리

▼ 갈래: 자유시, 서정시   ▼ 성격: 관조적, 애상적
▼ 주제: 낙화에서 느끼는 삶의 무상감과 비애
▼ 해제: 이 시는 떨어지는 꽃잎을 보며 느끼는 삶의 무상감과 비애를 담담하고 차분한 어조와 절제된 시어를 통해 드러내고 있다.
▼ 시의 특징과 표현
① 담담하고 차분한 어조로 시의 분위기를 형성함
② 모든 연이 2행으로 이루어져 안정감과 균형감을 느끼게 함

동물원의 오후 | 조지훈

마음 후줄근히 시름에 젖는 날은
화자의 정서 제시
동물원으로 간다.
시름과 슬픔을 위로받고자 하는 공간

▶ 1연: 시름을 달래러 동물
원에 감

사람으로 더불어 말할 수 없는 슬픔을
식민지 지식인으로서의 슬픔
짐승에게라도 하소해야지.
하소연할 곳조차 없는 절박한 화자의 상황

▶ 2연: 슬픔을 하소연하려
함

난 너를 구경 오진 않았다
　　　　동물원의 짐승
뺨을 부비며 울고 싶은 마음.

『혼자서 숨어 앉아 시(詩)를 써도
「 」: 문학 창작과 감상의 자유조차 박탈당한 암울한 망국의 현실
읽어 줄 사람이 있어야지』

쇠창살 앞을 걸어가며

정성스레 써서 모은 시집을 읽는다.

▶ 3연: 울고 싶은 심정으로
자신의 시집을 읽음

철책 안에 갇힌 것은 나였다
짐승들과 전도된 위치 - 망국민으로서 억압과 구속의 삶을 살 수밖에 없는 상황
문득 돌아다보면 / 사방에서 창살 틈으로
　　　　　　　　　　억압, 구속, 부자유
이방(異邦)의 짐승들이 들여다본다.
화자와 전도된 대상 - 화자의 자기 인식을 심화하는 계기가 되는 존재

▶ 4연: 철책 안 동물들을 통
해 자신의 처지를 깨달음

『'여기 나라 없는 시인이 있다' 고
「 」: 표면적: 동물들의 울음소리 / 이면적: 화자의 망국민으로서의 자기 인식
속삭이는 소리……』

▶ 5연: 나라 없는 시인임을
자각함

무인(無人)한 동물원의 오후 전도(顚倒)된 위치에
자기 인식을 통한 비극성이 심화되는 시·공간적 배경
통곡과도 같은 낙조(落照)가 물들고 있었다.
화자의 슬픔과 분노를 감각적, 비유적으로 표현함

▶ 6연: 통곡의 심정으로 낙
조를 바라봄

출제 포인트

• 시에 나타난 화자의 상황과 정서
• 표현상의 특징과 효과

필수 문제

01 화자 파악하기

• 화자: '나' (나라 없는 시인)
• 상황: 동물원의 (　　　) 안에
갇힌 동물들을 통해 나라를 잃
은 자신의 처지를 절감함
• 정서·태도: 서러움, 비애

02 [기출] 〈보기〉를 바탕으로 이
시를 이해한 내용으로 적절하지
않은 것은?

〈보기〉

공간 Ⅰ
공간 Ⅱ(동물원)
공간 Ⅲ
(철책 안)

① 공간 Ⅰ은 화자에게 소통이
제한된 억압적 상황이다.
② 공간 Ⅱ는 화자가 슬픔을 달
래기 위해 찾아간 공간이다.
③ 공간 Ⅰ에서 공간 Ⅱ로 이동
한 화자는 자신이 망국민임을
느낀다.
④ 공간 Ⅱ에서 화자는 공간 Ⅲ
의 짐승과 전도된 위치에 있
다고 생각하며 세상과의 단절
을 지향한다.
⑤ 공간 Ⅰ~ 공간 Ⅲ은 현실에
대한 화자의 비극적 인식이
심화됨을 보여 준다.

핵심 정리

▼ 갈래: 자유시, 서정시　　　▼ 성격: 애상적
▼ 주제: 망국민(식민지 지식인)의 고독과 비애
▼ 해제: 이 시는 동물원을 배경으로 하여 나라를 잃은 지식인의 비애를 담아내고 있다. 화자는 자신의 시름과 슬픔을
위로받기 위해 동물원을 찾지만, 철책에 갇혀 있는 동물들을 통해 오히려 나라를 잃은 지식인으로서의 처지를 절실
히 자각하게 된다.
▼ 시의 특징과 표현
① 특정 공간을 배경으로 활용하여 현실의 문제점을 부각함
② 동물원에 갇힌 짐승과 화자 자신을 전도시켜 주제 의식을 강조함

마음의 태양 | 조지훈

필수

꽃 사이 타오르는 햇살을 향하여

고요히 돌아가는 해바라기처럼
　　　　　　　　화자가 닮고 싶은 존재 ①

높고 아름다운 하늘을 받들어
화자가 지향하는 대상, 이상적 세계

그 속에 맑은 넋을 살게 하라.
　　　　정화된 영혼

▶ 1연: 하늘을 받들어 맑은 넋을 지니고 살고 싶은 마음

가시밭길을 넘어 그윽히 웃는 한 송이 꽃은
고통, 고난　　　　　　고난을 이겨 낸 결실

눈물의 이슬을 받아 핀다 하노니
고난 속에서 삶이 윤택해짐

깊고 거룩한 세상을 우러르기에
화자가 지향하는 대상, 이상적 세계

삼가 육신의 괴로움도 달게 받으라.

▶ 2연: 맑은 넋을 위해 육신의 괴로움을 이겨 내고자 함

괴로움에 짐짓 웃을 양이면

슬픔도 오히려 아름다운 것이

고난을 사랑하는 이에게만이

마음나라의 원광(圓光)은 떠오르노라.
고난을 이겨 낸 뒤의 이상의 실현, 숭고한 넋의 실현

▶ 3연: 고난을 이겨 낸 뒤 숭고한 넋이 되고자 함

「푸른 하늘로 푸른 하늘로
「」: 1연을 변주, 반복하여 시상 마무리. 수미상응

항시 날아오르는 노고지리같이
　　　　　　　　　　화자가 닮고 싶은 존재 ②

맑고 아름다운 하늘을 받들어
화자가 지향하는 대상, 이상적 세계

그 속에 높은 넋을 살게 하라.」
　　　　정화된 영혼

▶ 4연: 하늘을 받들어 높은 넋을 지니고 살고 싶은 마음

출제 포인트

• 소재의 의미 이해
• 시구의 의미 이해

필수 문제

01 화자 파악하기
• 화자: '드러나지 않음' (숭고한 삶을 살려는 이)
• 상황: 육신의 괴로움을 이겨 내고 숭고한 (　　　)으로 살고자 함
• 정서·태도: 의지, 희망

02 이 시의 2연에서 고난과 고통을 의미하는 소재 두 개를 찾아 쓰시오.

03 이 시의 화자가 추구하는 삶의 지향점을 의미하는 시구를 1, 4연에서 각각 찾아 3어절로 쓰시오.

핵심 정리

▼ 갈래: 자유시, 서정시　　　▼ 성격: 의지적, 소망적
▼ 주제: 아름답고 높은 넋으로 살고 싶은 마음
▼ 해제: 이 시는 맑고 아름다운 하늘을 바라보며 현실적 괴로움을 이겨 내고 숭고한 넋으로 살고자 하는 화자의 의지를 노래하고 있다.
▼ 시의 특징과 표현
　① 1연과 4연은 천상적·이상적 세계, 2연과 3연은 지상적·현실적 세계가 중심이 됨
　② '~라'와 같은 명령형 종결 어미를 통해 소망에 대한 의지를 강하게 드러냄

맹세 | 조지훈

만년을 싸늘한 바위를 안고도
_{불가능한 상황의 설정}
뜨거운 가슴을 어찌하리야.
_{임에 대한 열정}

▶ 1연: 임에 대한 어찌할
수 없는 열정

어둠에 창백한 꽃송이마다 / 깨물어 피 터진 입을 맞추어
_{깊은 밤}　_{생명력이 없는 모습}　　　_{꽃송이에 생명력을 불어넣음}

▶ 2연: 깊은 밤 꽃송이에
생명력을 불어넣음

마지막 한 방울 피마저 불어넣고 / 해 돋는 아침에 죽어 가리야.
　　　　　　　　　　　_{임에 대한 절실한 마음(시간의 경과)}

▶ 3연: 모든 것을 쏟아붓
고 죽어감

사랑하는 것 사랑하는 모든 것 다 잃고라도

흰 뼈가 되는 먼 훗날까지 / 그 뼈가 부활하여 다시 죽을 날까지
　　　　　_{불가능한 상황의 설정}

▶ 4연: 임에 대한 사랑을
드러내는 불가능한 상황

거룩한 일월(日月)의 눈부신 모습 / 임의 손길 앞에 나는 울어라.
_{절대적인 사랑의 대상}　　　　　　　　_{임에 대한 간절한 마음}

▶ 5연: 임에 대한 간절한
마음

마음 가난하거니 임을 위해서 / 내 무슨 자랑과 선물을 지니랴.

▶ 6연: 임을 위한 사랑과
선물을 지닐 수 없는
가난함

의(義)로운 사람들이 피 흘린 곳에 / 솟아오른 대나무로 만든 피리뿐
　　　　　　　　　　　　　　　_{절개와 지조}

▶ 7연: 임을 향한 지조와
절개를 담은 피리를 만듦

흐느끼는 이 피리의 아픈 가락이

구천(九天)에 사무침을 임은 듣는가.

▶ 8연: 피리의 가락을 임
이 듣기를 바람

미워하는 것 미워하는 모든 것 다 잊고라도 ┐
　　　　　　　　　　　　　　　　　　│ _{4연의 통사 구조 반복·변주}
「붉은 마음이 숯이 되는 날까지　　　　│ _{의지의 강조, 심화}
_{「」: 불가능한 상황의 설정}
그 숯이 되살아 다시 재 될 때까지」

▶ 9연: 임에 대한 사랑을
드러내는 불가능한 상황

못 잊힐 모습을 어이하리야 / 거룩한 이름 부르며 나는 울어라.
　　　　　_{임에 대한 간절한 그리움}

▶ 10연: 임에 대한 간절
한 사랑의 마음

출제 포인트

• 소재의 상징적 의미
• 표현상의 특징과 효과

필수 문제

01 화자 파악하기

• 화자 : '나' (임을 그리워하는
이)

• 상황 : 임에 대한 간절한
(　　　)을 맹세함

• 정서·태도 : 사랑, 그리움

02 이 시의 4연에서 임에 대한
간절한 마음을 드러내기 위한 불
가능한 상황이 제시된 시행을 찾
아 쓰시오.

03 이 시의 7연에서 임에 대한
화자의 지조와 절개를 드러내는
소재를 3어절로 찾아 쓰시오.

핵심 정리

♥ 갈래 : 자유시, 서정시　　♥ 성격 : 의지적
♥ 주제 : 임을 향한 뜨거운 사랑의 맹세
♥ 해제 : 이 시는 사랑하는 대상을 향한 화자의 사랑의 '맹세'를 노래하고 있는 작품으로, 화자에게 '임'은 절대적인 사
랑의 대상이다.
♥ 시의 특징과 표현 : 불가능한 상황을 통해 임에 대한 영원한 사랑을 노래함

민들레꽃 | 조지훈

필수

까닭 없이 마음 외로울 때는

노오란 민들레꽃 한 송이도
　　　　　화자의 마음을 위로해 주는 존재 – 임의 모습
애처롭게 그리워지는데

▶ 1연: 외롭고 그리운 마음

아 얼마나 한 위로이랴
'민들레꽃'을 통해서라도 임을 느낄 수 있기 때문에
소리쳐 부를 수도 없는 이 아득한 거리(距離)에
　　　　　　　　　　　　　임과의 정서적 거리감
그대 조용히 나를 찾아오느니
민들레꽃 – 의인화

▶ 2연: 임이 되어 다가와 위로해 주는 민들레꽃

『사랑한다는 말 이 한마디는
「 」: 임에 대한 사랑이 영원할 것임을 다짐함
내 이 세상 온전히 떠난 뒤에 남을 것』

▶ 3연: 임에 대한 영원한 사랑의 다짐

잊어버린다. 못 잊어 차라리 병이 되어도
잊으려 해도 결코 잊을 수 없는 임에 대한 사랑
『아 얼마나 한 위로이랴

그대 맑은 눈을 들어 나를 보느니』
민들레꽃 – 의인화
「 」: 임이 그리워 못 견딜 때마다 언제나 민들레꽃이
　　나를 위로해 줌 → 주객이 전도된 표현

▶ 4연: 임이 되어 언제나 '나'를 위로해 주는 민들레꽃

출제 포인트

- '민들레꽃'의 의미와 역할
- 의인화를 통한 화자의 정서 표출

필수 문제

01 화자 파악하기

- 화자: '나'(임을 그리워하는 이)
- 상황: 임을 그리워할 때마다 (　　　　)이 다가와 위로해 줌
- 정서·태도: 그리움

02 이 시에서 화자에 대한 '민들레꽃'의 역할을 나타내는 2음절의 시어를 찾아 쓰시오.

03 이 시에서 의인화의 수법을 통해 '민들레꽃'을 '위로의 주체'로, 화자를 '위로받는 대상'으로 표현하고 있는 시행 2가지를 찾아 쓰시오.

핵심 정리

▼ 갈래: 자유시, 서정시　　　▼ 성격: 연가적, 여성적, 고백적

▼ 주제: 임에 대한 변함없는 사랑과 애틋한 그리움

▼ 해제: 이 시는 '민들레꽃'을 바라보면서 느끼는 임에 대한 변함없는 사랑과 애틋한 그리움을, 나지막한 고백적 어조로 형상화하고 있다.

▼ 시의 특징과 표현
　① 나지막하게 고백하는 연가풍의 목소리로 표현됨
　② 의인화의 수법을 사용함

200 봉황수(鳳凰愁) | 조지훈

벌레 먹은 두리기둥, 빛 낡은 단청(丹靑), 풍경 소리 날아간 추녀 끝에
<u>황폐한 궁궐 – 몰락한 조선 왕조</u>
는 산새도 비둘기도 둥주리를 마구 쳤다. 큰 나라 섬기다 거미줄 친
<u>나라를 좀먹는 무리와 외세의 상징</u>　　　　　　　　　<u>사대주의</u>　　　<u>왕조의 패망</u>
옥좌(玉座) 위엔 여의주(如意珠) 희롱하는 쌍룡(雙龍) 대신에 두 마리 봉
　　　　　　　　　　　　　　　　　　　<u>중국 황제의 휘장</u>　　　　　　　　　　봉
황새를 틀어 올렸다. 어느 땐들 봉황이 울었으랴만 푸르른 하늘 밑 추
<u>조선 왕의 휘장</u>　　　　<u>일찍이 한 번도 활짝 펴 본 일이 없는 우리 민족의 역사적 현실</u>
석(甃石)을 밟고 가는 나의 그림자. 패옥(佩玉) 소리도 없었다.『품석(品
　　　　　　　　　　　　　　　　　　　　　　　　　　　　<u>국권 상실의 현실 상징</u>
石) 옆에서 정일품(正一品), 종구품(從九品) 어느 줄에도 나의 몸 둘 곳은
「　」: 나라 잃은 상황에서 화자가 위치할 곳이 없다는 표현으로, 국권 상실에 대한 허망함이 드러남
바이 없다.』『눈물이 속된 줄을 모를 양이면 봉황새야 구천(九天)에 호
<u>전혀</u>
곡(號哭)하리라.』
「　」: 눈물을 흘리는 것이 부질없지만 그래도 나라 잃은 슬픔에 실컷 울고 싶다는 뜻

- 봉황수(鳳凰愁): 봉황(우리 민족의 상징)의 슬픔
- 두리기둥: 둘레를 둥그렇게 깎아 만든 기둥
- 단청(丹靑): 옛날식 집의 기둥, 천장, 벽 등에 그린 그림이나 무늬
- 둥주리: '둥우리'의 방언
- 추석(甃石): 벽돌같이 다듬어진 돌
- 패옥(佩玉): 벼슬아치들이 조정에 나갈 때 입는 옷에 늘어뜨려 차던 옥
- 품석(品石): 대궐 안 정전(正殿) 앞뜰에 계급의 품계를 새겨 두고 정일품부터 종구품에 이르기까지 두 줄로 세운 돌
- 호곡(號哭): 소리를 내어 슬피 욺

출제 포인트

- 시에서 비판하는 역사적 현실
- 감정 이입을 통한 화자의 정서 표출

필수 문제

01 화자 파악하기
- 화자: '나' (황폐한 궁궐을 거니는 이)
- 상황: 황폐한 궁궐에서 옥좌 위 봉황을 보며 (　　　)의 한을 드러냄
- 정서·태도: 서글픔, 허망함

02 이 시에서 나라를 몰락하게 만든 부정적인 대상을 나타내는 시어 2가지를 찾아 쓰시오.

03 이 시에서 화자의 감정이 이입된 대상을 찾아 쓰시오.

한눈에 보기

선경(先景)		후정(後情)
벌레 먹은 두리기둥 빛 낡은 단청 산새, 비둘기가 둥주리 튼 추녀 거미줄 친 옥좌	→	구천(九天)에 호곡(號哭)하리라
황폐해진 궁궐의 모습		망국의 비애

핵심 정리

- 갈래: 산문시, 서정시　　　● 성격: 고전적, 우국적
- 주제: 망국(亡國)의 비애
- 해제: 이 시는 황폐한 궁궐의 모습을 통해 몰락한 조선 왕조와 국권의 상실을 회고하면서, 지난날의 그릇된 역사에 대한 비판과 망국의 비애를 노래하고 있다.
- 시의 특징과 표현
  ① 선경 후정(先景後情)의 방식에 의해 시상을 전개함
  ② 감정 이입의 수법을 통해 화자의 정서를 드러냄
  ③ 역사적 현실에 대한 비판 의식을 구체적 대상을 통해 드러냄

산상(山上)의 노래 | 조지훈

필수

높으디 높은 산마루
　　　　　화자의 위치 - 인고의 극한적 공간
낡은 고목(古木)에 못 박힌 듯 기대어
일제 강점기의 극한적 상황
내 홀로 긴 밤을 / 무엇을 간구하며 울어 왔는가.
　　일제 강점기　　조국 광복　　　　　나라를 잃은 슬픔

▶ 1연: 산상(山上)에서의 간구(과거)

　　　　조국의 광복을 맞이하는 시간
아아 이 아침 / 시들은 핏줄의 굽이굽이로
┌ 광복을 갈망하며 약해진 심신 ┐　간구의 대상(해방)이 왔음을 알리는 소리
사늘한 가슴의 한복판까지 / 은은히 울려오는 종소리

▶ 2연: 간구하던 대상의 도래

이제 눈감아도 오히려 / 꽃다운 하늘이거니
　　죽어도　　　　　　광복된 조국의 하늘
내 영혼의 촛불로 / 어둠 속에 나래 떨던 샛별아 숨으라.
　　　　　　　　　　　부정적 현실 속에서의 두려움과 슬픔

▶ 3연: 간구하던 대상의 도래에 대한 인식

환히 트이는 이마 위 / 떠오르는 햇살은
밝은 세상을 맞이함
시월상달의 꿈과 같구나.
시월. 가장 좋은 달

▶ 4연: 간구하던 대상을 맞이한 기쁨

메마른 입술에 피가 돌아
2연의 '시들은 핏줄', '사늘한 가슴'과 대비됨
오래 잊었던 피리의 / 가락을 더듬노니
침묵의 고통을 떨칠 수 있게 됨

새들 즐거이 구름 끝에 노래 부르고 / 사슴과 토끼는
　　　　　　　　광복의 기쁨
한 포기 향기로운 싸릿순을 사양하라.
평화와 공존의 태도

▶ 5, 6연: 간구하던 대상을 맞이하는 자세

여기 높으디 높은 산마루
　　　　희망찬 미래를 염원하는 공간　┐1연과 대비됨
맑은 바람 속에 옷자락을 날리며　　　│• 1연: 일제 강점하에서 광복을 간구함
1연의 '낡은 고목(古木)에 못 박힌 듯 기대어'와 대비됨　│• 7연: 광복 후 바람직한 조국의 미래를 염원함
내 홀로 서서 / 무엇을 기다리며 노래하는가.
　　새로운 민족 국가　　새 세상을 만들기 위한
　　　　　　　　　　　노력의 다짐

▶ 7연: 아직 끝나지 않은 간구의 자세(현재)

출제 포인트

• 시상 전개 과정의 특징
• 1연과 7연에 나타난 의미의 차이

필수 문제

01 화자 파악하기
• 화자: '나' (산상에 있는 이)
• 상황: 산상(山上)에서 (　　　)의 대상을 맞이하고 또 다른 기다림을 시작함
• 정서·태도: 간구, 염원

02 다음 중 나머지 넷과 성격이 다른 시어는?
① 밤
② 종소리
③ 꽃다운 하늘
④ 햇살
⑤ 맑은 바람

03 이 시의 1연과 7연에서 화자가 기다리는 대상이 무엇인지 각각 쓰시오.

핵심 정리

▼ 갈래: 자유시, 서정시　　▼ 성격: 지사적, 남성적, 의지적
▼ 주제: 광복을 맞이한 기쁨과 새로운 민족 국가 수립의 염원
▼ 해제: 이 시는 높은 산 위에서 고고하고 정결한 자세로 해방 후 민족의 앞날을 모색하며 미래의 이상을 염원하고 있는 작품이다.
▼ 시의 특징과 표현
　① 설의적 표현과 명령적 어조를 통해 화자의 의지적 태도를 드러냄
　② 변형된 수미 상관의 구조를 통해 변화된 화자의 처지와 자세를 드러냄
　③ 비유와 상징을 통해 화자의 감격을 우회적으로 표현함

석문(石門) | 조지훈

당신의 손끝만 스쳐도 소리 없이 열릴 돌문이 있습니다. 뭇 사람이
　　　　　　'당신'에 대한 지극한 기다림의 상징
조바심치나 굳이 닫힌 이 돌문 안에는, 석벽(石壁) 난간(欄干) 열두 층계
다른 사람은 열 수 없는 돌문
위에 이제 검푸른 이끼가 앉았습니다.
오랜 세월 동안 '당신'이 찾아 주지 않음　　　　　　▶ 1연: 당신만을 향한 지극
　　　　　　　　　　　　　　　　　　　　　　　한 사랑과 기다림

당신이 오시는 날까지는, 길이 꺼지지 않을 촛불 한 자루도 간직하였
　　　　　　　　　　　　간절한 기다림의 표상 - 화자의 '슬픈 영혼'
습니다. 이는 당신의 그리운 얼굴이 이 희미한 불 앞에 어리울 때까지
　　　　　　당신이 돌아올 때
는, 천 년(千年)이 지나도 눈감지 않을 저의 슬픈 영혼의 모습입니다.
　오랜 세월이 흘러도 변치 않을 사랑과 기다림　　　　▶ 2연: 오랜 세월 변치 않을
　　　　　　　　　　　　　　　　　　　　　　　사랑과 기다림

길숨한 속눈썹에 항시 어리운 이 두어 방울 이슬은 무엇입니까? 당
　　　　　　　　　　　　　　눈물 - 슬픔, 한을 상징
신의 남긴 푸른 도포 자락으로 이 눈썹을 씻으랍니까? 두 볼은 옛날 그
　　　　　　　　　　　　　　　　　　　　　변함없는 사랑의 마음
대로 복사꽃 빛이지만, 한숨에 절로 입술이 푸르러 감을 어찌합니까?
　　　　　　　　　　　　한이 쌓여 감　　　　　▶ 3연: '당신'에 대한 변함
　　　　　　　　　　　　　　　　　　　　　　　없는 사랑과 쌓여 가는 한

몇만 리 굽이치는 강물을 건너와 당신의 따슨 손길이 저의 목덜미를
당신과 '나' 사이를 가로막는 장애물　　　　'당신'과의 해후
어루만질 때, 그때야 저는 자취도 없이 한 줌 티끌로 사라지겠습니다.
　　　　　　　　　　　　끝까지 절개를 지키겠다는 의지
어두운 밤하늘 허공(虛空) 중천(中天)에 바람처럼 사라지는 저의 옷자락
은, 눈물 어린 눈이 아니고는 보이지 못하오리다.　　▶ 4연: '당신'과의 해후를
　　　'나'의 심정을 이해하는 마음　　　　　　　　　위한 절개의 다짐

여기 돌문이 있습니다. 원한도 사무칠 양이면 지극한 정성에 열리지
　　　　　　　　원한에 사무쳐서 열리지 않는 존재
않는 돌문이 있습니다. 당신이 오셔서 다시 천 년토록 앉아 기다리라고,
　　　　　　　　　　　　　　　원한이 사무치기 전에 돌아오라는 의미
슬픈 비바람에 낡아 가는 돌문이 있습니다.　　　　▶ 5연: 원한이 사무치기 전에
시련과 고통의 세월을 견디고 있는　　　　　　　　　당신이 돌아오기를 바람

1940년대

출제 포인트

- '돌문'의 상징적 의미
- 화자의 정서 변화

필수 문제

01 화자 파악하기
- 화자: '나' (버림받은 신부)
- 상황: 당신이 돌아와 (　　　)
　을 열어 주기를 오래도록 기다
　리다 원한에 사무침
- 정서·태도: 기다림, 한(恨)

02 이 시의 2연에서 '당신'에
대한 화자의 간절한 기다림을 형
상화한 2음절의 시어를 찾아 쓰
시오.

03 이 시에서 오랜 세월 동안
'당신'이 찾지 않았음을 시각적
이미지를 통해 나타낸 시구를 찾
아 쓰시오.

알맹이 포착

'돌문'의 의미

화자는 1연에서 다른 사람이 조바심을 내도 '돌문'은 열리지 않으나 '당신'이 손끝만 스쳐도 열릴 것이라고 말하고 있다. 하지만 이러한 기다림의 정서는 5연에서 바뀌는데, 오랜 기다림으로 인해 원한이 사무쳐 지극한 정성에도 '돌문'이 열리지 않는다고 말하며 '당신'에 대한 원망과 한이 풀리지 않을 것임을 나타내고 있다. 이처럼 '돌문'은 버림받은 화자의 지극한 기다림과 사무치는 원한을 동시에 상징하고 있다.

핵심 정리

- **갈래**: 산문시, 서정시　　　　- **성격**: 고백적, 전통적
- **주제**: 버림받은 신부의 기다림과 풀리지 않는 원한
- **해제**: 이 시는 시인의 고향인 경북 영양 일월산 황씨 부인 사당에 전해지는 전설을 소재로 하여, 첫날밤 버림받은 신부의 기다림과 풀리지 않는 한을 노래하고 있다.
- **시의 특징과 표현**
  ① 설화의 내용을 소재로 하여 시상을 전개함
  ② 호소하는 듯한 경어체의 어조를 사용함

승무(僧舞) | 조지훈

수능 기출 EBS

얇은 사(紗) 하이얀 고깔은
얇고 가벼운 비단
고이 접어서 나빌레라.
나비로구나

파르라니 깎은 머리
파르스름하게
박사(薄紗) 고깔에 감추오고,

두 볼에 흐르는 빛이

정작으로 고와서 서러워라.
역설적 표현 – 여승의 모습이 너무나 아름다워서
오히려 서럽게 느껴진다는 의미

▶ 1~3연: 춤을 추기 전 여승의 모습(고깔, 머리, 볼)

빈 대(臺)에 황촉(黃燭) 불이 말없이 녹는 밤에
공간적 배경   시간적 배경
오동잎 잎새마다 달이 지는데,
달이 지나가면서 오동잎 잎새 뒤에 숨는 모습 – 애상적 정서

▶ 4연: 춤추는 배경 제시(은은한 달빛과 텅 빈 무대)

소매는 길어서 하늘은 넓고,
긴 소매로 하늘을 휘저으며 춤을 추는 모습
돌아설 듯 날아가며 사뿐히 접어 올린 외씨버선이여!
몸을 회전시키는 빠른 춤 동작   전통적인 우아한 곡선미

▶ 5연: 빠른 춤 동작과 우아한 곡선미

까만 눈동자 살포시 들어

먼 하늘 한 개 별빛에 모두오고,
                     염원, 동경, 해탈의 세계

▶ 6연: 정지한 순간의 장면 (해탈의 세계에 대한 염원)

복사꽃 고운 뺨에 아롱질 듯 두 방울이야
                          눈물 – 세속적 번뇌의 상징
세사(世事)에 시달려도 번뇌(煩惱)는 별빛이라.
속세의 인간사   역설적 표현 – 번뇌의 종교적 승화(은유법)

▶ 7연: 번뇌의 종교적 승화

휘어져 감기우고 다시 접어 뻗는 손이
다시 이어지는 춤 동작 묘사
깊은 마음속 거룩한 합장(合掌)인 양하고,
춤사위를 합장에 비유 – 춤에 경건성을 부여함

▶ 8연: 다시 이어지는 춤 동작의 경건함

                              한밤중(밤 11시~새벽 1시)
이 밤사 귀또리도 지새는 삼경(三更)인데,
시간의 경과와 춤이 끝난 후의 정적감
얇은 사(紗) 하이얀 고깔은 고이 접어서 나빌레라.
수미 상관 – 작품의 균형과 안정감

▶ 9연: 시간의 경과와 춤이 끝난 후의 정적감

출제 포인트

- 시상 전개 과정의 특징
- 춤 동작에 따른 리듬의 변화
- 역설적 표현에 담긴 의미

필수 문제

01 화자 파악하기
- 화자: 승무를 바라보는 이
- 상황: 승무를 추는 여승을 바라보며 (   )의 종교적 승화를 느낌
- 정서·태도: 관찰, 감탄

02 이 시에 대한 설명으로 적절하지 않은 것은?
① 수미 상관의 구성을 취하고 있다.
② 관찰자의 시점에서 대상을 묘사하고 있다.
③ 시간적 흐름에 따라 시상을 전개하고 있다.
④ 예스러움이 느껴지는 시어들을 구사하고 있다.
⑤ 여승의 시선 이동에 따라 시상이 전개되고 있다.

03 이 시에서 '여승'이 추구하는 바를 은유적으로 표현한 시어를 찾아 쓰시오.

04 이 시에서 역설적 표현이 나타난 시구 2가지를 찾아 쓰시오.

05 이 시에서 급박하던 춤사위가 정지된 장면을 통해 내면적 차원의 묘사로 전환되고 있는 연 2개를 찾아 쓰시오.

- 승무(僧舞): 장삼과 고깔을 걸치고 북채를 쥐고 추는 민속춤. 끝내 수행을 이루지 못한 고뇌를 법고를 두드려서 잊으려는 파계승의 심정을 나타냄
- 고깔: 중이나 무당 또는 농악대들이 머리에 쓰는, 위 끝이 뾰족하게 생긴 모자
- 박사(薄紗): 얇고 가벼운 비단
- 외씨버선: 오이씨처럼 볼이 조붓하고 갸름하여 맵시가 있는 버선

알쌤이 포착

승무를 추는 이유

이 시는 깊은 가을 달밤 빈 무대에서 촛불을 밝히고 승무를 추고 있는 젊은 여승의 모습을 그리고 있다. 승무는 불교적 색채가 강한 독무(獨舞)로, 삶의 고뇌를 떨치려는 몸짓으로 볼 수 있다. 이 시에서 여승 또한 세속적인 번뇌를 승무를 통해 종교적으로 승화하고자 하는 간절한 소망을 가지고 있다.

이 시의 시상 전개 방식

춤을 추기 전 (모습)	춤 (동작)	춤의 끝 (모습)
여승의 고깔 → 머리 → 볼	빠른 춤사위 → 별을 바라봄 → 뺨의 눈물 → 경건한 춤사위	여승의 고깔

한눈에 보기

세속적 번뇌 → 승무 → 별빛 – 해탈의 세계

세속적 번뇌의 종교적 승화

핵심 정리

- ▽ 갈래: 자유시, 서정시   ▽ 성격: 불교적, 전통적, 예찬적
- ▽ 주제: 세속적 번뇌의 종교적 승화
- ▽ 해설: 이 시는 '승무'라는 불교적 춤을 소재로 하여, 삶의 번뇌를 종교적으로 승화시키려는 여승의 모습을 예스럽고 잘 다듬어진 시어를 통해 형상화하고 있다.
- ▽ 시의 특징과 표현
  - ① 춤을 추는 순서와 시간의 흐름에 따라 시상을 전개함
  - ② 예스러운 어휘와 우리말을 잘 다듬어 사용함
  - ③ 역설적 표현을 통해 주제를 전달함
  - ④ 수미 상관의 구성 방식을 취함

204

완화삼(玩花衫) – 목월(木月)에게 | 조지훈

EBS

차갑게 보이는 산
차운산 바위 위에 하늘은 멀어
비극적 현실 상황   이상 세계
산새가 구슬피 울음 운다.
화자의 애상감이 이입됨 – 암담한 시대적 분위기 반영

▶ 1연: 일제 말기의 어두운
현실에서 오는 애상감

구름 흘러가는
방랑의 여정
물길은 칠백 리(七百里)
끝없는 방랑의 길 – 거처의 상실(조국 상실)

▶ 2연: 끝없이 흘러가는 나
그네의 여정

나그네 긴 소매 꽃잎에 젖어
인간과 자연이 합일된 경지
술 익는 강마을의 저녁 노을이여.
박목월의 〈나그네〉에 나오는 '술 익는 마을마다 / 타는 저녁놀'과 연결됨
– 〈나그네〉는 〈완화삼〉에 화답한 작품임

▶ 3연: 자연과 하나가 된 나
그네와 향토적 서정

이 밤 자면 저 마을에

꽃은 지리라.
상실감

▶ 4연: 꽃이 지는 상실감

「**다정하고 한 많음도 병인 양하여**
애상적 정서 – 고려 말 이조년의 시조와 정서가 상통함
달빛 아래 고요히 흔들리며 가노니……」
「」: 달빛에 젖어 밤길을 떠나는 나그네의 모습

▶ 5연: 다정다한(多情多恨)
한 나그네의 모습

■ 완화삼(玩花衫): '꽃무늬 적삼을 즐긴다.'라는 뜻으로, '꽃을 즐겨 구경하는 선비'를 말함

출제 포인트

• '나그네'의 정서와 태도
• 화자의 정서가 이입된 소재
• 시에 나타난 한국 문학의 전통

필수 문제

01 화자 파악하기
• 화자: 나그네를 바라보는 이
• 상황: (   )가 달빛에 젖어
길을 떠남
• 정서·태도: 애상감

02 이 시에서 화자의 감정이 이
입된 소재를 찾아 쓰시오.

03 이 시에서 방랑하는 나그네
의 이미지를 상징적으로 보여 주
는 소재 2가지를 찾아 각각 2음절
로 쓰시오.

알맹이 포착

이 시의 자연 친화적인 태도
이 시에서는 '나그네 긴 소매 꽃잎에 젖어'라는 시행을 통해 인간과
자연이 합일된 경지를 노래하고 있다. 또 '달빛 아래 고요히 흔들리
며 가노니……'라는 시행을 통해 자연에 동화된 삶의 모습을 표현하
고 있다.

보충 학습

5연과 관련된 이조년의 시조
이화(梨花)에 월백(月白)후고 은한(銀漢)이 삼경(三更)인 제
일지춘심(一枝春心)을 자규(子規) | 야 아랴마는
다정(多情)도 병(病)인 양후여 좀 못 드러 후노라

핵심 정리

∨ 갈래: 자유시, 서정시   ∨ 성격: 애상적, 전통적
∨ 주제: 다정다한(多情多恨)한 나그네의 우수(憂愁)
∨ 해제: 이 시는 일제 말의 암울한 현실 속에서 정처 없이 떠도는 '나그네'의 심정을 통해, 달랠 길 없는 민족의 정한을
노래하고 있다.
∨ 시의 특징과 표현
① 청각, 후각, 시각 등의 다양한 감각적 이미지를 구사함
② 7·5조, 3음보의 전통적인 가락에 의해 운율을 형성함
③ 감정 이입의 수법을 사용하여 화자의 정서를 드러냄

현대시의 모든 것

파초우 | 조지훈

외로이 흘러간 한 송이 구름
└ 화자의 정서가 투영된 대상 – 여기저기 떠돌며 자연과 교감하는 존재
『이 밤을 어디메서 쉬리라던고』 □: 예스러운 문체
「 」: 자연 속에서 안식하고 싶은 마음

▶ 1연: 외로이 흘러간 구름을 생각함

성긴 빗방울
└ 드문드문한
파초 잎에 후두기는 저녁 어스름
└ 비 오는 저녁 – 화자의 성찰이 이루어지는 배경

창 열고 푸른 산과

마주 앉아라.
└ 자연과의 교감에 대한 소망

▶ 2, 3연: 비 오는 저녁 푸른 산을 마주함

들어도 싫지 않은 물소리기에
└ 어두워졌지만 청각적 이미지를 통해 자연과의 교감이 지속됨
날마다 바라도 그리운 산아
└ 자연 친화적인 삶의 지향

▶ 4연: 물소리를 통해 자연과 교감함

『온 아침 나의 꿈을 스쳐간 구름
└ 자연과 함께하고 싶은 화자의 소망을 담은 구름
이 밤을 어디메서 쉬리라던고』
└ 자연 속의 안식처
「 」: 수미 상관 – 화자의 정서 강조, 운율 형성

▶ 5연: 꿈을 스쳐간 구름을 생각함

알맹이 포착

'구름'의 의미

이 시의 화자는 현실에서 안주할 곳을 찾지 못하고 지친 상태로 자연을 떠돌며 자연과 교감하고 있다. 이러한 화자의 모습과 태도는 '구름'이라는 소재에 투영되어 있다. '구름'은 자연과 교감하며 자연에 안주하고자 하는 화자의 삶의 지향을 담고 있는 대상이라고 할 수 있다.

출제 포인트

- 자연을 대하는 화자의 태도
- '구름'의 의미와 기능

필수 문제

01 화자 파악하기

- 화자: '나' (자연과 교감하며 살아가고 싶은 이)
- 상황: 창을 열고 산을 보며 ( )를 듣고 있음
- 정서 · 태도: 자연 친화

02 [기출] 이 시를 이해한 내용으로 적절하지 <u>않은</u> 것은?

① 제1연: '이 밤을 어디메서 쉬리라던고'는 화자가 '한 송이 구름'에 방랑자로서의 자신의 심정을 투영하고 있음을 보여 준다.

② 제2연: '성긴 빗방울'이 '후두기는' 소리가 '저녁 어스름'과 어우러져, 화자의 성찰이 이루어지는 배경이 감각적으로 제시된다.

③ 제3연~제4연: 화자가 '푸른 산'을 대하는 태도에서 화자가 자연 세계를 지향하고 있음이 잘 드러난다.

④ 제4연: '들어도 싫지 않은 물소리'는 화자와 자연과의 교감이 자연의 소리를 통해 지속되고 있음을 나타낸다.

⑤ 제5연: '어디메'는 자연 세계를 방랑하는 화자가 벗어나고자 했던 현실 공간을 가리킨다.

핵심 정리

▾ **갈래:** 자유시, 서정시　　▾ **성격:** 자연 친화적, 관조적

▾ **주제:** 자연과의 교감에 대한 소망

▾ **해제:** 이 시는 자연과 하나가 되는 삶을 지향하는 화자의 태도를 담아낸 작품이다. 편안히 쉴 곳 없는 현실에 지친 화자가 여기저기 떠돌면서 자연과 교감하며 편안함을 느끼고, 자연 속에서 안식하며 동화되고자 하는 소망을 예스러운 말투를 통해 드러내고 있다.

▾ **시의 특징과 표현**
　① 의고적 표현을 통해 예스러운 느낌을 줌
　② 시각과 청각 등 감각적 이미지를 활용하여 자연의 모습을 구체화함
　③ 변형된 수미 상관 구조를 통해 화자의 정서를 강조함

풀잎 단장(斷章) | 조지훈

「 」: '풀잎'이 있는 공간적 배경 – 지속적인 자연의 모습

『무너진 성터 아래 오랜 세월을 풍설(風雪)에 깎여 온 바위가 있다.』
　　　　　　　　　　　　눈바람　　　　　　　　　▶ 1행: 풍설에 깎여 온 바위

아득히 손짓하며 구름이 떠 가는 언덕에 말없이 올라서서
변화하는 자연의 모습　　　　　　　　화자의 위치

한줄기 바람에 조찰히 씻기우는 풀잎을 바라보며
　　　아담하고 깨끗하게　미미하지만 생명의 신비를 간직한 존재

나의 몸가짐도 또한 실오리 같은 바람결에 흔들리노라.
'풀잎'에 동화된 화자의 모습　　　　▶ 2~4행: 풀잎과 함께 바람에 흔들리는 화자

아 우리들 태초의 생명의 아름다운 분신으로 여기 태어나,
　　인간(나)과 자연(풀잎)이 일체가 된 모습

고달픈 얼굴을 마주 대고 나직이 웃으며 얘기하노니
인간과 '풀잎'의 교감　　　　　　　▶ 5, 6행: 풀잎과 화자의 동화

『때의 흐름이 조용히 물결치는 곳에 그윽이 피어오르는 한 떨기 영혼
바람　　　　　　　　　　　　　　　　풀잎(은유적 표현)

이여.』　「 」: 외부 여건에 아랑곳하지 않는 '풀잎'의　　　▶ 7행: 생명에 대한 외경
　　　　　 생명력에 대한 외경심

▪ 단장(斷章): 한 체계로 묶지 아니하고 몇 줄씩의 산문체로 토막을 지어 적은 글

출제 포인트

- 시에 나타난 '풀잎'의 이미지
- 대상에 대한 화자의 태도

필수 문제

01 화자 파악하기
- 화자: '나' (풀잎을 바라보는 이)
- 상황: 풀잎을 통해 (　　　)의 신비로움을 깨달음
- 정서·태도: 외경심

02 이 시에 나타난 '풀잎'의 이미지로 적절하지 않은 것은?
① 화자가 추구하는 삶의 모습
② 생명의 무한한 신비를 간직한 존재
③ 고달픈 현실에 맞서서 대립하는 존재
④ 연약하지만 강인한 생명력을 지닌 존재
⑤ 자연과 우주의 섭리를 겸허하게 받아들이는 존재

03 이 시에서 '풀잎'을 은유적으로 표현한 3어절의 시구를 찾아 쓰시오.

알맹이 포착

'풀잎'의 이미지

이 시에서 '풀잎'은 단순히 하찮은 존재가 아니라, 생명의 신비를 간직한 존재로 그려지고 있다. 그리고 화자는 그런 '풀잎'의 모습에서 인간 존재의 의미를 발견하고 있다. '풀잎'은 무한한 우주와 자연에 비해 아주 미미하고 연약한 존재이지만, 그러한 자신의 한계를 자각하고 생명을 키울 줄 아는 존재이다. 화자는 '우리들 태초의 생명의 아름다운 분신'이라고 해서 '풀잎'의 가녀리지만 강인한 이미지에 자신을 합일시키고 있다. '풀잎'과 함께 '고달픈 얼굴을 마주 대고 나직이' 웃는 여유로움 속에서 시간의 흐름에 지친 영혼을 내맡기는 삶의 태도를 보여 주고 있다.

핵심 정리

▾ 갈래: 자유시, 서정시　　▾ 성격: 사색적, 관조적
▾ 주제: 생명의 신비로움에 대한 외경심
▾ 해제: 이 시는 작은 '풀잎'을 통해 자연의 생명력을 인식하고, 생명의 신비로움과 외경심에 대해 노래하고 있다.
▾ 시의 특징과 표현
　① 예스럽고 우아한 어조(-노라, -노니)를 통해 시적 분위기를 형성함
　② 자연의 모습에서 발견한 인생과 자연의 섭리를 노래함

207 향문(香紋) | 조지훈

성터 거닐다 주워 온 깨진 질그릇 하나
소박하고 질박한 옛것
닦고 고이 닦아 열 오른 두 볼에 대어 보다.
옛 정취를 체감해 보려는 행동

▶ 1연: 성터를 거닐다 깨진
질그릇을 발견함

아무렇지도 않은 곳에 ▪무르녹는 옛 향기라
질그릇의 고풍스런 느낌을 '향기'(후각)로 표현함
「질항아리에 곱게 그린 구름무늬가
「♪: 질항아리의 모습 묘사
금시라도 하늘로 피어날 듯」아른하다.
무엇이 희미하게 보이는 듯 마는 듯하다

▶ 2연: 질그릇의 고풍스러
운 정취를 느낌

눈 감고 나래 펴는 향그로운 마음에
옛것에 대한 향수
머언 그 옛날 할아버지 흰 수염이
옛것을 만들고 썼던 옛 사람. 그리움의 대상
▪아주까리 등불에 비치어 자애롭다.

▶ 3연: 옛것과 옛사람에 대
한 그리움

꽃밭에 놓고 이슬 받아 책상에 올리면
그 밤 내 베갯머리에 옛날을 보리니
꿈속에서
옛날을 봐도 내사 울지 않으련다.
'나는'의 경상도 방언   슬프도록 그립다는 의미(반어법)

▶ 4연: 사라진 옛것에 대한
안타까움

■ 향문(香紋): 향기로운 무늬. 이 시에서는 '옛것에 대한 정취'를 나타냄
■ 무르녹는: (그늘이나 단풍이) 매우 짙어지는
■ 아주까리: 대극과의 한해살이풀

출제 포인트

• 시행의 의미와 표현상의 특징
• 표현의 효과 이해

필수 문제

01 화자 파악하기
• 화자: '나'(옛것에 대한 애정
을 가진 이)
• 상황: 깨진 (   )을 통해 옛
것에 대한 그리움을 느낌
• 정서·태도: 그리움, 향수

02 이 시의 3연에서 추상적 관
념의 시각화로 옛것에 대한 애정
을 드러낸 시행을 찾아 쓰시오.

03 이 시의 4연에서 사라진 옛
것에 대한 그리움을 반어적으로
표현한 시행을 찾아 쓰시오.

○ 질항아리

핵심 정리

▼ 갈래: 자유시, 서정시   ▼ 성격: 사색적, 전통적
▼ 주제: 사라진 옛것에 대한 그리움
▼ 해제: 이 시는 성터에서 우연히 발견한 질그릇 조각을 통해 사라진 옛것의 고풍스러운 정취에 대한 화자의 그리움을
담담하게 서술하고 있다.
▼ 시의 특징과 표현: 대상에 대한 관찰력과 상상력을 통해 시상을 전개함

1940년대

현대시의 모든 것

보리피리 | 한하운

『보리피리 불며』 「 」: 각 연 1행에서 반복(운율 형성, 구조적 안정감)
고향과 어린 시절, 인간사에 대한 그리움의 매개체
봄 언덕

고향 그리워
어린 시절 추억이 담긴 공간
『피—르 닐니리』
「 」: 비애와 한이 서린 애절한 피리 소리(각 연 4행에서
　　반복, 운율감, 애상적 정서, 구조적 안정감)

▶ 1연: 고향에 대한 그리움

보리피리 불며

꽃 청산(靑山)

어린 때 그리워
나병으로 떠돌기 이전의 삶
피—르 닐니리.

▶ 2연: 어린 시절에 대한 그리움

보리피리 불며

인환(人寰)의 거리
인간의 세계
인간사 그리워
보통 사람들의 평범한 삶
피—르 닐니리.

▶ 3연: 평범한 삶에 대한 그리움

보리피리 불며
　　　산하가 그 몇인가?(많은 산하를 떠돌며 살았음)
방랑의 기산하(幾山河)
나병 환자로서 떠도는 생활
눈물의 언덕을 지나
화자의 비애와 한
피—르 닐니리.

▶ 4연: 방랑 생활의 비애와 한

출제 포인트

• 소재의 의미와 기능
• 화자의 상황과 정서

필수 문제

01 화자 파악하기
• 화자: '드러나지 않음' (산하를 떠도는 이)
• 상황: (　　　　)의 삶을 살아감
• 정서·태도: 그리움, 비애, 한

02 이 시에서 화자가 지닌 한의 정서를 표현하는 매개체를 찾아 쓰시오.

03 이 시에서 화자의 현재 상황을 드러내는 시어를 4연에서 찾아 2음절로 쓰시오.

알맹이 포착

'보리피리'의 의미
화자의 고향과 어린 시절, 보통 사람들의 평범한 삶에 대한 그리움을 떠올리게 하는 매개체로, 이 보리피리의 소리를 통해 방랑의 삶을 살아야 하는 화자의 서러움과 비애를 느낄 수 있다.

한눈에 보기

방랑 → 그리움 → 고향, 어린 때, 인간사

[비애]

핵심 정리

♥ **갈래:** 자유시, 서정시　　♥ **성격:** 서정적, 회고적
♥ **주제:** 어린 시절에 대한 향수와 방황하는 삶의 정한
♥ **해제:** 이 시는 나병으로 고독한 삶을 살 수밖에 없었던 시인의 삶이 반영된 작품으로, 화자는 '보리피리'를 통해 고향과 어린 시절, 인간사에 대한 그리움을 노래하고 있다.
♥ **시의 특징과 표현**
　① 동일한 시구의 반복을 통해 운율을 형성함
　② 피리 소리를 흉내 낸 의성어를 통해 화자의 한을 청각적으로 형상화함

209 자벌레의 밤 | 한하운

나의 상류에서
　　나병에 걸리기 전의 어린 시절
이 얼마나 멀리 떠내려온 밤이냐
　어린 시절의 생각과 달라진 삶　　나병에 걸린 것을 알게 된 밤

▶ 1연: 나병에 걸린 것을 알게 된 밤

물결 닿는 대로 바람에 띄워 보낸 작은 나의 배가
의지대로 살지 못하게 된 삶의 한탄　　　　화자 자신의 모습
파도에 밀려난 그 어느 기슭이기에
　타의에 의해 떠밀려 살게 된 삶(나환자의 삶)
삽살개도 한 마리 짖지 않고…….
　세상에서 밀려나 외롭게 살아야 하는 심정 토로

▶ 2연: 나병에 걸린 이후 세상과의 단절

아 여기서
　　나병에 걸린 현재의 상황　　「 」: 의지할 곳을 찾고 싶은 화자의 절규(절박함)
나는「누구의 이름을 불러 보아야 하나」
　　　외로움을 달래 줄 사람, 현실을 함께 아파해 줄 사람

▶ 3연: 위안 받을 곳이 없는 외로움

　　　　　　　　　삶의 목표를 갖지 못하는 삶
첩첩한 어둠 속에 ■부표처럼 떠서
└ 미래가 없는 화자의 삶
가릴 수 없는 동서남북에 지친 사람아
　　　　　　절망, 좌절하는 화자

▶ 4연: 현실에 대한 절망

아무리 불러 보아야
　화자의 절박함
답 없는 밤이었다
　암담한 현실에 대한 재확인(절망적인 현실)

▶ 5연: 절망적인 현실에 대한 재확인

■ 부표: 물 위에 띄워 어떤 표적으로 삼는 물건

출제 포인트

• 시어의 함축적 의미 이해
• 화자의 처지와 정서 이해

필수 문제

01 화자 파악하기
• 화자: '나' (세상에서 내쫓겨 외롭게 살아가는 이)
• 상황: (　　)에 걸린 이후 세상과 단절하며 살아가는 외로움과 현실에 대한 절망감을 느낌
• 정서·태도: 쓸쓸함, 서글픔, 외로움

02 이 시에서 나병에 걸리기 이전의 화자의 어린 시절을 의미하는 시어를 찾아 한 단어로 쓰시오.

03 이 시에서 나환자인 화자가 암담하고 절망적인 현실을 재확인하고 있는 부분은 몇 연인지 쓰시오.

핵심 정리

ᴠ 갈래: 자유시, 서정시　　　ᴠ 성격: 체념적, 원망적
ᴠ 주제: 세상에서 내쫓겨 살아야 하는 서글프고 힘거운 삶
ᴠ 해제: 이 시는 나병에 걸린 이후 화자의 한탄과 원망, 체념의 과정을 전형적인 4단 구성[1연(발단)-2연(전개)-3, 4연 (절정)-5연(결말)]을 통해 형상화하고 있다.
ᴠ 시의 특징과 표현
　① 일상어를 사용하여 화자의 정서를 효과적으로 표현함
　② 화자의 심리 변화를 기승전결의 구성을 통해 설득력 있게 전달함

전라도 길 – 소록도로 가는 길 | 한하운

『가도 가도 붉은 황톳길
　　　천형으로 인한 슬픔('피눈물' 연상)
숨막히는 더위뿐이더라』
「 」: 나환자의 희망 없는 막막함

▶ 1연: 숨 막히는 더위 속에 걷는 황톳길

『낯선 친구 만나면
다른 나병 환자
우리들 문둥이끼리 반갑다』
「 」: 나환자끼리의 동병상련

▶ 2연: 같은 나환자를 만난 반가움

천안 삼거리를 지나도
경상도와 전라도 길로 나뉘지는 곳(일반인과 나병 환자가 나뉨을 의미)
수세미 같은 해는 서산에 남는데
나환자의 설움, 육신의 피로, 헝클어진 의식을 복합적으로 표현함

▶ 3연: 아직도 갈 길이 멂 (소록도까지의 먼 길)

『가도 가도 붉은 황톳길
「 」: 1연의 반복(시간의 지속과 변하지 않는 화자의 상황 암시)
숨막히는 더위』속으로 쩔름거리며
　　　　　　　나환자의 신체적 고통
가는 길

▶ 4연: 더위 속에 고통스럽게 가는 황톳길

신을 벗으면

버드나무 밑에서 지까다비를 벗으면
발가락이 또 한 개 없다
나환자의 냉엄한 현실 인식, 절제된 슬픔과 분노

　　　　왜버선 모양의 고무창을 댄 노동자용 작업화

▶ 5연: 나환자의 냉엄한 현실 인식

　　　고통 속에서 안식처를 간구하는 비극적 모습
앞으로 남은 두 개의 발가락이 잘릴 때까지
　　　　　절망감, 일반인과의 심리적·육체적 거리감
가도 가도 천 리, 먼 전라도 길
희망 없는 막막함(심리　　　나병환자 요양소인 소록도로 가는 길
적 거리감)

▶ 6연: 멀기만 한 소록도로 가는 길

출제 포인트
• 화자의 정서와 표현의 이해
• 시행의 의미와 화자의 태도

필수 문제

01 화자 파악하기
• 화자: '나' (나환자의 요양소인 소록도로 가는 이)
• 상황: (　　　)의 요양소가 있는 소록도로 황톳길을 절름거리며 걸어감
• 정서·태도: 담담함, 애상

02 이 시에서 나환자의 희망 없는 막막한 심정을 구체적인 거리를 통해 드러낸 표현을 찾아 4어절로 쓰시오.

03 이 시에서 나환자인 화자의 절망적인 현실에 대한 담담한 수용의 태도가 드러나는 시행을 찾아 쓰시오.

핵심 정리

❤ 갈래: 자유시, 서정시　　❤ 성격: 비극적, 애상적
❤ 주제: 천형의 길을 걷는 나환자의 애수와 절망
❤ 해제: 이 시의 화자는 끝없는 천형(天刑)의 길(나병 환자)을 걸으며, 애수와 절망의 모습과 직설적인 감정을 사실적으로 담담하게 표현하고 있다.
❤ 시의 특징과 표현
　① 감정의 절제, 행동에 대한 사실적 묘사, 신체의 변화 제시를 통해 나병 환자가 느끼는 절망을 표현함
　② 통사 구조의 반복을 통해 소록도를 찾아가는 나병 환자의 막막한 심정을 형상화함

211

파랑새 | 한하운

나는

나는

죽어서
간절하고 절실한 소망
파랑새 되어
자유로운 존재

『푸른 하늘
「 」: 화자가 소망하는 자유로운 세계
푸른 들』

날아다니며
화자가 소망하는 삶
– 병고(病苦)의 사슬에서 벗어난 자유로운 모습

푸른 노래
자유를 만끽하는 노래 ┐ 청각의 시각화
푸른 울음
자유롭지 못한 삶에 대해 한이 서린 울음
울어 예으리
울며 지내리

나는

나는 ┐
        ├ 수미 상관
죽어서 │ – 화자의 절실한 소망 강조

파랑새 되리 ┘

▶ 1연: 자유로운 존재가 되고 싶은 소망

▶ 2연: 자유로운 삶에 대한 소망

▶ 3연: 밝고 즐거운 삶의 희구

▶ 4연: 자유로운 존재가 되고 싶은 소망

출제 포인트

• 시인의 삶과 시의 주제
• '푸른'이라는 색채어에 나타난 화자의 정서

필수 문제

01 화자 파악하기
• 화자: '나'('파랑새'가 되고픈 이)
• 상황: (   )처럼 자유롭고자 함
• 정서·태도: 소망

02 [서술형] 이 시에서 '파랑새'가 상징하는 바를, 나병 환자로 살았던 시인의 삶과 관련하여 30자 내외로 서술하시오.

03 이 시에서 자유롭지 못했던 자신의 처지에 대한 화자의 한을 공감각적 이미지를 통해 표현하고 있는 시구를 찾아 2어절로 쓰시오.

알맹이 포착

'파랑새'의 의미
자유롭게 하늘을 날아다니는 존재로, 나병으로 고통스러운 현재를 살아가는 화자는 죽은 뒤에 '파랑새'가 되어 자유로운 삶을 살 수 있기를 간절히 바라고 있다.

한눈에 보기

핵심 정리

∨ 갈래: 자유시, 서정시   ∨ 성격: 서정적, 애상적
∨ 주제: 자유로운 삶에 대한 소망
∨ 해제: 이 시는 나병 환자였던 시인이 육체적 고통으로부터 벗어나고 싶은 소망을 노래한 작품으로, 자유로운 삶에 대한 염원을 간결한 표현을 통해 절실하게 나타내고 있다.
∨ 시의 특징과 표현
  ① 푸른색을 통해 희망과 자유, 슬픔과 한의 이미지를 나타냄
  ② 단순한 구성과 수미 상관의 기법으로 화자의 절실한 소망을 강조함

기도 | 구상

땅이 꺼지는 이 요란 속에서도
　세상의 소란스러움
언제나 당신의 속삭임에
　　　하나님의 소리
귀 기울이게 하옵소서.
　　　기도조, 소망의 독백조

▶ 1연: '당신'의 소리에 귀
　기울일 수 있기를 갈구함

내 눈을 스쳐 가는 허깨비와 무지개가
　'나'를 현혹시키는 허상
당신 빛으로 스러지게 하옵소서.
　하나님의 은총

▶ 2연: 관념적 허상이 '당신'의
　빛으로 사라지기를 갈구함

부끄러운 이 알몸을 가리울 ┐
　　　　　　　　　　　　'아담과 이브' 이야기에서 인유
풀잎 하나 주옵소서. ┘
　하나님의 은총

▶ 3연: 원죄로부터의 구원
　을 갈구함

나의 노래는 당신의 사랑입니다.
　당신의 사랑을 찬송함
당신의 이름이 나의 혀를 닳게 하옵소서.
　당신의 이름을 찬미함

▶ 4연: '당신'에 대한 절대
　적 찬미를 갈구함

이제 다가오는 불 장마 속에서
　　　　　　현실의 고통
'노아'의 배를 타게 하옵소서.
　구원에 대한 갈구, '노아의 방주' 이야기에서 인유

▶ 5연: 인간의 불행으로부
　터의 구원을 갈구함

「」: 기독교의 구원 사상
『그러나 저기 꽃잎 모양 스러져 가는
　　　　　　　연약한
어린 양들과 한 가지로 있게 하옵소서.』
　하나님을 믿는　함께
　존재들

▶ 6연: '당신'의 어린 양들
　과 함께하기를 갈구함

출제 **포인트**

• 시어의 상징적 의미
• 표현 기법 이해

필수 문제

01 화자 파악하기
• 화자: '나' (기도하는 이)
• 상황: 신(절대자)에게 간절하
　게 (　　　)를 드림
• 정서·태도: 경건함, 염원

02 이 시에 나타난 대립적 이미
지를 아래와 같이 정리할 때 빈칸
에 들어갈 내용은?

요란	속삭임
알몸[부끄러움]	풀잎[떳떳함]
불 장마[멸망]	'노아'의 배
	[　　]

03 이 시의 '꽃잎 모양 스러져
가는 / 어린 양들과 한 가지로 있게
하옵소서.'에서는 비유와 (　　　)
의 기법을 통해 화자가 추구하는
세계를 형상화하고 있다.

핵심 정리

▼ 갈래: 자유시, 서정시　　　▼ 성격: 기원적, 종교적
▼ 주제: 신에 대한 믿음과 구원의 갈구
▼ 해제: 이 시는 신에 대한 믿음을 바탕으로 신의 은총을 갈구하는 화자의 간절한 기도를 담고 있다. 기도조의 어조와
　성서의 일화를 연상시키는 표현을 사용하여 시 전체에 경건한 분위기를 자아내고 있다.
▼ 시의 특징과 표현
　① '~하옵소서'의 종결 형식을 통해 간절한 기원의 마음을 드러냄
　② 성서에 나오는 장면을 환기하여 화자의 소망을 드러냄
　③ 주로 두 개의 대립되는 이미지를 제시하여 주제를 부각함

213 오늘 | 구상

'오늘'과 '영원'이 조응하는 하루
오늘도 신비의 샘인 하루를 맞는다
화자가 현존하는 시간

▶ 1연: 신비의 샘인 하루

이 하루는 저 강물의 한 방울이
          화자의 '오늘', 현재
어느 산골짝 옹달샘에 이어져 있고
          태초, 강물이 시작된 곳, 과거
아득한 푸른 바다에 이어져 있듯
영원, 아직 가지 못한 곳, 미래
과거와 미래와 현재가 하나다
'하루'는 과거-현재-미래가 이어진 하나임

▶ 2연: 과거와 미래와 현재는 하나

이렇듯 나의 오늘은 ■영원 속에 이어져
2연의 내용 지시
바로 시방 나는 그 영원을 살고 있다
     지금, 오늘   오늘 하루를 사는 것이 영원을 사는 것임

▶ 3연: 나의 오늘은 영원과 이어짐

그래서 나는 죽고 나서부터가 아니라
          과거-현재-미래는 단절된 것이 아님
오늘서부터 영원을 살아야 하고
영원을 살 듯 오늘 하루부터 충실하게 살아야 함
영원에 합당한 삶을 살아야 한다
부끄러움이 없는 참된 삶

▶ 4연: 오늘부터 영원에 합당한 삶을 살아야 함

마음이 가난한 삶을 살아야 한다
영적으로 비어 있음을 느끼는 삶, 종교적으로 마음을 비우는 삶
마음을 비운 삶을 살아야 한다
세속적인 욕망을 추구하지 않는 삶

▶ 5연: 마음이 가난한 삶, 마음을 비운 삶을 살아야 함

■ 영원: 어떤 상태가 끝없이 이어짐. 또는 시간을 초월하여 변하지 아니함

출제 포인트

• 화자의 정서와 태도
• 시어의 의미 이해

필수 문제

01 화자 파악하기
• 화자: '나' (오늘을 영원처럼 살고자 하는 이)
• 상황: 오늘 하루를 (   )을 사는 것이라 여기고 충실하게 살아가고자 함
• 정서·태도: 간절함

02 이 시에서 화자는 세속적인 욕망을 추구하지 않는 삶을 '마음이 가난한 삶'과 '(   )'으로 표현하고 있다.

03 이 시에서 '(   )'은 과거를 의미하고, '강물의 한 방울'은 현재, '아득한 푸른 바다'는 미래를 의미하고 있다.

알맹이 포착

'오늘 하루'에 대한 화자의 자세

이 시에서는 '오늘'은 과거나 미래와 단절된 것이 아니라 영원 속의 한 과정이라는 화자의 인식이 드러난다. 화자는 자신이 맞이한 '하루'에 충실하여 부끄러움 없이 살 것을 말하고 있다.

한눈에 보기

핵심 정리

▼ 갈래: 자유시, 서정시   ▼ 성격: 종교적, 선언적
▼ 주제: 하루를 영원처럼 충실하게 살아갈 것을 다짐함
▼ 해제: 이 시는 자신에게 주어진 하루를 영원의 그날처럼 여기고 충실하게 맞이하여 살아갈 것을 직접적, 선언적 표현으로 전하고 있다. 화자는 묘사를 통해 독자에게 자신의 생각을 이해시키기보다는 직접적으로 진술하는 방식을 택하고 있다.
▼ 시의 특징과 표현
① 시인의 생각을 직접적인 어투로 선언하듯 전달하고 있음
② 종교적, 명상적 분위기로 일관함

214 초토(焦土)˝의 시(詩) 1 | 구상

하꼬방˝ 유리 딱지에
<small>피란민 마을 – 전쟁의 비참함</small>
애새끼들 얼굴이

불타는 해바라기마냥 걸려 있다.
<small>　　　　아이들의 천진함 → 전쟁의 비극성 부각</small>

▶ 1연: 전쟁의 비참함 속에서도 천진난만한 아이들의 모습

내려 쪼이던 햇발이 눈부시어 돌아선다.
<small>아이들의 천진한 모습에 햇빛마저 돌아섬</small>
나도 돌아선다.

울상이 된 그림자 나의 뒤를 따른다.
<small>참담한 현실에서 느끼는 화자의 자괴감과 비애</small>

▶ 2연: 전쟁의 비참함으로 인한 비애감

어느 접어든 골목에서 걸음을 멈춘다.

잿더미가 소복한 울타리에
<small>전쟁의 비극</small>
개나리가 망울졌다.
<small>◯ : 밝고 희망적인 이미지</small>

'그림자'를 통해 화자의 심리 상태를 제시함(비애→희망)

저기 언덕을 내려 달리는
<small>역동감 – 새로운 삶에 대한 희망</small>
체니(少女)의 미소엔 앞니가 빠져

죄 하나도 없다.
<small>「 」: 전쟁의 황폐함과는 무관한 순진무구한 모습</small>

▶ 3, 4연: 전쟁의 비참함 속에서 발견한 희망

나는 술 취한 듯 흥그러워진다.
<small>　　　　　마음에 여유가 생기고 흥거워진다</small>
그림자 웃으며 앞장을 선다. ◀
<small>'개나리'와 '체니의 미소'를 통해 희망을 느낌</small>

▶ 5연: 미래에 대한 기대와 희망

- 초토(焦土): 불에 타서 검게 그을린 땅
  (전쟁으로 참화를 입은 땅)
- 하꼬방: 보잘것없는 조그만 판잣집

출제 포인트

- '개나리', '체니의 미소'의 의미
- '그림자'를 통한 화자의 심리 제시

필수 문제

01 화자 파악하기
- 화자: '나'(피란민촌에 간 이)
- 상황: 전쟁 후의 비극 속에서 (　　)와 소녀의 미소를 보고 희망을 가짐
- 정서·태도: 희망적

02 이 시에서 화자의 심리를 희망으로 전환시키는 소재 2가지를 찾아 쓰시오.

03 이 시에서 화자의 심리와 태도가 변화했음을 드러내는 3음절의 시어를 찾아 쓰시오.

한눈에 보기

전쟁의 비극적 상황에 대한 절망, 비애 → '개나리', '체니의 미소'를 통한 인식의 전환 → 미래에 대한 희망

핵심 정리

- ˅ 갈래: 자유시, 서정시　　　˅ 성격: 상징적, 희망적
- ˅ 주제: 전쟁의 참상과 미래에 대한 희망적 기대
- ˅ 해제: 이 시는 한국 전쟁 후 폐허가 된 피란민 마을을 배경으로, 전쟁이 빚어낸 비극적 현실과 전쟁의 상처를 치유하려는 의지를 노래하고 있다.
- ˅ 시의 특징과 표현
  ① 대조적 이미지로 전쟁의 비극성을 표현함
  ② '그림자'를 통해 화자의 심리 변화를 간접적으로 제시함

초토(焦土)의 시(詩) 8 – 적군 묘지 앞에서 | 구상

오호, 여기 줄지어 누웠는 넋들은
<u>북한군 병사의 원혼(주검)</u>
눈도 감지 못하였겠구나.
전쟁과 분단으로 고향에 돌아가지 못한 원한 때문에

▶ 1연: 적군 병사의 죽음 애도

어제까지 너희의 목숨을 겨눠 / 방아쇠를 당기던 우리의 그 손으로

썩어 문드러진 살덩이와 뼈를 추려
전쟁의 비극성과 참혹성을 드러냄
그래도 양지바른 두메를 골라 / 고이 파묻어 떼마저 입혔거니
죽은 자에 대한 관용과 연민 – 동족애와 휴머니즘

▶ 2연: 적군 병사를 양지바른 곳에 묻어 줌

죽음은 이렇듯 미움보다도, 사랑보다도

더 너그러운 것이로다.

▶ 3연: 미움과 사랑을 초월하는 죽음에 대한 깨달음

이곳서 나와 너희의 넋들이 / 돌아가야 할 고향 땅은 삼십 리면

가로막히고 / 무주공산(無主空山)의 적막만이
임자 없는 빈산   분단 현실의 답답함
천만 근 나의 가슴을 억누르는데
민족 분단의 현실에 대한 비통함과 중압감

▶ 4연: 분단 현실의 답답함과 비통함

살아서는 너희가 나와 / 미움으로 맺혔건만
적으로 대립했지만
이제는 오히려 너희의 / 풀지 못한 원한이
전쟁과 분단으로 고향에 돌아가지 못한 한
나의 바람 속에 깃들여 있도다.
분단 극복에의 염원

▶ 5연: 분단 극복에 대한 염원

손에 닿을 듯한 봄 하늘에

<u>구름</u>은 무심히도 / 북(北)으로 흘러가고
통일에 대한 화자의 염원을 상징

어디서 울려오는 포성 몇 발
아직도 전쟁이 끝나지 않았음을 보여 줌
나는 그만 이 은원(恩怨)의 무덤 앞에 / 목놓아 버린다.
동포로서의 사랑과 적으로서의 미움   분단 현실에 대한 통한을 직설적으로 표현

▶ 6, 7연: 통일에 대한 염원과 분단 현실에 대한 통한

출제 포인트

• 대상에 대한 화자의 태도
• '구름'의 상징적 의미

필수 문제

01 화자 파악하기
• 화자: '나'(비극적 전쟁을 체험한 이)
• 상황: 적군의 (   )에서 적군 병사의 죽음을 애도함
• 정서·태도: 휴머니즘

02 이 시에서 5연의 '나의 바람'이 의미하는 바를 2어절로 쓰시오.

03 이 시에서 남북을 자유롭게 넘나드는 자연물이자, 통일에 대한 화자의 염원이 투영된 소재를 찾아 쓰시오.

∨ 갈래: 자유시, 서정시   ∨ 성격: 관념적, 인도적, 추도적
∨ 주제: 적군 묘지에서 느끼는 분단 현실에 대한 통한과 통일에 대한 염원
∨ 해제: 이 시는 적군 묘지 앞에서 적군 병사의 죽음을 애도하는 화자를 통해, 분단 현실에 대한 통한과 통일에 대한 염원을 노래하고 있다.
∨ 시의 특징과 표현
    ① 평이한 시어를 통해 화자의 정서를 직설적으로 드러냄
    ② 적군과 화자의 비극을 동일시하면서 동포애 혹은 인간애에서 우러나오는 관용과 연민을 노래함

거산호(居山好)Ⅱ | 김관식

오늘, 북창을 열어
　　산이 보이는 창(窓), 자연 친화적 삶의 태도
장거리 등지고 산을 향하여 앉은 뜻은
세속　　　　　　자연 지향적인 삶의 태도
사람은 맨날 변해 쌓지만
가변성을 지닌 존재
태고로부터 푸르러 온 산이 아니냐.
산의 속성 ①　　　　불변성을 지닌 존재
고요하고 너그러워 수(壽)하는 데다가
산의 속성 ②　　　　오래 사는
보옥(寶玉)을 갖고도 자랑 않는 겸허한 산.
　　　　　　　　　　산의 속성 ③

마음이 본시 산을 사랑해
자연 친화적인 태도
평생 산을 보고 산을 배우네.
산을 보며 바람직한 삶의 태도를 배움
그 품 안에서 자라나 거기에 가 또 묻히리니
　　　　　　　　삶이 끝난 후 돌아가야 할 곳임
『내 이승의 낮과 저승의 밤에
「　」: 화자의 삶과 죽음이 '산'을 매개로 연결되어 있음
아아(峨峨)라히 뻗쳐 있어 다리 놓는 산.』

네 품이 내 고향인 그리운 산아
산나물의 한 종류
미역취 한 이파리 상긋한 산 내음새
자연 친화적 태도를 후각적으로 형상화함
산에서도 오히려 산을 그리며
역설법 – 산에 대한 그리움 강조
꿈 같은 산정기(山精氣)를 그리며 산다.
산의 맑고 깨끗한 정기를 그리워하며 사는 무욕의 삶 강조

▶ 1~4행: 변함없는 산(자연)을 지향함

▶ 5~8행: 너그럽고 겸허한 산을 보며 삶의 교훈을 얻음

▶ 9~11행: 산과 함께하는 삶과 죽음

▶ 12~15행: 산에 대한 끝없는 그리움

- 거산호(居山好): 산에 사는 것이 좋음
- 보옥(寶玉): 보석
- 아아(峨峨)라히: 산이나 큰 바위 따위가 험하게 우뚝 솟아 있는 모양

출제 포인트
- '산'의 속성과 의미
- 화자가 지향하는 삶의 태도

필수 문제

01 화자 파악하기
- 화자: '나' ('산'을 사랑하는 이)
- 상황: (　　　　)을 벗어나 산을 바라보며 유유자적함
- 정서·태도: 자연 친화적

02 이 시에서 화자가 동경하는 '산'의 속성을 3가지 이상 찾아 명사형으로 쓰시오.

03 이 시에서 '산'과 대조되는 속성을 지닌 시어 2가지를 찾아 쓰시오.

알맹이 포착

'산'의 속성과 의미
화자가 바라보는 '산'은 태고로부터 푸르러 온 불변성을 가지며, 고요하고 너그러운 속성을 가지고 있다. 또한 수(壽)하는 까닭에 영원성과, 보옥을 갖고도 자랑 않는 겸허한 성격을 가지고 있다. 화자는 이러한 '산'에 인격적인 속성을 부여하여 교훈의 대상으로 바라보고 있다.

핵심 정리

- 갈래: 자유시, 서정시　　▼ 성격: 자연 친화적, 탈속적
- 주제: 산의 덕을 배우며 자연과 동화된 삶을 살고 싶은 마음
- 해제: 이 시는 세속을 벗어나 유유자적하는 화자의 자연 친화적인 삶의 태도를 형상화하고 있다.
- 시의 특징과 표현
  ① 자연 친화적인 삶의 태도를 감각적으로 형상화함
  ② 변덕스러운 인간사와 불변하는 자연을 대비함
  ③ 역설적 표현으로 주제를 강조함

˙석상(石像)의 노래 | 김관식

필수

① '파도 소리'를 의미
② '흐르는 눈물'을 공감각적으로 형상화한 표현

노을이 지는 언덕 위에서 그대 가신 먼 곳 머언 나라를 뚫어지도록

해가 저무는 하늘(임의 죽음 암시)

바라다보면 해가 저물어 밤은 깊은데 하염없어라 출렁거리는 물결 소

(눈물로) 어룽어룽한 무늬가 생긴 동정

리만 귀에 적시어 눈썹 기슭에 번지는 불꽃 피눈물 들어 어룽진 동정

한 맺힌 눈물

그리운 사연 아뢰려 하여 벙어리 가슴 쥐어뜯어도 혓바늘일래 말을 잃

었다 땅을 구르며 몸부림치며 궁그르다가 다시 일어나 열리지 않는 말

문이련가 하늘 우러러 돌이 되었다.

'그대 가신 먼 곳 머언 나라' 슬픔과 한의 응결. 〈망부석 설화〉와 접맥

- 석상(石像): 돌을 조각하여 만든 형상. 이 시에서는 임을 기다리다 돌이 된 망부석(望夫石)을 의미함

출제 포인트

- 시어의 상징적 의미
- 표현상의 특징 이해

필수 문제

01 화자 파악하기
- 화자: '드러나지 않음' (임을 그리워하는 이)
- 상황: (   ) 임을 그리워하다 돌(석상)이 됨
- 정서·태도: 그리움, 한(恨)

02 이 시에서 임과 소통할 수 없는 단절감을 표현한 구절을 찾아 쓰시오.

03 이 시에서 (   )은 사별의 한을 노래한 시임을 드러내는 소재이자 슬픔과 한의 응결체이다.

1950년대

알맹이 포착

'벙어리 가슴 ~ 열리지 않는 말문이련가'의 이해

임과 소통할 수 없는 데에서 오는 답답함, 단절감을 표현하고 있는 구절이다. 안타까운 마음을 하소연할 길이 없어 속만 썩이는 가슴을 쥐어뜯어도 혓바늘이 돋아 말을 할 수 없고, 땅을 구르며 몸부림치며 굴러도 말문이 열리지 않는다는 표현을 통해 임에 대한 사무치는 그리움을 형상화하고 있다.

한눈에 보기

그대 가신
머언 나라

↑

석상

[한의 응결]

핵심 정리

- **갈래:** 산문시, 서정시   **성격:** 서정적, 애상적
- **주제:** 사별한 임에 대한 그리움과 한(恨)
- **해제:** 이 시는 '석상'을 소재로 하여 사별한 임에 대한 한없는 그리움과 사무친 한을 노래하고 있다.
- **시의 특징과 표현**
  ① 구두점을 생략하여 그리움의 정서를 생생하게 표현함
  ② 한(恨)의 정서를 감각적으로 형상화함
  ③ 〈망부석(望夫石) 설화〉와 접맥됨

현대시의 모든 것

폐가(廢家)에 부쳐 | 김관식

길을 가다 보니

외딴 집 한 채가 비어 있었다.

무슨 이 집의 ■연척(緣戚)이라도 되는 양

앞뒤를 한 바퀴 휘둘러보다.
> 폐가에 대한 화자의 관심

굴형난 지붕에는
> 「 」: 외딴 집 한 채(퇴락한 폐가) 묘사(시각적, 후각적 심상)

풀 버섯이 같이 자라고

■썩은새 추녀 끝엔 박쥐도 와서 달릴 듯하다.

먼지 낀 툇마루엔 진흙 자국만 인(印) 찍혔는데

떨어진 문(門)짝 찢어진 벽지(壁紙) 틈에서

쿠퀴한 냄새가 혹 끼치고

물이끼 퍼런 바가지 샘에

무당(巫堂)개구리 몇 놈이 얼른 숨는다.
> 폐가의 모습 묘사

▶ 1연: 외딴 집 한 채(폐가)의 풍경 묘사

이걸 가지곤

마른 강변(江邊)에 ■덴소 냅뛰듯

암만 ■바시대도
> 아무리 안간힘을 써서 일을 해도

필경 먹고살 도리가 없어
> 폐가가 될 수밖에 없는 구체적인 이유

별똥지기 천수답(天水畓)과 골아실 텃논이며
> □ : 가난한 농촌 현실을 드러내는 소재

논배미 밭다랑이 다 버려둔 채

지게 품을 팔고

막벌이를 하더라도 도회지(都會地)라야 한다고……
> 폐가가 된 근본적 이유 – 산업화 과정에서의 농촌 몰락과 그로 인한 이촌향도(離村向都)

■오쟁이 톡톡 털어 이른 아침을 지었을 게고

게다가 차(車) 안에서 먹을 보리개떡도 쪘을 테지만

한번 떠난 뒤 소식(消息)이 없고

▶ 2연: 폐가가 된 이유를 추측해 보는 화자

장독대 옆에

씨 떨어져 자라난 맨드라미 봉숭아꽃도 피었네.
> 주인 없는 집에 홀로 자라난 꽃들을 통해 폐가의 쓸쓸한 분위기를 부각시킴

돌각담 한모퉁이 대추나무에

참새 한 마리 포르르 날아들어

심심파적(破寂)으로 주인(主人)의 후일담(後日譚)을 말해 주는 양
> 심심풀이   먹고살 도리를 찾아 도회지로 떠난 집주인의 소식

출제 **포인트**

- 화자의 정서가 투영된 사물
- 시의 내용과 시대적 상황

필수 문제

01 화자 파악하기
- 화자: '드러나지 않음'(폐가를 둘러보는 이)
- 상황: 산업화 과정에서 붕괴되어 가는 농촌의 상황을 우연히 마주친 (   )를 통해 생각함
- 정서·태도: 안타까움, 비애감

02 이 시의 (   ) 울음에는 생계를 위해 고향을 등져야 하는 폐가의 주인의 심정과 이를 바라보는 화자의 안타까운 심정이 투영되어 있다.

03 이 시의 2연에서, 산업화가 진행되면서 농촌을 떠나 도시로 몰려드는 사람들의 모습이 잘 드러난 행을 찾아 쓰시오.

저 혼자 재재거리다 말고 간다.

찌는 말복(末伏)철 저녁 샛때
계절적 · 시간적 배경
귀창 터지거라

쓰르라미만 쓰라리게 울고 있더라.
폐가의 옛 주인과 화자의 심정이 투영됨(감정 이입)

▶ 3연: 폐가를 바라보는 화자의
안타까운 심정

- 연척(緣戚): 혼인에 의해 맺어진 친척. 인척(姻戚)
- 굴헝: '구렁'의 방언. 우묵하게 쑥 패인 땅
- 썩은새: 오래되어 썩은 이엉
- 덴소 납뛰듯: 불에 덴 소가 이리 뛰고 저리 뛰며 날뛰듯 한다는 뜻으로, 물불을 가리지 못
  하고 함부로 날뜀을 비유적으로 이르는 말
- 바시대도: 가만이 있지 못하고 몸을 움직여도
- 별똥지기 천수답(天水畓): 물의 근원이 전혀 없어 비가 내려야만 경작할 수 있는 메마른
  논
- 골아실: 골짜기
- 논배미: 논두렁으로 둘러싸인 논의 하나하나의 구역
- 밭다랑이: 산골짜기에 층층으로 된 좁고 작은 밭
- 오쟁이: 물건을 정돈하거나 담아 두기 위하여 짚으로 엮어 만든 작은 섬

핵심 정리

▽ 갈래: 자유시, 서정시   ▽ 성격: 비판적, 향토적
▽ 주제: 근대화로 인해 몰락한 농촌 현실에 대한 안타까움
▽ 해제: 이 시는 1960년대 산업화가 진행되면서 그 과정에서 소외된 농민들이 고향을 포기하고 도시로 몰려드는, 이른
  바 이촌향도(離村向都)와 그로 인한 농촌의 몰락을 폐가의 모습을 통해 생생하게 묘사하고 있다.
▽ 시의 특징과 표현
  ① 몰락해 가는 농촌의 모습을 폐가의 모습에 빗대어 표현함
  ② 구체적 소재를 통해 가난한 농민의 현실을 보여 줌
  ③ 감정을 직접 표출하지 않고 시적 대상에 이입하여 표현함

백자부(白磁賦) | 김상옥

필수

◯ : 십장생(해, 산, 돌, 물, 구름, 학, 거북, 사슴, 소나무,
불로초)의 하나로, 백자에 그려진 문양들

찬 서리 눈보라에 절개 외려 푸르르고,
└ 흰색과 푸른색의 색채 대비┘   오히려
바람이 절로 이는 소나무 굽은 가지,
          지조와 절개
이제 막 백학(白鶴) 한 쌍이 앉아 깃을 접는다.
       고고한 기품

▶ 1수: 백자에 그려진 문양
(외면)

▢ : 감탄형 어미 → 예스러운 분위기 조성과 정서 고조

드높은 부연* 끝에 풍경(風磬)* 소리 들리던 날
전통적 운치와 품격
『몹사리 기다리던 그린 임이 오셨을 제
  몹시(음수율 고려)   그리워하던 임(음수율 고려)
꽃 아래 빚은 그 술을 여기 담아 오도다.』
        백자 – 임에 대한 사랑을 담음   『 』: 백자의 용도

▶ 2수: 백자의 품격과 용도
(내면)

한쪽으로 기울어진 모양
갸우숙 바위 틈에 불로초(不老草) 돋아나고,
                먹으면 늙지 않는다고 하는 풀
채운(彩雲) 비껴 날고 시냇물도 흐르는데,
여러 빛깔로 물든 구름
아직도 사슴 한 마리 숲을 뛰어드노다.
                    뛰어놀다(음수율 고려)

▶ 3수: 백자에 그려진 문양
(외면)

불 속에 구워 내도 얼음같이 하얀 살결,
뜨거움과 차가움의 이미지 대립(역설적 발상) – 불 속에서 오히려 빛나는 백자의 순결성 제시
티 하나 내려와도 그대로 흠이 지다.
티 하나 없는 순결하고 완벽한 모습 – 천의무봉(天衣無縫)
흙 속에 잃은 그날은 이리 순박(純朴)하도다.
선인들의 순박한 정신세계가 백자로 피어난 날

▶ 4수: 백자의 순결한 아름다움(내면)

■ 부연: 처마 끝을 위로 들어 올려 모양이 나게 한 서까래
■ 풍경(風磬): 처마 끝에 다는 작은 종. 바람이 부는 대로 흔들려 소리가 남

출제 포인트

• 백자를 통해 드러나는 선조들의 삶의 태도
• '십장생'에 해당하는 시어
• 역설적 표현에 담긴 의미

필수 문제

01 화자 파악하기
• 화자: 백자를 감상하는 이
• 상황: (   )이 그려진 백자의 아름다운 모습을 노래함
• 정서·태도: 감탄

02 이 시조에서 장생불사(長生不死)의 상징인 '십장생(十長生)'에 해당하는 시어들을 모두 찾아 쓰시오.

03 [서술형] 이 시조의 내용으로 짐작할 수 있는 '백자'의 용도를 20자 내외로 서술하시오.

백자 ─ 그림 ─ 소나무, 백학, 바위, 불로초, 채운, 시냇물, 사슴
     ├ 용도 ─ 사랑하는 임이 온 날 술을 담는 용기
     └ 아름다움 ─ 순박함

핵심 정리

▼ 갈래: 현대 시조, 연시조, 정형시   ▼ 성격: 관조적, 전통적
▼ 주제: 백자의 고결하고 순박한 아름다움
▼ 해제: 이 시조는 '백자'가 지니는 순백의 아름다움과 고결한 품위를 시각적 이미지를 통해 형상화하고 있다. '백자부'는 흰 도자기에 관한 노래라는 뜻이다.
▼ 시의 특징과 표현
① 백자에 그려진 그림을 시적으로 형상화함
② 역설적 발상과 이미지의 대립을 통해 대상의 아름다움을 강조함

현대시의 모든 것

봉선화(鳳仙花) | 김상옥

비 오자 장독간에 봉선화 반만 벌어
회상의 매개체, 그리움을 불러일으키는 소재   피어
해마다 피는 꽃을 나만 두고 볼 것인가

세세한 사연을 적어 누님께로 보내자
봉선화에 얽힌 추억   그리움의 대상

▶ 1수: 봉선화를 보고 누님을 그리워함

『누님이 편지 보며 하마 울가 웃으실가
                    울까(그리움)
            행여나 어찌하면   반가움
눈앞에 삼삼이는 고향 집을 그리시고
눈앞에 보이는 듯 또렷한   어린 시절의 추억
손톱에 꽃물 들이던 그날 생각하시리』
「 」: 시집간 누님의 모습 상상
(누님의 마음 = 화자 자신의 마음)

▶ 2수: 편지를 보는 누님의 모습을 상상함

『양지에 마주 앉아 실로 찬찬 매어 주던
                화자에 대한 '누님'의 사랑
하얀 손 가락 가락이 연붉은 그 손톱을』「 」: 평화롭던 어린 시절 '그날'의 모습 회상
세월의 흐름 암시
지금은 꿈속에 보듯 힘줄만이 서노나
            세상살이에 시달린 삶의 모습(어린 시절로
            돌아갈 수 없는 안타까움)

▶ 3수: 누님과 함께 봉선화 꽃물을 들이던 어린 시절을 회상함

출제 포인트

- 소재의 기능
- 시상 전개 방식 이해

필수 문제

01 화자 파악하기
- 화자: '나' (봉선화를 보고 누님을 그리워하는 이)
- 상황: 봉선화를 본 화자가 편지를 읽으실 (   ), 봉선화 꽃물 들이던 시절을 떠올림
- 정서·태도: 그리움

02 이 시조의 시상 전개에서 '(   )'은 화자가 회상에서 현재로 돌아온 부분이 시작되는 첫 구이다.

03 이 시조에서 (   )는 작품의 중심 소재이자 화자에게 과거 회상의 매개체 역할을 하고 있다.

알맹이 포착

현대시조로서의 작품의 형식 이해

고시조에 대비되는 내용과 형식을 갖춘 시조를 현대시조라고 한다. 외형상의 특징을 살펴보면 '시조의 제목이 있음, 3장보다는 6구의 형태를 지향함, 종장의 엄격한 규칙이 완화됨' 등을 들 수 있다. 이 시조는 1939년 『문장』지에 이병기의 추천으로 실리게 된 현대시조이나 앞서 살펴본 현대시조의 형식적 특성에서 시조의 제목이 있다는 것 외에는 3장의 형태, 종장의 엄격한 규칙을 지키는 고시조의 모습을 하고 있음을 알 수 있다.

한눈에 보기

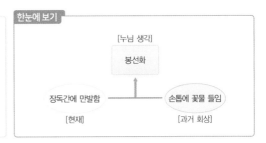

[누님 생각]

봉선화

장독간에 만발함   손톱에 꽃물 들임

[현재]   [과거 회상]

핵심 정리

- 갈래: 현대시조, 연시조, 서정시   성격: 회상적, 독백적
- 주제: 누님과 어린 시절에 대한 그리움
- 해제: 이 시조는 '봉선화'를 통해, 시집간 '누님'에 대한 그리움과 평화롭던 어린 시절에 대한 애틋한 추억을 노래하고 있다.
- 시의 특징과 표현
  ① 봉선화를 매개로 누님과 함께한 어린 시절을 회상하며 시상을 전개함
  ② 종장의 시어를 다음 수의 주된 대상으로 삼아(1수의 '누님', 2수의 '그날') 시상을 전개함

221 강우(降雨) | 김춘수

『조금 전까지 거기 있었는데
「 」: 아내의 죽음을 사실로 받아들이지 않는 화자의 모습

어디로 갔나,』
□ : 반복을 통해 아내에 대한 그리움의 정서를 강조함

밥상은 차려 놓고 어디로 갔나,

넙치지지미* 맵싸한 냄새가
아내에 대한 추억과 그리움을 심화함

코를 맵싸하게 하는데

어디로 갔나,

이 사람이 갑자기 왜 말이 없나,
아내

『내 목소리는 메아리가 되어
「 」: 아내의 대답이 없음 – 공허함과 단절감

되돌아온다.』

내 목소리만 내 귀에 들린다.
▶ 1~10행: 아내의 죽음을 받아들이지 못함

이 사람이 어디 가서 잠시 누웠나,

옆구리 담괴*가 다시 도졌나, 아니 아니

이번에는 그게 아닌가 보다.
아내의 죽음을 현실로 받아들이기 시작함
▶ 11~13행: 아내의 죽음을 인식하고 받아들임

한 뼘 두 뼘 어둠을 적시며 비가 온다.
화자의 슬픔과 절망감을 심화시키는 소재

혹시나 하고 나는 밖을 기웃거린다.

나는 풀이 죽는다.
아내의 죽음을 현실로 받아들임

빗발은 한 치 앞을 못 보게 한다.
아내의 죽음을 받아들인 화자의 슬픔과 절망감

왠지 느닷없이 그렇게 퍼붓는다.

지금은 어쩔 수가 없다고,
아내의 죽음을 인정하고 체념함
▶ 14~19행: 아내의 죽음으로 인한 슬픔과 체념

■ 넙치지지미: 넙치를 밀가루에 묻혀서 기름에 튀긴 음식
■ 담괴(痰塊): 담(痰)이 살가죽 속에 뭉쳐서 생긴 멍울

출제 포인트
• 시에 나타난 화자의 정서와 태도
• 시상 전개에 따른 화자의 심리 변화

필수 문제

01 화자 파악하기
• 화자: '나' (아내와 사별한 이)
• 상황: 아내의 (　　)을 인정하지 않다가 차츰 현실로 받아들이기 시작함
• 정서·태도: 슬픔, 안타까움

02 [기출] 이 시의 시구에 대한 설명으로 가장 적절한 것은?
① '밥상은 차려 놓고': 화자의 마음이 '이 사람'과 함께했던 때와 마찬가지로 평온함을 나타낸다.
② '메아리가 되어': 화자와 '이 사람' 사이의 소통을 나타낸 것으로, 화자가 '이 사람'과 공감하고 있음을 나타낸다.
③ '이번에는 그게 아닌가 보다': 화자는 스스로 던진 질문에 대한 대답을 통해 '이 사람'과 관련된 상황이 그 이전과는 다름을 스스로 인식하고 있다.
④ '풀이 죽는다': 존재를 드러내지 않는 '이 사람'에 대한 배신감이 드러나 있다.
⑤ '지금은 어쩔 수가 없다고': '이 사람'의 부재를 인정하지 않겠다는 화자의 다짐이 나타난다.

핵심 정리
♥ 갈래: 자유시, 서정시　　♥ 성격: 애상적, 감각적
♥ 주제: 아내의 죽음으로 인한 슬픔과 안타까움
♥ 해제: 이 시는 아내와의 사별(死別)을 받아들이지 못하는 화자의 심정을 애절하게 노래하고 있다. 평소와 다름없는 일상의 풍경 속에서 계속해서 죽은 아내를 찾는 화자의 모습은 보는 사람을 안타깝게 만들고 있다.
♥ 시의 특징과 표현
　① 감각적 이미지를 활용하여 화자의 정서를 드러냄
　② 반복적 표현을 통해 그리움과 안타까움의 정서를 강조함
　③ 일상의 풍경을 통해 아내의 부재를 받아들이지 못하는 화자의 모습을 형상화함

222 경(瓊)이에게 | 김춘수

경이는 울고 있었다.
불완전한 기억 속의 존재
풀덤불 속으로

노란 꽃송이가 갸우뚱 내다보고 있었다.
화자의 분신   낯설게 바라봄

▶ 1연: 노란 꽃송이가 울고 있는
경이를 봄

그것뿐이다.
불완전한 기억만이 있을 뿐이다
나는

경이가 누군지를 기억지 못한다.
단절감

▶ 2연: 경이가 누군지 기억하지
못하는 '나'

구름이 일다

구름이 절로 사라지듯이
기억과 회상의 허망함을 비유함
경이는 가 버렸다.
상실과 단절의 상황

▶ 3연: 경이가 가 버림

바람이 가지 끝에
시간의 경과
울며 도는데

나는

경이가 누군지를 기억하지 못한다.

▶ 4연: 경이가 누군지 기억하지
못하는 '나'

경이, ← 1연의 내용이 반복됨(수미상응)
호명(이름 부름)의 행위
너는 울고 있었다.
3인칭에서 2인칭으로 바뀜 → 관계의 새로운 진전을 보여 줌
풀덤불 속으로

노란 꽃송이가 갸우뚱 내다보고 있었다.

▶ 5연: 노란 꽃송이가 울고 있는
경이를 봄

출제 포인트

- 소재의 기능
- 표현상의 특징 이해

필수 문제

01 화자 파악하기
- 화자: '나' (경이가 누군지 기억하지 못하는 이)
- 상황: '나'는 (   )가 누군지 기억하지 못하고 노란 꽃송이는 울고 있는 경이를 바라봄
- 정서·태도: 낯섦

02 이 시에서 '(   )'는 화자의 분신으로 경이에 대한 낯선 느낌을 보여 주는 소재이다.

03 이 시의 5연에서 화자가 경이를 (   )에서 2인칭 '너'로 바꿔 부르는 모습은 둘 사이의 관계에 새로운 진전이 있음을 보여 주는 표현이다.

- 갈래: 자유시, 서정시   ∨ 성격: 상징적
- 주제: 갑자기 떠오른 존재에게서 느껴지는 낯선 감정
- 해제: 이 시는 기억 속에 느닷없이 떠올랐다가 사라진 '경이'를 통해 낯선 존재와의 대면으로 인한 화자의 단절감을 표현하고 있다. 이 시에서 '경이'는 특정한 누군가를 지칭한다기보다는 불확실하게 다가오는 낯선 존재를 상징한다고 볼 수 있다.
- 시의 특징과 표현: 시적 상황에 대한 정보가 극도로 생략되어 있어 의미 파악이 어려움

꽃 | 김춘수

인식의 대상
내가 그의 이름을 불러 주기 전에는
인식의 주체   인식 이전의 상태
그는 다만

하나의 몸짓에 지나지 않았다.
　　　　　의미 없는 존재

▶ 1연: 본질을 인식하기 이전
　무의미한 존재였던 '그'

내가 그의 이름을 불러 주었을 때
'그'에 대한 의미 부여 – 존재를 인식하는 행위
그는 나에게로 와서

꽃이 되었다.
의미 있는 존재

▶ 2연: 명명에 의해 의미를
　부여받은 '그'

내가 그의 이름을 불러 준 것처럼
나의 이 빛깔과 향기에 알맞은
　　　　　　존재의 본질
누가 나의 이름을 불러 다오.
자신의 존재를 누군가 인식해 주기를 소망함
그에게로 가서 나도

그의 꽃이 되고 싶다.
의미 있는 존재가 되고 싶은 소망

▶ 3연: 의미 있는 존재가 되
　고 싶은 소망

우리들은 모두
무엇이 되고 싶다.
본질에 맞는 이름을 지닌, 의미 있는 존재
너는 나에게 나는 너에게

잊혀지지 않는 하나의 눈짓이 되고 싶다.
　　　　　　서로가 서로를 인식하는
　　　　　　상호 의미 있는 존재

▶ 4연: 존재의 의미를 인정
　받고 싶은 '우리'의 소망

출제 포인트

- '꽃'의 상징적 의미
- 명명 행위의 의미
- '몸짓 → 꽃 → 눈짓'으로의 점
  층적 시상 전개

필수 문제

01 화자 파악하기

- 화자: '나' (의미 있는 존재가
  되고 싶은 이)
- 상황: 누군가 자신의 본질에
  맞는 (　　　)을 불러 주기를
  바람
- 정서·태도: 탐구, 소망

02 [기출] 이 시에 대한 설명으로 적절하지 않은 것은?

① 1연에서 '몸짓'은 '나'에게
　의미가 없는 존재이다.
② 2연의 '꽃'은 '이름을 불러
　주기'에 의해 의미를 부여받
　은 존재를 나타낸다.
③ 3연의 '빛깔과 향기'는 '나'
　라는 존재가 지니고 있는 본
　질이다.
④ 4연에서 '눈짓'은 서로의 본
　질을 인식하기 이전의 상태를
　의미한다.
⑤ 1~4연을 통해 '나'는 진정한
　관계 형성에 대한 소망을 드
　러내고 있다.

알맹이 포착

'꽃'의 의미

이 시에서 '꽃'은 구체적이고 감각적인 자연물로서의 대상이 아니라, 어떤 가치를 지닌 '인식의 대상'으로서의 존재를 의미한다. 즉, 무가치하고 무의미한 존재였던 한 대상이 이름을 지어 부르는 명명(命名)의 과정을 통해 본질이 드러나고 의미 있는 존재인 '꽃'이 되는 것이다.

핵심 정리

▼ 갈래: 자유시, 서정시　　　▼ 성격: 관념적, 철학적, 주지적
▼ 주제: 존재의 본질 구현과 진정한 관계 형성에 대한 소망
▼ 해제: 이 시는 '꽃'을 제재로 존재의 참된 모습을 인식해 나가는 과정을 통해, 진정한 인간관계 형성에 대한 소망을 표현하고 있다.
▼ 시의 특징과 표현
　① 인식론과 존재론을 바탕으로 대상의 의미를 추상화·상징화함
　② 인식의 주체가 '나 → 그 → 우리'로, 인식의 내용이 '몸짓 → 꽃 → 눈짓'으로 확대됨

224 꽃을 위한 서시(序詩) | 김춘수

존재의 본질을 모르는 무지한 존재
나는 시방 위험(危險)한 짐승이다.
인식의 주체: 존재의 본질을 끊임없이 탐구함
나의 손이 닿으면 너는
　　　　　꽃 – 인식의 객체: '나' 가 존재의 본질을 탐구하고자 하는 대상
미지(未知)의 까마득한 어둠이 된다.
무지한 '나' 의 행동에 의해 본질적 의미가 감추어진 상태

존재의 불안정성
존재의 흔들리는 가지 끝에서
너는 이름도 없이 피었다 진다.
　　存在로서 인식되지　'너 = 꽃'임을 알 수 있음
　　못한 채

눈시울에 젖어 드는 이 무명(無名)의 어둠에
　　　　　　　　　存在의 본질이 드러나지 않은 상태
추억(追憶)의 한 접시 불을 밝히고
경험의 총체　　미약하지만 존재의 본질을 밝히기 위한 '나' 의 노력
나는 한밤내 운다.

　　　'나' 의 노력이 치열해짐
나의 울음은 차츰 아닌 밤 돌개바람이 되어

탑(塔)을 흔들다가
존재의 견고한 외형
돌에까지 스미면 금(金)이 될 것이다.
존재의 본질이 감추어져　존재의 본질을 인식한 상태
있는 대상

　　　　꽃 – 인식의 객체: 탐구하고자 하는 존재의 본질
……얼굴을 가리운 나의 신부(新婦)여.
끝내 존재의 본질을 규명하지 못한 안타까움

▶ 1, 2연: 존재의 본질을 인
식하지 못하는 상태

▶ 3, 4연: 존재의 본질 인식
을 위한 치열한 노력

▶ 5연: 존재의 본질 인식에
실패한 안타까움

■ 서시(序詩): 긴 시나 책의 첫머리에서 머리말 구실을 하는 부분
■ 돌개바람: 회오리바람

출제 포인트
- 존재의 본질을 밝히기 위한 화자의 노력을 비유한 표현
- '얼굴을 가리운 나의 신부' 의 의미

필수 문제
01 화자 파악하기
- 화자: '나' (존재의 본질을 탐구하는 이)
- 상황: 존재의 본질을 (　　　) 하고자 하나 실패함
- 정서 · 태도: 안타까움

02 이 시에서 존재의 본질 규명이 결국 이루어지지 않음을 상징적으로 드러내는 시행을 찾아 쓰시오.

03 이 시에서 '불을 밝히고 한밤내 우는' 화자의 행위가 의미하는 바를 15자 내외로 쓰시오.

알맹이 포착
4연의 의미 – 존재의 본질을 밝히기 위한 노력
존재의 본질을 파악하려는 화자의 치열한 노력('돌개바람')이 존재의 외형('탑')을 흔들다가 마침내 존재의 안('돌')에 스며들면 존재의 본질을 인식한 상태('금')가 될 것이라는 뜻이다.

핵심 정리
- 갈래: 자유시, 서정시　　　갈래 성격: 관념적, 주지적, 상징적
- 주제: 존재의 본질 인식에 대한 염원
- 해제: 이 시는 '꽃' 을 제재로 하여, 존재의 본질 규명에 대한 소망과 그 좌절의 안타까움을 노래하고 있다.
- 시의 특징과 표현
  ① 존재론적인 입장에서 사물의 본질을 추구하려 노력함
  ② 추상적 · 관념적 이미지를 구체적 사물을 통해 형상화함

나의 하나님 | 김춘수

사랑하는 나의 하나님, 당신은
<small>시적 대상(모든 것의 총체: 삶의 가치, 추구의 대상)</small>

늙은 비애(悲哀)다.
<small>애처로움, 슬픔, 현실의 혹독함, 부정한 인간들에게 지친 존재</small>

■푸줏간에 걸린 커다란 살점이다.
<small>희생, 생의 처절함, 속된 인간들에게 하찮게 보이는 존재</small>

시인(詩人) ■릴케가 만난

슬라브 여자(女子)의 마음속에 갈앉은

놋쇠 항아리다.
<small>묵중한 삶의 무게, 사라지지 않는 존재</small> ▶ 1~6행: 애처롭고 처절한 존재로서의 하나님

손바닥에 못을 박아 죽일 수도 없고 죽지도 않는
<small>영원불멸의 절대적 존재</small>

사랑하는 나의 하나님, 당신은 또 △: 무거움 – 하강 이미지

대낮에도 옷을 벗는 여리디 여린 ○: 가벼움 – 상승 이미지

순결(純潔)이다.
<small>순수함, 천진함</small>

삼월(三月)에

젊은 ■느릅나무 잎새에서 이는

연둣빛 바람이다.
<small>청신함, 순결, 희망</small> ▶ 7~13행: 순결하고 청신한 존재로서의 하나님

- ■ 푸줏간: 쇠고기, 돼지고기 따위의 고기를 파는 가게
- ■ 릴케: 보헤미아 태생의 독일 시인(1875~1926). 인간 존재를 추구하고 종교성이 강한 독자적 경지를 개척하였음
- ■ 느릅나무: 낙엽 활엽 교목으로, 꽃은 3월에 자주색으로 피고, 열매는 5~6월에 익음. 어린잎은 식용이나 사료로 쓰이고, 나무는 땔감이나 가구재로 쓰이며, 나무껍질은 약용·식용으로 쓰이는 유용한 식물

출제 포인트

- 시어의 상징적 의미
- 시상의 전개와 변화 이해

필수 문제

01 화자 파악하기
- 화자: '나'(하나님의 의미를 밝히는 이)
- 상황: (   )의 의미를 새롭게 발견함
- 정서·태도: 예찬적

02 이 시에서 하나님의 영원불멸의 절대성을 드러내는 시행은 '(   )'이다.

03 이 시에서 시적 대상의 이미지의 전이(轉移)를 아래와 같이 정리할 때 빈칸에 들어갈 내용은?

늙음(   ) → 젊음(젊은 느릅나무)
처절함(커다란 살점) → 청신함(연둣빛 바람)
무거움(갈앉은, 놋쇠) → 가벼움(이는, 바람)
어두움(늙은) → 밝음(대낮, 연둣빛)

핵심 정리

- ♥ 갈래: 자유시, 서정시   ♥ 성격: 주지적, 비유적
- ♥ 주제: 모든 가치를 포괄하는 절대적 존재인 하나님
- ♥ 해제: 이 시는 다양한 은유를 통해 대상의 의미를 밝히고, 종교적 존재인 '하나님'을 시적으로 새롭게 해석해 내고 있다.
- ♥ 시의 특징과 표현
  - ① 고정된 언어 습관에서 벗어나 참신한 비유적 표현을 열거함
  - ② '늙음 → 젊음', '무거움 → 가벼움'으로 대상의 이미지가 변화함

내가 만난 이중섭 | 김춘수

광복동에서 만난 이중섭은
부산의 지명
머리에 바다를 이고 있었다.
이중섭의 아내에 대한 무한한 그리움 – 아내가 온다는 소식에 기대와 희망에 부푼 이중섭의 모습
동경에서 아내가 온다고

『바다보다도 진한 빛깔 속으로
「 」: 아내에 대한 짙은 그리움에 잠긴 이중섭
사라지고 있었다.』

눈을 씻고 보아도

길 위에

발자국이 보이지 않았다.
아내가 온다는 소식에 들뜬 이중섭의 모습
한참 뒤에 나는 또

남포동 어느 찻집에서
부산의 지명
이중섭을 보았다.

바다가 잘 보이는 창가에 앉아
아내에 대한 기다림, 그리움
『진한 어둠이 깔린 바다를
아내가 오지 않는 슬픔, 안타까움
그는 한 뼘 한 뼘 지우고 있었다.
슬픔을 삭이는 행위
동경에서 아내는 오지 않는다고』
「 」: 도치법

▶ 1~8행: 아내가 온다는 소식에 들뜬 이중섭

▶ 9~15행: 아내가 오지 않는 슬픔을 삭이는 이중섭

출제 포인트

• 시적 대상의 정서 변화
• 시어 및 시구의 의미

필수 문제

01 화자 파악하기
• 화자: '나'(이중섭을 만난 이)
• 상황: (   )를 기다리는 이중섭을 바라봄
• 정서·태도: 관찰, 안타까움

02 이 시에 드러난 시적 대상의 정서로 적절하지 않은 것은?
① 설렘   ② 슬픔
③ 그리움   ④ 미안함
⑤ 안타까움

03 이 시의 '머리에 바다를 이고 있었다.'에서 드러나는 '이중섭'의 심정을 10자 내외로 쓰시오.

1950년대

❀ 사진 작가 허종배가 찍은 이중섭의 생전 모습

한눈에 보기

화자 → 관찰 → 이중섭

광복동에서의 이중섭
아내가 온다는 소식에 들뜸

남포동에서의 이중섭
돌아오지 않는 아내에 대한 그리움

핵심 정리

❤ 갈래: 자유시, 서정시   ❤ 성격: 회화적, 감각적
❤ 주제: 아내를 그리워하는 이중섭
❤ 해제: 이 시는 일본에서 돌아오지 않는 아내에 대한 '이중섭'의 애타는 그리움과 안타까움을 보여 주고 있다.
❤ 시의 특징과 표현
  ① 회화적 이미지를 통해 정서를 형상화함
  ② 도치법을 사용하여 인물의 정서를 강조함

현대시의 모든 것

샤갈의 마을에 내리는 눈 | 김춘수

EBS

현재형 - 생동감
샤갈의 마을에는 3월(三月)에 눈이 온다.
　실제 공간이 아닌 환상적인 세계　　　순수하고 맑은 생명감
봄을 바라고 섰는 사나이의 관자놀이에

새로 돋은 정맥(靜脈)이
　봄의 생명감
바르르 떤다.
생명의 꿈틀거림
바르르 떠는 사나이의 관자놀이에

새로 돋은 정맥(靜脈)을 어루만지며

눈은 수천수만의 날개를 달고
　눈송이들이 날리는 모습(활유법)
하늘에서 내려와 샤갈의 마을의

지붕과 굴뚝을 덮는다.

3월(三月)에 눈이 오면

샤갈의 마을의 쥐똥만 한 겨울 열매들은
　　　　　　메마르고 움츠러든 존재
「다시 올리브 빛으로 물이 들고」「　」봄을 맞아 되살아나는 자연의 생명력

밤에 아낙들은 ─── 선명한 색채 이미지를 통해 봄의 아름다움을 드러냄

그해의 제일 아름다운 불을
　　　　　　　　맑고 순수한 생명감
아궁이에 지핀다.

▶ 1행: 눈 내리는 샤갈의 마을

▶ 2~4행: 눈을 맞는 사나이의 모습에 나타난 봄의 생명감

▶ 5~9행: 샤갈의 마을을 덮는 눈의 모습

▶ 10~15행: 눈 속에서 다시 피어나는 봄의 생명들과 새봄의 아름다움

출제 포인트

- 시에서 형상화하고자 하는 것
- 색채 대비의 효과

필수 문제

01 화자 파악하기
- 화자: 마르크 샤갈의 〈나와 마을〉을 보는 이
- 상황: 그림을 보면서 (　　　)의 이미지를 떠올림
- 정서·태도: 관조적

02 이 시에 사용된 시어들의 공통적 이미지를 고려할 때, 이 시를 통해 화자가 드러내고자 하는 바를 2어절로 쓰시오.

03 이 시에서 '봄'과 같은 이미지를 전달하는 시어를 모두 찾아 쓰시오.

🔆 마르크 샤갈, 〈나와 마을〉

한눈에 보기

눈(흰색) ◀── 색채 대비 ──▶ 정맥(파란색) / 올리브 빛(초록색) / 불(붉은색)

맑고 순수한 생명감 강조

핵심 정리

- 갈래: 자유시, 서정시　　　♥ 성격: 감각적, 회화적, 환상적
- 주제: 봄의 맑고 순수한 생명감
- 해제: 이 시는 마르크 샤갈의 그림인 〈나와 마을〉을 보면서 떠오르는 이미지를 감각적인 언어로 나타낸 작품으로, 봄의 순수한 생명감을 표현하고 있다.
- 시의 특징과 표현
　① 현재형 시제를 사용하여 봄의 생명력을 생동감 있게 표현함
　② 의미 전달과 무관하게 서술적 이미지로만 연결됨

˚처용단장(處容斷章) 1부 | 김춘수

1의 1

『바다가 왼종일 「 」: 반짝이는 바다에서 새앙쥐 눈을 연상함
관조의 바다

새앙쥐 같은 눈을 뜨고』있었다.
　　　　　　　　과거 회상의 어조(그리움의 정서 형성)

이따금

바람은 『한려 수도(閑麗水道)에서 불어오고
　　　공간적 배경(남쪽 바다)

느릅나무 어린 잎들이
봄의 생성과 생명의 이미지 ①

가늘게 몸을 흔들곤 하였다.

날이 저물자

내 늑골(肋骨)과 늑골(肋骨) 사이

홈을 파고

거머리가 우는 소리를 나는 들었다.
땅거미가 내릴 무렵의 바람 소리의 이미지화

베고니아의
소멸과 죽음의 이미지 ①(베고니아는 사철 꽃을 피움)

붉고 붉은 꽃잎이 지고 있었다.

그런가 하면 다시 또 아침이 오고

바다가 또 한 번

새앙쥐 같은 눈을 뜨고 있었다.

『뚝 뚝 뚝, 천(千)의 사과알이
「 」: 소멸과 죽음의 이미지 ②

하늘로 깊숙이 떨어지고 있었다.』

가을이 가고 또 봄이 와서

잠자는 내 어깨 위

그 해의 새 눈이 내리고 있었다.
　　　소멸과 죽음의 이미지 ③

어둠의 한쪽이 조금 열리고

개동백의 붉은 열매가 익고 있었다.
성숙의 이미지

잠을 자면서도 나는

내리는 그

희디흰 눈발을 보고 있었다.　▶ 1의 1: 계절의 변화에 따른 바다의 다양한 이미지

출제 포인트
- 대립적 이미지의 이해
- 시상 전개 방식의 특징

필수 문제

01 화자 파악하기
- 화자: '나'(눈 내리는 삼월의 남쪽 바다의 정경을 회상하는 이)
- 상황: 과거에 보았던 삼월의 눈 내리는 (　　　)의 인상을 떠올림
- 정서·태도: 그리움

02 이 시에서 소멸에서 생성으로 이어지는 자연의 순환을 여성적 이미지로 표현한 시구는 산다화의 '(　　　　　)'이다.

03 이 시에 나타난 소멸과 생성의 대립적 이미지를 아래와 같이 정리할 때 빈칸에 들어갈 내용은?

(　　　)이미지	(　　　)이미지
느릅나무 어린 잎	새 눈
라일락의 새순	겨울 털옷
피어나는 산다화	
물개의 수컷이 우는 소리	깊은 수렁

1의 2

삼월(三月)에도 눈이 오고 있었다.
삼월에 내리는 눈의 이미지 제시(관념 제시 ×, 무의미의 시 ○)
눈은

라일락의 새순을 적시고
봄의 생성과 생명의 이미지 ②
피어나는 ▪산다화(山茶花)를 적시고 있었다.
봄의 생성과 생명의 이미지 ③
미처 벗지 못한 겨울 털옷 속의
쌓인 눈   소멸과 죽음의 이미지 ④
일찍 눈을 뜨는 남(南)쪽 바다,
                봄의 생성과 생명의 이미지 ④
그날 밤 잠들기 전에

물개의 수컷이 우는 소리를 나는 들었다.
봄의 생명력이 움트는 바다의 약동적 이미지
삼월(三月)에 오는 눈은 송이가 크고,
계절적 배경 제시
깊은 수렁에서처럼
소멸과 죽음의 이미지 ⑤
피어나는 산다화(山茶花)의

보얀 목덜미를 적시고 있었다.   ▶ 1의 2: 3月의 눈 오는 바다에서 느끼는 자연의
여성적 이미지   순환적 이미지

- 처용단장(處容斷章): 처용이 노래한 짤막한 시
- 한려 수도(閑麗水道): 경상남도 거제시 지심도 부근에서 통영, 사천, 남해 따위를 거쳐 전
  라남도 여수에 이르는 물길
- 산다화(山茶花): 동백꽃

한눈에 보기

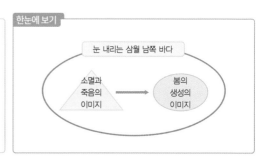

눈 내리는 삼월 남쪽 바다

소멸과
죽음의
이미지   →   봄의
생성의
이미지

핵심 정리

❤ 갈래: 자유시, 서정시, 주지시   ❤ 성격: 감각적, 회상적
❤ 주제: 어린 시절 남쪽 바다에 대한 추억
❤ 해제: 이 시는 동해 용왕의 아들인 처용이 유년의 바다를 회상하듯, 화자의 추억 속에 남아 있는 남쪽 바다의 풍경과
  느낌을 다양한 이미지로 표현하고 있다.
❤ 시의 특징과 표현
  ① 시어들 사이의 의미 관계와 무관하게 인상적인 이미지만으로 화자의 느낌과 체험을 전달함
  ② 대립적인 색채 이미지(흰색 ↔ 붉은색)와 하강 이미지(눈, 낙화 등)를 통해 바다의 풍경을 묘사함
  ③ 소멸과 죽음, 생성과 생명의 이미지를 병치하여 자연의 순환적 이미지를 표현함

나비와 철조망 | 박봉우

지금 저기 보이는 <u>시푸런 강</u>과 <u>또 산</u>을 넘어야 진종일을 별일 없
　　　　　　　극복해야 할 부정적 대상
이 보낸 것이 된다. 서녁 하늘은 장밋빛 무늬로 타는 큰 눈의 창을 열
　　　　　　　　　　　　　　　　　　　노을 속에 지는 해
어…… 지친 날개를 바라보며 서로 가슴 타는 그러한 거리(距離)에 숨이
　　　　　　　　　　　　　　안타까움, 안쓰러움
<u>흐르고</u>

▶ 1연: 해 질 무렵 지친 날
개로 비행하고 있는 나비

모진 바람이 분다. 그런 속에서 피비린내 나게 싸우는 (나비) 한 마리
　　　　　　　　　　　　　　　　동족상잔(同族相殘)의 비극으로 상처 입은 우리 민족
의 생채기. 첫 고향의 꽃밭에 마즈막까지 의지하려는 강렬한 바라움의
　　　　　　평화롭고 아름답던 지난날이 추억을 떠올리며 힘을 내려는　　　바람 – 열렬한 소망의 강조
향기였다.

▶ 2연: 꽃밭을 떠올리며 날
아가는 상처 입은 나비

앞으로도 저 강을 건너 산을 넘으려면 몇 '마일' 은 더 날아야 한다.
　　　　　　　　　　　　　　　　　　　155마일의 휴전선
이미 날개는 피에 젖을 대로 젖고 시린 바람이 자꾸 불어 간다. 목이 바
　　　　　　　　　　　　　　　남북의 군사적 대립
싹 말라 버리고 숨결이 가쁜 여기는 아직도 싸늘한 적지(敵地).

▶ 3연: 적지의 고난을 헤쳐
나가는 나비

<u>벽, 벽</u>…… 처음으로 나비는 벽이 무엇인가를 알며 피로 적신 날개를
답답함, 막막함의 표현
<u>장애물 – 분단의 현실</u>
가지고도 날아야만 했다. 바람은 다시 분다. 얼마쯤 날으면 <u>아방</u>(我方)
　　　　　　　　　　남북의 대립과 분단 현실　　　　　　　우리 쪽
의 따시하고 슬픈 <u>철조망</u> 속에 안길.
역설적 표현 – 괴로운 비행은 종료되어도
민족의 대립은 여전히 지속됨

▶ 4연: 벽을 느끼는 나비

이런 마즈막 (꽃밭) 을 그리며 숨은 아직 끝나지 않았다. 어슬픈 표시
　　　　　　　화해와 통일의 세계
의 벽. 기(旗)여……
　　　　대립의 깃발

▶ 5연: 꽃밭 을 그리는 나비

1950년대

출제 포인트

- '나비' 와 '철조망' 의 의미
- '꽃밭' 을 통해 드러나는 화자의 소망

필수 문제

01 화자 파악하기
- 화자: '나비' 를 바라보는 이
- 상황: 나비가 피를 흘리면서도 (　　　　)을 넘으려고 함
- 정서·태도: 열망, 갈망

02 이 시에서 '나비' 가 추억하는 과거 지향적 세계를 찾아 3어절로 쓰시오.

03 이 시에서 분단의 현실을 직접적으로 보여 주는 3음절의 시어를 찾아 쓰시오.

알맹이 포착

'나비' 와 '철조망' 의 의미

'나비' 는 비극적인 현대사의 질곡을 거쳐 오며 상처 받으면서도 통일과 평화의 꿈을 버리지 못하고 그 꿈을 향해 살아가는 우리 민족의 모습을 상징한다. 또 '철조망' 은 분단과 대치의 상징으로, 나비에게 좌절을 주지만 반드시 극복해야 할 대상이다. 이 시는 이러한 대립적인 두 소재를 통해서 민족 분단의 아픔을 형상화하고 민족의 통일과 평화에 대한 염원을 노래하고 있다.

핵심 정리

- ∨ 갈래: 산문시, 서정시　　∨ 성격: 비극적, 의지적, 상징적
- ∨ 주제: 민족 분단의 아픔과 통일에 대한 열망
- ∨ 해제: 이 시는 '나비' 와 '철조망' 이라는 대립적인 두 소재를 통해, 민족 분단의 아픔을 형상화하고 통일과 평화에 대한 갈망을 노래하고 있다.
- ∨ 시의 특징과 표현
  ① 상징적 표현과 대립적 이미지를 사용함
  ② 말줄임표를 적절하게 사용하여 화자의 정서를 효과적으로 표현함

서울 하야식(下野式) | 박봉우

「긴 겨울 이야기는 / 끝나지 않았다」 「」: 화자의 현실 인식
암울한 현실 상황
모두 발버둥치는 벌판에
고통스러운 삶의 공간 → 서울
풀잎은 돋아나고 / 오직 자유만을 그리워했다
　　　　　　　　　화자의 이상과 동경
꽃을 꺾으며
민중
꽃송이를 꺾으며 덤벼드는
난군(亂軍) 앞에 / 이빨을 악물며 견디었다 　▶ 1~9행: 암울한 현실 상황
독재 군부　　　　　군부 독재 속에서의 혹독한 현실을 견뎌 옴
「나는 떠난다 / 서울을 떠나련다」
「」: 암울한 현실에 대한 거부
고향을 가려고

농토를 찾으려고 가는 것은 / 아니겠지

이 못된 손아귀에서
　　자유가 없는 암울한 상황에 대한 화자의 부정적 현실 인식
벗어나는 것만이 / 옥토를 지키는 것
　　　　　　　　　　조국
「봄은 오는데
「」: 자연의 변화에도 아랑곳없는 암울한 현실 상황
긴 겨울 이야기는

끝나지 않았다」 　▶ 10~20행: 서울 하야의 의지와
　　　　　　　　　궁극적인 목적
오랜 역사의 악몽 속에서 / 어서 깨어나 어서 깨어나
　　　　　　　　　스스로의 각성 촉구
보리밭에 콩두밭에
　　　　　자유와 인정이 있는 공간 ↔ 서울
석유 냄새 토하며 쓰러질
서울의 흔적, 찌꺼기
서울 하야식(下野式)
서울을 떠나 시골로 가는 의식
외진 남산 기슭의 진달래야 / 찬 북녘 바람은 알겠지

「소금장수 / 쌀장수」
「」: 가난하고 핍박받는 민중
「갈 곳도 없는 / 고향도 없는」
「」: 비정하고 각박한 서울의 모습
「어서 서울을 떠나야지 / 서울을 떠나야지」 　▶ 21~33행: 화자 스스로의 각성
「」: 반복을 통해 서울을 떠나고자 하는 의지를 강조함　　과 서울 하야의 의지를 다짐

■ 하야(下野): 관직이나 정계에서 물러나 시골로 내려간다는 뜻. 보통 대통령이 본인 스스로 물러날 때 사용함

출제 포인트
• 시구의 의미 이해
• 화자의 정서와 공간의 의미

필수 문제
01 화자 파악하기
• 화자: '나' (암울한 현실로부터 벗어나려는 이)
• 상황: 고통스러운 삶의 공간인 (　　　)을 떠나고자 함
• 정서·태도: 좌절감, 비판

02 이 시에서 '모두 발버둥치는 벌판'은 고통스럽고 암울한 도시인 '서울'을 의미하고, 반대로 '고향,' (　　　)과 (　　　)'은 서울과 대립되는 곳으로 자유와 인정이 있는 공간을 의미한다.

03 이 시에서 '나는 떠나련다 / 서울을 떠나련다'에 담긴 화자의 의지를 단적으로 드러낸 시행을 찾아 2어절로 쓰시오.

핵심 정리
▾ 갈래: 자유시, 서정시　　▾ 성격: 비판적
▾ 주제: 자유 민주주의 실현의 좌절에 대한 절망감
▾ 해제: 이 시는 시인의 이상이자 소망이던 민주주의의 실현에 대한 좌절과 절망을 담고 있다. 시인은 좌절의 상처로부터 벗어나기 위해 고통스러운 삶의 공간인 서울을 떠나고자 한다. 그것이 바로 '서울 하야'인 것이다.
▾ 시의 특징과 표현: 대조적인 표현을 통해 주제를 부각시킴

휴전선(休戰線) | 박봉우

「 」: 남과 북이 대치한 분단의 상황

『산과 산이 마주 향하고 믿음이 없는 얼굴과 얼굴이 마주 향한 항시 어
국토
두움 속에서 꼭 한번은 천둥 같은 화산(火山)이 일어날 것을 알면서 요런
불안감   우리 민족
                         전쟁
자세(姿勢)로 꽃이 되어야 쓰는가.
적대적 태도   일시적 휴전 상태, 설의법 → 독자의 공감 유도
           불안정한 상황

▶ 1연: 남북이 대립하고 있
   는 분단 상황

저어 서로 응시하는 쌀쌀한 풍경. 아름다운 풍토는 이미 고구려(高句
     남북의 적대적 대립 상황   조국, 국토   대륙을 호령하던 씩씩한 기상
麗) 같은 정신도 신라(新羅) 같은 이야기도 없는가. 별들이 차지한 하늘
은 끝끝내 하나인데…… 우리 무엇에 불안한 얼굴의 의미(意味)는 여기
   삼국 통일을 이룬 신라의 역사   분단 현실과 대조되는 상황
에 있었던가.
        전쟁의 불안함

▶ 2연: 불안한 대치 상황에
   서 느끼는 감상

모든 유혈(流血)은 꿈같이 가고 지금도 나무 하나 안심하고 서 있지
   한국 전쟁   분단 현실로 긴장된 상태
못할 광장(廣場). 아직도 정맥은 끊어진 채 휴식(休息)인가, 야위어 가는
           분단, 휴전 상태
이야기뿐인가.
불안한 휴전 상태로 쇠퇴하는 역사

▶ 3연: 분단으로 인해 쇠퇴
   하는 민족의 역사

언제 한번은 불고야 말 독사의 혀 같은 징그러운 바람이여. 너도 이
                 전운 - 남과 북의 또 다른 전쟁 예감
미 아는 모진 겨우살이를 또 한 번 겪어야 하는가. 아무런 죄(罪)도 없이
     전쟁으로 인한 고통   우리 민족의 비극적 모습을 부각함
피어난 꽃은 시방의 자리에서 얼마를 더 살아야 하는가. 아름다운 길은
                     분단의 고착화에 대한 우려
이뿐인가.

▶ 4연: 다시 일어날지 모르
   는 전쟁에 대한 두려움

「 」: 수미 상관 - 주제 강조, 화자의 소망 강조

『산과 산이 마주 향하고 믿음이 없는 얼굴과 얼굴이 마주 향한 항시
                    서로에 대한 불신
어두움 속에서 꼭 한번은 천둥 같은 화산(火山)이 일어날 것을 알면서
요런 자세(姿勢)로 꽃이 되어야 쓰는가.』
휴전으로 일시적인 평화가 이루어진 불안한 상황

▶ 5연: 대립과 증오의 현실
   에 대한 개탄

필수 문제

01 화자 파악하기
• 화자: 통일을 염원하는 이
• 상황: 남북이 (   )되어 대
  립하고 있음
• 정서 · 태도: 현실 비판

02 이 시에서 전쟁을 상징하는
시어 3가지를 찾아 각각 2음절로
쓰시오.

03 [서술형] 이 시에서 4연의
'꽃'과 5연의 '꽃'이 지닌 의미의
차이를 30자 내외로 서술하시오.

핵심 정리

▾ 갈래: 산문시, 참여시   ▾ 성격: 참여적, 비판적, 상징적
▾ 주제: 민족 분단의 아픔과 극복 의지
▾ 해제: 이 시는 민족의 분단을 상징하는 '휴전선'을 소재로 하여, 이데올로기의 적대적 대립을 비판하고 화해와 통일
   에 대한 염원을 노래하고 있다.
▾ 시의 특징과 표현
   ① 상징적 시어들을 통해 주제 의식을 표출함
   ② 설의법을 통해 현실을 비판하고 독자의 공감을 유도함
   ③ 수미 상관식 구성을 통해 화자의 단호한 의지를 강조함

232 과목(果木) | 박성룡

필수

과목에 과물(果物)들이 무르익어 있는 사태처럼
과일나무 과일
나를 경악케 하는 것은 없다.
거친 한자어의 사용 → 과목에서 느끼는 경이로움과 깨달음의 충격 표현
▶ 1연: 과목에서 느끼는 경이로움

뿌리는 박질■ 붉은 황토에
결실을 위해 겪는 고난과 시련
가지는 한낱 비바람들 속에 뻗어 출렁거렸으나
▶ 2연: 과목이 겪은 시련

모든 것이 멸렬(滅裂)■하는 가을을 가려 그는 홀로
황홀한 빛깔과 무게의 은총을 지니게 되는
신의 은총에 의한 과목의 결실
▶ 3연: 은총으로 빛나는 가을의 과목

과목에 과물들이 무르익어 있는 사태처럼
나를 경악케 하는 것은 없다.
1연의 반복 → 화자의 경이로움 강조
▶ 4연: 과목에서 느끼는 경이로움

— 흔히 시를 잃고 저무는 한 해, 그 가을에도
삶의 허무감을 느끼는 조락의 계절 가을
나는 이 과목의 기적 앞에서 시력을 회복한다.
삶과 세상에 대한 새로운 깨달음을 얻음
▶ 5연: 가을에 얻는 삶에 대한 새로운 깨달음

■ 박질(薄質): 메마름. 사전에는 없는 단어로, 시인의 조어(造語: 새로 만든 말)임
■ 멸렬(滅裂): 찢기고 흩어져 완전히 형태를 잃음

출제 포인트
- '과목'을 통한 화자의 깨달음
- 생경한 한자어 사용의 효과

필수 문제

01 화자 파악하기
- 화자: '나'(과목을 보고 있는 이)
- 상황: 과목을 통해서 삶의 (　　)을 얻음
- 정서 · 태도: 깨달음

02 이 시에서 화자가 새로운 세상을 볼 수 있게 되었음을 의미하는 시구를 찾아 2어절로 쓰시오.

03 [서술형] 이 시에서 '사태', '경악'과 같은 한자어가 지니는 역할을 20자 내외로 서술하시오.

알맹이 포착

3연의 의미
화자는 모든 것이 소멸한다는 조락(凋落)의 계절인 가을에 홀로 열매를 맺은 '과목'을 보며 신의 은총을 깨닫고 신에게 감사의 마음을 느끼고 있다.

5연의 의미
시를 쓰지 못하고 황폐한 가을을 맞고 있는 화자의 반성이 나타난다. 고난을 극복하고 열매를 맺은 나무를 보며 삶에 대한 새로운 깨달음을 얻고 있다.

핵심 정리
- 갈래: 자유시, 서정시
- 성격: 관조적, 사색적
- 주제: 자연의 경이로움에 대한 새로운 깨달음
- 해제: 이 시는 소멸과 조락의 계절인 가을에 시련을 딛고 은총의 결실을 이룬 과일나무의 모습을 보며, 삶에 대한 새로운 깨달음을 얻은 화자의 마음을 노래하고 있다.
- 시의 특징과 표현
  ① 생경하고 거친 한자어들을 사용하여 주제를 강조함
  ② 화자의 감정을 직접적으로 노출하며, 반복을 통해 화자의 정서를 강조함

낯선 작품

무모(無毛)한 생활에선 이미 잊힌 지 오랜 들꽃이 많다.
불모지의 생활(도시적 삶)   풍요한 생명력의 자연(↔ 무모한 생활)
                              ▶ 1연: 도시의 무모한 생활

더욱이 이렇게 숱한 풀벌레 울어 예는 서녘 벌에
                 무모한 생활과 대조되는 자연의 삶
한 알의 원숙한 과물(果物)과도 같은 붉은 낙일을 형벌처럼 등에 하고
      잘 익은 과일이나 과실   지는 해   자연을 떠나 죄인처럼 도시에 삶
홀로 바람의 외진 들길을 걸어보면
한적한 교외에서 느끼는 고독감의 고조
이제 자꾸만 모진 돌 틈에 비벼 피는 풀꽃들의 생각밖엔 없다.
          화자가 추구하는 이상적 삶의 풍경   ▶ 2연: 전원적 삶에 대한 소망

「멀리 멀리 흘러가는 구름 포기 / 그 구름 포기 하나 떠오름이 없다.」
   일상에서의 자유로움   「 」: 도시적 삶의 삭막함
                              ▶ 3연: 삭막한 도시의 삶에 대한
                                회의

출제 포인트
• 비유적 표현의 이해
• 화자의 정서와 공간의 의미

필수 문제

01 화자 파악하기
• 화자: '드러나지 않음'(도회지 삶에서 활력을 찾지 못하는 이)
• 상황: 해 질 무렵 (   )에 나가 풀꽃을 보고 생활에 활기가 생기길 기대함
• 정서·태도: 소망, 회의(懷疑)

02 이 시에서 제목 '교외'는 풍요로운 생명이 있고 도시 생활로 인해 탁해진 마음을 맑게 해 주는 곳이라는 의미를 담고 있고, '(   )'은 이와 대비되는 의미로 '도시의 생활, 불모지의 생활'을 의미한다.

03 이 시에서 원관념인 서쪽으로 지는 붉은 태양의 색채와 둥근 형태를 비유한 보조 관념을 찾아 4어절로 쓰시오.

1950년대

알맹이 포착

작가의 시작 태도와 작품 '교외(郊外)'의 이해
이 시의 작가는 작은 사물 하나라도 자세히 응시하고 통찰하는 시작 태도를 보인다. 이는 시인의 다음과 같은 말에서도 확인할 수 있다. "시인은 풀잎 하나를 제대로 노래할 때 그것은 온 우주를 노래한 셈이 된다. 보다 적확(的確)하고 아름다운 언어와 운율로 나는 이 세상 모든 것을 노래하고 싶은 것이다." 한편, 작품 '교외(郊外)'는 1955년, 1956년, 1967년에 같은 제목으로 세 편이 발표된다. 수록한 작품은 세 편 중 처음 발표된 작품이다.

한눈에 보기

무모한 생활
(도시의 삶)
[현재 화자의 생활]

교외의 생활
(자연의 삶)
[화자가 꿈꾸는 생활]

핵심 정리

▼ 갈래: 자유시, 서정시   ▼ 성격: 서정적, 회의적

▼ 주제: 전원적 삶에 대한 동경

▼ 해제: 이 시는 화자가 해 질 무렵 홀로 교외에 나가 풀꽃을 바라보며 삭막하고 무모한 도시 생활에서 벗어나 자연을 만끽할 수 있는 전원에서 살고 싶은 소망을 노래하고 있다.

▼ 시의 특징과 표현
① '무모한 생활'과 '들꽃'의 대비를 통해 도시적 삶의 삭막함을 드러냄
② 특별한 시적 장치 없이 소박하게 진술함

234 검은 강 | 박인환

낯선 작품

『신(神)이란 이름으로서
「 」: 신에게 운명을 의탁하고 피난길을 떠남
우리는 최후(最後)의 노정(路程)을 찾아보았다.』

어느 날 역전(驛前)에서 들려오는
공간적 배경: 기차역
군대의 합창(合唱)을 귀에 받으며

우리는 죽으러 가는 자(者)와는
전쟁터로 향하는 군인들
반대 방향의 열차에 앉아
피난을 떠남
정욕(情慾)처럼 피폐(疲弊)한 소설에 눈을 흘겼다.
문학에 대한 자조적 표현

▶ 1연: 피난길에 오른 화자

지금 바람처럼 교차하는 지대
죽음의 전쟁터로 떠나는 군인들과 살기 위해 피난을 가는 사람들이 서로 스쳐가는 곳
거기엔 일체의 불순한 욕망이 반사되고
살고자 피난하는 자의 욕망
농부의 아들은 표정도 없이
군인(피난을 떠나는 지식인의 모습과 대조됨)
폭음(爆音)과 초연(硝煙)이 가득 찬
화약의 연기
생(生)과 사(死)의 경지로 떠난다.
전쟁터

▶ 2연: 전쟁터로 떠나는 군인들

달은 정막(靜寞)보다도 더욱 처량하다.
시간적 배경
멀리 우리의 시선을 집중한
성과 요새
인간의 피로 이룬 / 자유의 성채(城砦)
사람들의 희생으로 자유가 이루어짐
그것은 우리와 같이 퇴각하는 자와는 관련이 없었다.
뒤로 물러감

신이란 이름으로서 / 우리는 저 달 속에

암담한 검은 강이 흐르는 것을 보았다.
전쟁의 비극성, 죽으러 가는 자와 살러 가는 자 사이의 심리적 거리감을 나타냄

▶ 3, 4연: 전쟁의 비극성에 대한 인식

출제 포인트

- 시어의 상징적 의미
- 대조적 묘사의 이해

필수 문제

01 화자 파악하기
- 화자: '나' (피난길에 오른 이)
- 상황: 야간열차로 ( )에 오른 우리와 죽으러 가는 군인들이 교차함
- 정서·태도: 비극적, 자조적

02 이 시에서 ( )은 죽으러 가는 자와 살러 가는 자 사이의 심리적 거리감을 표상하는 것으로 전쟁의 비극성과 시대의 부조리가 집약된 시구이다.

03 이 시에서는 신에 운명을 맡기고 야간열차로 피난길에 오른 '우리'와 전쟁터로 떠나는 '군인'을 대조적으로 묘사하고 있다. 이 시에서 '군인'을 의미하는 표현을 모두 찾아 쓰시오.(3개)

핵심 정리

- **갈래**: 자유시, 서정시
- **성격**: 비극적, 상징적
- **주제**: 전쟁의 비극성
- **해제**: 이 시는 6·25 전쟁을 배경으로, 야간열차를 타고 피난길에 오른 '우리'와 죽으러 가는 '군인들'을 대조적으로 묘사하여 전쟁의 비극성을 극명하게 보여 주고 있다.
- **시의 특징과 표현**
  ① 대조적인 상황을 제시하여 전쟁의 긴장감과 비극성을 드러냄
  ② 동일한 종결 어미를 사용하여 형태적 일관성을 유지함

현대시의 모든 것

목마(木馬)와 숙녀(淑女) | 박인환

필수

한 잔의 술을 마시고
페시미즘(염세주의)의 정서 환기
우리는 버지니아 울프의 생애와
신경증으로 투신자살한 영국의 여류 작가
목마를 타고 떠난 숙녀의 옷자락을 이야기한다.
동화적인 순수한 꿈 – 버지니아 울프가 추구했던 삶의 자세
목마는 주인을 버리고 그저 방울 소리만 울리며
상실감
가을 속으로 떠났다. 술병에서 별이 떨어진다.
조락의 계절 – 상실감   화자의 내면   희망, 삶의 지표
상심한 별은 내 가슴에 가벼웁게 부숴진다.
화자의 절망적 현실 인식
그러한 잠시 내가 알던 소녀는
순수, 희망의 이미지 → 숙녀가 됨
정원의 초목 옆에서 자라고
문맥상 죽음의 의미 – 순수 가치의 상실
문학이 죽고 인생이 죽고
꿈과 삶의 보람이 사라지고 – 삶의 좌표 상실
사랑의 진리마저 애증의 그림자를 버릴 때
「 」: 모든 가치 있는 것들이 소멸된 전후의 절망적 상황 암시
목마를 탄 사랑의 사람은 보이지 않는다.
버지니아 울프
세월은 가고 오는 것
계절의 순환 → 시간의 경과
한때는 고립을 피하여 시들어 가고

이제 우리는 작별하여야 한다.
절망적 현실을 수용하는 체념적 태도
술병이 바람에 쓰러지는 소리를 들으며
화자의 내면 ┌→ 외압
늙은 여류 작가의 눈을 바라다보아야 한다.
삶의 열정을 상실한 허망한 표정 – 절망적 현실에 대한 체념적 순응
······ 등대에 ······
삶의 목표 – 버지니아 울프의 소설
불이 보이지 않아도
삶의 목표 상실 – 불안과 허무의 시대
그저 간직한 페시미즘*의 미래를 위하여
↔ '등대'와 대조
우리는 처량한 목마 소리를 기억하여야 한다.

모든 것이 떠나든 죽든
페시미즘적 현실 인식
그저 가슴에 남은 희미한 의식을 붙잡고
삶의 의욕, 실존 의식
우리는 버지니아 울프의 서러운 이야기를 들어야 한다.
버지니아 울프의 작품 〈세월〉을 가리킴
두 개의 바위틈을 지나 청춘을 찾는 뱀과 같이
통속적인 욕정 암시
눈을 뜨고 한 잔의 술을 마셔야 한다.
자포자기적 삶의 태도
인생은 외롭지도 않고
절망 속의 독백(반어적 표현)
그저 잡지의 표지처럼 통속하거늘
무의미하고 속된 삶에 대한 페시미즘적 태도
한탄할 그 무엇이 무서워서 우리는 떠나는 것일까.
허무적, 절망적 태도에 대한 의구심
목마는 하늘에 있고

방울 소리는 귓전에 철렁거리는데
남아 있는데

▶ 1~11행: 떠나는 것들에
대한 허무와 절망

▶ 12~25행: 절망적 현실의
체념적 수용

출제 **포인트**

• '목마'와 '숙녀'의 상징적 의미
• 시의 지배적인 정서와 분위기
• '~해야 한다'라는 표현에 담긴
태도

필수 문제

01 화자 파악하기
• 화자: '나'(상실감을 느끼는
이)
• 상황: (   )적 현실에서 술
을 마시며 버지니아 울프에 대
해 이야기함
• 정서 · 태도: 허무적, 애상감

02 이 시에서 순수와 동심을 상
징하는 시어를 찾아 쓰시오.

03 이 시에서 가리키는 대상이
이질적인 것은?
① 목마를 타고 떠난 숙녀
② 잠시 내가 알던 소녀
③ 목마를 탄 사랑의 사람
④ 늙은 여류 작가
⑤ 청춘을 찾는 뱀

04 〈보기〉의 (   ) 안에 들어갈
알맞은 말을 쓰시오.

〈보기〉
이 시에 사용된 '(   )'
(이)라는 표현은 당위적 표현이
지만 문맥상 암울한 현실에 체
념할 수밖에 없는 화자의 태도
를 역설적으로 드러내고 있다.

가을바람 소리는

내 쓰러진 술병 속에서 목메어 우는데…….   ▶ 26~32행: 인생에 대한
　　삶의 목표 상실　　　감상적 정서의 극단적 표현　　　　페시미즘적 태도
　　　　　　　　　　　　 - 절망적 태도

■ 페시미즘(pessimism): 세계나 인생을 불행하고 비참한 것으로 보며, 개혁이나 진보는 불
  가능하다고 보는 경향이나 태도

'목마'와 '숙녀'의 상징성

'목마'는 기본적으로 동화적인 세계의 순수성을 환기해 준다. 또한 무
언가를 태우고 떠나가 버리는 것을 대표하는 상징물로, 버지니아 울프
의 비극적 생애와 함께 허무 의식을 고조시키는 매개체의 역할을 하
고 있다. 그리고 '숙녀'는 때묻지 않은 순수와 정결의 이미지로, '목
마'와 더불어 떠나거나 사라져 가는 모든 소중한 것들을 표상하는 상
징적인 존재라고 할 수 있다.

시에 나타난 체념과 허무의 정서

이 시에서 소멸과 사라짐의 이미지로 그려지는 '목마, 숙녀, 별' 등과
더불어 '~할 수밖에 없다'는 의미로 해석되는 '~해야 한다'와 같은
표현은 체념과 허무의 정서를 고조시키고 있다. 이와 같은 체념과 허
무의 분위기는 이 시의 창작 시기(1950년대 초반)를 고려할 때 6·25
전쟁 직후의 허무주의나 비관적인 현실 인식, 인간 존재에 대한 실존
주의적 고뇌 등에 바탕을 두고 있는 것으로 볼 수 있다.

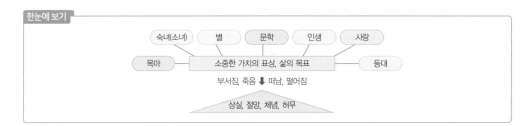

ᴠ **갈래**: 자유시, 서정시　　ᴠ **성격**: 낭만적, 허무적
ᴠ **주제**: 절망적 현실과 떠나가는 모든 것들에 대한 애상
ᴠ **해제**: 이 시는 한국 전쟁 직후라는 시대적 불안에서 오는 상실감과 허무감을 감각적이고 주지적인 이미지의 언어를
　통해 애상적으로 노래하고 있다.
ᴠ **시의 특징과 표현**
　① 전후의 허무주의와 애상적 정서를 주지적이고 감각적인 언어로 표현함
　② 도시적 감수성에 기반한 시어 사용이 두드러짐

현대시의 모든 것

272

236 봄비 | 이수복

EBS

이 (비) 그치면
　　　시상 유발의 매개물 – 애상적 분위기 조성, 하강적 이미지
내 마음 강나루 긴 언덕에
　　　　　화자 마음속의 관념적 공간(원관념: '내 마음') – 전통적 이별의 공간
서러운 풀빛이 짙어 오것다.
감정 이입 – 애상적 정서　　□: '–것다'의 담담한 말투 반복
　　　　　　　　　　　　　　　→ 각운 효과, 그리움과 슬픔 절제

　　　　　　　　　　　　　　　▶ 1연: 서러운 풀빛이 짙어 오는 '나'의 마음속 강나루

푸르른 보리밭 길
생명의 이미지
맑은 하늘에

종달새만 무어라고 지껄이것다.
봄의 소생을 알리는 소재

　　　　　　　　　　　　　　　▶ 2연: 종달새 지껄이는 푸른 보리밭 길

이 비 그치면

시새워 벙글어질 고운 꽃밭 속
시샘하듯 앞다투어 피어날　　봄의 자연(대유적 표현)
처녀애들 짝하여 새로이 서고

　　　　　　　　　　　　　　　▶ 3연: 처녀애들 짝하여 새로이 서는 꽃밭

(임) 앞에 타오르는
그리움의 대상
향연(香煙)과 같이
임의 죽음 암시 – 애상적 정서(원관념: '아지랑이')
땅에선 또 아지랑이 타오르것다.
　　　'풀', '종달새', '꽃' 등과 함께 봄의 소생을 알리는 상승적
　　　이미지 → 화자의 슬픔과 한을 대비적으로 부각시킴

　　　　　　　　　　　　　　　▶ 4연: 향연같이 타오르는 아지랑이

▪ 향연(香煙): 향이 타며 나는 연기

출제 포인트

- '향연'을 통해 짐작할 수 있는 화자의 상황
- 대립적 이미지의 시어를 통한 주제 형상화

필수 문제

01 화자 파악하기
- 화자: '나' (죽은 임을 그리워하는 이)
- 상황: 봄비가 내리는 풍경 속에서 죽은 (　　　)을 떠올림
- 정서 · 태도: 애상감

02 이 시에서 하강의 이미지를 통해 애상적 정서를 드러내는 시어를 찾아 쓰시오.

03 이 시의 화자가 지닌 애상적 정서의 원인을 짐작할 수 있는 시어를 찾아 쓰시오.

1950년대

한눈에 보기

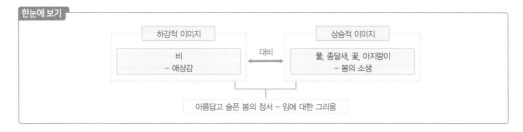

하강적 이미지	대비	상승적 이미지
비 – 애상감	↔	풀, 종달새, 꽃, 아지랑이 – 봄의 소생

아름답고 슬픈 봄의 정서 – 임에 대한 그리움

핵심 정리

- **갈래:** 자유시, 서정시　　　**성격:** 애상적, 관조적, 민요적
- **주제:** 봄비 내리는 날의 애상감
- **해제:** 이 시는 임의 죽음과 생동감 넘치는 봄 풍경의 대비를 통해, 임에 대한 그리움과 슬픔을 애잔하게 부각하여 형상화하고 있다.
- **시의 특징과 표현**
  ① 대립적 이미지를 통해 주제를 전달함
  ② 3음보의 민요조 율격에 전통적인 한(恨)과 애상적 정서를 담음

현대시의 모든 것

외로운 시간 | 이수복

익은 햇살을 뒤에 받으며
저물녘 햇살
엷은 음영을 던지고 서선
슬픔에 잠긴 외로운 모습
산국화야,
화자와 동일시된 대화의 대상
천년 말없는 바위와 뭘 말하느냐.
응답 없는 대상

▶ 1연: 천년 바위와 마주선 산국화

┌─▶ 산국화가 있는 곳과 빈 골짜기 사이의 거리감 표현
저ⓙ 아래
산국화가 있는 곳과 대립되는 공간
한여름 유성들이 날아 묻히던 빈 골짜기가
격렬한 이별의 아픔(지난 계절)   잃어버린 옛 추억
금방 천둥 울듯 뒤시일 성싶어져

간절한 애끊임이여.
고통과 번민

▶ 2연: 지난여름의 애끊는 추억

돌아다보면
해 저무는 모습을 보며 추억을 회상함
구름처럼 일렁이며, 타는 산 산들을 흐르는 너의 체취를 밟고
산국화를 통해 여읜 임을 떠올림
「살아오는 눈, 옥빛 고무신 신고
「 」: 여읜 임의 모습
걸어오는 눈……」

▶ 3연: 산국화를 통해 너의 모습 회상

「그를 여의고 오늘토록 기대일 데 없는 내 마음에」
「 」: 화자의 현재 상황과 심정
녀릿녀릿 흔들리는 네 몸짓만 청초하구나
쓸쓸히 흔들리는 산국화, 슬픔에 잠긴 화자   맑고 깨끗함

▶ 4연: 외로움에 잠긴 '나'

출제 포인트

• 대립되는 공간적 배경의 이해
• 화자의 정서와 시구의 의미

필수 문제

01 화자 파악하기

• 화자: '나' (산국화를 바라보며 여읜 임을 그리워하는 이)
• 상황: 임을 여읜 후의 외로움과 그리움을 해 질 녘 산 위의 (   )를 통해 나타냄
• 정서·태도: 외로움, 그리움

02 이 시에서 산국화와 화자의 위치가 산 위임을 알 수 있게 하는 시행을 찾아 그대로 쓰시오.

03 이 시에서 임을 여읜 화자의 모습과 심정을 구체적으로 드러낸 시행을 찾아 쓰시오.

핵심 정리

▼ 갈래: 자유시, 서정시   ▼ 성격: 애상적, 회화적
▼ 주제: 임에 대한 그리움과 외로움
▼ 해제: 이 시의 화자는 해 질 녘 산 위에서 산국화를 바라보며 여읜 임을 회상하고 있다. 작가는 산국화의 쓸쓸한 모습을 통해 화자의 현재 모습을 제시하고 화자의 외로움과 사별의 아픔을 보여 주고 있다.
▼ 시의 특징과 표현
  ① 1연과 2연이 병치되면서 지난날의 격정과 현재의 외로운 심정이 대조됨
  ② 줄표와 말줄임표를 통해 대상과의 거리감과 화자의 정서를 드러냄

개화(開花) | 이호우

꽃이 피네,
개화 – 새로운 생명의 탄생

한 잎

한 잎

『한 하늘이

열리고 있네』
「 」: 새로운 세계가 시작됨
　　(작은 생명에서 우주를 발견하는 우주론적 생명관)

▶ 초장: 개화를 통해 열리는 새로운 세계

마침내

남은 한 잎이

마지막

떨고 있는 고비.
생명 탄생을 위한 고통 – 극적 긴장감 조성

▶ 중장: 개화를 위한 마지막 고통

『바람도
「 」: 긴장감의 절정 – 생명 탄생의 경이로움에 입도됨

햇볕도

숨을 죽이네』

나도 그만

눈을 감네.
탄생의 고통에 대한 안쓰러움 + 개화 후의 안도감

▶ 종장: 생명 탄생에 대한 경이로움

출제 포인트

• 개화의 과정에 따른 화자의 정서
• 표현상의 특징과 효과

필수 문제

01 화자 파악하기
• 화자: '나'(개화를 바라보는 이)
• 상황: (　　　　)의 순간을 관찰함
• 정서 · 태도: 경이로움

02 이 시조에 드러난 정서로 적절하지 않은 것은?
① 경이감　　　② 긴장감
③ 소외감　　　④ 신비함
⑤ 엄숙함

03 [서술형] 이 시조에 나타난 '개화(開花)'의 의미를 20자 내외로 서술하시오.

알맹이 포착

종장에 나타난 화자의 정서

신비로운 생명 탄생의 순간에 대한 경이로움이 드러나 있다. 그 경이로움에 압도되어 '바람'과 '햇볕'이 숨을 죽였다는 표현을 통해 극도의 긴장감을 느낄 수 있다. 그러한 과정을 지켜본 화자는 그만 눈을 감고 마는데, 이는 탄생의 고통이 안쓰럽게 느껴짐과 동시에 꽃이 피어난 후의 안도감에서 비롯된 것으로 이해할 수 있다.

핵심 정리

⌄ 갈래: 현대 시조, 구별 배행 시조　　⌄ 성격: 관조적, 명상적
⌄ 주제: 생명 탄생의 신비와 경이감
⌄ 해제: 이 시조는 꽃이 피어나는 순간의 모습을 감각적으로 섬세하게 묘사함으로써, 그 속에 담긴 우주의 신비와 생명 탄생의 경이감을 형상화하고 있다.
⌄ 시의 특징과 표현
　　① 구별 배행 시조를 자유시처럼 변형하여 시조의 현대화를 이루어 냄
　　② 섬세한 감각과 관찰로 일상적 소재를 통해 우주의 신비를 형상화함
　　③ 개화의 모습을 시간의 흐름에 따라 전개함

필수

고요하고 적막한 정서 환기

낙동강 빈 나루에 달빛이 푸릅니다.
  화자의 정서   회상의 매개체 + 세상을 정화하는 존재
무엔지 그리운 밤 지향 없이 가고파서
  무엇인지 └─ 음수율을 고려한 표현 ──┘
흐르는 금빛 노을에 배를 맡겨 봅니다.
  달빛에 반짝이는 물결(은유법)

▶ 1수: 그리움을 느끼는 달밤의 정경

낙익은 풍경이되 달 아래 고쳐 보니,
  강변의 정경
돌아올 기약 없는 먼 길이나 떠나온 듯,
뒤지는 들과 산들이 돌아 돌아 뵙니다.
  배가 나아가는 상황   옛일을 회상함 – 그리움과 애틋함

▶ 2수: 배를 타며 느끼는 애틋한 강변의 정경

아득히 그림 속에 정화(淨化)된 초가집들,
  속세의 더러움이 모두 정화된 그림 같은 풍경
할머니 〈조웅전(趙雄傳)〉■에 잠들던 그날 밤도
  유년 시절의 평화롭던 추억 회상
할버진 율(律)■ 지으시고 달이 밝았더이다.
  할아버지는(음수율 고려)

▶ 3수: 평화롭던 어린 시절의 추억 회상

선경(先景)

후정(後情)

『미움도 더러움도 아름다운 사랑으로
  화자가 처한 현실   「 」: 달빛으로 정화된 세상
온 세상 쉬는 숨결 한 갈래로 맑습니다.』
  온 세상 사람들이 한마음이 되는 세계
차라리 외로울망정 이 밤 더디 새소서.
            평화로운 세계의 지속에 대한 간절한 소망

▶ 4수: 평화롭고 아름다운 세상에 대한 염원

■ 조웅전(趙雄傳): 조선 후기의 영웅 군담 소설. 주인공 '조웅'의 고행담, 결연담, 무용담을 담고 있음
■ 율(律): 율시. 한시의 한 종류

출제 포인트

• '달빛'의 의미와 기능
• 시에 나타난 화자의 정서
• 음수율을 맞추기 위한 표현

필수 문제

01 화자 파악하기
• 화자: 배 타고 가는 이
• 상황: 달밤에 배를 타고 가면서 (   ) 어린 시절을 회상함
• 정서·태도: 그리움, 소망

02 이 시조에서 과거 회상의 매개체이자, 세상을 정화하는 존재를 의미하는 시어를 찾아 쓰시오.

03 이 시조에서 3수의 '정화(淨化)'는 무엇을 대상으로 한 것인지, 본문의 시어를 이용하여 10자 내외로 쓰시오.

알맹이 포착

'달빛'의 의미와 기능
이 시에서 '달빛'은 평화롭던 어린 시절을 회상하게 하는 매개체이면서, 미움과 더러움으로 물든 속세를 정화하는 존재이다. 화자는 아름다운 '달빛'을 보며 현실의 고통이 '아름다운 사랑'으로 정화되기를 기원하고 있다.

한눈에 보기

선경 ── 낙동강 달밤의 정경 (1, 2수)
    └── 어린 시절 회상 (3수)
후정 ── 평화로운 세상 염원 (4수)

핵심 정리

♥ 갈래: 현대 시조, 연시조   ♥ 성격: 낭만적, 회고적
♥ 주제: 평화로운 화합의 세계에 대한 소망
♥ 해제: 이 시조는 아름다운 '달밤'의 정경을 바라보며, 평화로웠던 과거를 회상하고 현실의 고통이 아름답고 평화로운 달빛처럼 정화되기를 바라는 화자의 소망을 노래하고 있다.
♥ 시의 특징과 표현
  ① 선경 후정(先景後情)의 기법으로 시상을 전개함
  ② 회고적 수법을 통해 지난날의 평화롭던 시절에 대한 그리움을 표현함

이끼 | 이호우

「 」: 새롭게 다시 살아나는 봄의 모습(겨울 → 봄)

『산들이 숨을 돌리고 노고지리 하늘을 ■틔우면』
　　　　　　　　　노고지리의 활기찬 모습

■남루히 닫아 둔 가슴을 한사로 두드리며
젊을 때의 꿈이 사라진　　　　봄을 맞아 흥분이 됨

어디라 찾아가고자 울음우는 새가 있다　　　▶ 1수: 봄이 옴
　　　　　　　새로운 꿈을 생각하는 화자의 모습

　　　　　　　　　외로움이 커감(주변의 이해를 얻기 어려운 상황)
무엔가 부푸는 정 외로움은 익어가고
　　　　점점 커가는 갈망

젊음이 안고 ■딩굴던 꿈들을 일깨우며
젊을 때 소망하던 꿈(과거)

향기와 빛깔을 몰고 봄바람은 설렌다　　　▶ 2수: 봄이 와서 설렘
구체화된 꿈(소망)　　　봄을 맞이하는 화자의 설렘

젊지 않은 현실(현실의 수긍) 알아 채지도 못한 채
끝내 젊어라 한들 아도모르게 겹쳐진 이끼
　　　　　　　　꿈의 실현을 어렵게 하는 현실의 어려움

이미 내 불혹의 년을, 어이나 할가보냐
꿈을 실현하기에 늦은 나이　어찌할 수 없음

차라리 의젓이 앉아 바위처럼 늙어리라　　　▶ 3수: 나이 든 현실의 수용
사고의 전환 현실의 능동적 수용의 모습

- ■ 틔우면: (사람이 막혔던 것을) 치워 통하게 하면
- ■ 남루히: 옷이나 차림새가 낡고 해져서 허름하고 너절하게
- ■ 딩굴던: '뒹굴던'의 비표준어

출제 포인트

- 소재의 상징적 의미
- 화자의 정서와 태도

필수 문제

01 화자 파악하기
- 화자: '나' (나이 들어 봄을 맞는 이)
- 상황: (　　　)을 맞아 새로운 꿈을 실현하기엔 나이가 들었으나 의젓이 늙으려 함
- 정서·태도: 흥분, 소망, 아쉬움, 수용

02 이 시조의 1수에서 새로운 꿈을 생각하는 화자를 상징하는 소재를 찾아 2어절로 쓰시오.

03 이 시조에서 화자가 현실의 자신을 긍정적으로 수용하는 모습이 구체적으로 드러난 시행을 3수에서 찾아 쓰시오.

1950년대

핵심 정리

- ✔ 갈래: 현대시조, 연시조　　✔ 성격: 감각적, 의지적, 긍정적
- ✔ 주제: 봄을 맞는 설렘과 나이 든 현실의 능동적 수용
- ✔ 해제: 이 시에서 화자는 봄을 맞는 설렘과 함께 불혹이 되어 꿈을 실현할 수 없는 아쉬움을 느끼고 있다. 그러나 화자는 이에 실망하지 않고 인식을 전환하여 현실을 긍정적으로 수용하는 태도를 보인다.
- ✔ 시의 특징과 표현
  ① 봄의 서정을 감각적 이미지로 묘사함
  ② 인식의 전환을 통해 현실을 긍정적으로 수용하는 태도가 드러남

현대시의 모든 것

아버지의 얼굴을 모릅니다.
고향의 이미지 ①
어머니의 품속을 모릅니다.
고향의 이미지 ②
『모르는 아버지의 얼굴이 그리웁고 / 모르는 어머니의 품속이 그리웁기는
「」: 고향에 대한 그리움
해마다 사시사철 내내 변함이 없습니다만

더욱 그리웁기는 / 새 돌아와 제 소리를 차지하고

풀 돌아와 제 소리를 차지하는 / 봄철입니다.
그리움을 심화시키는 계절
그럴 때면 나는 길을 떠나 / 먼 나루 건너 돌밭에 가서
그리움을 달래 주는 공간
돌 하나 품에 안고 / 그리고 돌밭에 안깁니다.   ▶ 1~13행: 고향에 대한 그
화자가 지닌 개인적 그리움의 결정체   리움
봄 아지랑이 제일 먼저 『」: 화자의 뇌리에 새겨진
                        고향의 모습
피어오르는 돌 하나는 / 모르는 아버지의 따뜻한 얼굴이요

봄 아지랑이 제일 먼저

넉넉하니 피어오르는 돌밭은 / 모르는 어머니의 따뜻한 품속입니다.
                                                ▶ 14~19행: 돌에 새겨지는
                                                   고향의 모습
『33년 전의 어느 날
「」: 전쟁의 상흔에 대한 기억
불타는 나루터에는 헌 사과 상자가 뒹굴어 있었고

그 속에는 울지도 못하는 내가 꾸겨져 있었습니다.』

해마다 봄철이면

길 떠난 내가 건너는 먼 나루 / 어쩌면 그 나루가 33년 전의 불타던

그 나루인지도 모르는 일입니다.   ▶ 20~26행: 33년 전의 어
                                           느 나루와 현재의 나루
아무튼 나는

아버지의 얼굴을 모르고 / 어머니의 품속을 모릅니다.

『모르는 아버지의 얼굴이 더욱 그리웁고
「」: 고향에 대한 그리움의 심화
모르는 어머니의 품속이 더욱 그리운 봄철이면』

길을 떠나 / 먼 나루 건너 돌밭

그곳으로 나는 갑니다.   ▶ 27~34행: 고향에 대한
                                그리움의 심화

출제 포인트
• 계절적 배경의 의미
• 소재의 상징적 의미

필수 문제

01 화자 파악하기
• 화자: '나' (고향을 그리워하는
  실향민)
• 상황: (   )에서 고향의 품
  을 느끼고자 함
• 정서·태도: 그리움

02 이 시에서 고향에 대한 화자
의 그리움을 심화시키는 계절을
찾아 한 단어로 쓰시오.

03 이 시에서 '화자의 그리움의
결정체'를 상징하는 시어를 찾아
한 단어로 쓰시오.

핵심 정리

▼ 갈래: 자유시, 서정시   ▼ 성격: 상징적, 회상적
▼ 주제: 고향에 대한 그리움
▼ 해제: 이 시는 '돌'이라는 시적 대상을 통해 고향의 이미지를 그려 내고, 떠나온 고향에 대한 그리움을 노래하고 있
  다. 이 시의 제목이기도 한 '돌'은 고향에 대한 화자의 개인적인 그리움을 담고 있는 사물로 볼 수 있다.
▼ 시의 특징과 표현: 동일 시어의 반복을 통해 화자의 그리움을 강조함

사랑 | 전봉건

모의 기출

사랑한다는 것은
시 전체의 주어 역할을 함

열매가 맺지 않는 과목은 뿌리째 뽑고
　　　　　열매를 얻기 위하여 기르는 나무
그 뿌리를 썩힌 흙 속의 해충은 모조리 잡고
　　　　　　성장을 방해하는 부정적 존재
그리고 새 묘목을 심기 위해서
　　　　　새로운 사랑
깊이 파헤쳐 내 두 손의 땀을 섞은 흙
　　　　　　사랑하는 사람을 위한 노력과 정성
그 흙을 깨끗하게 실하게 하는 일이다.
다시는 해충에 의해 뿌리가 썩지 않게 하는 일　□ : 단정적 어조로
　　　　　　　　　　　　　　　　　　　　　 의미를 강조함

그리고

아무리 모진 비바람이 삼킨 어둠이어도
　　　　　　　　　 시련과 고난의 상황
바위 속보다도 어두운 밤이어도

그 어둠 그 밤을 새워서 지키는 일이다.
시련과 고난 속에서도 사랑하는 사람을 지키는 일
훤한 새벽 햇살이 퍼질 때까지
시련이 모두 물러가는 시간이 올 때까지
그 햇살을 뚫고 마침내 새 과목이
　　　　　　　　　　　　 사랑의 결실
샘물 같은 그런 빛 뿌리면서 솟을 때까지

지키는 일이다. 지켜보는 일이다.
보살핌　　　　　　관심

사랑한다는 것은.
수미 상관 – 화자가 말하는 사랑의 의미 강조

▶ 1, 2연: 사랑한다는 것의
　의미 ① – 정성을 다함

▶ 3, 4연: 사랑한다는 것의 의
　미 ② – 관심을 갖고 보살핌

1950년대

출제 포인트

- 과목을 가꾸는 행위와 사랑의
  대응 관계
- 시어 및 시구의 의미

필수 문제

01 화자 파악하기

- 화자: 사랑의 의미를 생각하는
  이
- 상황: 사랑한다는 것은 마치
  (　　　)을 가꾸는 것처럼 정
  성과 보살핌이 필요하다고 노
  래함
- 정서·태도: 단정적

02 이 시의 시어 중 성격이 이
질적인 것은?
① 해충　　　② 땀
③ 비바람　　④ 어둠
⑤ 밤

03 이 시에서 2연의 '새 묘목'
에 대응하는 시어를 3연에서 찾아
쓰시오.

알맹이 포착

'사랑한다는 것은'의 의미

화자가 궁극적으로 말하고자 하는 바를 드러내며, 동시에 독자에게 누
군가를 사랑한다는 것은 이러이러해야 한다는 당위성을 밝히기 위한

의도를 지닌 시구이다. 이 시에서는 '사랑한다는 것'을 '새 과목을 가
꾸는 것'에 빗대어 표현하고 있다.

핵심 정리

- **갈래**: 자유시, 서정시　　　**성격**: 단정적, 비유적
- **주제**: 진정한 사랑의 의미
- **해제**: 이 시는 '사랑한다는 것'의 의미를 과목을 가꾸는 행위에 빗대어 나타내고 있는 작품으로, 사랑을 할 때 필요
  한 정성과 보살핌의 자세에 대해 노래하고 있다.
- **시의 특징과 표현**
  ① 수미 상관과 단정적 어조로 의미를 강조함
  ② 관념적인 대상을 구체적인 대상에 빗대어 표현함

옛 엽서 | 조병화

온종일 비가 내렸습니다.
낭만적 분위기 형성
연락선이 왔다 간다는 항구로
현실과 이상을 이어 주는 매개체 이상향과 연결된 공간
남행 열차는 쉴 새 없이 달렸습니다.
인생의 여정 상징
삼등실 좁은 차창에
기차의 서민용 칸
빗물이 흐르고 흐르고

▶ 1~3행: 이상향을 향한 여행

수족관에 뜬 어린 시(詩)같이
기차의 객실 비유
싹튼 보리밭이 보이고
인생의 유년기
포플러가 보이고 늙은 산맥이 보였습니다.
인생의 청년기   인생의 노년기
말소리도 잠들어 버린 찻간에
고요하고 고독한 공간
나는

▶ 4~8행: 살아온 인생에 대한 반추

중앙아시아 어느 바다로 가는 것일 게니 하고
이상향
졸음 없는 눈을 감아 보았습니다.
이상향에 대한 동경과 그리움의 정서를 구체적 행위로 표출함

▶ 9~12행: 이상향에 대한 동경과 그리움

출제 포인트

• 비유적 의미의 이해
• 배경의 상징적 의미

필수 문제

01 화자 파악하기
• 화자: '나' (이상향을 꿈꾸는 이)
• 상황: (   )이 흐르는 기차 차창을 보며 이상향을 그려봄
• 정서·태도: 동경, 그리움

02 이 시에서 인생의 세 시기를 의미하는 시어를 각각 찾아 쓰시오.

03 이 시에서 화자가 그리워하고 동경하는 이상향을 구체적으로 나타낸 시어를 찾아 3어절로 쓰시오.

알맹이 포착

'싹튼 보리밭이 ~ 산맥이 보였습니다.'의 의미

기차의 창 밖으로 지나가는 풍경을 서술한 부분으로, 화자가 지나온 삶의 과정을 세 시기로 나누어 보여 주고 있다. '싹튼 보리밭'은 유년기를, '포플러'는 청년기를, '늙은 산맥'은 노년기를 의미한다.

한눈에 보기

핵심 정리

♥ **갈래:** 자유시, 서정시   ♥ **성격:** 낭만적
♥ **주제:** 이상향에 대한 낭만적 동경
♥ **해제:** 이 시는 일상적인 기차 여행을 인생의 여정과 관련시켜, 지나온 삶을 반추하면서 이상향에 대한 동경과 그리움의 정서를 드러내고 있다.
♥ **시의 특징과 표현:** 기차 여행을 통해 인생의 여정을 상징적으로 보여 줌

의자 7 | 조병화

지금 어드메쯤
_{'어디'의 방언}
아침을 몰고 오는 분이 계시옵니다.
_{새로운 시대를 여는   존칭의 사용 – 새로운 세대에 대한 존중과 기대감을 표현}
그분을 위하여
_{시대와 사회의 주역이 되는 자리}
묵은 이 의자(椅子)를 비워 드리지요.
_{역사의 주역 자리를 인계하겠다는 다짐   □ : 점층적으로 변형 · 발전시킨 표현을 통해서 역사 인계에 대한 화자의 신념과 결의를 보여 줌}

지금 어드메쯤

아침을 몰고 오는 어린 분이 계시옵니다.
_{새로운 세대}
그분을 위하여

묵은 의자(椅子)를 비워 드리겠어요.
_{역사 인계의 재다짐 – 화자의 의지}

▶ 1, 2연: 역사 인식과 세대 교체

먼 옛날 어느 분이
_{이전 세대}   ⎤ 역사 인계의 당위성
내게 물려주듯이.
_{화자 – 현세대, 기성세대}

▶ 3연: 역사 인계의 당위성

지금 어드메쯤

아침을 몰고 오는 어린 분이 계시옵니다.

그분을 위하여

묵은 의자(椅子)를 비워 드리겠습니다.
_{극존칭 표현을 사용 – 새로운 세대에 대한 존경심, 화자의 의지}

▶ 4연: 역사 인식과 세대교체

출제 포인트

- '의자'의 상징적 의미
- '먼 옛날 어느 분', '나', '어린 분'의 역사 인계 과정

필수 문제

01 화자 파악하기
- 화자: '나'(현세대)
- 상황: '(   )'(신세대)을 위해 자신의 자리를 비워 드리겠다고 함
- 정서 · 태도: 결의, 다짐

02 이 시에 나타난 역사의 인계 과정을 〈보기〉와 같이 도식화할 때, ㉠~㉢에 해당하는 인물을 각각 찾아 쓰시오.

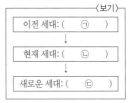

〈보기〉
이전 세대: (㉠)
↓
현재 세대: (㉡)
↓
새로운 세대: (㉢)

알맹이 포착

'의자'의 의미

시대와 사회의 주역이 되는 자리를 의미하며, 사회를 이끄는 세대가 바뀌면서 대대로 전해지는 것이다. 화자는 예전에 자신이 물려받았던 '의자'를 기꺼이 비우겠다고 말하며 세대교체와 역사 인계에 대한 당위성을 드러내고 있다.

한눈에 보기

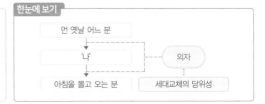

핵심 정리

- ▼ 갈래: 자유시, 서정시   ▼ 성격: 상징적, 주지적
- ▼ 주제: 역사 인식과 세대교체의 당위성
- ▼ 해제: 이 시는 '사회의 주역이 되는 자리'라는 상징성을 지닌 '의자'를 통해, 세대교체의 순리성과 당위성을 형상화하고 있다.
- ▼ 시의 특징과 표현
  ① 수미 상관의 구조를 통해 화자의 의지를 강조함
  ② 존칭의 표현을 통해 대상에 대한 화자의 태도를 드러냄
  ③ 같은 말을 반복하여 단조로운 형식을 취함

겨울 바다 | 김남조

겨울 바다에 가 보았지 / 미지(未知)의 새
소멸, 허무의 공간   삶의 이상과 소망
보고 싶던 새들은 죽고 없었네.
소망과 기대의 상실(허무, 절망)

▶ 1연: 소망과 기대가 사라진
죽음의 공간인 겨울 바다

그대 생각을 했건만도 / 매운 해풍(海風)에
사랑하던 사람   현실적 시련
그 진실마저 눈물겨 얼어 버리고
사랑의 상실로 인한 절망

▶ 2연: 사랑의 상실로 인한
절망

『허무(虛無)의 / 불
소멸, 상실, 죽음의 이미지
물이랑 위에 불붙어 있었네.』
생성의 이미지   『 』: 삶에 대한 허무와 그것을 극복하고자 하는 의지
                    사이에서 갈등하는 화자의 내면 형상화

▶ 3연: 삶에 대한 허무와 극
복 의지

『나를 가르치는 건 / 언제나
『 』: 시간의 흐름에 따라 성숙해짐
시간……』
끄덕이며 끄덕이며 겨울 바다에 섰었네.
삶에 대한 긍정   깨달음의 공간

▶ 4연: 깨달음을 통한 삶에
대한 긍정

『남은 날은 / 적지만
삶이 유한함을 자각함

기도를 끝낸 다음
절망을 극복하려는 노력
더욱 뜨거운 기도의 문이 열리는
        절망이 희망으로 전환되는 공간
그런 영혼(靈魂)을 갖게 하소서.

남은 날은 / 적지만……』
반복을 통한 화자의 간절함 강조
『 』: 삶의 참된 의미를 찾고자 하는 성찰적 태도

▶ 5~7연: 기도를 통해 삶의 허무를
극복하고 참된 의미를 찾고자 함

겨울 바다에 가 보았지 / 인고(忍苦)의 물이
생성의 공간 – 화자의 인식이 전환됨   허무, 절망, 죽음의 극복을 상징
수심(水深) 속에 기둥을 이루고 있었네.
화자의 극복 의지를 시각적으로 형상화

▶ 8연: 허무한 삶을 극복하
려는 의지

출제 포인트

- '겨울 바다'의 상징적 의미
- '불'과 '물'의 대립적 이미지

필수 문제

01 화자 파악하기
- 화자: '나' (겨울 바다에 간 이)
- 상황: 겨울 바다를 보면서
  (   )와 상실에서 벗어나
  기를 기도함
- 정서·태도: 의지적

02 이 시에서 시상 전개에 따라
'겨울 바다'의 의미가 어떻게 변
하는지 간략히 쓰시오.

03 이 시에서 대립적 이미지를
통해 긴장감을 형성하는 두 시어
를 찾아 쓰시오.

핵심 정리

- **갈래:** 자유시, 서정시   - **성격:** 주지적, 상징적, 사색적
- **주제:** 삶의 허무를 극복하려는 의지
- **해제:** 이 시는 '겨울 바다'라는 공간을 통해 삶의 허무와 절망, 그에 대한 극복 의지를 보여 주는 작품이다.
- **시의 특징과 표현**
  ① '불'과 '물'의 대립적 이미지를 통해 주제를 형상화함
  ② 독백적이며 기도하는 듯한 어조로 화자의 정서를 표현함

246 그림엽서 | 김남조

낯선 작품

『여행지 상점가에서
「 」: 화자의 개인적 경험(인식의 계기)
그림엽서 몇 장 고를 때면』

『별달리 이름 환한
「 」: 그림엽서를 보내고 싶은, 소중한 사람
사람 하나, 있어야겠다고』

각별히 절감한다
절실히 느낌

▶ 1연: 여행지에서 깨달은 소중한 이의 필요함

■이국의 우표 붙여

편지부터 띄우고 / 그를 위해 선물을 마련할 것을
정성, 사랑을 상징

▶ 2연: 그를 위해 편지를 쓰고 선물을 마련할 것임

『이 지방 ■순모 실로 짠 / 쉐타 하나, 목도리 하나,
「 」: 값비싼 것이 아닌 진심과 정성이 담긴 선물들(열거)
수려한 강산이 순식간에 다가설 / 망원경 하나,

유년의 감격 하모니카 하나,
어릴 적 추억을 떠올릴 수 있는 선물
일 년 동안 품 안에 지닐 / 새해 수첩 하나,

특별한 꽃의 꽃씨, 잔디씨,

■여수 서린 해풍 한 주름도 넣어 / 소포를 꾸릴 텐데』
'선물'

▶ 3연: 소중한 사람을 위해 선물을 준비할 것임

여행지에서 / 그림엽서 몇 장 고를 때면

『불 켠 듯 환한 이름 하나의 축복이
「 」: 화자의 기원(모든 사람들이 그들에게 소중한 이와 함께하기를 바람)
모든 이 그 삶에 있어야 함을 / 천둥 울려 깨닫는다』
마음 깊이 깨달음

1연의 반복·심화
(인식의 확장)

▶ 4연: 사랑하는 삶의 축복에 대한 깨달음

■ 이국(異國): 인정, 풍속 따위가 전혀 다른 남의 나라
■ 순모(純毛): ① 다른 것이 전혀 섞이지 않은 순수한 모. 또는 그런 모직물 ② 깎아 낸 짐승의 털에서 땀, 먼지, 기름기 따위를 제거한 털
■ 여수(旅愁): 객지에서 느끼는 쓸쓸함이나 시름

1960년대

현대시의 모든 것

출제 포인트

• 시어의 상징적 의미
• 표현상의 특징 이해

필수 문제

01 화자 파악하기
• 화자: '드러나지 않음'(그림엽서를 고르는 이)
• 상황: (   )에서 그림엽서를 고르며 '사랑하는 삶'의 축복을 생각함
• 정서·태도: 깨달음, 기원

02 1연의 '별달리 이름 환한 / 사람'은 4연의 '(   )'에 대응되는 표현으로 화자가 그림엽서를 보내고 싶은 소중한 사람을 의미한다.

03 이 시에서 표현상의 특징과 그에 대응되는 내용을 아래와 같이 정리할 때 빈칸에 들어갈 내용은?

표현	내용
열거	쉐타, 목도리, 망원경, 하모니카, 수첩, 꽃씨, 잔디씨, 해풍
( )	여행지 상점가에서 그림엽서 몇 장 고를 때면
인식의 확장	1연: 여행지 ~ 절감한다, 4연: 여행지에서 ~ 깨닫는다

핵심 정리

∨ 갈래: 자유시, 서정시   ∨ 성격: 감각적, 성찰적
∨ 주제: 사랑하는 삶의 축복과 소중함
∨ 해제: 이 시는 화자가 여행지에서 그림엽서를 고르며 사랑하는 삶의 축복에 대해 깨닫고 있는 작품이다.
∨ 시의 특징과 표현
① 화자의 개인적 경험에서 얻은 깨달음으로 시상을 전개함
② 1연의 내용이 마지막 연에서 심화·반복되면서 인식의 확장을 드러냄
③ 화자의 긍정적인 가치관을 차분한 어조로 드러냄

283

생명 | 김남조

필수

생명은

추운 몸으로 온다
고통을 거쳐 탄생한다
벌거벗고 언 땅에 꽂혀 자라는 / 초록의 겨울 보리.
　　　　　　　　　　　시련에서 비롯되는 참된 삶 상징
생명의 어머니도 먼 곳 / 추운 몸으로 왔다
대모신, 대자연
▶ 1연: 고통을 거쳐 탄생하
　는 생명

진실도

「부서지고 불에 타면서 온다
「 」: 고난과 역경을 거쳐야만 진실을 얻을 수 있음
버려지고 피 흘리면서 온다」
▶ 2연: 고난과 역경을 통해
　서 얻을 수 있는 진실

겨울나무들을 보라

추위의 면도날로 제 몸을 다듬는다
　　날카로움　　　고통을 통해 성숙함
잎은 떨어져 먼 날의 섭리에 불려 가고
　　　　　　　　자연의 섭리
줄기는 이렇듯이 / 충전 부싯돌임을 보라
　　　　　　　　강인한 줄기를 비유함
▶ 3연: 고통을 통해 성숙해
　가는 겨울나무들

금 가고 일그러진 걸 사랑할 줄 모르는 이는 / 친구가 아니다
고통을 알지 못하는 이　　　　　　　　　진실을 함께하는 사람
상한 살을 헤집고 입 맞출 줄 모르는 이는 / 친구가 아니다
고통과 상처를 감싸 주지 못하는 이
▶ 4연: 고통을 감싸 주지 못
　하는 이는 친구가 아님

「생명은
「 」: 반복을 통한 강조
추운 몸으로 온다」

열두 대문 다 지나온 추위로
시련의 고비들
하얗게 드러눕는 / 함박눈 눈송이로 온다
　　　　　　　고통 끝에 얻는 생명의 결실
▶ 5연: 고통 끝에 얻는 생명
　의 결실

출제 포인트

• 화자의 태도와 정서 이해
• 비유적 표현 이해

필수 문제

01 화자 파악하기
• 화자: '드러나지 않음' (생명과 진실의 본질을 인식한 이)
• 상황: (　　　)과 진실은 고통 속에서 탄생한다는 것을 인식함
• 정서·태도: 깨달음

02 이 시에서 반복되는 구절인 '(　　　　　　　　　)'에는 생명이 고통을 통해 탄생함을 강조하기 위한 표현상의 의도가 담겨 있다.

03 이 시에는 시련을 이겨 낸 후에 생명의 결실을 이룬다는 주제 의식을 드러내기 위해 고통을 이겨 내는 사물로 '초록의 겨울 보리, 겨울나무들, (　　　　)' 등이 사용되고 있다.

핵심 정리

▼ **갈래**: 자유시, 서정시　　　▼ **성격**: 비유적, 경구적
▼ **주제**: 고통을 통해 완성되는 생명의 본질
▼ **해제**: 이 시는 생명과 진실은 고통과 역경을 거쳐야만 얻을 수 있다는 화자의 인식을 '겨울 보리', '겨울나무들', '함박눈 눈송이'와 같은 구체적 자연물을 통해 드러내고 있다.
▼ **시의 특징과 표현**
　① 명제적 진술을 통해 주제 의식을 드러냄
　② 구체적 자연물을 통해 화자의 인식을 형상화함

설일(雪日) | 김남조

『겨울나무와 / 바람
고독한 존재   떠도는 존재
머리채 긴 바람들은 투명한 빨래처럼
무형체의 '바람'을 시각적으로 형상화함
진종일 가지 끝에 걸려
온종일
나무도 바람도

혼자가 아닌 게 된다.』
「 」: 혼자가 아니라는 깨달음의 계기

▶ 1연: 함께하는 겨울나무와 바람(혼자가 아니라는 인식)

혼자는 아니다 / 누구도 혼자는 아니다
혼자가 아니라는 깨달음 – 반복을 통한 강조
나도 아니다.
'나'도 혼자가 아니라는 깨달음 – 외부 세계에서 내면세계로의 인식 전환
실상 하늘 아래 외톨이로 서 보는 날도

하늘만은 함께 있어 주지 않던가.
절대자

▶ 2연: 어느 누구도 혼자가 아니라는 깨달음

『삶은 언제나
은총(恩寵)의 돌층계의 어디쯤이다.
        단단함, 오르기 힘듦 – 고난과 시련
사랑도 매양
              「 」: 삶과 사랑이 고난과 시련의 연속일지라도
              이 모두가 신의 은총과 섭리라는 인식
섭리(攝理)의 자갈밭의 어디쯤이다.』
        고난과 시련

▶ 3연: 삶과 사랑에 대한 깨달음

        불평과 원망의 말
이적진 말로써 풀던 마음 / 말없이 삭이고
'이제까지는'의 방언
얼마 더 너그러워져서 이 생명을 살자.
삶에 대한 각성 – 주제 의식
황송한 축연이라 알고 / 한 세상을 누리자.
겸손한 삶의 자세

▶ 4연: 너그러운 삶을 살려는 다짐

새해의 눈시울이 / 순수의 얼음꽃,
                        백설
승천한 눈물들이 다시 땅 위에 떨구이는   순수한 마음의 형상화

백설을 담고 온다.
신의 은총과 사랑 – 순수의 상징

▶ 5연: 새해를 맞는 순수한 마음

필수 문제

01 화자 파악하기
• 화자: '나' (새해를 맞이한 이)
• 상황: (   )를 맞아 너그러운 삶을 살고자 함
• 정서·태도: 깨달음, 다짐

02 이 시에서 삶에 대한 화자의 겸손한 자세를 드러내는 시구를 찾아 3어절로 쓰시오.

03 [기출] 이 시에 대한 설명으로 적절하지 <u>않은</u> 것은?
① 제1연: 화자는 겨울나무와 바람이 공존하고 있는 모습을 바라보고 있다.
② 제2연: 화자는 '1연'과 연관 지어, 인간은 외롭지 않은 존재라고 생각하고 있다.
③ 제3연: 화자는 사는 것이 힘들지라도 그것을 은총이나 섭리로 여기고 있다.
④ 제4연: 화자는 좀 더 너그러운 마음으로 이 세상을 살아가자고 결심하고 있다.
⑤ 제5연: 화자는 새해 아침을 맞아 아름다운 자연과 더불어 살아가는 삶을 동경하고 있다.

핵심 정리

∨ 갈래: 자유시, 서정시   ∨ 성격: 관조적, 종교적
∨ 주제: 너그러운 삶을 살고자 하는 새해의 다짐
∨ 해제: 이 시는 새해를 맞아 너그럽게 살아가려는 다짐을 노래한 작품으로, 자연 현상을 통해 얻은 깨달음을 형상화하고 있다.
∨ 시의 특징과 표현
  ① 추상적 대상을 구체적으로 형상화함
  ② 삶에 대한 화자의 긍정적 자세가 드러남

249 구름의 파수병 | 김수영

수능 기출 EBS

만약에 나라는 사람을 유심히 들여다본다고 하자
　　　자신의 삶에 대한 성찰
그러면 나는 내가 시와는 반역된 생활을 하고 있다는 것을 알 것이다
　　　△: 시의 정신과 꿈을 잃고 현실에 안주하는 일상적 삶

먼 산정에 서 있는 마음으로「나의 자식과 나의 아내와
화자가 자신의 삶을 응시하기 위해 상정한 가상의 공간
그 주위에 놓인 잡스러운 물건들을 본다」
「 」: 일상적 삶에 대해 객관적으로 성찰함 – 열거법

그리고

나는 이미 정해진 물체만을 보기로 결심하고 있는데
반복되는 일상적 삶에 몰두하려는 화자의 태도
만약에 또 어느 나의 친구가 와서 나의 꿈을 깨워 주고
　　　　　　　　　　○: 시에 몰두하는 삶(이상적 삶)
나의 그릇됨을 꾸짖어 주어도 좋다
　　　　　　　　　　　　　▶ 1~3연: 시와는 반역된 생활을
　　　　　　　　　　　　　하고 있는 '나'의 자아 성찰

함부로 흘리는 피가 싫어서

이다지 낡아빠진 생활을 하는 것은 아니리라

먼지 낀 잡초 우에

잠자는 구름이여
멈춰 있는 존재
고생도 마음대로 할 수 없는 세상에서는
생활을 유지하기 위해 시인의 삶을 살 수 없는 상황 – 부정적 현실
철 늦은 거미같이 존재 없이 살기도 어려운 일
　　　　　　　　　　　　　▶ 4연: 시를 버리고 일상적 생활
　　　　　　　　　　　　　을 하게 만드는 부정적 현실

「방 두 칸과 마루 한 칸과 말쑥한 부엌과 애처로운 처를 거느리고
평범한 생활의 모습 – 현재의 삶
외양만이라도 남과 같이 살아간다는 것이 이다지도 쑥스러울 수가
　　　　　　　　　　　　　　　현재의 일상적 삶에 대한 화자의 정서
있을까」
「 」: 대상을 나열하여 화자의 정서가 촉발된 상황을 제시함

시를 배반하고 사는 마음이여
시의 정신에 어긋난 마음 – 현실에 안주하는 마음
자기의 나체를 더듬어 보고 살펴볼 수 없는 시인처럼 비참한 사람이
자신의 현재 모습을 비참하다고 인식하는 화자
또 어디 있을까

거리에 나와서 집을 보고 집에 앉아서 거리를 그리던 어리석음도 이
　　'시'를 상징　　　'생활'을 상징
제는 모두 사라졌나 보다

날아간 제비와 같이
　　　　　　일상에서 벗어나 이상을 추구하는 존재

출제 포인트

- '구름의 파수병'의 의미
- 화자가 반성하는 삶과 지향하는 삶

필수 문제

01 화자 파악하기
- 화자: '나' (시와는 반역된 생활을 하는 이)
- 상황: 시와 생활 사이에서 (　　　)하는 자신의 삶을 성찰하고 있음
- 정서·태도: 반성적, 의지적

02 이 시에서 생활 공간과 대비되는 곳으로, 화자가 자신의 현실을 응시하기 위해 상정한 공간을 찾아 2음절로 쓰시오.

03 시를 위한 반역의 정신을 지향하겠다는 의지를 다지는 화자 자신의 모습을 비유한 표현을 찾아 20절로 쓰시오.

04 [기출] 이 시를 이해한 내용으로 적절하지 않은 것은?
① 화자는 자신과 가족뿐만 아니라 '주위'의 '물건들'까지 살펴보면서 자기의 생활을 성찰하고 있다.
② 화자는 '나의 친구'가 방문한 뒤에야 비로소 자신의 삶이 '그릇됨'을 자각하고 있다.
③ 화자는 '고생도 마음대로 할 수 없는 세상'에서 '존재 없이' 살아가는 것이 어렵다고 느끼고 있다.
④ 화자는 자신을 '자기의 나체를 더듬어 보고 살펴볼 수 없는' 비참한 존재로 인식하고 있다.
⑤ 화자는 '시와는 반역된 생활'을 '죄'로 받아들이면서 자신을 '구름의 파수병'으로 규정하고 있다.

날아간 제비와 같이 자국도 꿈도 없이

어디로인지 알 수 없으나

어디로이든 가야 할 <u>반역의 정신</u>
시를 새롭게 지향하려는 의식

▶ 5~7연: 시를 배반하고 사는
　　마음에 대한 비참함과 반성

나는 지금 산정에 있다 ─
　　　　시를 위한 반역의 정신을 지향하는 공간
시를 반역한 죄로

이 메마른 산정에서 오랫동안 꿈도 없이 바라보아야 할 (구름)
　　　　　　　이상을 추구하며 자유롭게 떠도는 존재 – 시를 지향하는 삶
그리고 그 구름의 파수병인 나.
　　　　시를 새롭게 지향하려는 화자의 의지를 의미함

▶ 8연: 시를 지향하는 삶을 살겠
　　다는 의지를 다지는 '나'

한눈에 보기

생활에 몰두하려는 자아　　　　　　시를 지향하려는 자아

• 시와는 반역된 생활　　　　　　　　• 나의 꿈
• 낡아빠진 생활　　　　◄─────►　　• 반역의 정신
• 남과 같이 살아간다는 것　　　　　　• 구름의 파수병

핵심 정리

▾ 갈래: 자유시, 서정시　　　▾ 성격: 성찰적, 반성적, 의지적
▾ 주제: 진정한 시를 쓰기 위한 자기 성찰
▾ 해제: 이 시는 현실에 안주하는 일상의 생활과 시를 추구하는 삶 사이에서 갈등했던 시인의 내면을 진솔한 자기 성찰
　　을 통해 드러낸 작품이다. '구름'은 '이상을 추구하며 자유롭게 떠도는 존재'를 의미하며, '구름의 파수병'은 생활
　　로 인해 시에서 멀어졌던 화자가 다시 시를 새롭게 지향하려는 의지를 의미하고 있다.
▾ 시의 특징과 표현
　　① 가정법을 사용하여 화자 자신을 객관화함
　　② 상징과 비유, 열거 등 다양한 표현법을 사용하여 화자의 내면을 형상화함
　　③ 다양한 종결 어미로 시행을 종결하여 화자의 복잡한 내면세계를 효과적으로 전달함

250 긍지의 날 | 김수영

낯선 작품

너무나 잘 아는
└─'그 중요하다는 것'   순환의 원리를 위한 결의와 행동이 언제나 쉽지 않아서 느끼는 '피로'
순환의 원리를 위하여 / 나는 피로하였고
생활과 '나'의 의지가 간극 없이 일체가 되는 자연스러움
또 나는 / 영원히 피로할 것이기에
            생활과 의지(자신을 고쳐가는 노력)이 일체가 되도록 '피로'하도록 힘쓸 것
구태여 옛날을 돌아보지 않아도

설움과 아름다움을 대신하여 있는 나의 긍지
                            영원한 피로를 뚫고 나가는 고독한 정신
오늘은 필경 긍지의 날인가 보다   ▶ 1연: 오늘이 긍지의 날임
'나의 긍지'가 현실에 뿌리내리는 날

내가 살기 위하여

몇 개의 번개 같은 환상이 필요하다 하더라도
고통과 고독을 이겨 내기 위한 꿈
꿈은 교훈 / 청춘 물 구름
        남에게 의존하거나 흘러가거나 변하여 원천 또는 최종점이 될 수 없음 ⇔ 긍지
피로들이 몇 배의 아름다움을 가하여 있을 때도
'순환의 원리'를 위한 극도의 '피로'가 '긍지'이므로 삶에 '아름다움'을 더하게 됨
나의 원천과 더불어 / 나의 최종점은 긍지

「파도처럼 요동하여 / 소리가 없고   「 」: '긍지'에 대한 선언(역설적 표현)
생활의 설움이 밀려와도 흔들리지 않고
비처럼 퍼부어 / 젖지 않는 것」   ▶ 2연: '나'의 원천과 최종점인 긍지
생활에 타협하라는 요구가 빗발쳐도 흔들리지 않음

그리하여

피로도 내가 만드는 것 ┐ 현실을 뚫고 나가는 자신의 태도에
                    │ 따라 피로와 긍지는 만들어짐(대구법)
긍지도 내가 만드는 것 ┘

그러할 때면은 나의 몸은 항상 / 한 치를 더 자라는 꽃이 아니더냐
현실을 스스로 헤쳐 갈 때(긍지로 만들 때)   긍지의 날을 사는 삶이 됨
오늘은 필경 여러 가지를 합한 긍지의 날인가 보다 ← 1연 8행 반복, 강조
                피로를 긍지로 삼은
암만 불러도 싫지 않은 긍지의 날인가 보다

모든 설움이 합쳐지고 모든 것이 설움으로 돌아가는
'피로'를 '긍지'로 삼을 때 설움이 합쳐지며 '설움'으로 돌아가 '긍지'가 되는
긍지의 날인가 보다

이것이 나의 날 / 내가 자라는 날인가보다 ▶ 3연: '나'를 자라게 하는 긍지의 날
          긍지의 날   '긍지의 날'로 살아가는 삶

출제 포인트

• 시어의 상징적 의미
• 표현상의 특징 이해

필수 문제

01 화자 파악하기
• 화자: '나' (오늘을 긍지의 날로 살고 싶은 이)
• 상황: 인생을 (   )로 만들어 살아가고 싶음
• 정서·태도: 의지적

02 이 시에서 화자가 생각하는 긍지의 속성을 드러내는 시행을 찾아 모두 쓰시오.

03 이 시에서 대구적 표현을 통해 스스로가 삶의 주체라는 화자의 인식이 잘 드러난 부분을 찾아 쓰시오.

핵심 정리

▾ 갈래: 자유시, 서정시   ▾ 성격: 의지적, 성찰적
▾ 주제: 나만의 삶을 살게 하고 나를 자라게 하는 긍지의 날
▾ 해제: 이 시에서 화자는 오직 자신만의 삶을 살기 위하여 삶에서의 고통이나 설움을 긍지로 바꾸려는 의지를 드러낸다. 그리고 그런 노력으로 맞이하는 '오늘'은 화자에게 '긍지의 날'이고 '내가 자라는 날'이 된다고 말하고 있다.
▾ 시의 특징과 표현
  ① 역설적 표현을 통해 소재의 특성과 주제 의식을 부각함
  ② '-보다'와 같은 보조 형용사를 반복하여 화자의 인식을 강조함

현대시의 모든 것

눈 | 김수영

교과서 EBS

눈은 살아 있다.
순수함(참된 가치)의 상징
떨어진 눈은 살아 있다.

마당 위에 떨어진 눈은 살아 있다.

> 점층적 반복을 통해 '눈'의 생명력 강조

▶ 1연: 순수한 생명력을 지닌 눈

기침을 하자.
'가래(불순한 것)'를 뱉어 내기 위한 행위
젊은 시인이여 기침을 하자.
순수함을 추구하는 존재. 화자 자신을 가리키기도 함
눈 위에 대고 기침을 하자.

눈더러 보라고 마음 놓고 마음 놓고
지금까지는 마음 놓고 기침을 하지 못했음을 알 수 있음
기침을 하자.

▶ 2연: 순수한 생명력 회복의 의지

눈은 살아 있다.

죽음을 잊어버린 영혼과 육체를 위하여
죽음을 초월하여 순수하고 가치 있는 것을 추구하는 사람(용기 있는 지식인)
눈은 새벽이 지나도록 살아 있다.
강인한 생명력을 지닌 눈

▶ 3연: 죽음을 초월한 생명력을 지닌 눈

기침을 하자. / 젊은 시인이여 기침을 하자.

눈을 바라보며

밤새도록 고인 가슴의 가래라도
불순한 것 – 비겁한 일상성, 소시민성, 속물성
마음껏 뱉자.
억압과 불의에 대한 저항

▶ 4연: 순수한 정신의 추구

출제 포인트

- '눈'과 '가래'의 상징적 의미
- 의미의 점층 구조

필수 문제

01 화자 파악하기
- 화자: 순수한 삶을 소망하는 이
- 상황: 순수한 '눈' 위에 대고 불순한 '(   )'를 뱉어 내자고 함
- 정서·태도: 비판, 의지적

02 이 시에서 마음속의 불순한 것을 뱉어 내는 행위로 제시한 시어를 찾아 2음절로 쓰시오.

03 〈보기〉의 (   ) 안에 들어갈 알맞은 말을 쓰시오.

〈보기〉
이 시는 '눈은 살아 있다'와 '기침을 하자'라는 두 시구의 (   )와/과 (   )을/를 통해 운율을 형성하고 의미를 강조하고 있다.

알맹이 포착

'눈'의 의미

이 시에서 '눈'은 비순수의 공간인 '마당'에 떨어진 다음에도 살아 있는 강인한 생명력을 지닌 존재이다. 그래서 화자는 그 눈을 보며 '기침'을 하고 '가래'를 뱉어 내자고 하고 있다. 즉, '눈'은 살아 있는 존재, 정의롭고 순수한 생명력을 표상한다.

'기침'의 의미

순수함을 표상하는 '눈' 위에 대고 '기침'을 하는 것은 후에 '가래'를 뱉어 내는 행위로 이어진다. '가래'는 우리가 일상생활 속에서 가지게 된 소시민성, 불순성, 속물성 등을 의미한다. 그러므로 '기침'을 하는 것은 우리에게 있는 불순한 요소들을 토해 내고 순수하고 양심적인 영혼과 육체를 되찾기 위한 행위를 의미한다.

핵심 정리

- 갈래: 자유시, 서정시, 참여시
- 성격: 반성적, 비판적, 의지적
- 주제: 순수하고 정의로운 삶에 대한 소망과 의지
- 해제: 이 시는 순수하고 정의로운 삶에 대한 소망과 의지를, '눈'과 '가래'라는 대립적 이미지의 시어를 통해 형상화하고 있다.
- 시의 특징과 표현
  ① '눈'과 '가래'의 이미지가 대립적 구조를 형성함
  ② 문장의 반복과 변형 및 첨가를 통한 점층적 진행으로 역동적 리듬을 형성함

병풍(屛風) | 김수영

화자를 주검으로부터 차단함
병풍(屛風)은 무엇에서부터라도 나를 끊어준다
삶과 죽음의 경계, 삶과 죽음에 대해 성찰하게 하는 매개물
둥지고 있는 얼굴이여   □: 병풍을 비유적으로 형상화하고 있는 표현

주검에 취(醉)한 사람처럼 멋없이 서서
시신
병풍은 무엇을 향(向)하여서도 무관심(無關心)하다   ▶ 1~4행: '주검'을 가리
화자가 '죽음'과 관련하여 지향하는 태도   고 서서 삶의 어떤 것
주검의 전면(全面) 같은 너의 얼굴 위에   에도 무관심한 병풍
상승의 이미지   지는 해 – 하강의 이미지
용(龍)이 있고 낙일(落日)이 있다
병풍에 그려진 그림들
무엇보다도 먼저 끊어야 할 것이 설움이라고 하면서
△: '죽음'과 관련해 화자가 극복해야 하는 대상
병풍은 허위(虛僞)의 높이보다도 더 높은 곳에

「비폭(飛瀑)을 놓고 ■유도(幽島)를 점지한다」   ▶ 5~9행: 병풍에 그려진 그림을
「 」: 병풍에 그려진 그림들   보며 죽음과 관련하여 '설움'과
가장 어려운 곳에 놓여 있는 병풍은   '허위'를 극복해야 함을 인식함
삶과 죽음의 경계
내 앞에 서서 주검을 가지고 주검을 막고 있다
'나'와 주검 사이에 놓인 병풍을 보며 죽음의 세계를 생각함(역설적 표현)
나는 병풍을 바라보고

달은 나의 등 뒤에서 병풍의 주인(主人) ■육칠옹해사(六七翁海士)의 인
삶과 죽음의 순환을 이해하게 함
장(印章)을 비추어 주는 것이었다   ▶ 10~13행: 삶과 죽음의
                 의미를 깨달음

■ 비폭(飛瀑): 비폭(飛瀑)으로 보임. 매우 높은 곳에서 세차게 떨어지는 폭포
■ 유도(幽島): 도달할 수 없는 외딴 섬
■ 육칠옹해사(六七翁海士): 병풍에 찍힌 인장의 주인. 한때 시인이 심취했던 독일의 철학자
  하이데거를 연상시키기도 함

출제 포인트
• 소재의 의미와 기능
• 시어와 시구의 의미 이해

필수 문제

01 화자 파악하기
• 화자: '나' (문상을 와서 병풍
  을 바라보는 이)
• 상황: (   )을 와서 병풍을
  바라보며 죽음의 의미에 대하
  여 생각함
• 정서·태도: 성찰적

02 이 시에서 (   )은 삶과
죽음의 경계이자 삶과 죽음을 성
찰하게 하는 소재이다.

03 이 시의 내용을 통해 핵심
소재의 위치와 그 기능을 아래와
같이 정리할 때 빈칸에 들어갈 내
용은?

바라봄 →		
달	( )	병풍
일체가 자연의 순환 과정임	삶과 죽음의 의미 탐색	'나'와 '주검'의 차단

핵심 정리

▾ 갈래: 자유시, 서정시   ▾ 성격: 관념적, 성찰적, 주지적
▾ 주제: 인간의 삶을 고양시키는 것으로서의 죽음
▾ 해제: 이 시는 화자가 문상(問喪)을 와서 주검을 가리고 있는 병풍을 바라보며 죽음의 의미에 대해 생각하는 상황을
  그리고 있다. 이 시에서 '병풍'은 화자가 삶과 죽음에 대해 생각하게 하는 매개물이 된다. 화자는 죽음을 대상으로
  하여 '설움'과 '허위'를 이겨 내야 한다고 말하면서 감상에 빠지지 않는 주지적인 태도를 보여 주고 있다.
▾ 시의 특징과 표현: 의인화된 '병풍'을 통해 삶과 죽음의 의미를 형상화함

사랑 | 김수영

어둠 속에서도 불빛 속에서도 변치 않는
부정과 긍정의 상황에 구애받지 않는 사랑의 불변성
사랑을 배웠다 너로 해서
　　　　□ : '너 → 너의 얼굴 → 금이 간 너의
　　　　　　　얼굴'로 대상을 구체화함

▶ 1연: 너로 인해 변치
않는 사랑을 배움

그러나 너의 얼굴은
시상의 전환
어둠에서 불빛으로 넘어가는
대상의 변화를 깨닫는 순간
그 찰나에 꺼졌다 살아났다
'변치 않는 사랑'과 대비되는 모습
너의 얼굴은 그만큼 불안하다
너가 변화하는 존재라는 것을 깨달음

▶ 2연: 너의 변화에 대
한 인식

번개처럼
변화하는 대상의 모습 비유 - 가변성, 비정성
번개처럼

금이 간 너의 얼굴은
변화하는 대상의 모습 - 사랑은 대상의 변화까지
포용하는 것이라는 주제 의식 내포

▶ 3연: 변화하는 너의
모습 구체화

출제 포인트

- 이 시에 나타난 '사랑'의 의미
- 시어 및 시구의 의미

필수 문제

01 화자 파악하기
- 화자: 사랑의 의미에 대해 생
각하는 이
- 상황: 사랑하는 대상의 변모를
인식하고 이를 (　　　)하고
자 함
- 정서·태도: 사랑, 깨달음

02 이 시에서 대상의 가변적 특
성을 비유한 시어를 찾아 쓰시오.

03 이 시에 나타난 사랑의 의미
를 〈보기〉와 같이 정리할 때,
(　　) 안에 공통적으로 들어갈 알
맞은 말을 쓰시오.

〈보기〉
이 시에서는 '찰나'를 포착
하여 '금이 간' 징조를 읽어 내
는 것, 즉 대상의 (　　　)를
인정하고 그 (　　　)까지
포용하는 것이 바로 사랑이라
고 말하고 있다.

알맹이 포착

'사랑'에 대한 통찰에서 얻은 깨달음
이 시의 화자는 사랑하는 대상을 통해 어떤 상황에서도 변치 않는 것
이 사랑이라는 것을 배웠지만, 어느 순간 정작 사랑하는 대상이 변화
하고 있음을 깨닫고 있다. 이를 통해 모든 것은 변할 수 있다는 것을
수용하고, 진정한 사랑은 변화의 순간을 포착하여 그 변화까지 포용할
수 있어야 함을 노래하고 있다.

'너'의 의미
이 시는 변치 않는 사랑의 힘이 '너'가 변화하는 순간을 포착하여 그
변화까지도 포용하게 함을 노래하고 있다. 이때 '너'의 의미는 연인에
서부터 주체와 관계 맺는 타인과 세상 전체로까지 확장할 수 있다. 이
작품의 창작 시기가 1960년임을 고려하면 '너'는 당시 사람들이 열망
하던 자유, 민주와 같은 개념으로도 이해할 수 있다.

핵심 정리

- 갈래: 자유시, 서정시 　　 성격: 주지적, 상징적
- 주제: 대상의 변화까지도 포용할 수 있는 사랑의 힘
- 해제: 이 시는 사랑하는 대상이 변화하는 모습을 통해, 변화의 순간을 포착하여 그 변화까지 포용하는 것이 진정한
사랑임을 노래하고 있다. 번쩍이다 사라지고 금이 가 있는 '번개'의 가변적인 이미지를 활용하여, 변치 않는 사랑과
대비되는 '너'의 변화하는 모습을 시각적으로 구체화하고 있다.
- 시의 특징과 표현
① 추상적인 사랑의 본질에 대한 깨달음을 제시함
② 시각적 이미지를 활용하여 대상의 특성을 구체화함

사령(死靈) | 김수영

……활자(活字)는 반짝거리면서 하늘 아래에서
　　　　자유와 정의를 이야기하는 서적 – '벗', '그대'와 호응
간간이 / 자유를 말하는데,

나의 영(靈)은 죽어 있는 것이 아니냐.
자유를 말하지 못하는 자신에 대한 반성

▶ 1연: 활자로만 존재하는 자
유와 죽어 있는 '나'의 영혼

벗이여,
활자
그대의 말을 고개 숙이고 듣는 것이
　　　자괴감
그대는 마음에 들지 않겠지.

마음에 들지 않아라.

▶ 2연: 침묵만 지키고 있는
자신에 대한 불만

모두 다 마음에 들지 않아라.

이 황혼도 저 돌벽 아래 잡초도

담장의 푸른 페인트 빛도
평화를 가장하는 것
저 고요함도 이 고요함도.
　　비겁한 침묵, 무기력함

▶ 3연: 무기력한 고요와 평
화에 대한 불만

그대의 정의도 우리들의 섬세(纖細)도
서적 속에 존재하는 관념적인 정의　　'나약함'의 의미
행동이 죽음에서 나오는
자유와 정의를 실현하기 위한 행동을 실천하지 못하는 – 화자가 자조하는 이유
이 욕된 교외(郊外)에서는
　　안정적 생활에 길들여진 소시민적 삶의 현실
어제도 오늘도 내일도 마음에 들지 않아라.

▶ 4연: 자유와 정의가 부재
하는 삶에 대한 불만

「그대는 반짝거리면서 하늘 아래에서
　　활자
간간이 / 자유를 말하는데,

우스워라 나의 영(靈)은 죽어 있는 것이 아니냐.」
행동하지 못하는 자신의 무기력함에 대한 자조적 반성
「 」: 수미 상관

▶ 5연: 죽어 있는 '나'의 영
혼에 대한 자괴감

■ 사령(死靈): 죽은 사람의 넋

필수 문제

01 화자 파악하기
• 화자: '나'(지식인)
• 상황: (　　　)에 적극적으로
대응하지 못함
• 정서 · 태도: 자괴감, 무기력함,
자기반성

02 이 시의 시어 중 의미하는
바가 이질적인 것은?
① 나의 영(靈)
② 그대의 말
③ 고요함
④ 섬세(纖細)
⑤ 욕된 교외(郊外)

03 이 시에서 평화로운 모습으
로 위장된 부정적 현실을 보여 주
고 있는 연을 찾아 쓰시오.

▼ 갈래: 자유시, 서정시　　▼ 성격: 주지적, 비판적, 반성적
▼ 주제: 불의에 적극적으로 항거하지 못하는 지식인의 자기반성
▼ 해제: 이 시는 자유와 정의가 활자로만 존재하는 부도덕한 현실에 적극적으로 항거하지 못하고 침묵하는 화자가 자
신의 그러한 태도를 자조적으로 비판하는 작품이다.
▼ 시의 특징과 표현
자성(自省)적 어조로 현실에 적극적으로 대응하지 못하는 자신의 태도를 비판함

어느 날 고궁(古宮)을 나오면서 | 김수영

왜 나는 조그만 일에만 분개하는가.
　　　　사소한 일
저 왕궁(王宮) 대신에 왕궁(王宮)의 음탕 대신에
　　　　　　　　독재 권력의 부도덕함과 탐욕 – 본질적인 문제
50원짜리 갈비가 기름 덩어리만 나왔다고 분개하고
사소한 일 ①
옹졸하게 분개하고 설렁탕집 돼지 같은 주인년한테 욕을 하고
자신의 행위에 대한 자조적 반성　　　　자신의 속된 모습을 부각하기 위해 비속어를 사용함
옹졸하게 욕을 하고

▶ 1연: 문제적 현실에는 저항
하지 못하고 사소한 일에만
분개하는 자신에 대한 반성

「한번 정정당당하게
「 」: 본질적인 문제에는 침묵하면서 사소한 일에만 분개하는 화자의 모습
붙잡혀 간 소설가를 위하여

언론의 자유를 요구하고 월남(越南) 파병(派兵)에 반대하는
　　　　　　　　　　　　　└──▶ 당당하게 추구해야 할 가치 있는 일
자유를 이행하지 못하고

20원을 받으러 세 번씩 네 번씩
사소한 일 ②
찾아오는 야경꾼 들만 증오하고 있는가.」

▶ 2연: 자유를 부르짖지도 못하
면서 사소한 일에 증오심을
불태우는 자신에 대한 반성

「옹졸한 나의 전통은 유구 하고 이제 내 앞에 정서(情緒)로
「 」: 화자의 옹졸한 행위가 오래되어서 몸에 배어 있음
가로놓여 있다.」

이를테면 이런 일이 있었다.

「부산에 포로수용소의 제14 야전 병원에 있을 때
「 」: 화자의 유약하고 소시민적인 태도가 오래전부터 지속되어 온 것임을 보여 주는 일화
정보원이 너스들과 스펀지를 만들고 거즈를
　　　　　간호사　　　　현실과 타협하지 않기 위한 소극적인 반항
개키고 있는 나를 보고 포로 경찰이 되지 않는다고
남자가 뭐 이런 일을 하고 있느냐고 놀린 일이 있었다.
　　　　　'정보원'이 생각하는 사소한 일
너스들 옆에서」

▶ 3연: 오래전부터 체질화된
자신의 옹졸한 모습

지금도 내가 반항하고 있는 것은 이 스펀지 만들기와
　　　　　　　┌── 가치가 없는 일
거즈 접고 있는 일과 조금도 다름없다.

「개의 울음소리를 듣고 그 비명에 지고
「 」: 왜소하고 무기력한 화자의 모습
머리에 피도 안 마른 애놈의 투정에 진다.

떨어지는 은행나무 잎도 내가 밟고 가는 가시밭」

▶ 4연: 사소한 일에만 예민
하게 반응하는 옹졸한 근
성에 대한 반성

아무래도 나는 비켜서 있다. 절정(絶頂) 위에는 서 있지
불의에 직접 맞서지 못하는 소시민의 모습　불의에 항거하는 삶의 한복판
않고 암만해도 조금쯤 옆으로 비켜서 있다.
　　　　'절정'에서 벗어나

1960년대

현대시의 모든 것

출제 포인트

• 시에 반영되어 있는 현실과 화
자가 반성하는 삶의 모습
• 대조적으로 설정되어 있는 상황
의 이해

필수 문제

01 화자 파악하기
• 화자: '나' (소시민)
• 상황: 일상의 (　　)한 것에
만 옹졸하게 화를 내는 것을
자조함
• 정서·태도: 자조적, 반성적

02 이 시에 나오는 행위 중 의
미가 이질적인 것은?
① 설렁탕집 주인 여자한테 욕을
함
② 월남 파병에 반대함
③ 야경꾼들만 증오함
④ 스펀지를 만들고 거즈를 개킴
⑤ 이발쟁이에게 반항함

03 이 시에서 화자가 추구하는
삶이자, 불의에 정면으로 맞서는
삶의 한복판을 의미하는 시어를
찾아 2음절로 쓰시오.

04 [기출] 이 시를 이해한 내용
으로 적절하지 않은 것은?
① '돼지 같은 주인년'이라는 표
현은 설렁탕집 주인의 속물
적 근성에 대한 맹렬한 비판
이겠군.
② '자유를 이행하지 못하고' 있
다는 생각은 소시민성에 대한
자각을 나타낸 것으로 볼 수
있겠어.
③ '전통은 유구'하다는 인식은
과거 자신의 처신에 대한 정확
한 응시에 근거한 것이겠군.
④ '절정 위에' 서 있는 것은 기
존 질서에 적극적으로 대항하
는 것이라 하겠어.
⑤ '나'의 반성은 자기비판을 넘
어 역사와 현실의 불합리에
맞서는 힘이 될 수 있겠군.

『그리고 조금쯤 옆에 서 있는 것이 조금쯤
「 」: 철저한 자기반성이 없음을 고백
비겁한 것이라고 알고 있다!』

▶ 5연: 현실 문제에 정면으로 저항하지
　　못하고 비켜서 있는 비겁함의 고백

그러니까 이렇게 옹졸하게 반항한다.

이발쟁이에게　　　□: 힘이 없는 자
　　　　　　　　　△: 힘이 있는 자

땅 주인에게는 못 하고 이발쟁이에게

구청 직원에게는 못 하고 동회 직원에게도 못 하고

야경꾼에게 20원 때문에 10원 때문에 1원 때문에

우습지 않느냐 1원 때문에

▶ 6연: 힘없는 자들에게만 반
　　항하는 옹졸함에 대한 반성

◯: '나' 의 왜소한 모습을 보잘것없는 자연물에 대비하여 자조함

모래야 나는 얼마큼 작으냐.

바람아 먼지야 풀아 난 얼마큼 작으냐.

정말 얼마큼 작으냐……
사소한 것에만 옹졸하게 분노하는 화자의 자조적 독백

▶ 7연: 왜소하고 보잘것없는
　　존재로서 느끼는 자괴감

▪ 야경꾼: 밤사이에 화재나 범죄가 없도록 살피고 지키는 사람
▪ 유구(悠久): 아득히 오래됨

대조적인 상황의 설정

사소한 일		의미 있는 일
•50원짜리 갈비가 기름 덩어리만 나옴 •야경꾼이 20원을 받으러 옴 •스펀지 만들기와 거즈 접는 일	↔	•왕궁의 음탕에 분개함 •언론의 자유를 요구함 •월남 파병에 반대함

시의 시대적 배경

•붙잡혀 간 소설가 •언론의 자유 요구 •월남 파병 반대 •포로수용소의 제14 야전병원	→	1960년 4월 혁명 이후 1961년 군사 정변으로 들어선 독재 정권하의 부정적 현실

핵심 정리

♥ **갈래:** 자유시, 서정시, 참여시　　♥ **성격:** 반성적, 자조적, 현실 비판적
♥ **주제:** 부정한 권력과 사회적 부조리에 저항하지 못하는 소시민의 자기반성
♥ **해제:** 이 시는 역사의 불합리와 부조리에 대해서는 저항하거나 비판하지 못하고 일상의 사소한 일에만 화를 내는, 화자의 소시민적 태도를 자조적으로 비판하고 있다.
♥ **시의 특징과 표현**
　① 대조적인 상황 설정을 통해 화자의 소시민적 태도를 부각함
　② 자조적인 표현을 통해 독자에게 교훈적 · 반성적 태도를 보여 줌

현대시의 모든 것

파밭 가에서 | 김수영

필수

삶은 계란의 껍질이 / 벗겨지듯
경직된 의식
묵은 사랑이 / 벗겨질 때
과거의 사랑, 기존의 낡은 가치
「붉은 파밭의 푸른 새싹을 보아라」 「 」: 색채 대비
묵은 사랑   새로운 사랑
얻는다는 것은 곧 잃는 것이다
역설적 표현 – 새로운 사랑을 얻기 위해서는 묵은 사랑을 버려야 함

▶ 1연: 묵은 사랑을 벗겨 내려는 마음

먼지 앉은 석경* 너머로
고루한 전통
너의 그림자가 / 움직이듯
실존이 아닌 허위
묵은 사랑이 / 움직일 때
묵은 사랑에 대한 추억이 자꾸 떠오를 때
붉은 파밭의 푸른 새싹을 보아라

얻는다는 것은 곧 잃는 것이다

▶ 2연: 묵은 사랑에 대한 추억을 떨쳐 내려는 의지

새벽에 준 조로*의 물이
부조리한 의식
대낮이 지나도록 마르지 않고

젖어 있듯이

묵은 사랑이

뉘우치는 마음의 한복판에   묵은 사랑을 뉘우치면서도
반성적 사고   쉽게 떨쳐 내지 못할 때
젖어 있을 때

붉은 파밭의 푸른 새싹을 보아라

얻는다는 것은 곧 잃는 것이다

▶ 3연: 묵은 사랑에 대한 뉘우침과 극복 의지

■ 석경: 유리로 만든 거울
■ 조로: 포르투갈 어인 'jorro'에서 유래한 말로, '물뿌리개'를 의미함

출제 포인트

• '묵은 사랑'의 의미
• 시각적 이미지의 대조를 통한 주제 강조
• 역설적 표현의 의미와 효과

필수 문제

01 화자 파악하기
• 화자: 새로운 사랑을 희망하는 이
• 상황: 과거의 낡은 가치를 버리고 (   ) 가치를 추구하고자 함
• 정서·태도: 단호함, 의지적

02 이 시에서 '묵은 사랑'의 상징적 의미를 쓰시오.

03 [서술형] 이 시에서 역설적 표현이 나타난 시행을 찾고, 그 의미를 한 문장으로 서술하시오.

핵심 정리

▽ 갈래: 자유시, 서정시   ▽ 성격: 상징적, 의지적
▽ 주제: 새로운 사랑(가치)을 얻기 위한 의지
▽ 해제: 이 시는 '묵은 사랑'이 아닌 '새로운 사랑'을 희망하면서 이전과 다른 삶을 살기 위해 우리가 가져야 할 태도가 무엇인지 말하고 있다.
▽ 시의 특징과 표현
    ① 반복과 역설을 통해 주제 의식을 강조함
    ② 각 연이 동일한 구조를 취함
    ③ 비유와 시각적 이미지를 사용하여 관념적 의미를 구체적으로 형상화함

폭포 | 김수영

부정적 현실에 대한 두려움 없이
폭포는 곧은 절벽을 무서운 기색도 없이 떨어진다.
'고매한 정신', '곧은 소리'를 상징

▶ 1연: 무서운 기색도 없이 떨어지는 폭포의 외형적 모습

규정할 수 없는 물결이
폭포의 물결 - 자유의 이미지
무엇을 향하여 떨어진다는 의미도 없이
현실적·세속적 가치나 목적
계절과 주야를 가리지 않고
일관되고 지속적인 폭포의 속성
고매한* 정신처럼 쉴 사이 없이 떨어진다.
부정적 현실에 저항하는 태도

▶ 2연: 쉴 사이 없이 떨어지는 폭포의 내적 속성

금잔화도 인가도 보이지 않는 밤이 되면
아름다움, 희망   인간적 유대   부정적 현실
폭포는 곧은 소리를 내며 떨어진다.
            정의롭고 진실된 양심의 소리

곧은 소리는 소리이다.

『곧은 소리는 곧은
「 」: 곧은 소리로써 다른 사람들을 각성시키는 폭포의 선구자적 정신
소리를 부른다.』

▶ 3, 4연: 곧은 소리를 내는 폭포의 선구자적 행동

번개와 같이 떨어지는 물방울은

취할 순간조차 마음에 주지 않고

나타(懶惰)*와 안정을 뒤집어 놓은 듯이
부정적 현실에 안주하는 소시민적이고 안이한 삶의 태도
『높이도 폭도 없이
「 」: 폭포의 절대적 자유로움 - 소시민적 삶의 태도를 거부함
떨어진다.』

▶ 5연: 나타와 안정을 부정하는 폭포의 정신

■ 고매한: 인격이나 품성, 학식, 재질 따위가 높고 빼어난
■ 나타(懶惰): 행동, 성격 따위가 느리고 게으름

출제 **포인트**

• '폭포'의 속성과 상징적 의미
• 화자의 삶의 자세

필수 문제

01 화자 파악하기
• 화자: 폭포를 바라보는 이
• 상황: 폭포가 암담한 현실 속에서도 (   ) 소리를 내며 떨어짐
• 정서·태도: 저항적

02 이 시에서 '폭포'의 선구자적 속성을 엿볼 수 있는 시구를 찾아 쓰시오.

03 이 시에서 '폭포'의 속성을 알 수 있는 표현이 아닌 것은?
① 무엇을 향하여 떨어진다는 의미도 없이
② 계절과 주야를 가리지 않고
③ 쉴 사이 없이
④ 금잔화도 인가도 보이지 않는
⑤ 나타(懶惰)와 안정을 뒤집어 놓은 듯이

핵심 정리

❤ 갈래: 자유시, 주지시   ❤ 성격: 관념적, 참여적, 상징적
❤ 주제: 부정적 현실과 타협하지 않는 저항 정신
❤ 해설: 이 시는 거침없이 떨어지는 '폭포'의 역동적 이미지를 통해, 부정적 현실을 거부하고 자유와 정의를 향해 힘차게 나아가고자 하는 정신을 형상화하고 있다.
❤ 시의 특징과 표현
   ① '떨어진다'라는 시어를 반복하여 운율감을 형성하고 의미를 강조함
   ② 구체적인 자연 현상을 통해 추상적인 인간의 내면세계를 형상화함

풀 | 김수영

풀이 눕는다.
연약하지만 강인한 생명력을 지닌 '민중'을 상징
비를 몰아오는 동풍에 나부껴
　　　　　　　'풀'을 억압하는 존재
　　　　　　　　– 독재 권력, 외세 상징
풀은 눕고
바람에 시달리는 '풀'의 모습
드디어 울었다.
'풀'의 나약한 모습
날이 흐려서 더 울다가
암담한 현실 상황
다시 누웠다.
반복되는 '풀'의 수난

'풀'의 태도 변화
(수동적 → 능동적)
▶ 1연: 풀의 나약함(풀의 수동성)

풀이 눕는다.
바람보다도 더 빨리 눕는다.
1연의 '동풍'과 같은 의미
바람보다도 더 빨리 울고
바람보다 먼저 일어난다.
　'풀'의 능동성, 강인함

▶ 2연: 풀의 강인함(수동성 → 능동성)

날이 흐리고 풀이 눕는다.
『발목까지
「 」: 철저하게 고통받는 민중
발밑까지 눕는다.』
바람보다 늦게 누워도
바람보다 먼저 일어나고
'풀'(민중)의 강인한 생명력
바람보다 늦게 울어도
바람보다 먼저 웃는다.
고난에 굴하지 않는 '풀'의 의연함
날이 흐리고 풀뿌리가 눕는다.
'풀'(민중)의 고통이 지속되는 현실

▶ 3연: 풀의 끈질긴 생명력(능동성 강조)

출제 포인트

- 시어의 의미와 대립 구조
- 시상 전개에 따른 '풀'의 태도 변화

필수 문제

01 화자 파악하기
- 화자: 풀을 관찰하는 이
- 상황: (　　　)이 바람에 시달려도 의연해함
- 정서·태도: 신념, 비판적

02 이 시에서 '풀'과 대립적인 의미를 지닌 시어 2가지를 찾아 각각 2음절로 쓰시오.

03 [기출] 이 시에 대한 이해로 적절하지 않은 것은?
① 1연에서 '드디어'는 풀이 억압적인 상황에 대한 감정을 드러내기 시작했음을 나타낸다.
② 1연에서 '더', '다시'는 풀이 눕고 우는 모습을 수식하여 풀에 가해진 시련이 만만치 않음을 나타낸다.
③ 2연에서 '빨리'와 '먼저'는 풀이 자기 의지를 가지고 움직이기 시작했음을 의미한다.
④ 3연에서 '발목까지', '발밑까지'는 풀에 대한 억압이 점점 심해지고 있음을 나타낸다.
⑤ 3연에서 '늦게', '먼저'는 억압적인 상황이 풀의 내적 성숙을 지연시키고 있음을 부각한다.

핵심 정리

- ▾ 갈래: 자유시, 서정시, 참여시　　　▾ 성격: 상징적, 현실 참여적
- ▾ 주제: 풀(민중)의 끈질긴 생명력
- ▾ 해제: 이 시는 '풀'로 상징되는 민중의 끈질긴 생명력과 강인함을, 반복과 대구에 의한 리듬감과 상징적 표현을 통해 형상화하고 있다.
- ▾ 시의 특징과 표현
  ① 대립적 구조와 상징적인 시어로 시상을 전개함('풀 ↔ 바람', '눕다 ↔ 일어나다', '울다 ↔ 웃다'의 반복 구조)
  ② 자연물의 속성을 유심히 살핀 시인의 통찰력이 엿보임

259 하루살이 | 김수영

필수

나는 일손을 멈추고 잠시 무엇을 생각하게 된다
숨 가쁘게 살아가는 소시민의 일상   일상에 매몰된 자신의 삶의 보람을
―살아 있는 보람이란 이것뿐이라고―
'일손'을 멈춘 잠시의 휴식이 유일한 보람인 무미건조한 삶
하루살이의 광무(狂舞)여   ▶ 1연: 하루살이의 광무
소시민인 '나'와 비교 대상 └▶ '나'의 일상과 대비되는 생명력 넘치는 몸짓

하루살이는 지금 나의 일을 방해한다
                '나'의 일상을 되돌아보게 함
―나는 확실히 하루살이에게 졌다고 생각한다―
  하루살이보다 못한 '나'의 삶에 대한 자괴감, 자조
하루살이의 유희(遊戲)여   ▶ 2연: 하루살이의 유희
        '나'의 일상과 대비되는 즐거움과 여유의 몸짓

『너의 모습과 너의 몸짓은 「 」: 하루살이의 광무, 유희에 대한 부러움,
                              자신의 일상과 대비됨(비애)
어쩌면 이렇게 자연스러우냐』
『소리없이 기고 소리없이 날으다가』 「 」: 하루살이의 움직임과 비행 묘사
                              (자연스러움 → 자유로움 → 초월적 행위)
되돌아오고 되돌아가는 무수한 하루살이』
―그러나 나의 머리 위의 천장에서는 너의 소리가 들린다―
  하루살이의 모습이 부럽기에 역접의 조사 사용   하루살이의 모습과 소리 등 모든 것에 집중함
하루살이의 반복(反覆)이여   ▶ 3연: 하루살이의 반복
        '나'의 일상과 대비되는 자연스러움과 초월의 몸짓

불 옆으로 모여드는 하루살이여
죽음도 불사하는 하루살이의 열정
벽을 사랑하는 하루살이여
단절과 장애를 두려워하지 않는 하루살이
감정을 잊어버린 시인에게로
일상에 매몰된 피곤한 존재, 하루살이의 넘치는 생명력과 대비
모여드는 모여든 하루살이여
―나의 시각(視覺)을 쉬게 하라―
  소시민성의 탈피를 갈망함(감정과 감각을 회복하고 싶음)
하루살이의 황홀(恍惚)이여   ▶ 4연: 하루살이의 황홀
        하루살이의 모습에 매혹됨, 부러움의 최고조, 삶의 비애의 최고조(역설적)

■ 반복(反覆): 말이나 행동을 이랬다저랬다 하여 자꾸 고침. 시에서는 긍정의 의미로 사용됨.
  '반복(反復): 거듭해서 되풀이함'의 의미가 아님

출제 **포인트**

• 시상 전개 방식 이해
• 소재에 대한 화자의 태도

필수 문제

01 화자 파악하기
• 화자: '나' (하루살이를 바라보는 이)
• 상황: 일손을 멈추고 (   )를 보며 광무, 유희, 반복, 황홀을 부러워함
• 정서·태도: 소시민의 비애

02 이 시에서 '감정을 잊어버린 시인'이 자신의 문제를 해결하기 위해서 해야 할 일이 무엇인지를 시의 표현 그대로 찾아 쓰시오.

03 이 시에서 '하루살이'를 보고 부러움을 느끼는 화자의 마음이 집약된 시어를 아래와 같이 정리할 때 빈칸에 들어갈 내용은?

1연	광무
2연	유희
3연	( )
4연	황홀

핵심 정리

▼ 갈래: 자유시, 서정시   ▼ 성격: 자조적, 반성적, 자기 비판적
▼ 주제: 소시민적 삶에 대한 비애와 자괴감
▼ 해제: 이 시에서 화자는 '광무', '유희', '반복', '황홀'로 표현되는 하루살이에 대한 부러움을 통해 하루하루 반복되는 소시민적인 자신의 삶에 자조와 비애를 느끼고 있다.
▼ 시의 특징과 표현
    ① 각 연의 마지막 행을 영탄적으로 끝맺음
    ② 줄표(―)를 활용하여 화자의 내면 의식을 표현함

현대시의 모든 것

260 누군가 나에게 물었다 | 김종삼

누군가 나에게 물었다. 시가 뭐냐고
<small>시와 시인의 존재 의미에 대한 질문</small>
나는 시인이 못 되므로 잘 모른다고 대답하였다.
<small>시인의 조건을 갖추지 못함 – 화자의 성찰적 자세</small>
┌무교동과 종로와 명동과 남산과
<small>┌」: 시가 무엇이냐는 질문에 대한 답을 찾는 과정 – 서민들의 삶 속에서 답을 찾음</small>
서울역 앞을 걸었다.

저녁녘 남대문 시장 안에서

빈대떡을 먹을 때 생각나고 있었다.」

그런 사람들이

엄청난 고생 되어도

┌순하고 명랑하고 맘 좋고 인정이
<small>┌」: 인간다운 삶을 살아가는 사람들 – 시인의 조건</small>
있으므로 슬기롭게 사는 사람들」이

그런 사람들이

이 세상에서 (알파)이고   ◯: 서민들의 삶에 높은 가치를 부여한 표현

(고귀한 인류)이고

(영원한 광명)이고

다름 아닌 (시인)이라고.
<small>서민들의 성실하고 건강한 삶에 대한 긍정적 인식</small>

▶ 1~2행: 시가 무엇이냐는 질문에 모른다고 대답함

▶ 3~6행: 여러 곳을 걷다가 남대문 시장에서 답을 찾음

▶ 7~15행: '나'가 생각하는 진정한 시인

출제 포인트

- 시상 전개 과정의 특징
- 화자가 생각하는 '시인'의 조건

필수 문제

01 화자 파악하기
- 화자: '나'(시가 무엇이냐는 질문을 받은 이)
- 상황: (   )가 무엇이냐는 질문에 대한 답을 찾기 위해 거리를 배회함
- 정서·태도: 깨달음, 긍정적

02 [기출] 〈보기〉의 각 요소와 관련지어 이 시를 이해한 내용으로 적절하지 <u>않은</u> 것은?

〈보기〉
㉮ 작가   ㉯ 화자('나')
㉰ '누군가'
㉱ '사람들'의 삶의 공간
㉲ '사람들'

① ㉮와 ㉯를 동일하게 본다면 시 내용이 작가 자신의 생각을 드러낸 것이라고 할 수 있다.
② ㉰와의 대화는 ㉯에게 삶의 의미를 생각하게 하는 계기가 되었다고 볼 수 있다.
③ ㉯는 ㉱를 돌아다니는 동안 ㉰의 물음에 대한 반감을 갖게 되었다고 볼 수 있다.
④ ㉯는 ㉲가 어려운 생활을 하고 있지만 착하고 인정 많은 사람들이라고 생각하고 있다.
⑤ ㉯는 ㉲의 모습에서 고귀한 삶의 가치를 발견하고 있다.

알맹이 포착

이 시의 시상 전개 과정

질문	답을 찾기 위한 과정	대답
'시'가 무엇이냐고 물음	→ 무교동에서 남대문 시장에 이르는 사람들의 삶의 공간을 걸음	→ 성실하고 건강하게 살아가는 사람들의 삶이 '시'라고 대답함

핵심 정리

- **갈래**: 자유시, 서정시   **성격**: 철학적, 사색적
- **주제**: 시인의 사회적 책무와 서민들의 성실하고 건강한 삶에 대한 긍정
- **해제**: 이 시는 시가 무엇이냐는 질문을 받은 화자가 그 물음에 대한 답을 제시하는 과정을 통해, 평범한 사람들의 소박한 삶에서 인간적인 가치를 발견하는 이들이 바로 시인임을 드러내고 있다.
- **시의 특징과 표현**
  ① 일상의 경험을 소재로 하여 시상을 전개함
  ② 묻고 답하는 방식을 활용하여 주제 의식을 드러냄
  ③ 공간의 이동에 따른 화자의 깨달음이 나타남

어부(漁夫) | 김종삼

『바닷가에 매어 둔
「 」: 어부의 보잘것없는 현실
작은 고깃배

날마다 출렁거린다.

풍랑에 뒤집힐 때도 있다.』

화사한 날을 기다리고 있다.   →: 의미상 연과 행이 위치할 곳(도치법)
어부가 소망하는 날
머얼리 노를 저어 나가서

헤밍웨이의 바다와 노인이 되어서
바다와 싸우며 불굴의 의지를 보여 줌
중얼거리려고.
2연의 내용

▶ 1연: 현실에서의 어부의 모습과
　　　그의 소망

『살아온 기적이 살아갈 기적이 된다고
과거의 고통을 고난 극복의 동력으로 삼음
사노라면

많은 기쁨이 있다고.』
「 」: 삶에 대한 낙천적·긍정적 태도

▶ 2연: 어부가 중얼거리고 싶은 말

출제 포인트

• 주제 의식 이해
• 화자의 현실 대응 태도 이해

필수 문제

01 화자 파악하기
• 화자: '드러나지 않음'(어부
　혹은 어부를 지켜보는 이)
• 상황: 낙천적이고 긍정적인 태
　도로 소망하는 (　　)을 기
　다림
• 정서·태도: 낙천적, 긍정적

02 이 시에서 화자가 기다리고
있는 미래의 모습을 드러내는 시
구를 찾아 2어절로 쓰시오.

03 이 시에서 어부인 화자가
'헤밍웨이의 바다와 노인'이 되어
서 '(　　　　　)' 나가는 것
은 화자의 바람과는 달리 현실 세
계에서는 기적적인 일이 잘 일어
나지 않는다고 인식하고 있기 때
문이다.

핵심 정리

▼ 갈래: 자유시, 서정시　　▼ 성격: 낙천적, 희망적, 비유적
▼ 주제: 어부를 통해 본 삶의 의미
▼ 해제: 이 시는 우리가 살아가는 현실과 인간의 생존 방식을 '바다'와 '고깃배'에 빗대어 형상화하고 있다.
▼ 시의 특징과 표현
　① 절제되고 평이한 시어를 통해 시상을 전개함
　② 낙천적이고 긍정적인 세계관을 드러냄

가을의 기도 | 김현승

필수

가을에는
내적 성숙의 시간
기도하게 하소서……. ○ 기원형 어미 - 경건한 기도조

낙엽(落葉)들이 지는 때를 기다려 내게 주신
조락의 계절 - 생명의 유한성을 깨닫고 겸손해지는 시간
겸허(謙虛)한 모국어(母國語)로 나를 채우소서.
기도 - 신에게 바치는 진실하고 근원적인 영혼의 소리

▶ 1연: 조락의 계절 가을 - 내적 성숙을 위한 기도

가을에는

사랑하게 하소서…….

오직 한 사람을 택하게 하소서.
참된 사랑의 대상 - 절대자(신)
가장 아름다운 열매를 위하여 이『비옥(肥沃)한
사랑의 결실 - 삶의 깨달음
시간(時間)을 가꾸게 하소서.』
「 」: 보람 있고 알찬 삶의 결실이 이루어지는 시간

▶ 2연: 결실의 계절 가을 - 아름다운 열매를 맺기 위한 사랑

가을에는

호올로 있게 하소서…….
고독
나의 영혼,

굽이치는 바다와
욕망, 고뇌, 불안 등에 휩싸인 청년기
백합(百合)의 골짜기를 지나,
영광, 행복, 환희로 가득한 장년기
마른 나뭇가지 위에 다다른 까마귀같이.
모든 욕망을 떨쳐 버린 노년기   절대 고독을 추구하는
→ 삶의 궁극적 경지   '나의 영혼'

▶ 3연: 삶의 궁극적 경지에 도달하기 위한 절대 고독의 추구

출제 포인트

- 화자가 기도하는 내용
- '까마귀'의 상징적 의미

필수 문제

01 화자 파악하기
- 화자: '나' (기도하는 이)
- 상황: 가을날 자신의 내적 (   )을 갈망하며 기도함
- 정서·태도: 경건함

02 이 시의 주제를 고려할 때, '오직 한 사람'이 상징하는 바를 3음절로 쓰시오.

03 이 시에서 화자의 동경의 대상으로, 절대 고독을 상징하는 시어를 찾아 쓰시오.

핵심 정리

▼ 갈래: 자유시, 서정시   ▼ 성격: 종교적, 명상적, 상징적

▼ 주제: 진실된 삶을 위한 절대 고독의 추구

▼ 해제: 이 시는 조락(凋落)과 결실의 계절인 가을을 맞아, 진실된 삶을 위한 절대 고독을 추구하는 화자의 소망을 기도 형식으로 표현하고 있다.

▼ 시의 특징과 표현
① 기도 형식의 어조로 경건한 분위기를 조성함
② 동일 어구의 반복으로 각 연이 병렬 구조를 이룸
③ 각 연의 시행(詩行)이 점점 늘어나면서 화자의 간절한 소망이 강화됨

눈물 | 김현승

더러는

옥토(沃土)에 떨어지는 작은 생명이고저……
절대자의 진실한 뜻을 깨닫는 삶의 공간   소망의 절실함이
담긴 어조

원관념: '눈물' – 새 생명의 탄생을 위한 맑고 깨끗한 씨앗

▶ 1연: 순결한 생명에 대한
소망

『흠도 티도,
「 」: 더럽혀지지 않은 순수함, 온전함
금 가지 않은』

나의 전체는 오직 이뿐!
'나'의 영혼의 가장   '눈물' – 절대 순수
순수하고 순결한 부분

▶ 2연: 절대 순수로서의 눈물

『더욱 값진 것으로
「 」: 절대자를 향한 경건한 자세
드리라 하올 제』

나의 가장 나아종 지니인 것도 오직 이뿐!
       나중, 마지막
더할 수 없이 높은 절대적 가치를 지니고 있는 것

▶ 3, 4연: 절대적 가치로서
의 눈물

아름다운 나무의 꽃이 시듦을 보시고
       삶의 기쁨(현상적·일시적)
열매를 맺게 하신 당신은
삶의 결실(근원적·내면적) 절대자(신)

나의 웃음을 만드신 후에
       삶의 일시적 기쁨
새로이 나의 눈물을 지어 주시다.
       시련을 통해 얻는 본질적 가치

▶ 5, 6연: 신의 섭리와 은총
으로서의 눈물

출제 포인트

- '웃음'과 '눈물'의 의미
- 시에 드러나는 화자의 어조와 태도

필수 문제

01 화자 파악하기
- 화자: '나' (시련을 겪은 이)
- 상황: 슬픔과 고통을 (   )
적으로 승화시킴
- 정서·태도: 겸허함, 슬픔의 승화

02 이 시에서 '옥토(沃土)에 떨어지는 작은 생명'의 원관념을 찾아 쓰시오.

03 이 시에 나타난 시어 중 상징적 의미가 이질적인 것은?
① 작은 생명
② 나의 전체
③ 열매
④ 웃음
⑤ 눈물

알맹이 포착

'눈물'의 의미
자연 현상을 주재하는 절대자인 '당신'이 일시적인 '꽃'이 짐에 따라 맺게 한 '열매'는 삶의 궁극적인 가치나 경지를 상징한다. 그리고 이러한 의미는 마지막 6연에 나타나는 '웃음 – 눈물'의 관계에도 그대로 적용된다. '웃음'이 일상적인 삶의 기쁨이나 행복을 뜻한다면, '눈물'은 시련 속에서 얻게 되는 본질적인 가치를 의미한다.

한눈에 보기

꽃	열매
일시적·현상적	내면적·근원적
‖	
웃음	눈물
일시적 기쁨 (죽은 아이와의 삶)	본질적 가치 (슬픔의 승화)

핵심 정리

- **갈래**: 자유시, 서정시   **성격**: 종교적, 명상적
- **주제**: 슬픔의 종교적 승화를 통한 순결한 삶의 추구
- **해제**: 이 시는 시인이 사랑하는 어린 아들을 잃은 뒤에 쓴 작품으로, 슬픔을 기독교적 신앙으로 극복하였음을 고백하고 있다.
- **시의 특징과 표현**
  ① 시어의 일상적인 의미를 새롭게 해석함
  ② 경어체의 목소리로 경건한 분위기를 조성함

마지막 지상(地上)에서 | 김현승

산 까마귀
죽은 이의 영혼(자신의 죽음 예감)

긴 울음을 남기고

지평선을 넘어간다.
이승과 저승의 경계

▶ 1연: 한 생명이 죽음
의 세계로 넘어감

사방은 고요하다!
죽음을 담담히 받아들임

오늘 하루 아무 일도 일어나지 않았다.
이승엔 아무 일도 일어나지 않음(현실을 묵묵히 인정하는 모습)

▶ 2연: 고요하고 평온한
오늘 하루

넋이여, 그 나라의 무덤은 평안한가.
　　　저승, 화자 또한 가야 할　　죽음(저승)에 대한 겸허한 태도
　　　천상의 세계　　　　　　(저승도 고요하고 평안할 것임)

▶ 3연: 죽음을 겸허히
수용하는 자세

출제 포인트

• 화자의 정서 이해
• 시행의 의미 파악

필수 문제

01 화자 파악하기
• 화자: '드러나지 않음'(죽음을
겸허히 받아들이는 이)
• 상황: 한 생명의 (　　　)을
보며 죽음을 겸허하게 받아들
이려고 함
• 정서 · 태도: 겸허함

02 이 시에서 '(　　　)'는 한
생명의 죽음 또는 그 영혼을 상징
하는 시어이다.

03 이 시에서 사후 세계에 대한
궁금증과 죽음을 겸허하게 받아들
이려는 화자의 태도가 표출되고
있는 시행을 찾아 쓰시오.

알맹이 포착

'산 까마귀'와 '그 나라의 무덤은 평안한가'의 이해

이 시에도 등장하는 '까마귀'는 김현승의 작품에 자주 등장한다. 그
는 까마귀를 '하늘의 유랑 시인, 침묵의 새' 등으로 표현하였고, 대표
작 〈가을의 기도〉에서도 '나'의 영혼을 '마른 나뭇가지 위에 다다른
까마귀같이' 홀로 있게 해 달라고 기원한다. 작가의 종교적 태도와
작품의 발표가 작가가 영면하기 2개월 전에 발표되었다는 점 등을
고려하면 마지막 행은 삶을 마치면 향하게 될 천상의 세계에 대한
궁금증과 화자의 겸허하고 겸손한 태도가 드러나는 것으로 이해하는
것이 적절하다.

한눈에 보기

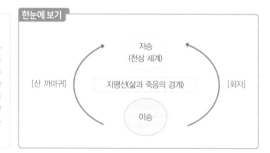

핵심 정리

▼ 갈래: 자유시, 서정시　　　▼ 성격: 관조적, 종교적
▼ 주제: 죽음에 대한 겸허한 종교적 수용
▼ 해제: 이 시에서 화자는 한 생명이 죽음의 세계로 넘어가는 것을 보며 자신 또한 죽음의 세계로 향할 것임을 예감한
다. 화자는 자신이 향해야 할 죽음의 세계가 고요하고 평안한 곳인가를 궁금해 하며 죽음에 대한 겸허하고 겸손한
태도를 보이고 있다.
▼ 시의 특징과 표현
　① 절제된 묘사와 상징적 시어를 통해 적막하고 엄숙한 분위기를 연출함
　② 3연을 '한 생명의 죽음에도 아무런 변화가 없는 세상을 보며 상실감과 허무감을 느끼는 화자의 심정'으로도 해석함

옹호자(擁護者)의 노래 | 김현승

말할 수 없는 모든 언어가

노래할 수 있는 모든 선택된 사조(詞藻)가 / 소통할 수 있는 모든 침묵들이
　　　　　　　　시가(詩歌)나 문장　　모순 어법, 역설

고갈하는 날, / 나는 노래하련다!
　　　　　　　의지의 표출
　　　　　　　　　　　　　　　▶ 1연: 새로운 소통에 대한 의지

모든 우리의 무형한 것들이 허물어지는 날
　　　　　옹호의 대상 ①

모든 그윽한 꽃향기들이 해체되는 날
　　　　　옹호의 대상 ②

모든 신앙들이 입증의 칼날 위에 서는 날,
　　　옹호의 대상 ③

나는 옹호자들을 노래하련다!
　　①~③을 두둔하고 편들어 지키는 사람들
　　　　　　　　　　　　　　　▶ 2연: 보이지 않는 신앙에 대한
　　　　　　　　　　　　　　　　　옹호

　　　　　　　　　　　　　　← 옹호자
티끌과 상식으로 충만한 거리여, / 수량의 허다한 신뢰자들이여,
모든 작고 평범한 것　　　　　　　　　눈에 보이는 것

사람들이 돌아오는 길을 / 모든 사람들이 결론에 이르는 길을

바꾸어 나는 새삼 떠나련다!
현실에 대한 화자의 부정 의식을 드러냄
　　　　　　　　　　　　　　　▶ 3연: 보이는 것들을 신봉하는
　　　　　　　　　　　　　　　　　현실에 대한 부정 의식

아로새긴 상아와 유한(有限)의 층계로는 미치지 못할

구름의 사다리로, 구름의 사다리로,
　　　　　　　무한의 이미지

보다 광활한 영역을 나는 가련다! / 싸늘한 증류수의 시대여,
　성경에 나오는 '광야'를 가리킴. 무한의 영역　　인공적인

나는 나의 우울한 혈액 순환을 노래하지 아니치 못하련다.
　　　　화자의 감정
　　　　　　　　　　　　　　　▶ 4연: 무한의 영역으로 가고자
　　　　　　　　　　　　　　　　　하는 의지

날마다 날마다 아름다운 항거의 고요한 흐름 속에서

모든 약동하는 것들의 선율처럼
　　　　　　　　옹호자의 비유 ①

모든 전진하는 것들의 수레바퀴처럼
　　　　　　　　옹호자의 비유 ②

나와 같이 노래할 옹호자들이여,

나의 동지여, 오오, 나의 진실한 친구여!
　　　　　　　　　　　　　　　▶ 5연: 매일매일의 고요한 항거

핵심 정리

▼ **갈래**: 자유시, 서정시　　▼ **성격**: 상징적, 의지적

▼ **주제**: 참신앙에의 다짐과 옹호

▼ **해제**: 이 시는 부정적 현실 속에서 보이지 않는 것을 믿는 사람들의 신앙을 두둔하고 편들어 지키겠다는 화자의 다짐을 노래하고 있다.

▼ **시의 특징과 표현**: '~하련다'의 반복을 통해 화자의 의지를 표출함

플라타너스 | 김현승

모의 기출 EBS

꿈을 아느냐 네게 물으면
'플라타너스'의 의인화
플라타너스

너의 머리는 어느덧 파아란 하늘에 젖어 있다.
꿈과 이상을 지닌 플라타너스의 모습 – 시각적 형상화

▶ 1연: 파란 꿈을 지닌 플라타너스

너는 사모할 줄을 모르나

플라타너스

너는 네게 있는 것으로 그늘을 늘인다.
모든 사람에게 넉넉한 사랑을 베푸는 플라타너스

▶ 2연: 넉넉한 사랑을 아는 플라타너스

『먼 길에 올 제

호올로 되어 외로울 제』
「 」: 인생길의 아득함, 고달픔
플라타너스

너는 그 길을 나와 같이 걸었다.
인생의 동반자가 되어 준 플라타너스

▶ 3연: 인생의 동반자가 된 플라타너스

이제, 너의 뿌리 깊이

나의 영혼을 불어넣고 가도 좋으련만
영혼의 교감
플라타너스

나는 너와 함께 신(神)이 아니다!
유한한 존재이기 때문에 영혼을 함께 나눌 수 없는 안타까움

▶ 4연: 플라타너스와 교감하고 싶은 마음

수고로운 우리의 길이 다하는 어느 날
'너 → 우리'로의 인식 확장: 반려자로서의 인식
플라타너스

너를 맞아 줄 검은 흙이 먼 곳에 따로이 있느냐?
죽어서 가게 되는 근원적 공간
나는 오직 너를 지켜 네 이웃이 되고 싶을 뿐
플라타너스와 영원히 동반자가 되고 싶은 마음
그곳은 아름다운 별과 나의 사랑하는 창이 열린 길이다.
플라타너스와 함께할 수 있는 곳 – 영혼의 안식처

▶ 5연: 플라타너스의 영원한 반려자가 되고 싶은 마음

출제 포인트

- '플라타너스'가 상징하는 의미
- 시에 깔려 있는 세계관과 화자의 삶의 태도

필수 문제

01 화자 파악하기
- 화자: '나' (고독한 존재)
- 상황: (   )와 함께 길을 가고자 함
- 정서·태도: 소망

02 이 시에서 화자가 지향하는 공간이 나타난 시구를 찾아 7어절로 쓰시오.

03 [기출] 이 시에 대한 설명으로 가장 적절한 것은?
① 역설적 표현을 사용하여 화자의 정서를 부각하고 있다.
② 직유법을 활용하여 대상의 의미를 두드러지게 하고 있다.
③ 명령형의 문장을 반복하여 화자의 의지를 드러내고 있다.
④ 비판적 어조를 사용하여 대상에 대한 태도를 드러내고 있다.
⑤ 특정 대상에게 말을 건네는 방식으로 시상을 전개하고 있다.

1960년대

핵심 정리

▾ 갈래: 자유시, 서정시   ▾ 성격: 명상적, 서정적
▾ 주제: 고독한 삶의 반려자가 되어 주는 플라타너스
▾ 해제: 이 시는 '플라타너스'를 의인화하여 예찬하며, 그와 인생의 행로를 함께하고 싶은 소망을 노래하고 있다.
▾ 시의 특징과 표현
  ① 자연물을 인격화하는 의인법을 통해 화자의 정서를 표현함
  ② '플라타너스'를 반복해 부름으로써 리듬감을 획득함

현대시의 모든 것

구절초 | 박용래

□: 반복, 시행의 종결(운율감과 여운 형성)

누이야 가을이 오는 길목 ■구절초 매디매디 나부끼는 사랑아
　그리움과 애착의 대상　　　　누이에 대한 사무치는 그리움
내 고장 ■부소산 기슭에 지천으로 피는 사랑아
　　　누이와의 추억이 어린 곳　　　▶ 1, 2행: 죽은 누이에 대한 그리움
뿌리는 대려서 약으로도 먹던 기억
　소중한 누이에 대한 회상
여학생이 부르면 ■마아가렛

여름 모자 ■차양이 숨었는 꽃
　누이의 수줍은 모습
단추 구멍에 달아도 머리핀 대신 꽂아도 좋을 사랑아
　누이의 조촐하고 소박한 모습에 대한 연상
여우가 우는 ■추분 도깨비불이 스러진 자리에 피는 사랑아
　가을 무렵 산골짜기(구절초가 흔히 피는 곳)　　▶ 3~7행: 구절초에 중첩된 누이의 모습
누이야 가을이 오는 길목 매디매디 눈물 비친 사랑아
　그리움이 심화되는 계절　　누이에 대한 사무치는　▶ 8행: 가을이면 더욱 그리워지는 누이
　　　　　　　　　　　　　　그리움

■구절초: 국화과의 여러해살이 풀. 잎과 줄기를 달여 한방에서 약재로 씀
■부소산: 충남 부여군 부여읍에 있는 산. 시인의 고향에 있는 산임
■마아가렛: 마거리트. 아프리카가 원산지며 구절초와 비슷한 가을에 피는 꽃
■차양: 챙. 모자 끝에 대서 햇볕을 가리는 부분
■추분: 이십사절기의 하나. 백로와 한로 사이에 들며 밤과 낮의 길이가 같아짐. 9월 23일경

출제 포인트

- 비유적 표현의 이해
- 화자의 정서와 공간의 의미

필수 문제

01 화자 파악하기
- 화자: '나' (죽은 누이를 그리워하는 이)
- 상황: 가을이 되어 (　　　) 꽃을 보며 죽은 누이를 그리워함
- 정서·태도: 그리움, 슬픔

02 이 시에서 구절초가 피는 계절과 장소를 구체적으로 드러낸 시구를 찾아 6어절로 쓰시오.

03 이 시에서 죽은 누이에 대한 그리움이 심화되는 계절적 배경을 찾아 쓰시오.

알맹이 포착

'눈물의 시인' 박용래 약전(略傳) 중에서

박 시인의 눈물은 아무나 흘릴 수 있는 여느 중생들의 그것이 아니었다. 그는 가난에 울지 않았고 애달픔에 울지 않았고 외로움에 울지 않았다. ……그는 자주 울었다. 내가 울지 않던 그를 두 번밖에 못 보았을 정도로 그리 흔히 울었다. 모든 아름다운 것들은 언제나 그의 눈물을 불렀다. 갸륵한 것, 어여쁜 것, 소박한 것, 조촐한 것……. 그러기에 그는 한 떨기의 풀꽃, 한 그루의 다복솔, 고목의 까치둥지, 시래기 삶는 냄새, 오지 굴뚝의 청솔타는 연기, 보리누름철의 밭종다리 울음, 삘기 배동 오르는 논두렁의 미루나무 호드기 소리, 뒷간 지붕 위의 호박넝쿨, 심지어는 찔레 덤불에 낀 진딧물까지, 그는 누리의 온갖 생령에서 천체의 흔적에 이르도록 사랑하지 않는 것이 없었으며, 사랑스러운 것들을 만날 적마다 눈시울을 붉히지 않은 때가 없었다.
　　　　　　　　　　　　　　　　　　　　－ 이문구

한눈에 보기

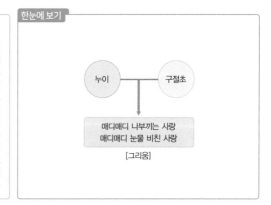

핵심 정리

- **갈래**: 자유시, 서정시　　**성격**: 애상적
- **주제**: 죽은 누이에 대한 사무치는 그리움
- **해제**: 이 시는 고향 마을에 흔히 피는 구절초와 죽은 누이를 중첩시켜서 죽은 누이에 대한 그리움을 정갈하고 담백한 시어로 제시하고 있다.
- **시의 특징과 표현**
  ① 짧은 단어로 구성된 시형(詩型)을 고집했던 작가의 다른 작품과는 달리 산문시 형태를 취함
  ② 언어의 절제와 표현의 간명함이 두드러지고 이미지와 운율이 잘 결합됨
  ③ 누이에 대한 그리움을 주변의 사물과 시각적인 이미지를 통해 제시함

눈 | 박용래

하늘과 언덕과 나무를 지우랴
　　　　　　　(경계를) 지우느라고
눈이 뿌린다.
경계를 지워 내는 포용력을 지님
『푸른 젊음과 고요한 흥분이 서린
「」: 젊음과 낡아 감이 공존하는 일상적 삶의 풍경
하루하루 낡아 가는 것』위에

눈이 뿌린다.

스쳐 가는 한 점 바람도 없이
풍경의 고요함 강조
송이눈 찬란히 퍼붓는 날은
눈에 대한 긍정적 인식이 시각적으로 표현됨
정말 하늘과 언덕과 나무의
　　　　　천지의 온갖 사물들
한계는 없다.
경계, 구별, 차별
다만 가난한 마음도 없이 이루어지는
오직　　　마음의 가난, 내면적 갈등과 고뇌
하얀 단층(斷層).
눈으로 인해 만물이 흰빛으로 통일된 모습을 비유적으로 형상화함

▶ 1, 2행: 사물의 경계를 지우는 눈

▶ 3~5행: 세상살이를 감싸 안는 눈

▶ 6~9행: 사물의 경계가 사라진 세상

▶ 10, 11행: 내면의 고요함

출제 포인트

- 비유적 표현의 이해
- 화자의 정서와 공간의 의미

필수 문제

01 화자 파악하기
- 화자: '드러나지 않음'(눈 내리는 풍경을 바라보는 이)
- 상황: (　　　)이 내리는 풍경을 보며 눈이 지닌 힘을 발견함
- 정서·태도: 관조, 차분함

02 이 시에서 (　　　)은 눈이 내려 만물이 흰빛으로 변한 모습을 비유적으로 형상화한 표현이다.

03 이 시에서 경계를 지우고 구분을 없애는 눈에 대한 화자의 긍정적인 인식이 시각적 심상을 통해 표현된 시행을 찾아 쓰시오.

핵심 정리

ᐁ 갈래: 자유시, 서정시　　ᐁ 성격: 서경적, 관조적

ᐁ 주제: 현실의 차별과 구분을 없애 주는 눈의 힘

ᐁ 해제: 이 시는 눈이 내리는 풍경을 통해 사물들 간의 경계가 지워지는 것의 의미를 발견해 내고 있다. '눈'은 경계를 지워 내어 분별과 구분을 없애고, 이질적인 것들을 하나의 형태로 감싸 안는 통합과 조화의 힘, 초월적인 포용력을 지녔다. 찬란하게 송이눈이 내리는 날, 마음의 가난을 지우고 고요한 마음을 얻게 되는 것은 눈의 힘인 것이다.

ᐁ 시의 특징과 표현
① 눈 내리는 과정을 순차적으로 묘사함
② 풍경의 변화와 그에 따른 마음의 정화(淨化)를 연계하여 보여 줌

울타리 밖 | 박용래

머리가 마늘쪽[*]같이 생긴 고향의 소녀와
_{머리 딴 모양을 비유적으로 표현}
한여름을 알몸으로 사는 고향의 소년과
_{순수한 모습}
같이 낮이 설어도 사랑스러운 들길이 있다
　　　_{고향에 대한 화자의 애정} ▶ 1연: 고향의 소녀, 소년과
　　　　　　　　　　　　　　　　　　　 들길의 모습

그 길에 「아지랑이가 피듯 태양이 타듯
「 」: 동일한 연결 어미를 반복하여 꾸밈이 없는 자연의 모습을 부각함
제비가 날듯 길을 따라 물이 흐르듯」 그렇게 ▶ 2연: 들길에 펼쳐지는 자
　　　　　　　　　　　　　　　　　　　 연의 모습
그렇게

천연(天然)히[*]　　　　　　　　▶ 3연: 고향의 꾸밈없는 모
하나의 시어를 독립된 연으로 구성　　 습
- 고향의 꾸밈없고 자연스러운 모습 강조

울타리 밖에도 화초를 심는 마을이 있다
울타리 안(인간)과 밖(자연)을 구분하지 않음 - 인간과 자연의 조화에 대한 바람
「오래오래 잔광(殘光)[*]이 부신 마을이 있다
「 」: 자연이 함께하는 마을 - 화자가 지향하는 공간을 시각적 이미지로 표현
밤이면 더 많이 별이 뜨는 마을이 있다」 ▶ 4연: 인간과 자연이 조화
　　　　　　　　　　　　　　　　　　　 를 이루는 고향

■ 마늘쪽: 마늘의 낱개
■ 천연(天然)히: 생긴 그대로 조금도 꾸밈이 없이
■ 잔광(殘光): 해가 질 무렵의 약한 햇빛

필수 문제

01 화자 파악하기
• 화자: 고향 마을의 정경을 떠
　올리는 이
• 상황: 자연과 인간이 (　　　)
　를 이룬 고향 마을의 정경을
　떠올림
• 정서 · 태도: 그리움, 소망

02 이 시에서 고향의 꾸밈없는
모습을 강조하면서 시적 의미를 집
약하고 있는 시어를 찾아 쓰시오.

03 이 시에서 인간과 자연의 조
화에 대한 바람을 함축하고 있는
시행을 찾아 쓰시오.

한눈에 보기

고향
• 낮이 설어도 사랑스러운 들길
• 울타리 밖에도 화초를 심는 마을
• 오래오래 잔광이 부신 마을
• 밤이면 더 많이 별이 뜨는 마을
→ 인간과 자연이
조화를 이룬
이상적 공간에 대한 소망

핵심 정리

♥ 갈래: 자유시, 서정시　　♥ 성격: 향토적, 회화적
♥ 주제: 자연과 인간이 어우러진 고향에 대한 그리움
♥ 해제: 이 시는 고향의 소녀와 소년, 아름다운 자연의 모습을 묘사함으로서 이상적이었던 고향에 대한 그리움을 표현
　하고 있다. 울타리의 안과 밖, 인간과 자연이 꾸밈없이 조화를 이룬 고향의 모습을 통해 화자가 소망하는 세계를 드
　러내고 있다.
♥ 시의 특징과 표현
　① 시각적 이미지를 활용하여 고향 마을의 정경을 그려 냄
　② 동일한 종결 어미와 시어의 반복으로 운율을 형성하고 의미를 강조함
　③ 하나의 시어로 독립적인 연을 구성하여 주제 의식을 함축적으로 드러냄

월훈(月暈)ᵛ | 박용래

모의 기출

첩첩산중에도 없는 마을이 여긴 있습니다. 잎 진 사잇길, 저 모랫
_{현대 문명과 동떨어진 원시적·토속적 세계}
둑, 그 너머 강기슭에서도 보이진 않습니다. 허방다리 들어내면 보이
_{함정}
는 마을.

▶ 1연: 첩첩산중의 후미진
마을

갱(坑)ᵛ 속 같은 마을. 꼴깍, 해가, 노루 꼬리 해가 지면 집집마다 봉
_{짧은 겨울 해}
당ᵛ에 불을 켜요. 콩깍지, 콩깍지처럼 후미진 외딴집, 외딴집에도 불
_{반복과 연쇄를 통한 강조, 리듬감 형성}
빛은 앉아 이슥토록 창문은 모과(木瓜)빛입니다.
_{밤이 꽤 깊도록}　_{신비롭고 싱그러운 느낌의 불빛}

▶ 2연: 갱 속 같은 마을 외
딴집의 모과빛 창문

기인 밤입니다. 외딴집 노인은 홀로 잠이 깨어 출출한 나머지 무릎
_{'노인'의 고독감이 드러남}
깎기도 하고 고구마를 깎다, 문득 바람도 없는데 시나브로 풀려 풀려
_{모르는 사이에 조금씩}
내리는 짚단, 짚오라기의 설레임을 듣습니다. 귀를 모으고 듣지요. 『후
_{짚단이 풀리는 소리 들음 – 막연한 기대감}
루룩 후루룩 처마끝에 나래 묻는 이름 모를 새, 새들의 온기를 생각합
_{「」 새들의 날갯짓에서 온기를 떠올림 – 그리움}
니다.』 숨을 죽이고 생각하지요.

▶ 3연: 외딴집의 잠 못 이루
는 노인

참 오래오래, 노인의 자리맡에 밭은기침 소리도 없을 양이면 벽 속에
서 겨울 귀뚜라미는 울지요. 떼를 지어 웁니다. 벽이 무너지라고 웁니다.
_{외로운 '노인'의 감정 이입의 대상}　_{점층 – 노인의 고독과 슬픔 고조}

▶ 4연: 겨울 귀뚜라미의 울
음

어느덧 밖에는 눈발이라도 치는지, 펄펄 함박눈이라도 흩날리는지,
_{산촌의 적막감 고조}
창호지 문살에 돋는 월훈(月暈).
_{그리움의 이미지 – 명사형 종결로 여운을 남김}

▶ 5연: 달무리 진 밤의 정경

- 월훈(月暈): 달무리. 달 언저리에 둥그렇게 생기는 구름 같은 허연 테
- 갱(坑): 광물을 파내기 위하여 땅속을 파 들어간 굴
- 봉당: 안방과 건넌방 사이의 마루를 놓을 자리에 마루를 놓지 아니하고 흙바닥 그대로 둔 곳

출제 포인트
- '노인'의 고독감을 부각하기 위
  한 표현 방식
- '노인'의 감정이 이입된 소재

필수 문제

01 화자 파악하기
- 화자: '외딴집 노인'을 바라보
  는 이
- 상황: 겨울 산촌 외딴집에 혼
  자 사는 노인이 (　　　)을 느
  낌
- 정서·태도: 애상적

02 이 시에서 '노인'의 깊어 가
는 고독과 그로 인한 슬픔이 이입
되어 있는 소재를 찾아 2어절로
쓰시오.

03 [기출] 이 시에 대한 감상으
로 적절하지 <u>않은</u> 것은?
① 노인의 삶을 바라보는 따뜻한
   시선이 느껴져.
② 외딴집의 정경을 통해 노인의
   고독을 드러내고 있어.
③ 목가적 분위기를 대화적 구성
   을 통해 보여 주고 있어.
④ 시상이 집약된 시어로 끝맺으
   면서 여운을 남기고 있어.
⑤ 시어의 반복과 연쇄로 산문적
   진술에 리듬감을 주고 있어.

핵심 정리

∨ **갈래**: 산문시, 서정시　　　∨ **성격**: 애상적, 토속적
∨ **주제**: 산촌의 적막함과 노인의 고독감
∨ **해제**: 이 시는 적막한 깊은 산속 외딴집에 홀로 살고 있는 노인의 외로움과 그리움을, 토속적 소재를 통해 절실히 묘
　사하고 있다.
∨ **시의 특징과 표현**
　① 원경에서 근경으로 시상이 전개됨
　② 경어체의 표현을 사용하여 정감의 깊이를 더해 줌
　③ 향토적 서정을 불러일으키는 토속어와 고유어가 주로 사용됨
　④ 현재형 어미의 사용으로 극적 효과를 얻으며, 시상이 집약된 시어로 끝맺으면서 여운을 남김

매미 울음에 | 박재삼

우리의 마음을 비추는
_{춘향과 이몽룡}
한낮은 뒤숲에서 매미가 우네.

▶ 1연: 한낮의 매미 울음소리

그 소리도 가지가지의 매미 울음,
_{이몽룡과의 추억을 떠올리게 하는 매개체}
머언 어린 날은 구름을 보아 마음대로 꽃이 되기도 하고 잎이 되기도
_{현재와의 거리감}
하고 친한 이웃 아이 얼굴이 되기도 하던 것을.
「 」: 이몽룡과의 행복하고 즐거웠던 시절

▶ 2연: 어린 날의 즐거웠던 추억

오늘은 귀를 뜨고 마음을 뜨고, 아, 임의 말소리, 미더운 발소리, 또
_{임의 부재 상황 귀를 기울이고 마음의 눈을 뜨고}   _{그리움의 대상: 이몽룡}
는 대님 푸는 소리로까지 어여삐 기뻐 그려 낼 수 있는
「 」: 이몽룡에 대한 애틋한 그리움

▶ 3연: 오늘날 임의 모습을 그려 내는 매미 울음

명명(明明)한 명명(明明)한 매미가 우네.
_{'맴맴' 하는 매미의 울음소리를 한자의 음차로 표기}
→ '밝고 맑은' 화자의 마음을 표현함(언어의 의미를 새롭게 창조함)

▶ 4연: 화자의 마음을 비추는 매미 울음

출제 포인트

- 화자의 상황과 정서
- 감각적 심상과 그리움의 정서

필수 문제

01 화자 파악하기
- 화자: '나' (매미 울음 소리에 임을 연상하는 이(춘향))
- 상황: 춘향이 (   )에서 몽룡의 모습을 연상하고 그리워함
- 정서 · 태도: 그리움

02 이 시에서 매미 울음은 화자가 임과의 (   )을 떠올리는 매개체이다.

03 이 시에서는 매미의 울음소리인 '맴맴'을 한자어인 (   )으로 표기하여 밝고 맑은 화자의 마음을 표현하고 있다.

알맹이 포착

연작시 〈춘향이 마음 초(抄)〉와 화자의 이해

〈춘향이 마음〉은 작가 박재삼의 첫 번째 시집으로 모두 30편이 3부로 나누어 실려 있다. 1부에는 〈춘향전〉에서 모티프를 취한 〈춘향이 마음 초(抄)〉 연작시 10편이 실려 있다. 〈수정가〉, 〈바람 그림자를〉, 〈매미 울음에〉, 〈자연〉, 〈화상보〉, 〈녹음의 밤에〉, 〈포도〉, 〈한낮의 소나무에〉, 〈무봉천지〉, 〈대인사〉 등이 그 10편이며 이 시의 화자를 춘향이로 해석하는 이유도 여기에 있다.

한눈에 보기

핵심 정리

▾ **갈래**: 자유시, 서정시   ▾ **성격**: 서정적, 감각적

▾ **주제**: 임에 대한 그리움

▾ **해제**: 이 시는 〈춘향이 마음 초(抄)〉라는 연작시 중 하나로, 춘향으로 설정된 화자가 '매미 울음'에서 임의 모습을 연상하고 임에 대한 애틋한 그리움을 노래하고 있다.

▾ **시의 특징과 표현**
① 청각적 이미지에 의미를 부여하여 표현함
② 과거와 현재를 넘나들며 시상을 전개함
③ 연상되는 대상들을 구체적으로 열거함

수정가(水晶歌) | 박재삼

(춘향을) 집으로 친다면
　집을 치면, 정화수▪ 잔잔한 위에 아침마다 새로 생기는 물방울의 선
　　　　　　이었을 것이다
선한 우물집이었을레. 또한 윤이 나는 마루의, 그 끝에 평상(平床)의, 갈
　　'춘향'을 비유　　　　　　　　　　　　　　이몽룡
앉은 뜨락의, 물냄새 창창한▪ 그런 집이었을레. 서방님은 바람 같단들
　　　　　　　　　　가라앉은　　　공감각적 이미지(후각의 시각화)　　얽매임이 없는 자유로운 존재
어느 때고 바람은 어려올 따름, 그 옆에 순순한▪ 스러지는 물방울의 찬
　　　　　　　　어리어 올
란한 춘향이 마음이 아니었을레.　　　　　　　　▶ 1연: 춘향의 순수한 마음

　하루에 몇 번쯤 푸른 산 언덕들을 눈아래 보았을까나. 그러면 그때마
　　임에 대한 '춘향'의 그리움이 묻어나는 행동
다 일렁여 오는 푸른 그리움에 어울려, 흐느껴 물살 짓는 어깨가 얼마
　　　　　　　　　　그리움의 깊이를 시각화한 표현　　기다림에 지쳐 흐느낌
쯤 하였을까나. 진실로, 우리가 받들 산신령은 그 어디 있을까마는 산
과 언덕들의 만 리 같은 물살을 굽어보는, 춘향은 바람에 어울린 수정
빛 임자▪가 아니었을까나.　　수정과 같이 맑고 순수한 마음으로 바람과 조화를 이루는 존재
　　　　　　　　　　　　　　　　　　　▶ 2연: 춘향의 애틋한 그리
　　　　　　　　　　　　　　　　　　　　　 움과 한

- 정화수(井華水): 이른 새벽에 길은 우물물. 조왕에게 가족들의 평안을 빌면서 정성을 들이
거나 약을 달이는 데 씀
- 창창(蒼蒼)한: 바다, 하늘, 호수 따위가 매우 푸른
- 순순(順順)한: 성질이나 태도가 매우 고분고분하고 온순한
- 임자: 부부가 되는 짝

- '물'과 '바람'의 이미지
- 표현상의 특징과 효과

필수 문제

01 화자 파악하기
- **화자**: 춘향의 그리움을 생각하는 이
- **상황**: (　　　)을 그리워하는 춘향의 마음을 그려 봄
- **정서·태도**: 공감

02 [기출] 이 시에서 '물방울의 선선한 우물집'(㉠)과 '바람은 어려올 따름'(㉡)의 문맥적 의미에 대한 파악으로 올바른 것은?

	㉠	㉡
①	생산과 풍요	죽음과 상실
②	순수한 사랑	죽음과 상실
③	인생무상	재회에 대한 믿음
④	생산과 풍요	윤회에 대한 확신
⑤	순수한 사랑	재회에 대한 믿음

1960년대

알맹이 포착

'우물집'의 의미
이 시는 '춘향'의 마음을 '정화수 잔잔한 위에 아침마다 새로 생기는 물방울의 신선한 우물집'에 비유하고 있다. 맑고 깨끗한 정화수에 새로 생기는 물방울이니 그보다 더한 순수함은 없을 것이다. 그 순수함이 바로 '춘향'의 마음이며, 그런 맑고 깨끗한 물을 가진 '우물집'이 '춘향'인 것이다.

'바람'의 의미
이 시는 '서방님(이몽룡)'을 '바람'에 비유하고 있다. 우물에 부는 바람은 잔물결을 일으키게 마련이므로 물인 '춘향'은 바람인 '서방님' 옆에서 '순순한 스러지는', 즉 애틋한 사랑을 갖고 있는 존재라는 것이다.

핵심 정리

- ∨ **갈래**: 자유시, 서정시, 산문시　　∨ **성격**: 전통적, 애상적
- ∨ **주제**: 임을 향한 춘향의 순수한 마음과 그리움
- ∨ **해제**: 이 시는 고전 소설 〈춘향전〉에서 소재를 취하여 이몽룡을 향한 춘향의 순수한 마음과 그리움을 노래한 작품이다.
- ∨ **시의 특징과 표현**
  - ① 예스러운 어투를 통해 단아하고 고전적인 미의식을 보여 줌
  - ② 맑고 순수한 이미지의 시어를 통해 춘향의 마음을 표현함
  - ③ 산문시이면서도 종결 어미의 반복으로 운율감을 형성함

어떤 귀로 | 박재삼

새벽 서릿길을 밟으며
① 「」: 어머니의 고달픈 삶을 보여 줌
어머니는 장사를 나가셨다가

촉촉한 밤이슬에 젖으며
②
우리들 머리맡으로 돌아오셨다.

①, ②: 어머니의 고생스러움을 부각시켜
보여 주는 차가운 이미지

▶ 1연: 새벽부터 밤늦게까지 일하
는 어머니의 고달픈 삶

「」: 가난한 집안 형편
선반엔 꿀단지가 채워져 있기는커녕
풍요
먼지만 부옇게 쌓여 있는데,
가난
빚으로도 못 갚는 팻국물 같은 어린것들이
「」: 어머니의 시선으로 본 자식의 모습(어머니의 안타까운 심정을 드러냄)
방 안에 제멋대로 뒹굴어져 자는데,

▶ 2연: 자식을 바라보는 어머니의
안타까운 심정

보는 이 없는 것,
「」: 자식에 대한 사랑은 누가 봐서, 누가 알아줘서 하는 것이 아님
알아주는 이 없는 것,

이마 위에 이고 온
「」: 자식들에 대한 어머니의 아름답고 헌신적인 사랑
별빛을 풀어 놓는다.
○: 어머니의 사랑 상징
소매에 묻히고 온
대상의 주관적 변용

달빛을 털어 놓는다.

▶ 3연: 어머니의 헌신적 사랑

출제 포인트
• 시어의 상징적 의미
• 감각적 심상의 이해

필수 문제

01 화자 파악하기
• 화자: '나' (가난했던 어린 시
절을 회상하는 이)
• 상황: 새벽 장사를 마치고 돌
아온 (   )의 자식에 대한
무한한 사랑을 생각함
• 정서·태도: 애상적, 그리움

02 이 시에서 별빛과 (   )
은 아름답고 헌신적인 어머니의
자식에 대한 사랑을 상징하는 시
어이다.

03 이 시에서 어머니의 헌신을
감각적 이미지로 표현한 구절을
모두 찾아 쓰시오.

핵심 정리

▼ 갈래: 자유시, 서정시   ▼ 성격: 회고적, 상징적
▼ 주제: 어머니의 고생과 사랑에 대한 회상
▼ 해제: 이 시는 가난하던 시절 어머니가 겪었던 고생과 자식을 향한 어머니의 사랑을 노래하고 있다. 이 시에서 화자
는 어머니의 고통과 고생을 '새벽 서릿길'과 '촉촉한 밤이슬'의 차가운 이미지로, 어머니의 헌신적 사랑을 '별빛'과
'달빛'의 아름답고 성스러운 이미지로 형상화하고 있다.
▼ 시의 특징과 표현
① 대구 형식의 유사한 문장 구조의 반복을 통해 운율을 형성함
② 감각적 이미지를 통해 어머니의 고생과 사랑을 형상화함

울음이 타는 가을 강(江) | 박재삼

마음도 한자리 못 앉아 있는 마음일 때,
　　　혼란스러운 마음 – 쓸쓸함, 허전함
친구의 서러운 사랑 이야기를
인간사(人間事) – 슬픔과 한의 원인
가을 햇볕으로나 동무 삼아 따라가면,
따스하지만 곧 사라질 햇볕 – 소멸의 이미지 → 슬픔을 유발함
어느새 등성이에 이르러 눈물나고나. □: 전통적 어조 – 한(恨)의 정서 환기
　　　　　　　　서러움의 정서
▶ 1연: 등성이에 이르러 느
　끼는 서러움

제삿날 큰집에 모이는 불빛도 불빛이지만
죽음과 그리움의 이미지
해 질 녘 울음이 타는 가을 강(江)을 보것네.
소멸의 이미지　　저녁 노을이 물든 강(시각의 청각화)
　　　　 – 화자가 느끼는 서러운 감정(아름다움과 설움의 극치)
▶ 2연: 해 질 녘의 풍경에서
　느끼는 애상감

저것 봐, 저것 봐,
흘러가는 강을 보라는 의미
네보담도 내보담도
그 기쁜 첫사랑 산골 물소리가 사라지고
　　　첫사랑의 기쁨 – 청년 시절
그다음 사랑 끝에 생긴 울음까지 녹아나고,
　　　　사랑의 좌절로 인한 슬픔 – 중년 시절
이제는 미칠 일 하나로 바다에 다 와 가는,
　도착할　　　　완결된 물의 이미지 – 노년 시절
소리 죽은 가을 강(江)을 처음 보것네.
울음을 삭이고 슬픔을 내면화한 한(恨)
▶ 3연: 하류의 강을 보며 느
　끼는 삶의 유한성과 한

출제 포인트

- 시의 주제 의식과 지배적 정서
- '물'과 '불'의 이미지

필수 문제

01 화자 파악하기
- 화자: '나'(해 질 녘 가을 강을 보는 이)
- 상황: (　　)에 물든 가을 강을 바라보며 애상감에 잠김
- 정서·태도: 서러움

02 이 시의 '울음이 타는 가을 강(江)'이 의미하는 원관념을 쓰시오.

03 이 시에서 안으로 삭여진 슬픔과 한을 표현한 시구를 찾아 4어절로 쓰시오.

알맹이 포착

'물'과 '불'의 이미지
이 시에는 일반적으로 대조를 이루는 '물'의 이미지와 '불'의 이미지가 조화를 이루며 나타나고 있다. 즉 '눈물, 가을 강, 산골 물, 바다'라는 물의 이미지와 '가을 햇볕, 제삿날 큰집에 모이는 불빛, 해 질 녘'이라는 '불'의 이미지가 모두 소멸이라는 상징을 내포하며 시적 의미를 극대화하고 있다.

한눈에 보기

핵심 정리

- **갈래**: 자유시, 서정시　　**성격**: 전통적, 애상적
- **주제**: 삶의 유한성에 대한 한(恨)
- **해제**: 이 시는 노을이 물든 가을 강을 바라보며 느끼는 삶의 유한성에 대한 인간의 근원적인 한을 애상적인 어조로 노래하고 있다.
- **시의 특징과 표현**
  ① 물의 이미지와 불의 이미지가 적절히 조화를 이루며 한(恨)의 정서를 형상화함
  ② 판소리나 민요조의 종결 어미(-고나, -것네)를 사용하여 전통적인 정서를 환기시킴

275 추억(追憶)에서 | 박재삼

수능 · 모의 기출

진주(晉州) 장터 생어물전(生魚物廛)"에는
<small>공간적 배경   어머니의 생활 터전</small>
바다 밑이 깔리는 해 다 진 어스름을,
<small>시간적 배경 – 어둡고 무거운 분위기</small>

▶ 1연: 저녁 무렵의 진주 장터

울 엄매의 장사 끝에 남은 고기 몇 마리의
<small>팔리지 않고 남은</small>
빛 발(發)하는 눈깔들이 속절없이
<small>고기 '눈깔'이 '은전'이라는 시각적 이미지로 비유됨</small>
은전(銀錢)만큼 손 안 닿는 한(恨)이던가
<small>벗어날 수 없었던 가난으로 인한 어린 시절의 한</small>
울 엄매야 울 엄매,
<small>① 우리 엄마 ② 울고 있는 엄마 – 경상도 사투리(토속적 친근감 형성)</small>

▶ 2연: 가난으로 인한 어머니의 한(恨)

<small>소망의 세계, 밝음의 표상</small>
별밭은 또 그리 멀리
<small>└─ 대조 ─┘</small>
우리 오누이의 머리 맞댄 골방 안 되어
<small>가난한 삶의 표상</small>
손 시리게 떨던가 손 시리게 떨던가,
<small>가난한 삶을 강조하는 표현(주체: 오누이)</small>

▶ 3연: 추운 골방에서 어머니를 기다리던 오누이

진주(晉州) 남강(南江) 맑다 해도

오명 가명
<small>오며 가며 – 운율감 조성</small>
신새벽이나 밤빛에 보는 것을,
<small>새벽부터 밤까지 일하던 어머니의 고달픈 하루</small>
울 엄매의 마음은 어떠했을꼬,

달빛 받은 옹기전"의 옹기들같이
<small>└─ 어머니의 슬픈 눈빛을 반짝이는 '옹기'로 비유하여 시각적으로 형상화함</small>
말없이 글썽이고 반짝이던 것인가.
<small>슬픔을 삭이던 어머니의 깊은 한(恨)</small>

▶ 4연: 어머니의 한과 눈물

- 생어물전(生魚物廛): 생선을 파는 가게
- 옹기전: 옹기그릇을 파는 가게

출제 포인트

- 시적 상황과 화자의 정서
- 한(恨)의 시각적 형상화

필수 문제

01 화자 파악하기

- 화자: 어린 시절을 회상하는 이
- 상황: 가난했던 어린 시절의 (   )를 회상함
- 정서 · 태도: 애상감

02 [기출] 이 시에 대한 감상으로 적절하지 <u>않은</u> 것은?

① '해 다 진 어스름'은 어둠이 깔리는 파장 무렵 '생어물전'의 분위기를 보여 주는군.
② '빛 발하는 눈깔'은 '손 안 닿는' '은전'과 연결되어 '한'의 정서를 유발하는군.
③ '손 시리게 떨던가'에서는 추운 밤 '별밭' 아래의 '골방' 속에서 느꼈던 행복감이 드러나는군.
④ '진주 남강'은 공간적 구체성을 보여 주는 한편 낮에 강을 보지 못할 정도로 바빠 생계를 꾸려 가던 '울 엄매'를 떠올리게 하는군.
⑤ '글썽이고 반짝이던'은 달빛이 비친 '옹기'의 표면과 '울 엄매'의 눈물을 함께 환기하는군.

핵심 정리

▼ 갈래: 자유시, 서정시   ▼ 성격: 회상적, 애상적, 향토적
▼ 주제: 가난했던 유년 시절과 어머니의 한(恨)
▼ 해제: 이 시는 가난했던 어린 시절을 추억하며, 어머니의 고달픈 삶과 한(恨)을 애틋하고 한스러운 정서와 시각적 이미지로 표현하고 있다.
▼ 시의 특징과 표현
  ① 시각적 이미지를 통해 한(恨)의 정서를 형상화함
  ② 경상도 방언의 사용으로 향토적인 느낌을 조성함

흥부 부부상 | 박재삼

가난한 생활을 상징하는 소재
흥부 부부(夫婦)가 밭둥이를 사이하고
정신적 행복을 추구하는 인간상
가르기 전에 건넨 웃음살을 헤아려 보라.
웃음의 물살 – 안분지족의 태도
「금(金)이 문제리,
└─────┘ 물질적 풍요
황금 벼 이삭이 문제리,」
「 」: 재물은 중요한 것이 아님
웃음의 물살이 반짝이며 정갈하던
물질적 빈곤을 이겨 나가는 힘 ──→ 소중한 것이다
그것이 확실히 문제다.
단정적 어조 – 가난하지만 욕심 없고 소박한 삶의 태도가 중요함

▶ 1연: 욕심 없는 흥부 부부의 웃음살

「없는 떡방아 소리도
가난한 형편
있는 듯이 들어 내고」
「 」: 흥부 부부의 낙천적 성격
손발 닳은 처지끼리
고달픈 처지
같이 웃어 비추던 거울면(面)들아.
똑같이 웃는 모습이 마치 거울 같음 – 서로에 대한 이해와 사랑

▶ 2연: 가난하지만 서로를 이해하고 사랑하는 흥부 부부

웃다가 서로 불쌍해
비참한 현실 상황 인식
서로 구슬을 나누었으리.
서로에 대한 연민의 눈물
그러다 금시

절로 면(面)에 온 구슬까지를 서로 부끄리며
현실에 슬퍼하는 모습을 상대에게 보인 것을 부끄러워하고 미안해함
먼 물살이 가다가 소스라처 반짝이듯

서로 소스라처

본(本)웃음 물살을 지었다고 헤아려 보라.
눈물을 극복한 진정한 웃음
그것은 확실히 문제다.
진정한 사랑으로 가난한 삶의 한(恨)을 극복하는 자세가 중요함

▶ 3연: 눈물을 극복한 흥부 부부의 진정한 웃음

- '흥부 부부'를 통해 드러내고자 하는 삶의 태도
- '금, 황금 벼 이삭'과 '웃음'의 대립적 의미

필수 문제

01 화자 파악하기
- 화자: 흥부 부부를 바라보는 이
- 상황: (   )를 가르기 전에 가난한 흥부 부부가 웃음
- 정서 · 태도: 긍정적

02 [서술형] 이 시의 '흥부 부부'의 모습을 통해 시인이 드러내고자 하는 '참다운 부부상(夫婦像)'을 30자 내외로 서술하시오.

03 [기출] 이 시에 대한 설명으로 적절하지 않은 것은?
① '금(金)'과 '황금 벼 이삭'은 흥부 부부가 추구하는 바를 상징적으로 보여 준다.
② '그것이 확실히 문제다'에서 '문제'는 '중요한 것'이라는 의미이다.
③ '손발 닳은 처지'는 흥부 부부가 고단한 생활을 하고 있음을 보여 준다.
④ '거울면(面)'은 흥부 부부가 서로를 바라보며 살고 있음을 상징적으로 보여 준다.
⑤ '본(本)웃음'은 흥부 부부가 지을 수 있었던 본디의 순수한 웃음을 의미한다.

핵심 정리

∨ 갈래: 자유시, 서정시   ∨ 성격: 전통적, 고전적
∨ 주제: 가난한 삶의 애환과 소박한 행복
∨ 해제: 이 시는 〈흥부전〉에 등장하는 '흥부 부부'의 삶을 소재로 하여, 가난한 삶 속에서도 웃음을 잃지 않고 사랑으로 슬픔을 극복하는 서민들의 애환을 형상화하고 있다.
∨ 시의 특징과 표현
　① 고전 소설에서 제재를 취함
　② 독자에게 말을 건네는 듯한 대화체 형식으로 구성됨

그의 행복을 기도드리는 | 신동엽

① 사랑하는 사람 ② 민족과 조국
그의 행복을 기도드리는 유일한 사람이 되자.
　　　　'그'에 대한 헌신적 사랑 다짐 – 청유형 종결로 화자의 태도 강조
그의 파랑새처럼 여린 목숨이 애쓰지 않고 살아가도록
　　순수하고 여린 '그'의 모습 형상화
길을 도와주는 머슴이 되자.　　　▶ 1~3행: '그'의 행복에 대
　　희생적 존재　　　　　　　　　한 기원
「그는 살아가고 싶어서 심장이 팔뜨닥거리고 눈이 눈물처럼
　　　　　　　　　　　　　팔딱거리고
빛나고 있는 것이다.」「 」: 고통스러운 현실을 이겨 내려는 간절한 의지

그는 나의 그림자도 아니며 없어질 실재도 아닌 것이다.
　　'나'에게 종속된 존재가 아니라 독립된 실체임
그는 저기 태양을 우러러 따라가는 해바라기와 같이
　　　　　　　　　　　　당당하고 주체적인 '그'의 모습 형상화
독립된 하나의 어여쁘고 싶은 목숨인 것이다.

어여쁘고 싶은 그의 목숨에 끄나풀이 되어선 못쓴다.
　　　　　　　　　　　　방해가 되는 존재
당길 힘이 없으면 끊어 버리자.
만날 수 없더라도 방해가 되고 싶지 않은 화자의 희생적 태도
그리하여 싶으도록 걸어가는「그의 검은 눈동자의 행복을
　　　　　　　　　　　　　　통사 구조의 반복과 변주 – 헌신적 사랑 강조
기도드리는 유일한 사람이 되자.」

「그는 다만 나와 인연이 있었던
「 」: '그'의 삶을 이해하고 묵묵히 때를 기다리는 화자의 태도
어여쁘고 깨끗이 살아가고 싶어하는 정한 몸알일 따름.」
　　　　　　　　　　　　예쁘고 순결한 '그'의 모습
그리하여 만에 혹 머언 날 나의 영역이 커져　▶ 4~14행: '그'의 삶에 대한
　　　　　'나'의 성숙이 만남의 전제가 됨　　　 이해와 공감
그의 사는 세상까지 미치면 그땐

순리로 합칠 날 있을지도 모를 일일께며.　▶ 15~17행: '그'와의 합일에
① 사랑하는 사람과의 만남 ② 분단된 조국의 통일　 대한 기대

• '그'에 대한 화자의 태도
• 표현상의 특징과 효과

필수 문제

01 화자 파악하기
• 화자: '나'('그'의 행복을 기도
　드리는 이)
• 상황: 떠나간 '그'의 행복을
　기원하면서 '그'와의 (　　)
　을 소망함
• 정서·태도: 그리움, 헌신적

02 이 시에서 지시 대상이 나머
지 넷과 다른 하나는?
① 유일한 사람
② 머슴
③ 나
④ 끄나풀
⑤ 정한 몸알

03 이 시에서 화자가 지향하는
바를 드러내고 있는 시구를 찾아
3어절로 쓰시오.

▼ 갈래: 자유시, 서정시　　　▼ 성격: 기원적, 희생적
▼ 주제: 그에 대한 헌신적 사랑과 합일에의 소망
▼ 해제: 이 시는 떠나간 '그'의 행복을 기원하고 있는 연시(戀詩) 형식의 작품이다. 이 시에서 '그'에 대한 화자의 헌신
　적인 사랑은 연인 간의 사랑을 넘어 민족 화합과 조국 통일에 대한 간절한 염원을 노래한 것으로 이해할 수 있다.
▼ 시의 특징과 표현
　① 유사한 통사 구조의 반복을 통해 시상을 전개함
　② 상징적이고 비유적인 시어를 사용하여 주제 의식을 드러냄
　③ 청유형 종결을 통해 화자의 태도를 강조하고 독자의 공감을 유도함

금강(錦江) | 신동엽

제 17 장

『관아는 텅 비어 있었다.
1894년 고부 민란(동학 농민 운동의 시발점이 된 농민 봉기)의 상황 묘사
조병갑은 어젯밤 벌써
고부 군수로 폭정을 자행한 탐관(실존 인물)
전주로 도망갔고
아속들도 쥐구멍 속 다 / 숨었다.』
관아의 구실아치   「 」: 지배 계층의 무능함과 비겁함

▶ 1연: 관아로 쳐들어간 민중들과 도망친 지배 계층

옥을 부쉈다.   ①~④: 통사 구조 반복(동학군의 봉기 상황 제시)
①
뼈만 남은 농민들이 기어나와
헐벗고 억압받는 민중
관아에 불을 질렀다.
②, 지배 계층(조병갑)의 학정에 대한 민중의 분노

▶ 2연: 분노로 인해 옥을 부수고 관아에 불을 지르는 민중들

창고를 부쉈다.
③
『석류알 같은 3천 석의
「 」: 지배 계층(조병갑)의 탐욕과 부패상
쌀이 썩고 있었다.』

▶ 3연: 창고를 부수고 썩고 있는 쌀을 본 민중들

무기고를 부쉈다.
④
열한 자루의 일본도

스물두 자루의 양총(洋銃)
서양식 총
6백 발의 탄환이 나왔다.

동학군은 / 대오를 정돈했다.
편성된 대열
인원을 점검하니 3천이 늘어서 8천 명,
민중들의 동참이 급격히 늘어남
전봉준을 둘러싼 / 수뇌진에서는
동학 농민 운동의 지도자(실존 인물)
동학 농민당 선언문을 작성하여

각 고을에 붙였다.

▶ 4연: 무기고를 부수고 농민 혁명의 대오를 갖추는 민중들

• 서사 구조 이해
• 현실과 시의 주제 의식

필수 문제

01 화자 파악하기
• 화자: '드러나지 않음' (동학군의 봉기 상황을 전하는 이)
• 상황: 동학군이 봉기하여 옥, 창고, (   )를 부수고 대오를 갖춤
• 정서 · 태도: 의지적

02 이 시에서 지배 계층의 학정에 대한 민중의 분노가 드러나고 있는 두 번째 행동을 찾아 3어절로 쓰시오.

03 이 시에서 동학 농민 운동에 동참하는 민중의 수가 급격히 늘어남을 나타내는 시구를 찾아 쓰시오.

1960년대

핵심 정리

▾ 갈래: 장편 서사시   ▾ 성격: 저항적, 서사적
▾ 주제: 부당한 시대에 대한 민중의 저항 정신
▾ 해제: 이 시는 2장씩의 전 · 후시를 포함하여 총 30장 4,800여 행으로 구성된 장편 서사시로, '동학 혁명'이라는 역사적 사건을 형상화함으로써 그 속에 담긴 민중들의 세계관과 시인의 인식을 보여 주고 있다.
▾ 시의 특징과 표현: 인물과 사건을 묘사하며 들려주는 서사시로, 이야기의 형식을 갖춤

현대시의 모든 것

279 껍데기는 가라 | 신동엽

허위, 비리, 불의 등 모든 부정적인 존재들의 총체
껍데기는 가라.
　명령형 종결 – 화자의 의지 강조
사월도 알맹이만 남고
　　　　4·19 혁명의 순수한 정신
껍데기는 가라.

▶ 1연: 4·19 혁명의 순수한 정신 추구

껍데기는 가라.
동학년(東學年) 곰나루의, 그 아우성만 살고
　　　　　　　　　　동학 농민 혁명의 숭고한 정신
껍데기는 가라.

▶ 2연: 동학 혁명의 숭고한 정신 추구

그리하여, 다시
　　　　강조
껍데기는 가라.
이곳에선, 두 가슴과 그곳까지 내논
한반도　　　　허위와 가식을 벗어 버린 순수한 모습
아사달 아사녀가
순수한 우리 민족
중립(中立)의 초례청* 앞에 서서
이념의 대립을 뛰어넘은 화합의 장
부끄럼 빛내며
순수한 아름다움
맞절할지니
민족의 통일과 화합

▶ 3연: 우리 민족의 순수한 아름다움 강조와 통일의 소망

껍데기는 가라.
한라에서 백두까지
우리나라(대유법) → 민족 분단의 현실 극복 의지
향그러운 흙가슴만 남고
　　　순수하고 깨끗한 민족애
그, 모오든 쇠붙이는 가라.
전쟁, 외세, 군사 독재의 폭력 등('껍데기'와 유사한 존재)
– 민족의 통일을 가로막는 장애 요인

▶ 4연: 분단 현실의 극복에 대한 소망

■ 초례청(醮禮廳): 혼례를 치르는 장소

출제 포인트
• 부정적 현실에 대한 화자의 태도
• 대립적 이미지의 시어

필수 문제
01 화자 파악하기
• 화자: 민족의 통일을 소망하는 이
• 상황: 불의와 외세가 판치는 세상을 (　　　)하고자 함
• 정서·태도: 저항, 열망

02 이 시에서 화자가 추구하는 삶의 속성을 드러내는 대상 3가지를 찾아 각각 3음절로 쓰시오.

03 [기출] 이 시의 시어에 대한 설명으로 적절하지 않은 것은?
① '가라'에는 화자의 단호한 어조가 나타나 있다.
② '아우성'은 역사적 사건의 의미를 청각적으로 형상화하고 있다.
③ '그리하여, 다시'는 화자의 의지를 재차 강조하는 역할을 하고 있다.
④ '한라에서 백두까지'에서 공간적 의미가 시간적 의미로 전환되고 있다.
⑤ '모오든'은 시적 허용을 사용하여 의미를 강조하고 있다.

핵심 정리
▼ 갈래: 자유시, 참여시　　▼ 성격: 저항적, 의지적
▼ 주제: 진정하고 순수한 민족의 삶 추구
▼ 해제: 이 시는 온갖 부정적인 존재들이 사라지고 민족의 순수한 아름다움이 빛나는 통일과 화합의 시대가 도래할 것에 대한 소망을 상징적인 시어들을 통해 형상화하고 있다.
▼ 시의 특징과 표현
① 동일한 시구의 반복과 직설적 표현을 통해 주제를 강조함
② 상징적이고 대립적인 이미지의 시어('껍데기', '쇠붙이' ↔ '알맹이')를 통해 시적 긴장감을 조성함

280

너에게 | 신동엽

나 돌아가는 날
죽는 날(자기희생의 이미지, 유언 형식)
너는 와서 살아라
소중한 대상(민중, 후손, 연인 등)

『두고 가진 못할
「 」: '너'에 대한 애정과 안타까움
차마 소중한 사람』
시적 허용(도치법, ① '소중한'의 강조 ② 절제된 시어 구사)

나 돌아가는 날

너는 와서 살아라

『묵은 순터
묵은 순이 있던 자리
새순 돋듯』
「 」: '너'의 성격(새로운 세계를 만들어 갈 희망의 이미지)

허구많은 자연 중(自然中)

너는 이 근처 와 살아라
'우리'의 삶의 터전('나'의 희생과 '너'의 순
결함으로 희망을 만들어 가는 새로운 세계)

▶ 1연: '나'는 죽더라도 '너'는
와서 살라고 함

▶ 2연: 소중한 사람에 대한 애
정

▶ 3연: '나'는 죽더라도 소중한
'너'는 와서 살라고 함

▶ 4연: 새로운 세계에 대한 희
망

▶ 5연: '너'에게 이 근처에서
희망을 이루며 살라고 함

출제 포인트

• 화자의 자기희생 의지 이해
• 표현상의 특징 이해

필수 문제

01 화자 파악하기
• 화자: '나' (새로운 세상을 염
원하는 이)
• 상황: (   )에게 새로운 희
망의 세상을 만들라고 당부함
• 정서 · 태도: 비장함, 단호함

02 이 시에서 화자의 죽음, 자
기희생의 이미지가 담긴 시행을
찾아 쓰시오.

03 이 시에서 새로운 세계를 만
들어 갈 희망의 이미지가 담겨 있
는 시어는?

1960년대

알맹이 포착

'나 돌아가는 날 / 너는 와서 살아라'의 이해
자기희생을 통해 부정적 현실을 타파하겠으니 민중, 혹은 후손은 그
땅 위에 살면서 희망을 만들어 가라는 의미이다. 화자의 불온한 시대
에 대한 극복 의지와 민중에 대한 애정이 엿보이는 구절이다.

한눈에 보기

핵심 정리

▾ **갈래**: 자유시, 서정시   ▾ **성격**: 의지적, 상징적
▾ **주제**: 새로운 세상에 대한 간절한 염원
▾ **해제**: 이 시는 '너'에게 남기는 유서의 형식을 통해, 새로운 세계를 만들겠다는 화자의 간절한 염원을 노래하고 있다.
▾ **시의 특징과 표현**
    ① 유서(遺書)의 형식을 통해 화자의 염원을 노래함
    ② 동일한 연(1, 3연)의 반복과 명령적 어조의 사용을 통해 소망의 간절함을 표현함

현대시의 모든 것

누가 하늘을 보았다 하는가 | 신동엽

자유와 평화를 누리며 인간 본연의 삶을 살 수 있는 사회
누가 하늘을 보았다 하는가
아무도 하늘을 보지 못했음(설의법)
누가 구름 한 송이 없이 맑은   점층적 표현

하늘을 보았다 하는가.

불특정 다수의 민중
네가 본 건, 먹구름
           암담한 현실 상황
그걸 하늘로 알고

일생을 살아갔다.

네가 본 건, 지붕 덮은

쇠항아리,
인간 본연의 삶을 억누르는 외부적 요소
그걸 하늘로 알고

일생을 살아갔다.   ▶ 1~3연: 어리석고 암울했
                                던 과거의 삶

닦아라, 사람들아
네 마음속 구름   명령형 표현 → 과거의 어리석었던
                               삶을 깨칠 것을 촉구
찢어라, 사람들아,
네 머리 덮은 쇠항아리.

아침저녁
네 마음속 구름을 닦고
티끌을 닦고 맑은 내면을 들여다보기 위한 노력
티 없이 맑은 영원의 하늘

볼 수 있는 사람은

『외경(畏敬)을
공경하면서 두려워함
알리라.』
「 」: 진정한 자유와 평화란 존엄한 것임을 알게 됨

아침저녁
네 머리 위 쇠항아릴 찢고
인간다운 삶을 쟁취하기 위한 노력
티 없이 맑은 구원의 하늘
              영원하고 무궁한
마실 수 있는 사람은   ▶ 4~6연: 현실 극복의 결
볼 수 있는   의 촉구

출제 포인트
- '하늘'과 '먹구름, 쇠항아리'의 대립적 의미
- 시에 반영된 현실과 시의 주제 의식

필수 문제

01 화자 파악하기
- 화자: 암담한 현실을 극복하려는 이
- 상황: 구속과 (   )에서 벗어나기를 촉구함
- 정서·태도: 경건함, 의지적

02 이 시에서 민중들이 꿈꾸는 이상 세계로 인간 본연의 삶을 살아갈 수 있는 사회를 의미하는 시어를 찾아 2음절로 쓰시오.

03 [서술형] 이 시에서 진정한 '하늘'을 보기 위해 해야 할 일로 제시된 것을 25자 내외로 서술하시오.

『연민(憐憫)을

「 」: 자유와 평화의 가치를 모르는 민중에 대해 안타까움을 느끼게 될 것임

알리라.』

『차마 삼가서

「 」: 자유와 평화를 쟁취하기 위한 경건한 자세

발걸음도 조심

마음 모아리며.』

서럽게

아, 엄숙한 세상을

인고의 시간을 보내는 슬픈 현실

서럽게

눈물 흘려 　　　　　　　　　▶ 7, 8연: 인고의 삶과 실
　　　　　　　　　　　　　　　　천적 자세

살아가리라

누가 하늘을 보았다 하는가 ┐ 수미 상관 → 아직 자유와 평화를
　　　　　　　　　　　　　　│ 누릴 세상이 오지 않은 현실에 대
누가 구름 한 자락 없이 맑은 │ 한 극복 의지 표현
　　　　　　　　　　　　　　┘
하늘을 보았다 하는가.　　　　▶ 9연: 현실 인식과 밝은 미
　　　　　　　　　　　　　　　　래에 대한 기대

알맹이 포착

시에 반영된 현실

우리나라는 1960년 4 · 19 혁명이 끝나고 민주화가 이루어지기도 전에, 5 · 16 군사 쿠데타가 일어나서 군사 정권하의 제3공화국이 시작된다. 이 시는 이러한 어두운 현실 속에 살고 있음을 자각하고 부정적인 삶에서 벗어나, 참된 자유와 평화의 민주주의 사회 속에서 올바른

삶을 살자고 외치고 있다. 즉, 잘못된 현실에 대한 냉철한 판단과 아침저녁으로 부정적인 것을 닦고 찢어 버리는 등의 노력을 통하여, 민중들이 깨끗하고 영원한 하늘 아래 참된 삶을 살도록 현실을 바로잡고자 하는 소망을 내비치고 있다.

핵심 정리

∨ 갈래: 자유시, 서정시, 참여시　　∨ 성격: 격정적, 참여적, 비판적

∨ 주제: 억압의 역사에 대한 비판과 자유와 평화의 세계에 대한 갈망

∨ 해제: 이 시는 서사시 〈금강〉의 제9장에 삽입되어 있는 작품으로, 민중을 억압하는 암담하고 거짓된 현실에 대한 극복 의지를 노래하고 있다.

∨ 시의 특징과 표현
　① 강한 신념과 의지가 드러나는 격정적인 어조가 사용됨
　② 대립적이고 상징적인 시어를 사용하여 화자의 신념과 의지를 강조함

봄은 | 신동엽

봄은
└통일
남해에서도 북녘에서도
┗━━ 외세 ━━┛
오지 않는다.
▢: 단정적 어조로 화자의 확고한 믿음과 의지를 드러냄

▶ 1연: 통일의 주체 제시

『너그럽고

빛나는』
「 」: '봄'의 속성
봄의 그 눈짓은,
통일의 기운, 화해의 기운
제주에서 두만까지
국토(대유법)
우리가 디딘

아름다운 논밭에서 움튼다.
민족의 삶의 터전

▶ 2연: 자주적 통일의 기반

겨울은,
분단의 현실
바다와 대륙 밖에서
└━ 외세 ━┛
그 매운 눈보라 몰고 왔지만
분단의 고통
이제 올

너그러운 봄은, 삼천리 마을마다
평화적 통일   국토(대유법)
우리들 가슴속에서
통일의 주체
움트리라.

▶ 3연: 분단의 원인과 해결책

움터서,

강산을 덮은 그 미움의 쇠붙이들
군사적 대립과 긴장
『눈 녹이듯 흐물흐물

녹여 버리겠지.』
「 」: 대립의 종식

▶ 4연: 통일된 미래의 예언

• '봄'과 '겨울'의 상징적 의미
• 화자의 어조와 태도

01 화자 파악하기
• 화자: 조국이 분단된 이
• 상황: (   )(자주적 · 평화적 통일)이 오기를 기원함
• 정서 · 태도: 단호함, 의지적

02 다음 중 우리 국토를 의미하는 시어가 <u>아닌</u> 것은?
① 남해
② 제주에서 두만까지
③ 아름다운 논밭
④ 삼천리 마을
⑤ 강산

03 이 시에서 증오와 불신으로 가득 찬 군사적 대립과 긴장을 상징하는 시어를 찾아 2어절로 쓰시오.

♥ 갈래: 자유시, 참여시   ♥ 성격: 현실 참여적, 희망적
♥ 주제: 자주적이고 평화적인 통일에 대한 염원
♥ 해제: 이 시는 상징적이고 비유적인 시어들을 통해, 분단 현실을 극복하고자 하는 화자의 소망을 형상화하고 있다.
♥ 시의 특징과 표현
  ① '봄'과 '겨울'의 대립적이고 상징적인 이미지로 시상을 전개함
  ② 단정적 어조로 화자의 확고한 믿음과 의지를 표현함

산에 언덕에 | 신동엽

그리움과 추모의 대상 – 4 · 19 혁명으로 희생된 영령

그리운 그의 얼굴 다시 찾을 수 없어도
　　　　그의 정의롭고 당당한 모습
화사한 그의 꽃
부활할 '그'의 화신 – 민주주의 실현에 대한 의지
산에 언덕에 피어날지어이.
　　　　　　□: '-ㄹ지어이'의 반복 – 소망과 당위의 의미 강조

그리운 그의 노래 다시 들을 수 없어도
　　　　자유와 정의에 대한 '그'의 외침
맑은 그 숨결
부활할 '그'의 소망과 신념
들에 숲 속에 살아갈지어이.

쓸쓸한 마음으로 들길 더듬는 행인(行人)아.
부재하는 '그'에 대한 그리움　　　　화자의 객관적 대리인

눈길 비었거든 바람 담을지네.
'그'를 찾는 그리움의 시선에 '그'의 얼굴이 들어오지 않거든 – 공허감
바람 비었거든 인정 담을지네.
　　　　'그'가 남긴 뜻

그리운 그의 모습 다시 찾을 수 없어도
「울고 간 그의 영혼

들에 언덕에 피어날지어이.」
「」: '그'의 죽음이 헛되지 않게 새로운 세상이 올 것을 확신

▶ 1, 2연: '그'의 부활에 대한 소망

▶ 3, 4연: '그'의 죽음을 슬퍼하는 행인에 대한 위로

▶ 5연: '그'의 소망이 실현될 것에 대한 확신

출제 포인트

- '그'의 의미
- 시에 나타난 화자와 '행인'의 태도
- 표현상의 특징과 그 효과

필수 문제

01 화자 파악하기
- 화자: 행인을 위로하는 이
- 상황: 4 · 19 영령들이 추구하던 (　　　)의 실현을 확신함
- 정서 · 태도: 그리움, 추모

02 이 시에서 화자의 모습과 정서를 대변하고 있는 대상을 찾아 2음절로 쓰시오.

03 1연의 '화사한 그의 꽃'이 의미하는 바를 간단하게 쓰시오.

04 [기출] 이 시에 대한 설명으로 가장 적절한 것은?
① 색채의 대비를 통해 시적 정황을 드러내고 있다.
② 시간의 흐름에 따른 공간의 변화가 나타나고 있다.
③ 유사한 통사 구조를 반복하여 운율감을 형성하고 있다.
④ 명사로 시상을 마무리하여 시적 여운을 자아내고 있다.
⑤ 화자 자신의 경험을 서사적으로 구성하여 제시하고 있다.

한눈에 보기

행인
쓸쓸한 마음으로 들길을 더듬음 → 그리움 → '그' 피어날지어이 살아갈지어이

핵심 정리

- ▼ 갈래: 자유시, 서정시　　　▼ 성격: 추모적, 희망적
- ▼ 주제: 그리운 이가 추구하던 소망의 실현에 대한 염원
- ▼ 해제: 이 시는 4 · 19 혁명으로 희생된 영령을 추모하며, '그'가 추구하던 소망과 신념이 언젠가는 실현되리라는 확신을 노래하고 있다.
- ▼ 시의 특징과 표현
  ① 유사한 구조의 반복과 대구적 표현을 통해 운율을 형성함
  ② '-ㄹ지어이'라는 종결 어미의 사용으로 화자의 소망과 믿음을 강조함

종로 5가 | 신동엽

필수

이슬비 오는 날,
암울한 분위기 조성

종로 5가 서시오판 옆에서
신호등 – 소년의 운명의 갈림길 상징

낯선 소년이 나를 붙들고 동대문을 물었다.
농촌 붕괴와 이농을 촉발한 산업화의 희생자 ①

밤 열한 시 반, / 통금에 쫓기는 군상(群像) 속에서『죄 없이
시간적 배경 → 상황의 절박함 부각

크고 맑기만 한 그 소년의 눈동자와

내 도시락 보자기가 비에 젖고 있었다.』
「 」: 화자와 소년의 정서적 일체감

▶ 1~2연: 늦은 밤 종로 5가
에서 소년과 만남

국민학교를 갓 나왔을까. / 새로 사 신은 운동환 벗어 품고

그 소년의 등허리선 먼 길 떠나온 고구마가
소년이 농촌 출신임을 알려 줌

흙 묻은 얼굴들을 맞부비며 저희끼리 비에 젖고 있었다.
의인법

▶ 3연: 농촌 출신인 소년의
행색

『충청북도 보은 속리산, 아니면
「 」: 소년이 시골에서 올라왔음을 나타냄

전라남도 해남 땅 어촌 말씨였을까.』

나는 가로수 하나를 걷다 되돌아섰다.
소년에 대한 연민

그러나 노동자의 홍수 속에 묻혀 그 소년은 보이지 않았다.
소년이 헤쳐 나가야 할 비극적 운명 암시

▶ 4연: 노동자들 틈으로 사라
진 소년

그렇지. / 눈녹이* 바람이 부는 질척질척한 겨울날,

종묘 담을 끼고 돌다가 나는 보았어.

그의 누나였을까.
허구적 상상

부은 한쪽 눈의 창녀가 양지 쪽 기대 앉아
농촌 붕괴와 이농을 촉발한 산업화의 희생자 ②

속내의 바람으로, 때 묻은 긴 편지 읽고 있었지. ▶ 5연: 어느 창녀에 대한 회상

그리고 언젠가 보았어.

세종로 고층 건물 공사장,

자갈 지게 등짐하던 노동자 하나이
농촌 붕괴와 이농을 촉발한 산업화의 희생자 ③

허리를 다쳐 쓰러져 있었지.

그 소년의 아버지였을까.
연속적인 허구적 상상

『반도(半島)의 하늘 높이서 태양이 쏟아지고,
한반도

싸늘한 땀방울 뿜어낸 이마엔 세 줄기 강물.
중국, 일본, 미국을 비유

출제 포인트

- '종로 5가'라는 배경의 의미
- '소년'을 바라보는 화자의 태도
- 화자의 부정적 현실 인식

필수 문제

01 화자 파악하기
- 화자: '나' (노동자)
- 상황: 늦은 밤, 종로 5가에서 시골에서 올라온 (   )을 만남
- 정서 · 태도: 연민, 비판적

02 이 시에서 화자와 '소년'의 관계를 〈보기〉와 같이 표현할 때, ㉠과 ㉡에 들어갈 시어를 각각 찾아 쓰시오.

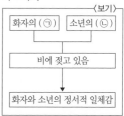

03 이 시에서 화자가 '소년'을 통해 연상한 존재로, 시대적 상황에서 희생되고 소외된 인물 둘을 찾아 쓰시오.

04 이 시에서 외세 자본을 바탕으로 한 급격한 성장 위주의 정책을 비판하고 있는 연을 쓰시오.

대륙의 섬나라의
　중국　　일본
그리고 또 오늘 저 새로운 은행국(銀行國)의
　외세　　　　　　　　미국
물결이 뒹굴고 있었다.」
「 」: 외세 자본의 침략과 외세 의존적 경제에 대한 비판

▶ 6연: 어느 노동자에 대한 회상과
　　외세 의존적 경제에 대한 비판

남은 것은 없었다.

나날이 허물어져 가는 그나마 토방 한 칸.

봄이면 쑥, 여름이면 나무뿌리, 가을이면 타작마당을 휩쓰는 빈 바람.

변한 것은 없었다.

이조(李朝) 오백 년은 끝나지 않았다.
민중의 가난과 고통은 개선되지 않고 지속적임

농촌의 피폐와 몰락

▶ 7연: 시대가 변해도 힘겨
　　운 민중의 삶

『옛날 같으면 북간도(北間道)라도 갔지.」　「 」: 일제 강점기보다 더 열악한 상황임
　　　　　　일제 강점기 때의 피난지
기껏해야 버스 길 삼백 리 서울로 왔지.
　　　　　　착취의 중심지
고층 건물 침대 속 누워 비료 광고만 뿌리는 거머리 마을,
　　　　　　　　　　　자본에 의한 착취가 횡행하는 서울 상징
또 무슨 넉살 꾸미기 위해 짓는지도 모를 빌딩 공사장,

도시락 차고 왔지.

▶ 8연: 이농민의 도시 생활
　　에 대한 자조 섞인 비판

이슬비 오는 날,

낯선 소년이 나를 붙들고 동대문을 물었다.

그 소년의 죄 없이 크고 맑기만 한 눈동자엔 밤이 내리고
　　　　　　　　　　　　　　　소년의 암울한 미래 상징
노동으로 지친 나의 가슴에선 도시락 보자기가
화자가 노동자임을 알 수 있음
비에 젖고 있었다.
소년에 대한 연민과 도시 노동자의 암울한 현실을 드러냄

▶ 9연: 고향을 등지고 온 도
　　시 노동자의 비애

■ 눈녹이: '눈석임'의 북한어. 쌓인 눈이 속으로 녹아 스러짐

핵심 정리

♥ 갈래: 자유시, 서정시　　♥ 성격: 비판적, 회상적
♥ 주제: 도시 노동자의 눈에 비친 절망적 현실에 대한 고발
♥ 해제: 이 시는 1960년대 서울의 중심가였던 '종로 5가'라는 공간을 통해서, 산업화·근대화로 인해 농민들이 도시
　노동자나 빈민으로 전락할 수밖에 없었던 사회 현실을 비판하고 있다.
♥ 시의 특징과 표현
　① 화자의 경험과 관찰을 바탕으로 함
　② 과거 회상 속 상황에 상상을 덧붙여 시적 대상을 확장함
　③ '비 내리는 늦은 밤'이라는 배경 설정을 통해 전체 분위기와 주제 형상화에 기여함

1960년대

현대시의 모든 것

결빙(結氷)의 아버지 | 이수익

모의 기출 EBS

어머님, / 제 예닐곱 살 적 겨울은
_{청자}   _{과거 회상}
목조 적산 가옥 이층 다다미방의
         _{해방 후 일본인들이 물러난 뒤 남겨 놓고 간 집}
벌거숭이 유리창 깨질 듯 울어 대던 외풍 탓으로
                    _{밖에서 불어오는 바람 – 시련과 고난의 의미}
한없이 추웠지요, 밤마다 나는 벌벌 떨면서
              _{어린 시절의 시적 화자}
아버지 가랭이 사이로 시린 발을 밀어 넣고
      _{□ : 화자를 추위로부터 보호해 주던 아버지의 사랑}
그 가슴팍에 벌레처럼 파고들어 얼굴을 묻은 채

겨우 잠이 들곤 했었지요.   ▶ 1연: 어린 시절 추위를 막아
                                  주던 아버지에 대한 회상

요즈음도 추운 밤이면 / 곁에서 잠든 아이들 이불깃을 덮어 주며
_{과거 → 현재로 전환}   _{이제 아버지가 된 화자가 자식들에게 사랑을 베풂}
늘 그런 추억으로 마음이 아프고,
      _{추위로부터 자식을 보호하던 아버지의 사랑을 회상함}
『나를 품어 주던 그 가슴이 이제는 한 줌 뼛가루로 삭아
「 」: 아버지가 돌아가셨음을 알 수 있음
붉은 흙에 자취 없이 뒤섞여 있음을 생각하면』

옛날처럼 나는 다시 아버지 곁에 눕고 싶습니다.
_{아버지에 대한 간절한 그리움}
                                  ▶ 2연: 돌아가신 아버지에 대한
                                  그리움

그런데 어머님, / 오늘은 영하(零下)의 한강교를 지나면서 문득
_{시상의 전환}
나를 품에 안고 추위를 막아 주던

예닐곱 살 적 그 겨울밤의 아버지가
_{자식에 대한 희생적, 헌신적 사랑을 지닌 아버지}
이승의 물로 화신(化身)해 있음을 보았습니다.
_{아버지 = 강물 표면의 얼음}
품 안에 부드럽고 여린 물살은 무사히 흘러 / 바다로 가라고,
                    _{강물 표면의 얼음 아래 흐르는 물살 = 어린 자식}
꽝 꽝 얼어붙은 잔등으로 혹한을 막으며

하얗게 얼음으로 엎드려 있던 아버지,

아버지, 아버지……
_{아버지에 대한 애틋함 – 시적 여운을 남기며 시상을 마무리함}
                                  ▶ 3연: 얼어붙은 강물을 보며 아
                                  버지의 희생적 사랑을 떠올림

필수 문제

01 화자 파악하기
• 화자: '나' (어린 시절의 아버
  지를 회상하는 이)
• 상황: 영하의 한강교를 지나며
  어린 시절 추위를 막아 주던
  아버지의 (   )적 사랑을
  회상함
• 정서 · 태도: 그리움

02 이 시에서 과거에서 현재로
시간이 전환되는 부분의 첫 어절
을 찾아 쓰시오.

03 [기출] 이 시에 대한 설명으
로 적절하지 않은 것은?
① '외풍'은 아버지의 사랑을 대비
  적으로 부각시키는 소재이다.
② '이승의 물로 화신'에는 삶에
  대한 윤회론적 인식이 엿보
  인다.
③ '여린 물살'은 아버지의 보호
  를 받는 자식을 형상화한 것
  이다.
④ '얼어붙은 잔등'은 화자의 아
  버지가 돌아가시게 된 사건을
  추측하게 한다.
⑤ '얼음'은 일반적인 속성과는
  달리 따뜻함이 투영된 이미지
  이다.

핵심 정리

♥ 갈래: 자유시, 서정시   ♥ 성격: 고백적, 회상적, 애상적
♥ 주제: 아버지에 대한 애틋한 그리움
♥ 해제: 이 시는 어린 시절 가난과 추위로부터 자신을 지켜주었던 아버지의 희생적 사랑을 회상하고 있는 작품으로, '결빙
  (結氷)의 아버지'는 화자가 얼어붙은 한강을 바라보며 아버지를 느꼈다는 의미이다.
♥ 시의 특징과 표현
  ① 시간의 흐름에 따라 시상을 전개함
  ② 계절적 배경을 활용하여 화자의 정서를 부각함
  ③ '어머니'를 청자로 설정하여 말을 건네는 방식을 사용함

방울 소리 | 이수익

필수

청계천 7가 골동품 가게에서
_{도시 문명의 공간 추억의 사물들과 교감하는 장소}
나는 어느 황소 목에 걸렸던 방울을
_{추억의 매개체}
하나 샀다.

▶ 1연: 방울을 삼

그 영롱한 소리의 방울을 딸랑거리던
_{추억 속의 소리}
소는 이미 이승의 짐승이 아니지만,
_{방울의 주인, 죽은 소}
「나는 소를 몰고 여름 해 질 녘 하산(下山)하던
_{「 」 방울 소리를 계기로 소년 시절을 회상함}
그날의 소년이 되어, 배고픈 저녁 연기 피어오르는
_{소를 몰고 하산하던 유년의 화자   가난하고 소박한 시골 마을의 풍경}
마을로 터덜터덜 걸어 내려왔다.」

▶ 2연: 소년 시절을 회상함

장사치들의 흥정이 떠들썩한 문명(文明)의
_{청계천 7가}
골목에선 지금, 삼륜차가 울려 대는 경적이
_{문명의 산물   '방울 소리'와 대비}
저자바닥에 따가운데
_{시장}
「내가 몰고가는 소의 딸랑이는 방울 소리는   「 」 방울 소리를 매개로 과거와
_{기억 속의 존재를 현실 속에 재현시킴   현재가 중첩됨}
돌담 너머 옥분이네 안방에
_{기억 속의 공간}
들릴까 말까,
_{과거와 현재 사이의 넘나듦, 머뭇거림}
사립문 밖에 나와 날 기다리며 섰을
누나의 귀에는 들릴까 말까.」
_{유년 시절 추억 속의 인물과 관련됨}

▶ 3연: 추억 속의 사람들을
     회상함

출제 포인트
• 소재의 기능과 의미
• 회상의 매개체와 내용 이해

필수 문제

01 화자 파악하기
• 화자: '나'(유년 시절의 추억
  을 회상하는 이)
• 상황: 방울 소리를 매개로 유
  년의 추억과 (   )의 기억
  을 떠올림
• 정서·태도: 그리움

02 이 시에서 화자에게 과거 회
상의 매개체로 작용하는 소재를 찾
아 쓰시오.

03 이 시에서 화자가 방울 소리
를 통해 떠올리는 인물 두 명을
찾아 쓰시오.

핵심 정리

∨ 갈래: 자유시, 서정시   ∨ 성격: 회상적
∨ 주제: 방울 소리를 통해 떠올린 아련한 과거에 대한 그리움
∨ 해제: 이 시는 골동품 가게에서 구입한 소의 방울을 매개로 유년 시절의 고향과 현재의 도시 공간을 결합시키고 있
   다. 딸랑거리는 방울 소리는 화자의 과거 체험을 환기시킴으로써 잃어버린 아름답고 소중한 추억을 불러내고, 그것
   에 생명을 불어넣는 기능을 한다.
∨ 시의 특징과 표현: 현재와 과거의 시간과 공간이 중첩되면서 그리움의 정서를 효과적으로 증폭시킴

귀로 | 이형기

이제는 나도 옷깃을 여미자.
삶을 정리하려는 태도
마을에는 등불이 켜지고
　　　　　　하루의 일과를 정리하는 시간
사람들은 저마다

복된 저녁상을 받고 앉았을 게다.

▶ 1연: 삶을 정리할 시간

『지금은
「 」: 인생의 정점을 지나는 시기
이 언덕길을 내려가는 시간』

『한 오큼 내 각혈의
「 」: '청춘'을 시각화한 표현
선명한 빛깔』위에 바람이 불고
　　　　　　쇠잔(衰殘)의 기운
지는 가랑잎처럼

나는 이대로 외로워서 좋다.
역설적 진술

▶ 2연: 인생의 정점을 지나
쇠잔해짐

눈을 감으면
반추해 보면
누군가 말없이 울고 간
젊은 시절의 화자
내 마음 숲 속 길에

▶ 3연: 젊은 시절을 되돌아
봄

가을이 온다.
중년의 도래

▶ 4연: 중년의 나이가 됨

『내 팔에 안기기에는 너무나 벅찬
「 」: 세월의 흐름이 갖는 무게감
커다란 가을이

숭엄한 가을이』

아무데서나 나를 향하여 밀려든다.
세월의 흐름을 거부할 수 없음

▶ 5연: 거부할 수 없는 세월
의 흐름

출제 포인트

• 역설적 표현의 의미
• 표현의 함축적 의미

필수 문제

01 화자 파악하기
• 화자: '나' (중년이 된 이)
• 상황: 거부할 수 없는 (　　　)
　의 흐름을 담담하게 수용함
• 정서·태도: 쓸쓸함, 담담함

02 이 시에서 중년의 외로움을
역설적으로 표현한 시행을 찾아
쓰시오.

03 이 시에서 세월의 흐름은 거
부할 수 없는 것임을 가장 잘 드
러낸 연을 찾아 쓰시오.

핵심 정리

♥ 갈래: 자유시, 서정시　　♥ 성격: 감각적, 비유적
♥ 주제: 세월의 흐름을 담담하게 수용하는 자세
♥ 해제: 이 시는 삶의 여정을 등산에 비유하여 화자가 이제는 산을 내려가듯 거부할 수 없는 세월의 흐름을 받아들여야
　　함을 감상적으로 노래하고 있다.
♥ 시의 특징과 표현
　① 삶의 주기를 계절이 변화하는 모습에 비유하여 표현함
　② 역설적 어법을 통해 화자의 정서를 담담하게 드러냄

낙화(落花) | 이형기

교과서 수능 기출

『가야 할 때가 언제인가를
이별의 순간
분명히 알고 가는 이의』
떨어지는 꽃 「 」: '낙화'의 모습이자 성숙한 자아의 모습
뒷모습은 얼마나 아름다운가.
성숙한 이별의 아름다움

봄 한철
젊은 날
격정을 인내한

나의 사랑은 지고 있다.
낙화

분분한 낙화……
꽃잎이 뒤섞여 떨어지는 모습
결별이 이룩하는 축복에 싸여
성숙한 만남을 예비한 헤어짐 - 역설적 표현
지금은 가야 할 때,
이별을 순리로 수용하는 태도

무성한 녹음과 그리고
머지 않아 열매 맺는 / 가을을 향하여
성숙의 계절, 성숙의 경지
나의 청춘은 꽃답게 죽는다.
낙화 – 결실(내적 성숙)을 위한 청춘의 희생

헤어지자 / 섬세한 손길을 흔들며
가냘프고 가느다란
하롱하롱 꽃잎이 지는 어느 날
가볍게 흩날리는 모양

나의 사랑, 나의 결별,
샘터에 물 고이듯 성숙하는
조금씩 끊임없이 → 영혼의 충만함과 성숙
내 영혼의 슬픈 눈.
이별의 아픔 속에 이루어지는 성숙

▶ 1연: 이별의 아름다운 수용

▶ 2연: 젊은 날의 사랑이 끝남

▶ 3연: 축복의 의미로 승화되는 이별

▶ 4연: 내적 성숙을 위한 이별

▶ 5연: 이별의 아름다운 정경

▶ 6연: 이별을 통해 성숙해지는 영혼

출제 포인트

• 자연 현상과 인생사의 대응 관계
• 역설적 표현에 담긴 의미

필수 문제

01 화자 파악하기
• 화자: '나'(이별하는 이)
• 상황: 낙화를 바라보며 이별을 통한 영혼의 (   )을 깨달음
• 정서 · 태도: 깨달음, 성숙

02 〈보기〉의 설명에 해당하는 시구를 찾아 쓰시오.

〈보기〉
• 이별을 통해 영혼의 성숙을 이룰 수 있다는 의미
• 역설적 표현이 사용됨

03 [기출] 이 시의 표현상 특징으로 가장 적절한 것은?
① 자조적 표현을 통해 삶의 모순을 드러내고 있다.
② 의성어를 활용하여 경쾌한 분위기를 자아내고 있다.
③ 영탄과 독백의 어조를 통해 화자의 심정을 드러내고 있다.
④ 감각적 이미지를 활용하여 대상의 불변성을 부각하고 있다.
⑤ 동일한 문장 형태를 반복하여 순환의 의미를 강조하고 있다.

1960년대

핵심 정리

▾ 갈래: 자유시, 서정시   ▾ 성격: 사색적, 비유적
▾ 주제: 이별을 통해 얻는 영혼의 성숙
▾ 해제: 이 시는 꽃이 진 후에 열매가 맺히는 자연의 섭리를 통해, 이별의 아픔이 영혼의 성숙으로 승화될 수 있음을 노래하고 있다.
▾ 시의 특징과 표현
① 자연 현상을 통해 인생의 의미를 발견함
② 이별에 대한 긍정적 인식을 역설적으로 표현함

현대시의 모든 것

폭포 | 이형기

그대 아는가

(나)의 등판을
화자 – '산'의 의인화
어깨에서 허리까지 길게 내리친
'산'을 타고 길게 내리뻗은
시퍼런 칼자욱을 아는가.
고통과 명예로 남은 폭포 – 날카롭고 섬뜩한 이미지

▶ 1연: 폭포의 형상 – 산에
난 칼자욱

질주하는 전율과

전율 끝에 단말마(斷末魔)를 꿈꾸는
숨이 끊어질 때의 모진 고통
벼랑의 직립(直立)

그 위에 다시 벼랑은 솟는다.

▶ 2연: 폭포의 형성 – 벼랑
에 형성된 폭포

그대 아는가

석탄기(石炭紀)의 종말을
파충류와 곤충류가 출현한 고생대 중엽
그때 하늘 높이 날으던

한 마리 장수잠자리의 추락(墜落)을.
벼랑을 타고 쏟아져 내리는 폭포의 이미지(하강 이미지)
– 추락할 수밖에 없으면서도 하늘 높이 날고자 하는 인간 존재의 비극성

▶ 3연: 폭포의 하강 – 떨어
지는 폭포

나의 자랑은 자멸(自滅)이다.
역설적 표현 – 높은 벼랑에서 쏟아져 내리는 폭포의 모습
무수한 복안(複眼)들이
여러 개의 눈이 모여서 이루어진 눈 – 폭포의 물방울
그 무수한 수정체(水晶體)가 한꺼번에

박살 나는 맹목(盲目)의 눈보라
아무런 목적도 없이 떨어지는 폭포
– 현실적 고통으로 끊임없이 절망하는 인간의 삶 투영

▶ 4연: 폭포의 자멸 – 폭포
의 부딪힘

그대 아는가

나의 등판에 폭포처럼 쏟아지는

시퍼런 빛줄기

2억 년 묵은 이 칼자욱을 아는가.
산에 있어서 지울 수 없는 상처로 남은 폭포
– 전통적 인식과 상이한 비극적 인식

▶ 5연: 폭포에 대한 인식 – 산에
게 오랜 칼자욱과 같은 폭포

필수 문제

01 화자 파악하기
• 화자: '나' (산)
• 상황: 폭포가 산 등판에 시퍼
런 (　　　)을 내며 떨어짐
• 정서 · 태도: 비극적

02 이 시에서 '폭포'를 비유하
고 있는 표현 3가지를 찾아 쓰시
오.

03 〈보기〉의 설명에 해당하는
시행을 찾아 쓰시오.

┌─────────〈보기〉─────────
│ • 폭포의 하강을 비극적 이미지
│ 로 표현함
│ • 역설적 표현이 사용됨
└──────────────────────

▼ 갈래: 자유시, 서정시　　　▼ 성격: 관념적, 비유적
▼ 주제: 존재에 대한 비극적 인식
▼ 해제: 이 시는 '폭포'에 대한 관념적 인식을 통해, 끝없이 소멸하고 생성하는 인간 존재에 대한 비극성을 형상화하고
있다.
▼ 시의 특징과 표현
　① 자연적 소재를 관념적 이미지로 표현함
　② 동일 어구와 통사 구조의 반복, 수미 상관적 구성을 통해 운율을 형성함

290 고무신 | 장순하

눈보라 비껴 나는
계절적 배경 - 겨울

—全 —群 —街 —道—

차들이 달리는 도로를 시각적으로 형상화 - 진행감, 지속감, 속도감 표현
→ 직선으로 뻗은 삭막한 이미지

▶ 초장: 눈보라 날리는 삭막
한 도로의 전경(全景)

퍼뜩 차창(車窓)으로
화자의 위치 - 차 안
스쳐 가는 인정(人情)아!
핵심어 - 주제 의식

이미지의 대비

▶ 중장: 차창을 스쳐 가는
인정

외딴집 섬돌*에 놓인

```
하 나
  둘
세 켤레
```

'섬돌' 위의 신발을 시각적으로 묘사함 -
활자의 크기를 통해 아버지, 어머니, 아이
의 신발을 각각 표현함 → 한 울타리 안
에 온 가족이 모여 있는 따뜻한 이미지

▶ 종장: 어느 시골 마을 외
딴집의 단란한 정경

■ 전군가도(全群街道): 전주 – 군산 간 도로
■ 섬돌: 집채의 앞뒤에 오르내릴 수 있게 놓은 돌층계

출제 포인트

• 파격적인 형식이 주는 효과
• 시의 주제 의식

필수 문제

01 화자 파악하기
• 화자: 차를 타고 가는 이
• 상황: 달리는 차 안에서 외딴
집 섬돌 위에 놓인 (   )들
을 바라봄
• 정서·태도: 긍정적

02 이 시조 초장의 '— 全
— 群 — 街 — 道 —'에
서 느낄 수 있는 이미지로 적절하
지 않은 것은?
① 안정감   ② 속도감
③ 지속감   ④ 직선감
⑤ 진행감

03 이 시조의 주제를 본문의 시
어를 이용하여 2어절로 쓰시오.

1960년대

한눈에 보기

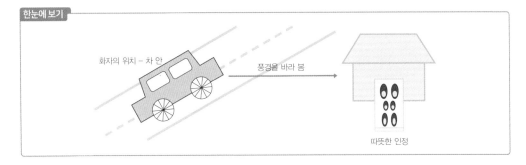

화자의 위치 - 차 안   풍경을 바라 봄   따뜻한 인정

핵심 정리

♥ 갈래: 현대 시조, 구별 배행 시조   ♥ 성격: 실험적, 시각적
♥ 주제: 소박한 시골 마을의 따뜻한 인정미
♥ 해제: 이 시조는 언어와 기호를 통해 회화적 이미지와 입체감을 만들어 내고 있는 실험적인 작품으로, 시인은 이러한
시각적 요소와 파격적 형식을 통해 시골 마을의 따뜻한 인정미를 그리고 있다.
♥ 시의 특징과 표현
① 구별 배행 시조로, 시각적인 효과와 입체감을 실험적으로 시도함
② 섬돌에 놓인 고무신을 통해 따스한 농촌의 이미지를 표현함

현대시의 모든 것

고고(孤高) | 김종길

수능·모의 기출

북한산이

다시 그 높이를 회복하려면
북한산의 고고한 모습 – 높은 정신적 경지
다음 겨울까지는 기다려야만 한다.
고고한 높이가 드러나는 때   ☐ : 반복을 통해 고고한 삶에 대한
화자의 지향을 강조함

▶ 1연: 겨울 북한산에 대한 기다림

밤사이 눈이 내린,

그것도 백운대나 인수봉 같은
북한산의 높은 봉우리들
높은 봉우리만이 옅은 화장을 하듯
살짝 눈이 덮인 모습을 비유적으로 표현
가볍게 눈을 쓰고

왼 산은 차가운 수묵으로 젖어 있는,
겨울 산을 수묵화에 비유 – 탈속적 분위기
어느 겨울날 이른 아침까지는 기다려야만 한다.

▶ 2, 3연: 살짝 눈이 내린 겨울 북
한산에 대한 기다림

신록이나 단풍,   △ : 북한산의 높이(고고함)를 드러나게 하지 못하는 것

골짜기를 피어오르는 안개로는,

눈이래도 왼 산을 뒤덮는 적설(積雪)로는 드러나지 않는,

심지어는 장밋빛 햇살이 와 닿기만 해도 변질하는,
눈 덮인 북한산의 고고함은 변질되기 쉬워 지키기 어려움을 의미함
그 고고(孤高)한 높이를 회복하려면
세속에 초연한 고고한 정신 – 화자가 추구하는 것

백운대와 인수봉만이 가볍게 눈을 쓰는

『어느 겨울날 이른 아침까지는
「 」: 3연 2행의 반복 – 고고한 삶의 추구에 대한 화자의 의지 강조
기다려야만 한다.』

▶ 4~6연: 고고한 높이를 회복한
겨울 북한산에 대한 기다림

출제 포인트

- 비유적 표현의 의미
- 시구의 반복을 통해 얻는 효과

필수 문제

01 화자 파악하기
- 화자: 고고한 삶을 추구하는
이
- 상황: 북한산이 그 높이를 회
복하려면 (   )까지 기다
려야 한다고 말함
- 정서·태도: 의지적

02 이 시에서 북한산에 눈이 살
짝 덮인 모습을 비유적으로 표현
한 시구를 찾아 2어절로 쓰시오.

03 이 시에서 화자의 의지를 강
조하기 위해 반복적으로 사용되
고 있는 시구를 찾아 2어절로 쓰
시오.

핵심 정리

▼ 갈래: 자유시, 서정시   ▼ 성격: 사색적, 비유적, 의지적
▼ 주제: 고고한 삶의 자세 지향
▼ 해제: 이 시는 북한산이 그 높이를 회복하기 위해 겨울까지 기다리는 모습을 통해 화자가 추구하는 고고한 삶의 자세
를 형상화하고 있다. '고고(孤高)'는 '세상일에 초연하여 홀로 고상하다'는 의미이다.
▼ 시의 특징과 표현
① 자연물의 모습을 통해 화자가 추구하는 삶의 자세를 형상화함
② 동일한 시구를 반복하여 화자의 의지를 강조함
③ 대비적 표현을 통해 주제 의식을 드러냄

바다에서 | 김종길

차운 물보라가
<u>힘든 현실</u>
이마를 적실 때마다

나는 소년처럼 울음을 참았다.
　　순수하고 나약한 존재

▶ 1연: 거친 파도에 괴로워함

길길이 부서지는 <u>파도</u> 사이로
　　　　　　고난과 역경
『걷잡을 수 없이 나의 해로(海路)가 일렁일지라도』
「　」: 고난의 상황(화자의 위치　바다 위에 배가 다니는 길(인생의 길)
　　가 배 위임을 알 수 있음)

▶ 2연: 바다 위 배가 흔들림

『나는 홀로이니라,
「　」: 혼자 힘으로 고난을 헤쳐 나가야 한다는 깨달음
나는 바다와 더불어 홀로이니라.』

▶ 3연: 혼자임을 인식함

『일었다간 스러지는 ■감상(感傷)의 물거품으로
「　」: 슬픔에 마음이 상하여 제멋대로 날뛰던 옛날
■자폭(自暴)의 잔(盞)을 채우던 옛날은

이제 아득히 띄워보내고,
부정적인 과거와의 결별

▶ 4연: 감상과 번민에 흔들리던 과거를 청산함

왼몸을 내어맡긴 천인(千仞)의 깊이 위에
온몸　　　　　한 길(사람의 키)만큼의 깊이(깊은 바다)
나는 꽃처럼 황홀한 순간을 마련했으니
　　　　　　꿈과 이상을 위해 노력하는 시간

▶ 5연: 바다에 온몸을 맡기고 꿈과 이상을 위해 나가려 함

슬픔이 설사 또한 바다만 하기로

나는 <u>뉘우치지 않을</u>
　　후회하지 않을, 인내할
<u>나의 하늘</u>을 꿈꾸노라.
꿈과 이상　　미래에 대한 의지

▶ 6연: 슬픔을 이겨 내고 꿈과 이상을 추구함

■ 감상(感傷): 하찮은 일에도 슬퍼져서 마음이 상함. 또는 그런 마음.
■ 자폭(自暴): 제멋대로 날뜀(자포)

• 시어의 의미 이해
• 시상의 흐름과 내용 파악

필수 문제

01 화자 파악하기
• 화자: '나'(고난에 굴하지 않는 이)
• 상황: 바다의 배 위에서 옛날의 슬픔을 버리고 긍정적인 미래를 맞이하기 위해 (　　　)를 다짐
• 정서 · 태도: 의지적

02 1연에서 '(　　　　)'는 화자에게 부정적 감정을 불러일으키는 원인이 되고 있다.

03 이 시에서 현실의 슬픔을 나타내는 시어인 '바다'와 대비되는 의미를 지닌 시어를 찾아 쓰시오.

핵심 정리

▼ 갈래: 자유시, 서정시　　▼ 성격: 의지적, 상징적
▼ 주제: 고난 속에서도 이상을 추구하는 굳은 의지
▼ 해제: 이 시는 파도치는 역경 속에서도 굴하지 않고 꿈과 이상을 향해 나아가려는 화자의 굳은 결의를 드러내고 있다.
▼ 시의 특징과 표현
　① 화자의 내면 상황을 바다 위에서 거친 파도를 만난 구체적 상황에 빗대어 표현함
　② 시어의 대비를 통해 주제를 부각함

성탄제(聖誕祭) | 김종길

모의 기출 EBS

어두운 방 안엔
우울한 이미지
바알간 숯불이 피고,
밝고 따뜻한 분위기 ─ 색채 대비

외로이 늙으신 할머니가

애처로이 잦아드는 어린 목숨을 지키고 계시었다.
어린 시절의 화자

이윽고 눈 속을
고난, 시련
아버지가 약(藥)을 가지고 돌아오시었다.
산수유 열매(해열제)

아, 아버지가 눈을 헤치고 따 오신
그 붉은 산수유 열매 ─.
아버지의 헌신적 사랑을 상징함 ─ 흰색과 붉은색의 색채 대비

나는 한 마리 어린 짐승,
연약한 자기 존재 인식
젊은 아버지의 서느런 옷자락에
촉각적 이미지
열(熱)로 상기한 볼을 말없이 부비는 것이었다.
아버지의 사랑을 확인하고 수용하는 행동

→ ① 자식의 열을 내리게 해 주려는 아버지의 사랑
② 눈 속을 헤치고 온 아버지의 시련

이따금 뒷문을 눈이 치고 있었다.

그날 밤이 어쩌면 성탄제의 밤이었을지도 모른다.
아버지의 사랑을 성탄제(인류에 대한 사랑)의 의미로 확대

▶ 1~6연: 어린 시절 아버지에게서 느꼈던 따뜻한 사랑을 회상함(과거)

어느새 나도
어른이 된 현재의 화자
그때의 아버지만큼 나이를 먹었다.
과거 회상에서 현실로 시상이 전환됨

옛것이란 거의 찾아볼 길 없는
아버지의 헌신적인 사랑 같은 것
「성탄제 가까운 도시에는,」
「 」: 아버지의 사랑에 대한 그리움과 그러한 사랑을 찾아볼 수 없는 현실에 대한 안타까움
이제 반가운 그 옛날의 것이 내리는데,
어린 시절 아버지의 사랑을 → 눈 ─ 과거 회상의 매개체
떠올릴 수 있기 때문에

서러운 서른 살, 나의 이마에
어른으로서 힘들고 각박하게 살아가야 하는 어려움
불현듯 아버지의 서느런 옷자락을 느끼는 것은,
아버지의 사랑과 희생

현대시의 모든 것

출제 포인트

- '눈'의 의미와 기능
- '성탄제'의 의미
- 과거와 현재의 대비를 통한 주제 강조

필수 문제

01 화자 파악하기
- 화자: '나'(어린 시절을 회상하는 이)
- 상황: 어린 시절 (   )의 사랑을 그리워함
- 정서·태도: 그리움, 문명 비판

02 이 시의 시어 중 의미하는 바가 이질적인 것은?
① 어두운 방   ② 약
③ 산수유 열매   ④ 옛것
⑤ 서느런 옷자락

03 [서술형] 8연의 '옛것'과 '그 옛날의 것'의 의미가 어떻게 다른지 간단히 서술하시오.

04 [기출] 이 시를 영상물로 만들기 위한 계획으로 적절하지 않은 것은?

─〈보기〉─
- 과거 장면
① 앓고 있는 어린 손자를 향한 할머니의 안타까운 시선이 잘 드러나게 한다.
② 산수유 열매의 붉은색이 눈의 흰색과 뚜렷이 대비되도록 화면을 구성한다.
- 장면 전환
③ 눈을 회상의 매개체로 하여 과거 장면과 현재 장면을 연결한다.
- 현재 장면
④ 성탄절 분위기가 느껴지는 도시의 거리 모습을 배경으로 설정한다.
⑤ 주인공의 감정과 어울리는 경쾌한 배경 음악을 활용한다.

『눈 속에 따 오신 산수유 붉은 알알이
　　　　　　　아버지의 사랑
아직도 내 혈액(血液) 속에 녹아 흐르는 까닭일까.』
　　　　　　생명, 마음
「　」: 아버지의 사랑이 시간을 초월하여 화자의 마음속에 살아 있음

▶ 7~10연: 삭막한 현실에서 아
　버지의 사랑을 그리워함(현재)

1970년대

알맹이 포착

'성탄제'의 의미

이 시에서는 아버지가 산수유 열매를 따 오신 그날 밤을, 연약한 인
간의 모든 죄를 대신 지고 인류에게 구원을 준 예수 그리스도의 탄
생일과 연관짓고 있다. 이를 통해 아버지의 사랑을 인간의 보편적인
사랑과 구원의 의미로 확대하고 있다.

한눈에 보기

핵심 정리

- ♥ 갈래: 자유시, 서정시　　　♥ 성격: 회상적, 문명 비판적
- ♥ 주제: 아버지의 순수한 사랑에 대한 그리움
- ♥ 해제: 이 시는 성탄제 무렵 각박한 도시에 내리는 눈을 보며 떠올린 어린 시절 아버지의 헌신적인 사랑을 그리워하는
　마음을 노래하고 있다.
- ♥ 시의 특징과 표현
　① 전반부의 과거 회상과 후반부의 현재가 대칭 구조를 이룸
　② 색채 대비('어두운 방' ↔ '바알간 숯불', '눈' ↔ '붉은 산수유 열매' 등)를 통해 선명한 이미지를 형상화함

294 전라도 젓갈 | 문병란

교과서

썩고 썩어도 썩지 않는 것
전라도 젓갈의 속성 ① – 다른 음식과 달리 썩어야 맛이 남(역설적 표현)
썩고 썩어도 맛이 생기는 것

그것은 전라도 젓갈의 맛이다

전라도 갯땅"의 깊은 맛이다
전라도 젓갈의 맛 ① – 갯벌이 많은 전라도의 지역적 특성이 담긴 맛

▶ 1연: 전라도의 지역적 특성이 담겨 있는 젓갈

괴고 괴어서 삭고 곰삭어서"

맛 중의 맛이 된 맛

「온갖 비린내 땀내 눈물 내
「 」: 전라도 젓갈의 속성 ② – 온갖 정성과 인내, 노동의 고통이 담김
갖가지 맛 소금으로 절이고 절이어」

세월이 가도 변하지 않는 맛

소금기 짭조름한 눈물의 맛
전라도 젓갈의 맛 ② – 민중의 삶의 고통이 담긴 맛

▶ 2연: 민중의 힘겨운 삶의 모습이 담겨 있는 젓갈

「장광"에 햇살은 쏟아져 내리고
「 」: 소금에 절여서 장독에 저장하는 모습
미닥질" 소금밭에 소금발"은 서는데」

짠맛 쓴맛 매운맛 한데 어울려
전라도 젓갈의 속성 ③ – 여러 맛이 조화를 이룸
「설움도 달디달게 익어 가는 맛
「 」: 전라도 젓갈의 맛 ③ – 민중의 삶의 애환과 그에 대한 승화가 담긴 맛
어머니 눈물 같은 진한 맛이다

할머니 한숨 같은 깊은 맛이다」

▶ 3연: 민중의 삶의 애환과 그에 대한 승화가 담겨 있는 젓갈

자갈밭에 뙤약볕은 지글지글 타오르고

꾸꾸기" 뻐꾸기 왼종일 수상히 울어 예고

눈물은 말라서 소금기 저린 뻘밭이 됐나
민중이 흘렸을 눈물과 소금을 동일시함
한숨은 쉬어서 육자배기" 뽑아올린 삐비"꽃이 됐나
전라도의 대표적인 민요

▶ 4연: 전라도의 대표 음식이 된 젓갈

썩고 썩어서 남은 맛 오호 남은 빛깔

닳고 닳아서 타고 타서 남은 고춧가루

오장에 아리히는" 삶의 매운맛이다.
전라도 젓갈의 맛 ④ – 민중의 힘겨운 삶의 모습이 담긴 맛
복사꽃 물든 누님의 손 끝에 스미는 눈물

「오호 전라도 여인의 애간장 다 녹은
「 」: 전라도 젓갈의 맛 ⑤ – 민중의 애환과 사랑이 담긴 맛
아랫목 고이고이 감춰 놓은 사랑 맛이다」

▶ 5연: 민중의 삶과 사랑이 담겨 있는 젓갈

출제 포인트

- 전라도 젓갈의 맛을 나타내는 다양한 비유적 표현
- 문학의 특수성과 보편성 이해

필수 문제

01 화자 파악하기
- 화자: 전라도 젓갈의 맛에 담긴 의미에 대해 생각하는 이
- 상황: 전라도 젓갈의 맛에서 (   )의 삶의 모습과 애환을 떠올리고 있음
- 정서·태도: 애정

02 이 시에서 역설적 표현을 사용해 '전라도 젓갈'의 속성을 드러내고 있는 시행을 찾아 쓰시오.

03 2연의 '소금기 짭조름한 눈물의 맛'에 담긴 의미를 간단히 쓰시오.

04 [서술형] 전라도의 지역적 특성을 담고 있는 이 시가 보편성을 획득할 수 있는 이유를 40자 내외로 서술하시오.

현대시의 모든 것

- 갯땅: 개땅. 바닷물이 드나드는 땅
- 곰삭어서: 곰삭아서. 젓갈 따위가 오래되어서 푹 삭아서
- 장광: 장독대
- 미닥질: 밀고 당기고 하면서 복닥거리거나 승강이를 하는 짓. 여기에서는 소금을 모으기 위한 노동을 말함
- 소금발: 소금기가 겉으로 허옇게 피어 나온 것
- 꾸꾸기: '뻐꾸기'의 방언
- 육자배기: 남도 지방에서 부르는 잡가(雜歌)의 하나. 가락의 굴곡이 많고 활발하며 진양조 장단이다.
- 뻬비: '삘기'의 방언. 띠(볏과의 여러해살이풀)의 어린 꽃이삭
- 아리히는: '아리는'을 변형한 말. 혀끝을 찌를 듯이 알알한 느낌이 있는

우리나라의 대표 발효 식품 '젓갈'

'젓갈'은 새우·조기·멸치 등의 생선이나, 조개·생선의 알·창자 등을 소금에 짜게 절이어 삭힌 음식이다. 어패류가 풍성한 우리나라에서 이를 소금에 절여 저장해 먹는 젓갈이 발달한 것은 자연스러운 일이다. 젓갈은 된장, 간장, 고추장, 김치와 함께 우리나라의 5대 발효 식품으로 꼽힌다. 젓갈 자체를 반찬처럼 먹기도 하지만, 음식에 조미료처럼 사용하거나 김치의 재료로도 많이 사용한다.

문학의 특수성과 보편성

우리나라의 각 지역에는 그 지역만의 특색이 있는데, 이러한 특색이 문학 작품에 반영되기도 한다. 이 시 역시 전라도의 토속적이고 향토적인 특성이 잘 반영되어 있다. 하지만 전라도 사람이 아니더라도 우리나라 사람들이라면 이 시를 읽고 보편성을 공유할 수 있다. 그 이유는 우리나라 사람이라면 젓갈의 맛이나 민중의 힘겨웠던 삶에 대해 공감할 수 있기 때문이다. 문학 작품을 감상할 때에는 그 작품에 반영되어 있는 지역적 특수성과 보편성을 함께 고려해야 한다.

핵심 정리

- 갈래: 자유시, 서정시   성격: 토속적, 향토적, 비유적
- 주제: 민중의 삶의 모습이 담겨 있는 전라도 젓갈의 맛
- 해제: 이 시는 '전라도 젓갈'이라는 토속적인 소재를 통해 남도의 삶과 정서를 노래하고 있다. 화자는 전라도 젓갈의 맛에서 삶의 애환을 감내하며 살아가는 민중의 모습을 이끌어 내고 있는데, 이를 통해 민중의 삶에 대한 화자의 애정 어린 시선을 엿볼 수 있다.
- 시의 특징과 표현
  ① 토속적인 소재를 이용해 전라도 특유의 정서를 표현함
  ② 역설적 표현을 통해 소재의 특성을 드러냄
  ③ 비유적 표현을 통해 젓갈의 맛에 담긴 다양한 의미를 드러냄

직녀(織女)에게 | 문병란

이별이 너무 길다. / 슬픔이 너무 길다.

선 채로 기다리기엔 은하수가 너무 길다.
　　　　　　　　　　　장애물
단 하나 오작교마저 끊어져 버린
설화의 변용 → 현실의 비극성 강조
지금은 가슴과 가슴으로 노둣돌을 놓아
　　　　　　　　　　만남의 징검다리
면도날 위라도 딛고 건너가 만나야 할 우리,
재회에 대한 간절한 소망
선 채로 기다리기엔 세월이 너무 길다.
수동적 자세
그대 몇 번이고 감고 푼 실올
청자 - 직녀
「밤마다 그리움 수놓아 짠 베 다시 풀어야 했는가.
「 」: 오랜 세월 동안 서로 만나지 못함
내가 먹인 암소는 몇 번이고 새끼를 쳤는데,
화자 - 견우
그대 짠 베는 몇 필이나 쌓였는가?」　　　　　　▶ 1~11행: 견우와 직녀의 오
　　　　　　　　　　　　　　　　　　　　　　　랜 기다림과 이별의 슬픔

이별이 너무 길다. / 슬픔이 너무 길다.

사방이 막혀 버린 죽음의 땅에 서서 / 그대 손짓하는 연인아,
직녀가 처한 현실 - 절망과 죽음의 공간
유방도 빼앗기고 처녀막도 빼앗기고 ─┐
　　　　　　　　　　　　　　　　　　├ 육체적 순결 ┐반복과 점층
마지막 머리털까지 빼앗길지라도 ─┘　　　　　│→ 절박한 현실 강조
정신적 순결
우리는 다시 만나야 한다.

우리들은 은하수를 건너야 한다.

오작교가 없어도 노둣돌이 없어도
　　　　　　　　　　　　　　└─ 남이 만들어 놓은 만남의 조건
가슴을 딛고 건너가 다시 만나야 할 우리,

칼날 위라도 딛고 건너가 만나야 할 우리,

이별은 이별은 끝나야 한다.
　　　　　　　── 주체적 의지
「말라붙은 은하수 눈물로 녹이고 / 가슴과 가슴을 노둣돌 놓아」
「 」: 장애물을 극복할 수 있는 주체적인 행동과 의지
슬픔은 슬픔은 끝나야 한다, 연인아.　　　▶ 12~26행: 이별의 극복을
반복을 통해 신념의 절실함 표현　　　　　　　　위한 행동과 의지

필수 문제

01 화자 파악하기
• 화자: '나' (견우)
• 상황: 직녀와의 오랜 (　　　)
　을 끝내고자 함
• 정서·태도: 갈망, 의지적

02 이 시에서 만남의 장애물이
되는 3음절의 소재를 찾아 쓰시오.

03 이 시에서 이별을 극복하기
위한 화자의 적극적인 행동과 의
지가 드러난 부분을 찾아 쓰시오.

핵심 정리

▼ 갈래: 자유시, 서정시　　　▼ 성격: 참여적, 서정적
▼ 주제: 이별의 슬픔과 이별 극복의 의지
▼ 해제: 이 시는 〈견우직녀 설화〉를 변용하여 우리 민족이 처한 현실을 제시하고, 분단 극복을 위해 우리가 나아갈 길
　을 호소력 있게 노래하고 있다.
▼ 시의 특징과 표현
　　① 〈견우직녀 설화〉를 변용함으로써 현실의 비극성을 표현함
　　② 반복을 통해 소망의 간절함과 화자의 의지를 강조함

296 몸짓 | 박남수

낯선 작품

한 마리의 비둘기가
_{언어를 알지 못하는 원초적 생명}
『슬금슬금 밀치며 지분거린다.』
「」: 관심의 표현   _{짓궂게 말이나 행동 따위로 자꾸 남을 귀찮게 하다}
한 마리의 비둘기가 한 마리의 비둘기를.

둘레를 빙글빙글 돌며 쫓고 있다.
_{관심의 표현}
무슨 말 같은 것은

하지 않았다. 이윽고
_{상황의 변화(시상의 전환) 예고}
한 마리는 알아차리고 조용히 몸을 숙이며.
_{언어를 사용하지 않고도 서로 소통이 가능함}
두 날개를 펼친다. 한 마리는
_{서로 사랑을 확인하면서 느끼는 행복}
잔등 위에서 어기찬 하늘님이 되었다. 그뿐
_{뜻을 굽히지 않고 꿋꿋한}   _{시상의 집약을 위한 긴장감 조성}
『무슨 말 같은 것은
「」: 반복을 통해 몸짓의 진정성 강조(언어의 가치에 대한 회의)
하지 않았다.『태초는
_{하늘과 땅이 생겨난 맨 처음}   「」: 화자의 생각의 집약으로
다만 몸짓으로 열리었던 것을.』   시상의 마무리
_{모든 것의 존재적인 근원}

▶ 1~4행: 비둘기의 구애 행위

▶ 5~9행: 비둘기의 소통과 사랑

▶ 10~12행: 태초를 여는 몸짓의 가치

출제 포인트
- 시행 배열의 의도
- 시상의 흐름과 집약 이해

필수 문제

01 화자 파악하기
- 화자: '드러나지 않음'(비둘기를 관찰하는 이)
- 상황: (   )만으로 애정을 나누는 비둘기를 관찰함
- 정서·태도: 깨달음

02 이 시에서 '(   )'은 시인의 의도적 시행 배치로 시상의 집약을 위한 긴장감을 조성하고 있다.

03 이 시에서 몸짓의 중요성을 강조하기 위해 반복하여 제시된 표현을 그대로 쓰시오.

1970년대

알맹이 포착

행간 걸침과 '태초는 ~ 것을'의 이해

의미상으로 볼 때 한 행으로 배열되어야 하는 시구를 시인이 의도적으로 앞의 행이나 다음 행에 걸쳐 놓는 시행 배열 기법을 행간 걸침이라 한다. 시를 읽는 독자는 행간 걸침 부분을 읽을 때 집중하게 되고 긴장감을 형성한다. 시인은 이 점을 활용하여 행간 걸침 부분에 특정한 의도를 담거나 주제 의식을 강조하여 드러내기도 한다. '이윽고, 한 마리는, 그뿐'에서 행간 걸침의 표현이 드러나며, 특히 마지막 두 행 '태초는 ~ 것을.'은 행간 걸침과 서술어의 생략으로 주제 의식을 집약적으로 제시하고 시적 여운을 형성하여 시상을 마무리하고 있다.

한눈에 보기

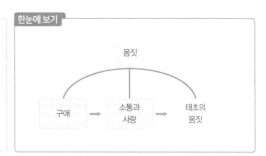

몸짓

구애 → 소통과 사랑 → 태초의 몸짓

핵심 정리

- **갈래:** 자유시, 서정시   **성격:** 주지적, 비유적
- **주제:** 몸짓의 가치에 대한 재인식
- **해제:** 이 시는 비둘기들의 자연스러운 애정 행위에 대한 관찰을 통해 얻은 몸짓의 진정한 가치에 대한 화자의 인식을 보여 주고 있다. 몸짓은 언어 이전의 의사 소통의 수단이 아니라, 인간 생활의 모든 것의 존재적 근원이라는 것이다.
- **시의 특징과 표현**
  ① 전반부는 행동에 대한 관찰과 묘사, 후반부는 화자의 인식이 드러남
  ② 일반적인 행 구성의 파괴(행간 걸침)를 통해 낯선 긴장감을 줌

현대시의 모든 것

봄의 환각 | 박남수

복사꽃 피면 복사꽃 내음새가 발갛게 일렁이는 시골에서 하품을 하
봄이 오면   봄기운이 충만함, 공감각적 심상(후각의 시각화)   평화로움
다가 놋방울이 흔들리면 꼬리 한번 치고 황소는 취할 듯이 꽃잎을 먹고
소의 졸음과 정적을 깨는 소리   화자와 동일시됨   하염없이 꽃잎을 먹음
육자배기 한 가락 음매--   ▶ 1행: 복사꽃 피는 봄의 평
봄기운에 취함   화로운 모습
얼굴을 처들면 들녘이 온통 흔들리는 아지랑이,「꽃 아지랭이 붉은 저편
'피어오르는 아지랑이 + 취한 기운' 결합   '자연 → 인간 문명'의 거리감
에 시커먼 기동차가
봄의 정적을 깸, '붉음 ↔ 검음'의 대립적 이미지   ▶ 2행: 꽃 아지랭이와 기동차
뽀오 지나가는 봄이 있었다.」   가 어우러지는 봄의 모습
「」: 이질적인 존재도 포용하는 봄의 힘

출제 포인트

• 소재의 의미와 기능
• 감각적 심상의 이해

필수 문제

01 화자 파악하기
• 화자: '드러나지 않음'(환상적
인 봄의 정취를 느끼는 이)
• 상황: 농익은 (   )의 정취
를 다양한 감각을 통해 느낌
• 정서·태도: 황홀함, 감각적

02 이 시에서 (   )는 화자
와 동일시되는 소재로 봄기운에
취한 존재로 제시된다.

03 이 시에서 공감각적 심상으
로 봄의 정취를 드러내는 시구를
찾아 쓰시오.

알맹이 포착

시상 전개의 특징
이 시에서는 봄의 정경을 감각적인 묘사와 색채의 대비, 간결한 시어
의 사용을 통해 형상화하고 있다. 향토적 정감이 느껴지는 시어와 산
문과 같은 시행의 배열, '-있었다'의 과거 시제 활용을 통한 시의 마
무리는 화자가 경험한 아름다운 봄의 정경을 부각시킨다.

한눈에 보기

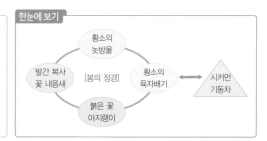

핵심 정리

▾ 갈래: 자유시, 서정시   ▾ 성격: 감각적, 향토적, 대비적
▾ 주제: 환상적인 봄의 정취에서 느끼는 감흥
▾ 해제: 이 시는 아름다운 봄의 정경을 다양한 감각적 심상(시각, 청각, 공감각 등)을 활용하여 형상화하고 있다. 특히 환
상적인 '복사꽃'의 이미지가 꽃을 먹고 취한 황소의 소리로 이어지고, 봄의 농익은 정취는 '시커먼 기동차'까지 '꽃 아
지랭이'의 풍경과 어우러지는 모습에서 절정을 이룬다.
▾ 시의 특징과 표현
  ① 자연스러운 연상의 흐름을 통하여 봄의 정취를 형상화함
  ② 다양한 감각적 표현과 감각의 전이를 통하여 봄의 정경을 도드라지게 부각시킴

새 1 | 박남수

모의 기출 EBS

1

『하늘에 깔아 논
「 」: 아름다운 자연의 세계
바람의 여울¬터에서나

속삭이듯 서걱이는
의성어
나무의 그늘에서나,』새는 노래한다.
자연, 생명, 순수의 표상

『그것이 노래인 줄도 모르면서
「 」: 가식 없는 '새'의 순수함
새는 그것이 사랑인 줄도 모르면서』

『두 놈이 부리를
「 」: 순수한 사랑의 구체적 형상화
서로의 죽지에 파묻고

따스한 체온을 나누어 가진다.』

▶ 1: 새의 순수한 노래와 사랑

2

『새는 울어 / 뜻을 만들지 않고

지어서 교태로

사랑을 가식하지 않는다.』
「 」: 자신의 행위에 대해 인간처럼 의미를 만들어
부여하지 않는 '새'의 순수함

▶ 2: 새의 가식 없는 순수함

3
인간 문명의 파괴성, 비정함
— 포수는 한 덩이 납으로
인간의 욕망, 폭력성
그 순수를 겨냥하지만
핵심어
매양 쏘는 것은
반복어
피에 젖은 한 마리 상한 새에 지나지 않는다.
인간에 의해 파괴된 자연의 순수성

▶ 3: 인간에 의해 파괴되는 새의 순수성

■ 여울: 강이나 바다의 바닥이 얕거나 폭이 좁아 물살이 세게 흐르는 곳

출제 포인트

• 인간과 자연의 대립적 구조
• '포수'와 '새'의 상징적 의미

필수 문제

01 화자 파악하기
• 화자: 순수성을 추구하는 이
• 상황: 포수가 (   )의 표상인 새를 쏨
• 정서 · 태도: 비판적

02 〈보기〉에서 이 시의 '한 덩이 납'과 상징적 의미가 유사한 시구를 찾아 2어절로 쓰시오.

〈보기〉
성북동 메마른 골짜기에는
조용히 앉아 콩알 하나 찍어 먹을
널찍한 마당은커녕 가는 데마다
채석장 포성이 메아리쳐서
피난하듯 지붕에 올라앉아
아침 구공탄 굴뚝 연기에서
향수를 느끼다가
산 1번지 채석장에 도로 가서
금방 따낸 돌 온기에 입을 닦는다.
– 김광섭, 〈성북동 비둘기〉

03 [서술형] 이 시에서 '포수'가 얻는 것이 '한 마리 상한 새에 지나지 않는다.'는 시구가 뜻하는 바를 30자 내외로 서술하시오.

핵심 정리

∨ 갈래: 자유시, 서정시   ∨ 성격: 주지적, 상징적, 문명 비판적
∨ 주제: 순수 가치의 옹호와 인간 문명의 폭력성 비판
∨ 해제: 이 시는 가식 없는 '새'의 순수한 모습과 이를 파괴하는 '포수'의 욕망을 대비하여 인간 문명의 폭력성을 날카롭게 비판하고 있다.
∨ 시의 특징과 표현
  이미지의 대립을 통해 주제를 형상화함

299 아침 이미지 1 | 박남수

어둠은 새를 낳고, 돌을
모태(母胎) 이미지 – 생명을 잉태한 긍정적 이미지
낳고, 꽃을 낳는다.
호흡을 끊는 행간 걸침 → 긴장감 조성, 강조
아침이면,
☐ : 어둠이 걷히며 온갖 사물이 모습을 드러냄

▶ 1, 2행: 물상의 생성

어둠은 온갖 물상(物象)⁎을 돌려 주지만
새, 돌, 꽃
스스로는 땅 위에 굴복(屈服)한다.
생성을 위한 소멸
무거운 어깨를 털고
어둠이 걷히는 모습을 감각적으로 표현
물상들은 몸을 움직이어

▶ 3~5행: 어둠의 소멸

노동의 시간을 즐기고 있다.
건강한 생명력
즐거운 지상(地上)의 잔치에
활기차고 밝은 아침 이미지
금(金)으로 타는 태양의 즐거운 울림
생동감 넘치는 아침 이미지의 절정 – 공감각적 이미지(시각의 청각화)
아침이면,

▶ 6~10행: 물상들의 활기찬 모습

세상은 개벽(開闢)⁎을 한다.
아침 이미지의 단적인 표현

▶ 11, 12행: 새롭게 태어나는 세상 같은 아침

▪ 물상(物象): 자연계의 사물과 그 변화 현상
▪ 개벽(開闢): 세상이 처음으로 생겨 열림

출제 포인트

• '어둠'과 '아침'의 이미지
• 아침 이미지의 공감각적 표현

필수 문제

01 화자 파악하기
• 화자: 풍경을 바라보는 이
• 상황: 어둠이 사라지고 생동감 넘치는 (   )이 밝아 옴
• 정서·태도: 경외감

02 [기출] 이 시에 대한 이해로 가장 적절한 것은?
① '무거운 어깨를 털고'는 지상으로부터 벗어나기 위해 사물들이 몸부림치는 모습을 표현한 것이다.
② '노동의 시간을 즐기고'는 노동의 고단함을 잊기 위해 사물들이 경쾌하게 움직이는 모습을 표현한 것이다.
③ '즐거운 지상의 잔치'는 기존의 사물들이 새로 태어난 사물들을 반갑게 맞이하는 모습을 표현한 것이다.
④ '태양의 즐거운 울림'은 하늘의 태양이 지상에 있는 사물들과 서로 어울려 생기를 띠는 모습을 표현한 것이다.
⑤ '세상은 개벽을 한다'는 사물들이 새로운 형태로 변화하면서 혼란을 겪는 모습을 표현한 것이다.

알맹이 포착

'어둠'과 '아침'의 이미지
일반적으로 시에서 '어둠'은 부정적 이미지로, '아침'은 긍정적 이미지로 사용된다. 하지만 이 시에서 어둠과 아침은 부정과 긍정의 대립적인 관계를 형성하지 않는다. 어둠은 밤의 시간 동안 만물의 생명을 잉태하여 아침이면 그 생명을 태어나게 한다. 즉, 어둠은 생명의 모태로서의 의미를 지니며, 어둠 뒤에 이어지는 아침은 새롭게 태어난 모든 물상들이 환희에 차서 움직이는 시간대인 것이다.

핵심 정리

▾ 갈래: 자유시, 서정시   ▾ 성격: 서정적, 주지적
▾ 주제: 생동감 넘치는 아침 이미지에 대한 경외감
▾ 해제: 이 시는 어둠이 사라지고 태양이 밝아오는 아침의 모습을 감각적 이미지를 사용하여 생동감 넘치게 표현하고 있다.
▾ 시의 특징과 표현
① 시간의 흐름에 따라 시상이 전개됨(추보식 구성)
② '어둠'을 긍정적인 생명 모태의 이미지로 표현함
③ 의인화를 통해 대상의 능동적 이미지를 부각함

300 종소리 | 박남수

나는 떠난다. 청동(靑銅)의 표면에서 ☐ : '종소리'를 구속하고 있는 종 – 자유를 구
'종소리'의 의인화
속하는 억압적 현실, 질곡의 역사
일제히 날아가는 진폭(振幅)*의 새가 되어,
　　　　　　　종소리 ① – 자유의 표상
광막*한 하나의 울음이 되어,
　　　　　종소리 ②
하나의 소리가 되어.
　　　종소리 ③

▶ 1연: 울려 퍼지는 종소리
　　　의 자유로움

인종(忍從)*은 끝이 났는가.
억압적 삶
청동의 벽에

'역사'를 가두어 놓은

칠흑의 감방에서.

▶ 2연: 억압적 현실에서 벗
　　　어나는 종소리

　　　　　　자유로움 – 종소리 확산의 매개물
나는 바람을 타고
새 역사의 무대
들에서는 푸름이 된다.
　　　　종소리 ④ – 희망
꽃에서는 웃음이 되고,
생명　　　　종소리 ⑤ – 즐거움
천상에서는 악기가 된다.
낙원　　　　　종소리 ⑥ – 자유로운 삶 예찬

▶ 3연: 종소리의 확산

먹구름이 깔리면
자유를 억압하는 세력
하늘의 꼭지에서 터지는

뇌성(雷聲)이 되어,
종소리 ⑦ – '먹구름'에 대한 저항 → 자유의 의지
『가루 가루 가루의 음향(音響)이 된다.』
　　　　　　종소리 ⑧
「　」: 자유의 소리가 온 세상에 고루 퍼져 나가는 모습
　　– 공감각적 표현(청각의 시각화)

▶ 4연: 종소리의 저항

- 진폭(振幅): 진동하고 있는 물체가 정지 또는 평형 위치에서 최대 변위까지 이동하는 거리
- 광막(廣漠): 아득하게 넓음
- 인종(忍從): 묵묵히 참고 따름

1970년대

출제 포인트

- '종소리'의 상징적 의미
- '종'과 '종소리'를 비유한 시어들

필수 문제

01 화자 파악하기
- 화자: '나'(종소리)
- 상황: (　　　)가 온 세상에 울려 퍼짐
- 정서·태도: 의지적

02 이 시에서 '칠흑의 감방'의 원관념과 그 상징적 의미를 쓰시오.

03 이 시에서 '자유'는 억압할수록 더욱 확산되는 존재라는 믿음을 보여 주고 있는 연을 찾아 쓰시오.

핵심 정리

- 갈래: 자유시, 서정시, 주지시　　　성격: 주지적, 상징적, 역동적
- 주제: 억압을 뚫고 퍼져 나가는 자유의 기세
- 해제: 이 시는 '종소리'가 울려 퍼지는 모습을 다양한 이미지로 형상화한 작품으로, '종소리'는 억압적 현실에서 벗어난 자유를 상징한다.
- 시의 특징과 표현
  ① '종소리'를 의인화하여 자유에 대한 신념과 의지를 강조함
  ② '종소리'를 다양한 이미지로 변용하여 자유를 향한 비상과 확산을 표현함

현대시의 모든 것

301 초롱불 | 박남수

문명의 발달로 사라져 가는 모든 전통적인 것(대유법)

별 하나 보이지 않는 밤하늘 밑에
<u>시간적 배경(시각적 이미지)</u>
행길도 집도 아주 감추었다.

▶ 1연: 초롱불이 없는 캄캄한 밤

초롱불의 움직임을 청각적 + 시각적 이미지로 제시함
풀 짚는 소리 따라 <u>초롱불</u>은 어디를 가는가.
사라져 가는 전통에 대한 화자의 아쉬움(질문 형식)

▶ 2연: 초롱불의 행방에 대한 물음

향토적 이미지(소박함)
산턱 <u>원두막</u>일 성한 곳을 지나
둔한
무너진 옛 성터일쯤 한 곳을 돌아
<u>낡음 · 소멸의 이미지</u>

흔들리던 초롱불은 꺼진 듯 보이지 않는다
문명의 이기(利器)에 밀린 상황(사라짐 · 소멸의 이미지)

조용히 조용히 흔들리던 초롱불……
화자의 안타까움을 표현함(말줄임표)

▶ 3~5연: 보이지 않는 초롱불

출제 포인트

• 화자의 정서 이해
• 소재의 상징적 의미

필수 문제

01 화자 파악하기
• 화자: '드러나지 않음' (우리 전통에 애정을 지닌 이)
• 상황: 별 하나 보이지 않는 밤에 사라져 가는 (   )을 바라봄
• 정서 · 태도: 안타까움

02 이 시에서 (   )은 소박한 향토적 이미지를, (   )는 낡음과 소멸의 이미지를 드러내는 소재이다.

03 이 시에서 화자의 안타까움의 정서가 가장 잘 드러난 시행을 찾아 그대로 쓰시오.

핵심 정리

▼ **갈래**: 자유시, 서정시   ▼ **성격**: 향토적
▼ **주제**: 사라져 가는 전통에 대한 안타까움
▼ **해제**: 이 시에서 '초롱불'은 문명의 발달로 인해 점차 사라져 가는 모든 전통적인 것을 함축하는 소재로, 이를 통해 시인은 사라져 가는 우리 전통에 대한 안타까움과 그리움의 정서를 효과적으로 나타내고 있다.
▼ **시의 특징과 표현**
① '초롱불', '원두막' 등의 소재를 사용하여 향토적 분위기를 조성함
② 질문 형식과 말줄임표를 사용하여 안타까움의 정서를 효과적으로 표현함

현대시의 모든 것

할머니 꽃씨를 받으시다 | 박남수

할머니 꽃씨를 받으신다.
　　　생명, 희망 상징
방공호 위에
위험에 노출되어 있는 공간 – 전쟁 중임을 알 수 있는 시어
「어쩌다 핀
「 」: 작고 소박하지만 생명을 중시하는 할머니의 모습
채송화 꽃씨를 받으신다.」
작고 보잘것없는 꽃 – 조그만 생명 상징

호 안에는 / 아예 들어오시질 않고
전쟁의 비정함 및 생명 경시 태도를 부정하는 행위
말이 숫제 적어지신

할머니는 그저 노여우시다.
전쟁의 비정함에 대한 분노

「— 진작 죽었더라면
「 」: 할머니의 목소리를 직접적으로 제시
이런 꼴 / 저런 꼴
잔인한 전쟁의 참상
다 보지 않았으련만……」

글쎄 할머니, / 그걸 어쩌란 말씀이시오.
전쟁에 대해 무기력한 화자의 태도
숫제 말이 적어지신 / 할머니의 노여움을

풀 수는 없었다.

할머니 꽃씨를 받으신다.

인제 지구가 깨어져 없어진대도
　　　전쟁이 모든 것을 빼앗아 버린대도
「할머니는 역시 살아 계시는 동안은
「 」: 전쟁의 비극적 상황에서도 희망을 버리지 않는 할머니
그 작은 꽃씨를 털으시리라.」

▶ 1연: 방공호 위에 핀 채송화 꽃씨를 받으시는 할머니

▶ 2, 3연: 전쟁의 비정함에 분노하시는 할머니

▶ 4연: 화자의 무기력한 태도와 여전히 분노하시는 할머니

▶ 5연: 세상이 끝날 때까지 꽃씨를 받으실 할머니

출제 포인트

- '꽃씨'의 상징적 의미
- 시에 반영된 현실과 시의 주제 의식

필수 문제

01 화자 파악하기

- 화자: 할머니의 행동을 바라보는 손주
- 상황: 할머니가 방공호 위에 핀 작은 채송화의 (　　　)를 받고 계심
- 정서·태도: 관찰

02 이 시에서 시대적 배경을 짐작할 수 있게 해 주는 시어를 찾아 쓰시오.

03 [서술형] 이 시에서 할머니가 꽃씨를 받는 행위를 통해 시인이 드러내고자 하는 바를 25자 내외로 서술하시오.

핵심 정리

- 갈래: 자유시, 서정시　　　　성격: 상징적, 비판적
- 주제: 생명의 소중함과 미래에 대한 희망
- 해제: 이 시는 전쟁의 와중에도 작은 생명을 소중히 여기는 할머니의 사랑을 형상화하고 있다. 전쟁의 참상과 할머니의 정성, 할머니와 화자의 태도를 대조시켜 생명에 대한 할머니의 애정을 부각시키고 있다. 이 시의 제목인 '할머니 꽃씨를 받으시다'에서 '꽃씨'는 희망을 상징하며, '받으시다'라는 현재형 서술 또한 미래에 대한 희망을 암시적으로 보여 주는 것이라고 할 수 있다.
- 시의 특징과 표현
  ① 상징적인 시어를 통해 주제 의식을 드러냄
  ② 비슷한 구절의 반복을 통해 주제를 강조함
  ③ 상반되는 상황과 태도를 제시하여 할머니의 애정을 부각시킴

가난한 사랑 노래 – 이웃의 한 젊은이를 위하여 | 신경림

가난하다고 해서 외로움을 모르겠는가,
설의법 – 안다는 의미

너와 헤어져 돌아오는

눈 쌓인 골목길에 새파랗게 달빛이 쏟아지는데,
색채 대비 – 외롭고 쓸쓸한 분위기(시각적 이미지)

가난하다고 해서 두려움이 없겠는가,

두 점을 치는 소리
새벽 두 시 – 쓸쓸하고 깊은 밤중

방범대원의 호각 소리, 메밀묵 사려 소리에
두려움의 대상 - 폭력적 현실   고달픈 삶

눈을 뜨면 멀리 육중한 기계 굴러가는 소리.
삭막한 현대 기계 문명 – 고된 삶의 현장

가난하다고 해서 그리움을 버렸겠는가.

어머님 보고 싶소 수없이 뇌어 보지만,
그리움의 대상   고향에 가지 못하는 화자의 안타까운 처지

집 뒤 감나무에 까치밥으로 하나 남았을

새빨간 감 바람 소리도 그려 보지만.
그리운 대상의 형상화(시각+청각)

가난하다고 해서 사랑을 모르겠는가,

내 볼에 와 닿던 네 입술의 뜨거움,
사랑의 형상화(촉각적 이미지)

사랑한다고 사랑한다고 속삭이던 네 숨결,

돌아서는 내 등 뒤에 터지던 네 울음,
가난한 현실 때문에 사랑을 이룰 수 없는 슬픔(청각적 이미지)

『가난하다고 해서 왜 모르겠는가,

가난하기 때문에 이것들을
안타까움

이 모든 것들을 버려야 한다는 것을.』
외로움, 두려움, 그리움, 사랑 – 가난하기 때문에 버려야 할 감정들
『 』: 가난하기 때문에 소중한 인간적 감정까지
      버려야 하는 부정적 현실을 인식

[우측 주석]

도치를 통해 소중한 인간적 감정들을 강조

▶ 1~3행: 가난한 젊은이의 외로움

현실의 폭력과 삭막함을 청각적으로 표현

▶ 4~7행: 가난한 젊은이의 두려움

▶ 8~11행: 가난한 젊은이의 그리움

▶ 12~15행: 가난한 젊은이의 사랑

▶ 16~18행: 가난 때문에 모든 것을 버려야 하는 젊은이의 현실 인식

출제 포인트

- 시에 나타난 현실과 화자의 정서
- 시에 쓰인 다양한 감각적 이미지

필수 문제

01 화자 파악하기
- 화자: '나' (가난한 젊은이)
- 상황: (   ) 때문에 소중한 인간적 감정들을 버려야 함
- 정서·태도: 비애, 부정적

02 이 시의 시어 중 〈보기〉와 같은 정서가 느껴지는 것은?

〈보기〉
어질고 고운 그들 멧남새도
캐어 오리
집집 끼니마다 봄을 씹고 사
는 마을
감았던 그 눈을 뜨면 마음
도로 애젓하오
– 김상옥, 〈사향(思鄕)〉

① 달빛   ② 호각 소리
③ 새빨간 감   ④ 입술
⑤ 울음

03 이 시에서 마지막 행의 '이 모든 것들'이 의미하는 시어를 모두 찾아 쓰시오.

핵심 정리

▼ 갈래: 자유시, 서정시   ▼ 성격: 감각적, 현실적
▼ 주제: 가난 때문에 소중한 감정들을 버려야 하는 비애
▼ 해제: 이 시는 가난하기 때문에 인간적인 감정을 모두 포기해야 하는 한 젊은이의 애환을 통해, 가난하더라도 인간적인 감정만은 버릴 수 없음을 노래하고 있다.
▼ 시의 특징과 표현
   ① 유사 구절의 반복과 설의법, 도치법 등의 표현을 통해 주제를 강조함
   ② 다양한 감각적 이미지를 사용함

304 갈대 | 신경림

필수

언제부턴가 갈대는 속으로
존재의 출발점   유약한 인간 존재의 표상(화자의 대리인)
조용히 울고 있었다.
존재의 근원적 고독과 비애(청각적 이미지)

▶ 1연: 갈대의 울음(내면)

『그런 어느 밤이었을 것이다. 갈대는
          고독과 비애를 깨닫는 순간
그의 온몸이 흔들리고 있는 것을 알았다.』
          삶의 고통과 시련(시각적 이미지)   『 』: 유약한 존재의 불안한 모습 자각

▶ 2연: 갈대의 흔들림(외면)

바람도 달빛도 아닌 것,
외재적 원인
갈대는 저를 흔드는 것이 제 조용한 울음인 것을
               갈대가 흔들리는 원인 – 내재적 · 실존적 고독
까맣게 몰랐다.

▶ 3연: 흔들림의 원인

『— 산다는 것은 속으로 이렇게
『 』: 존재의 근원적 고독과 숙명적 비애에 대한 깨달음
조용히 울고 있는 것이란 것을
그는 몰랐다.』

▶ 4연: 삶의 숙명적 슬픔

출제 포인트

• '갈대'와 '울음'의 의미
• 자연물을 이용한 주제의 형상화

필수 문제

01 화자 파악하기
• 화자: 갈대를 관찰하며 존재의 의미를 성찰하는 이
• 상황: 자신의 조용한 울음 때문에 갈대의 (   )이 흔들림
• 정서 · 태도: 관조

02 이 시에서 '갈대'의 고독과 비애를 형상화하고 있는 2음절의 시어를 찾아 쓰시오.

03 [서술형] 이 시에서 '갈대'는 화자와 어떤 관계인지 20자 내외로 서술하시오.

핵심 정리

▾ 갈래: 자유시, 서정시   ▾ 성격: 감각적, 상징적
▾ 주제: 삶의 근원적 고독과 비애에 대한 자각
▾ 해제: 이 시는 '갈대'를 매개로 하여, 인간 존재의 근원적이며 실존적인 고독과 비애에 대한 자각을 노래하고 있다.
▾ 시의 특징과 표현
  ① 자연물인 '갈대'를 통해 인간 존재에 대한 자각을 형상화함
  ② 주지적 수법을 사용하여 대상을 감각적으로 묘사함

1970년대

현대시의 모든 것

겨울밤 | 신경림

우리는 협동조합 방앗간 뒷방에 모여
농민들　　　　　　겨울의 일상을 보내는 곳
묵내기 화투를 치고
농민들의 심심풀이
내일은 장날, 장꾼들은 와자지껄
주막집 뜰에서 눈을 턴다.
방앗간 뒷방 농민들과 대응됨　　행간 걸침 ①
『들과 산은 온통 새하얗구나, 눈은 / 펑펑 쏟아지는데』
『 』: 겨울 눈 내리는 모습(농촌의 힘겨운 현실과 대비)
『쌀값 비료값 얘기가 나오고 / 선생이 된 면장 딸 얘기가 나오고』
『 』: 뒷방에 모인 사람들의 대화(농촌의 현실, 각기 다른 삶을 사는 고향 사람들의 근황)
서울로 식모살이 간 분이는
　　　　　　　　　　　－르거나 ①
아기를 뱄다더라, 어떡할거나.
　　　　－르거나 ②, 행간 걸침 ②
『술에라도 취해 볼거나. 술집 색시
「 」: 현실의 슬픔을 잠시라도 벗어나고 싶은 마음과 현실 타계책의 모색
싸구려 분 냄새라도 맡아 볼거나.
　　　　　　　　　　－르거나 ③: 상대 또는 스스로에게 묻는 뜻의 종결 어미 반복
우리의 슬픔을 아는 것은 우리뿐.
이촌향도의 현실 속 농민들의 사회적 고립감과 소외감
올해에는 닭이라도 쳐 볼거나.』
　　　　　　　　－르거나 ④
『겨울밤은 길어 묵을 먹고, ☐: 운율감 형성
겨울 농촌의 일상의 삶
술을 마시고 물세 시비를 하고
색시 젓갈 장단에 유행가를 부르고
이발소집 신랑을 다루러 / 보리밭을 질러가면』『세상은 온통
　　　　　　　　　　　　　「 」: 현실을 벗어나고 싶은 마음
하얗구나. 눈이여 쌓여
행간 걸침 ③
지붕을 덮어 다오 우리를 파묻어 다오.』
슬픔과 회한의 심화　　　　　▶ 11~21행: 농민들의 슬픈 현실
『오종대 뒤에 치마를 둘러쓰고 / 숨은 저 계집들한테
「 」: 11~14행 통사 구조의 반복(괴로움과 현실 타계책 모색)
연애 편지라도 띄워 볼거나. 우리의
　　　　　－르거나 ⑤, 행간 걸침 ④
괴로움을 아는 것은 우리뿐.
올해에는 돼지라도 먹여 볼거나.』
　　　　　　　　－르거나 ⑥

▶ 1~4행: 겨울 농촌의 농민과 장꾼의 일상

▶ 5~10행: 내리는 눈과 뒷방에 모여 나누는 이야기

▶ 11~21행: 농민들의 슬픈 현실과 현실을 벗어나고 싶은 마음

▶ 22~26행: 농촌 현실의 괴로움과 현실 타계책 모색

출제 포인트

- 소재의 의미 이해
- 시행의 의미 이해

필수 문제

01 화자 파악하기
- 화자: '나' (슬프고 괴로운 농촌의 삶을 살아가는 이)
- 상황: 슬프고 괴로운 (　　　) 현실의 삶을 살아가며 현실 타계책을 모색함
- 정서·태도: 슬픔, 괴로움, 힘겨움

02 이 시에서 계절적 배경을 드러내는 소재로 힘겨운 농촌 현실과 대비를 이루는 시어는?

03 이 시에서 고달픈 삶을 살아가는 농민들의 슬픔과 회한이 심화되어 명령형으로 표현되고 있는 시행을 찾아 쓰시오.

핵심 정리

♥ 갈래: 자유시, 서정시　　　♥ 성격: 비애적, 비판적

♥ 주제: 농민들의 고달픈 삶의 모습

♥ 해제: 이 시는 겨울을 보내는 농민들의 일상을 통해 농촌의 어려운 현실을 진솔하게 드러낸다. 화자는 장날을 앞두고 장터에 모인 농민들이 술과 화투로 겨울밤을 지새며 나누는 대화 속에 농촌의 힘겨운 현실과 농민들이 겪는 고통을 담아내고 있다.

♥ 시의 특징과 표현
① 농민들의 삶의 어려움을 일상의 모습에 담아 평이하게 서술함
② 담담한 진술에 하얀 눈의 이미지를 뒤섞어 시의 인상을 부각시킴

고향길 | 신경림

모의 기출 EBS

아무도 찾지 않으려네
고향에 대한 화자의 태도 - 고향을 떳떳하게 찾을 수 없는 슬픔
내 살던 집 툇마루에 앉으면

벽에는 아직도 쥐오줌 얼룩져 있으리
쇠락한 고향집의 모습을 떠올림
담 너머로 늙은 수유나뭇잎 날리거든

두레박으로 우물물 한 모금 떠 마시고

가위 소리 요란한 엿장수 되어
              떠돌이의 이미지 ①
「고추잠자리 새빨간 노을길 서성이려네」
「 」: 고향에 대한 미련과 애정   □: 시간적 배경을 드러내는 소재
감석* 깔린 장길은 피하려네
사람들이 많은 곳을 피하려 함 - 사람들 앞에 당당하게 나서지 못함 ①
「내 좋아하던 고무신 집 딸아이가
「 」: 사랑의 추억이 스며 있는 곳을 피하려 함 - 사람들 앞에 당당하게 나서지 못함 ②
수틀 끼고 앉았던 가겟방도 피하려네」

두엄 더미 수북한 쇠전 마당을

금 줄기 찾는 허망한 금전꾼 되어
              떠돌이의 이미지 ② - 그동안 살아온 삶에 대한 회한이 담겨 있음
초저녁 하얀 달 보며 거닐려네

장국밥으로 깊은 허기 채우고

읍내로 가는 버스에 오르려네
고향에 정착하지 못하고 떠나야만 함
쫓기듯 도망치듯 살아온 이에게만
떠돌이로 살 수밖에 없는 화자의 처지
삶은 때로 애닯기도 하리
화자의 정서가 직접적으로 드러남
긴 능선 검은 하늘에 박힌 별 보며

길 잘못 든 나그네 되어 떠나려네
              떠돌이의 이미지 ③

▶ 1~7행: 남몰래 찾으려는 고향

▶ 8~13행: 추억을 떠올리며 들러 보려는 고향

▶ 14~19행: 고향을 떠나야만 하는 서글픈 운명에 대한 인식

▪ 감석: 감돌. 유용한 광물이 어느 정도 이상으로 들어 있는 광석

출제 포인트

• 시에 나타난 화자의 처지와 태도
• 시상 전개 과정과 표현상의 특징

필수 문제

01 화자 파악하기
• 화자: '나'(떠돌이로 살아가는 이)
• 상황: (   )에 머무르지 못하고 떠돌고 있음
• 정서 · 태도: 애달픔, 안타까움

02 이 시에서 떠돌이로 살아가는 화자의 처지를 잘 드러내는 시어 3가지를 찾아 각각 3음절로 쓰시오.

03 이 시에서 시간의 흐름을 드러내는 시어 3가지를 찾아 쓰시오.

04 이 시에서 화자의 정서가 직접적으로 드러나 있는 시행을 찾아 쓰시오.

핵심 정리

▼ 갈래: 자유시, 서정시   ▼ 성격: 향토적, 애상적
▼ 주제: 고향에 머무르지 못하고 떠돌이로 사는 안타까움
▼ 해제: 이 시는 어려운 현실 때문에 고향을 떠날 수밖에 없었던 화자가 고향에 머무르지 못하고 그냥 지나치며 떠돌이로 살아야 하는 괴로운 심정을 노래하고 있다.
▼ 시의 특징과 표현
   ① 시간의 흐름에 따라 시상을 전개함
   ② 종결 어미의 반복을 통해 운율을 형성함

307 끊어진 철길 – 철원에서 | 신경림

끊어진 철길이 동네 앞을 지나고
_{남과 북의 분단 상징}
'금강산 가는 길' 이라는 푯말이 붙은
_{실제로 존재하는 공간(현실감 부여)}
민통선 안 양지리에 사는 농사꾼 이철웅 씨는
_{남방 한계선 바깥 남쪽에 있는 민간인 통제 구역}   _{순수한 심성을 지닌 인물}
틈틈이 남방 한계선 근처까지 가서

나무에서 자연꿀 따는 것이 사는 재미다

사이다병이나 맥주병에 넣어 두었다가
_{딴 꿀}
네댓 병 모이면 서울로 가지고 올라간다

그는 친지들에게 꿀을 나누어 주며 말한다
_{남북 화합에 대한 이철웅 씨의 소망을 드러냄}
「"이게 남쪽 벌 북쪽 벌 함께 만든 꿀일세
_{남북 화합의 상징}
벌한테서 배우세 벌한테서 본뜨세"」

▶ 1연: 남방 한계선 근처에서 꿀을 따 모으는 이철웅 씨

_{민통선 안에 있는 마을이므로 늦게 배달됨}
세밑 사흘 늦어 배달되는 신문을 보면서
_{한 해가 끝날 무렵, 설을 앞둔 섣달그믐께를 이름}
「농사꾼 이철웅 씨는 남방 한계선 근처 자연꿀 따기는
_{「 」: 개발 소식을 담은 뉴스를 보고 내린 결정}
올해부터는 그만두어야겠다 생각한다」

「'금강산 가는 길' 이라는 푯말이 붙은 인근
_{「 」: 부동산 투기가 일어난 상황}
버렸던 땅값 오르리라며 자식들 신바람 났지만」

통일도 돈 가지고 하는 놀음인 것이 그는 슬프다
_{땅을 경제적 이익의 대상으로 보는 인간들과 차별화된 이철웅 씨의 모습}
그에게서는 금강산 가는 철길뿐 아니라
_{자연꿀 따러 가는 곳}
서울 가는 버스길도 이제 끊겼다
_{친지들에게 꿀을 나누어   실망감과 안타까움}
_{주러 가는 길}

▶ 2연: 휴전선 근방에 부는 부동산 투기 바람에 꿀 따기를 그만두기로 한 이철웅 씨

출제 포인트

• 시구의 의미 이해
• 소재의 상징적 의미

필수 문제

01 화자 파악하기
• 화자: '드러나지 않음' (이철웅 씨의 삶과 생각을 전달하는 이)
• 상황: 남방 한계선 근처에서 (   )을 따 모으던 이철웅 씨가 신문의 기사를 보고 꿀 따기를 그만두기로 함
• 정서 · 태도: 비판적, 부정적

02 이 시에서 '끊어진 철길'은 우리 민족의 어떤 상태를 상징하는가?

03 이 시에서 이철웅 씨의 말 중 남북 화합의 상징물을 의미하는 시구를 찾아 쓰시오.

핵심 정리

▼ 갈래: 자유시, 서정시   ▼ 성격: 비판적
▼ 주제: 통일 문제마저 투기로 이용하는 현실에 대한 비판
▼ 해제: 이 시는 민통선에 사는 '이철웅' 이라는 순수한 인물을 통해 통일마저도 투기로 이용하는 타락한 자본주의에 대해 비판하고 있다.
▼ 시의 특징과 표현: 실제로 존재하는 공간과 지명을 이용해 현실적인 느낌을 줌

낙타 | 신경림

낙타를 타고 가리라, 저승길은
더러움도 욕심도 없는 순수한 존재, 세속적인 세계와 거리를 두고 있는 존재
별과 달과 해와 「」: 자연에 살며 세상사를 초월한 존재
└ 순수한 자연
모래밖에 본 일이 없는 낙타를 타고.

세상사 물으면 짐짓, 아무것도 못 본 체
「」: 현실(희로애락)을 초월하려는 의지
손 저어 대답하면서,

슬픔도 아픔도 까맣게 잊었다는 듯.
「」: 낙타의 순수함을 지향하는 화자
누군가 있어 다시 세상에 나가란다면
생과 사를 관장하는 절대적 존재
낙타가 되어 가겠다 대답하리라.

별과 달과 해와
「」: 2, 3행 통사 구조의 반복
모래만 보고 살다가,

돌아올 때는 세상에서 가장 ◯: 화자가 이상적으로 생각하는 사람(반어적 표현)
=저승길
어리석은 사람 하나 등에 업고 오겠노라고.
세상사의 희로애락을 모두 초월한 사람
무슨 재미로 세상을 살았는지도 모르는

가장 가엾은 사람 하나 골라

길동무 되어서.
문장 성분을 생략하여 여운을 형성함

▶ 1~3행: 저승길을 낙타와 함께 가고 싶은 소망

▶ 4~6행: 세상사를 초월하고 저승길로 가고 싶은 소망

▶ 7~15행: 낙타가 되어 순수한 존재와 저승길을 함께하고 싶은 소망

출제 포인트
• 화자의 소망 이해
• 대상의 의미와 주제 의식

필수 문제

01 화자 파악하기
• 화자: '드러나지 않음' (세상사를 초월하고자 하는 이)
• 상황: (　　　)처럼 순수한 존재로 살다가 세상사를 초월한 사람과 길동무가 되어 저승으로 가고 싶어 함
• 정서·태도: 의지적

02 이 시에서 화자가 이 세상에 다시 나온다고 할 때 되고 싶다고 한 존재는?

03 이 시에서 화자가 이상적으로 생각하는 존재로 반어적 표현에 의해 제시된 인물을 찾아 해당 구절 그대로 쓰시오.(2개)

핵심 정리
▽ 갈래: 자유시, 서정시　　▽ 성격: 초월적, 의지적
▽ 주제: 세상사를 초월한 순수한 삶에 대한 소망
▽ 해제: 이 시에서 '낙타'는 세상사에 휘둘리지 않고 자연 속에서 살아가는 순수한 존재로, 화자가 지향하는 존재인 동시에 화자 자신과 동일시되는 존재이다. 이 시는 '낙타'처럼 순수하고 욕심 없는 마음으로 살아가다 죽음을 맞이하고 싶어 하는 화자의 소망을 노래하고 있다.
▽ 시의 특징과 표현
① '-리라'의 반복을 통해 화자의 의지를 운율감 있게 전달함
② 절제된 시어의 반복적 제시와 문장 성분의 생략을 통해 여운을 남김

농무(農舞)┃신경림

교과서 모의 기출 EBS

징이 울린다 막이 내렸다.
　　　공연이 끝남 – 농민들의 피폐한 현실 암시
오동나무에 전등이 매어 달린 가설무대
　　　[　　]: 공간의 이동에 따른 시상 전개
구경꾼이 돌아가고 난 텅 빈 운동장
　　　　　　　　　피폐한 농촌 현실 – 소외감, 공허함
우리는 분이 얼룩진 얼굴로
　　　① 분장이 얼룩진 얼굴 ② 분노로 가득 찬 얼굴
학교 앞 소줏집에 몰려 술을 마신다
　　　　　　답답함, 허탈함
답답하고 고달프게 사는 것이 원통하다.
　　소외된 농민들의 한과 울분(직설적 표현)
꽹과리를 앞장세워 장거리로 나서면
「 」: 산업화 과정에서 피폐해진 농촌의 모습(젊은 남자들은 도시로 떠남)
따라붙어 악을 쓰는 건 쪼무래기들뿐

처녀 애들은 기름집 담벽에 붙어 서서

철없이 킬킬대는구나.」
농민의 애환을 이해하지 못함
보름달은 밝아 어떤 녀석은

꺽정이처럼 울부짖고 또 어떤 녀석은
농촌 현실에 대한 울분 – 민중의 저항 의식
서림이처럼 해해대지만 이까짓
임꺽정을 배신한 인물 – 현실에 타협하는 삶
산 구석에 처박혀 발버둥 친들 무엇하랴.
삶에 대한 비극적 인식과 자학, 체념
비료값도 안 나오는 농사 따위야
농촌의 구조적 모순 – 1970년대 산업화에 소외된 농촌 현실(직설적 표현)
아예 여편네에게나 맡겨 두고

쇠전을 거쳐 도수장 앞에 와 돌 때
　　　　　도살장 – 농민들의 분노와 한이 최고조에 이르는 곳
우리는 점점 신명이 난다.
분노와 한을 신명 나는 동작으로 분출하는 역설적 상황 – 반어적 표현
한 다리를 들고 날라리를 불꺼나.」
　　　　태평소
고갯짓을 하고 어깨를 흔들꺼나.」
「 」: 농민들의 춤 – 현실에 대한 농민들의 저항의 몸짓. 울분과 한의 표출

■ 농무(農舞): 풍물놀이에 맞추어 추는 춤

▶ 1~6행: 공연이 끝난 후 술을 마시는 답답한 심정

▶ 7~10행: 장거리에서 느끼는 쓸쓸함

▶ 11~16행: 피폐한 농촌 현실에 대한 울분

▶ 17~20행: 농무를 통해 달래는 분노와 한

출제 포인트

• '농무'의 상징적 의미
• 시상 전개에 따른 화자의 정서

필수 문제

01 화자 파악하기

• 화자: 농민
• 상황: 농무를 통해 피폐한 농촌 현실에 대한 (　　　)을 드러냄
• 정서·태도: 울분, 분노, 한

02 이 시에서 농촌의 구조적 모순을 단적으로 보여 주는 시행을 찾아 쓰시오.

03 [기출] 이 시를 이해한 내용으로 적절하지 않은 것은?

① 3행: 산업화 시대에 허탈해진 농민의 심정을 상징적으로 드러낸 공간이라 할 수 있다.
② 5행: 농민들이 현실에서 느끼는 고뇌를 술로 해소하고자 하는 것이라 볼 수 있다.
③ 7행: 근대화 과정에서 사라져 가는 농촌의 전통적인 풍속을 되살리려는 의지로 볼 수 있다.
④ 15행: 산업화로 인해 어려워진 농촌의 현실을 보여 준다고 할 수 있다.
⑤ 18행: 농민의 울분과 고통을 농무를 통해 극복하려는 승화의 과정이라 볼 수 있다.

핵심 정리

▼ **갈래**: 자유시, 참여시, 농민시　　　▼ **성격**: 묘사적, 사실적, 비판적
▼ **주제**: 피폐한 농촌 현실에 대한 농민들의 분노와 한(恨)
▼ **해제**: 이 시는 농민들의 신명과 생명력을 표현하는 '농무'를 통해, 산업화 과정에서 소외되고 피폐해진 농촌 현실에 대한 울분과 한을 역설적으로 표출하고 있다.
▼ **시의 특징과 표현**
　① 직설적 표현을 통해 현실에 대한 화자의 인식을 드러냄
　② 역설적인 상황 설정을 통해 심리를 반어적으로 표출함

310 다시 느티나무가 | 신경림

고향집 앞 느티나무가
성찰과 깨달음의 매개체
터무니없이 작아 보이기 시작한 때가 있다
유년기를 지나 청·장년기로 접어들면서 느티나무가 작아 보임
「그때까지는 보이거나 들리던 것들이
「 」: 욕망, 편견, 자만심 등으로 인해 세상을 제대로 인식하지 못함
문득 보이지도 들리지도 않는다는 것을 알면서

나는 잠시 의아해하기는 했으나

내가 다 커서거니 여기면서
삶에 대해 겸손하지 못한 태도
이게 다 세상 사는 이치라고 생각했다
▶ 1연: 청·장년기가 되면서 느티나무가 작아 보임

오랜 세월이 지나 고향엘 갔더니
노년기가 되어
고향집 앞 느티나무가 옛날처럼 커져 있다
늙고 병들면서 느티나무가 다시 커 보임
내가 늙고 병들었구나 이내 깨달았지만
내 눈이 이미 어두워지고 귀가 멀어진 것을
늙고 병든 화자의 모습
나는 서러워하지 않았다
세상을 아름답게 바라볼 수 있게 되었기 때문에
▶ 2연: 노년기가 되자 느티나무가 다시 커 보임

다시 느티나무가 커진 눈에
세상에 대한 인식과 태도가 새로워진 눈
세상이 너무 아름다웠다
「눈이 어두워지고 귀가 멀어져
「 」: 노년기에 깨닫게 된 달관과 포용의 정신 – 삶에 대한 화자의 역설적 인식
오히려 세상의 모든 것이 더 아름다웠다」
▶ 3연: 노년기에 느끼게 된 삶의 아름다움

출제 포인트

- '느티나무'의 기능
- 삶에 대한 화자의 인식 변화

필수 문제

01 화자 파악하기

- 화자: '나' (노년기가 되어 고향집 앞 느티나무를 바라보는 이)
- 상황: 노년기에 이르러 새로운 시각으로 세상을 (   ) 바라보게 됨
- 정서·태도: 깨달음, 달관

02 이 시의 시상 전개 과정을 〈보기〉와 같이 정리할 때, ㉠과 ㉡에 들어갈 알맞은 말을 쓰시오.

┌─────〈보기〉─────┐
│ (㉠   )   │
│ 느티나무가 커 보임 │
└──────────────┘
        ↓
┌──────────────┐
│ 청·장년기   │
│ 느티나무가 작아 보임 │
└──────────────┘
        ↓
┌──────────────┐
│ (㉡   )   │
│ 느티나무가 다시 커 보임 │
└──────────────┘

03 [서술형] 이 시에서 화자가 늙고 병든 상황을 서러워하지 않은 이유를 40자 내외로 서술하시오.

핵심 정리

▼ 갈래: 자유시, 서정시   ▼ 성격: 관조적, 회상적
▼ 주제: 연륜을 통해 느끼게 된 세상의 아름다움
▼ 해제: 이 시는 고향집 앞 느티나무를 보며 깨달은 삶에 대한 화자의 인식이 담겨 있다. 유년기의 순수함을 잃고 욕망과 편협함에 빠져 청·장년기를 보냈던 화자는, 늙고 병든 노년기에 이르러 욕망을 비워 내면서 세상의 아름다움을 깨닫고 있다.
▼ 시의 특징과 표현
    ① 인생의 시기에 따른 인식과 태도의 변화가 드러남
    ② 삶에 대한 역설적 인식을 바탕으로 시상을 전개함

동해 바다 – 후포[*]에서 | 신경림

친구가 원수보다 더 미워지는 날이 많다
① → ② → ③: 점층법
티끌만 한 잘못이 맷방석[*]만 하게
②
동산만 하게 커 보이는 때가 많다
③
그래서 세상이 어지러울수록
살기 힘들고 각박해질수록
『남에게는 엄격해지고 내게는 너그러워지나 보다
「 」: 자신의 삶에 대한 반성
돌처럼 잘아지고 굳어지나 보다』
생각이 좁고 마음이 너그럽지 못한 화자 자신을 비유

▶ 1연: 남에게는 엄격하면서 자신에게는 너그러웠음

멀리 동해 바다를 내려다보며 생각한다
① 포용, 너그러움의 상징 ② 깨달음을 주는 공간
『널따란 바다처럼 너그러워질 수는 없을까
「 」: 화자가 본받고 싶은 바다의 모습 – 너그럽고 관대함
깊고 짙푸른 바다처럼

감싸고 끌어안고 받아들일 수는 없을까』

『스스로는 억센 파도로 다스리면서
「 」: 자신에게 엄격한 삶에 대한 다짐
제 몸은 맵고 모진 매로 채찍질하면서』

▶ 2연: 남에게는 너그럽고 스스로에게는 엄격하기를 바람

■ 후포: 울진 아래에 있는 항구
■ 맷방석: 매통이나 맷돌을 쓸 때 밑에 까는, 짚으로 만든 방석

• 화자가 소망하는 삶의 태도
• '동해 바다'의 상징적 의미

필수 문제

01 화자 파악하기
• 화자: '나'(자신의 삶을 되돌아보는 이)
• 상황: (   )를 바라보며 자신의 삶을 성찰함
• 정서·태도: 반성, 소망

02 [서술형] 이 시의 화자가 소망하는 삶의 태도를 20자 내외로 서술하시오.

03 [기출] 이 시에 대한 설명으로 적절하지 않은 것은?
① '날'은 화자의 부끄러운 모습이 드러나는 때를 의미한다.
② '티끌'은 화자 자신의 숨기고 싶은 모습을 의미한다.
③ '돌'은 생각이 좁고 마음이 너그럽지 못한 화자 자신을 비유한다.
④ '동해 바다'는 화자가 본받고 싶은 대상이다.
⑤ '채찍질'은 자신에 대한 화자의 엄격한 삶의 태도를 상징한다.

한눈에 보기

동해 바다		화자
포용, 너그러움의 상징	→ 깨달음	• 자신의 삶에 대한 반성 • 자신에게 엄격한 삶에 대한 다짐

핵심 정리

▼ **갈래:** 자유시, 서정시　　▼ **성격:** 반성적, 성찰적, 사색적
▼ **주제:** 동해 바다처럼 너그럽게 살고 싶은 소망
▼ **해설:** 이 시의 화자는 '후포'라는 항구에서 동해 바다를 바라보며 자신에게는 관대하고 타인에게는 엄격했던 삶을 반성하고, 너그럽고 포용력 있는 마음으로 살겠다는 다짐을 드러내고 있다.
▼ **시의 특징과 표현**
　① 자연물을 통해 삶에 대한 성찰과 깨달음을 드러냄
　② 대조되는 시어를 사용하여 주제를 형상화함
　③ 전반부와 후반부가 내용상 대칭을 이룸

목계 장터 | 신경림

하늘은 날더러 구름이 되라 하고 □: 방랑, 유랑의 이미지
— 떠돌이의 삶

땅은 날더러 바람이 되라 하네.
검은 비구름

청룡 흑룡 흩어져 비 개인 나루
목계 나루 근처에 전해 오는 전설을 바탕으로 한 표현

잡초나 일깨우는 잔바람이 되라네.
민중에게 새 소식을 전하는 ──▶ 욕심 없이 방랑하는 존재

뱃길이라 서울 사흘 목계 나루에
└─ 남한강 변에서 가장 번화했던 나루 장터 – 민중의 삶의 애환이 어린 공간

아흐레 나흘 찾아 박가분 파는
목계장이 서는 9일과 4일   화장품의 상표 – 가루분

가을볕도 서러운 방물장수 되라네.   ▶ 1~7행: 방랑하는 삶에 대
생활 소품을 파는 상인 – 민중과 애환을 함께하는 존재   한 인식

산은 날더러 들꽃이 되라 하고
└──── 정착의 이미지 – 보잘것없는 민초의 삶

강은 날더러 잔돌이 되라 하네.

산서리 맵차거든 풀 속에 얼굴 묻고
└── 시련, 고난, 가혹한 시대 현실

물여울 모질거든 바위 뒤에 붙으라네.

민물 새우 끓어 넘는 토방 툇마루
토속적 정경 – 풍성하고 넉넉한 인심

석삼 년에 한 이레쯤 천치로 변해
세속적 이해와 명리를 벗어 버린 존재

짐 부리고 앉아 쉬는 떠돌이가 되라네.   ▶ 8~14행: 고달픈 삶의 애
짐을 내려놓고   방물장수로 방랑하는 삶   환과 정착에 대한 소망

『하늘은 날더러 바람이 되라 하고

산은 날더러 잔돌이 되라 하네.』   ▶ 15, 16행: 방랑과 정착 사
『 』: 화자의 숙명에 대한 토로 – 방랑과 정착 사이의 갈등   이에서의 갈등

- '목계 장터'의 상징적 의미
- 방랑과 정착의 이미지를 드러내는 시어들
- 운율상의 특징과 효과

필수 문제

01 화자 파악하기
- 화자: '나'(민중)
- 상황: (   )(방랑)의 삶을 살아감
- 정서·태도: 애환, 갈등

02 이 시에서 '방랑'과 '정착'의 이미지를 드러내는 시어를 모두 찾아 쓰시오.
㉠ 방랑의 이미지: (   )
㉡ 정착의 이미지: (   )

03 이 시에서 현실적 시련과 고난을 의미하는 2어절의 시구 2가지를 찾아 쓰시오.

한눈에 보기

구름, 바람	←	화자	→	들꽃, 잔돌
방랑, 유랑의 삶		- 유랑과 정착 사이에서의 갈등		정착의 삶

핵심 정리

- **갈래**: 자유시, 서정시   **성격**: 비유적, 상징적
- **주제**: 떠돌이 민중의 삶의 애환과 갈등
- **해제**: 이 시는 '목계 장터'라는 구체적 삶의 공간을 배경으로, 유랑하는 민중의 애환과 운명적 고뇌를 담담하게 노래하고 있다.
- **시의 특징과 표현**
  ① 대립적 이미지의 시어들을 통해 시상을 전개함
  ② 4음보(3·4조)의 민요적 율격과 '-고', '-네' 등의 어미 반복을 통해 운율을 형성함

비에 대하여 | 신경림

『땅에 스몄다가 뿌리를 타고 올라가 너는
「 」: 비의 속성 ①(생산의 주체) 비(의인법)
나무에 잎을 달고 꽃을 피우고 열매를 맺는다.』
지표면, 땅을 살갗처럼 표현함
▶ 1, 2행: 생산의 주체인 비

『때로는 땅갗을 뚫고 솟거나 산기슭을 굽돌아
「 」: 비의 속성 ②(문명을 형성하는 주체) 굽어 돌아
샘이나 개울이 되어 사람을 모아 마을을 만들고

먼 데 사람까지를 불러 저자를 이루기도 하지만』
저잣거리, 시장통
▶ 3~5행: 문명을 형성하는 주체인 비

『그러다가도 심술이 나면 무리 지어 몰려다니며
「 」: 비의 속성 ③(파괴의 주체)
날카로운 이빨과 손톱으로 물고 할켜

나무들 줄줄 피 흘리고 상처 나게 만들고 더러는

아예 뿌리째 뽑아 들판에 메다꽂는다.
힘껏 내리꽂는다
마을과 저자를 성난 발길질로 허물고

두려워 떠는 사람들을 거친 언덕에 내팽개친다.』
▶ 6~11행: 파괴의 주체인 비

『하룻밤새 마음이 가라앉아 다시 나무들 열매 맺고
「 」: 비의 속성 ④(평화의 주체)
사람들 새로 마을을 만들게 하는 너를 보고』

사람들은 하지만 네가 자기들 편이라고 생각한다.
비의 파괴적 속성을 알면서도 비를 신뢰함
너를 좇아 만들고 허물고 다시 만들면서
「 」: 역사 속에서 핍박과 고통을 겪으면서도 역사를 신뢰함
『너보다도 더 사나운 발길질과 주먹질로 할퀴고 간
역사는 민중들에게 비보다 더 큰 폭력을 행사함
역사까지도 끝내는 자기들 편이라고 생각한다.』
▶ 12~14행: 평화의 주체인 비와 비에 대한 민중의 신뢰

▶ 15~17행: 역사에 대한 민중의 신뢰

출제 포인트

- 소재의 속성 이해
- 시행의 의미 이해

필수 문제

01 화자 파악하기
- 화자: '드러나지 않음'(비의 속성을 살펴보는 이)
- 상황: 관찰자의 시각에서 (   )의 속성을 살펴봄
- 정서 · 태도: 관찰적

02 이 시의 6~11행에서는 어떤 속성을 지닌 비의 모습이 제시되는가?

03 이 시에서 생산의 주체로서 비의 구체적인 생산 활동이 드러난 시행을 찾아 쓰시오.

핵심 정리

▼ 갈래: 자유시, 서정시   ▼ 성격: 주지적, 비유적

▼ 주제: 역사에 대한 민중의 신뢰

▼ 해설: 이 시는 '비'의 속성과 '비'를 대하는 인간의 태도를 관찰자적 시각으로 제시하고 있다. '비'는 생산의 주체이자 문명을 일구는 창조적 역할을 수행하지만, 때로는 사나운 모습으로 돌변하여 자연과 인간의 문명을 무자비하게 파괴한다. 이러한 '비'의 속성은 역사를 상기시키며, 따라서 비를 신뢰하는 인간은 역사를 신뢰하는 민중으로 이해할 수 있다.

▼ 시의 특징과 표현
① 비를 의인화하여 상징적 의미를 부여함
② 관찰자의 시각으로 대상의 속성을 제시함

산에 대하여 | 신경림

필수

[ ]: 부정형 진술을 통해 낮은 산의 존재를 환기함

산이라 해서 다 크고 높은 것은 아니다

다 험하고 가파른 것은 아니다

▶ 1~2행: 낮은 산의 존재에 대한 인식

어떤 산은 크고 높은 산 아래

시시덕거리고 웃으며 나지막히 엎드려 있고,

「또 어떤 산은 험하고 가파른 산자락에서
「 」: 낮은 산의 모습 ① – 사람들의 삶과 맞닿아 있음
슬그머니 빠져 동네까지 내려와

부러운 듯 사람 사는 꼴을 구경하고 섰다」

▶ 3~7행: 사람 가까이에 있는 낮은 산

「그리고는 높은 산을 오르는 사람들에게
「 」: 낮은 산의 모습 ② – 배려함
순하디순한 길이 되어 주기도 하고

남의 눈을 꺼리는 젊은 쌍에게 짐짓
                              '짐짓'의 옛말
따뜻한 사랑의 숨을 자리가 돼 주기도 한다」

▶ 8~11행: 사람들을 따뜻하게 배려할 줄 아는 낮은 산

「그래서 낮은 산은 내 이웃이던 / 간난이네 안방 왕골자리처럼 때에 절고
「 」: 사람들을 포용하고 배려하다가 누추해진 낮은 산의 모습
그 누더기 이불처럼 지린내가 배지만」

「눈개비나무 찰피나무며 모싯대 개쑥에 덮여
「 」: 낮은 산의 모습 ③ – 소박함
곤줄박이 개개비 휘파람새 노랫소리를

듣는 기쁨은 낮은 산만이 안다」

▶ 12~17행: 소박한 삶의 재미를 아는 낮은 산

「사람들이 서로 미워서 잡아 죽일 듯 / 이빨을 갈고 손톱을 세우더라도
「 」: 낮은 산의 모습 ④ – 사람 사는 재미를 앎
칡넝쿨처럼 머루넝쿨처럼 감기고 어우러지는

사람 사는 재미는 낮은 산만이 안다」

▶ 18~21행: 사람 사는 재미를 아는 낮은 산

「사람이 다 크고 잘난 것만이 아니듯 / 다 외치며 우뚝 서 있는 것이 아니듯」
「 」: 다양한 삶이 존재함을 인식함
산이라 해서 모두 크고 높은 것은 아니다

「모두 흰 구름을 겨드랑이에 끼고
「 」: 낮은 산의 존재에 대한 재인식
어깨로 바람 맞받이며 사는 것은 아니다」

▶ 22~26행: 낮은 산의 존재에 대한 재인식

출제 포인트

• '낮은 산'의 의미와 가치
• 화자가 생각하는 바람직한 삶의 태도
• '아니다'라는 부정형 진술의 효과

필수 문제

01 화자 파악하기

• 화자: '나'(낮은 산의 모습을 관찰하는 이)
• 상황: 인간의 곁에 가까이 있는 (   )의 포용력과 친밀감을 드러냄
• 정서·태도: 긍정적

02 [기출] 이 시를 이해한 학생의 반응으로 적절하지 <u>않은</u> 것은?

① '높은 산'은 우뚝 서 있어서 외형적으로 선망의 대상일 수도 있겠군.

② '낮은 산'의 모습을 통해 소박하고 평범한 삶의 모습을 떠올릴 수 있겠군.

③ 나지막이 엎드려 있는 '낮은 산'은 자신의 영달을 추구하기보다는 다른 이들을 위해 희생하는 존재를 의미할 수 있겠군.

④ '낮은 산'은 동네까지 내려와 있기 때문에 더럽혀지기도 하지만, 그만큼 사람 사는 맛을 알 수도 있겠군.

⑤ 구름을 끼고 바람을 맞받아치는 '높은 산'의 모습에서 화자가 추구하는 삶의 모습을 확인할 수 있겠군.

핵심 정리

▾ **갈래**: 자유시, 서정시   ▾ **성격**: 교훈적, 비유적

▾ **주제**: 낮은 산을 통해 깨달은 인간적인 삶의 모습

▾ **해제**: 이 시는 산을 의인화시켜 낮은 산의 장점을 인상적으로 나열함으로써, 이 세상 낮은 곳에서 힘겹게 살아가고 있는 서민들에 대한 따뜻한 애정과 관심을 표출하고 있다.

▾ **시의 특징과 표현**
  ① 산을 의인화시켜 인간에게 깨달음을 줌
  ② '안다, 아니다' 등의 단정적인 종결 어미를 통해 화자의 확고한 생각을 드러냄

315 장자를 빌려 – 원통에서 | 신경림

설악산 대청봉에 올라
_{공간적 배경 ①}
「발아래 구부리고 엎드린 작고 큰 산들이며
「」: 자연과 마을의 구체적인 모습을 의인화하여 표현함
떨어져 나갈까 봐 잔뜩 겁을 집어먹고

언덕과 골짜기에 바짝 달라붙은 마을들이며

다만 무릎께까지라도 다가오고 싶어

안달이 나서 몸살을 하는 바다를 내려다보니」

「온통 세상이 다 보이는 것 같고
「」: 산 위에서 볼 때, 다 이해될 것 같은 세상의 모습
또 세상살이 속속들이 다 알 것도 같다.」

「그러다 속초에 내려와 하룻밤을 묵으며
「」: 삶의 다양한 양상을 열거하여 형상화함
중앙 시장 바닥에서 다 늙은 함경도 아주머니들과
_{공간적 배경 ②}
노령노래 안주해서 소주도 마시고
생활을 위해 러시아로 떠나가는 참담한 심정을 노래한 함경도 민요. '노령'은 '러시아 연해주'를 뜻함
피난민 신세타령도 듣고

다음 날엔 원통으로 와서 뒷골목엘 들어가
_{공간적 배경 ③}
지린내 땀내도 맡고 악다구니도 듣고
기를 써서 다투어 하는 욕설
싸구려 하숙에서 마늘 장수와 실랑이도 하고

젊은 군인 부부 사랑싸움질 소리에 잠도 설치고 보니」

세상은 아무래도 산 위에서 보는 것과 같지만은 않다.
산 아래의 마을에서 볼 때, 너무 복잡하여 이해하기 어려운 세상의 모습
「지금 우리는 혹시 세상을

너무 멀리서만 보고 있는 것은 아닐까 아니면
설악산 대청봉에서 보는 세상(너무 쉽게 봄)
너무 가까이서만 보고 있는 것은 아닐까」
속초, 원통에서 보는 세상(너무 어렵게 봄)

「」: 세상을 보는 편협한 관점에 대한 회의(두 관점을 모두 취하여 살펴야 함)
※ 「장자(莊子)」 '추수편(秋水篇)'의 '대지관어원근(大知觀於遠近; 큰 지혜는 멀리서도 보고 가까이서도 본다)'이라는 글귀와 관련됨

▶ 1~8행: 설악산 대청봉에서 바라보는 세상의 모습

▶ 9~17행: 속초와 원통에서 바라보는 세상의 모습

▶ 18~20행: 삶에 대한 깨달음

출제 포인트

• 시상 전개의 흐름 이해
• 시행의 의미 이해

필수 문제

01 화자 파악하기
• 화자: '드러나지 않음'(삶에 대한 깨달음을 얻은 이)
• 상황: 설악산 대청봉, 속초, (   )에서 세상을 바라보고 깨달음을 얻음
• 정서·태도: 깨달음

02 이 시의 시상 전개의 흐름을 세 부분으로 나눌 때 두 번째 부분이 시작되는 시행의 첫 시어는?

03 이 시에서 산 아래에서 바라본 세상이 산 위에서 바라본 세상과 다름을 나타내는 시행을 찾아 쓰시오.

핵심 정리

▼ 갈래: 자유시, 서정시　　▼ 성격: 교훈적
▼ 주제: 단순하기도 하고 복잡하기도 한 삶에 대한 깨달음
▼ 해제: 이 시는 화자가 설악산 대청봉 위에서 내려다본 마을(세상)의 모습과 속초, 원통에서 바라본 세상의 모습을 대조시켜 독자에게 삶을 바라보는 관점에 대한 성찰의 기회를 제공하고 있다. 화자는 「장자」의 '추수편'에 나오는 '대지관어원근(大知觀於遠近)'이라는 말을 빌려 우리의 삶을 너무 쉽게 또는 너무 어렵게 바라보는 것을 경계하면서, 삶은 단순하기도 하고 복잡하기도 하기 때문에 두 관점을 모두 취해야 함을 말하고 있다.
▼ 시의 특징과 표현: 산 위와 산 아래의 세상의 모습을 대조하여 삶에 대한 관점을 제시함

파장(罷場) | 신경림

못난 놈들은 서로 얼굴만 봐도 흥겹다
슬픈 현실 인식을 바탕으로 한 친근감과 동류의식
이발소 앞에 서서 참외를 깎고

목로*에 앉아 막걸리를 들이키면

모두들 한결같이 친구 같은 얼굴들   ▶ 1~4행: 장터에서 만나는
정다운 사람들

호남의 가뭄 얘기 조합 빚 얘기
농민들의 여러 가지 고통 - 농민들이 느끼는 비애감
약장사 기타 소리에 발장단을 치다 보면

왜 이렇게 자꾸만 서울이 그리워지나
산업화된 도시에 대한 동경 - 농촌의 피폐함에 대한 탄식
『어디를 들어가 섰다*라도 벌일까
「 」: 현실 도피와 자포자기의 태도
주머니를 털어 색싯집에라도 갈까』

학교 마당에들 모여 소주에 오징어를 찢다   ▶ 5~10행: 농민들의 현실
현실에 대한 무력감, 좌절감   적 어려움에 대한 탄식
어느새 긴 여름 해도 저물어

고무신 한 켤레 또는 조기 한 마리 들고
가난한 농민들의 생활상
달이 환한 마찻길을 절뚝이는 파장   ▶ 11~13행: 파장 후의 귀갓
술에 취해 비틀거리는 모습   길
       - 농민들이 느끼는 현실의 무게감

- 목로(木壚): 주로 선술집에서 술잔을 놓기 위하여 쓰는, 널빤지로 좁고 기다랗게 만든 상
- 섰다: 화투 노름의 하나

출제 포인트

- 이동 경로에 따른 화자의 태도
- '절뚝이는 파장'의 의미
- 시에 반영된 농촌 현실과 시의 주제 의식

필수 문제

01 화자 파악하기
- 화자: 농민
- 상황: 시골 장터에서 농촌 현실에 (   )하다 술을 마시고 귀가함
- 정서·태도: 비애, 좌절감

02 이 시에서 〈보기〉의 (   ) 안에 들어갈 알맞은 시어를 찾아 쓰시오.

〈보기〉
이 시에서 (   )와/과 (   )은/는 농촌의 피폐한 현실에 대한 화자의 도피와 자포자기의 태도를 보여 주는 시어이다.

03 이 시에서 술에 취해 비틀거리는 화자의 모습이자 농촌의 힘겨운 모습을 동시에 드러내는 시구를 찾아 2어절로 쓰시오.

알맹이 포착

'달이 환한 마찻길을 절뚝이는 파장'의 의미
장이 끝난 후 집으로 돌아가는 밤길을 묘사하고 있다. '달이 환'하다는 것은 낭만적인 풍경이지만, 그 아래에서 술에 취해 '절뚝이는' 사람들의 모습은 농촌 현실의 불구성, 농촌의 절망적인 분위기를 형상화하고 있다.

한눈에 보기

장터		파장
막걸리를 들이키며 함께 어려움을 토로함	→	고무신 또는 조기를 사 들고 절뚝이며 걸어감

핵심 정리

- 갈래: 자유시, 서정시   성격: 향토적, 사실적, 비판적
- 주제: 황폐화되어 가는 농촌 현실과 농민들의 애환
- 해제: 이 시는 어느 시골 장터의 '파장' 분위기를 통해, 피폐한 농촌에서 살아가는 농민들의 삶의 애환과 절망감을 표현하고 있다.
- 시의 특징과 표현
  ① '파장'까지의 시간 경과에 따라 시상이 전개됨
  ② 일상적 소재와 비속어의 사용을 통해 농민들의 삶을 진솔하게 표현함

317 누룩 | 이성부

누룩 한 덩이가 / 뜨는 까닭을 알겠느냐
술을 빚는 데 쓰는 발효제 – 역사 속 민중을 상징
지 혼자 무력(無力)함에 부대끼고 부대끼다가
무기력한 소시민적 삶의 모습
어디 한군데로 나자빠져 있다가

알맞은 바람 만나
누룩이 발효하기 위한 조건 – 민중을 각성하게 하는 외적 요소 ①
살며시 더운 가슴 / 그 사랑을 알겠느냐
발효하는 누룩 – 새로운 시대에 대한 열망

오가는 발길들 여기 멈추어

밤새도록 우는 울음을 들었느냐
술이 되기 위한 누룩의 시련 – 민중의 고통과 슬픔
지 혼자서 찾는 길이 / 여럿이서도 찾는 길임을

엄동설한 칼별은 알고 있나니 / 무르팍 으깨져도 꽃피는 가슴
암울한 현실에 굴하지 않는 존재   탄압과 시련에도 희망을 잃지 않는 모습
그 가슴 울림 들었느냐
시련을 극복하려는 의지

속 깊이 쌓이는 기다림
새로운 존재로 거듭나기 위한 인내
삭고 삭아 부서지는 일 보았느냐
누룩의 발효 과정 – 민중의 자기희생

지가 죽어 썩어 문드러져 / 우리 고향 좋은 물 만나면
누룩이 발효하기 위한 조건 – 민중을 각성하게 하는 외적 요소 ②
덩달아서 함께 끓는 마음을 알겠느냐
민중의 연대감, 유대감
『춤도 되고 기쁨도 되고
「 」: 희생을 통해 이룩한 가치 – 역설적 표현
해 솟는 얼굴도 되는 죽음을 알겠느냐

아 지금 감춰 둔 누룩 뜨나니

냄새 퍼지나니
민중의 힘으로 이루어질 새로운 시대에 대한 기대감

□ : 물음의 형식으로 독자의 깨달음을 유도함

▶ 1연: 누룩이 뜨는 까닭에 대한 인식

▶ 2연: 누룩이 겪는 시련과 고통

▶ 3연: 술이 되기 위한 누룩의 인내와 자기희생

▶ 4연: 발효되어 사람들에게 기쁨을 주는 누룩

▶ 5연: 발효하여 퍼지는 누룩의 냄새

• '누룩'의 상징적 의미
• 표현상의 특징과 효과

필수 문제

01 화자 파악하기
• 화자: 부정적 현실을 극복하려는 이
• 상황: (   )이 술이 되는 과정을 통해 민중의 삶을 노래함
• 정서·태도: 의지적, 희망적

02 이 시를 시대적 상황과 관련지어 감상할 때, '누룩'의 상징적 의미를 쓰시오.

03 이 시에서 누룩이 발효하기 위한 조건으로, 민중이 각성할 때 도움을 주는 외적 요소를 비유한 시어 2가지를 찾아 각각 2어절로 쓰시오.

핵심 정리

▼ 갈래: 자유시, 서정시   ▼ 성격: 상징적, 의지적
▼ 주제: 술이 되기 위한 누룩의 인내와 자기희생(자기희생을 통해 새로운 시대를 이끄는 민중의 저력)
▼ 해제: 이 시는 술을 빚는 데 쓰는 발효제인 '누룩'을 의인화하여, 인내와 자기희생을 통해 부정적 현실을 극복하고 역사를 진전시키는 민중의 저력을 형상화하고 있다.
▼ 시의 특징과 표현
① '누룩'을 의인화하여 그 속성을 바탕으로 시상을 전개함
② 의문형 종결 어미의 반복을 통해 독자의 깨달음을 유도함

현대시의 모든 것

360

벼 | 이성부

벼는 서로 어우러져 / 기대고 산다.
민중 – 공동체 의식과 강인한 생명력을 지닌 존재
햇살 따가워질수록
시련, 고통 – 외부의 압력
깊이 익어 스스로를 아끼고

이웃들에게 저를 맡긴다.
공동체적 유대 – 이웃과 더불어 어려움을 이겨 냄

▶ 1연: 어우러져 사는 벼의 모습

서로가 서로의 몸을 묶어 / 더 튼튼해진 백성들을 보아라.
힘을 합쳐 더 큰 힘을 내는 민중의 저력   원관념: '벼'
죄도 없이 죄지어서 더욱 불타는
끊임없이 억압받는 민중들의 고통과 분노
마음들을 보아라. 벼가 춤출 때,
                    추수할 때 – 가장 성숙한 모습
벼는 소리 없이 떠나간다.
        더 큰 세계를 위해 이기적 태도를 버리고 떠날 줄을 앎

▶ 2연: 서로의 몸을 묶어 더 튼튼해진 벼의 생명력

벼는 가을 하늘에도

서러운 눈 씻어 맑게 다스릴 줄 알고
서러움을 달랠 줄 아는 어질고 현명한 태도
바람 한 점에도 / 제 몸의 노여움을 덮는다.
인내와 자제력으로 분노를 삭임
저의 가슴도 더운 줄을 안다.
불의에 저항할 수 있는 뜨거운 가슴을 지님

▶ 3연: 서러움과 노여움을 달랠 줄 아는 벼의 지혜로움

벼가 떠나가며 바치는 / 이 넓디넓은 사랑,
자기희생을 통해 사랑을 베풂
쓰러지고 쓰러지고 다시 일어서서 드리는
민중의 끈질긴 생명력
이 피 묻은 그리움, / 이 넉넉한 힘……
    민중들이 꿈꾸는   희생을 통해 사랑을
    자유와 평등   이룩한 민중의 저력

▶ 4연: 벼의 생명력과 저력에 대한 예찬

출제 포인트

- '벼'의 상징적 의미
- 유추에 의한 주제 형상화

필수 문제

01 화자 파악하기
- 화자: '벼'를 보는 이
- 상황: 벼의 (   )과 저력을 예찬함
- 정서·태도: 예찬

02 〈보기〉의 밑줄 친 시어와 상징적 의미가 유사한 것은?

〈보기〉
풀이 눕는다.
비를 몰아오는 동풍에 나부껴
풀은 눕고
드디어 울었다.
– 김수영, 〈풀〉

① 벼   ② 햇살
③ 백성   ④ 하늘
⑤ 노여움

03 이 시에서 민중의 강인한 생명력을 가장 잘 형상화한 시행을 찾아 쓰시오.

알맹이 포착

'벼'의 의미
겉은 나약해 보이지만 서로 어우러져 지내며 쓰러져도 다시 일어나는 끈질긴 생명력을 지닌 존재이다. 이 시에서는 이러한 '벼'의 모습을 통해 오랜 시간 이 땅을 살아온 민중의 저력과 강인한 생명력, 공동체 의식을 나타내고 있다.

한눈에 보기

화자 → 예찬적 태도 → '벼' = 민중
공동체 의식,
강인한 생명력,
자기희생

핵심 정리

- **갈래**: 자유시, 서정시   **성격**: 예찬적, 상징적
- **주제**: 민중의 공동체 의식과 강인한 생명력 예찬
- **해제**: 이 시는 '벼'의 다양한 모습을 통해, 이 땅에서 살아온 민중의 강인한 생명력을 예찬하고 그들의 한(恨)과 공동체 의식을 형상화하고 있다.
- **시의 특징과 표현**
  벼의 생장과 수확 과정을 통해 민중의 삶을 예찬함

319 봄 | 이성부

교과서 EBS

기다리지 않아도 오고
계절이 순환하는 자연의 섭리 – 봄의 도래에 대한 당위성
기다림마저 없었을 때에도 너는 온다.
절망적 상황   봄의 의인화 – 자유와 민주
「어디 뻘밭 구석이거나
「 」: 봄이 오기까지의 온갖 역경과 시련
썩은 물 웅덩이 같은 데를 기웃거리다가

한눈 좀 팔고, 싸움도 한판 하고,

지쳐 나자빠져 있다가」

다급한 사연 들고 달려간 바람이
자유와 민주가 억압받는 현실   소식 전달의 매개체(의인법)
흔들어 깨우면

눈 비비며 너는 더디게 온다.
의인법
더디게 더디게 마침내 올 것이 온다.
봄의 도래에 대한 화자의 확신
「너를 보면 눈부셔
「 」: 봄을 맞는 감격
일어나 맞이할 수가 없다.

입을 열어 외치지만 소리는 굳어

나는 아무것도 미리 알릴 수가 없다.」

가까스로 두 팔을 벌려 껴안아 보는
기다림의 완성에 대한 기쁨의 행동
너, 먼 데서 이기고 돌아온 사람아.
역경을 이겨 낸 봄에 대한 예찬적 태도 – 의인법

▶ 1, 2행: 봄의 도래에 대한 믿음

▶ 3~10행: 봄이 오기까지의 과정과 봄의 도래에 대한 확신

▶ 11~16행: 봄을 맞이하는 감격과 기쁨

출제 포인트
• '봄'의 상징적 의미
• '봄'을 의인화하여 얻는 효과

필수 문제

01 화자 파악하기
• 화자: '나'(봄을 기대하는 이)
• 상황: (   )을 이겨 낸 '너'(봄)를 맞이함
• 정서·태도: 감격, 예찬

02 이 시에서 '봄'이 올 것이라 믿는 화자의 확신이 나타난 시행을 찾아 쓰시오.

03 이 시가 쓰인 1970년대의 시대적 배경을 고려할 때, '봄'의 상징적 의미를 쓰시오.

알맹이 포착

'봄'에 대한 화자의 태도
화자는 '봄'에 대한 간절한 기다림의 자세를 보이고 있다. 그런데 화자는 봄이 반드시 올 것이라고 확신하고 있다. 이는 봄이 지닌 계절적 순환에 따른 당위적 속성 외에도 '너는 온다'와 같은 단정적 어조의 반복, '마침내'와 같은 부사어를 통해 효과적으로 드러나고 있다.

'봄'을 의인화하여 얻는 효과
이 시에서는 화자가 간절히 기다리는 봄을 '너'라고 부르며 의인화하고 있다. 이를 통해 봄이 오랜 기다림 끝에 오는 것임을 부각하고 있다. 아울러 독자로 하여금 화자의 정서에 더욱 공감하게 하는 효과도 주고 있다.

핵심 정리

▼ 갈래: 자유시, 서정시   ▼ 성격: 희망적, 상징적
▼ 주제: 언젠가는 다가올 새로운 세상에 대한 믿음
▼ 해제: 이 시는 겨울을 보내고 돌아오는 '봄'을 통해, 부정적 현실에 대한 극복과 자유와 평화의 시대가 올 것이라는 믿음을 형상화하고 있다.
▼ 시의 특징과 표현
  ① 대상의 의인화와 상징적 표현을 통해 주제를 형상화함
  ② 확고한 신념에 찬 어조를 통해 화자의 믿음을 강조함

320 산길에서 | 이성부

필수

이 길을 만든 이들이 누구인지를 나는 안다
<u>먼저 간 이들의 흔적, 성과, 역사</u>　　　　<u>의미 강조를 위한 도치법, 1, 5, 17행 반복으로 운율 형성</u>
이렇게 길을 따라 나를 걷게 하는 그이들이
　　　　　　'이 길을 만든 이들'의 변주
『지금 ▪조릿대 밭 눕히며 소리치는 바람이거나
「　」: 옛사람의 '흔적과 자취'로 남은 길의 모습
이름 모를 풀꽃들 문득 나를 쳐다보는 수줍음으로 와서』
▢: 민중, '이 길'을 만든 존재. 작고 소소한 존재
내 가슴 벅차게 하는 까닭을 나는 안다　　　　▶ 1~5행: 산길에서 가슴 벅
　　　　　　　　　　　　　　　　　　　　찬 까닭

그러기에 짐승처럼 그이들 옛 내음이라도 맡고 싶어

나는 자꾸 집을 떠나고
　　　　　　　　　　　　　설의법
그때마다 서울을 버리는 일에 신명나지 않았더냐　▶ 6~8행: 산길을 걸으며
　　이 길(산길)과 대조적인 공간, 일상에 매몰된 생활 공간　　신명이 남
무엇에 쫓기듯 살아가는 이들도
　　└ 하루하루 최선을 다하며 살아가는 민중들(평범한 삶)
힘을 다하여 비칠거리는 발걸음도

무엇 하나씩 저마다 다져 놓고 사라진다는 것을
　　평범한 민중들의 힘으로 산길이 만들어졌음을 깨달음
뒤늦게나마 나는 배웠다　　　　　　　　　　▶ 9~12행: 산길에서 배움
　　　　9~11행의 주어, 서술어(도치법), '나는 안다'의 변주　을 얻음
그것이 부질없는 되풀이라 하더라도
　　9, 10행의 민중의 일상을 의미함
『그 부질없음 쌓이고 쌓여져서 마침내 길을 만들고』
「　」: 민중의 소소한 일상이 역사를 만듦　　11행의 '무엇'의 구체화, 역사
『길 따라 그이들을 따라 오르는 일』「　」: 올바른 역사의식을 가지고 살아가는 일
바람, 풀꽃, 쫓기듯 살아가는 이들, 비칠거리는 발걸음
이리 힘들고 어려워도
　　　　　　　　　단정적 어조 반복(깨달음, 의지)
『왜 내가 지금 주저앉아서는 안 되는지를 나는 안다』
「　」: 올바른 역사의식에 대한 깨달음(걷는 것이 역사를　▶ 13~17행: 산길에서 주저
　　만드는 참여자가 되는 것이기 때문에)　　　　앉으면 안 되는 이유

▪ 조릿대: 산죽. 산대. 신우대. 대의 일종으로 무리 지어 자람

출제 포인트

• 의미의 강조를 위한 표현
• 시구의 변주와 의미 이해

필수 문제

01 화자 파악하기

• 화자: '나'(산길을 오르며 성
찰하는 이)
• 상황: (　　　)을 오르면서 산
길의 의미를 생각하며 역사의
참여자로서의 삶의 의지를 다
짐
• 정서·태도: 깨달음, 의지

02 이 시에서 의미의 강조를 위
해 도치법과 설의법이 사용된 시
구를 찾아 2어절로 쓰시오.(3개)

03 이 시 15행의 '그이들'이 의
미하는 대상을 아래와 같이 정리
할 때 빈칸에 들어갈 단어를 각각
쓰시오.

(　　　　)	
이름 모를 (　　　)	
쫓기듯 살아가는 (　　　)	
비칠거리는 (　　　)	

핵심 정리

✔ 갈래: 자유시, 서정시　　　✔ 성격: 성찰적, 사색적, 교훈적
✔ 주제: 산길을 오르며 얻은 깨달음과 의지적 삶의 다짐
✔ 해제: 이 시의 화자는 산길을 오르며 얻은 깨달음을 노래하고 있다. '길'은 하루하루 최선을 다해 살아간 민중들이
　만든 성과이자 역사를 의미하며 이를 자각한 화자는 역사를 만드는 참여자로 살아갈 것을 다짐한다.
✔ 시의 특징과 표현
　① 일상적인 소재인 '산길'을 통해 민중이 주체가 되는 역사의식을 드러냄
　② 시구의 반복과 변주, 설의법과 도치법 등으로 화자의 깨달음과 의지를 강조함

321 공사장 끝에 | 이시영

"지금 부숴 버릴까?"
　　　　철거민에게 가해지는 폭력
"안 돼, 오늘 밤은 자게 하고 내일 아침에……."
　　　철거민에 대한 연민
"안 돼, 오늘 밤은 오늘 밤은이 벌써 며칠째야? 소장이 알면……."
　　　철거를 계속 미뤄 왔음　　　　　　　서민들의 고통을 외면하는 가해자
"그래도 안 돼……."

두런두런 인부들 목소리 꿈결처럼 섞이어 들려오는
　　　　　철거 인부 – 가해자이지만 서민들의 고통을 아는 존재들
루핑 집* 안 단칸 벽에 기대어 그 여자
'여자'의 가난한 현실을 드러냄
작은 발이 삐져나온 어린것들을
현실의 아픔을 모르는 순수한 어린아이들
불빛인 듯 덮어 주고는
아이들의 발을 밖으로 새어 나가면 곤란한 '불빛'으로 형상화
가만히 일어나 앉아

칠흑처럼 깜깜한 밤을 내다본다.
암담한 현실

▶ 1~4행: 철거 인부들의 대화(집 밖)

▶ 5~10행: 철거민의 불안감(집 안)

■ 루핑 집: 물막이 천으로 지붕을 한 무허가 주택

출제 포인트
• '집 안'과 '집 밖'의 공간의 대비
• 대화를 통한 장면 제시의 효과

필수 문제

01 화자 파악하기
• 화자: 철거 현장을 관찰하는 이
• 상황: (　　　)이 철거반원들의 대화를 엿들으면서 암담해 함
• 정서·태도: 비판적

02 이 시에서 '여자'가 처한 암담한 현실을 나타내는 3어절의 시구를 찾아 쓰시오.

03 이 시의 앞부분에 제시된 대화가 주는 효과를 간단하게 쓰시오.

알맹이 포착
시구의 의미
• 꿈결처럼 섞이어 들려오는: '여자'가 곧 철거될 집 안에서 불안에 떨며 철거 인부들의 대화를 '꿈결처럼 섞이어 들려오는' 듯 느끼는 것은 대처할 수 없는 현실에 대한 '여자'의 무력감을 나타낸다.
• 불빛인 듯 덮어 주고는: 현실의 아픔을 모른 채 잠들어 있는 순수한 아이들의 발을 덮어 주는 '여자'의 행동은 모성애를 드러내며 애처로움을 부각시킨다. 집이 철거되는 상황에서 '불빛'은 집 안에 사람이 있다는 것을 알리기 때문에 밖으로 새어 나가면 곤란한 것이다. 따라서 혹시나 철거 인부들이 집 안으로 들어오지 않을까 불안해하며 자신들의 흔적을 없애기 위해 아이들의 발을 '불빛'인 듯 덮어 주고 있는 것이다.

핵심 정리
▼ 갈래: 자유시, 서정시　　▼ 성격: 비판적, 애상적
▼ 주제: 도시 빈민의 비극적인 현실
▼ 해제: 이 시는 주택 철거 현장에서 삶의 터전을 빼앗기는 철거민의 애환과 그들에게 폭력을 가해야 하는 인부들의 상황을 제시하며, 도시의 무허가 주택 빈민의 비극적인 삶을 형상화하고 있다.
▼ 시의 특징과 표현
① 대화 형식으로 긴장감과 현장감을 조성함
② 감정을 절제한 차분한 어조로 대상의 암담한 처지를 부각함

마음의 고향 6 - 초설 | 이시영

수능 기출 EBS

내 마음의 고향은 이제

참새 떼 와자히 내려앉는 대숲 마을의
　　　　청각적 이미지
노오란 초가을의 초가지붕에 있지 아니하고
화자가 그리워하는 고향의 모습 ① - 시각적 이미지
내 마음의 고향은 이제

토란 잎에 후두둑 빗방울 스치고 가는
　　　　청각적 이미지
여름날의 고요 적막한 뒤란에 있지 아니하고
화자가 그리워하는 고향의 모습 ②
내 마음의 고향은 이제

추수 끝난 빈 들판을 쿵쿵 울리며 가는
　　　　　　청각적 이미지
서늘한 뜨거운 기적 소리에 있지 아니하고
화자가 그리워하는 고향의 모습 ③ - 공감각적 이미지(청각의 촉각화)
내 마음의 고향은 이제

빈 들길을 걸어 걸어 흰 옷자락 날리며
　　　　　　　　색채 대비를 통해 떠나는 이의 모습을 감각적으로 표현
서울로 가는 순이 누나의 파르라한 옷고름에 있지 아니하고
화자가 그리워하는 고향의 모습 ④
내 마음의 고향은 이제

아늑한 상큼한 짚벼늘에 파묻혀

나를 부르는 소리도 잊어버린 채

까닭 모를 굵은 눈물 흘리던 그 어린 저녁 무렵에도 있지 아니하고
　　　　　　　　화자가 그리워하는 고향의 모습 ⑤
내 마음의 마음의 고향은
　　반복을 통한 강조
싸락눈 홀로 이마에 받으며
고향을 홀로 떠날 때의 외로움
내가 그 어둑한 신작로 길로 나섰을 때 끝났다
　　　　　고향 상실의 아픔과 그리움을 반어적으로 표현함
눈 위로 막 얼어붙기 시작한
　　　　　　　　　　여운의 효과
작디작은 수레바퀴 자국을 뒤에 남기며
　　　　　화자가 고향을 떠나오며 남긴 자국

▶ 반복을 통해 고향 상실의 아픔과 그리움을 부각함

▶ 1~3행: 화자가 그리워하던 고향 마을의 초가집

▶ 4~6행: 화자가 그리워하던 여름날의 고요한 뒤란

▶ 7~9행: 화자가 그리워하던 가을날 기적 소리

▶ 10~12행: 화자가 그리워하던 순이 누나

▶ 13~16행: 화자가 그리워하던 자신의 어린 시절

▶ 17~21행: 고향을 떠날 때를 회상하며 느끼는 슬픔과 그리움

출제 포인트

- '고향'에 대한 화자의 정서
- 표현상의 특징과 효과

필수 문제

01 화자 파악하기
- 화자: '나'(어린 시절에 고향을 떠나온 이)
- 상황: 고향을 떠난 화자가 고향의 모습을 (　　)함
- 정서·태도: 그리움, 상실감

02 이 시에서 고향 상실의 아픔과 그리움을 반어적으로 드러내고 있는 시행을 찾아 쓰시오.

03 [기출] 이 시를 이해한 내용으로 적절하지 않은 것은?
① 고향에서의 삶과 관련된 소재들을 열거하고 있다.
② 감각적 심상을 활용하여 화자의 정서를 드러내고 있다.
③ 고향의 특정 인물에 대한 기억을 떠올리면서 시상을 반전시키고 있다.
④ 고향을 떠나올 때의 장면으로 시상을 마무리하면서 시적 여운을 남기고 있다.
⑤ 고향에 대한 상실감을 내세워 고향에 대한 화자의 그리움을 담아내고 있다.

1970년대

핵심 정리

▼ 갈래: 자유시, 서정시　　　▼ 성격: 회상적, 감각적
▼ 주제: 고향에 대한 상실감과 그리움
▼ 해제: 이 시는 눈 내리던 날 고향을 떠나온 화자가 어린 시절의 고향을 회상하며 상실감을 드러내고 있는 작품이다. 고향의 정겨운 이미지를 떠올리면서도 마음의 고향은 끝났다고 말하는 화자의 모습은, 고향에 대한 간절한 그리움을 반어적으로 드러내는 것이다.
▼ 시의 특징과 표현
　① 동일한 시구의 반복과 반어적인 표현을 통해 주제를 부각함
　② 향토적인 소재를 나열하여 고향의 이미지를 환기함
　③ 감각적 이미지를 활용하여 화자의 정서를 드러냄

현대시의 모든 것

나는 별아저씨 | 정현종

『나는 별아저씨
「 」: 별과 한 가족이 되길 바람(참신한 동화적 발상)
별아 나를 삼촌이라 불러다오』
의인법, 돈호법
별아 나는 너의 삼촌

나는 별아저씨
1행의 반복, 운율 형성, 의미 강화

☐ '나'가 가족 관계를 이루고 싶은 대상들
(그들의 본질과 일치하는 경지를 추구함)

▶ 1연: 별과 가까이하고 싶음

『나는 바람남편
「 」: 1연 1, 2행 통사 구조의 반복, 변주. 바람과의 친연성을 추구함
바람아 나를 서방이라고 불러다오』
의인법, 돈호법
너와 나는 마음이 아주 잘 맞아
'나'와 사물이 같은 본성을 지녀 잘 맞음
나는 바람남편이지

▶ 2연: 바람과 함께 하고 싶음

나는 그리고 침묵의 아들

어머니이신 침묵

언어의 하느님이신 침묵의
'침묵'의 가치를 강조(역설적 표현)
돔(Dome) 아래서

나는 예배한다

'침묵'	–	'나'
어머니 – 언어의 하느님 – 침묵의 아들		

⇒ 사물(별, 바람)의 속성인 '침묵'을 동경함.
말로 표현하지 않고, 의도를 드러내지 않는
사물의 상태를 닮고 싶어 하는 '나'

『우리의 생(生)은 침묵』「 」: 사물의 존재함에 말이 필요하지 않음(본성 그대로 존재함)
별, 바람, 화자
우리의 죽음은 말의 시작
　　　　　　말로 존재를 드러냄

▶ 3연: 침묵(사물의 본성)의 아들이 됨

이 천하(天下) 못된 사람을 보아라
'사물과 하나 되기'를 꿈꾸는 사람, 화자 자신
『나는 별아저씨
「 」: '나'가 꿈꾸는 사물과 합일된 모습을 반복하여 강조함
바람남편이지』

▶ 4연: 사물과의 합일을 꿈꿈

출제 포인트

- 표현의 의미
- 표현상의 특징과 효과

필수 문제

01 화자 파악하기
- 화자: '나' (사물과 합일을 바라는 이)
- 상황: 별, 바람을 보며 (　　　)과 합일된 삶의 경지를 추구함
- 정서·태도: 비유적, 소망적

02 이 시에서 '나'는 사물과 어떤 관계를 형성하고 싶어 하는지를 본문의 표현을 활용하여 쓰시오.(3개)

03 이 시에서 사물과의 완벽한 합일을 꿈꾸는 화자를 지칭하는 3어절이 포함된 시행을 찾아 그대로 쓰시오.

핵심 정리

▼ 갈래: 자유시, 서정시　　　▼ 성격: 비유적, 역설적, 사색적
▼ 주제: 사물과의 합일을 소망함
▼ 해제: 이 시는 참신한 동화적 발상을 바탕으로 무정(無情)한 사물의 본질적 속성을 닮아서 합일의 상태가 되고자 하는 화자의 소망을 드러내고 있다.
▼ 시의 특징과 표현
① 동화적 발상과 역설적 표현으로 사물과 합일하고자 하는 소망을 드러냄
② 유사한 통사 구조를 반복하여 의미를 강화하고 운율감을 조성함

324 들판이 적막하다 | 정현종

가을 햇볕에 공기에
계절적 배경
익는 벼에

눈부신 것 천지인데,
가을 들판의 풍요로움(시각적)
그런데,
시상의 전환
아, 들판이 적막하다 —
가을 들판의 비정상적인 상황에 화자가 느끼는 이질감(청각적)
『메뚜기가 없다!』「 」: 들판이 적막한 이유
생태계의 일원

오 이 불길한 고요 —
생태계의 순환성이 파괴된 현실이 가져오는 위기의식(청각적)
『생명의 황금 고리가 끊어졌느니……』
먹이 사슬   「 」: 파괴된 자연 –
들판이 적막한 근본적 이유

▶ 1연: 풍요로운 가을 들판에서 느끼는 이질감

▶ 2연: 생태계가 파괴된 자연에 대한 위기감

출제 포인트

- '들판'의 대조적 이미지
- '생명의 황금 고리'의 의미와 시의 주제 의식

필수 문제

01 화자 파악하기
- 화자: 가을 들판을 보는 이
- 상황: 가을 들판에 (   )가 없는 적막함에 불길함을 느낌
- 정서·태도: 안타까움, 위기감

02 이 시에서 시상의 전환을 나타내는 3음절의 시어를 찾아 쓰시오.

03 이 시에서 순환적인 생태계의 모습을 의미하는 시구를 찾아 3어절로 쓰시오.

알맹이 포착

'들판이 적막하다'의 의미
이 시에서 '들판'은 자연 생태계를 의미하며, 들판의 '적막함'은 인간이 생태계에 가하는 폭력의 치명적 결과에 대한 위기감을 드러낸다. 따라서 '들판이 적막하다'라는 표현은 단순히 파괴된 자연 생태계에 대한 묘사가 아닌, 파괴된 자연 생태계가 초래하게 될 위험에 대한 위기의식과 그에 대한 경고를 담고 있다.

한눈에 보기

가을 들판

표면 – 풍요로움
눈부신 것 천지(가을 햇볕, 공기, 익는 벼)

이면 – 자연 파괴
적막, 불길한 고요(메뚜기가 없음)

핵심 정리

- 갈래: 자유시, 서정시
- 성격: 비판적, 고발적, 생태적
- 주제: 생태계가 파괴된 현실에 대한 비판
- 해제: 이 시는 메뚜기가 없어 적막한 들판의 상황을 통해 심각한 자연 파괴의 현실에서 느끼는 위기감을 형상화하고 있다.
- 시의 특징과 표현
  ① 영탄법을 통해 화자의 인식과 감정을 강조함
  ② 줄표를 사용하여 적막하고 고요한 상황을 효과적으로 표현함
  ③ 가을 들판의 표면과 이면을 시각과 청각의 대비로 형상화함

떨어져도 튀는 공처럼 | 정현종

『그래 살아 봐야지   「 」: 어순의 도치와 각운을 통한 의미 강조(1~3연 공통)
　　의지적 어조
너도 나도 공이 되어
　　　　　화자가 닮고자 하는 존재
떨어져도 튀는 공이 되어』
공의 속성 ① - 시련에 굴하지 않는 긍정적인 삶의 자세

살아 봐야지

쓰러지는 법이 없는 둥근
공의 속성 ② - 현실의 압력에 굴복하지 않는 삶의 자세
공처럼,『탄력의 나라의

왕자처럼
「 」: 동화적 상상력. 힘들어도 굴하지 않고 긍정적으로 살아가는 존재

가볍게 떠올라야지
시련을 딛고 회복함. 최선을 다하는 삶
곧 움직일 준비 되어 있는 꼴
공의 속성 ③ - 멈추어 있지 않고 행동하는 삶의 자세
둥근 공이 되어

옳지 최선의 꼴
　　　　둥근 모양
지금의 네 모습처럼
　　　　공 - 화자가 생각하는 가장 이상적인 삶의 모습
『떨어져도 튀어 오르는 공
「 」: 공과 같은 자세로 살아가겠다는 다짐
쓰러지는 법이 없는 공이 되어』

▶ 1연: 떨어져도 튀는 공처럼 살고자 하는 의지

▶ 2연: 쓰러지지 않는 공처럼 살고자 하는 의지

▶ 3연: 늘 움직일 준비가 된 공처럼 살고자 하는 의지

▶ 4연: 시련에 굴하지 않는 삶을 살고자 하는 의지

출제 포인트

- '공'의 속성과 의미
- 화자가 추구하는 삶의 자세

필수 문제

01 화자 파악하기
- 화자: '나' (삶의 자세에 대해 생각하는 이)
- 상황: 둥근 공처럼 (　　　)에 굴하지 않는 삶을 살고자 함
- 정서·태도: 의지적

02 이 시에 나타나 있는 공의 속성 3가지를 찾아 쓰시오.

03 이 시에서 화자가 공의 모습을 통해 나타내고자 하는 삶의 자세가 무엇인지 간단하게 쓰시오.

한눈에 보기

속성		화자의 자세
• 떨어져도 튀어 오름 • 쓰러지는 법이 없음 • 움직일 준비가 되어 있음	공 (최선의 꼴)	힘들어도 굴하지 않고 긍정적으로 살아가려는 의지적인 삶의 자세

핵심 정리

- ♥ 갈래: 자유시, 서정시 　　♥ 성격: 비유적, 상징적
- ♥ 주제: 시련에 굴하지 않는 삶을 살고자 하는 의지
- ♥ 해제: 이 시는 공의 속성을 통해 바람직한 삶의 태도를 이끌어 내고 있는 작품으로, 떨어져도 튀어 오르고 쓰러지는 법이 없으며 늘 움직일 준비가 되어 있는 둥근 공처럼, 좌절하지 말고 늘 행동할 준비가 되어 있는 삶을 살자고 노래하고 있다.
- ♥ 시의 특징과 표현
  ① 사물의 속성을 통해 화자가 추구하는 삶의 자세를 드러냄
  ② 반복과 도치를 통해 화자의 의지와 주제를 강조함

모든 순간이 꽃봉오리인 것을 | 정현종

필수

나는 가끔 후회한다.
단도직입적 도입으로 시적 긴장감 조성
그때 그 일이
지나간 일(과거)
노다지였을지도 모르는데…
귀하고 가치 있는 일   생략을 통한 후회의 감정 제시
그때 그 사람이

그때 그 물건이

노다지였을지도 모르는데…

『더 열심히 파고들고   「」: 세상과의 소통에 최선을 다하지 않았던 태도에
대한 반성과 성찰(통사 구조의 반복)
더 열심히 말을 걸고

더 열심히 귀 기울이고

더 열심히 사랑할 걸…』

▶ 1연: 지난 삶에 대한 후회

『반벙어리처럼   「」: 자신에게 다가왔던 가치 있는 것을 소중히
여기지 못했던 지난날에 대한 후회와 반성
소극적인 태도
귀머거리처럼
타인에게 무심한 태도
보내지는 않았는가,

우두커니처럼…』
모든 일을 방관하며 스쳐 보내던 삶의 태도
『더 열심히 그 순간을   「」: 지난 삶을 되돌아보며 매 순간을
사랑하지 않은 것을 반성함
사랑할 것을…』

▶ 2연: 지난 삶의 잘못된 태
도에 대한 반성

모든 순간이 다아

꽃봉오리인 것을,
소중하고 가치 있는 것이 될 수 있는 존재
내 열심에 따라 피어날
매 순간 최선을 다하면 꽃으로 피어날
꽃봉오리인 것을!
관계 형성으로 아름다운 존재로 거듭남(2행의 반복)

▶ 3연: 지난 삶의 반성을 통
한 깨달음

출제 포인트

- 비유적 표현의 의미
- 시어의 상징적 의미

필수 문제

01 화자 파악하기
- 화자: '나'(지난 일들을 되돌
아보며 반성하는 이)
- 상황: 지난 삶에 대한 (   )
을 통해 인생을 성찰함
- 정서·태도: 깨달음, 후회

02 이 시에서 모든 순간 최선을
다하지 못했던 화자 자신을 비유
한 표현을 모두 쓰시오.(3개)

03 이 시에서 모든 순간의 '아
름다움과 소중함과 가치 있음'을
의미하는 시어를 한 단어로 찾아
쓰시오.

핵심 정리

- ✔ 갈래: 자유시, 서정시   ✔ 성격: 성찰적, 교훈적, 반성적
- ✔ 주제: 매 순간 최선을 다하지 않은 태도에 대한 반성과 성찰
- ✔ 해제: 이 시의 화자는 과거에 대한 성찰과 뉘우침을 토대로 삶의 모든 순간에 최선을 다하여 스스로 한 송이의 꽃을
피워 내려는 마음의 자세를 보이고 있다.
- ✔ 시의 특징과 표현
  ① 고백체의 어투와 말줄임표로 과거에 놓친 것에 대한 후회를 표현함
  ② 시어 및 통사 구조의 반복으로 운율을 형성하고 의미를 강조함

327 사람이 풍경으로 피어나 | 정현종

낯선 작품

『사람이
「 」: 사람이 주변 환경과 자연스럽게 조화를 이뤄 행복한 모습
풍경으로 피어날 때가 있다』

『앉아 있거나
「 」: 사람이 풍경으로 피어난다고 느끼는 때(소소하고 일상적인 삶의 모습)
차를 마시거나
빵을 부풀리기 위하여 쓰는 효모
잡담으로 시간에 이스트를 넣거나
추상적 개념의 구체화
그 어떤 때거나』

▶ 1연: 일상 속에서 풍경으로 피어나는 사람

사람이 풍경으로 피어날 때가 있다
반복을 통한 강조
그게 저 혼자 피는 풍경인지
화자의 인식과 상관없이 스스로 존재하는 풍경
내가 그리는 풍경인지
화자의 인식으로 인해 존재하게 되는 풍경
그건 잘 모르겠지만

▶ 2연: 사람이 풍경으로 피어나는 이유에 대한 추측

『사람이 풍경일 때처럼
「 」: 주변 환경과 조화를 이루는 사람들의 모습에 대한 화자의 긍정적 인식
행복한 때는 없다』

▶ 3연: 사람이 풍경이 될 때의 행복감

출제 포인트
- 시행의 의미
- 표현상의 특징과 효과

필수 문제

01 화자 파악하기
- 화자: '나' (조화와 공존을 추구하는 이)
- 상황: 일상적이고 소소한 삶의 (   )을 떠올림
- 정서·태도: 관조

02 이 시에서 사람이 주변과 조화를 이루고 있는 모습을 의미하는 시행을 5어절로 쓰시오.

03 이 시에서 사람이 풍경으로 피어나는 때 중, '추상적 개념의 구체화'로 표현한 시행을 찾아 쓰시오.

알맹이 포착

'풍경'의 의미
'풍경'은 사람에 의해 관찰되는 사물과 세계의 모습이다. 그런데 이 시에서는 '사람이 풍경으로 피어난다'는 표현을 통해 사람이 배경 속에서 조화를 이루고 공존하는 상태의 모습을 나타내고 있다. 즉, '풍경'은 단순히 경치로서의 의미를 넘어서 행복이라는 인식을 이끌어 낼 수 있는 아름다운 삶과 세계의 모습이라는 의미로 사용되고 있다.

한눈에 보기

소소한 일상 + 조화, 공존 + 사람이 풍경일 때 → 행복함

핵심 정리

- ♥ 갈래: 자유시, 서정시   ♥ 성격: 관조적, 사색적
- ♥ 주제: 주변과 조화를 이루며 공존하는 삶에 대한 소망
- ♥ 해제: 이 시는 사람도 하나의 풍경이 되는 모습을 통해 조화로운 삶에 대한 소망을 드러내고 있다.
- ♥ 시의 특징과 표현
  - ① 동일한 시구의 반복을 통해 주제를 강조함
  - ② 열거를 통해 시인의 의도를 구체화함

현대시의 모든 것

섬 | 정현종

사람들 사이에 │섬│이 있다.

그 섬에 가고 싶다.

사람들 사이의 온전한
소통과 만남을 소망함

① 단절된 인간관계를 이어 주어 자유로운 의사소통을 가능하게
   하는 공간
② 사람들 간 소통의 단절, 또는 그로 인한 외로움이나 소외감
③ 인간관계의 본질적 의미를 깨닫게 해 주는 공간

출제 포인트

- '섬'의 함축적 의미
- 짧은 시행의 구성을 통해 얻는
  효과

필수 문제

01 화자 파악하기

- 화자: '섬'에 가고 싶어 하는 이
- 상황: (   ) 사이에 있는 섬
  에 가고 싶어 함
- 정서 · 태도: 소망

02 〈보기〉를 읽고 (   ) 안에
들어갈 알맞은 말을 2어절로 쓰
시오.

〈보기〉
사람들 사이에
사이가 있었다 그
사이에 있고 싶었다

양편에서 돌이 날아왔다
― 박덕규, 〈사이〉

이 시는 정현종의 시 〈섬〉을
재구성한 것이다. 정현종의
'섬'이 '사람들 사이의 관계를
이어 주는 이상적 공간이나 매
개체' 또는 '사람들 간의 소통
의 단절'을 의미한다면, 이 시
의 '사이'는 (   )의 양
극단 사이에 있는 '중도', 또는
'중용'의 위치를 뜻한다.

핵심 정리

- **갈래**: 자유시, 서정시   **성격**: 서정적, 감각적
- **주제**: ① 단절된 인간관계를 회복하려는 의지
         ② 인간관계의 본질적 의미를 파악하고 싶은 욕망
         ③ 다른 사람들과 소통하여 외로움과 소외감을 메우고 싶은 소망
- **해제**: 이 시는 단 두 행으로 이뤄진 간결한 내용을 통해 다양한 해석의 여지와 깊은 여운을 남기며, 시의 함축성을 잘
  보여 주고 있다.
- **시의 특징과 표현**
  ① 간결한 형식을 통한 함축성이 돋보임
  ② 상징적 의미의 시어를 통해 다양한 해석의 여지를 남김

길 | 정희성

필수

아버지는 내가 법관이 되기를 원하셨고

가난으로 평생을 찌드신 어머니는 △ : 부모님이 기대했던 세속적 가치

아들이 돈을 잘 벌기를 바라셨다 ▶ 1~3행: 화자가 세속적 가치를 추
구하며 살기를 바라셨던 부모님

그러나 어쩌다 시에 눈이 뜨고 ○ : 화자가 추구해 온 가치

애들에게 국어를 가르치는 선생이 되어

나는 부모의 뜻과는 먼 길을 걸어왔다 ▶ 4~6행: 시인과 선생의
'시인'과 '선생'의 길 삶을 살아온 화자

나이 사십에도 궁티를 못 벗은 나를
궁한 모양이나 태도 – 가난한 처지

살 붙이고 살아온 당신마저 비웃지만 ▶ 7, 8행: 가난한 화자를 비
아내 – 부모님과 동일한 가치관을 갖고 있음 웃는 아내

서러운 것은 가난만이 아니다

『우리들의 시대는 없는 사람이 없는 대로

맘 편하게 살도록 가만두지 않는다』 「 」: 가진 것 없는 사람들이 살기 힘든
시대 현실에 대한 비판 의식

세상 사는 일에 길들지 않은
세속적 가치를 추구하는 것

나에게는 그것이 그렇게도 노엽다 ▶ 9~13행: 부정적 현실에
없는 사람이 맘 편하게 살지 못하는 현실 대한 노여움

내 사람아, 울지 말고 고개 들어 하늘을 보아라

『평생에 죄나 짓지 않고 살면 좋으련만

그렇게 살기가 죽기보다 어렵구나』 「 」: 양심을 지키며 선하게 살아가기
힘든 현실에 대한 비판 의식

어쩌랴, 바람이 딴 데서 불어와도
어떠한 유혹이나 시련이 닥쳐와도

마음 단단히 먹고

한 치도 얼굴을 돌리지 말아야지 ▶ 14~19행: 양심을 지키며
자신의 가치관에 따라 양심을 지키며 살겠다는 다짐 선하게 살아가겠다는 다짐

출제 포인트

• 화자가 추구하는 삶의 자세
• 대조적인 삶의 모습을 나타내는
시어들

필수 문제

01 화자 파악하기
• 화자: '나' (시인, 교사)
• 상황: 세속적 가치를 저버리고
( )을 지키며 마음 단단
히 살고자 함
• 정서 · 태도: 다짐

02 이 시에서 화자의 아버지와
어머니가 기대했던 세속적 가치
를 의미하는 시어 2가지를 찾아
쓰시오.

03 이 시에서 화자가 노여워하
는 현실의 모습은 어떤 것인지 이
시의 표현을 이용하여 20자 내외
로 쓰시오.

핵심 정리

▼ 갈래: 자유시, 서정시   ▼ 성격: 자전적, 현실 비판적
▼ 주제: 자신의 가치관에 따라 양심을 지키며 선하게 살아가겠다는 다짐
▼ 해제: 이 시는 시인이 자신의 삶을 소재로 하여, 세속적 가치가 아닌 진정한 삶의 가치를 추구하는 삶을 살겠다는 의
지를 평이한 시어로 노래하고 있다.
▼ 시의 특징과 표현
① 평이한 시어와 일상적인 말투를 사용하여 시상을 전개함
② 대조적인 삶의 모습을 제시하여 주제를 강조함

너를 부르마 | 정희성

너를 부르마
자유(추상적 관념을 의인화하여 표현함)
불러서 그리우면 사랑이라 하마
　　　　자유에 대한 뜨거운 열정
아무 데도 보이지 않아도

내 가장 가까운 곳

『나와 함께 숨 쉬는
「 」: '자유'를 생존의 조건과 결부시켜 그 필요성을 강조함
공기(空氣)여』
'자유'를 생존의 필수 조건인 '공기'에 비유함
시궁창에 버림받은 하늘에도
비민주적 시대 상황(유신 시대)
쓰러진 너를 일으켜서

나는 숨을 쉬고 싶다.
'자유'는 '공기'와 같은 것이기 때문에
내 여기 살아야 하므로

이 땅이 나를 버려도

공기여, 새삼스레 나는 네 이름을 부른다.
　　　　　　자유를 간절히 열망함
『내가 그 이름을 부르기 전에도
「 」: 자유의 영원성과 순수성
그 이름을 부른 뒤에도

그 이름 잘못 불러도 변함없는 너를』

자유여.
시상의 집약

▶ 1, 2행: 자유를 부름

▶ 3~6행: 보이지 않아도 가까이서 함께 숨 쉬는 공기(자유)

▶ 7~12행: 자유가 부재한 상태에서 자유를 간절히 열망함

▶ 13~16행: 영원하고 순수한 자유를 부름

출제 포인트

- 시어의 상징적 의미
- 시구에 담긴 시대적 상황 이해

필수 문제

01 화자 파악하기
- 화자: '나'(자유를 간절히 열망하는 이)
- 상황: 자유가 억압된 시대 상황 속에서 (　　　)를 간절히 열망함
- 정서·태도: 간절함

02 이 시에서 '자유'가 생존의 필수 조건임을 나타내기 위해 비유한 사물을 찾아 2음절의 한 단어로 쓰시오.

03 이 시에서 자유가 없는 현재의 상황을 의미하는 시구를 찾아 3어절로 쓰시오.

핵심 정리

▼ 갈래: 자유시, 서정시　　　▼ 성격: 상징적, 영탄적
▼ 주제: 자유에 대한 간절한 열망
▼ 해제: 이 시는 자유가 없는 암울한 시대 상황 속에서 '자유'라는 추상적 관념을 '너'로 대상화시켜 자유를 향한 간절한 열망을 노래하고 있다. 화자는 자유를 생존을 위해 없어서는 안 되는 '공기'에 비유하여 공기 없는 삶이 불가능하듯이 자유 없는 삶은 상상할 수 없다는 절박함을 드러내고 있다.
▼ 시의 특징과 표현: 추상적 관념을 의인화하여 시적 대상으로 삼음으로써 그 의미를 구체화함

331

답청(踏靑) | 정희성

풀을 밟아라
끈질긴 생명력을 지닌 민초(민중)의 이미지
들녘에 매 맞은 풀
　　　매 맞아 멍든 것처럼 푸른 풀
맞을수록 시퍼런
맞아서 멍들어 풀이 짙어짐 → 더욱더 푸르른 봄이 옴
봄이 온다.
민중들이 역사의 주체가 되어 이루어 내는 희망의 미래
봄이 와도 우리가 이룰 수 없어
우리가 아직 봄(희망)을 만들어 내지 못하여
봄은 스스로 풀밭을 이루었다.

이 나라의 어두운 아희들아
　　　힘들게 살아가는 이 땅의 민중들
풀을 밟아라.

밟으면 밟을수록 푸르른
시련과 고난을 겪을수록 더욱 강해지는
풀을 밟아라.
봄을 소망하는 행위

▶ 1~4행: 밟으면 밟을수록 더욱더 푸르러지는 풀

▶ 5, 6행: 봄이 와도 우리는 희망의 세상을 이루지 못함

▶ 7~10행: 봄을 소망하며 풀을 밟음

■ 답청(踏靑): 봄에 파랗게 난 풀을 밟으며 산책함. 또는 그런 산책

출제 포인트
- '풀'의 속성과 의미
- '풀'을 밟는 행위와 '봄'의 관계

필수 문제

01 화자 파악하기
- 화자: 힘겹게 살아가는 민중을 지켜보는 이
- 상황: (　　　)을 밟아 봄을 맞고자 함
- 정서·태도: 소망, 희망

02 이 시에서 화자가 '풀'을 밟는 행위를 통해서 소망하는 것을 한 단어로 찾아 쓰시오.

03 이 시에서 '풀'이 지니는 상징적 의미를 2음절로 쓰시오.

알맹이 포착

'풀'의 의미
'맞을수록 시퍼런', '밟으면 밟을수록 푸르른' 존재로, 시련과 고난을 겪을수록 강해지고 굳건한 의지와 끈질긴 생명력을 지닌 민중들을 의미한다.

'봄'의 의미
'봄'은 혹독한 겨울을 지나 '풀'이 푸르러지는 계절이다. 짓밟히는 고난과 역경 속에서도 푸른빛을 더해 가는 '풀'이 더욱 짙게 푸르러져 이루어 낸 시간으로, 희망의 미래를 상징한다.

핵심 정리
- 갈래: 자유시, 서정시　　성격: 의지적
- 주제: 희망적인 미래를 쟁취하기 위한 자기 단련 의지
- 해제: 이 시는 풀을 밟는 '답청'이라는 행위를 통해, 밟히면 밟힐수록 강해지는 민중들의 강인함과, 희망적인 미래를 쟁취하기 위한 자기 단련 의지를 노래하고 있다.
- 시의 특징과 표현
  ① 명령형의 어조를 통해 화자의 의지를 강조함
  ② 수미 상관의 구조를 통해 주제를 강조함

현대시의 모든 것

물구나무서기 | 정희성

뿌리가 뽑혀 하늘로 뻗었더라.
<u>노동자의 뿌리 뽑힌 삶(고된 노동을 하면서도 정당한 대우를 받지 못함)</u>
『낮말은 쥐가 듣고 밤말은 새가 들으니
<u>「 」: 관용구의 '비틀기'를 통해 비정상적인 현실에 대한 비판을 드러냄</u>
입이 열이라서 할 말이 많구나.』
　　　　　<u>부조리한 세상에 대한 풍자와 비판</u>
듣거라 세상에 원
　　<u>현실에 대한 안타까움 표현</u>
『한 달에 한 번은 꼭 조국을 위해
<u>「 」: 열악하고 혹독한 노동자의 삶</u>
누이는 피 흘려 철야 작업을 하고

날만 새면 눈앞이 캄캄해서
<u>고된 노동으로 인한 고통</u>
쌍심지 돋우고 공장문을 나섰더라.』

너무 배불러 음식을 보면 회가 먼저 동하니
<u>반어적 표현</u>　　　　　　<u>먹고 싶으니</u>
남이 입으로 먹는 것을 눈으로 삼켰더라.
<u>돈이 없어서 먹는 것을 구경만 함</u>
대낮에 코를 버히니
<u>삭막한 현실</u>
슬프면 웃고 기뻐 울었더라.
<u>삶의 애환</u>
『얼굴이 없어 잠도 없고
<u>「 」: 고달프고 힘든 가난한 삶</u>
빵만으론 살 수 없어 쌀을 훔쳤더라.』

물구나무서서 세상을 보고
<u>정상적인 삶이 불가능한 모습</u>
멀리 고향 바라 울었더라.
<u>고향에 대한 그리움</u>
못 살고 떠나온 논바닥에
<u>피폐한 농촌 현실</u>
세상에 원
『아버지는 한평생 허공에 매달려
<u>「 」: 농민들의 고달픈 삶</u>
　수염만 허옇게 뿌리를 내렸더라.』

▶ 1~3행: 고된 노동을 하면서 정당한 대우를 받지 못하는 노동자의 삶

▶ 4~16행: 인간다운 삶을 살지 못하는 노동자의 안타까운 현실

▶ 17~20행: 뿌리 뽑힌 삶을 살아가는 농민의 비참한 삶

출제 포인트

• 반어적 표현에 담긴 의미
• 시에 나타난 시대적 현실 이해

필수 문제

01 화자 파악하기
• 화자: '드러나지 않음' (부조리한 현실을 비판하는 이)
• 상황: 노동자와 (　　　)이 핍박당하는 현실을 비판함
• 정서·태도: 고통, 삭막함

02 이 시에서 노동자들의 배곯는 궁핍한 현실을 반어적 표현으로 나타낸 시행을 찾아 쓰시오.

03 이 시에서 열악한 노동에 시달리는 공장 노동자를 대표하는 인물을 찾아 쓰시오.

핵심 정리

∨ 갈래: 자유시, 서정시　　　∨ 성격: 비판적, 풍자적
∨ 주제: 노동자와 농민의 뿌리 뽑힌 삶의 현실
∨ 해제: 이 시는 노동자의 피폐한 삶과 노동자를 핍박하는 현실에 대한 강한 비판 의식을 보여 주고 있다. 고된 노동을 하면서도 정당한 대우를 받지 못하는 노동자의 비참한 현실을 뿌리가 거꾸로 서 있는 상황으로 형상화하고 있다.
∨ 시의 특징과 표현: 관용구의 '비틀기'와 반어적 기법을 통해 폭압적 현실에 대한 냉소적이고 비판적인 태도를 드러냄

숲 | 정희성

필수

숲에 가 보니 나무들은
공동체를 이루는 구성원
제가끔 서 있더군
독립된 개체로 존재함 – 말을 건네는 어조로 친근감 형성
제가끔 서 있어도 나무들은
독립된 개체이면서도 조화로운 공동체를 이루는 존재
숲이었어
서로 조화를 이루는 공간
광화문 지하도를 지나며
서로에 대해 무관심한 공간
숱한 사람들이 만나지만
교감과 조화가 이루어지지 않는 외로운 존재
왜 그들은 숲이 아닌가
외로운 현대인들에 대한 안타까움과 연민
이 메마른 땅을 외롭게 지나치며
각박한 현대 사회   고독한 현대인들의 모습
낯선 그대와 만날 때

그대와 나는 왜
'그들'에서 '그대와 내우리'로 반성의 대상 확대
숲이 아닌가
반복과 의문형 종결을 통해 안타까움 강조

▶ 1~4행: 제가끔 서서 숲을
이루는 나무들

▶ 5~7행: 나무들과 달리 숲
을 이루지 못하는 사람들

▶ 8~11행: 숲을 이루지 못
하는 우리 자신에 대한
성찰

출제 포인트

- '숲'과 '광화문 지하도'라는 대
비적 공간의 의미
- 화자의 현실 인식과 태도

필수 문제

01 화자 파악하기
- 화자: '나'(조화로운 공동체를
소망하는 이)
- 상황: 나무들이 이룬 (   )
을 보며 사람들이 살아가는 모
습을 성찰함
- 정서·태도: 안타까움, 소망

02 이 시에서 사람들이 무관심
하게 지나치는 곳으로, '숲'과 대비
되는 공간을 찾아 2어절로 쓰시오.

03 이 시에서 화자의 안타까움
과 지향을 동시에 드러내며 반복
되고 있는 2어절의 시구를 찾아
쓰시오.

알맹이 포착

'광화문 지하도'의 의미
광화문은 많은 사람이 오가는 공간으로, 우리나라에서 가장 번화한
곳 중 하나이다. 많은 사람들이 서로 무관심하게 지나치는 '광화문
지하도'는 '현대 사회'를 상징한다고 볼 수 있으며, 화자가 지향하는
공간인 '숲'과 선명한 대비를 이루고 있다. 따라서 '광화문 지하도'
는 자연과 대비되는 현대 사회의 특징을 보여 주기 위해 시인이 선
택한 공간이라고 할 수 있다.

한눈에 보기

숲	광화문 지하도
개별적인 존재들이 모여 조화로운 공동체를 이루고 있음	많은 사람들이 무관심하게 지나치며 교감을 이루지 못함

공동체적 삶을 이루지 못하는 현대 사회에 대한 안타까움

핵심 정리

- 갈래: 자유시, 서정시   ▼ 성격: 비판적, 성찰적
- 주제: 조화로운 공동체적 삶에 대한 소망
- 해제: 이 시는 숲을 이루고 살아가는 나무와 그렇지 못한 인간을 대비하여 현대인의 소외와 고독을 그리고 있는 작품
이다. 삭막하고 외로운 현대 사회의 모습을 성찰하면서 조화로운 공동체적 삶에 대한 소망을 드러내고 있다.
- 시의 특징과 표현
  ① 자연과 인간을 대비하여 주제 의식을 전달함
  ② 반복적 표현을 통해 화자가 지향하는 삶을 드러냄
  ③ 말을 건네는 어조와 의문형 종결을 통해 성찰적 태도를 부각함

얼은 강을 건너며 | 정희성

차갑고 암울한 시대
얼음을 깬다.
암울한 현실에 대응하여 바른 세상을 만들어 가는 노력. 부정적 현실에 대한 저항

강에는 얼은 물

『깰수록 청청한
『 』: 바른 역사의 형성
소리가 난다.』

▶ 1~4행: 강의 얼음을 깸

강이여 우리가 이룰 수 없어
역사를 상징함
물은 남몰래 소리를 이루었나.
엄혹한 탄압의 상황에서 바른 역사를 형성하려는 노력
이 강을 이루는 물소리가

겨울에 죽은 땅의 목청을 트고
암울한 현실   생명력을 불어넣음
이 나라의 어린 아희들아
역사의 주체가 될 미래의 주역
물은 또한 이 땅의 풀잎에도 운다.
민중을 상징함

▶ 5~10행: 강을 이루는 물
소리

얼음을 깬다.

얼음을 깨서 물을 마신다.

『우리가 스스로 흐르는 강을 이루고
『 』: 자주와 자유가 회복될 때까지
물이 제 소리를 이룰 때까지』

아희들아.
시적 대상의 반복 제시로 시상을 마무리함

▶ 11~15행: 스스로 흐르는
강을 이루기 위해 얼음을
깸

• 화자의 태도와 표현의 의미
• 시행의 의미 이해

필수 문제

01 화자 파악하기
• 화자: '나'(억압된 현실에 저
항하는 이)
• 상황: 암울한 현실을 극복하고
바른 (   )를 이룩하고자
함
• 정서 · 태도: 의지적, 결연함

02 이 시에서 부정적 현실에 대
한 저항 의지가 표출되고 있는 시
행을 찾아 2어절로 쓰시오.

03 이 시에서 화자가 '얼음을
깨는 행위'를 통해 이루고자 하는
미래 상황이 제시된 부분 2행을
찾아 쓰시오.

핵심 정리

∨ 갈래: 자유시, 서정시   ∨ 성격: 의지적
∨ 주제: 암울한 시대 현실의 극복과 바른 역사의 형성 의지
∨ 해제: 이 시는 독재 정권하의 부정적 현실을 '얼은 강'으로 나타내고, 그러한 현실에 대응하여 바른 세상을 만들어 가는 노력으로서 얼음을 깨는 행위를 제시하고 있다. 얼음이 깨져 생기는 물소리는 바른 역사가 형성되어 감을 뜻하는 것이고, 결국 그 물소리는 이 땅의 민중인 풀잎들에게까지 미치게 된다. 이 시는 깨어 있는 지성의 주체적 실천이 소중함을 간결한 상징적 구도 속에서 전달하고 있다.
∨ 시의 특징과 표현: '얼음을 깬다'라는 표현을 반복하여 화자의 강한 의지를 드러냄

335 저문 강에 삽을 씻고 | 정희성

흐르는 것이 물뿐이랴.
└ 노동자의 삶도 흐르는 물과 같다는 의미
우리가 저와 같아서
└ 흐르는 강물
강변에 나가 삽을 씻으며
└ 노동자의 표상
거기 슬픔도 퍼다 버린다.
└ 강물에다 노동자의 삶의 비애를 씻어 버림
일이 끝나 저물어

스스로 깊어 가는 강을 보며
└ 깊어 가는 노동자의 비애
쭈그려 앉아 담배나 피우고
나는 돌아갈 뿐이다.
└→ 무기력하고 체념적이며
   소극적인 태도를 드러냄

『삽자루에 맡긴 한 생애가
└ 노동자로서의 삶
이렇게 저물고, 저물어서
└ 희망 없이 시들어서
샛강 바닥 썩은 물에
└ 도시화·산업화로 인해 오염된 환경
달이 뜨는구나.』「」: 무기력하게 반복되는 노동자의 삶

우리가 저와 같아서 ──→ ① 흐르는 강물과 같아서
                        ② 반복해서 뜨는 달과 같아서

흐르는 물에 삽을 씻고

먹을 것 없는 사람들의 마을로
└ 궁핍한 노동자의 삶의 현실
다시 어두워 돌아가야 한다.
         └ 가난한 현실을 수용하는 체념적 태도

▶ 1~4행: 강물을 통해 발견한 삶의 의미

▶ 5~8행: 삶에 대해 체념적이고 무기력한 태도

▶ 9~12행: 무기력하게 반복되는 노동자로서의 삶

▶ 13~16행: 암담하고 궁핍한 현실에 대한 체념

출제 포인트
- '강물'과 '달'에 투영된 화자의 삶
- 시에 반영된 사회 현실

필수 문제

01 화자 파악하기
- 화자: '나'(노동자)
- 상황: 슬픈 생애를 흐르는 (   )에 삽을 씻는 행위로 씻어 내고자 함
- 정서·태도: 체념, 소극적

02 [기출] 이 시를 감상한 내용으로 적절하지 않은 것은?
① '슬픔도 퍼다 버리'는 모습에서 현실에 대한 고뇌를 덜어 내려는 마음을 읽을 수 있군.
② '쭈그려 앉아 담배나 피우'는 모습에서 현실에 대한 소극적인 대응 태도를 엿볼 수 있군.
③ '샛강 바닥 썩은 물'에서 인물이 부정적인 상황에 처해 있음을 확인할 수 있군.
④ '먹을 것 없는 사람들의 마을'에서 인물과 유사한 상황에 놓인 사람들이 적지 않음을 알 수 있군.
⑤ '다시 어두워 돌아가야 한다'에서 반복되는 일상을 극복하려는 의지를 느낄 수 있군.

'물(강물)'의 이미지

이 시는 화자의 삶을 자연물인 '물'에 빗대어 형상화하고 있다. 도시화·산업화로 인해 썩어 버린 '강물'은 궁핍하고 어두운 현실을 사는 노동자의 삶을 표상한다. 화자는 흐르는 강물을 보며 노동자의 삶도 이와 같다고 느끼고, 깊어 가는 삶의 비애를 느끼고 있다.

핵심 정리

- 갈래: 자유시, 서정시   ▾ 성격: 성찰적, 현실 참여적
- 주제: 가난한 노동자의 삶의 비애
- 해제: 이 시는 하루 일을 마치고 강물에 삽을 씻으며 고단한 자신의 삶을 되돌아보는 중년 노동자의 모습을 통해, 산업화 과정에서 소외된 노동자의 무기력한 삶을 형상화하고 있다.
- 시의 특징과 표현
  ① 구체적인 삶의 모습을 자연물에 빗대어 형상화함
  ② 차분하고 절제된 어조로 노동자의 비애와 한을 표현함

한 그리움이 다른 그리움에게 | 정희성

필수

어느 날 당신과 내가
미래의 상황
날과 씨로 만나서
옷감을 짤 때 가로세로로 엮이는 실
하나의 꿈을 엮을 수만 있다면
영원히 헤어지지 않는 만남
우리들의 꿈이 만나

한 폭의 비단이 된다면
아름다운 사랑의 결실
「나는 기다리리, 추운 길목에서」 「」: 화자의 의지
시련과 고난의 현실
오랜 침묵과 외로움 끝에

「한 슬픔이 다른 슬픔에게 손을 주고
위로, 위안
한 그리움이 다른 그리움의

그윽한 눈을 들여다볼 때」 「」: '당신'과 '나'가 서로의 슬픔과 그리움을 위로해 줄 때

「어느 겨울인들 「」: '당신'과 '나'가 만난다면 어느
시련과 고난   겨울도 우리를 춥게 할 수 없음
우리들의 사랑을 춥게 하리」

외롭고 긴 기다림 끝에
화자가 처한 현실
「어느 날 당신과 내가 만나
「」: 수미 상관 – 화자의 소망 강조
하나의 꿈을 엮을 수만 있다면」

▶ 1~5행: '당신'과 만날 날에 대한 기대

▶ 6~12행: 기다림의 고통을 인내한 뒤에 올 '나'와 '당신'의 만남

▶ 13~15행: '당신'과 만날 날에 대한 기대

출제 포인트

• 시에 나타난 화자의 정서와 태도
• 시어의 함축적 의미

필수 문제

01 화자 파악하기
• 화자: '나' (당신과 만나려고 하는 이)
• 상황: 당신과의 (   )을 기대함
• 정서 · 태도: 인내, 기대

02 이 시에서 '당신'과 '나'를 비유하는 사물을 찾아 쓰시오.

03 [기출] 이 시에 대한 설명으로 적절하지 않은 것은?
① 수미 상관의 방법으로 작품 전체에 안정감을 주고 있다.
② 불완전한 문장으로 작품을 마무리하여 여운을 주고 있다.
③ 반어적 어조를 활용하여 현실에 대한 비판 의식을 드러내고 있다.
④ '~다면', '~끝에' 등의 반복적 사용으로 운율의 효과를 얻고 있다.
⑤ '기다리리', '춥게 하리' 등의 서술어로 화자의 의지나 신념을 표현하고 있다.

알맹이 포착

'날과 씨'의 의미
날실과 씨실은 옷감을 짤 때 반드시 함께 엮어야 하는 존재이다. 화자는 '나'와 '당신'을 실에 비유하여 서로가 반드시 필요한 사람이 되어 '하나의 꿈'을 엮을 수 있기를 소망하고 있다.

핵심 정리

▼ 갈래: 자유시, 서정시   ▼ 성격: 낭만적, 가정적, 의지적
▼ 주제: 임과의 재회에 대한 기대와 기다림
▼ 해제: 이 시는 현실의 시련과 고난을 견뎌 내고 '당신'과의 만남을 이루려는 화자의 소망을 서정적이고 낭만적인 시어로 형상화하고 있다.
▼ 시의 특징과 표현
    ① 수미 상관의 기법을 통해 화자의 소망을 강조함
    ② 구체적 사물을 통해 추상적 이미지를 표현함
    ③ 가정적 표현을 사용해 여운을 남김

국토 서시(國土序詩) | 조태일

발바닥이 다 닳아 새 살이 돋도록 우리는
헌신적 노력으로 새 역사를 창조할 수 있을 때까지
우리의 땅을 밟을 수밖에 없는 일이다.

□: 우리의 현실에 대한 수용은 숙명적인 것임
– 당위적 표현으로 화자의 의지를 강조

숨결이 다 타올라 새 숨결이 열리도록 우리는
생명   새 역사
우리의 하늘 밑을 서성일 수밖에 없는 일이다.

야윈 팔다리일망정 한껏 휘저어
고난의 역사에 억눌린 민중의 모습
슬픔도 기쁨도 한껏 가슴으로 맞대며 우리는

우리의 가락 속을 거닐 수밖에 없는 일이다. ▶ 1~3연: 우리의 국토에서 살아
갈 수밖에 없는 숙명적 현실

○: 고통받고 소외당하는 민중들의 삶의 표상

버려진 땅에 돋아난 풀잎 하나에서부터

조용히 발버둥치는 돌멩이 하나에까지

이름도 없이 빈 벌판 빈 하늘에 뿌려진

저 혼에까지 저 숨결에까지 닿도록

「우리는 우리의 삶을 불지필 일이다.
「 」: 숙명적인 현실에 적극적으로 대응하며 살아야 함
우리는 우리의 숨결을 보탤 일이다.

일렁이는 피와 다 닳아진 살결과

허연 뼈까지를 통째로 보탤 일이다.」 ▶ 4, 5연: 숙명적 현실에서
우리가 해야 할 일

출제 포인트

- 시에 반영된 현실과 시의 주제 의식
- 현실에 대응하는 화자의 태도

필수 문제

01 화자 파악하기
- 화자: 우리 국토에서 살아가는 민중
- 상황: 삶이 힘들지라도 우리의 ( )에서 혼신의 힘을 다 해 살아갈 수밖에 없음
- 정서·태도: 숙명적, 강인함

02 이 시의 시어 중 의미하는 바가 이질적인 것은?
① 새 살   ② 풀잎
③ 돌멩이   ④ 혼
⑤ 숨결

03 이 시에서 고난의 역사와 현실에 억눌린 민중의 모습이 함축된 표현을 찾아 2어절로 쓰시오.

알맹이 포착

5연에 나타난 화자의 태도

숙명적으로 이 땅에 살아야 하는 우리가 해야 할 일을 환기시키고 있으며, 우리의 국토에서 소외당한 민중들과 온 힘을 다해 적극적으로 살아가려는 화자의 의지가 드러나고 있다. 현실이 어려울지라도 삶을 포기할 수 없으며, 부정적 현실과 적극적으로 대결하고자 하는 화자의 자세를 엿볼 수 있다.

핵심 정리

- ∨ **갈래**: 자유시, 참여시   ∨ **성격**: 격정적, 참여적
- ∨ **주제**: 국토애(민족애)와 새 역사의 도래에 대한 소망
- ∨ **해제**: 이 시는 우리 국토에서 살아갈 수밖에 없는 우리 민족의 숙명적 현실과 그 안에서 능동적으로 살아가는 민중의 강인함을 형상화하고 있다.
- ∨ **시의 특징과 표현**
  단호한 어조와 동일 어구의 반복을 통해 화자의 의지를 강조함

자유가 시인더러 | 조태일

자유가 시인더러 하는 말 좀 들어보게. □: 판소리풍의 어투(우스꽝스런
추상적 관념의 의인화   상황임을 암시함)
시인이 자유더러 하는 말 좀 들어보게.
추상적 관념을 붙들고 싸우는 존재
서로 먼저 말하겠다고 싸우는 꼴 좀 바라보게.
시인과 자유의 충돌
「도무지 무슨 말인지 알아들을 수도
「」: 단절감
없는」말 한번 들어보게.

▶ 1연: 도무지 알아들을 수
없는 자유와 시인의 말

자유가 시인더러 / 시인이 자유더러

멱살을 잡고 무슨 말인가를 하지만
싸우는 모습의 형상화 ①
전혀 알아들을 수 없네.
단절감
「우리 같은 촌놈은 도무지 알아들을 수 없네.」
평범한 존재   「」: 대중적인 설득력을 갖추지 못함,
대중과 유리됨

▶ 2연: 자유와 시인의 말을
알아들을 수 없음

자유가 시인더러 / 시인이 자유더러

따귀를 올려치면서 탁탁탁 치면서
싸우는 모습의 형상화 ②
하는 소리 들어보게나.

▶ 3연: 자유와 시인이 싸우
면서 하는 말

아아, 저게 상징이구나 은유로구나
△: 이론적인 시 창작의 기법들
상상력이구나
아픔만 닿는 시법(詩法)이구나.
현실의 고통을 도외시하고, 책임지려 하지 않는
관념적인 예술에 대한 조롱

▶ 4연: 관념적인 시 창작 기
법들

오늘 하루도 평탄치 못하겠구먼.
시인과 자유의 탁상공론 같은 싸움 때문에
「일찍 일어나 세수부터 정갈하게 하고
「」: 겸손하고 겸허한 태도, 실천의 의지
구두끈도 단단히 동여매야겠구먼.」

▶ 5연: 겸손하고 실천적인
태도와 의지

출제 포인트
• 화자의 태도와 표현의 이해
• 내용의 이해

필수 문제

01 화자 파악하기
• 화자: '드러나지 않음' (관념적
시 세계에 대해 비판적인 이)
• 상황: 관념적인 시 세계에 빠
져 실천하지 못하는 (   )
과 자유를 비판함
• 정서·태도: 비판적, 공허함

02 이 시에서 화자의 실천 의지
를 구체적 행위를 통해 보여 주고
있는 부분 2행을 찾아 쓰시오.

03 이 시에서 '자유'와 '시인'
의 싸움이 드러내는 근본적인 문
제점은 구체적이고 (   )인
삶에서 유리되었다는 것이다.

핵심 정리

▽ 갈래: 자유시, 서정시   ▽ 성격: 비판적, 풍자적
▽ 주제: 관념적인 것에 그치는 시인과 시의 공허함에 대한 풍자
▽ 해제: 이 시는 의인화된 '자유'와 시인의 언쟁을 통해 관념적인 예술의 공허함을 비판하고 있다. 이 시에 등장하는
'시인'은 관념어에 불과한 '자유'와의 무책임한 언쟁에 사로잡혀 있을 뿐, 구체적이고 책임있는 행동이나 실천은 하
지 못하는 존재이다. '상징'이니, '은유'니 하면서 시를 쓰지만, 사실은 평범한 서민들은 이해할 수도 없어서 대중적
설득력을 갖추지 못한 자기 위안에 지나지 않는다.
▽ 시의 특징과 표현
① 추상적 관념인 '자유'를 의인화하여 실제로 싸우는 것처럼 묘사함
② 시인과 시에 대한 풍자를 통해 실천의 중요성을 역설함

사랑법 | 강은교

필수

떠나고 싶은 자 / 떠나게 하고
잠들고 싶은 자 / 잠들게 하고
  떠나는 이에 대한 집착, 소유욕, 구속, 간섭의 배제(대구법)

그리고도 남은 시간은
침묵할 것
  집착을 버리고 내면 응시, 침묵 속에서 관조하기

▶ 1연: 떠나는 사랑에 집착하지 않고 침묵하기

또는 꽃에 대하여
  빛나던 때
또는 하늘에 대하여 / 또는 무덤에 대하여
  꿈, 이상   좌절, 실패

▶ 2연: '사랑'이라는 감정의 변화

서둘지 말 것
침묵할 것
  감정의 순간적 분출이 아니라 절제와 자기 성찰의 필요성

▶ 3연: 사랑을 하는 나의 태도

그대 살 속의
  진술의 객관성 확보를 위한 자기의 타자화(2인칭)
오래 전에 굳은 날개와 / 흐르지 않는 강물과
  ○: 오랫동안 잊어버렸던 꿈과 추구하려던 이상
누워 있는, 누워 있는 구름, / 결코 잠깨지 않는 별을
  △: 상실감, 아픔과 절망

▶ 4연: 오랫동안 잊었던 사랑의 대상과 지난날의 꿈

쉽게 꿈꾸지 말고 / 쉽게 흐르지 말고
  △: 조급함, 성찰과 내면 응시를 않고 섣불리 행동함
쉽게 꽃피지 말고 / 그러므로
  5연의 내용으로 사고의 전환

▶ 5연: 자기 외의 것에 기대어 실현하지 말 것

실눈으로 볼 것
  감정의 과잉 상태에서 벗어나 냉정함을 유지함
떠나고 싶은 자 / 홀로 떠나는 모습을
  본질 그 자체
잠들고 싶은 자 / 홀로 잠드는 모습을
  1연 1~4행의 변형 반복, 기대나 희망을 섞지 말고 있는 그대로 보기

▶ 6연: 잊어버렸던 사랑을 다시 시작하는 법

가장 큰 하늘은 언제나 / 그대 등 뒤에 있다
  진리, 진실, 새로운 인식의 지평
  내 자신이 걸어온 길, 미처 깨닫지 못했던 내 가까이, 내 자신의 준비

▶ 7연: 스스로를 돌아보는 데서 사랑은 시작함

출제 포인트

- 시상 전개에 사용된 표현법
- '사랑법'의 의미와 내용

필수 문제

01 화자 파악하기
- 화자: '드러나지 않음'('그대'에게 자신이 생각하는 사랑법을 전달하는 이)
- 상황: (   )하는 대상을 떠나보냄
- 정서·태도: 관조적, 명령적, 주지적

02 이 시에 사용된 표현법을 아래와 같이 정리할 때, 빈칸에 들어갈 표현법을 쓰시오.

1연	대구법, 명령법
3연	명령법
4연	의인법
6연	도치법, 명령법, ( )

03 이 시에서 화자가 강조하는 '사랑법'은 (   )하지 않음, (   )함, 기다림 등으로 요약할 수 있다.

핵심 정리

- ♥ 갈래: 자유시, 서정시   ♥ 성격: 교훈적
- ♥ 주제: 인내와 침묵 속에서 발견하는 큰 사랑
- ♥ 해제: 이 시는 다른 누구를 사랑하는 방법이 아니라 자신을 사랑하는 방법을 노래하고 있다. 간결한 언어로 정서에 함몰되지 않고 한 걸음 물러서서 객관적 시선으로 자신을 응시하는 것이 사랑의 출발이라는 인식을 보여 준다.
- ♥ 시의 특징과 표현
  ① 1, 2, 5연에서 시행의 처음에 동일한 음절(떠, 잠, 또, 쉽)을 반복하여 리듬감을 부여함
  ② 진술의 객관성 확보를 위한 2인칭 사용과 경구를 보는 듯한 명령형 어조를 사용함

340 우리가 물이 되어 | 강은교

우리가 물이 되어 만난다면
메마름과 삭막함을 해소할 수 있는 생명력 → '그대' 와의 합일의 매개체
가문 어느 집에선들 좋아하지 않으랴.
가뭄이 든 것처럼 메마른 현대 사회의 모습
우리가 키 큰 나무와 함께 서서
건강한 생명력
우르르 우르르 비 오는 소리로 흐른다면.
메마름과 삭막함을 해소하고 불순한 것을 씻어 버리는 소리

흐르고 흘러서 저물녘엔
삶을 되돌아보는 시간
저 혼자 깊어지는 강물에 누워
삶에 대한 성찰이 더욱 깊어지는
죽은 나무 뿌리를 적시기도 한다면.
현대 사회의 황폐함(불모와 죽음의 이미지)
아아, 아직 처녀인
부끄러운 바다에 닿는다면.
이상, 소망의 세계

▶ 1, 2연: 물이 되어 만나고
싶은 소망

「그러나 지금 우리는
「 」: '불' 로 만나려는 현실에 대한 안타까움
불로 만나려 한다.」
'물' 과 대립되는 파괴, 죽음, 소멸의 이미지
벌써 숯이 된 뼈 하나가

세상에 불타는 것들을 쓰다듬고 있나니
'불' 에 의해 소멸된 존재   '불타는 것들' 에 대한 연민

▶ 3연: 불로 만나려는 현재
상황

만 리(萬里) 밖에서 기다리는 그대여
                        화합의 대상
정서적 거리감 → '그대' 와 '물' 로 만나는 것이 쉽지 않음
저 불 지난 뒤에

흐르는 물로 만나자.
역동적 생명력
푸시시 푸시시 불 꺼지는 소리로 말하면서
대립과 갈등이 종식되는 소리
올 때는 인적 그친
순수한, 정화된
넓고 깨끗한 하늘로 오라.
완전한 합일과 충만한 생명력의 세계(=2연의 '바다')

▶ 4연: 넓고 깨끗한 하늘에서
흐르는 물로 만나기를 소망

출제 포인트

• '물' 과 '불' 의 대립적 이미지
• 시 속 현실의 모습과 화자가 지
향하는 세계

필수 문제

01 화자 파악하기
• 화자: 조화와 합일을 꿈꾸는 이
• 상황: 인간성이 메마른 현실에
서 벗어나 조화로운 (   )
의 세계로 가고자 함
• 정서·태도: 소망, 능동적

02 [기출] 1연의 '우르르 우르르
비 오는 소리'(㉠)와 4연의 '푸시
시 푸시시 불 꺼지는 소리'(㉡)에
대한 설명으로 가장 적절한 것은?
① ㉠은 물의 결핍감을, ㉡은 불
의 충족감을 비유한다.
② ㉠은 비의 부정적 의미를, ㉡
은 소리의 긍정적 의미를 함
축한다.
③ ㉠은 비에 대한 불안감을, ㉡
은 소리에 대한 불안감을 반
영한다.
④ ㉠은 물의 생동하는 힘을, ㉡
은 불이 소멸하는 상황을 형
상화한다.
⑤ ㉠은 상승하는 물의 움직임
을, ㉡은 하강하는 불의 움직
임을 구체화한다.

핵심 정리

▼ 갈래: 자유시, 서정시   ▼ 성격: 상징적, 의지적
▼ 주제: 완전한 합일과 생명력이 충만한 세계에 대한 소망
▼ 해제: 이 시는 '물' 과 '불' 이라는 대립적인 이미지를 통해, 황폐한 현재의 삶에서 벗어나 생명력이 충만하고 조화로
운 합일이 이루어진 세계로 가고자 하는 소망을 노래하고 있다.
▼ 시의 특징과 표현
① '물' 과 '불' 의 대비적인 속성을 통해 주제 의식을 전달함
② 가정법 형식의 문장과 청유형·명령형의 표현으로 소망의 간절함을 표출함

341 일어서라 풀아 | 강은교

필수

일어서라 풀아
일어서라 풀아 ┐ 반복적 명령, 도치법
　　　민중

『땅 위 거름이란 거름 다 모아
　　　힘
구름송이 하늘 구름송이들 다 끌어들여』
희망　　　「』: 모든 힘과 희망을 끌어모아
끈질긴 뿌리로 긁힌 얼굴로
굳센 의지와 생명력　시련과 고통의 흔적
빛나라 너희 터지는
　　　　　풀(민중)
목청 어영차 □ : 음악적 효과
민중의 열망이 담긴 함성
천지에 뿌려라　　　　　　▶ 1연: 민중의 열망이 담긴 함성을 민중의 힘
　　　　　　　　　　　　　을 모아 뿌릴 것을 촉구

　　　　　　○: 새로운 세계의 시작

『이제 부는 바람들 / 전부 너희 숨소리 지나온 것
「』: 민중에게 깃든 희망을 환기함
이제 꾸는 꿈들 / 전부 너희 몸에 맺혀 있던 것』

『저 바다 집채 파도도
거대한 힘
너희 이파리 스쳐 왔다

너희 그림자 만지며 왔다』　▶ 2연: 민중에게 깃든 희망과 민중의 강인함
「』: 민중이 지닌 강인함을 환기함

일어서라 풀아 ┐
일어서라 풀아 ┘ 반복적 명령, 도치법

『이 세상 숨소리 빗물로 쏟아지면 / 빗물 마시고
「』: 현실의 시련을 감내하는 민중의 모습
흰 눈으로 펑펑 퍼부으면 / 가슴 한아름 / 쓰러지는 풀아』

영차 어영차 / 빛나라 너희

『죽은 듯 엎드려　「』: 존재(풀)의 재발견
연약한 모습　　　– 민중의 끈질긴 생명력
실눈 뜨고 있는 것들』　　▶ 3연: 민중의 끈질긴 생명력과 의지
험난한 현실 속에서도 죽지 않고 살아 있음

출제 포인트

• 시상 전개 방식 이해
• '풀'의 상징적 의미

필수 문제

01 화자 파악하기
• 화자: '드러나지 않음'(풀[너])
의 모습을 통해 민중의 강인하
고 끈질긴 힘을 노래하는 이)
• 상황: 풀에게 민중의 함성, 끈
질긴 (　　　), 의지를 촉구하
며 풀의 강인함을 환기함
• 정서·태도: 상징적, 역동적

02 이 시는 명령 어법을 통해
강인한 메시지를 전달하고,
(　　　)와 (　　　)을 통해 시상
을 전개하여 리듬감을 형성하고
있다.

03 이 시에서 '풀'과 연결하여
시어를 아래와 같이 이해한다고
할 때, 빈칸에 들어갈 내용을 쓰시
오.

구름송이	(　　　)
긁힌 얼굴	시련, 고통
부는 바람	새로운 기운
쓰러지는 풀	시련의 감내

핵심 정리

❤ 갈래: 자유시, 서정시　　❤ 성격: 상징적, 역동적
❤ 주제: 민중이 지닌 희망과 생명력의 환기
❤ 해제: 이 시는 '풀'의 모습을 통해 강인하고 끈질긴 민중의 힘을 노래하고 있다. 섬세하고 유약한 탓에 자주 상처 받
고 쓰러지지만 끝내 꺾이거나 패배하지 않고 엎드린 채 실눈을 뜨고 생생히 살아 있는 '풀'의 존재는 민중이 지닌 강
인한 생명력을 환기한다.
❤ 시의 특징과 표현
① 동일한 시어와 시구를 반복적으로 사용하여 주제를 강조함
② 자연물을 의인화하여 청자로 등장시킴

바람의 집 — °겨울 판화(版畵) 1 | 기형도

내 유년 시절 바람이 문풍지를 더듬던 동지의 밤이면 어머니는 내 머
　　　　　바람이 몹시 불던(의인법)
리를 당신 무릎에 뉘고 무딘 칼 끝으로 시퍼런 무를 깎아 주시곤 하였
　　　　　　　　　　　　　　　　겨울의 차가움을 무의 푸른빛을 통해 표현함
다.』어머니 무서워요 저 울음 소리, 어머니조차 무서워요. 애야, 그것은
▶ 1　　　　　　　바람 소리를 의미함
네 속에서 울리는 소리란다.』네가 크면 너는 이 겨울을 그리워하기 위
내면의 두려움　　　　　　▶ 2　　　　　　차갑고 냉혹한 금속성의 이미지
해 더 큰 소리로 울어야 한다. 자정 지나 앞마당에서 은빛 금속처럼 서
① 가혹한 현실을 견뎌 내야 함 ② 현재와 같은 가난한 삶을 살지 않기 바람
리가 깔릴 때까지 어머니는 마른 손으로 종잇장 같은 내 배를 자꾸만
　　　　　　　　　　유년 시절의 가난함　　　　　　　어머니의 애정
쓸어내렸다.』처마 밑 시래기 한 줌 부스러짐으로 천천히 등을 돌리던
▶ 3　점점 없어져 가는
바람의 한숨. 사위어 가는 호롱불 주위로 방안 가득 풀풀 수십 장 입김
　　　　　　　　바람이 잠잠해짐(의인법)
이 날리던 밤,『그 작은 소년과 어머니는 지금 어디서 무엇을 할까?』 ▶ 4
시간의 경과(밤이 깊어 감)　　　가난과 추위를 입김을 통해 시각적으로 형상화함
　　　　　　화자 자신　　　　　　　　　　　「 」: 어린 시절에 대한 그리움

- 겨울 판화(版畵): 어린 시절의 겨울 풍경을 판화처럼 시각적으로 그려 냈다는 의미임

출제 포인트
- 감각적 심상의 표현
- 시상 전개 방식 이해

필수 문제

01 화자 파악하기
- 화자: '나'(어린 시절을 추억하는 이)
- 상황: 춥고 가난했던 (　　　)을 추억하며 그리워함
- 정서·태도: 그리움, 쓸쓸함

02 유년 시절 겨울밤에 어머니가 깎아 주시던 (　　　)는 시각적 심상을 통해 가난함과 겨울의 차가움이 느껴지게 한다.

03 이 시에서 화자가 어린 시절을 회상하고 있음을 단적으로 드러내는 부분을 찾아 쓰시오.

시상의 전개

▶ 1: 어린 시절 추운 겨울밤에 무를 깎아 주시던 어머니 ➡ ▶ 2: '나'와 어머니의 대화 ➡

▶ 3: '나'의 배를 쓸어 주시던 어머니 ➡ ▶ 4: 춥고 가난했던 어린 시절의 밤을 그리워함

한눈에 보기

'나' ➡ 유년 시절 [회상]

시퍼런 무 / 바람 / 은빛 금속 / 가난함 / 호롱불 / 마른 손 / 내 배

핵심 정리

- 갈래: 산문시, 서정시　　　성격: 회상적, 애상적
- 주제: 가난했던 어린 시절에 대한 추억과 그리움
- 해제: 이 시는 가난했던 어린 시절의 쓸쓸한 모습과 이를 추억하는 화자의 그리움을 그려 내고 있다. 어린 시절의 가난했던 상황이 감각적 이미지를 통해 인상적으로 전달되고 있다.
- 시의 특징과 표현
  ① 대화의 방식을 도입해 장면을 생생하게 그려 냄
  ② 감각적 이미지와 섬세한 장면의 묘사를 통해 시의 인상을 극대화함

빈집 | 기형도

사랑을 잃고 나는 쓰네
　화자의 상황

　　□: 사랑할 때 접했던 모든 것들
잘 있거라, 짧았던 밤들아
　　　　　　화자가 사랑을 잃어버리기 전의 시간
창밖을 떠돌던 겨울 안개들아

아무것도 모르던 촛불들아, 잘 있거라

공포를 기다리던 흰 종이들아
　　　　　　　사랑을 고백하기 위한 수단
망설임을 대신하던 눈물들아
　　　　　　　　사랑을 고백하지 못하던 안타까움과 답답함
잘 있거라, 더 이상 내 것이 아닌 열망들아

장님처럼 나 이제 더듬거리며 문을 잠그네
사랑을 잃은 화자의 처지를 비유　　사랑을 위한 소통을 포기함
가엾은 내 사랑 빈집에 갇혔네
　　　　　　　　화자의 공허한 내면 형상화

▶ 1연: 사랑의 상실을 고백
　함

▶ 2연: 사랑할 때 접했던 모
　든 것들에게 이별을 고함

▶ 3연: 사랑을 잃은 공허함
　과 절망감

○ 이 시가 실린 《입 속의 검은 잎》

• '빈집' 의 상징적 의미
• 화자가 작별을 고하는 대상들의 의미

필수 문제

01 화자 파악하기
• 화자: '나' (이별한 이)
• 상황: 이별 후 (　　)에 빠짐
• 정서·태도: 상실감, 절망감

02 이 시에서 절망과 폐쇄의 공간을 의미하며, 화자의 공허한 내면을 상징적으로 보여 주고 있는 시어를 찾아 쓰시오.

03 [서술형] 이 시의 화자와 〈보기〉의 화자의 정서와 태도를 상징적 시어를 중심으로 비교 서술하시오.

〈보기〉
모닥불은 피어오른다
언 땅바닥에 신선한 충격을 주는
혹혹 입감을 하늘에 불어넣는
죽음도 그리하여 삶으로 돌이키는
삶을 희망으로 전진시키는
그날까지 끝까지 울음을 참아 내는
모닥불은 피어오른다
한 그루 향나무 같다
　　　　　　　– 안도현, 〈모닥불〉

알맹이 포착

'빈집' 의 의미

화자의 '사랑' 이 갇힌 곳으로, '문을 잠그네' 로 보아 폐쇄된 공간으로 볼 수 있다. 이는 사랑을 잃고 모든 열망을 상실한 화자의 공허한 내면과 절망을 상징한다고 볼 수 있다.

핵심 정리

▼ 갈래: 자유시, 서정시　　▼ 성격: 애상적, 비유적
▼ 주제: 사랑을 잃은 후의 공허함과 절망
▼ 해제: 이 시는 사랑을 잃은 화자의 공허함과 절망적인 내면을 '빈집' 으로 형상화하여 보여 주고 있다.
▼ 시의 특징과 표현
　① 상징적 소재를 통해 화자의 정서를 표현함
　② 대상의 열거를 통해 화자의 상실감을 강조함

안개 | 기형도

1

아침 저녁으로 샛강에 자욱이 안개가 낀다.
공장에서 뿜어져 나오는 매연
(두렵고 잔혹한 느낌을 줌) ▶ 1연: 강에 끼는 자욱한 안개

2

이 읍에 처음 와 본 사람은 누구나 / 거대한 안개의 강을 거쳐야 한다.
음과 외부의 경계
앞서 간 일행들이 천천히 지워질 때까지 / 쓸쓸한 가축들처럼 그들은

그 긴 방죽 위에 서 있어야 한다. / 문득 저 홀로 안개의 빈 구멍 속에
타인의 불행을 방관·외면·침묵하는 집단적
갇혀 있음을 느끼고 경악할 때까지.
무의식 상징   ▶ 2-1연: 읍에 처음 오는 사람
                              이 거쳐야 할 안개의 강

어떤 날은 두꺼운 공중의 종잇장 위에
생명력을 잃은 자연 ①
노랗고 딱딱한 태양이 걸릴 때까지
생명력을 잃은 자연 ②
안개의 군단(軍團)은 샛강에서 한 발자국도 이동하지 않는다.
의인법
출근길에 늦은 여공들은 깔깔거리며 지나가고

긴 어둠에서 풀려나는 검고 무뚝뚝한 나무들 사이로
                              생명력을 잃은 자연 ③
아이들은 느릿느릿 새어 나오는 것이다.

안개에 익숙하지 않은 사람들은 처음 얼마 동안

보행의 경계심을 늦추는 법이 없지만, 곧 남들처럼

안개 속을 이리저리 뚫고 다닌다. 습관이란

참으로 편리한 것이다. 쉽게 안개와 식구가 되고

멀리 송전탑이 희미한 동체를 드러낼 때까지

그들은 미친 듯이 흘러 다닌다.   ▶ 2-2연: 안개의 군단(軍團)과
                              사람들의 무감각한 습관

가끔씩 안개가 끼지 않는 날이면

방죽 위로 걸어가는 얼굴들은 모두 낯설다. 서로를 경계하며
                              인심마저 각박해짐
바쁘게 지나가고, 맑고 쓸쓸한 아침들은 그러나

아주 드물다. 이곳은 안개의 성역(聖域)이기 때문이다.
          산업화의 중심   ▶ 2-3연: 맑고 쓸쓸한 아침이
                              드문 안개의 성역(聖域)

날이 어두워지면「안개는 샛강 위에

한 겹씩 그의 빠른 옷을 벗어 놓는다.」순식간에 공기는
「」: 안개가 끼는 모습을 의인화하여 표현
희고 딱딱한 액체로 가득 찬다. 그 속으로

출제 포인트
• 시어의 상징적 의미
• 어조의 특성 이해

필수 문제

01 화자 파악하기
• 화자: '드러나지 않음'(산업화
의 폐해를 고발하는 이)
• 상황: (   )로 인해 자연이
파괴되고 인심이 각박해짐
• 정서·태도: 비판적, 고발적

02 이 시에서 (   )는 공장
의 매연으로, 산업화에 의한 환경
파괴를 형상화하고 있는 시어이다.

03 이 시는 부정적 현실을 강조
하기 위해 객관적이고 (   )
인 어조를 사용하고 있다.

식물들, 공장들이 빨려 들어가고

서너 걸음 앞선 한 사내의 반쪽이 안개에 잘린다.

▶ 2-4연: 저녁이면 읍을 감싸
는 안개

문제의식이 부재한 사회의 모습
몇 가지 사소한 사건도 있었다.
반어적 표현(사람들의 무관심에 대한 분노 강조)
한밤중에 여직공 하나가 겁탈당했다.
사소한 사건 ①
기숙사와 가까운 곳이었으나 그녀의 입이 막히자

그것으로 끝이었다. 지난 겨울엔

방죽 위에서 취객(醉客) 하나가 얼어 죽었다.
사소한 사건 ②
바로 곁을 지난 삼륜차는 그것이

쓰레기 더미인 줄 알았다고 했다. 그러나 그것은
사건의 비극성 강조
개인적인 불행일 뿐, 안개의 탓은 아니다.
반어적이고 담담한 어조로 현실의 부정적인 모습을 강조

▶ 2-5연: 읍에서 벌어진 사건
과 비정한 인심

안개가 걷히고 정오 가까이 / 공장의 검은 굴뚝들은 일제히 하늘을 향해

젖은 총신(銃身)을 겨눈다. 상처 입은 몇몇 사내들은
공장의 검은 굴뚝 비유(파괴적 이미지)
험악한 욕설을 해 대며 이 폐수의 고장을 떠나갔지만,
산업화에 의한 환경의 오염
재빨리 사람들의 기억에서 밀려났다. 그 누구도

다시 읍으로 돌아온 사람은 없었기 때문이다.

▶ 2-6연: 공장의 굴뚝에서 뿜
어져 나오는 매연과 읍을 떠
나는 사람들

3

아침 저녁으로 샛강에 자욱이 안개가 낀다. / 안개는 그 읍의 명물이다.
문제적 일상의 지속. 뒤틀린 일상   뒤틀린 일상이 정상으로 받아들여짐 → 안개가 걷힐 리 없음(반어법)
누구나 조금씩은 안개의 주식을 갖고 있다.
산업화의 폐해에 대한 책임 의식
『여공들의 얼굴은 희고 아름다우며
「 」: 창백한 여공들의 얼굴과 교육을 받지 못하는 아이들(반어법)
아이들은 무럭무럭 자라 모두들 공장으로 간다.』

▶ 3연: 창백한 여공의 얼굴과
공원(工員)이 되는 아이들

엄마 걱정 | 기형도

『열무 삼십 단을 이고
「 」: 화자의 어린 시절, 어머니의 고단했던 삶의 모습
시장에 간 우리 엄마』

안 오시네, 해는 시든 지 오래
　　　　　엄마의 고된 삶을 '해가 지고, 열무가 시든' 것으로 표현
나는 찬밥처럼 방에 담겨
　　　　　어린 시절 가난하고 외로웠던 화자의 모습
아무리 천천히 숙제를 해도

엄마 안 오시네, 배추 잎 같은 발소리 타박타박
　　　　　　　　삶에 지친 어머니의 모습을 청각적 이미지로 형상화
안 들리네, 어둡고 무서워

금 간 창틈으로 고요히 빗소리
　　　　　　　　　　화자의 외로움을 고조시키는 소재
빈방에 혼자 엎드려 훌쩍거리던
어머니를 기다리는 어린 화자의 불안한 마음

　　▶ 1연: 시장에 간 엄마를 기다리며
　　　　느꼈던 외로움과 두려움(과거)

아주 먼 옛날
화자가 과거의 기억을 떠올리고 있음을 나타냄
지금도 내 눈시울을 뜨겁게 하는

그 시절, 내 유년의 윗목
　　　　　　　가난하고 외로웠던 어린 시절을
　　　　　　　차가운 윗목처럼 느낌

　　▶ 2연: 서러웠던 어린 시절
　　　　에 대한 회상(현재)

출제 포인트

- 시에 나타난 화자의 정서
- '찬밥'과 '윗목'의 의미

필수 문제

01 화자 파악하기
- 화자: '나' (어린 시절을 회상하는 이)
- 상황: 엄마를 기다리던 어린 시절의 (　　　)을 회상함
- 정서·태도: 서러움

02 이 시에서 어머니의 고된 삶을 음성 상징어를 통해 감각적으로 형상화한 구절을 찾아 5어절로 쓰시오.

03 [기출] 이 시의 시어에 대한 반응으로 적절하지 않은 것은?
① '삼십 단'은 어머니의 삶의 무게가 부각되는 효과를 주는 것 같습니다.
② '천천히'는 애써 외로움을 의식하지 않으려는 화자의 심리를 잘 나타내는 것 같습니다.
③ '타박타박'은 힘겨운 삶에 지쳐 있는 엄마의 고단한 모습을 잘 드러내는 것 같습니다.
④ '고요히'는 '빗소리'에 위안을 받으면서 화자의 무서움이 완화되고 있는 상황을 잘 나타내는 것 같습니다.
⑤ '윗목'은 유년기에 느꼈던 화자의 서러움을 잘 담아 내고 있는 것 같습니다.

알맹이 포착

'찬밥'의 의미
차가운 방에서 혼자 떨며 어머니를 기다리던 어린 시절 화자의 모습을 지은 지 오래되어 식은 '찬밥'에 비유함으로써, 어린 시절의 가난과 외로움을 형상화하고 있다.

'내 유년의 윗목'의 의미
'윗목'은 온돌방에서 아궁이로부터 먼 쪽의 방바닥으로 불길이 잘 닿지 않아 아랫목보다 상대적으로 차가운 쪽이다. 화자는 차가운 '윗목'을 통해 서럽고 외로웠던 자신의 어린 시절을 드러내고 있다.

핵심 정리

▾ 갈래: 자유시, 서정시　　　▾ 성격: 회상적, 감각적
▾ 주제: 빈방에 홀로 남아 엄마를 기다리던 어린 시절의 외로움
▾ 해제: 이 시는 화자의 어린 시절, 고된 삶을 살아가던 어머니에 대한 그리움과 홀로 남아 빈방을 지키던 어린 시절 화자의 외로움을 노래하고 있다.
▾ 시의 특징과 표현
　① 문장의 변조를 통한 반복으로 리듬감을 형성함
　② 감각적 이미지를 사용하여 정서를 생생하게 표현함
　③ 각 행을 비종결 형태로 끝냄으로써 마지막 행을 수식함

현대시의 모든 것

입 속의 검은 잎 | 기형도

택시 운전사는 어두운 창밖으로 고개를 내밀며
_{암울하고 어두운 현실}
이따금 고함을 친다. 그때마다 새들이 날아간다
_{현실에 대한 거부, 반항의 표출}   _{자유와 희망이 사라진 현실}
이곳은 처음 지나는 벌판과 황혼
_{낯설고 황량한 현실에 대한 인식}
나는 한번도 만난 적 없는 그를 생각한다   ▶ 1연: 택시를 타고 처음 지나는
_{2연의 회상의 대상 제시}   곳에서 '그'를 생각함

그 일이 터졌을 때 나는 먼 지방에 있었다   ← 과거 회상의 시작
_{'그'의 죽음과 관련된 일   현실과 화자의 심리적 거리}
먼지의 방에서 책을 읽고 있었다
_{① '먼 지방'의 언어유희 ② 현실과 괴리된 공간 ③ 벌판과 대조}
문을 열면 벌판에는 안개가 자욱했다
_{전망이 부재하는 현실, 인간을 억압하고 개별화하여 고립시키는 부조리한 현실}
그해 여름 ┌땅바닥은 책과 검은 잎들을 질질 끌고 다녔다
_{'혀'의 죽음, 혀 = 잎(형태의 유사성), 그로테스크 이미지}
접힌 옷가지를 펼칠 때마다 흰 연기가 튀어나왔다┘
_{「 」: 거대한 폭력이 지행됨, 폭력에 의해 이성적 사고가 상실되어 가는 모습(활유법)}
침묵은 하인에게 어울린다고 그는 썼다
_{부조리한 현실에 항거하지 못하는 나약한 소시민, 화자 자신(자기 비판)}
나는 그의 얼굴을 한번 본 적이 있다

신문에서였는데 고개를 조금 숙이고 있었다
_{그의 죽음이 사회적 차원의 문제임}
그리고 그 일이 터졌다, 얼마 후 그가 죽었다   ▶ 2연: 그해 여름 '그'가 죽고
                                            '그 일'이 터짐

그의 장례식은 거센 비바람으로 온통 번들거렸다
_{그의 죽음이 불러일으킨 사회적 파장과 관심의 집중}
죽은 그를 실은 차는 참을 수 없이 느릿느릿 나아갔다
_{죽음의 원통함 형상화, 그의 죽음에 대한 기억의 지속}
사람들은 장례식 행렬에 악착같이 매달렸고

┌백색의 차량 가득 검은 잎들은 나부꼈다┘   「 」: 망자의 억울한 죽음과 전해지지
_{영구차, 망자의 순결함}   않은 많은 이야기가 번짐
나의 혀는 천천히 굳어갔다 그의 어린 아들은
_{두려움으로 인한 침묵의 선택 ≒ '놀란 자의 침묵'}
잎들의 포위를 견디다 못해 울음을 터뜨렸다
_{미래의 희망 상실, 비관적인 현실 인식의 태도}
그해 여름 많은 사람들이 무더기로 없어졌고
_{억압으로 인한 실종과 사망의 반복}
놀란 자의 침묵 앞에 불쑥불쑥 나타났다
_{현실을 외면한 자들의 부끄러움(죄의식과 현실 참여에 대한 압박감)}
망자의 혀가 거리에 흘러넘쳤다   ← 2연에서 시작된 과거 회상이 끝남
_{죽은 이들이 하고 싶었던 말 = 검은 잎}
┌택시 운전사는 이따금 뒤를 돌아다본다
_{「 」: 상호 불신의 모습, 안개(전망 부재의 현실)에서 고립화된 인간들}
나는 저 운전사를 믿지 못한다┘ 공포에 질려

나는 더듬거린다, 그는 죽은 사람이다

그 때문에 얼마나 많은 장례식들이 숨죽여야 했던가
_{공포와 현실 외면의 태도   그의 장례식과 유사한 장례식}
그렇다면 그는 누구인가, 내가 가는 곳은 어디인가
_{진실을 전할 책무를 상기함('먼 지방 → 가까운 지방')}
나는 더 이상 대답하지 않으면 안 된다, 어디서
_{진실을 말해야 한다는 당위성으로 인한 자책감(책임감)}

출제 포인트

- 시어의 상징적 의미
- 시상 전개 방식 이해

필수 문제

01 화자 파악하기

- **화자**: '나' (그해 여름 그의 죽음을 회상하는 이)
- **상황**: 처음 지나는 곳에서 '그 해 여름' (   )을 회상하며 억압적 현실에 저항하지 못하는 자신의 모습에 괴로워하면서도 현실에 공포감을 느낌
- **정서·태도**: 공포감, 자책

02 이 시에서 과거의 일에 대한 회상이 끝나고 현재의 시간으로 전환되는 부분의 시행을 찾아 쓰시오.

03 과거 그해 여름에 '먼 지방'에 있던 화자는 그의 죽음과 관련된 일에 대한 회상을 마친 후 '(   )'으로 가야 한다고 말한다. 이는 현실의 문제를 더 이상 외면하지 않겠다는 화자의 의지로 이해할 수 있다.

그 일이 터질지 아무도 모른다, 어디든지
그의 죽음을 부른 사건의 재발
가까운 지방으로 나는 가야 하는 것이다
부정적 현실을 비껴서지 않을 곳, 보고자(증언자)의 입장 명시, 주동자(X)
이곳은 처음 지나는 벌판과 황혼,

내 입 속에 악착같이 매달린 검은 잎이 나는 두렵다
굴복과 타협의 징후, 존재의 억압에서 탈출하지 못하는 시대적 아픔

1연 3, 4행의 변형된
통사 구조 반복

▶ 3연: 그의 억울한 죽음과 부정
적 현실의 여전함에 대한 괴로
움

1980년대

현대시의 모든 것

알맹이 포착

'그해 여름 ~ 거리에 흘러넘쳤다'의 의미 이해

많은 사람들이 희생된 '그해 여름'에 대한 묘사이다. 그해 여름 '그의 죽음' 뿐만 아니라 많은 사람들이 투쟁의 과정에서 희생되었으며, 폭압적인 현실에 침묵하지 않고 항거해야 한다는 투쟁의 메시지가 널리 퍼졌음을 나타내고 있다. 특히 '놀란 자의 침묵 앞에 불쑥불쑥 나타났다'는 침묵하는 자들의 죄책감과 내면의 갈등을 형상화한 표현이다.

한눈에 보기

```
   현재      →     과거     →     현재
    |              |              |
이곳(처음       먼 지방에 있음    가까운 지방으로
지나는 벌판)                     가야 함
    |
  그의 죽음
```

핵심 정리

- 갈래: 자유시, 서정시　　　　· 성격: 상징적
- 주제: 독재에 항거한 희생자들에 대한 비애와 자책
- 해제: 이 시는 암울한 시대에 투쟁하다가 희생된 이들에 대한 화자의 죄책감과 자책의 심정을 드러내고 있다. 시대 현실에 저항하지 못하고 침묵했던 자신에 대해 죄책감을 느끼는 화자의 모습을 통해 불운한 시대를 살아온 우리의 어두운 자화상을 엿볼 수 있다. 이 시에 나타난 '그의 죽음'을 독재 정권에 대항하다가 1987년 6월 항쟁 중 사망한 이한열 열사의 희생으로 보는 해석이 주도적이다.
- 시의 특징과 표현
  ① 현재의 모습과 과거의 사건에 대한 회상이 겹쳐 있음
  ② 상황의 묘사를 통해 어둡고 고통스러운 시대의 분위기를 드러냄

질투는 나의 힘 │ 기형도

아주 오랜 세월이 흐른 뒤에
인생을 돌아볼 만한 나이
힘없는 책갈피는 이 종이를 떨어뜨리리
젊은 날의 방황에 대해 고백한 글
그때 내 마음은 너무나 많은 공장을 세웠으니
젊은 시절(현재)   여러 가지 갈등과 질투
어리석게도 그토록 기록할 것이 많았구나

□: 감탄형 어미 반복 – 미래의 시점에서 현재를
돌아보며 반성하는 모습을 효과적으로 드러냄

구름 밑을 천천히 쏘다니는 개처럼
젊은 시절 방황하는 화자의 모습 비유
지칠 줄 모르고 공중에서 머뭇거렸구나
소모적이고 의미 없는 일에만 몰두해 온 모습
나 가진 것 탄식밖에 없어
후회
저녁 거리마다 물끄러미 청춘을 세워 두고
살아온 날들을 신기하게 세어 보았으니
자신의 삶에 대한 반성
그 누구도 나를 두려워하지 않았으니
타인으로부터 인정받지 못함
내 희망의 내용은 질투뿐이었구나
자신의 삶이 타인에 대한 시기와 부러움뿐이었다는 인식
그리하여 나는 우선 여기에 짧은 글을 남겨 둔다

나의 생은 미친 듯이 사랑을 찾아 헤매었으나
타인으로부터의 인정
단 한 번도 스스로를 사랑하지 않았노라
스스로의 모습을 그대로 인정하고 사랑하지 못한 데에 대한 자조

▶ 1, 2행: 미래에 현재의 메모를 보게 될 '나'

▶ 3~6행: 방황과 번민으로 괴로웠던 청춘에 대한 회상

▶ 7~11행: 질투뿐이었던 청춘의 모습

▶ 12~14행: 스스로를 사랑하지 못했던 자신에 대한 자조

출제 포인트

- 시상 전개 방식의 특징
- 젊은 날의 자신의 삶에 대한 화자의 인식

필수 문제

01 화자 파악하기
- 화자: '나' (방황하는 젊은이)
- 상황: (   )에 자신의 모습을 돌아보게 될 것을 예상하며 현재의 자신에 대한 글을 남김
- 정서 · 태도: 반성, 자조

02 이 시의 화자는 자신의 젊은 날이 (   )뿐이었다고 고백하고 있다.

03 [서술형] 이 시에 나타난 시상 전개 방식의 특징에 대해 25자 내외로 서술하시오.

알맹이 포착

시상 전개 방식의 특징

이 시에서 화자는 아주 오랜 세월이 흐른 뒤의 시점을 가정하여 현재의 삶을 돌아보고 있다. 즉 현재를, 미래의 시점에서 회상하게 될 과거로 설정한 것이다. 이러한 시상 전개 방식은 현재의 삶에 대한 반성과 성찰을 보다 효과적으로 드러내는 데 기여하고 있다.

한눈에 보기

미래의 '나'	성찰	현재의 '나'
'아주 오랜 세월이 흐른 뒤에'	→	'내 희망의 내용은 질투뿐이었구나'

핵심 정리

- **갈래**: 자유시, 서정시   **성격**: 자조적, 성찰적
- **주제**: 젊은 날의 삶에 대한 반성적 성찰
- **해제**: 이 시는 방황과 번민으로 젊은 날을 살아가는 화자 자신의 삶에 대한 자조 섞인 성찰을 담아내고 있다. 화자는 먼 훗날 되돌아보게 될 자신의 삶을, 타인으로부터 인정받지 못하고 스스로도 자신을 사랑하지 않은 질투뿐인 삶이었다고 회고하고 있다.
- **시의 특징과 표현**
  ① 미래의 시점에서 현재의 자신을 돌아보는 방식으로 시상을 전개함
  ② 현재 자신의 삶에 대한 부정적 인식이 담겨 있음
  ③ 감탄형 어미를 사용하여 주제를 효과적으로 전달함

348 홀린 사람 | 기형도

사회자가 외쳤다
지배자('이분', '그분')를 찬양하는 선동가
『여기 일생 동안 이웃을 위해 산 분이 계시다
「 」: '그분'에 대한 사회자의 찬양 내용 ① – 이웃에 대한 깊은 공감
이웃의 슬픔은 이분의 슬픔이었고

이분의 슬픔은 이글거리는 빛이었다』

사회자는 하늘을 걸고 맹세했다

『이분은 자신을 위해 푸성귀 하나 심지 않았다
　　　　　　　사소한 것(대유법)
눈물 한 방울도 자신을 위해 흘리지 않았다』
「 」: '그분'에 대한 사회자의 찬양 내용 ② – 이타주의
사회자는 흐느꼈다

보라,『이분은 당신들을 위해 청춘을 버렸다

당신들을 위해 죽을 수도 있다』
「 」: '그분'에 대한 사회자의 찬양 내용 ③ – 이웃을 위한 자기희생
그분은 일어서서 흐느끼는 사회자를 제지했다
선동가를 이용해 대중을 속이는 지배자　　　자신의 이미지를 위한 가식적 행위 ①
군중들은 일제히 그분에게 박수를 쳤다　　　– 겸손한 이미지를 구축하려 함
선동가에게 기만당하는 우매한 대중들
사내들은 울먹였고 감동한 여인들은 실신했다

그때 누군가 그분에게 물었다, 당신은 신인가
　　　'그분'의 정체를 의심하는 깨어 있는 민중
그분은 목소리를 향해 고개를 돌렸다

당신은 유령인가, 목소리가 물었다

저 미치광이를 끌어내, 사회자가 소리쳤다

사내들은 달려갔고 분노한 여인들은 날뛰었다

그분은 성난 사회자를 제지했다
자신의 이미지를 위한 가식적 행위 ② – 비판을 받아들이는 겸허한 이미지를 구축하려 함
군중들은 일제히 그분에게 박수를 쳤다

사내들은 울먹였고 감동한 여인들은 실신했다

그분의 답변은 군중들의 아우성 때문에 들리지 않았다
비판 의식을 상실한 군중들의 우매함 때문에 독재자의 실체가 감추어짐

옆 주석

점층적 행위를 통해
군중을 선동하려 함

▶ 1~10행: '그분'을 찬양하
는 사회자

▶ 11~13행: 선동에 넘어간
군중들

▶ 14~16행: '그분'의 실체를
의심하는 '누군가'의 질문

▶ 17, 18행: '누군가'에 대한
사회자와 군중들의 분노

▶ 19~22행: '그분'의 제지
와 군중들의 감동

출제 포인트

- 등장하는 인물의 의미와 역할 –
  사회자, 그분, 군중, 누군가
- '그분'에 대한 '누군가'의 질문
  이 가지는 의미

필수 문제

01 화자 파악하기
- 화자: 지배자의 선동 과정을
  관찰하는 이
- 상황: 지배자의 선동과 그에
  넘어가는 우매한 (　　　)의
  모습을 비판적으로 바라봄
- 정서 · 태도: 비판적

02 이 시에서 지배자를 찬양하
고 군중을 선동하는 존재를 의미
하는 3음절의 시어를 찾아 쓰시오.

03 이 시에서 깨어 있는 민중,
또는 비판적 지식인의 모습을 의미
하는 3음절의 시어를 찾아 쓰시오.

핵심 정리

- ∨ 갈래: 자유시, 서정시　　∨ 성격: 비판적, 풍자적, 우화적
- ∨ 주제: 독재의 기만적 통치와 우매한 군중에 대한 비판
- ∨ 해설: 이 시는 교묘한 여론 조작을 통해 지배 체제를 공고히 하는 독재 권력과 이에 현혹되어 독재자에 동조하는 우
  매한 군중에 대한 비판 의식을 드러내고 있는 작품이다.
- ∨ 시의 특징과 표현
  ① 우화적 방식으로 현실의 모습을 풍자함
  ② 점층적 구성을 통해 선동의 정도가 강해지는 상황을 보여 줌

대장간의 유혹 | 김광규

교과서 EBS

『제 손으로 만들지 않고
「 」: 자신의 삶이 가치 없게 느껴지는 순간 ①
한꺼번에 싸게 사서 / 마구 쓰다가

망가지면 내다 버리는

플라스틱 물건처럼 느껴질 때』
쉽게 만들어지고 쉽게 버릴 수 있는 자본주의 상품 – 무가치한 삶 비유 ①
나는 당장 버스에서 뛰어내리고 싶다
무가치한 삶에 대한 거부 ①
현대 아파트가 들어서며
산업화의 산물
홍은동 사거리에서 사라진

털보네 대장간을 찾아가고 싶다
산업화로 인해 사라진 공간 – 가치 있는 것을 만들어 내던 곳. 새롭게 태어나는 통과 제의적 공간
풀무질로 이글거리는 불 속에
「 」: 무가치한 삶을 가치 있게 단련하는 과정을 비유적으로 보여 줌
시우쇠처럼 나를 달구고
무쇠를 불에 달구어 단단하게 만든 쇠붙이의 하나
모루 위에서 벼리고 / 숫돌에 갈아
불린 쇠를 올려놓고 두드릴 때 받침으로 쓰는 쇳덩이
시퍼런 무쇠 낫으로 바꾸고 싶다
날이 서 있는 생생한 삶 – 가치 있는 삶 비유 ①
땀 흘리며 두들겨 하나씩 만들어 낸
정성 들여 만들어 낸
꼬부랑 호미가 되어
가치 있는 삶 비유 ②
소나무 자루에서 송진을 흘리면서

대장간 벽에 걸리고 싶다
가치 있는 존재가 되고 싶은 소망
『지금까지 살아온 인생이
「 」: 자신의 삶이 가치 없게 느껴지는 순간 ②
온통 부끄러워지고 / 직지사 해우소
절에서 '변소'를 달리 이르는 말
아득한 나락으로 떨어져 내리는

똥덩이처럼 느껴질 때』
무가치한 삶 비유 ②
나는 가던 길을 멈추고 문득
무가치한 삶에 대한 거부 ②
어딘가 걸려 있고 싶다
가치 있는 존재가 되고 싶은 소망

▶ 1~6행: 플라스틱 물건처럼 무가치한 삶을 거부하고 싶음

▶ 7~9행: 털보네 대장간을 찾아가고 싶음

▶ 10~18행: 가치 있게 단련된 무쇠 낫과 호미가 되고 싶음

▶ 19~25행: 똥덩이처럼 무가치한 삶에서 벗어나 가치 있는 존재가 되고 싶음

출제 포인트

- '대장간'의 상징적 의미
- 대립적 이미지의 시어

필수 문제

01 화자 파악하기

- 화자: '나' (자신의 삶을 반성하는 이)
- 상황: 무가치한 삶을 거부하고, 대장간의 쇠붙이처럼 단련하여 (   ) 있는 존재가 되고자 함
- 정서·태도: 반성, 소망

02 이 시에서 화자의 무가치한 삶의 모습을 비유적으로 나타낸 시어 2가지를 찾아 쓰시오.

03 [기출] 이 시의 주제 의식과 연관 지어 제목에 담긴 의미를 바르게 파악한 것끼리 묶인 것은?

'대장간'	'유혹'
㉠ 인간의 일상 생활에 필요한 도구들을 만드는 공간	a. 보다 의미 있는 존재로 변화하고 싶은 갈망
㉡ 사물을 단련하여 가치 있는 물건으로 만드는 생산적 공간	b. 대상을 현혹하여 지배하고 싶은 욕망
	c. 자기 스스로의 매력에 도취되어 살고 싶은 희망

① ㉠ - a   ② ㉠ - c
③ ㉡ - a   ④ ㉡ - b
⑤ ㉡ - c

핵심 정리

▼ **갈래**: 자유시, 서정시   ▼ **성격**: 반성적, 비판적

▼ **주제**: 가치 있는 삶을 되찾고 싶은 마음

▼ **해설**: 이 시는 무가치하게 느껴지는 자신의 삶을 돌아보고, 고통의 과정을 거치며 스스로를 단련하여 진정한 삶을 살고 싶은 화자의 마음을 대립적 이미지를 통해 드러내고 있다.

▼ **시의 특징과 표현**
① 대립적 이미지의 시어들을 통해 주제를 강조함
② '-고 싶다'의 통사 구조를 반복하여 소망의 간절함을 드러냄

350 대추나무 | 김광규

『바위가 그럴 수 있을까』   □: 반복을 통해 운율감을 형성함

쇠나 플라스틱이 그럴 수 있을까』
「 」: 대상과의 비교를 통해 대추나무의 미덕을 부각시킴
수많은 손과 수많은 팔

모두 높다랗게 치켜든 채

『아무것도 가진 것 없이
「 」: 대추나무의 청빈한 모습
빈 마음 벌거벗은 몸으로』

『겨우내 하늘을 향하여
「 」: 대추나무의 인내하는 모습
꼼짝않고 서 있을 수 있을까』

나무가 아니라면 정말

무엇이 그럴 수 있을까   ▶ 1~10행: 겨우내 벌거벗은 몸으로 인내하며
                          서 있는 대추나무

겨울이 지쳐서 피해 간 뒤
겨울이 끝이 남(활유법)
『온 세상 새싹과 꽃망울들
「 」: 주변 상황에 휩쓸리지 않는 대추나무의 모습
다투어 울긋불긋 돋아날 때도

변함없이 그대로 서 있다가』

초여름 되어서야 갑자기 생각난 듯

윤나는 연록색 이파리들 돋아 내고   ◯: 대추나무가 만들어 낸 노력의 결실

벌보다 작은 꽃들 무수히 피워 내고

앙징스런 열매들 가을내 빨갛게 익혀서

『돌아가신 조상들 제사상에 올리고
「 」: 대추나무의 헌신적인 모습
늙어 병든 몸 낫게 할 수 있을까』

대추나무가 아니라면 정말
인고의 자세를 가지며 이타적 행위를 실천하는 대상
무엇이 그럴 수 있을까   ▶ 11~22행: 이파리를 돋아 내고 꽃을 피우고,
                          열매를 맺어 사람들에게 헌신하는 대추나무

출제 포인트

• 시어의 속성 이해
• 소재에 대한 화자의 태도

필수 문제

01 화자 파악하기
• 화자: '드러나지 않음'(대추나무를 관찰하는 이)
• 상황: 인내하고 주변 환경에 휩쓸리지 않으며 (   )하는 대추나무의 모습을 다른 사물과 견주어 봄
• 정서·태도: 예찬적

02 이 시에 나타난 대추나무의 속성을 아래와 같이 정리할 때 빈칸에 들어갈 내용은?

속성	표현
( )	겨우내 하늘을 향하여 / 꼼짝 않고 서 있을
변함없음	변함없이 그대로 서 있다가
헌신	돌아가신 조상들 제사상에 올리고 / 늙어 병든 몸 낫게

03 이 시에서 화자는 (   ), 쇠나 플라스틱과 대추나무의 비교를 통해 대추나무의 미덕을 부각시키고 있다.

핵심 정리

∨ 갈래: 자유시, 서정시   ∨ 성격: 예찬적
∨ 주제: 대추나무의 인내와 헌신의 태도 예찬
∨ 해제: 이 시는 대추나무의 모습을 통해 청빈하고 인내하며 헌신적인 삶의 자세를 찬양하고 있다. 화자는 대추나무의 미덕을 통해 우리가 가져야 할 바람직한 삶의 자세를 보여 주고 있다.
∨ 시의 특징과 표현
  ① 다른 대상과의 비교를 통해 대추나무의 미덕을 부각시킴
  ② '~ 수 있을까'의 반복을 통해 운율감을 형성하고 의미를 강조함

351 ˙도다리를 먹으며 | 김광규

일찍부터 우리는 믿어 왔다 ──── 도치법

『우리가 하느님과 비슷하거나
「 」: 인간의 오만
하느님이 우리를 닮았으리라고』   ▶ 1연: 인간들의 잘못된 믿음

말하고 싶은 입과 가리고 싶은 성기의
인간의 이기적 욕망
왼쪽과 오른쪽 또는 오른쪽과 왼쪽에

눈과 귀와 팔과 다리를 하나씩 나누어 가진

우리는 언제나 왼쪽과 오른쪽을 견주어
이분법적 사고
저울과 바퀴를 만들고 벽을 쌓았다   ▶ 2연: 이분법적 사고에 집착하는
다양성의 가치를 훼손하는 창조물과 행위   인간들

나누지 않고는 견딜 수 없어
세계를 분열시키는 본성
자유롭게 널려진 산과 들과 바다를

오른쪽과 왼쪽으로 나누고   ▶ 3연: 분열의 욕망에 집착하는
                                      인간들

우리의 몸과 똑같은 모양으로

인형과 훈장과 무기를 만들고
편향적 의식에 의해 만들어진 물리적 기제들
우리의 머리를 흉내내어

교회와 관청과 학교를 세웠다
편향적 의식에 의해 만들어진 정신적 기제들
『마침내는 소리와 빛과 별까지도
「 」: 인간이 직접 만지고 조작할 수 없는 것들까지 좌우로 분리함
왼쪽과 오른쪽으로 나누고』   ▶ 4연: 물리적·정신적 기제들을
                                      만들고 자연마저 이분법적으로
                                      나누는 인간들

『이제는 우리의 머리와 몸을 나누는 수밖에 없어』
「 」: 현대인의 자아 분열적인 삶
생선회를 안주 삼아 술을 마신다

우리의 모습이 너무나 낯설어
좌우 대칭의 인간
온몸을 푸들푸들 떨고 있는
                  편향적 사고방식의 횡포
도다리의 몸뚱이를 산 채로 뜯어 먹으며
          융화와 합일의 존재
『묘하게도 두 눈이 오른쪽에 몰려 붙었다고 웃지만』
「 」: 좌우로 나눌 수 없는 도다리의 모습에 대한 비웃음
                          ▶ 5연: 도다리에 대한 인간의 비
                              웃음

아직도 우리는 모르고 있다 ──── 도치법

오른쪽과 왼쪽 또는 왼쪽과 오른쪽으로

출제 포인트

• 소재의 상징적 의미
• 소재에 대한 화자의 인식

필수 문제

01 화자 파악하기
• 화자: '나' (우리 사회의 편 가
르기를 비판적으로 보는 이)
• 상황: 모든 것을 오른쪽과 왼
쪽으로 나누어 생각하려는 인
간의 모습에 (   )적 시선
을 던지며 합일과 조화의 세계
를 모색함
• 정서·태도: 비판적

02 이 시의 내용으로 보아 '도
다리가 도대체 무엇을 닮았는지'
에 대한 답은 '좌우로 결코 나눌
수 없는 (   )을 닮았다.'임
을 알 수 있다.

03 이 시에서 화자는 인간을 '나
누지 않고는 견딜 수 없어' 하는
존재로 표현하며 융화와 합일의 존
재로 상징되는 '(   )'의
몸뚱이를 뜯어 먹으며 횡포를 부린
다고 비판하고 있다.

결코 나눌 수 없는

도다리가 도대체 무엇을 닮았는지를  ▶ 6연: 하느님과 닮은 도다리의
　　　　　　　좌우로 나누지 않는 하느님　　　　　　　모습

■ 도다리: 가자밋과의 바닷물고기로 두 눈이 몸의 오른쪽에 몰려 있음

알맹이 포착

'도다리'에 대한 시인의 인식

이 시에서 '우리'는 '하느님이 우리를 닮았으리라고' 믿고 좌우가 대
칭인 우리의 모습처럼 세상을 좌우로 분리하고 자연마저 좌우로 분
리한다고 시인은 비판한다. 그러면서 '우리'는 도다리가 '눈이 오른
쪽으로 쏠려 붙었다'고 비웃지만, 좌우로 결코 나눌 수 없는 도다리
야말로 하느님을 닮은 존재일 것이라고 말하며 대칭적, 분열적 사고
에 매몰되어 있는 인간을 비판하고 있다.

한눈에 보기

핵심 정리

∨ 갈래: 자유시, 서정시　　　∨ 성격: 비판적, 풍자적
∨ 주제: 사회의 대립적 경향에 대한 풍자
∨ 해제: 이 시는 삶의 다양한 가치를 오른쪽과 왼쪽으로, 이분법적으로 바라보는 편향적 사고방식을 비판적으로 제시
　하고 있다. 이는 우리 사회의 진보와 보수, 사회주의와 자유주의의 대립에 대한 비판일 수 있다. 이러한 비판을 통해
　'도다리'처럼 나뉘어 있지 않은 합일과 조화의 세계를 모색하고 있다.
∨ 시의 특징과 표현
　① 인간과 '도다리'의 모습을 대비하여 인간에 대한 비판적 시선을 극대화함
　② 인간의 독선적 사고와 어리석음을 도치법으로 강조함
　③ 화자를 '우리'로 제시하여 인간의 이분법적, 분열적, 독선적 사고를 인간 모두의 문제로 일반화함

묘비명 | 김광규

수능 기출 EBS

『한 줄의 ⓢⒾ는커녕 ◯: 정신적 가치
「 」: 정신적 가치를 경시함
단 한 권의 ㉮ⓢ도 읽은 바 없이』

그는 한평생을 행복하게 살며
비판의 대상
많은 돈을 벌었고 △: 물질적 가치

높은 자리에 올라

이처럼 훌륭한 비석을 남겼다
반어적 표현
그리고 어느 유명한 문인이
물질적 가치와 권위에 종속되어 버린 존재
그를 기리는 묘비명을 여기에 썼다

비록 이 세상이 잿더미가 된다 해도

불의 뜨거움 꿋꿋이 견디며

이 묘비는 살아남아

귀중한 사료(史料)가 될 것이니
반어적 표현
『역사는 도대체 무엇을 기록하며

시인은 어디에 무덤을 남길 것이냐』
「 」: ① 정신적 가치를 경시하는 사회 비판 ② 시인과 같이
정신적 가치를 추구하는 사람들의 사명감과 책임 의식

▶ 1~6행: 물질적 가치가 정신적 가치를 압도하는 현실

▶ 7, 8행: 문인마저 물질적 가치에 종속되는 현실

▶ 9~14행: 정신적 가치가 경시되는 현실 비판

출제 포인트

- 화자가 비판하고자 하는 현실
- 시어의 상징적 의미
- 반어적 표현의 효과

필수 문제

01 화자 파악하기
- 화자: 묘비명을 관찰하는 이
- 상황: (   )적 가치가 정신적 가치를 압도하는 현실을 비판함
- 정서·태도: 비판적, 풍자적

02 이 시에서 '한 줄의 시'와 '한 권의 소설'이 의미하는 바를 쓰시오.

03 이 시에서 정신적 가치를 추구해야 하지만, 물질적 가치에 종속되어 버린 사람을 가리키는 시구를 찾아 3어절로 쓰시오.

04 화자의 태도로 볼 때, '훌륭한 비석'과 '귀중한 사료'에 사용된 표현법을 쓰시오.

한눈에 보기

시, 소설 ◀▶ 돈, 높은 자리
비석 (묘비명)

정신적 가치 ┄┄ 물질적 가치

핵심 정리

- ▽ 갈래: 자유시, 서정시   ▽ 성격: 비판적, 풍자적
- ▽ 주제: 정신적 가치가 경시되는 현실에 대한 비판
- ▽ 해제: 이 시는 물질 만능주의가 만연된 사회 속에서 정신적 가치가 외면되는 현상을 풍자적으로 제시하고 있다. 화자는 정신적 가치를 추구해야 할 사람들마저 물질적 가치와 권위에 종속되는 시대 현실을 비판하고 있다.
- ▽ 시의 특징과 표현
  ① 대비되는 시어를 사용하여 주제 의식을 드러냄
  ② 반어적 표현을 사용하여 대상을 풍자함

353 상행(上行) | 김광규

필수

가을 연기 자욱한 저녁 들판으로
_{계절적 배경}　　　_{시간적 배경}
상행 열차를 타고 평택을 지나갈 때 / 흔들리는 차창에서 너는
_{시적 공간}
문득 낯선 얼굴을 발견할지도 모른다.
_{현실에 대해 비판하려는 모습}
그것이 너의 모습이라고 생각지 말아 다오.
　　　　　　　　　　_{현실을 비판하려 하지 말래(반어적 표현)}
오징어를 씹으며 화투판을 벌이는
_{현실에 대해 무비판적이고 안일하게 살아가는 소시민적 모습}
낯익은 얼굴들이 네 곁에 있지 않느냐.
_{현실에 순응하며 살아가는 사람들의 모습}
황혼 속에 고함치는 원색의 지붕들과 ┐
　　　　　　　　　　　　_{겉모습만 근대화된 사회 현실}
잠자리처럼 파들거리는 TV 안테나들 ┘

흥미 있는 주간지를 보며 / 고개를 끄덕여 다오. ▶ 1~11행: 현실에 순응하는
_{현실 문제를 외면하는 이야기들}　_{소시민적 삶의 모습(반어적 표현)}　소시민적 삶에 대한 비판
농약으로 질식한 풀벌레의 울음 같은
_{근대화의 미명 아래 사라져 버린 것들}
심밀히 방송이 잠든 뒤의 전파 소리 같은
_{은밀히 전해지는 현실에 대한 비판의 소리}
듣기 힘든 소리에 귀 기울이지 말아 다오.
　　　　_{언론이 통제되고 있는 현실(반어적 표현)}
확성기마다 울려 나오는 힘찬 노래와 ┐ _{근대화로 인해}
　　　　　　　　　　　　　　　│ _{그럴듯하게 포}
고속도로를 달려가는 자동차 소리는 얼마나 경쾌하냐. ┘_{장된 모습}

예부터 인생은 여행에 비유되었으니 _{전시 행정적인 근대화에 대한 비판(반어적 표현)}

맥주나 콜라를 마시며 / 즐거운 여행을 해 다오.
_{삶에 대한 진지함 없이}
되도록 생각을 하지 말아 다오.
　　　_{현실에 대해 문제의식을 갖지 말래(반어적 표현)}　▶ 12~20행: 현실에 대해 문제의
놀라울 때는 다만 / '아!' 라고 말해 다오.　　　식을 갖지 않는 삶에 대한 비판

보다 긴 말을 하고 싶으면 침묵해 다오.
_{부정적인 현실에 대한 비판의 말}　　_{언론이 통제되고 있는 현실(반어적 표현)}
침묵이 어색할 때는 / 오랫동안 가문 날씨에 관하여
　　　　　　　_{형식적으로 주고받을 수 있는 이야기}
아르헨티나의 축구 경기에 관하여
_{시대 상황과 전혀 관계없는 이야기}
성장하는 GNP와 증권 시세에 관하여 / 이야기해 다오.
_{세속적인 관심사들}
너를 위하여 / 그리고 나를 위하여. ▶ 21~30행: 부정적인 현실에
_{반어적 표현으로 주제 강조}　　　　침묵하는 삶에 대한 비판

출제 포인트

• 시에서 비판하고 있는 현실
• 반어적 표현에 담긴 의미와 효과

필수 문제

01 화자 파악하기
• 화자: 기차를 타고 서울로 올
　라가는 이
• 상황: (　　　) 밖을 쳐다보며
　시대와 현실에 대해 생각함
• 정서 · 태도: 비판적

02 〈보기〉의 (　　) 안에 들어갈
알맞은 말을 쓰시오.
　　　　　　　　〈보기〉
　이 시에서 화자가 비판의 대
상으로 삼고 있는 것은 왜곡된
(　　　)의 모습과 (　　　)
이/가 통제되고 있는 현실, 그
리고 (　　　)적 삶을 살아
가고 있는 사람들이다.

03 이 시와 〈보기〉에 주로 사용
된 공통적인 표현법을 쓰시오.
　　　　　　　　〈보기〉
나 보기가 역겨워
가실 때에는
죽어도 아니 눈물 흘리우리다
　　　　– 김소월, 〈진달래꽃〉

핵심 정리

▼ **갈래**: 자유시, 서정시　　▼ **성격**: 비판적, 반어적
▼ **주제**: 왜곡된 근대화의 현실과 소시민적 삶에 대한 비판
▼ **해제**: 이 시는 상행선 안에서 차창 밖으로 보이는 풍경을 통해 1970년대의 왜곡된 근대화와 언론 통제의 상황, 소시
　민적 삶의 모습을 반어적으로 비판하고 있다.
▼ **시의 특징과 표현**
　반어적 표현과 상징적 소재를 통해 근대화의 현실을 비판함

희미한 옛사랑의 그림자 | 김광규

4·19가 나던 해 세밑*

우리는 오후 다섯 시에 만나

반갑게 악수를 나누고

「불도 없이 차가운 방에 앉아
「 」: 젊은 날의 순수한 열정. 현재의 소시민적인 화자와 대조되는 모습

하얀 입김 뿜으며

열띤 토론을 벌였다」

어리석게도 우리는 무엇인가를
순수한 가치. 현실적 이익에 집착하지 않고 민족과 나라를 걱정하는 모습

정치와는 전혀 관계없는 무엇인가를
거짓과 위선, 공명심과 이기심의 의미 내포

위해서 살리라 믿었던 것이다

결론 없는 모임을 끝낸 밤
세상을 변혁하려는 열띤 토론, 순수한 열정으로 이상적인 주제들을 논의하던 자리

혜화동 로터리에서 대포*를 마시며
가난하고 소박했던 시절

사랑과 아르바이트와 병역 문제 때문에

우리는 때 묻지 않은 고민을 했고
젊은 시절의 때 묻지 않은 고민

「아무도 귀 기울이지 않는 노래를
순수

누구도 흉내 낼 수 없는 노래를

저마다 목청껏 불렀다」
「 」: 순수하고 열정적인 젊은 시절의 모습

돈을 받지 않고 부르는 노래는

겨울밤 하늘로 올라가

별똥별이 되어 떨어졌다
과거↑ 젊은 날의 순수와 열정 – 곧 사라지게 될 것을 암시

현재↓ 그로부터 18년 오랜만에

우리는 모두 무엇인가 되어
젊은 날의 순수와 열정을 잃어버린 기성세대, 소시민

혁명이 두려운 기성세대가 되어

넥타이를 매고 다시 모였다
현실에 얽매어 살아가는 모습

「회비를 만 원씩 걷고
「 」: 현실에 순응하며 사는 전형적인 소시민의 모습

처자식들의 안부를 나누고

월급이 얼마인가 서로 물었다

치솟는 물가를 걱정하며

즐겁게 세상을 개탄하고
진지하지 않게, 남의 이야기하듯, 건성으로

익숙하게 목소리를 낮추어
소시민적인 삶에 길들여진 상태 – 당시의 억압적인 분위기를 알 수 있음

떠도는 이야기를 주고받았다」
당시의 정치 상황에 대한 소문들

출제 포인트

- 과거와 현재의 대비를 통한 시상 전개
- 시에 나타난 화자의 정서와 태도

필수 문제

01 화자 파악하기
- 화자: 기성세대, 소시민
- 상황: 동창회에서 옛 친구들을 만나 4·19 당시의 젊은 시절을 (   )함
- 정서·태도: 그리움, 부끄러움

02 이 시에서 젊은 날의 순수한 이상과 열정을 상징적으로 드러내는 시어 2가지를 찾아 쓰시오.

03 이 시에서 화자가 현재의 삶을 반성하는 계기가 되는 소재를 찾아 2어절로 쓰시오.

04 이 시에서 과거와 대비되는 현재 화자의 모습을 20자 이내로 간단히 쓰시오.

▶ 1~19행: 18년 전(4·19가 나던 해) 연말의 순수했던 젊은 시절을 회상함

모두가 살기 위해 살고 있었다
각자의 꿈과 열정을 잃어버린 채 현실적인 삶을 살고 있음
아무도 이젠 노래를 부르지 않았다
순수와 열정을 잃어버림
적잖은 술과 비싼 안주를 남긴 채
젊은 시절 대포를 마시던 것과 대비됨
우리는 달라진 전화번호를 적고 헤어졌다

몇이서는 포우커를 하러 갔고
─┬─ 향락적인 삶
몇이서는 춤을 추러 갔고

몇이서는 허전하게 동숭동 길을 걸었다   ▶ 20~37행: 중년이 되어 소시민으
젊은 시절의 순수와 열정이 서려 있는 곳   로 살아가는 친구들을 다시 만남
돌돌 말은 달력을 소중하게 옆에 끼고
흐르는 시간에 순응하며 사는 모습
오랜 방황 끝에 되돌아온 곳

우리의 옛사랑이 피 흘린 곳에
젊은 날의 순수와 열정
낯선 건물들 수상하게 들어섰고
순수했던 모습이 사라짐
플라타너스 가로수들은 여전히 제자리에 서서
시간의 흐름에도 변하지 않는 존재 → 현재의 삶을 반성하는 계기가 됨
아직도 남아 있는 몇 개의 마른 잎 흔들며
우리들의 내면 깊숙한 곳에 자리한 부끄러움과 죄책감을 일깨우는 존재
우리의 고개를 떨구게 했다
안일한 소시민적 삶에 대한 부끄러움
부끄럽지 않은가
부끄럽지 않은가

→ 바람의 속삭임 귓전으로 흘리며
외면하며
우리는 짐짓 중년의 건강을 이야기했고

또 한 발짝 깊숙이 숲으로 발을 옮겼다   ▶ 38~49행: 타락하고 무기력해진 중
헤어나기 어려운 소시민적 삶,   년의 모습에 대한 부끄러움과 서글픔
일상적이고 타협적인 삶의 굴레

▪ 세밑: 한 해가 끝날 무렵. 설을 앞둔 섣달그믐께를 이름
▪ 대포: 술을 별 안주 없이 큰 그릇에 따라 마시는 일

핵심 정리

▼ 갈래: 자유시, 서정시   ▼ 성격: 회상적, 성찰적
▼ 주제: 순수했던 젊은 시절에 대한 회상과 소시민으로 살아가는 삶에 대한 부끄러움과 서글픔
▼ 해제: 이 시는 4·19 당시에 젊은이였던 세대들이 중년이 되어 소시민적인 삶을 살아가는 모습을 그린 작품으로, 다
    시 돌아갈 수 없는 젊은 날의 순수한 열정과 추억에 대한 아련한 그리움과 소시민적 삶에 대한 부끄러움을 노래하고
    있다.
▼ 시의 특징과 표현
    ① 과거의 모습과 현재의 모습을 대비하여 표현함
    ② 평범한 일상어를 사용하여 현실성이 느껴짐

검차원 | 김명수

칠흑같이 어두운 밤 / 화차들이 정거한 역구내 선로 사이로

늙은 검차원 하나 / 침착하게 날카로운 망치를 들고 차바퀴를 두드리
<u>소명 의식을 지닌 이</u>   경험이 풍부함.   □: 검차원의 소명 의식을 보여 주는 소재
며 지나간다   숙련된 솜씨
                                        ▶ 1연: 화차를 점검하는 늙은 검차원

디젤 엔진의 고동은 꿈처럼 울리고
                밤의 고요함을 더욱 강조함
검게 빛나는 석탄차의 석탄은 / 밤중의 고요를 지켜보는데
                활유법   ▶ 2연: 밤중의 고요함

반짝거리는 것은 다만 / 그 사람의 ▪간데라 불빛 하나
                검차원   ▶ 3연: 검차원의 소명 의식

▪유개차(有蓋車) 속에 숨죽인 쥐 한 마리

홀로 눈 떠 인기척을 넘보고   「 」: 화차가 안전하게 목적지까지 도달하게 해 주는
                                         행위이면서 사물의 본성을 일깨우는 행위
「차가운 금속성의 망치 소리가 / 탱— 하고 차륜을 울려」
검차원의 냉철하고 사심 없는 의식을 반영함   사물의 본성을 일깨우는 소리
대륙을 횡단하는 긴 철로로 멀어져 갈 때   ▶ 4연: 소명 의식의 반향과
소명 의식의 반향   전파

천 길 땅 속에 잠자던 쇠붙이의 원음을 / 칠흑같이 어두운 밤
사물의 본성, 인간 존재의 의미, 진리
늙은 검차원 하나 / 낡아 빠진 ▪수차보(修車譜)에 적어 넣는다
                형식적으로 무가치해 보이지만   ▶ 5연: 소중한 진리의 기록
                소중한 진리를 담은 것

- ▪ 검차원: 차량의 고장이나 정비 상태를 검사하는 일을 맡아보는 사람
- ▪ 간데라: 금속이나 도기로 만든 주전자 모양의 호롱에 석유를 채워 켜 들고 다니는 등을 의미하는 칸델라(kandelaar)의 일본식 표현. '촉', '촉광'으로 순화
- ▪ 유개차(有蓋車): 비, 이슬, 눈, 서리 따위를 가릴 수 있도록 지붕을 해 덮은 차량
- ▪ 수차보(修車譜): 차량을 수리 또는 점검한 내역을 체계적으로 기록한 것

출제 포인트

- 감각적 심상의 이해
- 소재의 상징적 의미

필수 문제

01 화자 파악하기
- 화자: '드러나지 않음' (검차원의 행위를 지켜보는 이)
- 상황: 칠흑같이 어두운 밤에 (   )이 차륜을 점검함
- 정서·태도: 사색적, 객관적

02 1연에서 '(   )' 은 '간데라 불빛'과 시각적으로 대조가 되는 심상으로 시상을 환기하는 역할을 하고 있다.

03 이 시에서 '검차원'의 소명 의식을 드러내는 소재를 아래와 같이 정리할 때 빈칸에 들어갈 내용은?

1연	( )
3연	간데라 불빛
4연	망치 소리
5연	낡아 빠진 수차보

핵심 정리

- ▼ 갈래: 자유시, 서정시   ▼ 성격: 주지적, 감각적
- ▼ 주제: 검차원의 소명 의식과 사물의 본성에 대한 인식
- ▼ 해제: 이 시는 날카로운 망치로 차바퀴를 두드리며 화차를 점검하는 검차원의 행위를 통해 검차원의 소명 의식과 사물의 본성에 대한 인식을 담담하게 보여 주고 있다.
- ▼ 시의 특징과 표현
  - ① 절제되고 객관적인 묘사를 통해 주제를 드러냄
  - ② 시각적 이미지와 청각적 이미지의 조화를 꾀함

356 하급반 교과서 | 김명수

필수

아이들이 큰 소리로 책을 읽는다
<u>민중</u>　　　　<u>망설임이나 거리낌이 없는 태도</u>
나는 물끄러미 그 소리를 듣고 있다

한 아이가 소리 내어 책을 읽으면
<u>무리를 이끄는 아이</u>
딴 아이도 따라서 책을 읽는다

청아한 목소리로 꾸밈없는 목소리로
<u>① 순진무구한 목소리 ② 무지하고 무비판적인 목소리</u>
"아니다 아니다!" 하고 읽으니
<u>부정</u>
"아니다 아니다!" 따라서 읽는다
　　　　　　<u>맹목적 추종</u>
"그렇다 그렇다!" 하고 읽으니
<u>긍정</u>
"그렇다 그렇다!" 따라서 읽는다
　　　　　　<u>맹목적 추종</u>
외우기도 좋아라 하급반 교과서
<u>반어적 표현</u>　　<u>비판성이 결여되고 획일화된, 무지한 민중들의 행동</u>
활자도 커다랗고 읽기에도 좋아라
　　　　　　　<u>반어적 표현</u>
목소리 하나도 흐트러지지 않고
한 아이가 읽는 대로 따라 읽는다

▶ 1연: 하급반 교과서를 획일적으로 따라 읽는 아이들

이 봄날 쓸쓸한 우리의 책 읽기여
　　　<u>획일적 · 맹목적인 민중에 대한 화자의 쓸쓸함</u>
우리나라 아이들의 목청이여

▶ 2연: 아이들의 맹목적인 책 읽기에 대한 안타까움

출제 포인트

- '하급반 교과서'의 의미
- 시에서 비판하고 있는 현실
- 반어적 표현의 효과

필수 문제

01 화자 파악하기
- 화자: '나'(하급반 아이들을 바라보는 이)
- 상황: 아이들이 (　　　)으로 책을 따라 읽는 소리를 들음
- 정서 · 태도: 안타까움, 풍자적

02 이 시에서 시인이 고발하고 있는 사회의 모습이 어떠한 것인지 15자 내외로 쓰시오.

03 이 시에서 '아이들의 행동'에 대한 화자의 정서를 파악할 수 있는 3음절의 시어를 찾아 쓰시오.

알맹이 포착

'하급반 교과서'의 의미

'하급반 교과서'는 '하급반 아이들'(무지한 민중들)이 무비판적으로 따라 읽는(따라 하는) 대상으로, 화자는 이에 대해 부정적인 시선을 보내고 있다. 시의 마지막 부분에 드러난 '쓸쓸한'이라는 표현으로 볼 때 '외우기도 좋아라', '읽기에도 좋아라'는 반어적 표현임을 알 수 있다.

핵심 정리

▼ **갈래:** 자유시, 서정시　　　▼ **성격:** 반어적, 비판적
▼ **주제:** 획일화된 삶에 대한 풍자
▼ **해제:** 이 시는 하급반 교과서를 아무 생각 없이 따라 읽는 아이들의 모습을 통해, 비판 의식을 상실하고 획일화된 삶을 맹목적으로 추종하는 민중들의 모습을 풍자하고 있다.
▼ **시의 특징과 표현**
　① 사회의 부정적 모습을 밝고 명랑한 어조를 통해 드러냄으로써 풍자성을 강화함
　② 반어적 기법으로 비판적 시각을 드러냄

1980년대

현대시의 모든 것

고층 빌딩 유리창닦이의 편지 | 김혜순

『저녁엔 해가 뜨고
「 」: 자연의 질서와 대립하는 도시의 삶의 방식 – 역설적 표현
아침엔 해가 집니다.』

『해가 지는 아침에
유리창을 닦으러 올라가기 때문에 해가 지는 것처럼 느껴짐
유리산을 오르며
고층 빌딩의 유리창
나는 바라봅니다.

깊고 깊은 산 아래 계곡에

햇살이 퍼지는 광경을.

해가 뜨는 저녁엔
유리창을 닦으며 내려오기 때문에 해가 뜨는 것처럼 느껴짐
유리산을 내려오며

나는 또 바라봅니다.
　　　　행위의 반복
깊고 깊은 저 아래 계곡에

해가 지고 석양에 물든

소녀가 붉은 얼굴을

쳐드는 것을.』
「 」: 고층 빌딩에서 내려다보는 세상
　 – 화자와 세상 사이의 단절을 드러냄

▶ 1~3연: 고층 빌딩에서 유리창을
닦으며 세상을 내려다봄

이윽고 두 개의 밤이 오면
　　　　빌딩 안(세상)과 빌딩 밖(유리창닦이)의 밤
나는 한 마리 풍뎅이가 됩니다.
　　　타인과의 소통을 갈망하는 화자 자신 비유
그리곤 당신들의 유리 창문에 달라붙었다가
빌딩 안(세상)의 사람들　　단절, 분리 상징
『그 창문을 열고
「 」: 소통을 위한 화자의 노력
들어가려 합니다.』

『창문을 열면 창문, 다시 열면
「 」: 반복을 통해 소통의 불가능성을 강조
창문, 창문, 창문……

창문』

밤새도록 창문을 여닫지만

창문만 있고 방 한 칸 없는 사람들이
단절, 분리 상징 ↔ 소통, 관계 상징
산 아래 계곡엔 가득 잠들어 있습니다.
소통이 불가능한 상황

▶ 4연: 빌딩 안으로 들어가려 하지
만 들어갈 수 없음

필수 문제

01 화자 파악하기
• 화자: '나' (고층 빌딩의 유리
창을 닦는 이)
• 상황: 고층 빌딩의 (　　)을
닦으면서 타인과의 넘을 수 없
는 벽을 절감함
• 정서 · 태도: 좌절, 갈망

02 이 시에서 화자와 사람들 사
이의 단절을 상징하는 시어를 찾
아 2음절로 쓰시오.

03 이 시에서 소통을 갈망하는
초라한 화자의 모습을 비유적으로
표현한 시어를 찾아 쓰시오.

04 [기출] 이 시에 대한 설명으
로 적절하지 <u>않은</u> 것은?
① 반복적 행위를 통해 화자의
태도를 드러내고 있다.
② 시각적 이미지를 통해 화자의
정서를 드러내고 있다.
③ 화자를 직접적으로 드러내면
서 시상을 전개하고 있다.
④ 예찬적인 어조를 통하여 화자
의 내면을 드러내고 있다.
⑤ 역설적 표현을 통해 현재 상
황에 대한 인식을 드러내고
있다.

『밤새도록 닦아도 닦이지 않는 창문,
└ ┘: 단절의 심화. 단절된 인간관계의 견고함
두드려도 열리지 않는

창문, 두드리면 두드릴수록 두꺼워지는

큰골의 잠,』나는 늘 창문을 닦으며 삽니다.
대뇌
저녁엔 해가 뜨고

아침엔 해가 지는 곳,

그 높은 곳에서 나는 당신들의 창문을 닦으며 삽니다.

타인과의 소통을 이루지 못한 채 반복된 일상을   ▶ 5연: 세상과 단절된 공간에서 열
살아가는 도시인의 삶   리지 않는 유리창을 닦는 화자

알맹이 포착

이 시에 반영된 현실

이 시는 고층 빌딩의 유리창을 닦는 '나'와 창 안의 사람인 '당신들'
의 모습을 통해 인간 소외의 현실을 그리고 있다. 이 시에서 '풍뎅
이'가 된 화자는 '창문'을 열고 '당신들'과 소통하려고 노력하지만,
닦아도 닦이지 않고 두드려도 열리지 않는 창문 앞에서 좌절한다. 이
는 물질적으로는 풍요롭지만 사람들 간의 진실한 소통은 이루어지지
않아 단절되고 소외된 도시인의 모습을 대변하고 있다.

핵심 정리

∨ 갈래: 자유시, 서정시   ∨ 성격: 상징적, 비판적
∨ 주제: 타인과의 소통에 대한 갈망
∨ 해제: 이 시는 세상과 단절되어 타인과 소통하지 못하는 화자를 '고층 빌딩 유리창닦이'로 설정하여 소통에 대한 갈
   망을 노래하고 있다. '두드려도 열리지 않는 창문'과 '두드릴수록 두꺼워지는 잠'은 단절의 견고함을 상징하지만,
   화자는 창문을 닦는 행위를 통해 소통에 대한 간절함과 단절에 대한 극복 의지를 드러내고 있다.
∨ 시의 특징과 표현
   ① 대립되는 공간을 제시하여 시적 의도를 강화함
   ② 대구와 반복을 통해 현실에 대한 부정적 인식을 강조함
   ③ 역설적 표현을 활용해 사람들과 유리되어 살아가는 화자의 처지를 드러냄

358 납작납작 - 박수근 화법을 위하여 | 김혜순

『드문드문 세상을 끊어 내어
「」: 그림을 그리는 행위
한 며칠 눌렀다가』

벽에 걸어 놓고 바라본다.
세상을 바라보기 위한 방식
흰 하늘과 쭈그린 아낙네 둘이
가난한 서민들
벽 위에 납작하게 뻗어 있다.
인물과 삶이 짓눌린 모습을 형상화
가끔 심심하면

여편네와 아이들도
가난한 이웃들, 서민들
한 며칠 눌렀다가 벽에 붙여 놓고

하나님 보시기 어떻습니까?
가난한 사람들의 삶에 대한 의문 제기(설의적)
조심스럽게 물어본다.

▶ 1연: 그림의 작업 과정

『발바닥도 없이 서성서성.
「」: 세파에 시달리고 고통받는 모습
입술도 없이 슬그머니.

표정도 없이 슬그머니.』

그렇게 웃고 나서

피도 눈물도 없이 바짝 마르기.
감정도 배제된 채 화폭에 납작하게 고착화된 모습 – 짓눌린 삶의 이미지
그리곤 드디어 납작해진

천지 만물을 한 줄에 꿰어 놓고
그림 속에 표현된 세계
가이없이 한없이 펄렁펄렁.
세상사에 휘둘리는 듯한 이미지
하나님, 보시니 마땅합니까?
힘겨운 삶에 대한 애처로움과 연민
– 마땅하지 않음을 항변하는 설의적 표현

▶ 2연: 인물의 형상화를 통한 현실 비판

○ 박수근, 〈세 여인〉

핵심 정리

▼ 갈래: 자유시, 서정시   ▼ 성격: 애상적, 비판적
▼ 주제: 서민들의 애처로운 삶에 대한 서글픔과 연민
▼ 해제: 이 시는 박수근 화백의 그림 〈세 여인〉을 제재로 하여, 가난한 서민들의 삶의 애환과 그에 대한 연민을 그려 내고 있다.
▼ 시의 특징과 표현
  ① 서민들의 삶의 애환에 대한 의문을 설의적으로 표현함
  ② 미술 작품의 표현 기법을 시로 형상화하여 예술 장르 간의 변용을 보여 줌

359 잘 익은 사과 | 김혜순

백 마리 여치가 한꺼번에 우는 소리 □: 반복, 명사형 끝맺음으로 운율 형성
　　　　　　　　　　자전거 바퀴가 도는 소리 비유
내 자전거 바퀴가 치르르치르르 도는 소리
　　　　　　　　　　　14행의 사과 깎이는 모습과 연결됨
「보랏빛 가을 찬바람이 정미소에 실려온 나락들처럼
　　　　　　　　　　고단했던 삶
바퀴살 아래에서 자꾸만 빠지는 소리」
　　　　　　　삶의 고통이 해소되어 감

▶ 1~4행: 산책길에 타
고 나온 자전거가 내
는 소리

「처녀 엄마의 눈물만 받아먹고 살다가
　「 」: 과거의 아픈 기억(1~4행의 '소리'가 과거 회상을 이끎)
유모차에 실려 먼 나라로 입양 가는

아가의 뺨보다 더 차가운 한 송이 구름이
　　　　　　　　　눈(雪), 공감각적 표현
하늘에서 내려와 내 손등을 덮어주고 가네요
　　　　　　　　위안, 위로, 용서, 치유
그 작은 구름에게선「천 년 동안 아직도
눈(雪), 아가　　　　　「 」: 유모차에 실려 입양 갈 때 그대로의 아가의 모습
아가인 그 사람의 냄새가 나네요」
　　　　　　구름[눈]의 냄새(공감각적 심상)

▶ 5~10행: 젊은 날의
가슴 아픈 기억

「내 자전거 바퀴는 골목의 모퉁이를 만날 때마다
　　　　　　　　　삶의 고비, 고난
둥글게 둥글게 길을 깎아내고 있어요」
세월이 흐르며 슬픔을 망각해 감　「 」: 자전거로 마을 산책 중임
그럴 때마다 나 돌아온 고향 마을만큼

큰 사과가 소리없이 깎이고 있네요
삶의 고통, 상처　　　　　　상처의 해소

▶ 11~14행: 가슴 아픈
기억에서 벗어남

구멍가게 노망든 할머니가 평상에 앉아
　　옛날의 아픈 기억을 덜어낸　　　평안을 찾은 모습
그렇게 큰 사과를 숟가락으로 파내서
상처로 가득했던 지난 삶
잇몸으로 오물오물 잘도 잡수시네요
　　　조용히 자신의 삶을 반추하는 모습

▶ 15~17행: 사과를 먹
으며 삶을 반추하는
할머니

출제 포인트

• 화자의 정서 이해
• 시상 전개와 형상화의 특성

필수 문제

01 화자 파악하기
• 화자: '나' (자전거로 마을을 산
책하는 이)
• 상황: 돌아온 고향 마을을
(　　)로 산책하며 과거의
아픈 상처를 치유함
• 정서·태도: 회상, 연민

02 이 시에서 (　　　　　)
소리는 자전거가 내는 것이면서
한편으로는 영사기가 도는 소리처
럼 작용하여 화자의 과거 회상을
촉진시키는 기능을 하고 있다.

03 이 시에서 삶의 상처를 상징
하는 '큰 사과'를 먹으며 과거의
삶을 반추하는 할머니의 모습을
표현한 시행을 찾아 쓰시오.

알맹이 포착

시상 전개 방식과 형상화의 이해

이 시에서 화자는 자전거를 타고 '돌아온 고향 마을'을 산책하며 '처
녀 엄마 → 먼 나라로 입양 가는 아가'를 회상하고 있다. 자전거 산책
은 '큰 사과가 소리없이 깎이'듯이 화자의 상처를 조금씩 씻어낸다.
상처가 치유되고 있는 화자에게는 노망든 할머니가 큰 사과를 오물오
물 먹는 모습도 화자 자신처럼 아픔으로 가득한 과거의 삶을 치유하
는 모습으로 느껴진다. 일상의 풍경들을 연상을 활용하여 가볍게 묘사
하고 영화 기법을 끌어와 회상의 방식으로 작품을 형상화하고 있다.

한눈에 보기

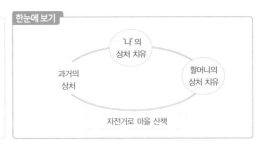

핵심 정리

∨ 갈래: 자유시, 서정시　　　　∨ 성격: 감각적, 연쇄적
∨ 주제: 순환론적 세계관과 상처의 치유
∨ 해제: 이 시는 '처녀 엄마', '먼 나라로 입양 가는 아가', '노망든 할머니'의 상처받은 삶을 사과에 비유하여 사과를
　 깎아내고 숟가락으로 갉아 먹듯이 상처도 치유될 수 있음을 보여 주고 있다. '치르르치르르' 돌아가는 자전거 바퀴
　 살의 상쾌한 이미지와 '돌아온 고향 마을'이 주는 따뜻함이 느껴지고 있다.
∨ 시의 특징과 표현
　 ① '-네요', '-어요' 등의 종결 어미의 사용으로 친근하고 동화적인 분위기를 자아냄
　 ② 자전거 바퀴가 골목길을 깎아내고, 사과가 돌아온 고향 마을만큼 크다는 표현에서 참신한 발상이 돋보임

담쟁이 | 도종환

필수

저것은 벽
_{견고한 현실의 모순}
어쩔 수 없는 벽이라고 우리가 느낄 때
_{모순의 존재를 인정하고 세상과 타협하거나 좌절함}
그때,
_{극복을 위한 신념}
담쟁이는 말없이 그 벽을 오른다.
_{현실에 굴하지 않는 극복의 의지}

▶ 1연: 모두가 좌절할 때 말없이 담을 오르는 담쟁이

물 한 방울 없고, 씨앗 한 톨 살아남을 수 없는
_{어떠한 희망도 싹틀 수 없는 절망적인 상황}
저것은 절망의 벽이라고 말할 때
_{희망 없는 세상}
담쟁이는 서두르지 않고 앞으로 나간다.
_{1연의 '말없이'와 조응됨 희망을 향한 투지}

▶ 2연: 모두가 절망할 때 서두르지 않고 나아가는 담쟁이

한 뼘이라도 꼭 여럿이 함께 손을 잡고 올라간다.
_{민중의 단합과 연대를 함축함}
푸르게 절망을 다 덮을 때까지
_{정의를 시각화함   극복할 때까지}
바로 그 절망을 잡고 놓지 않는다.
_{투쟁 의지}

▶ 3연: 손에 손을 잡고 절망을 푸르게 뒤덮는 담쟁이

저것은 넘을 수 없는 벽이라고 고개를 떨구고 있을 때
_{극복이 불가능한   포기와 좌절}
담쟁이 잎 하나는 담쟁이 잎 수천 개를 이끌고
_{선구자   민중}
결국 그 벽을 넘는다.
_{절망과 모순의 극복}

▶ 4연: 모두가 포기할 때 잎들을 이끌고 결국 벽을 넘는 담쟁이

출제 포인트

- 시어의 상징적 의미
- 소재의 기능과 의미

필수 문제

01 화자 파악하기
- 화자: '드러나지 않음' (벽을 오르는 담쟁이를 바라보는 이)
- 상황: (   ) 덩굴이 담벼락을 타고 올라 담을 넘는 모습을 바라봄
- 정서·태도: 의지적

02 이 시에서 (   )은 현실 속에 존재하는 견고한 모순을 상징하는 시어이다.

03 이 시에서 선구자적 모습을 지닌 담쟁이가 현실에 굴하지 않고 절망과 모순을 극복하는 모습을 드러낸 부분을 찾아 2행 모두 쓰시오.

핵심 정리

- ∨ **갈래:** 자유시, 서정시   ∨ **성격:** 교훈적, 의지적
- ∨ **주제:** 절망과 모순의 극복 의지
- ∨ **해제:** 이 시는 담쟁이 덩굴이 담벼락을 타고 무성히 번져 결국 담을 넘는 모습을 통해 부정적 현실의 벽 앞에서 쉽게 포기하고 좌절하는 사람들에게 교훈적 메시지를 전달하고 있다.
- ∨ **시의 특징과 표현**
  ① 일상적인 소재를 비유의 대상으로 활용하여 주제를 전달함
  ② 단호한 서술어의 사용으로 굳은 신념을 표출함

흔들리며 피는 꽃 | 도종환

흔들리지 않고 피는 꽃이 어디 있으랴
<u>흔들리지 않고 피는 꽃은 없음(설의법)</u>
이 세상 그 어떤 아름다운 꽃들도

다 <u>흔들리면서</u> 피었나니
　　시련, 고뇌, 갈등, 유혹
흔들리면서 줄기를 곧게 세웠나니
　　　　시련과 고난을 이겨 낸 꽃의 모습 ①
흔들리지 않고 가는 사랑이 어디 있으랴.
사랑도 시련과 고난을 통해 완성됨

▶ 1연: 고난 속에 완성되는 사랑

젖지 않고 피는 꽃이 어디 있으랴
<u>젖지 않고 피는 꽃은 없음(설의법)</u>
이 세상 그 어떤 빛나는 꽃들도

다 젖으며 젖으며 피었나니

<u>바람과 비에 젖으며 꽃잎 따뜻하게 피웠나니</u>
시련, 역경, 고난　　　　　시련과 고난을 이겨 낸 꽃의 모습 ②
젖지 않고 가는 삶이 어디 있으랴.
삶도 시련과 고난을 통해 완성됨

▶ 2연: 시련 속에 완성되는 삶

출제 포인트

- 자연 현상에서 얻은 화자의 깨달음
- 시련과 고난을 의미하는 시어

필수 문제

01 화자 파악하기
- 화자: 사랑과 삶에 대해 성찰하는 이
- 상황: 시련과 역경 속에서 (　　　) 피는 꽃과 같이 사랑과 삶을 바라봄
- 정서·태도: 사색적, 깨달음

02 이 시에서 '꽃'에 비유된 시어 2가지를 찾아 쓰시오.

03 이 시에서 '흔들리지'와 '젖지'라는 시어가 지니는 의미로 적절하지 않은 것은?
① 갈등　　　② 고난
③ 기쁨　　　④ 시련
⑤ 유혹

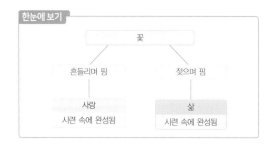

한눈에 보기

꽃

흔들리며 핌 ── 사랑 : 시련 속에 완성됨

젖으며 핌 ── 삶 : 시련 속에 완성됨

핵심 정리

- 갈래: 자유시, 서정시
- 성격: 사색적, 비유적
- 주제: 시련과 역경 속에 완성되는 사랑과 삶
- 해제: 이 시는 시련과 역경을 이겨 내고 꽃이 피듯이, 우리의 사랑과 삶도 그렇게 완성된다는 진리를 노래하고 있다.
- 시의 특징과 표현
  ① 1연과 2연이 대칭적 구조로 이루어짐
  ② '-으랴'와 '-나니'의 반복을 통해 각운의 효과를 얻음

구부정 소나무 | 리진

숲의 먼 끝에 한 그루 외따로
_{단절감, 고독감 – 화자의 감정과 동일함}
구부정 소나무가 서 있다
_{조국을 떠올리게 하는 매개체}
로씨야 땅에서 보기 드문
_{러시아 – 화자의 현재 위치}
구부정 소나무가 서 있다.
_{반복을 통한 화자의 정서 부각}

▶ 1연: 외따로 서 있는 구부정 소나무

그 곁을 지날 때면 언제나
_{일시적 감정이 아님}
가만히 눈물을 머금는다.
_{조국에 대한 그리움}
저도 몰래 주먹을 쥔다.
_{그리운 조국이지만 갈 수 없기 때문에}
가슴이 소리 없이 외친다.
_{겉으로 드러내고 말할 수는 없지만 가슴속에서는 조국에 대한 그리움이 사무침(역설법)}

▶ 2연: 조국에 대한 사무치는 그리움

멀리서 아끼는 사랑이
_{타지에서 조국을 그리워하는 마음}
얼마나 애틋한지 아느냐.

길 떠난 아들을 잊지 마라.
_{화자 자신, 또는 시대의 아픔으로 조국을 떠난 모든 사람}
구부정 소나무의 내 나라.
_{조국에 대한 그리움}

▶ 3연: 조국을 떠난 이들의 조국에 대한 그리움

출제 포인트

- '구부정 소나무'의 의미와 역할
- 시에 나타난 화자의 정서

필수 문제

01 화자 파악하기
- 화자: '구부정 소나무'를 바라보는 이
- 상황: 러시아에서 구부정 소나무를 보며 (   )을 그리워함
- 정서·태도: 그리움

02 〈보기〉의 빈칸에 들어갈 2어절의 시어를 각각 찾아 쓰시오.

〈보기〉
이 시는 (   )에 있는 화자가 (   )을/를 통해 자신의 조국을 떠올리며 사무치는 그리움을 노래하고 있는 작품이다.

03 이 시에서 화자의 상황과 처지를 단적으로 표현하고 있는 3어절의 시구를 찾아 쓰시오.

알맹이 포착

'구부정 소나무'의 의미

이 시의 마지막 연에서 알 수 있듯이 '구부정 소나무'는 화자의 조국을 의미한다. 그런데 이 소나무는 곧은 모습이 아니라 '구부정'한 모습으로 제시되어 있다. 이렇게 소나무를 구부정한 모습으로 그린 이유는, 온갖 시련과 고난의 세월을 홀로 견뎌왔기 때문이다. 즉, '구부정 소나무'에는 시련과 고난의 세월을 견딘 조국과 화자 자신의 모습이 투영되어 있다고 볼 수 있다.

핵심 정리

▼ 갈래: 자유시, 서정시   ▼ 성격: 애상적, 회한적
▼ 주제: 조국에 대한 그리움
▼ 해제: 이 시는 러시아에 있는 화자가 '구부정 소나무'를 보며 조국을 그리워하는 마음을 담고 있는 작품이다.
▼ 시의 특징과 표현
① 자연물을 통해 화자의 정서를 드러냄
② 역설적 표현을 사용하여 화자의 감정을 부각함

강물은 또 그렇게 | 오세영

강물은 흘러 흘러 어디 가는가,
　인생을 상징함
바람인가, 하늘인가, 꽃구름인가,
　자유의 표상　동경의 대상　아름다운 이상
하늘은 높아 높아 그리움 되고
　동경의 대상에 대한 그리움(하늘 → 그리움)
바다는 깊어 깊어 슬픔 되는데
　이상과 일치하지 않은 좌절에서 오는 슬픔(바다 → 슬픔)
흰 구름 저 멀리 무지개를 하나 걸어 놓고
　　　　　　삶의 이상

강물은 울어 울어 어디 예는가,　　　　　　　▶ 1~6행: 삶의 이상을 좇아
　　　　　가는가. '예다'는 '가다'를 예스럽게 이르는 말　　흘러가는 인생
「빛 고운 슬픔 살포시 안아
「　」: '슬픔'과 '그리움'이라는 추상적 감정을 감각적으로 구체화함
조약돌로 가라앉는 그리움이여,」

「들녘을 헤매던 하늬바람도
「　」: 날이 저무는 모습을 자연물의 모습을 통해 형상화함
■해어름 모란으로 지고 있는데」
　　생(生)이 점점 저물어 감을 의미함
강물은 흘러 흘러 어디 가는가.　　　　　　　▶ 7~11행: 슬픔과 그리움
　　　　　　　　　　　　　　　　　　　　속에 흘러가는 인생

「지평선 넘어서 수평선으로, 수평선 넘어서 하늘 끝으로
「　」: 끊임없이 흘러가는 삶
강물은 또 그렇게 흘러가는가,」

「길섶에 내리는 실비같이, 눈썹에 내리는 이슬같이
「　」: 크고 작은 변화를 겪으며 흘러가는 삶
목숨은 또 그렇게 흘러가는가.」　　　　　　▶ 12~15행: 크고 작은 변화
　　　　　　　　　　　　　　　　　　　　를 겪으며 끊임없이 흘러
　　　　　　　　　　　　　　　　　　　　가는 인생

■ 해어름: '해거름'의 방언. 해가 서쪽으로 넘어가는 때

출제 포인트

• 시어의 상징적 의미
• 감각적 표현의 이해

필수 문제

01 화자 파악하기
• 화자: '드러나지 않음'(인생의
　의미를 생각하는 이)
• 상황: (　　　)처럼 끊임없이
　흘러가는 삶을 관조함
• 정서·태도: 사색적

02 이 시에 사용된 시어의 상징
적 의미를 아래와 같이 정리할 때
빈칸에 들어갈 시어를 쓰시오.

강물	인생
바람	자유
(　　)	동경의 대상
꽃구름	아름다운 이상
무지개	삶의 이상

03 이 시에서 추상적 감정인
'그리움'을 구체적 대상물로 시각
화하여 제시한 표현을 찾아 2어절
로 쓰시오.

핵심 정리

▾ 갈래: 자유시, 서정시　　　▾ 성격: 관조적, 감각적
▾ 주제: 강물처럼 끊임없이 흘러가는 인생
▾ 해제: 이 시는 인생의 흐름을 강물의 흐름에 빗대어 관조적으로 노래하고 있다. 화자는 강물처럼 흘러가는 인생과 그
　속에서 품었던 꿈과 이상, 살아가면서 겪는 감정의 변화를 다양한 시각적 이미지를 활용하여 형상화하고 있다.
▾ 시의 특징과 표현
　① 통사 구조의 반복과 열거, 대구를 통해 운율을 형성함
　② 상징적 시어와 감각적 이미지를 활용하여 주제를 형상화함

겨울 노래 | 오세영

『산자락 덮고 잔들
「」: 불교적 화두를 모티프로 한 표현(동양적 허무 의식과 달관의 정신)
산이겠느냐.┘— '산은 산이요, 물은 물이다. 산은 산이 아니
요, 물은 물이 아니다'라는 불교적 화두

산 그늘 지고 산들

산이겠느냐.

산이 산인들 또 어쩌겠느냐.』

『아침마다 우짖던 산까치도
「」: 부재(不在)의 반복적 표현(고독감 강조, 대구법)
간데없고

저녁마다 문살 긁던 다람쥐도

온데없다.』
인위적인 세계
길 끝나 산에 들어섰기로
인간 세계와의 단절
그들은 또 어디 갔단 말이냐.

『어제는 온종일 진눈깨비 뿌리더니
「」: 산사의 풍경 묘사(절대 고독과 허무의 공간)
오늘은 하루 종일 내리는 폭설(暴雪)

빈 하늘 빈 가지엔 ┐흰색 이미지와 붉은색
└ 이미지의 색채 대비
홍시 하나 떨 뿐인데.』

『어제는 온종일 난(蘭)을 치고 「」: 화자의 행위 묘사(자연적 질서에 동화
난을 그리고   되는 무위자연(無爲自然) 사상)
오늘은 하루 종일 물소리를 들었다.』

『산이 산인들 또
「」: 변형된 수미상관(동양적 허무 의식과 달관의 정신 강조)
어쩌겠느냐.』

▶ 1~5행: 불교적 화두를 바탕으로 한 달관의 경지

▶ 6~11행: 적막한 산사의 모습

▶ 12~17행: 절대 고독과 허무의 공간인 산사의 풍경

▶ 18, 19행: 동양적 허무 의식과 달관의 경지

출제 포인트

• 소재와 배경의 의미
• 화자가 추구하는 삶의 모습

필수 문제

01 화자 파악하기
• 화자: '드러나지 않음'(산에 묻혀 사는 이)
• 상황: 난을 치고 물소리를 들으며 자연과의 (   )을 지향함
• 정서·태도: 달관, 허무함

02 이 시에서 화자가 속세를 벗어나 자연 속에 있음을 드러내는 시구를 찾아 4어절로 쓰시오.

03 이 시에서 자연에 동화되려는 화자의 행위가 제시된 두 행을 찾아 쓰시오.

핵심 정리

ᵛ 갈래: 자유시, 서정시   ᵛ 성격: 동양적, 허무적
ᵛ 주제: 인간과 자연이 합일된 삶에 대한 지향
ᵛ 해제: 이 시는 불교적 세계관과 동양적 허무 의식 및 무위자연(無爲自然) 사상을 바탕으로, 인간과 자연이 합일된 세계에 대한 지향을 형상화하고 있다.
ᵛ 시의 특징과 표현
① 불교적 화두를 바탕으로 시상을 전개함
② 수미상관의 구성을 통해 동양적인 허무 의식과 달관의 정신을 강조함

365 그릇 1 | 오세영

깨진 그릇은
_{시적 대상}
칼날이 된다.

※ 시 전체를 부정적 관점에서 본 경우
◯ 긍정적 시어
△ 부정적 시어

▶ 1연: 칼날이 되는 깨진 그릇

절제(節制)와 균형(均衡)의 중심에서
빛나간 힘, / 부서진 원은 모를 세우고
이성(理性)의 차가운 / 눈을 뜨게 한다.

▶ 2연: 차가운 이성의 눈을 뜨게 하는 깨진 그릇

맹목(盲目)의 사랑을 노리는
        _{강요하는}
사금파리여,
_{사기그릇의 깨어진 작은 조각}
지금 나는 맨발이다.

베어지기를 기다리는 / 살이다.

상처 깊숙이서 성숙하는 혼(魂)

▶ 3연: 깨진 그릇에 의한 상처와 그로 인한 영혼의 성숙

깨진 그릇은 / 칼날이 된다.
무엇이나 깨진 것은 / 칼이 된다.

▶ 4연: 깨진 존재에 대한 일반화

출제 포인트

• 관점에 따른 시의 해석
• '깨진 그릇'과 '성숙하는 혼'의 의미

필수 문제

01 화자 파악하기
• 화자: '나'(맨발로 깨진 그릇을 보는 이)
• 상황: 깨진 그릇을 통해 영혼의 (   )을 노래함
• 정서·태도: 깨달음

02 이 시의 3연에서 '깨진 그릇'을 통해 화자가 얻게 되는 것을 표현한 시구를 찾아 2어절로 쓰시오.

03 이 시에서 '깨진'의 의미를 긍정적으로 풀이한다면, '그릇'은 어떠한 상태를 가리키는지 간단히 쓰시오.

알맹이 포착

'깨진 그릇'에 대한 관점에 따라 달라지는 시어(시구)의 의미

시어	부정적 관점에서의 의미	긍정적 관점에서의 의미
깨진 그릇	맹목을 강요하는 빗나간 힘에 의해 절제와 균형이 깨어진 상태	나태와 안일을 거부하는 의식의 각성과 성숙의 계기
칼날	맹목을 강요하는 위협적인 존재	성숙한 존재로 거듭나게 하는 힘
절제와 균형	깨지기 전의 그릇 – 조화롭고 안정된 세계	나태하고 안일한 상태
빗나간 힘	파괴적인 힘	안일한 상태를 거부하는 힘
부서진 원	깨진 그릇	안일한 상태를 깨뜨림
이성의 차가운 눈	냉철한 이성의 눈 – 위협에 대한 각성	의식의 각성
맹목의 사랑	획일화된 이념과 사상	나태하고 안일한 상태의 추구
사금파리	맹목을 강요하는 위협적인 존재	성숙한 존재로 거듭나게 하는 힘 – 성숙의 계기
성숙하는 혼	아픔을 이겨 낸 후, 성숙에 이름	깨진 그릇의 기능과 가치

핵심 정리

∨ 갈래: 자유시, 서정시   ∨ 성격: 관념적, 철학적
∨ 주제: [부정적 관점] 절제와 균형을 이룬 삶 추구   [긍정적 관점] 영혼의 성숙을 위한 깨어짐의 필요성
∨ 해제: 이 시는 '절제와 균형'을 잃은 '깨진 그릇'을 통해, 조화롭고 안정된 삶에 대한 소망을 노래하고 있다. 이와 달리 '깨진 그릇'을 긍정적으로 볼 경우 나태와 안일을 거부하는 의식의 각성을 형상화했다고 이해할 수도 있다.
∨ 시의 특징과 표현
  ① 고도의 상징을 통해 주제를 형상화함
  ② '깨진 그릇'을 보는 관점에 따라 시 전체의 해석이 달라짐

1980년대

현대시의 모든 것

질그릇 | 오세영

존재의 응결체, 하나의 우주·세계
질그릇 하나 부서지고 있다.
존재의 해체, 우주·세계의 해체
질그릇의 밑바닥에 잠긴 바다가

□ : 질그릇(존재·우주·세계)을 이루고 있던 요소

조용히 부서지고 있다.

▶ 1~3행: 질그릇의 해체

스스로 부서져 흙이 되는
질그릇의 본질
저 흔들리는 바다.

질그릇에 담긴 생선의 뼈,

질그릇에 담긴 폭풍,

질그릇에 담긴 공간,
질그릇의 공간적인 형상(하나의 우주·세계를 이루고 있는 공간)
그 공간 하나 스스로 부서지고 있다.
우주·세계를 이루고 있는 공간의 해체(새로운
우주·세계의 준비, 변형된 수미상응)

▶ 4~8행: 질그릇을 구성하던 요소의 해체

▶ 9행: 해체를 통한 새로운 우주·세계의 준비

출제 포인트

• 시어의 함축적 의미
• 시어의 공통적 의미 이해

필수 문제

01 화자 파악하기
• 화자: '드러나지 않음' (질그릇이 부서지는 모습을 보는 이)
• 상황: (   )이 부서지는 과정에서 우주의 순환과 존재의 무상함을 생각함
• 정서·태도: 관조, 깨달음

02 이 시에서 우주, 세계, 존재의 응결체 등을 의미하는 시어를 찾아 한 단어로 쓰시오.

03 이 시에서 '질그릇'을 구성하는 요소에 해당하는 시어를 모두 찾아 쓰시오.(4개)

알맹이 포착

'질그릇'의 의미

이 시에서 '질그릇'은 '잿물을 입히지 않고 진흙만으로 구워 만든 그릇'이라는 의미의 사물 그 자체를 의미하는 것이 아니라, 사물 본질의 응결체·우주·세계를 의미한다. 작가는 '부서지고 있다'의 반복적 제시로 존재의 무상함을 드러내는 한편, '조용히 부서지고, 하나 스스로 부서지'의 능동적 표현을 통해 소멸의 과정에서 또 다른 생성을 찾는 순환적 세계에 대한 인식을 드러내고 있다.

한눈에 보기

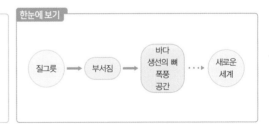

핵심 정리

♥ 갈래: 자유시, 서정시   ♥ 성격: 관념적, 상징적
♥ 주제: 세계(또는 존재)의 무상성
♥ 해제: 이 시는 질그릇이 부서지고 변형되어 가는 구조를 통해 순환적 세계를 바탕으로 한 세계의 무상성(無常性) 혹은 존재의 무상성을 보여 주고 있다. 이 시에서 질그릇은 사물의 외형을 말하는 것이 아니라 사물이 지닌 본질의 응결체, 즉 하나의 우주이자 세계라는 의미를 지니고 있다.
♥ 시의 특징과 표현
    ① 반복되는 문장을 통해 의미의 순환적 구조를 형성함
    ② 구체적 사물을 통해 화자의 관념적인 인식을 표현함

소금 | 유안진

사랑아

불타고 불타 버린 후에는
정열적인 사랑이 끝나고 난 후
무엇이 되느냐

▶ 1연: 정열적인 사랑이 끝이 남

『눈멀고 / 귀도 멀고
「 」: 고된 시집살이를 나타내는 속담(인고의 시간)
벙어리까지 된

석삼 년 만에』

▶ 2연: 인고의 시간을 보냄

『운명으로
「 」: 거부할 수 없음
신앙으로

받아들인 '지어미' / 무거운 내 이름
여자가 아닌 아내로서의 삶의 무게를 수용함

▶ 3연: '아내'로서의 삶을 받아들임

나 오늘

그대 눈엔

조금도 어여쁘진 않다
매력적인 여인의 모습을 상실함

▶ 4연: 여인으로서의 매력이 없어짐

다만

한 가정의 식성에 / 밑맛을 돋우는
소금과 같은 아내의 역할
변신을 배웠을 뿐
연인 → 아내
불타 버린 연후에는
① 1연 2행의 반복
② 5연이 1연에 대한 답이 됨

▶ 5연: 가정에 필요한 '아내'로 변신함

출제 포인트

• 소재의 상징적 의미
• 표현상의 특징 이해

필수 문제

01 화자 파악하기
• 화자: '나' (아내로서의 위치를 자각하는 이)
• 상황: 정열적인 (   )이 끝난 후 가정에서 소금과 같은 존재로 변신한 자신의 모습을 확인함
• 정서 · 태도: 성찰적

02 이 시에서 화자는 사랑이 불타 버린 후에 무엇이 되었다고 생각하고 있는지 상징적인 한 단어로 쓰시오.

03 이 시의 내용을 바탕으로 제목 '소금'의 상징적 의미를 아래와 같이 정리할 때 빈칸에 들어갈 말을 쓰시오.

〈보기〉
제목 '소금'은 한 (   )에서 반드시 필요한 존재인 아내로 변신한 화자의 모습을 상징한다.

핵심 정리

▾ 갈래: 자유시, 서정시   ▾ 성격: 상징적, 성찰적
▾ 주제: 소금과 같은 아내로서의 삶
▾ 해제: 이 시는 사랑의 정열이 끝난 후 '연인'에서 '아내'라는 신분으로 바뀌면서 상대에게 없어서는 안 될 소금(양념)과 같은 존재로 거듭난 화자의 모습을 보여 주고 있다.
▾ 시의 특징과 표현
① 자문자답의 어투를 사용하여 삶의 깨달음을 자연스럽게 나타냄
② 상징적 제목을 통해 주제를 형상화함

춘천은 가을도 봄이지 | 유안진

◯ : 계절과 관련되는 연상을 일으키는 지명
▭ : 한자의 뜻과 관련되는 연상을 일으키는 지명

겨울에는 불광동이 여름에는 냉천동이 생각나듯
　　　불과 시 → 따뜻함 연상　　　찬 시내 → 차가움 연상
무릉도원은 도화동에 있을 것 같고
　　　　　복숭아꽃이 핀 동네
문경에 가면 괜히 기쁜 소식이 기다릴 듯하지
경사를 듣다
추풍령은 항시 서릿발과 낙엽의 늦가을일 것만 같아
가을바람 부는 고개

　　　　　　　　　　　　　　　　　　　▶ 1연: 다양한 지명에서 연상되는 느낌들

춘천(春川)이 그렇지 / 까닭도 연고도 없이 가고 싶지
봄의 시내　　　　　　　특별한 이유 없이 가고 싶음
얼음 풀리는 냇가에 새파란 움미나리 발돋움할 거라
봄의 이미지 ①　　　　　　　　　봄의 이미지 ②
녹다만 눈 응달 밭치에 두고
　　　　　　'발가벗다'의 전라도 방언
마른 억새 께벗은 나뭇가지 사이사이로
겨울 이미지
피고 있는 진달래꽃을 닮은 누가 있을 거라
　　　　봄의 이미지 ③
왜 느닷없이 불쑥불쑥 춘천에 가고 싶어지지
막연한 동경
가기만 하면 되는 거라

가서, 할 일은 아무것도 생각나지 않는 거라

그저, 다만 새 봄 한 아름을 만날 수 있을 거라는

기대는, 몽롱한 안개 피듯 언제나 춘천 춘천이면서도
　　　　　　춘천에 대한 막연한 환상
정말 가 본 적은 없지
춘천에 대한 모든 느낌이 상상을 통해 이루어진 것임을 알 수 있음
엄두가 안 나지, 두렵지, 겁나기도 하지
춘천에서 연상되는 봄의 이미지가 깨질 것 같은 불안감 때문에
봄은 산 넘어 남촌 아닌 춘천에서 오지
과학적 사실이 아닌 시인의 상상력의 결과 ┌─ 봄의 이미지 ④
「여름날 산마루의 소낙비는 이슬비로 몸 바꾸고
「 」: 여름, 가을 상관없이 춘천에서 봄의 느낌을 받음
단풍 든 산허리에 아지랑거리는 봄의 실루엣
　　　　　　　　　　　봄의 이미지 ⑤
쌓이는 낙엽 밑에는 봄나물 꽃다지 노랑 웃음도 쌓이지
　　　　　　　봄의 이미지 ⑥　　　공감각적 이미지(청각의 시각화)
단풍도 꽃이 되지 귀도 눈이 되지
가을을 '소리(귀)'의 계절, 봄을 '시각(눈)'의 계절로 인식함
춘천(春川)이니까.

　　　　　　　　　　　　　　　　　　　▶ 2연: 춘천에서 연상되는 봄의 이미지

출제 포인트

• 각 지명에서 연상되는 느낌
• '춘천'에 대한 화자의 태도
• 발상 및 표현상의 특징

필수 문제

01 화자 파악하기
• **화자**: 지명이 주는 느낌을 자유롭게 떠올리는 이
• **상황**: '춘천'이 주는 다양한 (　　　　)의 이미지를 연상함
• **정서·태도**: 상상

02 이 시의 지명(地名)에서 연상되는 느낌을 다음과 같이 정리하였다. ㉠, ㉡에 들어갈 알맞은 지명을 찾아 쓰시오.

불광동(佛光洞)	따뜻한 느낌
냉천동(冷泉洞)	시원한 느낌
㉠	복숭아꽃 마을
문경(聞慶)	경사를 들음
추풍령(秋風嶺)	가을바람 부는 고개
㉡	봄의 시내

03 이 시에 드러나는 춘천의 이미지가 결국 시인의 상상력만으로 이루어진 것임을 알 수 있는 시행을 찾아 쓰시오.

핵심 정리

♥ **갈래**: 자유시, 서정시　　♥ **성격**: 연상적, 감각적
♥ **주제**: '춘천(春川)'이라는 지명에서 연상되는 봄의 느낌
♥ **해제**: 이 시는 지명(地名)의 한자에서 연상되는 느낌들을 바탕으로, '춘천'이라는 도시의 이름이 전해 주는 봄의 느낌을 다양한 시적 상상을 통해 형상화한 작품이다.
♥ **시의 특징과 표현**
　① 지명이 주는 느낌을 자유롭게 연상하는 참신한 발상이 돋보임
　② 대상에 대한 주관적이고 개성적인 인식을 통해 시상을 전개함
　③ '-거라', '-지' 등 구어체의 종결 어미를 사용하여 운율을 형성함

369 왕재산, 눈 내리는 무덤가에 앉아 | 유하

흙으로 돌아갈 수 있는 것들만 여기 모여
사람의 시신, 뼈(소멸의 이미지)
둥그런 무덤 같은 산을 이루었구나
왕재산의 모습(죽음의 이미지)
『솔가지를 껴안은 칡순들 저 혼자 깊어져
「 」: 소나무에 얽힌 칡순의 모습(의인법)
주검 근처로 혀뿌리를 뻗어 내리고』
칡의 뿌리
산꿩 한 쌍 이승의 눈꽃 춤을 시리게 몰고 와
흩날리는 눈을 산꿩이 몰고 왔다고 상상함
살아 있는 자의 몸 속으로 날개를 접는다   ▶ 1연 1~6행: 눈 내리는 왕
몸에 눈이 닿아 녹음   재산의 풍경
구시포의 바다를 통째로 싣고 날아온 바람의 달구지
전북 고창군의 포구
흙의 무덤 위로 까마득히 굴러, 달그락달그락
왕재산   바람에 돌이 구르는 소리와 달구지 소리의 중첩
이슬 먹은 할아버지 수염에 파묻혀 자올던
눈에 젖은 수염, 흘린 술에 젖은 수염   '졸던'의 사투리
내 추억의 문풍지를 분패 따리는 바람의 돌바퀴
눈바람이 야단스럽게 부딪치는
『한 가마니 퍼붓던 눈송이는 총총했던 달구지 위의 별들로
「 」: 바람에 눈이 솟구치는 모습   □: 고향의 추억(과거)과 현재 도시의 삶을 중첩시키는 매개체
희뜩희뜩 피어오르고』상수리나무를 휘돌아온 바람이
'황소'의 사투리
토해 놓는 뿌사리 울음, 내 눈은 어느새 하얗게 저물어,
울부짖는 바람소리 어릴 적의 꿈을 잃어버린 현재 화자의 모습
지척이 쉬 부서질 죽음의 흙바다인 것을
세속적 욕망이 들끓는 현실
삶은 왜 이리 온통 눈앞을 가로막는 눈발의 숨가쁨인지
왕재산을 찾은 화자가 암담한 현실과 미래에 대한 답답함을 느낌   ▶ 1연 7~15행: 고향에 대한
『나무들은 세월을 먹은 만큼 허허로이 등을 굽히고   추억과 현실의 암담함
「 」: 겨울 왕재산에 대한 인상, 쇠락해 가는 왕재산의 모습
살아 묵묵했던 것들만, 이따금 메마른 솔방울처럼 툭 떨어져 내려 / 둥글게 낮아져 가는구나』겨울 왕재산
말없이 잠잠했던   시적 배경, 화자의 현재 위치
그 옛날 온갖 삶의 두런거림을 송장빛으로 내장한 채 / 칡순의 혀뿌리처럼 깊어 가는 흙의 침묵이여
죽음의 이미지가 가득한 왕재산   왕재산의 침묵(=무덤 같은 산, 흙의 무덤)
무시로 닥치는 낯익은 죽음들의 등허리를 휘어놓듯, / 저 밑 아득히 웅크린 생의 한 구석대기를
아무 때나   삶의 애착이 남아 있는 공간(하나대 마을)
얼마나 더 눈보라 눈보라로 떠밀어 무덤산을 넓히겠느냐
눈에 쌓이듯 고향 마을이 죽음의 이미지로 덮여 감   ▶ 1연 16~23행: 쇠락해 가
                                                                        는 고향의 모습

저어기, 얼마 남지 않은 여생의
□: 쇠락하는 고향 풍경의 대유   굴뚝 연기에 눈이 닿아 녹아내림(서글픔)
뿌연 굴뚝 냉갈 쪽으로 푸드덕 / 늙은 산꿩 부부 눈물처럼 깃들여 간다
       연기   내리는 눈을 의성어로 표현   ▶ 2연: 쇠락해 가는 고향에
                                                                    대한 안타까움

출제 포인트
• 소재의 기능과 의미
• 표현상의 특징과 효과 이해

필수 문제

01 화자 파악하기
• 화자: '나' (고향에 돌아와 쇠
락하는 모습에 안타까워하는
이)
• 상황: (   )과 고향 마을의
쇠락해 가는 모습을 안타까워
함
• 정서·태도: 안타까움, 슬픔

02 이 시에서 고향의 추억과 현
재의 화자의 삶을 연결하여 중첩
시키는 소재를 찾아 쓰시오.

03 이 시에서 쇠락해 가는 고향
마을에 대한 화자의 안타까움을
자연물의 구체적인 행동을 통해
나타내고 있는 시행을 찾아 쓰시
오.

핵심 정리

▼ 갈래: 자유시, 서정시   ▼ 성격: 서정적, 애상적
▼ 주제: 쇠락하는 고향에 대한 안타까움
▼ 해제: 이 시에서 시인은 욕망의 상징인 '압구정동'과 대조를 이루는 공간인 하나대 왕재산(시인의 고향)의 허물어지고
시들어가는 소멸의 모습을 안타까운 서정으로 형상화하고 있다.
▼ 시의 특징과 표현
① 사투리를 사용하여 고향에 대한 향수를 드러냄
② 소멸되어 가는 고향(시골, 자연)과 욕망의 덩어리로 가득찬 현실(도시 문명)을 대비함

자동문 앞에서 | 유하

이제 어디를 가나 아리바바의 참깨
〈알리바바와 40인의 도둑〉에 나오는 주문
주문 없이도 저절로 열리는

자동문 세상이다
모든 것이 기계화된 현대 사회
언제나 문 앞에 서기만 하면

『어디선가 전자 감응 장치의 음흉한 혀끝이
기계 문명에 대한 화자의 부정적 인식
날름날름 우리의 몸을 핥는다』순간
「 」: 기계화된 현대 문명의 유혹
스르르 문이 열리고 스르르 우리들은 들어간다
현대 문명에 길들여진 현대인
스르르 열리고 스르르 들어가고

스르르 열리고 스르르 나오고

그때마다 우리의 손은 조금씩 퇴화되어 간다
문을 열 때조차 손을 쓰지 않기 때문에
하늘을 멀뚱멀뚱 쳐다만 봐야 하는

날개 없는 키위새
날개와 꼬리가 퇴화되어 날지 못하는 새
머지않아 우리들은 두 손을 잃고 말 것이다
날지 못하는 키위새처럼 자유를 잃은 현대인의 모습
정작, 두 손으로 힘겹게 열어야 하는

그,

어떤,   기계의 도움이 불가능한 어떤 상황
– 행갈이를 통한 긴장감 조성
문 앞에서는,
키위새가 우는 소리
키위키위 울고만 있을 것이다
아무것도 하지 못할 것이다
→ 기계화에 익숙해진 인간에 대한 경고

▶ 1～3행: 자동문 세상에 대한 인식

▶ 4～10행: 자동문에 길들여진 우리의 모습

▶ 11～13행: 키위새처럼 퇴화될지도 모르는 우리의 모습

▶ 14～18행: 기계화에 길들여져 자력을 잃어버린 우리의 모습

출제 포인트

- 시에서 비판하고 있는 현실
- '키위새'의 상징적 의미

필수 문제

01 화자 파악하기
- 화자: 자동화된 현대인의 삶을 비판하는 이
- 상황: (   )에 길들여진 현대인을 강하게 비판함
- 정서·태도: 비판적

02 이 시에서 기계 문명의 유혹을 생명이 있는 것처럼 생동감 있게 표현한 부분을 찾아 쓰시오.

03 이 시에서 자력을 잃어버린 현대인의 모습을 비유적으로 표현한 시구를 찾아 3어절로 쓰시오.

핵심 정리

- ♥ 갈래: 자유시, 서정시   ♥ 성격: 비판적
- ♥ 주제: 현대 문명의 편리함에 길들여진 현대인에 대한 비판
- ♥ 해제: 이 시는 현대 문명의 편리함에 길들여진 현대인들이 인간으로서 아무것도 할 수 없는 존재로 퇴화될 것을 날지 못하는 새인 '키위새'에 빗대어 경고하고 있다.
- ♥ 시의 특징과 표현
  ① 날개 없는 '키위새'를 통해 자력을 상실한 현대인의 모습을 비유적으로 표현함
  ② 다양한 음성 상징어를 사용하여 생생함과 현장감을 나타내고 있다.

사람들이 새가 되고 싶은 까닭을 안다 – 수국(水國)에 와서 | 이근배

낯선 작품

여기 와 보면 ☐ : 통사 구조의 반복(운율 형성, 정서 강화)

사람들이 저마다 가슴에

바다를 가두고 사는 까닭을 안다
그리움의 대상, 향수

『바람이 불면 파도로 일어서고
『 』: 바다의 다양한 모습(의인법)

비가 내리면 맨살로 젖는 바다

때로 울고 때로 소리치며
파도치는 바다, 청각적 심상

때로 잠들고 때로 꿈꾸는 바다』
잔잔한 바다, 시각적 심상

▶ 1연: 그리움의 바다

여기 와 보면

사람들이 하나씩 섬을 키우며
삶의 희망, 꿈

사는 까닭을 안다

사시사철 꽃이 피고 잎이 지고 눈이 내리는 섬
자연과 더불어 지낼 수 있는 곳

사랑하는 이들을 위해 별빛을 닦아 창에 내걸고
소망

안개와 어둠 속에서도『홀로 반짝이고
삶의 어려움, 시련   『 』: 시련을 극복할 수 있게 힘을 주고 지켜봐 주는

홀로 깨어 있는』섬

▶ 2연: 소망의 섬

여기 와 보면

사람들이 새가 되고 싶은 까닭을 안다
자유로움, 시인의 소망, 시인과 동일시

꿈의 둥지를 틀고 노래를 물어 나르는 새
희망을 현실화한 곳   자유와 희망의 노래를 전해 주는

새가 되어 어느 날 문득 잠들지 않는 섬에 이르러
드나듦의 자유로움 2연의 6, 7행

풀꽃으로 날개를 접고 내리는 까닭을 안다
부드럽게 조용히 내려앉는

▶ 3연: 바다와 섬을 찾는 새가 되고 싶은 꿈

1980년대

핵심 정리

▼ 갈래: 자유시, 서정시   ▼ 성격: 감각적, 상징적
▼ 주제: 그리움과 희망과 자유로움에의 소망
▼ 해제: 이 시는 '수국(水國)'이라는 특정의 시적 공간을 설정하고 자연물들의 의인화를 통해 그 속성을 제시하여, 꿈과 희망의 노래를 염원하는 화자의 소망을 형상화하고 있다.
▼ 시의 특징과 표현
① 대상을 의인화하여 그 속성을 부각함
② 통사 구조의 반복으로 화자의 태도와 정서를 강조함

현대시의 모든 것

372 세한도(歲寒圖) – 벼루 읽기 | 이근배

필수

1

바람이 세다
유배 생활의 시련과 고난, 상념들
산방산(山房山)* 너머로『바다가
노인이 있는 곳 – 제주도
몸을 틀며 기어오르고 있다』
「 」: 파도치는 바다의 모습 – 유배 생활의 어려움과 상념들을 감각화함
볕살*이 잦아지는 들녘에

『유채 물감으로 번지는
「 」: 유배 생활의 슬픔과 그리움을 시각화함
해묵은 슬픔』

어둠보다 깊은 고요를 깔고

노인은 북천*을 향해 눈을 감는다
김정희   육지에서의 삶에 대한 회한, 유배 생활로 인한 복잡한 심정
가시울타리의 세월이
노인이 겪은 길고 괴로웠던 유배 시절
저만치서 쓰러진다
유배지에서의 상념이 서서히 가라앉음
바다가 불을 켠다.
상념이 가라앉고 예술혼으로 거듭남을 암시

▶ 1: 유배지에서 상념에 젖은 노인

2

노인이 눈을 뜬다

낙뢰(落雷)처럼 타 버린 빈 몸
삶의 고통으로 쇠약해진 육신
한 자루의 붓이 되어

송백*의 푸른 뜻을 세운다
선비의 지조와 의리를 담아낸 〈세한도〉를 그리는 모습
『이 갈필(渴筆)*의 울음을
노인의 격정적 감정이 드러남
큰선비*의 높은 꾸짖음을』
「 」: 화자가 〈세한도〉에서 받은 인상
산인들 어찌 가릴 수 있으랴
큰선비(김정희)의 기개를 막을 수 없음
신의 손길이 와 닿은 듯
오묘한 솜씨
나무들이 일어서고

『대정(大靜)* 앞바다의 물살로도
김정희의 제주도 유배지
다 받아 낼 수 없는
「 」: 파도처럼 밀려들던 상념을 다스려 모든 것이 거슬리지 않는 경지
귀를 밝히는 소리가

빛으로 끓어넘친다.
충만한 예술혼
『노인의 눈빛이
「 」: 선비의 기개를 잃지 않겠다는 결의가 그림으로 표출됨
새잎으로 돋는다.』

출제 포인트

• 노인의 심리 변화에 따른 시상 전개
• '송백의 푸른 뜻'의 의미
• 〈세한도〉에 대한 화자의 느낌

필수 문제

01 화자 파악하기
• 화자: 〈세한도〉를 보며 작품의 창작 과정을 상상하는 이
• 상황: 노인(김정희)이 (   )에서의 상념을 딛고 선비의 기개를 담아 〈세한도〉를 그려 냄
• 정서·태도: 감동, 예찬

02 이 시에서 노인이 유배지에 있음을 단적으로 드러내 주는 표현을 찾아 2어절로 쓰시오.

03 이 시에서 유배 생활 중에 겪는 슬픔과 그리움을 시각화한 표현을 찾아 5어절로 쓰시오.

04 이 시에서 〈세한도〉에 담겨 있는 선비로서의 지조와 절개를 의미하는 시어를 찾아 3어절로 쓰시오.

● 김정희, 〈세한도(歲寒圖)〉

▶ 2: 높은 기개를 담아 그림으로 표현하는 노인

현대시의 모든 것

420

- 산방산(山房山): 제주도 서귀포시 안덕면에 있는 산
- 볕살: 내쏘는 햇빛
- 북천(北天): 북쪽 하늘. 여기서는 유배를 오기 전에 살았던 육지 쪽의 하늘을 의미함
- 송백(松柏): 소나무와 잣나무를 아울러 이르는 말
- 갈필(渴筆): ① 그림을 그릴 때 쓰는, 뻣뻣한 털로 만든 붓 ② 서예나 동양화에서, 붓에 먹물을 슬쩍 스친 듯이 묻혀서 쓰거나 그리는 기법
- 큰선비: 학식과 덕망이 뛰어난 선비

그림 〈세한도〉에 대한 화자의 느낌이 나타난 표현

표현	화자의 감흥
송백의 푸른 뜻을 세운다	송백에 의리와 절개의 의미가 담겼다고 느낌
갈필의 울음	붓이 지난 자리에 추사 김정희의 격정적 감정이 드러난다고 느낌
큰선비의 높은 꾸짖음	그림에 큰선비로서의 기개가 담겨 있다고 느낌
신의 손길이 와 닿은 듯	신이 그린 듯 놀라운 솜씨가 투영된 그림이라고 느낌

보충 학습

김정희의 유배 생활과 〈세한도〉

문장과 그림에서 뛰어난 학자였던 김정희는 벼슬이 병조 판서에까지 이르렀으나, 탐관오리를 탄핵한 사건으로 임금의 미움을 사서 추자도와 제주도에서 유배 생활을 한다. 〈세한도〉는 김정희가 제주도 대정에서 유배 생활을 할 때인 1844년 여름에 그린 작품이다. 김정희는 탱자나무 울타리로 가둔 집에서 생활해야 했던 위리안치(圍籬安置)라는 가혹한 유배형을 받고 있었다. 낯선 풍토의 유배지에서 육신의 고달픔 못지않게 외로움이 컸던 김정희에게 가족과 친지, 제자들이 이따금 방문하는 것은 크나큰 즐거움이었다. 그런데 1843년 사랑하는 아내가 죽고, 지인들의 발길도 끊어지자 그의 외로움은 극에 달했다. 모두가 발길을 끊었지만, 제자인 이상적은 사제 간의 의리를 저버리지 않고 지위와 권력을 박탈당한 김정희에게 두 번씩이나 북경에서 귀한 책들을 구해 주었다. 당시 이상적은 북경에 자주 왕래하던 역관이었다. 그 책들을 높은 벼슬을 가진 사람들에게 바치면 출세를 할 수도 있었는데 이상적은 스승과의 의리를 더욱 중시했던 것이었다. 이에 김정희는 이상적의 인품을 소나무와 잣나무에 비유하여 〈세한도〉를 그려 자신의 마음을 전하였다.

핵심 정리

- ✓ 갈래: 자유시, 서정시   ✓ 성격: 감각적, 상징적
- ✓ 주제: 유배 생활의 힘겨움과 상념을 선비의 기백으로 극복하려는 결의
- ✓ 해제: 이 시는 추사 김정희가 고된 유배 생활에서의 어려움과 상념을 딛고, 절개와 의리의 기백을 담아 〈세한도〉를 완성하기까지의 과정을 섬세하게 묘사하고 있는 작품이다.
- ✓ 시의 특징과 표현
  ① 실존 인물과 그 인물의 그림을 소재로 활용하여 현실감을 높임
  ② 미술 작품의 창작 과정에 따라 시상을 전개하여 화자의 정서를 효과적으로 드러냄
  ③ 상징적 소재를 사용하여 인물이 추구하는 가치를 형상화함

373 그날 | 이성복

그날 아버지는 일곱 시 기차를 타고 금촌으로 떠났고
└ 「 」: 삶의 기본 단위인 가족의 일상을 제시하여 자유 연상이 시작됨
□: 일상의 현실이자 부조리한 현실

여동생은 아홉 시에 학교로 갔다 그날 어머니의 낡은

다리는 퉁퉁 부어올랐고 나는 신문사로 가서 하루 종일
제 역할을 못하는 언론을 표현함(무기력함, 자괴감)

노닥거렸다 전방(前方)은 무사했고 세상은 완벽했다 없는 것이
└▶1 반어적 표현

없었다 그날 역전에는 대낮부터 창녀들이 서성거렸고
없어야 할 것조차 있는 부조리한 세상

몇 년 후에 창녀가 될 애들은 집일을 도우거나 어린
미래에 대한 비관적 전망(완벽한 세상과 대립)

동생을 돌보았다 그날 아버지는 미수금(未收金) 회수 관계로
└▶2 아버지의 피로한 일상(앞 행의 내용에서 연상)

사장과 다투었고 여동생은 애인과 함께 음악회에 갔다
└ 「 」: '여동생의 데이트 → 멋진 여자 → 사람을 죽일 수 있음'으로 연상이 진행됨

그날 퇴근길에 나는 부츠 신은 멋진 여자를 보았고

사람이 사람을 사랑하면 죽일 수도 있을 거라고 생각했다 ▶3

그날 태연한 나무들 위로 날아오르는 것은 다 새가
'완벽한 세상'과 조응함

아니었다 나는 보았다 잔디밭 잡초 뽑는 여인들이 자기
도치법 └ 「 」: 평범한 사람들의 피폐하고 희망 없는 피로한 일상

삶까지 솎아내는 것을, 집 허무는 사내들이 자기 하늘까지
뒷문장의 서술어로도 쓰임(도치법) 고통스러운 일상을 나타냄

무너뜨리는 것을 나는 보았다 새점(占)치는 노인과 변통(便痛)의
정확한 정보를 접할 수 없는 현실을 보여 줌

다정함을 그날 몇 건의 교통사고로 몇 사람이
└ 「 」: 향락의 즐거움에 빠져 타인의 고통을 돌아보지 않음

죽었고 그날 시내 술집과 여관은 여전히 붐볐지만

아무도 그날의 신음 소리를 듣지 못했다
└ 「 」: 퇴폐와 부조리의 세상을 살아가는 존재에 대한 비판

모두 병들었는데 아무도 아프지 않았다 ▶4
우리 사회의 그늘진 면에 대한 통렬한 비판(역설법)

• 반어적 표현의 이해
• 역설적 표현의 효과

필수 문제

01 화자 파악하기
• 화자: '나' (사회의 어두운 면을 인식하는 이)
• 상황: (   )의 삶 속에 담긴 부조리하고 퇴폐한 이면을 고발함
• 정서·태도: 비판적

02 이 시에서 휴전 상태인 불안한 현실에 대한 무감각함을 반어적 표현으로 비판하고 있는 시행을 찾아 4어절로 쓰시오.

03 이 시에서 퇴폐하고 병든 현실의 부조리함을 역설적으로 보여 주는 시행을 찾아 쓰시오.

시상의 전개

▶1: 가족의 일상 ⇒ ▶2: 어둡고 부조리한 세상 ⇒

▶3: 피로한 아버지와 여동생과 '나'의 일상 ⇒ ▶4: 퇴폐와 부조리의 현실

한눈에 보기

평범한 일상의 삶 '완벽한 세상' — [자유 연상과 상상] → 퇴폐와 부조리의 현실 '병든 세상'

핵심 정리

▾ 갈래: 자유시, 서정시   ▾ 성격: 비판적, 냉소적
▾ 주제: 우리 사회의 어두운 면에 대한 비판 및 고발
▾ 해제: 이 시는 화자인 '나'가 경험하는 가족의 일상사를 그리면서 그 이면에 존재하는 사회의 어두운 현실을 보여 주어 우리 사회의 그늘진 면을 비판, 고발하고 있다.
▾ 시의 특징과 표현: 의도적으로 시행 배열을 어지럽게 하여 시적 상황의 혼란스러움을 암시함

서시(序詩) | 이성복

간이식당에서 저녁을 사 먹었습니다

늦고 헐한 저녁이 옵니다
허기만 충족할 만한 식사 – 사랑하는 사람이 곁에 없는 쓸쓸함과 허전함
낯선 바람이 부는 거리는 미끄럽습니다
사랑하는 사람의 부재로 인한 불안한 심리 반영 – 촉각적 이미지
『사랑하는 사람이여, 당신이 맞은편 골목에서
「 」: 사랑하는 사람에 대한 기다림
문득 나를 알아볼 때까지』

나는 정처 없습니다
방황하는 화자의 모습

▶ 1연: 그리움으로 인한 쓸쓸함과 방황

당신이 문득 나를 알아볼 때까지
나는 정처 없습니다
1연 뒷부분의 반복을 통한 시상 연결

사방에서 새소리 번쩍이며 흘러내리고
공감각적 이미지(청각의 시각화)
어두워 가며 몸 뒤트는 풀밭,
내적 고통이 심화됨 – 시각적 이미지
『당신을 부르는 내 목소리
「 」: 화자의 부름이 '당신'에게 닿지 않음 – 공감각적 이미지(청각의 시각화)
키 큰 미루나무 사이로 잎잎이 춤춥니다』

▶ 2연: 사랑하는 사람에 대한 그리움의 심화

출제 포인트

- 시에 나타난 화자의 정서
- 다양한 감각적 이미지의 활용

필수 문제

01 화자 파악하기
- **화자:** '나' (사랑하는 이를 그리는 이)
- **상황:** 허허롭고 정처 없는 일상 속에서 사랑하는 이를 ( )
- **정서·태도:** 쓸쓸함, 그리움

02 이 시에서 사랑하는 사람의 부재로 인해 불안하고 위태로운 화자의 마음을 촉각적 이미지로 드러내고 있는 시행을 찾아 쓰시오.

03 이 시에서 화자의 고통스러운 내면 심리를 시각적으로 제시하고 있는 시행을 찾아 쓰시오.

알맹이 포착

시에 나타난 화자의 정서

화자는 저녁밥을 '늦고 헐하게' 느끼고 있다. 사랑하는 사람의 부재로 인해 외롭고 허전하기 때문이다. 이러한 심리는 낯선 바람이 부는 거리가 '미끄러운' 것처럼 모든 것을 낯설게 하고 화자의 불안을 가중시키는 한편 사랑하는 사람에 대한 화자의 그리움을 점차 고조시키고 있다.

한눈에 보기

늦고 헐한 저녁이 옴

↓

'당신'이 알아볼 때까지 정처 없이 걸음

↓

'당신'을 부름

시간의 경과 – 그리움의 심화

핵심 정리

- **갈래:** 자유시, 서정시
- **성격:** 감각적, 애상적, 독백적
- **주제:** 사랑하는 이에 대한 간절한 그리움
- **해제:** 이 시는 사랑하는 이에 대한 그리움 때문에 허허롭고 정처 없는 화자의 일상을 담담하게 그리고 있다.
- **시의 특징과 표현**
  ① 사랑하는 이에 대한 그리움을 담담한 어조로 표현함
  ② 시간의 흐름과 공간의 이동에 따라 시상이 전개됨
  ③ 다양한 감각적 표현으로 화자의 감정을 표출함

서해 | 이성복

모의 기출

『 』: 당신을 그리워하나 당신이 있을 것 같아 서해에 가지 않음(역설적 태도)

『아직 서해엔 가 보지 않았습니다
　　　화자가 임이 있을 것이라 믿는 공간
어쩌면 당신이 거기 계실지 모르겠기에』
　　　　화자가 사랑하고 그리워하는 대상

▶ 1연: 당신이 계실지도 모르는 서해에 가지 않음

▢ : 서해. 화자가 당신이 있다고 믿는 장소

그곳 바다인들 여느 바다와 다를까요
　　　　　화자가 알고 있는 보통의 바다
검은 개펄에 작은 게들이 구멍 속을 들락거리고

언제나 바다는 멀리서 진펄*에 몸을 뒤척이겠지요
　　　　　　당신과의 거리감

▶ 2연: 서해도 다른 바다와 다르지 않을 것임

당신이 계실 자리를 위해

가보지 않은 곳을 남겨 두어야 할까 봅니다
　　　　　서해에 가지 않으려 함 – 당신을 마음속에서 지워 버리고 싶지 않음
내 다 가 보면 당신 계실 곳이 남지 않을 것이기에
서해에도 당신이 없다면 당신을 찾을 길이 없음

▶ 3연: 서해에 가지 않으려는 이유

내 가 보지 않은 한쪽 바다는

늘 마음속에서나 파도치고 있습니다
늘 당신을 그리워함

▶ 4연: 서해를 생각하며 늘 당신을 그리워함

■ 진펄: 땅이 질어 질퍽한 벌

출제 포인트

• 화자의 상황과 정서
• 화자가 서해에 가지 않으려는 이유

필수 문제

01 화자 파악하기
• 화자: '당신'을 그리워하는 이
• 상황: '당신'이 계실 것이라고 믿는 (　　　)에 가지 않으려 함
• 정서·태도: 사랑, 그리움

02 이 시와 〈보기〉에 공통적으로 드러나는 주된 정서를 3음절로 쓰시오.

〈보기〉
넓은 벌 동쪽 끝으로
옛이야기 지줄대는 실개천이 휘돌아 나가고
얼룩백이 황소가
해설피 금빛 게으른 울음을 우는 곳
— 그곳이 차마 꿈엔들 잊힐리야.　– 정지용, 〈향수〉

03 [서술형] 이 시의 화자가 서해에 가지 않으려는 이유를 30자 내외로 서술하시오.

알맹이 포착

화자가 서해에 가지 않으려는 이유

화자는 '당신'이 서해에 계실 것이라고 믿는다. 그러나 화자가 서해에 가게 되면 당신이 계실 곳이 남지 않기에 서해에 가지 않겠다고 한다. 즉, 서해에 갔는데 당신이 없다면 내 마음속의 당신은 영원히 사라질지도 모르기 때문에 서해에 가지 않겠다는 것이다. 결국 당신이 계실지도 모를 서해는 늘 화자의 마음속에 존재하며, 화자는 그러한 서해를 통해 당신에 대한 그리움과 사랑을 지속해 가겠다는 것이다.

한눈에 보기

당신을 그리워하는 '나'	당신이 어딘가에 존재하고 있다고 믿고 싶어 찾아가지 않음	서해 (당신이 계시리라고 믿는 곳)

핵심 정리

▾ 갈래: 자유시, 서정시　　▾ 성격: 서정적, 애상적
▾ 주제: 당신에 대한 배려와 그리움
▾ 해제: 이 시는 당신이 계실지도 모를 서해에 가지 않겠다는 역설적 표현을 통해, 당신에 대한 애틋한 그리움을 드러내고 있는 작품이다.
▾ 시의 특징과 표현
　① 역설적 발상으로 당신에 대한 그리움을 표현함
　② 경어체를 사용하여 당신을 대하는 태도를 드러냄

어머니의 그륵 | 정일근

모의 기출

어머니는 그륵이라 쓰고 읽으신다
　　　　'그릇'의 방언 – 삶 속에서 얻어진 언어

그륵이 아니라 그릇이 바른 말이지만
　　　　　　국어사전에 등재된 표준어

어머니에게 그릇은 그륵이다

물을 담아 오신 어머니의 그륵을 앞에 두고

그륵, 그륵 중얼거려 보면
그릇과 관련된 어머니의 삶을 되새겨 봄

그륵에 담긴 물이 편안한 수평을 찾고
　　　　　　화자가 느끼는 '그륵'의 의미 ①

어머니의 그륵에 담겨졌던 모든 것들이

사람의 체온처럼 따뜻했다는 것을 깨닫는다
　　　　　　화자가 느끼는 '그륵'의 의미 ②

나는 학교에서 그릇이라 배웠지만
　　　언어의 지시적 의미를 배움

어머니는 인생을 통해 그륵이라 배웠다
　　　　인생을 통해 언어의 의미를 깨달음

그래서 내가 담는 한 그릇의 물과
인생이 담겨 있지 않음

어머니가 담는 한 그륵의 물은 다르다
인생이 담겨 있음

말 하나가 살아남아 빛나기 위해서는

말과 하나가 되는 사랑이 있어야 하는데
　　　　　화자가 느끼는 '그륵'의 의미 ③

어머니는 어머니의 삶을 통해 말을 만드셨고

나는 사전을 통해 쉽게 말을 찾았다
　　　화자의 시인으로서의 한계

「무릇 시인이라면 하찮은 것들의 이름이라도
「 」: 화자가 생각하는 바람직한 시작 태도

뜨겁게 살아 있도록 불러 주어야 하는데」

두툼한 개정판 국어사전을 자랑처럼 옆에 두고
배우고 익혀서 얻는 죽은 언어

서정시를 쓰는 내가 부끄러워진다
사랑과 진심이 담긴 시를 쓰지 못하는 자신에 대한 반성

▶ 1~3행: 그릇을 '그륵'이라고 부르시는 어머니

▶ 4~8행: '그륵'이라는 말에 담긴 편안함과 따뜻함

▶ 9~12행: '그릇'과 '그륵'이 다르다는 것을 인식함

▶ 13~16행: 삶을 통해 만들어진 말 '그륵'과 사전을 통해 찾은 말 '그릇'

▶ 17~20행: 살아 있는 언어로 시를 쓰지 못하는 삶에 대한 반성

출제 포인트

- '그릇'과 '그륵'의 차이
- 어머니의 '그륵'이라는 말을 통해 화자가 얻은 깨달음

필수 문제

01 화자 파악하기
- 화자: '나' (시인)
- 상황: 어머니가 쓰는 '그륵'이라는 말을 통해서 자신의 (　　　) 쓰는 태도를 돌아봄
- 정서·태도: 반성, 부끄러움

02 이 시의 시어 중 그 의미가 이질적인 것은?
① 그륵
② 편안한 수평
③ 사람의 체온
④ 사랑
⑤ 국어사전

03 이 시에서 화자의 정서가 직접적으로 드러나 있는 1어절의 시어를 찾아 쓰시오.

핵심 정리

- ❥ 갈래: 자유시, 서정시　　❥ 성격: 서정적, 반성적
- ❥ 주제: 따뜻한 사랑과 진심이 담긴 시를 쓰고 싶은 소망
- ❥ 해제: 이 시는 사랑과 진심이 담겨 있는 시를 쓰지 못하는 자신의 시작 태도를 반성하며, 어머니의 '그륵'과 같이 인생의 참된 의미가 담겨 있는 시를 쓰고 싶은 소망을 형상화하고 있다.
- ❥ 시의 특징과 표현
  ① 일상의 경험을 바탕으로 자신의 삶을 성찰함
  ② 시적 대상의 의미를 대비하여 주제를 드러냄

점심, 후회스러운 | 정일근

한여름 폭염. 무더운 거리 나서기 싫어, 냉방이 잘 된 서늘한 사무실
　계절적 배경　　　　　　　　　　　　　　　물질적 풍요의 혜택, 편리함을 추구하는
에서 시켜 먹는 편안한 점심. 오래 되지 않아 3층 계단을 힘겹게 올라
현대인의 전형적인 모습
올 단골 밥집 최씨 아주머니.『나는 안다, 머리에 인 밥과 국, 예닐곱 가
　　　　　　힘겨운 삶을 살아가는 이웃 ▶ 1　　짊어져야 할 삶의 무게
지 반찬의 무게,『염천에 굵은 염주알 같은 땀 흘리며 오르는 고통의 계

단, …… 나는 안다, 머리에 인 밥보다도 무겁고 고통스러운 그녀의 삶.
　　　　　　　그녀의 처지를 알고는 있으나 외면함(자조적 어조)
『신부전증을 앓고 있는 남편과 늙은 시어머니의 치매, 아직도 공부가 끝
『　』: 최씨 아주머니의 힘겨운 삶의 구체적인 모습
나지 않은 어린 사남매,』단골이란 미명으로 믿고 들려준 그녀의 가족
　　　　　　　　　　　　　　그럴듯하게 내세운 명목이나 명칭
사. (나는 그녀의 눈을 피한다)』서늘한 사무실에 짐승처럼 갇혀, 흰 와
　　　　　　최씨 아주머니의 상황을 외면함 ▶ 2　　인간적인 면이 결여됨
이셔츠 넥타이에 목 묶인 채 먹는 점심. 먹을수록 후회스러운 식욕.
기계적·도구적 존재로서의 인간의 모습　　　　스스로의 비정함에 대한 반성　▶ 3

■ 염천: 몹시 더운 날씨

출제 포인트

• 화자의 태도 이해
• 시구의 의미 이해

필수 문제

01 화자 파악하기
• 화자: '나' (스스로의 비정함을 반성하는 이)
• 상황: (　　　　)의 배달 아주머니의 힘겨운 삶을 외면하는 자신의 모습을 반성함
• 정서·태도: 반성적

02 이 시에서 인간적인 유대감을 외면하는 화자의 태도가 직접적으로 드러난 부분을 찾아 쓰시오.

03 이 시에서 화자 자신의 비정함에 대한 반성의 감정이 드러난 시구를 찾아 3어절로 쓰시오.

시상의 전개

한눈에 보기

핵심 정리

▼ 갈래: 산문시, 서정시　　▼ 성격: 자조적, 반성적
▼ 주제: 비정한 현대인의 인간관계에 대한 반성
▼ 해제: 이 시의 화자는 더운 여름날 사무실에서 점심을 시키면서, 단골 밥집 최씨 아주머니의 어려운 사정을 알면서도 그녀의 처지를 외면하는 자신의 모습을 자조적으로 돌아본다. 이를 통해 타인의 고통에 무관심한 현대인의 각박하고 비정한 인간관계를 반성적으로 그리고 있다.
▼ 시의 특징과 표현
　① 화자의 모습과 최씨 아주머니의 모습을 대비하여 현대인의 비정함을 선명하게 부각함
　② '나는 안다'의 반복을 통해 알면서도 외면하는 화자의 행태를 자조적으로 드러냄

흑백 사진 - 7월 | 정일근

_{시간적 배경}
내 유년의 7월에는 냇가 잘 자란 미루나무 한 그루 솟아오르고 또 그
_{과거 회상}   _{공간적 배경}
위「파란 하늘에 뭉게구름 내려와 어린 눈동자 속 터져 나갈 듯 가득 차
_{「 」: 하늘의 구름을 바라보는 유년 시절 화자의 모습을 감각적으로 표현}
고」찬물들은 반짝이는 햇살 수면에 담아 쉼 없이 흘러갔다. 냇물아 흘
러 흘러 어디로 가니, 착한 노래들도 물고기들과 함께 큰 강으로 헤엄
_{동요 가사 - 순수한 동심}
처 가 버리면 과수원을 지나온 달콤한 바람은 미루나무 손들을 흔들어
_{'노래'를 시각적으로 형상화}
차르르 차르르 내 겨드랑에도 간지러운 새잎이 돋고 물 아래까지 헤엄
_{공감각적 표현(촉각의 미각화)}
처 가 누워 바라보는 하늘 위로 삐뚤삐뚤 헤엄쳐 달아나던 미루나무 한
_{자연에 동화된 모습}
그루. 달아나지 마 달아나지 마 미루나무야, 귀에 들어간 물을 뽑으려
_{'미루나무'가 바람에 흔들리는 모습}   _{빼내려고}
햇살에 데워진 둥근 돌을 골라 귀를 가져다 대면 허기보다 먼저 온몸으
로 퍼져 오던 따뜻한 오수.「점점 무거워져 오는 눈꺼풀 위로 멀리 누나
_{실컷 놀다 낮잠에 빠짐 - 평화로운 유년 시절}
가 다니는 분교"의 풍금" 소리 쌓이고」미루나무 그늘 아래에서 7월은
_{「 」: 공감각적 표현(청각의 시각화)}
더위를 잊은 채 깜박 잠이 들었다.
_{사실은 화자가 잠이 든 것임(주객전도식 표현)}

- 오수(午睡): 낮잠
- 분교(分校): 본교와 떨어진 다른 지역에 따로 세운 학교
- 풍금(風琴): 페달을 밟아서 바람을 넣어 소리를 내는 건반 악기

출제 포인트

- '흑백 사진'의 의미
- 시에 나타난 유년 시절의 추억

필수 문제

01 화자 파악하기
- 화자: '나'(유년을 회상하는 이)
- 상황: 유년 시절의 화자가 ( )가 서 있는 냇물에서 헤엄을 치며 놀다가 잠이 듦
- 정서 · 태도: 회상

02 이 시에서 화자의 회상적 시선에 포착된 '유년의 7월'의 자연 풍경이 아닌 것은?
① 미루나무   ② 뭉게구름
③ 냇물   ④ 바람
⑤ 새잎

03 주객전도식 표현으로 평화로운 유년 시절의 모습을 그리고 있는 시구를 찾아 쓰시오.

알맹이 포착

'흑백 사진'의 의미
이 시에서 '흑백 사진'은 유년 시절의 아련한 추억을 의미한다. 흑백 사진은 색은 없고 남은 건 흑백의 흔적뿐이다. 이는 독자들에게 아련한 향수를 불러일으키는 데 효과적이다. 시인은 '흑백 사진 - 7월'이라는 제목을 통해 사람들 각자가 지니고 있는 추억의 여백을 상상을 통해 채워나가길 바라고 있는 것이다.

한눈에 보기

흑백 사진 → 유년 시절의 7월 (자연 속에서 뛰어놀다 잠이 들곤 했음) → 유년 시절의 아름다운 추억

핵심 정리

- 갈래: 산문시, 서정시
- 성격: 회고적, 감각적, 묘사적
- 주제: 유년 시절의 아름다운 추억
- 해제: 이 시는 화자의 유년 시절의 추억들을 감각적 이미지를 통해 묘사하고 있는 작품이다. 화자는 이미지들의 연결을 통해 마치 흑백 사진의 한 장면처럼 과거의 향수를 자극하고 있다.
- 시의 특징과 표현
  ① 감각적인 표현들을 통해 어린 시절의 추억들을 묘사함
  ② 회고적인 어조로 화자의 정서를 드러냄

들판의 비인 집이로다 | 정진규

어쩌랴, 하늘 가득 머리 풀어 울고 우는 빗줄기, 뜨락에 와 가득히 당
_{비애와 슬픔의 감탄사}　　　　　_{화자의 눈물을 암시함(감정 이입)}
도하는 저녁나절의 저 음험한 비애의 어깨들 오, 어쩌랴, 나 차가운 한
　　　　　　　_{울고 있는 사람의 들썩이는 어깨(빗줄기)}　　　_{화자를 위로하는 유일한 대상}
잔의 술로 더불어 혼자일 따름이로다「뜨락엔 작은 나무 의자 하나, 깊
　　　　　_{화자의 고독한 상황}　　「」: 가진 것이 없는 화자의 처지
이 젖고 있을 따름이로다 전 재산이로다」

　　　　　　　　　　　　　　▶ 1연: 고독한 상황에 대한
　　　　　　　　　　　　　　　　　화자의 탄식

어쩌랴, 그대도 들으시는가 귀 기울이면「내 유년의 캄캄한 늪에서 한
　　　　　　　　　　　　　　「」: 유년 시절의 좌절된 희망
마리의 이무기는 살아남아 울도다」오, 어쩌랴, 때가 아니로다, 때가 아
　　_{희망이 좌절된 존재(화자 자신)}
니로다, 때가 아니로다, 온 국토의 벌판을 기일게 기일게 혼자서 건너
　　　　　　　　　　　　_{화자의 좌절된 꿈은 개인적인 것이 아니라 민족적 차원의 것임을 드러냄}
가는 비에 젖은 소리의 뒷등이 보일 따름이로다

　　　　　　　　　　　　　　▶ 2연: 좌절된 희망에 대한
　　　　　　　　　　　　　　　　　화자의 처절한 탄식

어쩌랴, 나는 없어라「그리운 물, 설설설 끓이고 싶은 한 가마솥의 뜨
　　　　　　　　　　「」: 따뜻했던 유년의 기억
거운 물, 우리네 아궁이에 지피어지던 어머니의 불, 그 잘 마른 삭정이
들, 불의 살점들」하나도 없이 오, 어쩌랴,「또다시 나 차가운 한 잔의 술
　　　　　　　　　　　　　　　　　「」: 고독하고 차가운 현실
로 더불어 오직 혼자일 따름이로다」전 재산이로다, 비인 집이로다, 들
_{고독하고 차가운 상황의 재인식}
판의 비인 집이로다 하늘 가득 머리 풀어 빗줄기만 울고 울도다」
_{화자의 고독하고 공허한 감정을 상징함}　　　　　_{감정 이입}

　　　　　　　　　　　　　　▶ 3연: 따스했던 유년의 기
　　　　　　　　　　　　　　　　　억과 대비되는 화자의 처
　　　　　　　　　　　　　　　　　절한 고독과 슬픔

출제 포인트

• 표현의 특징 이해
• 시구의 상징적 의미

필수 문제

01 화자 파악하기
• 화자: '나' (처절한 고독과 슬
픔에 몸부림치는 이)
• 상황: (　　　)를 바라보며 좌
절된 꿈으로 인한 처절한 고독
과 슬픔을 얘기함
• 정서 · 태도: 비애감

02 이 시에서 반복을 통해 화자
의 탄식을 강화하고 있는 시어를
찾아 쓰시오.

03 이 시에서 화자의 고독하고
공허한 내면세계를 상징하는 시구
를 찾아 3어절로 쓰시오.

핵심 정리

▾ **갈래**: 자유시, 서정시　　　▾ **성격**: 상징적, 절망적
▾ **주제**: 좌절된 희망으로 인한 고독과 비애
▾ **해제**: 이 시는 희망이 좌절된 상황으로 인해 현재 화자가 느끼는 고독과 비애의 감정을 유년 시절의 따뜻했던 기억
　과 대조를 이루면서 드러내고 있다. 1연에서는 현재의 고독을, 2연에서는 과거의 좌절을 표현하였고, 3연에서는 과
　거의 따뜻함이 없어지고 차가움만 남은 현재의 공허함을 '들판의 비인 집'으로 형상화하고 있다.
▾ **시의 특징과 표현**
　① '~도다/로다'의 단정적인 어투를 사용하여 주제를 강조함
　② '뜨거운 물'과 '차가운 술'의 대비를 통해 고독한 현실을 감각적으로 형상화함

추억 – '감자 먹는 사람들', 빈센트 반 고흐 | 정진규

식구들은 둘러앉아
<u>노동에 지쳐 대화할 의욕이 없음</u>
삶은 감자를 말없이 먹었다
<u>끼니를 해결하는 수단 – 어려운 가정 형편을 짐작하게 함</u>
신발의 진흙도 털지 않은 채
<u>고된 노동의 흔적</u>
흐린 불빛 속에서

늘 저녁을 그렇게 때웠다
<u>항상 가난했음</u>
저녁 식탁이

누구의 손 하나가 잘못 놓여도

삐걱거렸다

『다만 셋째 형만이
「 」: 가난함으로부터 벗어나기 위해 – 고흐의 그림에는 없는 내용
언제고 떠날 기회를 노리고 있었다』

아무 말도 하지 않았다
<u>고된 노동에 시달려 모두들 지쳐 있었기 때문에</u>
고된 나날이었다
<u>삶의 힘겨움을 직설적으로 표출</u>

▶ 1연: 가난한 가족의 저녁
식사 모습

잠만은 편하게 잤다
<u>노동에 지쳐 쉽게 잠이 듦</u>
잘 삶아진 굵은 감자알들처럼
<u>피곤에 지쳐 잠든 가족들의 모습 비유</u>
마디 굵은 우리 식구들의 손처럼
<u>고단한 노동의 흔적</u>
서걱서걱 흙을 파고 나가는

삽질 소리들을 꿈속에서도 들었다
<u>꿈속에서조차 편안히 쉬지 못함</u>
누구나 삽질을 잘하는 것은 아니다

우리는 타고난 사람들이었다
<u>노동을 숙명으로 여김</u>
맛있는 잠! 잠에는
<u>유일하게 노동을 쉴 수 있는 시간 – 노동의 힘겨움을 역설적으로 강조</u>
막힘이 없었다

▶ 2연: 노동에 지친 가족들
에게 휴식을 주는 잠

새벽에는

빗줄기가 조금 창문을 두드렸다
<u>잠시나마 고된 노동으로부터 벗어날 수 있게 하는 매개체</u>
제일 부드러웠다
<u>가족들에게 위안을 줌</u>
새싹들이 돋고 있으리라 믿었다
<u>삶이 나아지리라는 희망</u>
오늘 하루쯤 쉬어도 되리라
<u>비가 오기 때문에 노동을 할 수 없음</u>
식구들은

목욕탕엘 가고 싶었다
<u>휴식을 취할 수 있는 장소</u>

▶ 3연: 비로 인해 생긴 휴식
에 대한 기대감

출제 포인트

- 이 시와 그림 '감자 먹는 사람들'의 관계
- '빗줄기', '새싹' 등의 소재가 갖는 의미

필수 문제

01 화자 파악하기
- 화자: 고흐의 그림을 바라보는 이
- 상황: 고흐의 그림을 보면서 (   )들의 힘겨웠던 삶의 모습을 떠올림
- 정서·태도: 힘겨움, 고통스러움

02 이 시와 고흐의 '감자 먹는 사람들'의 공통된 내용으로 볼 수 있는 것은?
① 식탁　　　② 셋째 형
③ 맛있는 잠　④ 빗줄기
⑤ 목욕탕

03 이 시에서 노동의 힘겨움을 역설적으로 드러내고 있는 2어절의 시구를 찾아 쓰시오.

04 〈보기〉의 설명에 해당하는 시어를 찾아 쓰시오.
〈보기〉
- 가족들에게 잠시나마 위안을 주는 소재
- 고된 노동의 일상으로부터 벗어나 휴식을 취할 수 있게 하는 소재

● 고흐, 〈감자 먹는 사람들〉

문학과 미술이 맺는 관계

이 시는 빈센트 반 고흐의 그림 '감자 먹는 사람들'을 모티프로 하여, 시인이 자신의 삶의 이야기를 풀어 나가고 있는 작품이다. '셋째 형'이나 '맛있는 잠' 등을 제외하면 대체로 그림의 내용과 유사하다. 고흐의 그림이 고된 노동 속에서 살아가는 농민의 모습을 그리고 있다면, 이 시는 고된 삶을 살아가는 노동자 가족의 이야기를 형상화하고 있다. 문학과 미술은 모두 삶의 한 단면을 생생하게 보여 준다는 점에서 공통점을 갖는다고 할 수 있다.

소재의 의미

• 빗줄기: 비가 오면 일을 쉴 수 있다. 따라서 '빗줄기'는 노동에 지친 가족들에게 잠시나마 일을 쉴 수 있게 하여 위안을 주는 소재이다.
• 새싹: 빗줄기로 인해 돋고 있는 '새싹'은 가족들에게 삶이 나아질 수 있을 것이라는 희망을 주고 있다. 이러한 희망을 통해 하루쯤 쉬어도 된다는 여유를 갖게 된다.
• 목욕탕: 가족들이 현실의 힘겨움을 잠시 잊고 휴식을 취하는 공간이다.

보충 학습

고흐의 '감자 먹는 사람들'

'감자 먹는 사람들'은 빈센트 반 고흐를 위대한 화가의 반열에 오르게 한 걸작의 하나로 꼽힌다. 이 그림은 네덜란드 시골 농촌에 사는 한 가족의 모습을 투박하게 그리고 있다. 목가적인 시골 풍경과는 거리가 먼 생생한 삶의 현실을 잘 포착하고 있다. 이 그림에는 천장에 매달린 램프 불빛 아래 둘러앉아 식사를 하고 있는 다섯 명의 가족이 등장한 다. 허름한 옷차림, 단출한 음식, 피곤에 찌든 듯한 얼굴 표정에서 고단한 농부의 삶의 모습이 고스란히 묻어나고 있다. 반 고흐는 자신의 그림이 손으로 행해진 노동과 그 노동으로 정직하게 수확한 양식을 그대로 전달하기를 원했고, 그렇기 때문에 이 그림을 가장 진실하고 정직한 그림이라고 여겼다고 한다.

핵심 정리

▾ 갈래: 자유시, 서정시 ▾ 성격: 회상적
▾ 주제: 일에 지친 가족의 고단한 삶의 모습과 휴식에 대한 기대
▾ 해제: 이 시는 고흐의 '감자 먹는 사람들'을 모티프로 하여, 노동의 고단함에서 벗어나 잠시나마 휴식을 취하고 싶어 하지만 비가 와야만 휴식을 취할 수 있는 가족들의 힘겨운 삶의 모습을 그리고 있다.
▾ 시의 특징과 표현
 ① 고흐의 그림 '감자 먹는 사람들'을 창작의 모티프로 삼음
 ② 상징적 소재를 사용하여 의미를 효과적으로 드러냄

381 낡은 집 | 최두석

귀향이라는 말을 매우 어설퍼하며 마당에 들어서니 다리를 저는
_{시적 상황이 드러남}
오리 한 마리 유난히 허둥대며 두엄자리로 도망간다. 나의 부모인 농부
_{향토적 정서를 유발하는 소재}   _{자신의 가족을 객관화하여 지칭함}
내외와 그들의 딸이 사는 슬레이트 흙담집, 겨울 해어름의 집 안엔 아
               _{향토적 소재이자 가족들의 가난한 처지를 보여 주는 소재}
무도 없고 방바닥은 선뜩한 냉돌이다. 여덟 자 방구석엔 고구마 뒤주가
_{썰렁한 집 안의 정경 묘사 – 가난한 농촌 현실에 대한 안타까움}
여전하며 벽에 메주가 매달려 서로 박치기한다. 허리 굽은 어머니는 냇
             _{낡은 고향 집의 정경을 익살스럽게 그려 비애감을 누그러뜨림}
가 빨래터에서 오셔서 콩깍지로 군불을 피우고 동생은 면에 있는 중학
                   _{화자에 대한 어머니의 따뜻한 사랑}
교에서 돌아와 반가워한다. 닭똥으로 비료를 만드는 공장에 나가 일당
      _{화자에 대한 동생의 사랑}
서울 광주 간 차비 정도를 버는 아버지는 한참 어두워서야 귀가해 장남
_{아버지의 고단한 삶이 드러남}   _{화자 자신}
의 절을 받고, 가을에 이웃의 텃밭에 나갔다 팔매질당한 다리병신 오리
                                           _{화자에 대한 아버지의 사랑}
를 잡는다.

한눈에 보기

고향 집의 모습	따뜻한 가족애
• 슬레이트 흙담집 • 선뜩한 냉돌 • 고구마 뒤주 • 벽에 매달린 메주	↔ • 군불을 피우는 어머니 • 반가워하는 동생 • 오리를 잡는 아버지

핵심 정리

▼ **갈래:** 산문시, 서정시   ▼ **성격:** 산문적, 묘사적, 향토적

▼ **주제:** 고향 집의 풍경과 가족들의 따뜻한 사랑

▼ **해제:** 이 시는 오랜만에 귀향을 한 화자가 가난하지만 따뜻한 사랑이 있는 고향의 '낡은 집'과 가족의 이야기를 담담
한 어조로 노래하고 있는 작품이다. 정겨운 고향 집의 풍경을 감정을 배제한 채 객관적으로 서술하면서도 가난한 삶
속에 존재하는 애정을 익살스럽게 그려 내고 있다.

▼ **시의 특징과 표현**
① 담담한 어조로 화자의 감정을 절제하여 드러냄
② 향토적 소재와 현재 시제를 활용하여 시적 상황을 생동감 있게 묘사함

382 노래와 이야기 | 최두석

노래는 심장에, 이야기는 뇌수에 박힌다.
　　감성　　　　　　이성
처용이 밤늦게 돌아와, 노래로써

아내를 범한 귀신을 꿇어 엎드리게 했다지만
감동을 주는 '노래'의 힘
막상 목청을 떼어 내고 남은 가사는
　　　　　노래의 음악성　　　　이야기
베개에 떨어뜨린 머리카락 하나 건드리지 못한다.
감동을 주지 못하는 '가사(이야기)'의 한계
하지만 처용의 이야기는 살아남아
시상 전환
새로운 노래와 풍속을 짓고 유전*해 가리라.
　　　　　　　　　　　　'이야기'가 지닌 전승의 힘
정간보*가 오선지로 바뀌고
시대의 변화(조선 시대 → 현대)
이제 아무도 시집에 악보를 그리지 않는다.
　　　　　　시에 '이야기'만 남고 '노래'가 분리됨
노래하고 싶은 시인은 말 속에

은밀히 심장의 박동을 골라 넣는다.
　　　시에 내재되어 있는 운율(리듬감)
그러나 내 격정의 상처는 노래에 쉬이 덧나
시상 전환　감정의 과잉으로 상처를 덧나게 하는 '노래'의 한계
다스리는 처방은 이야기일 뿐
　　　　　　　　　'노래'의 한계를 극복하는 방법
이야기로 하필 시를 쓰며

뇌수와 심장이 가장 긴밀히 결합되길 바란다.
화자가 생각하는 시의 본질
– 이성과 감성(이야기와 노래)의 조화로운 결합

- 1행: '노래'와 '이야기'의 성격

> 처용 설화의 내용 차용

- 2~7행: '노래'와 '이야기'의 관계

- 8~11행: 시가 '노래'에서 멀어진 현실

- 12~15행: 이성과 감성이 결합된 시에 대한 소망

■ 유전(遺傳): 물려받아 내려옴. 또는 그렇게 전해짐
■ 정간보: 조선 세종 때에, 소리의 길이와 높이를 정확히 표시하기 위하여 만든 악보

출제 포인트
- '노래'와 '이야기'의 의미와 관계
- '처용 설화' 차용의 효과

필수 문제

01 화자 파악하기
- 화자: '나'(시의 본질에 대해 고민하는 이)
- 상황: '노래'와 '(　　　)'의 관계를 통해 자신이 추구하는 시가 무엇인지를 밝힘
- 정서·태도: '노래'와 '이야기'가 조화를 이루는 시 소망

02 이 시에서 화자가 '이야기'의 필요성을 말하려 할 때 사용한 시상 전환의 표지 두 가지를 찾아 쓰시오.

03 이 시의 시어 중, 나머지와 대비적인 의미로 쓰인 것은?
① 노래　　② 심장
③ 목청　　④ 가사
⑤ 악보

알맹이 포착

'처용 설화'를 차용한 효과
향가〈처용가〉와 함께 전하는 '처용 설화'는, 자신의 아내를 범한 역신(천연두 귀신)을 보고도 노래를 부르며 춤을 춘 처용의 모습에 감탄한 역신이 처용에게 잘못을 빌고 물러났다는 이야기이다. 이 시는 처용 설화를 차용함으로써 '노래'가 가지고 있는 주술적·교화적 기능, 즉 감동의 힘을 뒷받침하고 있다.

한눈에 보기

핵심 정리

▼ 갈래: 자유시, 서정시　　▼ 성격: 사색적, 인용적
▼ 주제: 노래와 이야기가 조화를 이루는 시에 대한 지향
▼ 해제: 이 시는 '노래'와 '이야기'의 관계를 통해 시의 본질이 무엇인지를 드러내고 있는 작품이다. '노래'는 감성, '이야기'는 이성과 관계된 것으로, 화자는 노래와 이야기가 조화를 이룬 시를 지향하고 있다.
▼ 시의 특징과 표현
　① 노래와 이야기의 성격을 비교하여 주제를 구체화함
　② 처용 설화의 내용을 차용하여 시상을 전개함

현대시의 모든 것

432

383 대꽃 1 – 손 | 최두석

『(손은 원시의 수풀을 지나 조개를 줍다가 흙으로 밥그릇을 구워 내더
니 삽자루 호밋자루와 농사, 농사 중)』
　　└ 『』: 인류가 도구를 사용해 온 발전 과정
　　인류의 기술 발전을 가져오게 한 힘

　　▶ 1연: 인류의 기술 발전을
　　　　가져오게 한 힘과 그 과
　　　　정

어느 날 담양 대밭에 칠 척 거대한 손이 낮잠을 자고 있었다. 마을 사
　　대문화가 발달한 지역　　인간에게 도구나 기술을 전수해 준 대상
람들 모두 구경 나왔다가 어찌된 셈인지 스르르 잠이 들었음에 깨어 일
　　　　　　　　　　　　인류 역사의 무의식적인 진행
어나 보니 손은 간데없고 사람들은 그 날부터 죽세공인이 되었다. 이런
　　　　　　　　　　　　도구나 기술을 사용하는 인간. 도구적·기술적 인간
사실은 당시의 이호예병형공방 모두 모르는 일일 뿐더러 이제 와서는
　　　　　옛날의 하급 관리층
담양 죽세공인들도 까맣게 잊어버린 일이다.

하물며 손의 행방에 대하여는……
　　인간의 기술 발전이 어떻게 진행될지에 대한 의문 제시

　　▶ 2연: 인류의 무의식적인
　　　　기술 발전과 그 발전 방
　　　　향에 대한 의문

출제 포인트

• 소재의 상징적 의미
• 시행의 의미 이해

필수 문제

01 화자 파악하기

• 화자: '드러나지 않음'(인간
문명에 대해 살펴보는 이)
• 상황: 인류의 (　　) 발전 과
정을 살펴봄
• 정서·태도: 사색, 의문

02 이 시에서 (　　)은 인류
의 기술 발전을 가져오게 한 힘을
의미한다.

03 이 시에서 인간의 기술 발전
의 방향에 대한 의문이 담긴 시행
을 찾아 그대로 쓰시오.

핵심 정리

▾ **갈래**: 자유시, 서정시　　▾ **성격**: 상징적, 설화적
▾ **주제**: 인간의 기술 발전 방향에 대한 의문
▾ **해제**: 이 시는 시인의 〈대꽃〉 연작 중 첫 번째 작품으로, 부제인 '손'은 인류의 기술 발전을 가져오게 한 힘을 의미하
고 있다. 이야기시 형식을 통해 인류의 기술 발전 과정과 인류의 기술 발전에 대한 무감각, 그리고 그 발전 방향에
대한 의문을 드러내고 있다.
▾ **시의 특징과 표현**: 시 속에 이야기를 끌어들이는 방식을 통해 시상을 전개함

성에꽃 | 최두석

새벽 시내버스는
_{서민들의 삶의 숨결을 느낄 수 있는 공간}
차창에 웬 <u>찬란한 치장</u>을 하고 달린다 ☐: '성에꽃'을 비유한 표현(은유법)
_{성에꽃}
<u>엄동 혹한일수록</u>
_{힘겨운 시대 상황}
<u>선연히</u> 피는 <u>성에꽃</u>
_{생생하게   서민들의 삶의 애환이 담긴 결정체}
어제 이 버스를 탔던

『처녀 총각 아이 어른   「 」: 평범한 사람들의 입김과 숨결이 만들어 낸 성에꽃의 아름다움
                          – 서민들의 삶의 아름다움

미용사 외판원 파출부 실업자의

입김과 숨결이 / 간밤에 은밀히 만나 피워 낸

<u>번뜩이는 기막힌 아름다움</u>』
_{성에꽃}
나는 무슨 전람회에 온 듯 / 자리를 옮겨 다니며 보고
                          _{성에꽃의 아름다움을 느끼기 위해서}
다시 꽃이파리 하나, 섬세하고도

차가운 아름다움에 취한다
_{성에꽃에서 서민들의 삶의 아름다움을 느낌 – 역설적 표현}
어느 누구의 <u>막막한 한숨</u>이던가
          _{성에꽃 – 서민들이 살아가기에 힘든 현실 암시}
어떤 더운 가슴이 토해 낸 <u>정열의 숨결</u>이던가
                          _{성에꽃 – 서민들의 삶의 열정}
일없이 정성스레 입김으로 손가락으로

성에꽃 한 잎 지우고 / 이마를 대고 본다

덜컹거리는 창에 어리는 푸석한 얼굴
_{장면 전환 – 초췌한 친구의 모습을 떠올림}
오랫동안 함께 길을 걸었으나

지금은 면회마저 금지된 친구여.
<sub>모순된 현실에 저항하다 감옥에 있는 친구에 대한 안타까움
– 암울한 시대 현실 암시</sub>

▶ 1~4행: 새벽 시내버스 차창에 핀 성에꽃을 바라봄

▶ 5~10행: 성에꽃을 통해 느끼는 서민들의 삶의 아름다움

▶ 11~19행: 서민들의 삶에 대한 깊은 이해와 공감

▶ 20~22행: 지금은 만날 수 없는 친구에 대한 안타까움

출제 포인트

- '성에꽃'의 상징적 의미
- '성에꽃'을 비유한 표현
- 대상에 대한 화자의 태도

필수 문제

01 화자 파악하기
- 화자: '나' (새벽 시내버스를 탄 이)
- 상황: 버스 차창에 핀 성에꽃에서 (   )들의 힘든 현실과 감옥에 간 친구를 떠올림
- 정서 · 태도: 안타까움, 애정

02 이 시에서 '성에꽃'이 의미하는 바를 3어절로 쓰시오.

03 [기출] 이 시를 이해한 내용으로 적절하지 <u>않은</u> 것은?
① 1~4행: 계절적 배경과 관련지어 차창에 핀 성에꽃의 속성을 드러내고 있다.
② 5~10행: 서민들의 입김과 숨결이 만나 이루어진 성에꽃에서 아름다움을 느끼고 있다.
③ 11~16행: 서민들의 삶에 대한 따뜻한 시선을 바탕으로 성에꽃의 아름다움에 심취하고 있다.
④ 17~19행: 현실의 벽에 부딪혀 성에꽃을 지우는 태도를 통해 무력감을 드러내고 있다.
⑤ 20~22행: 오랫동안 함께 했던 친구를 떠올리며 안타까움을 느끼고 있다.

핵심 정리

▼ 갈래: 자유시, 서정시   ▼ 성격: 감각적, 상징적, 현실 비판적
▼ 주제: 서민들의 삶에 대한 애정
▼ 해제: 이 시는 추운 새벽 시내버스 차창에 핀 '성에'의 모습을 통해, 힘겨운 세상 속에서도 아름답게 피어나는 서민들의 삶에 대한 애정을 형상화하고 있다.
▼ 시의 특징과 표현
  ① 서민들의 삶의 애환을 자연물로 형상화함
  ② 담담한 어조로 암담한 사회 현실을 제시함

385 수국댁 | 최두석

낯선 작품

『내 나이 네 살 때 쌀 한 말을 갖고 분가한 일가족이 셋방살이를 시작
「 」: 가난했던 과거와 수국댁집에 대한 유년의 기억
한 곳은 수국댁집이었다. 유난히 높았던 문턱 때문에 애먹었던 기억이

지금도 생생하지만 신작로가에 있었던 그 집은 이제 사라지고 없다.』▶ 1

『초가집을 없애자는 노래가 이장집에 설치된 확성기에서 울려 퍼지며
「 」: 지붕 개량 사업(1970년대라는 시대 상황을 나타냄)
슬레트 지붕을 강요하던 당시,』우선 그 집이 서까래나 대들보는 슬레트
슬레이트(slate): 시멘트와 석면을 물로 개어 만든 얇은 판   마룻대에서 도리 또는 보에 걸쳐 지른 나무
를 얹을 만한 사정이 못 되었다. 그래서 아예 헐어 없애고 수국댁은 셋

방으로 옮겨 갔지만 그것은 별로 불행이 아니었다.『평생 몸담았던 집에
「 」: 수국댁이 처할 비극과 대비시킨 표현
서 일찍 눈감은 영감은 오히려 지극한 행운이었다.』아버지가 죽자 농사
▶ 2   「 」: 비극의 시작
팽개치고 논밭 팔아 서울로 간 아들 내외의 일은 섭섭한 정도에서 그쳤

었다.』기반만 잡으면 곧 모시겠다는 말이 다급할 정도로 늙은 것도 아

니었다. 그러나 불행은 갑자기 완벽하게 다가왔다. 당면 배달 나가던
마른 하늘에 날벼락. 청천벽력(靑天霹靂)
아들의 오토바이가 바람처럼 달려서 트럭과 정면 충돌한 소식이 폭풍

이 되어 수국댁을 땅바닥에 눕혔다. 얼마 후 며느리는 딸 하나를 떠맡
아들을 잃은 어머니의 충격
기고 개가하였다.』   ▶ 3

이제 수국댁의 집터엔 감나무만 남아 골붉은 열매로 내 눈시울을 뜨
'붉은'의 의미
겁게 하고 그래도『그녀는 유일한 살붙이인 손녀와 함께 살아가야 하므
「 」: 손녀를 키워 내야 하는 남은 생의 힘겨움
로 죽제품 장사를 다닌다 한다.』   ▶ 4

출제 포인트
• 시대적 배경의 이해
• 화자의 상황 이해

필수 문제

01 화자 파악하기
• 화자: '나 (수국댁의 삶을 떠
올리는 이)
• 상황: (   )의 집터에서 수
국댁의 한 맺힌 삶을 회상함
• 정서·태도: 안타까움

02 이 시에서 '내 나이 네 살
때'의 시대적 배경을 알 수 있게
해 주는 구절을 찾아 쓰시오.

03 이 시에서 가족이 해체된 수
국댁의 힘겨운 남은 생의 모습이
드러난 부분을 찾아 쓰시오.

시상의 전개

▶ 1: 수국댁집에 대한 유년의 기억 → ▶ 2: 닥쳐올 수국댁의 비극적 상황에 대한 암시 → ▶ 3: 아들의 죽음과 수국댁의 충격 → ▶ 4: 손녀를 키워 내야 하는 수국댁의 남은 생

한눈에 보기

수국댁의 불행 [과거] — [회상] [안타까움] → 수국댁의 집이 사라짐 [현재]

핵심 정리

∨ 갈래: 산문시, 서정시   ∨ 성격: 서사적, 회고적
∨ 주제: 상처와 가난으로 얼룩진 여인의 한 맺힌 삶
∨ 해제: 이 시는 '수국댁'이라는 한 여인의 일생을 통해 상처와 가난으로 얼룩진 민중의 한 맺힌 삶을 노래하고 있다.
'수국댁'은 아들의 죽음과 가족 구성원의 해체로 인해 그 일생을 초라하고 비참하게 살아야 했던 인물이다. 자신에
게 남겨진 어린 손녀까지 키워 내야 하기에 '수국댁'의 남은 생은 독자에게 안타까움을 더한다.
∨ 시의 특징과 표현: 한 여인의 삶을 회고하는 방식으로 인간의 삶의 문제를 심도있게 그려 냄

공터 | 최승호

「아마 무너뜨릴 수 없는 고요가
「 」: 공터를 지배하는 고요
공터를 지배하는 왕일 것이다」

▶ 1, 2행: 공터를 지배하는
고요

「빈 듯하면서도 공터는
「 」: 무엇인가로 가득 차 있는 공터(역설법)
늘 무엇인가로 가득 차 있다」

▶ 3, 4행: 빈 듯하면서도 차
있는 공터

공터에 자는 바람, 붐비는 바람,
　　　　　잠잠해지는
「때때로 바람은
「 」: 바람으로 인해 꽃이 피는 공터(자연의 변화와 생성의 순간)
솜털에 싸인 풀씨들을 던져

공터에 꽃을 피운다」

「그들의 늙고 시듦에
「 」: 변함없이 운행하는 공터
공터는 말이 없다
존재의 생로병사에 관여하지 않음
있는 흙을 베풀어 주고

그들이 지나가는 것을 무심히 바라볼 뿐」

▶ 5~12행: 변함없이 운행
하는 공터

「밝은 날
「 」: 공터의 순환적 · 자연적 원리
공터를 지나가는 도마뱀

스쳐 가는 새가 발자국을 남긴다 해도

그렇게 오래 가지는 않을 것이다」

하늘의 빗방울에 자리를 바꾸는 모래들,
　　　　　삶의 자취
공터는 흔적을 지우고 있다
고요하지만 끊임없이 운행하는 공터
「아마 흔적을 남기지 않는 고요가
「 」: 수미상관(반복을 통해 의미를 강조함)
공터를 지배하는 왕일 것이다」

▶ 13~18행: 흔적을 남기지
않는 공터

▶ 19, 20행: 공터를 지배하
는 고요

필수 문제

01 화자 파악하기
• 화자: '드러나지 않음' (공터의
우주적 원리를 말하는 이)
• 상황: '공터'를 통해 자연적 ·
우주적 질서와 (　　　)를 새
롭게 인식함
• 정서 · 태도: 명상적, 관찰

02 이 시에서 (　　　　)는
우주적 · 자연적 원리가 작용하는
공간이라고 할 수 있다.

03 이 시에서 '무엇인가로 가득
차 있는 공터'의 '무엇'을 아래와
같이 정리할 때 빈칸에 들어갈 시
어를 쓰시오.

(　　　)
바람
풀씨 · 꽃
도마뱀
새 발자국
빗방울

핵심 정리

❤ **갈래**: 자유시, 서정시　　　❤ **성격**: 관념적, 사색적
❤ **주제**: 공터의 우주적 · 자연적 질서
❤ **해제**: 이 시는 공터에 관한 관찰과 명상을 담고 있는 작품으로, 우주적 · 자연적 질서의 변화를 '공터'라는 공간을 통
해 보여 주고 있다.
❤ **시의 특징과 표현**
① 관념적이고 추상적인 의미를 구체적인 대상을 통해 보여 줌
② 수미상관의 구조를 통해 주제를 부각시킴

387 대설주의보 | 최승호

해일처럼 굽이치는 백색의 산들,
눈 덮인 산의 모습 - 폭압적 독재 권력의 상징
제설차 한 대 올 리 없는
폭압적 현실을 타개할 방법이 없음
「깊은 백색의 골짜기를 메우며
「」:폭압적인 현실 상황
굵은 눈발은 휘몰아치고,」

쪼그마한 숯덩이만 한 게 짧은 날개를 파닥이며……
굴뚝새가 눈보라 속으로 날아간다.
독재 권력의 억압을 받는 연약하지만 끈질긴
생명력을 지닌 존재(민중)

▶ 1연: 휘몰아치는 눈발 속
을 날아가는 굴뚝새

길 잃은 등산객들 있을 듯 / 외딴 두메 마을 길 끊어 놓을 듯
고립된 존재(소통의 단절)
은하수가 펑펑 쏟아져 날아오듯 덤벼드는 눈,
다투어 몰려오는 힘찬 눈보라의 군단,
△ : 군사 용어 사용 → 군사 독재 정권의
억압적, 폭력적 이미지 강조
눈보라가 내리는 백색의 계엄령.
1980년대 군사 독재 정권의 폭력성과 위협을 의미

▶ 2연: 계엄령처럼 무섭게
몰려오는 눈보라

쪼그마한 숯덩이만 한 게 짧은 날개를 파닥이며……
살기 위해 힘겹게 노력하는 민중의 모습
날아온다 꺼칠한 굴뚝새가
폭압에 시달려 여위고 초라해진 민중
서둘러 뒷간에 몸을 감춘다.
'솔개'(폭압적인 권력) 앞에서 왜소하고 나약한 민중의 모습
그 어디에 부리부리한 솔개라도 도사리고 있다는 것일까.
'굴뚝새'(민중)를 위협하는 존재

▶ 3연: 생명의 위협을 느끼
며 몸을 감추는 굴뚝새

길 잃고 굶주리는 산짐승들 있을 듯
눈더미의 무게로 소나무 가지들이 부러질 듯
독재 권력의 횡포
다투어 몰려오는 힘찬 눈보라의 군단,
공포스러운 눈보라의 기세
때죽나무와 때 끓이는 외딴집 굴뚝에
끼니(식사)를 준비하는
해일처럼 굽이치는 백색의 산과 골짜기에
눈보라가 내리는 / 백색의 계엄령.
반복을 통해 억압적인 시대 상황 강조

▶ 4연: 폭력적으로 생명을
위협하는 눈보라

출제 포인트

- '눈'과 '굴뚝새'의 의미
- 시에서 비판하고 있는 1980년
  대의 시대상

필수 문제

01 화자 파악하기
- 화자: 눈보라 치는 광경을 보
  는 이
- 상황: 위협적으로 눈보라가 휘
  몰아치는 광경에서 (   )
  의 폭압을 연상함
- 정서·태도: 비판적

02 〈보기〉의 (   ) 안에 들어갈
소재를 각각 찾아 쓰시오.

〈보기〉
  이 시는 1980년대의 폭력적
이고 억압적인 정치 현실을 고
발하는 작품으로, 3연에서
(   )은/는 폭압적 현
실에서 고통받는 민중을,
(   )은/는 민중을 위
협하는 존재를 각각 상징한다.

03 이 시에서 당시의 현실을 상
징하는 군사 용어 2가지를 찾아
각각 10어절로 쓰시오.

핵심 정리

- ▼ 갈래: 자유시, 서정시   ▼ 성격: 현실 비판적, 상징적, 묘사적
- ▼ 주제: 폭압적인 시대 현실에 대한 비판
- ▼ 해제: 이 시는 거세게 몰아치는 '눈보라'와 그 속에서 위태롭게 파닥이는 '굴뚝새'를 통해 1980년대의 폭력적이고
  억압적인 정치·사회 현실을 형상화하고 있다.
- ▼ 시의 특징과 표현
  ① '눈'에 대한 일반적인 상징에서 벗어나 새로운 이미지를 형성함
  ② 대립적 의미의 시어를 사용하여 부정적 시대상을 부각함

부르도자 부르조아 | 최승호

필수

『반이 깎여 나간 산의 반쪽엔
「 」: 자본주의 사회에서 산업화로 인한 자연의 훼손
키 작은 나무들만 남아 있었다』   ▶ 1연: 산업화로 인해 훼손된 자
연

「 」: 자본주의와 산업화의 거대하고 폭력적인 힘
『부르도자가 남은 산의 반쪽을 뭉개려고
불도저
무쇠턱을 들고 다가가고』

돌과 흙더미를 옮기는 인부들도 보였다   ▶ 2연: 무차별적인 산업 개발과
자본주의 사회에서 노동력 외에는 생산 수단을 가지지   프롤레타리아의 힘겨운 삶
못한 노동자(프롤레타리아)의 힘겨운 삶

그때『푸른 잔디 아름다운 숲속에선
「 」: 2연의 '돌과 흙더미를 옮기는 인부들'과 대비되는 모습
평화롭게 골프 치는 사람들』

그들은 골프공을 움직이는 힘으로도
부르주아(자본가 계급에 속하는 사람)
『거뜬하게 산을 옮기고
「 」: 자본주의 사회에서 자본이 지닌 힘을 보여 줌
해안선을 움직여 지도를 바꿔놓는다

산골짜기 마을을 한꺼번에 인공호수로 덮어 버리는』   ▶ 3연: 자연을 파괴하는 부르주아
와 자본의 거대한 힘

『그들을 뭐라고 불러야 좋을까
「 」: 부르주아에 대한 비판과 풍자
누군가의 작은 실수로

엄청난 초능력을 얻게 된 그들을』   ▶ 4연: 부르주아에 대한 야유와
자본의 힘(자연을 변화시키는 신의 능력을 가짐)   풍자

출제 포인트
• 시구의 상징적 의미
• 시구의 의미와 주제 의식

필수 문제
01 화자 파악하기
• 화자: '드러나지 않음' (자본주
의적 현실을 비판하는 이)
• 상황: (   )가 산을 뭉개는
모습을 통해 자본주의의 모순
을 풍자함
• 정서 · 태도: 야유, 풍자

02 이 시에서 자본주의 사회에
서의 자본의 힘을 의미하는 구절
을 찾아 2어절로 쓰시오.

03 이 시에서 '돌과 흙더미를
옮기는 인부들'과 '평화롭게 골프
치는 사람들'의 대조를 통해 시인
이 드러내려는 것은 프롤레타리아
와 (   ) 간의 계급적 모순에
대한 비판이다.

핵심 정리

▾ 갈래: 자유시, 서정시   ▾ 성격: 비판적, 풍자적
▾ 주제: 자본주의 사회의 모순에 대한 비판과 풍자
▾ 해제: 이 시는 풍자를 통해 자본주의 사회와 자본주의가 생산해 낸 계급적 모순을 비판하고 있다. '부르도자'와 '부
르조아'의 음성적 유사성을 통해 자본의 힘으로 자연마저 마음대로 바꿔 버리는 부르주아의 힘을 불도저가 산을 갈
아엎는 것으로 풍자하고 있다.
▾ 시의 특징과 표현
① '부르도자'와 '부르조아'의 음성적 유사성을 통한 언어 유희를 보여 줌
② '인부들'과 '골프를 치는 사람들'의 대조적인 풍경을 통해 계급 모순을 비판함

북어 | 최승호

모의 기출 EBS

밤의 식료품 가게
암울하고 부정적인 사회 – 군사 독재 치하
케케묵은 먼지 속에
부정적인 현실
죽어서 하루 더 손때 묻고
생명력을 상실한 모습
터무니없이 하루 더 기다리는
관습적이고 습관화된 삶
북어들,
화자가 부정적으로 바라보는 시적 대상 – 무기력한 현대인을 상징
북어들의 일 개 분대가
군사 용어를 통해 억압적인 시대 상황을 암시 — 획일화된 현대인의 모습
나란히 꼬챙이에 꿰어져 있었다.

나는 죽음이 꿰뚫은 대가리를 말한 셈이다.
생명력을 상실한 모습
「한 쾌의 혀가
북어를 묶어 세는 단위(한 쾌: 북어 스무 마리)
자갈처럼 죄다 딱딱했다.」
「 」: 침묵하는 현대인의 모습
나는 말의 변비증을 앓는 사람들과
해야 할 말을 속 시원히 하지 못하는 현대인의 모습
무덤 속의 벙어리를 말한 셈이다.
생명력의 상실 침묵하는 현대인의 모습
말라붙고 짜부라진 눈,
현실을 제대로 보지 못하는 현대인의 모습
북어들의 빳빳한 지느러미
꿈을 상실한 현대인의 모습
막대기 같은 생각
경직되고 획일화된 현대인의 사고
빛나지 않는 막대기 같은 사람들이

「가슴에 싱싱한 지느러미를 달고
「 」: 꿈과 이상을 상실한 사람들
헤엄쳐 갈 데 없는 사람들」이

불쌍하다고 생각하는 순간,
대상에 대한 연민
느닷없이
시상의 전환
북어들이 커다랗게 입을 벌리고

「거봐, 너도 북어지 너도 북어지 너도 북어지
「 」: 북어의 말(환청) – 무기력하게 살던 스스로에 대한 비판
귀가 먹먹하도록 부르짖고 있었다.」

▶ 1~8행: 식료품 가게에 진열된 북어의 모습

▶ 9~19행: 북어의 모습에서 떠올린 무기력한 현대인의 삶

▶ 20~23행: 무기력한 삶에 대한 자기반성

1980년대
현대시의 모든 것

출제 포인트

• '북어'의 상징적 의미
• 비판의 주체가 비판의 대상으로 반전되는 상황

필수 문제

01 화자 파악하기
• 화자: '나'('북어'를 바라보는 이)
• 상황: 식료품 가게에 진열된 북어를 보며 (   )의 삶을 성찰함
• 정서 · 태도: 비판적, 성찰적

02 이 시에서 '북어'의 상징적 의미를 간단하게 쓰시오.

03 이 시에서 초점이 북어에게서 화자로 이동하면서 시상이 전환되고 있는 시행을 찾아 쓰시오.

04 [기출] 이 시의 주제 의식과 관련지어 볼 때, 성격이 다른 하나는?
① 8행의 '대가리'
② 9행의 '혀'
③ 13행의 '눈'
④ 14행의 '지느러미'
⑤ 21행의 '입'

핵심 정리

▾ 갈래: 자유시, 서정시   ▾ 성격: 풍자적, 자조적, 비판적
▾ 주제: 무기력한 현대인에 대한 비판
▾ 해제: 이 시는 식료품 가게에 진열된 '북어'의 모습을 통해 생명력을 잃고 무기력하게 살아가는 현대인에 대한 비판과 성찰을 드러내고 있다.
▾ 시의 특징과 표현
① 시적 대상과 화자 간의 관계를 전도시켜 주제를 부각함
② 감각적 이미지를 통해 시적 대상인 '북어'를 구체적으로 묘사함

아마존 수족관 | 최승호

생명력을 상실해 가는 현대의 도시인을 비유함
아마존 수족관 열대어들이
인위적이고 기계적인 현대의 도시 공간
유리벽에 끼여 헤엄치는 여름밤
규격화된 삶
세검정 길,

장어구이집 창문에서 연기가 나고
시각적 이미지
아스팔트에서 고무 탄내가 난다.
메캐한 도시의 공기, 후각적 이미지
열난 기계들이 길을 끓이면서
도시의 숨막히는 열기
질주하는 여름밤

상품들은 덩굴져 자라나며 색색이 종이꽃을 피우고 있고
물질적 욕망을 자극함
철근은 밀림, 간판은 열대지만
삭막한 도시의 공간(밀림처럼 우거진 콘크리트 건물, 열대처럼 뜨거운 간판의 열기)
아마존 강은 여기서 아득히 멀어
도시와 대비되는 원시의 공간, 화자가 지향하는 공간
열대어들은 수족관 속에서 목마르다.
원시 자연의 공간에 대한 갈증, 결핍의 상황(역설적 표현)
변기 같은 귓바퀴에 소음 부엉거리는
도시의 부정적인 이미지
여름밤

▶ 1~13행: 여름밤 도시의 풍경과 수족관
에 갇혀 갈증을 느끼는 열대어의 모습

열대어들에게 (詩)를 선물하니
현대인의 생명력을 회복시킬 수 있는 정신적인 가치
「노란 달이 아마존 강물 속에 향기롭게 출렁이고
공감각적 이미지   「 」: '아마존 강'의 아름다운 이미지
아마존 강변에 후리지아 꽃들이 만발했다.」
원시 자연의 왕성한 생명력, 화자가 추구하는 아름답고 생명력이 넘치는 세계의 모습
▶ 14~16행: 열대어들에게 시를 선물하자
원시 자연의 왕성한 생명력이 살아남

• 표현상의 특징 이해
• 시어의 상징적 의미

필수 문제

01 화자 파악하기
• 화자: '드러나지 않음'(수족관
속 열대어를 바라보는 이)
• 상황: 수족관에 갇힌 (   )
를 통해 도시인들의 삶을 그려
냄
• 정서·태도: 비판적, 소망

02 이 시에서 원시 자연에 대한
갈망을 역설적 표현을 통해 드러
내고 있는 시행을 찾아 쓰시오.

03 이 시에서 현대인들의 생명
력을 회복시키는 정신적인 가치를
상징하는 시어를 찾아 쓰시오.

핵심 정리

▼ 갈래: 자유시, 서정시   ▼ 성격: 비판적, 우의적

▼ 주제: 도시의 삶에 대한 비판과 생명력 회복에 대한 소망

▼ 해제: 이 시는 인위적이며 기계화된 현대 도시의 공간에서 살아가는 '인간'을 수족관의 '열대어'에 비유하여 시인의
소망을 드러내고 있다. 황폐한 도시의 삶 속에서 인간은 수족관 속 열대어처럼 하나의 상품으로 전락했다. 이러한 상
황에 처한 인간들에게 시를 선물함으로써 화자는 현대인들이 생명력을 회복하기를 바라고 있다.

▼ 시의 특징과 표현
① '도시'와 '원시 자연'이라는 대립적 공간을 다양한 감각적 이미지를 통해 효과적으로 드러냄
② 원시 자연에 대한 갈증, 결핍의 상황을 역설적으로 형상화함

391 겨울-나무로부터 봄-나무에로 | 황지우

모의 기출

나무는 자기 몸으로 / 나무이다
시적 대상 - 강인한 생명력과 굳은 의지를 가진 존재(민중)
자기 온몸으로 나무는 나무가 된다
나무(민중)의 주체적인 삶의 모습
자기 온몸으로 헐벗고「영하 13도
「 」: 시련과 고통의 현실
영하 20도 지상에」

▶ 1~3행: 나무의 주체적인 삶

온몸을 뿌리박고 대가리 쳐들고
시련에 굴하지 않는 의지적 모습
무방비의 나목(裸木)으로 서서
어느 누구로부터도 보호받지 못하는 상태
두 손 올리고 벌 받는 자세로 서서

아 벌 받은 몸으로, 벌 받는 목숨으로 기립하여, 그러나
시상의 전환
암울한 현실로 인한 고통과 시련
이게 아닌데 이게 아닌데
냉혹한 현실에 대한 문제의식
온 혼(魂)으로 애타면서 속으로 몸속으로 불타면서

▶ 4~9행: 암울한 현실 속에서 고통받는 나무

버티면서 거부하면서 영하에서
부조리한 현실
영상으로 영상 5도 영상 13도 지상으로
바람직한 현실의 모습
밀고 간다, 막 밀고 올라간다
상승의 이미지 - 희망적, 역동적(반복을 통한 강조)
「온몸이 으스러지도록
「 」: 고통스러운 현실 극복의 과정(반복을 통한 강조)
으스러지도록 부르터지면서

터지면서」자기의 뜨거운 혀로 싹을 내밀고
①
천천히, 서서히, 문득, 푸른 잎이 되고
②
푸르른 사월 하늘 들이받으면서
봄 - 바람직한 현실
나무는 자기의 온몸으로 나무가 된다
고통의 극복을 통한 자기의 완성
아아, 마침내, 끝끝내
화자의 감동과 경이로움
꽃 피는 나무는 자기 몸으로

▶ 10~20행: 부조리한 현실을 이겨 내는 나무의 생명력

꽃 피는 나무이다
③ - 나무가 이루고자 했던 목표

▶ 21~23행: 스스로의 힘으로 마침내 꽃을 피운 나무

출제 포인트

- '겨울-나무'와 '봄-나무'의 상징적 의미
- 시상의 전환을 통한 주제 형상화

필수 문제

01 화자 파악하기

- 화자: 나무의 변화 과정을 지켜보는 이
- 상황: 앙상한 겨울나무가 추위를 스스로 견뎌 내고 봄에 (   )을 피움
- 정서 · 태도: 예찬

02 [기출] 이 시를 감상한 내용으로 적절하지 않은 것은?

① '이게 아닌데 이게 아닌데'는 나무가 변화를 지향하며 자기 부정을 하는 장면으로 볼 수 있다.
② '밀고 간다, 막 밀고 올라간다'는 나무의 의지로 나무가 내적인 힘을 쏟는 것으로 볼 수 있다.
③ '온몸이 으스러지도록'은 나무가 변화와 생성을 위해 기울이는 전면적인 노력을 강조하는 것이다.
④ '마침내, 끝끝내'는 겨울-나무가 마지막까지 겨울-나무이고자 하는 의지를 표현한다.
⑤ '꽃 피는 나무'는 나무가 스스로의 변화를 거쳐 새로운 단계로 성장했음을 표상하는 것이다.

핵심 정리

- 갈래: 자유시, 서정시
- 성격: 상징적, 역동적, 의지적
- 주제: 겨울을 이기고 꽃을 피우는 나무의 생명력
- 해제: 이 시는 추운 겨울을 스스로 이겨 내고 마침내 꽃을 피우는 나무의 모습을 통해, 암울한 현실을 이겨 내는 민중의 주체적이고 의지적인 모습을 형상화하고 있다.
- 시의 특징과 표현
  ① 나무를 의인화하여 삶의 교훈을 드러냄
  ② 상징적, 대립적 시어를 사용하여 시대 현실을 대변함

너를 기다리는 동안 | 황지우

교과서 | 모의 기출

네가 오기로 한 그 자리에
내가 미리 가 『너를 기다리는 동안
　　　　만남의 공간

다가오는 모든 발자국은
내 가슴에 쿵쿵거린다 』「 」: 모든 발자국 소리를 '너'의 발자국 소리로 여김
설렘과 초조함
바스락거리는 나뭇잎 하나도 다 내게 온다
기다림의 절실함
기다려 본 적이 있는 사람은 안다

세상에서 기다리는 일처럼 가슴 애리는 일 있을까
기다림의 고통을 감각적으로 표현
네가 오기로 한 그 자리, 내가 미리 와 있는 이곳에서

문을 열고 들어오는 모든 사람이

『너였다가

너였다가, 너일 것이었다가 』「 」: '너'를 기다리는 기대감, 긴장감, 초조함

다시 문이 닫힌다
사랑하는 이가 오지 않는 절망감
사랑하는 이여

▶ 1~12행: '너'를 기다리며
느끼는 설렘과 절망감

오지 않는 너를 기다리며
기다림이 지속되는 이유
마침내 나는 너에게 간다
적극적·능동적 태도로의 전환
아주 먼 데서 나는 너에게 가고
공간적 거리감
아주 오랜 세월을 다하여 너는 지금 오고 있다
시간적 거리감
아주 먼 데서 지금도 천천히 오고 있는 너를

너를 기다리는 동안 나도 가고 있다
만남에 대한 의지 - 역설적 표현
남들이 열고 들어오는 문을 통해

내 가슴에 쿵쿵거리는 모든 발자국 따라

너를 기다리는 동안 나는 너에게 가고 있다
사랑하는 존재 - 시대적 현실을 바탕으로 자유, 민주, 평화
등으로 이해할 수도 있음

▶ 13~22행: '너'와의 만남
에 대한 의지

출제 포인트

- '너'를 기다리는 화자의 태도
  변화
- 역설적 표현의 의미와 효과

필수 문제

01 화자 파악하기
- 화자: '나'('너'를 만나려고 하
  는 이)
- 상황: 오지 않는 '너'(자유, 민
  주)를 (　　　) 있음
- 정서·태도: 설렘, 의지적

02 이 시의 '너'가 상징하는 의
미로 보기 어려운 것은?
① 밝은 미래
② 소망의 대상
③ 자유와 평화
④ 사랑하는 사람
⑤ 어린 시절의 추억

03 [기출] 이 시의 표현상 특징
과 그 효과로 적절하지 <u>않은</u> 것은?
① 설의적 표현을 통해 독자의
  공감을 유도하고 있다.
② 반복을 통해 화자의 정서와
  태도를 강조하고 있다.
③ 현재 시제를 사용하여 생생한
  현장감을 자아내고 있다.
④ 대화하는 방식으로 대상과의
  친밀감을 보여 주고 있다.
⑤ 음성 상징어를 활용하여 시의
  감정적 울림을 폭넓게 해 주
  고 있다.

핵심 정리

▼ 갈래: 자유시, 서정시　　▼ 성격: 의지적, 희망적
▼ 주제: 기다림의 절실함과 만남에의 의지
▼ 해제: 이 시는 누구나 경험해 보았을 기다림의 심정을 표현한 작품으로, 일상적인 시어를 통해 기다림의 안타까움과
　　만남에 대한 희망을 감각적으로 노래하고 있다.
▼ 시의 특징과 표현
　　① 절실하고 안타까운 어조로 '너'에 대한 기다림을 형상화함
　　② 반복적 표현을 통해 화자의 의지를 강조함

늙어 가는 아내에게 | 황지우

내가 말했잖아

정말, 정말, 사랑하는, 사랑하는, 사람들,

사랑하는 사람들은,

너, 나 사랑해?

묻질 않어
확인하지 않는 사랑(말없는 신뢰)

그냥, 그래

그냥 살어

『그냥 서로를 사는 게야』
「 」: 서로 하나가 되어 의지하며 살아감

말하지 않고, 확인하려 하지 않고,

『그냥 그대 눈에 낀 눈곱을 훔치거나
「 」: 사소하지만 사랑과 배려에서 우러나오는 행동(소박한 사랑)

그대 옷깃의 솔밥이 뜯어 주고 싶게 유난히 커 보이는 게야』

생각나?

▶ 1연: 진정한 사랑에 대한 화자의 생각

지금으로부터 14년 전, 늦가을,
과거 회상

낡은 목조 적산 가옥이 많던 동네의 어둑어둑한 기슭,
해방 후 일본인들이 물러가면서 남겨 놓고 간 가옥

높은 축대가 있었고, 흐린 가로등이 있었고

그 너머 잎 내리는 잡목 숲이 있었고

그대의 집, 대문 앞에선

『이 세상에서 가장 쓸쓸한 바람이 불었고』
「 」: 과거의 감정을 되살림

머리카락보다 더 가벼운 젊음을 만나고 들어가는 그대는
스스로를 머리카락보다 가볍다고 표현함(솔직한 자기 부정의 표현)

내 어깨 위의 비듬을 털어주었지
상대방의 누추한 모습을 감싸안는 사랑의 표현

그런 거야, 서로를 오래오래 그냥, 보게 하는 거

그리고 내가 많이 아프던 날

그대가 와서, 참으로 하기 힘든, 그러나 속에서는

몇 날 밤을 잠 못 자고 단련시켰던 뜨거운 말 :

『저도 형과 같이 그 병에 걸리고 싶어요』
「 」: 고통을 함께하고 싶다는 소망(진심 어린 사랑의 고백)

▶ 2연: 젊은 날의 아내의 진심어린 사랑을 회상함

『그대의 그 말은 에탐부톨과 스트렙토마이신을 한 알 한 알
결핵 치료제

들어내고 적갈색의 빈 병을 환하게 했었지
약을 꼬박꼬박 먹게 함

아, 그곳은 비어 있는 만큼 그대 마음이었지』
「 」: 사랑의 힘이 살고자 하는 의지를 북돋워 줌

출제 **포인트**
• 시상의 흐름 이해
• 화자의 태도와 시행의 의미

필수 문제

01 화자 파악하기
• 화자: '나' (아내에게 사랑을 전하는 이)
• 상황: 인생의 동반자로 살아온 (   )에게 진심을 담은 사랑의 마음을 표현함
• 정서·태도: 진솔함, 사랑

02 이 시에서 과거 회상이 처음 시작되는 시행을 찾아 쓰시오.

03 이 시에서 화자가 지금껏 아내와 살아온 세월처럼 앞으로도 사랑의 진심을 잃지 않고 살아가겠다는 의지를 다지고 있는 시행을 4연에서 찾아 쓰시오.

너무나 벅차 그 말을 사용할 수조차 없게 하는 그 사랑은
사소한 말로 표현할 수 없을 만큼 사랑이 깊고 큼
아픔을 낫게 하기보다는, 정신없이,

아픔을 함께 앓고 싶어하는 것임을
고통마저도 함께 하고 싶은 마음이 진정한 사랑이라는 깨달음
한밤, 약병을 쥐고 울어 버린 나는 알았지

그래서, 그래서, 내가 살아나야 할 이유가 된 그대는 차츰
사랑을 이루기 위해 살고 싶다는 욕망을 가짐
내가 살아갈 미래와 교대되었고 ▶ 3연: '나'의 아픔까지 함께 하
인생의 동반자가 됨 는 아내와 인생의 동반자가 됨

『이제는 세월이라고 불러도 될 기간을 우리는 함께 통과했다』
「 」: 오랜 세월 동반자로 함께 살아옴
살았다는 말이 온갖 경력의 주름을 늘리는 일이듯
다양한 경험
『세월은 넥타이를 여며 주는 그대 손끝에 역력하다』
「 」: 아내의 주름을 발견함(세월 속에서 늙어 가는 아내의 모습)
『이제 내가 할 일은 아침 머리맡에 떨어진 그대 머리카락을
「 」: 늙음을 외면하거나 회피하지 않고 함께 받아들임
침 묻힌 손으로 집어내는 일이 아니라

그대와 더불어, 최선을 다해 늙는 일이리라』
지금껏 살아온 세월처럼 신뢰와 사랑을 잃지 않고 동반자로 살아가는 일
우리가 그렇게 잘 늙은 다음
온 삶을 함께한 뒤에
힘없는 소리로, 임자, 우리 괜찮았지?

라고 말할 수 있을 때,『그때나 가서
「 」: 사랑 고백을 미래로 미룸(우회적인 사랑의 고백)
그대를 사랑한다는 말은 그때나 가서

할 수 있는 말일 거야』
▶ 4연: 앞으로 아내와 살아갈 삶
에 대한 다짐과 애정의 표현

핵심 정리

♥ 갈래: 자유시, 서정시   ♥ 성격: 고백적, 회고적
♥ 주제: 삶을 함께하는 동반자에 대한 신뢰와 사랑
♥ 해제: 이 시는 함께 젊음을 보내고 오랜 세월 동반자로 살아온 아내에게 사랑한다는 말보다 더 깊은 사랑의 진심을
    표현하고 있다. 늙어 가는 아내에게 전하는 화자의 꾸밈없는 고백에서 사랑하느냐는 물음조차 불필요할 정도로 일
    심동체가 되어 버린 부부의 사랑이 감동적으로 전달되고 있다.
♥ 시의 특징과 표현: 꾸밈없는 솔직한 고백이 잔잔한 감동을 불러일으킴

394 새들도 세상을 뜨는구나 | 황지우

교과서 EBS

영화(映畵)가 시작하기 전에 우리는
　　　현실적 구속에서 자유롭지 못한 존재
일제히 일어나 애국가를 경청한다.
획일화된 모습　　　강요된 애국심 반어적 표현 – 강요에 의해 들을 수밖에 없는 현실
　　　　　　　　　　　　　　　▶ 1, 2행: 애국가의 경청
삼천리 화려 강산의
반어적 표현 – 풍자 대상인 우리나라
을숙도에서 일정한 군(群)을 이루며
　　　　　　　　　무리
갈대숲을 이룩하는 흰 새 떼들이
　　　　　　　　　　화자의 처지와 상반된 자유로운 존재
자기들끼리 끼룩거리면서
자기들끼리 낄낄대면서
　　　　　　　　　　▶ 현실에 대한 냉소적 태도
일렬 이열 삼렬 횡대로 자기들의 세상을
획일화를 강요하는 군사 문화에 대한 풍자
이 세상에서 떼어 메고
자유를 억압하는 현실
이 세상 밖 어디론가 날아간다.
자유와 이상의 세계 – 화자가 지향하는 세계　　　▶ 3~10행: 세상 밖을 향한
우리들도 우리들끼리　　　　　　　　　　　　새들의 자유로운 비상

낄낄대면서
　　　　　▶ 현실에 대한 조롱과 야유
깔쭉대면서

우리의 대열을 이루며
　　　　　획일화를 강요하는 군사 문화에 대한 풍자
한 세상 떼어 메고
이 세상 밖 어디론가 날아갔으면
자유에 대한 소망
하는데 대한 사람 대한으로
「 」: 애국가의 끝 구절 – 현실에 순응할 것에 대한 강압적 주문
길이 보전하세로

각각 자기 자리에 앉는다.

주저앉는다.　　　　　　　　　　　　▶ 11~20행: 현실에 대한 이
현실에 대한 좌절　　　　　　　　　　　상과 좌절

출제 포인트
• 대조적 상황의 설정을 통한 주제 형상화
• 부정적 현실에 대한 화자의 태도
• 반어적 표현과 냉소적 어조의 효과

필수 문제

01 화자 파악하기
• 화자: 영화관 관객
• 상황: 영화 상영 전 애국가의 새 떼들을 보며 (　　　)를 갈망하지만 결국 자기 자리에 주저앉음
• 정서·태도: 갈망, 좌절

02 이 시에서 화자의 절망감이 단적으로 표현된 시어를 찾아 1어절로 쓰시오.

03 [서술형] 이 시에서 '흰 새 떼'라는 시어의 의미와 기능을 화자의 처지와 관련하여 30자 내외로 서술하시오.

1980년대

핵심 정리

♥ 갈래: 자유시, 서정시　　　♥ 성격: 비판적, 풍자적
♥ 주제: 억압적 현실에 대한 풍자와 좌절감
♥ 해제: 이 시는 영화 상영 전에 애국가를 들어야 했던 억압적 현실을 배경으로, 자유로운 세계에 대한 화자의 갈망과 좌절을 형상화하고 있다.
♥ 시의 특징과 표현
　① 반어적 표현을 통해 현실을 풍자함
　② 대조적 상황을 통해 화자의 좌절감을 강조함

심인(尋人)* | 황지우

▢ : 찾는 사람

「김종수」 80년 5월 이후 가출
시대적 상황 제시 - 5·18 민주화 운동 시기
소식 두절 11월 3일 입대 영장 나왔음
귀가가 필요한 이유
귀가 요 아는 분 연락 바람 누나 / 829-1551

▶ 1연: 첫 번째 심인 사연

「이광필」 광필아 모든 것을 묻지 않겠다
대상에 대한 용서
돌아와서 이야기하자

어머니가 위독하시다
귀가가 필요한 이유

▶ 2연: 두 번째 심인 사연

「조순혜」 21세 「아버지가
「 」: 귀가가 필요한 이유
기다리니」집으로 속히 돌아와라

내가 잘못했다
대상에게 용서를 구함

▶ 3연: 세 번째 심인 사연

「나는 쭈그리고 앉아

똥을 눈다」 「 」: 화장실 변기에 앉아 심인 광고를 보고 있는 화자
의 상황 - 사람을 찾는 애절함과 대비되는 사사
로운 일상(시대에 대한 현대인의 무력감 표현)

▶ 4연: 화장실에서 심인 광
고를 보고 있는 '나'

▪ 심인(尋人): 사람을 찾음. 또는 찾는 사람

출제 포인트

• 폭로와 풍자의 방식
• 시에 나타난 화자의 정서

필수 문제

01 화자 파악하기
• 화자: '나' (심인 광고를 보는 이)
• 상황: (   )에서 신문의 심인 광고를 보고 있음
• 정서·태도: 무력감

02 〈보기〉의 빈칸에 들어갈 알맞은 말을 쓰시오.

─〈보기〉─
이 시는 화자가 (   )에서 신문의 (   )을/를 읽고 있는 상황을 통해 1980년대의 시대적 현실을 풍자하고 있다.

03 이 시의 4연에서 느껴지는 화자의 정서를 3음절로 쓰시오.

한눈에 보기

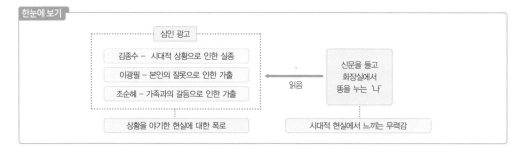

심인 광고
- 김종수 – 시대적 상황으로 인한 실종
- 이광필 – 본인의 잘못으로 인한 가출
- 조순혜 – 가족과의 갈등으로 인한 가출

신문을 들고 화장실에서 똥을 누는 '나'
읽음

상황을 야기한 현실에 대한 폭로 | 시대적 현실에서 느끼는 무력감

핵심 정리

▾ **갈래**: 자유시, 서정시   ▾ **성격**: 풍자적, 실험적
▾ **주제**: 시대적 현실에 대한 소시민의 무력감
▾ **해제**: 이 시는 심인 광고를 인용하여 집을 나가 행방을 알 수 없는 사람들을 만들어 낸 현실의 단면을 풍자적으로 형상화한 작품이다.
▾ **시의 특징과 표현**
① 일상의 기록(신문 광고)을 시(詩)에 도입한 파격적인 형식임
② 풍자의 기법으로 화자의 의도를 전달함

한국 생명 보험 회사 송일환 씨의 어느 날 | 황지우

1983년 4월 20일, 맑음, 18℃
시간적 배경 제시   비속어를 연상시킴 – 부조리한
현실에 대한 비아냥거림

▶ 1연: 송일환 씨의 하루를
나타내는 시간적 배경

「토큰」 5개 550원, 종이컵 커피 150원, 담배 솔 500원, 한국일보 130
「 」: 송일환 씨의 하루 지출 내역
원, 자장면 600원, 미쓰 리와 저녁 식사하고 영화 한 편 8,600원, 올림
픽 복권 5장 2,500원.」

▶ 2연: 평범한 봉급 생활자
의 하루 지출 내역

「표를 주워 주인에게 돌려

준 청과물상 김정권(金正權)(46)
고액의 수표를 주인에게 찾아 주고 대통령으로부터 표창을 받은 인물

령=얼핏 생각하면 요즘

세상에 조세형(趙世衡)같이 그릇된
1970~80년대에 고위 관료나 국회의원 등
부유 권력층 집만 골라 털었던 도둑

셨기 때문에 부모님들의 생

활 태도를 일찍부터 익혀 평

가하는 것이 더욱 중요한 것

이다. (이원주(李元柱) 군에게) 아
탈옥한 조세형을 길거리에서 보고 신고하여 탈주범
검거에 공헌한 일로 훈장과 상금을 받은 인물

임감이 있고 용기가 있으니

공부를 하면 반드시 성공」
「 」: 실제 신문 기사의 내용을 짜깁기하듯 나열해 놓음 – 기사의 글자들이
빠진 이유: 송일환 씨가 관심 없는 내용을 띄엄띄엄 읽는 장면 제시

▶ 3~7연: 대통령으로부터 표창
을 받은 인물들에 대한 기사

현대 사회의 모순과 부조리를 꾸짖는 목소리
– 오히려 대도둑을 잡은 쪽을 비판함

대도둑은 대포로 쏴라
중의적 의미 – ① 조세형 ② 부정으로 부를 축적한 기득권층

          – 안의섭, 두꺼비」
「 」: 신문의 시사만화 두 컷이 그대로 시에 들어와 있음

▶ 8연: 조세형 검거에 대한
신문의 시사만화

출제 포인트

• 시의 표현 기법과 의도
• 대조를 통한 부조리한 사회 현
실 풍자

필수 문제

01 화자 파악하기

• 화자: 현대 사회의 부조리를
비판하는 이
• 상황: 1983년 4월 20일 송일
환 씨의 지출 내역과 (   )
를 나열함
• 정서·태도: 냉소적, 비판

02 〈보기〉의 ( ) 안에 들어갈
알맞은 말을 각각 2음절로 쓰시오.

〈보기〉
이 시에서는 '송일환 씨'의
소박한 하루 지출 내역과 부유
층의 도난 물품을 (   )
적으로 제시함으로써, 극심한
빈부 차이가 존재하는 현대 사
회의 (   )을/를 풍자하
고 있다.

03 이 시에서 부조리한 현실 세
계를 가리키는 2어절의 시구를 찾
아 쓰시오.

04 이 시에서 차용한 미술 기법
을 쓰시오.

(11) 제(第) 10610호(號)
_{신문의 발행 호수}　　　「♩: 조세형이 훔친 부유층의 물품 목록을 그대로 제시 – 송일환 씨의
　　　　　　　　　　　　　　하루 지출 내역과 대비되어 빈부의 극심한 차이를 보여 줌

『▲일화 15만 엔(45만 원) ▲5.75캐럿 물방울 다이아 1개(2천만 원) ▲

남자용 파텍 시계 1개(1천만 원) ▲황금 목걸이 5돈쭝* 1개(30만 원) ▲

금장 로렉스 시계 1개(1백만 원) ▲5캐럿 에메랄드 반지 1개(5백만 원)

▲비취 나비형 브로치 2개(1천만 원) ▲진주 목걸이 꼰 것 1개(3백만

원) ▲라이카엠 5 카메라 1대(1백만 원) ▲청자 도자기 3점(시가(市價)

미상) ▲현금(2백50만 원)』

너무 거(巨)하여 귀퉁이가 안 보이는 회(灰)*의 왕궁에서 오늘도 송일환
　　　_{커서}　　　　　　　　　　　　　_{평범한 서민}
씨는 잘 살고 있다. 생명 하나는 보장되어 있다.
　_{반어적 표현}　　　_{생명 이외에는 보장되지 않음}　　▶ 9연: 조세형이 훔친 부유층의 도난 물
　　　　　　　　　　　　　　　　　　　　　품 목록과 생명만 보장된 서민의 삶

_{부조리한 현실 세계 = '한국 생명 보험 회사' – 1980년대 한국 사회}

- 토큰(token): 예전에, 버스 요금을 낼 때 돈을 대신하여 내는 동전 모양의 주조물
- 돈쭝: 무게의 단위. 귀금속이나 한약재 따위의 무게를 잴 때 씀
- 회(灰): 재

<hr>

알맹이 포착

3~7연에 제시된 신문 기사의 의미와 효과
신문 기사의 해체된 문장들을 통해 익숙한 것을 낯설게 하여 본질적인 의문을 제시하고 독자의 깨달음을 유도하고 있다. 여기에서는 '정직, 모범적인 생활 태도, 신고 의식, 책임감, 용기, 공부, 성공' 등 당시 국가(정부, 사회)에서 장려하는 긍정적 가치 및 이념들이 제시되고 있는데, 이를 띄엄띄엄 읽는 송일환 씨를 통해 당시 부조리했던 정권에 대한 풍자와 비판이라는 의도를 담아내고 있다.

8연에 제시된 시사만화의 의미와 효과
신문의 시사만화를 그대로 인용하고 있다. 여기에서는 조세형이 긍정적 의미의 대도(大盜)가 아니라 좀도둑이라는 인식을 보여 주고 있다. 사람들에게 조세형이 대도(大盜)로 인식되는 것을 견제하는 것이다. 이와 같은 내용의 시사만화를 시에 삽입한 것은 조세형보다 더 큰 부정한 권력층에 대한 비판과 풍자를 보여 주기 위함이다.

<hr>

핵심 정리

- 갈래: 자유시, 해체시　　▾ 성격: 풍자적, 실험적, 비판적
- 주제: 사회의 모순과 부조리에 대한 비판
- 해제: 이 시는 평범한 서민의 하루 지출 내역과 그가 보는 신문을 통해 부조리한 현실을 풍자하고 있는 작품이다.
- 시의 특징과 표현
　① 현실적 소재를 가공하지 않고 시어로 채택함
　② 콜라주* 기법과 같은 실험적인 표현 방법을 사용함
　③ 반어적 표현을 사용하여 부정적 현실의 모습을 드러냄
　- 콜라주(collage): 근대 미술에서, 화면에 종이·인쇄물·사진 따위를 오려 붙이고, 일부에 가필하여 작품을 만드는 일

감나무 그늘 아래 | 고재종

감나무 잎새를 흔드는 게
이별을 한 화자가 동일시하는 대상
어찌 바람뿐이랴.
① 설의법
감나무 잎새를 반짝이는 게
어찌 햇살뿐이랴.
②

유사한 통사 구조의 반복(대구법)

①~④: 화자의 내적 동요를 환기시키는 사물

아까는 오색딱따구리가
따다다닥 찍고 가더니
봐 봐, 시방은 청설모가
지금 ④
쪼르르 타고 내려오네.

① 유사한 통사 구조의 반복(대구법) ② 시간의 경과(아까는 → 시방은) ③ 감나무 아래서 대상을 관찰하는 화자 ④ 의성어(따다다닥), 의태어(쪼르르)로 감각적 표현

▶ 1~8행: 감나무 잎새를 흔드는 많은 것들

『사랑이 끝났기로소니 / 그리움마저 사라지랴.』
「 」: 화자의 상황 제시(이별 후의 기다림)
『그 그리움 날로 자라면 / 주먹 송이처럼 커 갈 땅감들』
「 」: 그리움의 심화 비유   ☐: 화자의 그리움의 크기, 유추적 발상
때론 머리 위로 흰 구름 이고
①   ①, ②: 땅감이 붉은 감이 되기 위한 요건(내면 성숙의 과정)
때론 온종일 장대비 맞아 보게.
②   ▶ 9~14행: 사랑이 끝나도 남는 그리움

『이별까지 나눈 마당에 / 기다림은 웬 것이랴만』
「 」: 화자의 상황 제시(이별 후의 기다림)
감나무 그늘에 평상을 놓고
내면의 성숙을 위해서는 시련과 인내의 과정을 거쳐야 함을 강조함
『그래 그래, 밤이면 잠 뒤척여
「 」: 기다림으로 인해 잠들지 못하는 화자
산이 우는 소리도 들어 보고
①   ①, ②: 기다림의 깊이를 더하는 것들(내면의 성숙을 위한 요건)
새벽이면 퍼뜩 깨어나 / 계곡 물소리도 들어 보게.』
②   ▶ 15~21행: 이별 후에 생기는 기다림
그 기다림 날로 익으니 / 서러움까지 익어선
②
저 짙푸른 감들, 마침내   내적 성숙의 과정을 감이 익어 가는 것으로 표현

형형 등불을 밝힐 것이라면
붉게 익은 감, 내적 성숙
[A] ┌ 세상은 어찌 환하지 않으랴.   내적인 성숙을 통한 미래에 대한 긍정적 인식(대구법, 반복법)
    └ 하늘은 어찌 부시지 않으랴.   ▶ 22~27행: 미래에 대한 긍정적 인식

날랜 사랑 | 고재종

장마 걷힌 냇가
계절감과 공간적 배경 제시
『세찬 『여울물 차고 오르는 / 은『피라미떼 보아라』
「 」: 은피라미떼의 왕성한 생명력 ①
산란기 맞아 / 얼마나 좋으면

『혼인색으로 몸단장까지 하고서
          깨끗한 사랑을 위한 은피라미떼의 준비와 열정(의인법)
좀 더 맑고 푸른 상류로
          깨끗한 사랑을 나눌 수 있는 공간
『발딱발딱 배 뒤집어 차고 오르는』 「 」: 은피라미떼의 왕성한 생명력 ②
은피라미떼의 약동하는 모습 부각
저 날씬한 은백의 『유탄에
          ① 은피라미떼(은유법) ② 깨끗한 사랑을 지향하는 존재
봄햇발 뛰는구나
은피라미떼의 몸에 반사되는 햇살 묘사(시각적, 활유법)
▶ 1연: 상류로 오르는 왕성한 생
   명력의 은피라미떼

오호, 흐린 세월의 늪 헤쳐
          ① 흐린 하류의 강물 ② 사랑이 이루어지기 전의 세월
깨끗한 사랑 하나 닦아 세울
          ① 은피라미떼가 상류에서 이룰 사랑 ② 화자의 소망
날랜 연인아 연인들아
상류로 약동하는 은피라미떼(의인법, 은유법) - '은백의 유탄'
▶ 2연: 깨끗한 사랑에 대한 소망

▪ 여울: 강의 상류에서 하류로 넘어가는 중간 부분에 나타나는 퇴적 지형. 바닥이 얕거나 폭
  이 좁아 물살이 세게 흐르는 곳
▪ 피라미: 개천이나 강에서 맑은 물에 떼 지어 사는 물고기. 산란기에 수컷은 미적색의 혼인
  색을 띰
▪ 혼인색: 어류, 양서류, 파충류 등이 번식기가 되어 몸 표면에 나타나는 독특한 빛깔
▪ 유탄: 조준한 곳에 맞지 아니하고 빗나간 탄환

• 상징적 시어의 의미
• 이미지와 표현법 이해

필수 문제

01 화자 파악하기
• 화자: '드러나지 않음' (냇가
  여울에서 은피라미떼를 바라
  보는 이)
• 상황: 맑고 푸른 상류로
  (   )가 힘차게 튀어
  오르고 있음
• 정서 · 태도: 청유, 감탄

02 다음 중 시각적 심상이 사용
되지 않은 표현은?

㉠	차고 오르는
㉡	산란기 맞아
㉢	몸단장까지 하고서
㉣	봄햇발 뛰는구나

03 이 시에서 상류로 약동하는
은피라미떼의 모습을 은유법으로
표현한 시구를 찾아 쓰시오.(2개)

알맹이 포착

1연의 풍경과 '은백의 유탄'
화자는 장마 걷힌 냇가에서 산란기를 맞아 여울물을 차고 오르는 은
피라미떼를 관찰하고 있다. 혼인색으로 몸단장한 은피라미떼는 '은백
의 유탄'으로 비유된다. 시각적 이미지와 의인법, 은유법의 사용으로
물을 차고 튀어 오르는 은피라미떼의 모습을 보고 있는 듯한 느낌이
들게 한다.

한눈에 보기

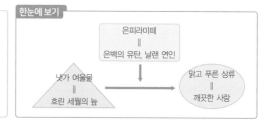

핵심 정리

▾ 갈래: 자유시, 서정시   ▾ 성격: 감각적, 영탄적
▾ 주제: 은피라미떼의 생명력과 깨끗한 사랑에 대한 소망
▾ 해제: 이 시는 산란기를 맞아 생명력을 발산하는 은피라미떼의 모습을 시각적 이미지와 비유적 표현을 통해 형상화
   하고 있다. 이와 같은 형상화를 통해 화자가 소망하는 '깨끗한 사랑'의 세계가 선명하게 드러나고 있다.
▾ 시의 특징과 표현
   ① 색채 이미지를 활용하여 생동감 있는 분위기를 조성함
   ② 의인법, 은유법을 통해 대상의 특성을 부각함

면면(綿綿)함에 대하여 | 고재종

너 들어 보았니 / 저 동구 밖 느티나무의
말을 건네는 방식 – 친근감　　　　　면면하게 시련을 이겨 내는 존재
푸르른 울음소리
느티나무의 시련과 고난을 형상화 – 공감각적 이미지(청각의 시각화)

▶ 1연: 동구 밖 느티나무의 울음소리

날이면 날마다 삭풍 되게 치고
　　　　　겨울철에 북쪽에서 불어오는 찬 바람 – 시련과 역경
우듬지 끝에 별 하나 매달지 못하던 / 지난겨울
나무의 꼭대기 줄기　희망조차 품을 수 없었던 힘겨운 시간
온몸 상처투성이인 저 나무
　　　시련과 고난의 흔적
제 상처마다에서 뽑아내던 / 푸르른 울음소리

▶ 2연: 고통스러운 겨울을 견디는 느티나무의 울음소리

너 들어 보았니 / 다 청산하고 떠나 버리는 마을에
　　　　　　　이동 현상으로 피폐해진 농촌의 현실
『잔치는 아직 끝나지 않았다고
「」: 삶의 터전을 지켜야 한다는 다짐
그래도 지킬 것은 지켜야 한다고』

소리 죽여 흐느끼던 소리
사람들이 흐느끼는 울음소리 – 느티나무의 울음소리와 대응함
가지 팽팽히 후리던 소리

▶ 3연: 절망적 현실을 견디는 느티나무와 사람들

오늘은 그 푸르른 울음 / 모두 이파리 이파리에 내주어
겨울 → 봄, 시련의 계절을 견디어 내고 난 후
저렇게 생생한 초록의 광휘를
　　시련을 이겨 낸 결과 – 느티나무의 생명력
저렇게 생생히 내뿜는데

▶ 4연: 시련을 견뎌 내고 봄을 맞은 느티나무

앞들에서 모를 내다 / 허리 펴는 사람들
농촌을 지키겠다고 남은 사람들
왜 저 나무 한참씩이나 쳐다보겠니
시련을 극복한 느티나무를 보며 삶의 희망을 가짐
어디선가 북소리는
　　절망적 상황을 딛고 희망과 용기를 주는 소리
왜 둥둥둥둥 울려 나겠니
음성 상징어를 통해 절망의 극복 의지를 형상화함

▶ 5연: 힘겨운 현실 속에서도 희망을 갖고 견디는 사람들

출제 포인트

- '느티나무'와 '사람들'의 대응 관계
- '푸르른 울음소리'의 의미

필수 문제

01 화자 파악하기
- 화자: 느티나무와 마을 사람들의 변화를 지켜보는 이
- 상황: 다 청산하고 떠나 버리는 마을에 남은 사람들이 겨울을 견뎌 낸 (　　　　)를 쳐다 봄
- 정서·태도: 의지, 예찬

02 다음 중 발상 및 표현이 '푸르른 울음소리'와 동일하지 않은 것은?
① 금빛 게으른 울음을 우는 곳
② 풀벌레 소리 가득 차 있었다
③ 흔들리는 종소리의 동그라미
④ 분수처럼 흩어지는 푸른 종소리
⑤ 둥기둥 줄이 울면 초가 삼간 달이 뜨고

03 〈보기〉와 같은 상황의 구체적인 결과가 나타나 있는 행을 찾아 쓰시오.

〈보기〉
호남의 가뭄 얘기 조합 빚 얘기 / 약장사 기타 소리에 발장단을 치다 보면 / 왜 이렇게 자꾸만 서울이 그리워지나
– 신경림, 〈파장〉

핵심 정리

- ▾ 갈래: 자유시, 서정시　　▾ 성격: 상징적, 예찬적, 교훈적
- ▾ 주제: 시련 속에서도 희망을 잃지 않는 면면한 삶의 자세
- ▾ 해제: 이 시는 겨울의 시련을 견뎌 내고 생생한 초록의 광휘를 내뿜는 모습으로 봄을 맞이한 느티나무의 모습을 통해, 시련과 고난 속에서도 희망을 잃지 않고 면면하게 견뎌 내야 한다는 삶의 자세를 노래하고 있다.
- ▾ 시의 특징과 표현
    ① 자연물을 통해 바람직한 삶의 자세를 유추함
    ② 특정 상대에게 말을 건네는 방식을 사용하여 친근감을 줌
    ③ 시어 및 시구의 반복을 통해 의미를 강조하고 운율을 형성함

교과서 EBS

날로 기우듬해 가는 마을 회관 옆
<u>산업화 · 도시화로 인해 퇴락해 가는 농촌</u>
청솔 한 그루 꼿꼿이 서 있다.
<u>강인한 생명력을 지닌 존재 – 그림 〈세한도〉 속의 소나무와 상통함</u>

▶ 1연: 퇴락해 가는 농촌 마을에 꼿꼿이 서 있는 청솔

「한때는 앰프 방송 하나로
「 」: 과거 번성했던 농촌의 모습
집집의 새앙쥐까지 깨우던」회관 옆,

그 둥치의 터지고 갈라진 아픔으로
<u>시련과 고난</u>
푸른 눈 더욱 못 감는다.
<u>청솔의 의지적 모습 ① – 의인법</u>

▶ 2연: 화려했던 과거와 달리 초라해진 현재의 농촌

그 회관 들창 거덜 내는 댓바람 때마다
<u>아주 이른 시간</u>
청솔은 또 한바탕 노엽게 운다.
<u>청솔의 의지적 모습 ②</u>
거기 술만 취하면 앰프를 켜고

천둥산 박달재를 울고 넘는 이장과 함께.
<u>유행가 가사</u>

▶ 3연: 마을 사람들과 함께 시련을 견디는 청솔

생산도 새마을도 다 끊긴 궁벽, 그러나
<u>산업화 · 도시화로 인해 퇴락해 가는 농촌</u> <u>시상의 전환</u>
저기 난장 난 비닐하우스를 일으키다
<u>힘겨운 농촌 현실을 이겨 내려는 농민들의 노력</u>
그 청솔 바라다보는 몇몇들 보아라.
<u>희망의 대상</u>   <u>희망을 잃지 않은 농민들</u>

▶ 4연: 퇴락한 농촌 현실을 극복해 보려는 이들의 의지

그때마다, 삭바람마저 빗질하여 / 서러움조차 잘 걸러 내어
<u>삭풍, 겨울철에 북쪽에서 불어오는 찬 바람</u>
푸른 숨결을 풀어내는 청솔 보아라.
<u>청솔의 의지적 모습 ③</u>

▶ 5연: 시련을 견디며 푸르게 서 있는 청솔

나는 희망의 노예는 아니거니와
<u>화자가 꿈꾸는 희망이 근거 없는 공상이 아님을 강조</u>
까막까치 얼어 죽는 이 아침에도
<u>시련과 고난</u>
저 동녘에선 꼭두서니빛 타오른다.
<u>새로운 희망</u>

▶ 6연: 가혹한 상황에서도 희망을 잃지 않음

필수 문제

01 화자 파악하기
• 화자: '나' ('청솔'을 바라보는 이)
• 상황: 퇴락해 가는 마을에 있는 (   )의 모습에서 추사 김정희의 〈세한도〉를 떠올림
• 정서 · 태도: 희망, 의지적

02 이 시가 김정희의 그림 〈세한도〉를 변용한 것이라고 할 때, (   ) 안에 들어갈 시어를 찾아 쓰시오.

김정희의 〈세한도〉	낡은 오두막 옆에 잣나무와 소나무가 버티고 있음
고재종의 〈세한도〉	기울어져 가는 ( ) 옆에 청솔이 꼿꼿이 서 있음

03 이 시에서 붉은색의 색채 이미지를 활용하여 새로운 희망을 갖고자 하는 의지를 암시하고 있는 시어는?

401 수선화, 그 환한 자리 | 고재종

거기 뜨락 전체가 문득
└─ : 개화의 순간에 대한 집중과 몰입 부각
　　　　　　개화 순간의 긴장감 강조
네 서늘한 긴장 위에 놓인다
수선화가 개화하려는 순간의 긴장감(촉각화)

　　　　　　　연속적으로 빨리 떨리는 모양
아직 맵찬 바람이 하르르 멎고
　　수선화의 개화를 방해하는 존재(시련)
거기 시간이 잠깐 정지한다
　개화 직전의 긴장감 고조

저토록 파리한 줄기 사이로
　　수선화의 연약함(꽃이 피기 힘겨운 상태)
저토록 환한 꽃을 밀어 올리다니!
힘겨운 조건을 이겨 내고 꽃을 피움(경외감, 숭고함)

　　개화를 통해 확인한 세상의 엄정함 강조
거기 문득 네가 오롯함으로
　온전하게 개화한 수선화의 기품
세상 하나가 엄정해지는 시간
　　꽃이 피는 순간의 경건함과 숭고함

　　수선화의 엄정함에 감응된 화자의 감정(역설적 표현)
네 서늘한 기운을 느낀 죄로
　수선화가 본디 지닌 특성
나는 조금만 더 높아야겠다
수선화의 개화 과정을 지켜본 화자의 정신적 고양

▶ 1연: 수선화가 개화하려는 순간의 서늘한 긴장

▶ 2연: 수선화가 개화하는 순간에 느낀 시간의 정지

▶ 3연: 연약해 보이는 수선화의 환한 개화에 대한 감탄

▶ 4연: 온전하게 개화한 수선화를 보며 느끼는 엄숙함과 정결함

▶ 5연: 수선화와의 교감을 통한 화자의 정신적 고양

출제 포인트

* 주제 의식 표현 방법
* 수식어의 효과적 사용 이해

필수 문제

01 화자 파악하기
* 화자: '나' (수선화의 개화를 보며 경외감을 느끼는 이)
* 상황: 연약한 (　　　)의 개화를 보고 경외심을 느낌
* 정서 · 태도: 예찬적, 영탄적

02 이 시에 사용된 시어를 아래와 같이 정리할 때, 빈칸에 들어갈 의미를 쓰시오.

거기	개화 순간의 집중, 몰입
저토록	(　　　)의 경이로움
파리한	수선화의 연약함
높아야겠다	정신적 고양의 다짐

03 이 시에서 화자는 대상에 대한 (　　　)과 대상과의 교감을 통해 주제 의식을 드러내고 있다.

알맹이 포착

시의 구조와 사상 전개 방식
이 시는 동일한 시어의 반복과 감각적 수식어의 사용으로 수선화의 개화를 보는 화자의 정서를 표현하고 있다. 화자는 수선화가 개화하는 그 순간 시간이 정지됨을 느끼고, 이어 환하게 핀 수선화의 엄숙함과 정결함을 통해 정신적 고양을 경험하게 된다. 각 연이 2연으로 된 간결하면서도 견고한 구조를 통해 시적 상황과 정서를 잘 드러내고 있다.

한눈에 보기

핵심 정리

* **갈래**: 자유시, 서정시
* **성격**: 예찬적, 영탄적, 의지적
* **주제**: 수선화의 개화에 감응된 화자의 정신적 고양 다짐
* **해제**: 이 시에서 화자는 수선화라는 자연물과의 미적 교감을 통해 이루게 된 정신적 고양을 형상화하고 있다. 또한, 간결한 시적 표현과 3, 4음보의 정형적 율격을 통해 작품의 균제미를 이루고 있다.
* **시의 특징과 표현**
  ① 수선화를 '너'로 의인화하여 화자와 교감하는 존재로 표현함
  ② 자연물과의 교감을 통해 느낀 감정을 역설적 표현으로 드러냄

다리 저는 사람 | 김기택

꼿꼿하게 걷는 수많은 사람들 사이에서
비장애인
그는 춤추는 사람처럼 보였다.
장애인 생명력 넘치는 모습(화자의 긍정적 인식)
한 걸음 옮길 때마다

『그는 앉았다 일어서듯 다리를 구부렸고
「」: '그'가 춤추는 사람처럼 보인 이유(묘사)
그때마다 윗몸은 반쯤 쓰러졌다 일어났다.』   ▶ 1~5행: 춤을 추듯 걷고
있는 '그'의 모습

그 요란하고 기이한 걸음을
4, 5행의 내용
지하철 역사가 적막해지도록 조용하게 걸었다.

어깨에 매달린 가방도
장애인의 사회 활동 상징
함께 소리 죽여 힘차게 흔들렸다.
당당한 사회 구성원임을 보여 줌
못 걷는 다리 하나를 위하여
장애가 있는 다리
온몸이 다리가 되어 흔들어 주고 있었다.   ▶ 6~11행: 온몸이 다리 역
윗몸이 반쯤 쓰러졌다 일어난 이유   할을 해 주는 '그'의 걸음
사람들은 모두 기둥이 되어 우람하게 서 있는데
무관심하고 비정한 모습(각자의 삶에만 관심을 가짐)
그 빽빽한 기둥 사이를
꼿꼿한 사람들(현대인의 모습)
그만 홀로 팔랑팔랑 지나가고 있었다.   ▶ 12~14행: 꼿꼿한 사람들 사이를
가볍게 나는 모양   생동감 있게 걷고 있는 '그'의 모습

• 표현상의 특징 이해
• 대상에 대한 화자의 인식

필수 문제

01 화자 파악하기
• 화자: '드러나지 않음' (장애인
을 바라보는 이)
• 상황: 춤추는 사람처럼 홀로
팔랑팔랑 걸어가는 (   )
을 바라봄
• 정서 · 태도: 애정적, 비판적

02 이 시에서 (   )은 주
위 사람들에 대한 애정이 사라지
고 사물화된 지하철 안의 현대인
을 의미하는 표현이다.

03 이 시에서 (   )은 대상
의 걸음걸이를 생동감 있게 묘사
하기 위해 사용한 의태어이다.

알맹이 포착

'춤추는 사람'의 의미
이 시에서 화자는 비장애인의 모습을 '꼿꼿하게 걷는 사람', '빽빽한
기둥'으로 표현하여 경직되고 사물화된 삶을 살아가는 모습을 비판
적으로 그리고 있다. 그에 반해 장애인의 걸음걸이는 '춤추는 사람',
'팔랑팔랑'과 같이 율동감과 생기가 느껴지게 표현하여 그들에 대한
화자의 따뜻한 시선을 확인할 수 있다.

한눈에 보기

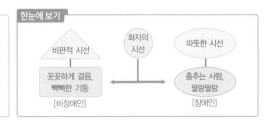

핵심 정리

▼ 갈래: 자유시, 서정시   ▼ 성격: 묘사적, 반성적, 비판적
▼ 주제: 사회적 소수자에게 무관심한 현대인에 대한 비판
▼ 해제: 이 시는 지하철역에서 사람들 사이를 힘겹게 걸어가고 있는 한 장애인의 모습을 통해 우리 사회에 필요한 공동
체 의식에 대해 생각해 보게 하고 있다.
▼ 시의 특징과 표현
① 화자가 관찰자의 입장에서 시적 대상을 세밀하게 묘사함
② 대조적 이미지를 통해 현대인의 무관심과 비정함을 부각함

멸치 | 김기택

모의 기출

굳어지기 전까지 저 딱딱한 것들은 물결이었다
생명을 잃기 전   밥상 위에 놓인 멸치 볶음 멸치가 지녔던 생명력
파도와 해일이 쉬고 있는 바닷속
생명력이 가득한 공간
지느러미의 물결 사이에 끼어
유유히 흘러다니던 무수한 갈래의 길이었다   ▶ 1~4행: 멸치의 본래 모습
멸치가 지녔던 무한한 가능성
그물이 물결 속에서 멸치들을 떼어 냈던 것이다
△ : 반생명력을 상징하는 소재 – 멸치의 생명력을 앗아가는 존재
햇빛과 꼿꼿한 직선들 틈에 끼이자마자

부드러운 물결은 팔딱거리다 길을 잃었을 것이다
생명력
바람과 햇볕이 달라붙어 물기를 빨아들이는 동안
생명력을 파괴함
바다의 무늬는 뼈다귀처럼 남아
생명력의 상실
멸치의 등과 지느러미 위에서 딱딱하게 굳어 갔던 것이다

모래 더미처럼 길거리에 쌓이고
생명력을 상실하고 쌓여 있는 멸치의 모습
건어물집의 푸석한 공기에 풀리다가
생명력을 상실한 공간
기름에 튀겨지고 접시에 담겨졌던 것이다   ▶ 5~13행: 멸치가 생명을
                                                상실하는 과정
「지금 젓가락 끝에 깍두기처럼 딱딱하게 잡히는 이 멸치에는
                                    멸치 볶음이 된 멸치
두껍고 뻣뻣한 공기를 뚫고 흘러가는
생명력이 상실된 경직된 분위기
바다가 있다 그 바다에는 아직도
지느러미가 있고 지느러미를 흔드는 물결이 있다」
「 」: 생명력을 상실한 밥상 위의 멸치에서 바닷속 멸치의 생명력을 상상함
「이 작은 물결이
「 」: 생명력 회복에 대한 염원
지금도 멸치의 몸통을 뒤틀고 있는 이 작은 무늬가
파도를 만들고 해일을 부르고
멸치가 본래 지녔던 생명력의 환기
그 굿배를 부수고 그물을 찢었던 것이다」   ▶ 14~21행: 멸치가 지닌 생
                                                명력 회복에의 염원

출제 포인트

• 시의 주제 의식
• 대립되는 시어의 의미

필수 문제

01 화자 파악하기
• 화자: 멸치를 바라보는 이
• 상황: 반찬으로 올라온 멸치를
  보며 (   ) 회복에 대한 의
  지를 다짐
• 정서·태도: 반성, 의지

02 [기출] 이 시의 시상 전개에
대한 이해로 적절하지 않은 것은?

① 1~4행에서 멸치 떼의 유유한
  움직임은 '무수한 갈래의 길'
  과 연결되어 바닷속의 자유로
  운 분위기를 보여 주고 있다.
② 5~7행에서 '그물', '햇빛의
  꼿꼿한 직선'은 멸치의 생
  명을 앗아가려는 외부 세계의
  폭력성을 환기하고 있다.
③ 8~13행은 멸치가 본래의 속
  성을 잃어 가는 과정을 순차
  적으로 보여 주고 있다.
④ 14~17행은 바다 물결의 실제
  움직임을 사실적으로 묘사하
  여 마른 멸치의 몸에 남은 무
  늬에 시선을 집중시키고 있다.
⑤ 18~21행은 '파도'와 '해일'
  의 움직임을 통해 멸치가 본
  래 지녔던 생명력을 환기하며
  시상을 마무리하고 있다.

핵심 정리

◆ 갈래: 자유시, 서정시   ◆ 성격: 반성적, 비판적
◆ 주제: 멸치를 통한 생명력 회복에 대한 의지
◆ 해제: 이 시는 밥상 위의 멸치 볶음이라는 일상적 소재를 통해, 문명에 의해 파괴되고 상실된 생명력의 회복에 대한
  염원을 노래하고 있다.
◆ 시의 특징과 표현
  ① 일상적 소재를 활용하여 생명의 가치를 노래함
  ② 대립적인 시어를 사용하여 주제 의식을 부각함

바퀴벌레는 진화 중 | 김기택

바퀴벌레 – 물질문명으로 인한 환경 파괴를 상징적으로 보여 주는 소재

『믿을 수 없다. 저것들도 먼지와 수분으로 된 사람 같은 생물이란 것
「」: 도치법
을.』그렇지 않고서야 어찌 시멘트와 살충제 속에서만 살면서도 저렇게
현대 물질문명을 상징
비대해질 수 있단 말인가. 살덩이를 녹이는 살충제를 어떻게 가는 혈관
환경이 오염된 현대 문명에도 잘 적응하는 바퀴벌레의 생명력에 대한 놀라움
으로 흘려보내며 딱딱하고 거친 시멘트를 똥으로 바꿀 수 있단 말인가.

입을 벌릴 수밖엔 없다. 쇳덩이의 근육에서나 보이는 저 고감도의 민첩
바퀴벌레의 생명력에 대한 감탄 → 환경 오염의 심각성을 보여 주기 위한 반어적 표현
성과 기동력 앞에서는.

▶ 1연: 바퀴벌레의 끈질긴
생명력

『사람들이 최초로 시멘트를 만들어 집을 짓고 살기 전, 많은 벌레들
「」: 물질문명이 발달하기 이전
을 씨까지 일시에 죽이는 독약을 만들어 뿌리기 전,』저것들은 어디에
살고 있었을까. 흙과 나무, 내와 강, 그 어디에 숨어서 흙이 시멘트가
되고 다시 집이 되기를, 물이 살충제가 되고 다시 먹이가 되기를 기다
현대 문명의 발달로 인해 환경이 오염되고 생태계가 파괴되는 과정
리고 있었을까. 빙하기, 그 세월의 두꺼운 얼음 속 어디에 수만 년 썩
혹독한 외부 환경
지 않을 금속의 씨를 감추어 가지고 있었을까.
바퀴벌레의 끈질긴 생명력을 형상화

▶ 2연: 인간 문명의 발달과
생태계 파괴

로봇처럼, 정말로 철판을 온몸에 두른 벌레들이 나올지 몰라.『금속과
파괴된 환경에 적응한 변종들
금속 사이를 뚫고 들어가 살면서 철판을 왕성하게 소화시키고 수억 톤
「」: 심각한 환경 오염 상태와 미래에 대한 우려
의 중금속 폐기물을 배설하면서 불쑥불쑥 자라는 잘 진화된 신형 바퀴
벌레가 나올지 몰라,』보이지 않는 빙하기, 그 두껍고 차가운 강철의 살
신형 벌레가 출현을 준비하는 기간
결 속에 씨를 감추어 둔 채 때가 이르기를 기다리고 있을지 몰라. 아직
환경 오염이 더욱 심각해진 미래
은 암회색 스모그가 그래도 맑고 희고, 폐수가 너무 깨끗한 까닭에 숨
대기 오염과 수질 오염의 심각성을 반어적으로 표현 → 환경 문제에 대한 경각심을 불러일으킴
을 쉴 수가 없어 움직이지 못하고 눈만 뜬 채 잠들어 있는지 몰라.

▶ 3연: 환경 오염의 심각성
과 미래에 대한 우려

출제 포인트

• 이 시에서 비판하고 있는 현대
사회의 문제
• 바퀴벌레의 진화가 의미하는 바
• 반어적 표현의 의미와 효과

필수 문제

01 화자 파악하기

• 화자: 환경 파괴를 고발하는 이
• 상황: (   )에 적응한 바
퀴벌레에 대해 경악함
• 정서 · 태도: 우려, 비판적

02 이 시의 1연에서 물질문명의
발달로 인해 오염된 현실의 모습
을 단적으로 보여 주는 시어 2가
지를 찾아 쓰시오.

03 이 시에서 '바퀴벌레'의 진
화는 무엇의 진행에 따른 적응 결
과인지 2어절로 쓰시오.

04 이 시의 3연에서 반어적 표
현이 쓰인 부분을 찾아 그 첫 어
절을 쓰시오.

핵심 정리

▼ **갈래**: 산문시, 서정시 　 ▼ **성격**: 비판적, 상징적, 반어적
▼ **주제**: 현대 문명이 초래한 환경 문제의 심각성
▼ **해제**: 이 시는 바퀴벌레의 끈질긴 생명력과 진화 과정을 통해 환경 오염의 심각성을 고발하고 환경 문제에 대한 경각
심을 불러일으키는 작품이다.
▼ **시의 특징과 표현**
　① 바퀴벌레의 생명력을 구체적이고 직설적으로 묘사함으로써 주제를 강조함
　② 반어적 어조로 경각심을 불러일으킴

405 벽 | 김기택

옆구리에서 아까부터

무언가가 꼼지락거리고 있었다.

내려다 보니 <u>작은 할머니</u>였다. ○→: 할머니의 행동이 반복됨
화자, 관찰자, 방관자   사회적 약자   (의미의 점층적 강조)

만원 전동차에서 내리려고
개별화, 파편화된 현실

혼자 헛되이 허우적거리고 있었다. ▶ 1~5행: 전동차에서 내리려는
할머니

승객들은 빈틈없이 할머니를 에워싸고 △→: 승객들의 비정함이 반복됨
냉혹한 현대인   (의미의 점층적 강조)

높고 튼튼한 벽이 되어 있었다.

할머니가 아무리 중얼거리며 떠밀어도

벽은 꿈쩍도 하지 않았다. ▶ 6~9행: 꿈쩍 않는 승객들

할머니는 있는 힘을 다하였으나

태아의 발가락처럼 꿈틀거릴 뿐이었다.
힘없고 연약함

전동차가 멈추고 문이 열리고 닫혔지만
└→ 사회적 약자에 대한 배려의 기회

벽은 조금도 흔들림이 없었다. ▶ 10~13행: 결국 내리지 못한
할머니

할머니가 필사적으로 꿈틀거리는 동안

꿈틀거릴수록 점점 작아지는 동안

승객들은 빈틈을 더 세게 조이며 냉혹하고 비정한 각박한 세태가
더 악화됨

더욱 견고한 벽이 되고 있었다. ▶ 14~17행: 작아지는 할머니와
① 냉혹하고 비정한 현실 ② 각박한 세태   견고한 벽

핵심 정리

▽ 갈래: 자유시, 서정시   ▽ 성격: 비판적

▽ 주제: 타인에 대한 관심과 배려가 없는 현실에 대한 비판

▽ 해제: 이 시는 전동차의 승객들 사이에서 허우적거리는 할머니를 통해 인정이 메말라 가는 이기적인 세태를 비판하고 있다. 이처럼 이웃에게 몰인정한 세태를 화자는 '벽'으로 형상화하여 사회적 약자에 대한 관심이나 배려가 없는 현대 사회의 모습을 드러내고 있다.

▽ 시의 특징과 표현
① 사회적 약자인 '작은 할머니'와 비정한 현대인인 '승객들'을 대비하여 세태를 비판함
② 할머니의 행동과 승객들의 태도가 반복적·점층적으로 제시됨

우주인 | 김기택

교과서

허공 속에 발이 푹푹 빠진다
무중력 상태에 있는 화자의 모습 – 목표가 없이 살아온 화자의 삶을 형상화
허공에서 허우적 발을 빼며 걷지만

얼마나 힘 드는 일인가
삶의 목표
기댈 무게가 없다는 것은
힘이 드는 이유 ①
걸어온 만큼의 거리가 없다는 것은
힘이 드는 이유 ②

▶ 1연: 우주 공간(삶의 현장)
에서 허우적거리는 화자

그동안 나는 여러 번 넘어졌는지 모른다 ◯: 반복을 통한 운율감 형성 ①
                        무기력하고 목표가 없는 삶의 모습 ①
지금은 쓰러져 있는지도 모른다
        무기력하고 목표가 없는 삶의 모습 ②
끊임없이 제자리만 맴돌고 있거나
        무기력하고 목표가 없는 삶의 모습 ③
인력(引力)에 끌려 어느 주위를 공전하고 있는지도 모른다
        무기력하고 목표가 없는 삶의 모습 ④

▶ 2연: 목표가 없이 무기력
하게 살아온 화자

『발자국 발자국이 보고 싶다 ▢: 반복을 통한 운율감 형성 ②
삶의 흔적
뒤꿈치에서 퉁겨 오르는

발걸음의 힘찬 울림을 듣고 싶다
목표가 명확하고 가치 있는 삶
내가 걸어온

길고 삐뚤삐뚤한 길이 보고 싶다』
일상에 매몰되어 목표가 없이 살아온 과거의 삶
『 』: 자신의 과거를 직시하고 현실을 극복하려는 의지

▶ 3연: 지나온 삶에 대한 성
찰과 현실 극복 의지

▪ 인력(引力): 공간적으로 떨어져 있는 물체끼리 서로 끌어당기는 힘

출제 포인트

• 화자가 반성하고 있는 삶의 모습
• '발자국'과 '길고 삐뚤삐뚤한
길'에 담긴 의미

필수 문제

01 화자 파악하기
• 화자: 자신의 지난 삶을 되돌아
보는 이
• 상황: (   ) 상태에 있는 우
주인처럼 목표가 없이 살아온
자신의 삶의 모습을 떠올림
• 정서 · 태도: 성찰적, 의지적

02 이 시에서 화자는 자신의 지
난 삶을 성찰하고 있다. 2연에서
연상되는 삶의 모습을 간단히 쓰
시오.

03 [서술형] 이 시에서 화자가
'발자국', '길고 삐뚤삐뚤한 길'을
보고 싶어 하는 이유를 40자 내외
로 서술하시오.

핵심 정리

♥ 갈래: 자유시, 서정시   ♥ 성격: 상징적, 성찰적, 의지적
♥ 주제: 지난 삶에 대한 성찰과 현실 극복의 소망
♥ 해제: 이 시는 무중력 상태의 우주 공간에서 허우적거리는 우주인을 화자로 하여, 삶의 목표 없이 일상에 매몰되어
살아가는 현대인의 삶의 모습을 형상화하고 있다.
♥ 시의 특징과 표현
① 우주인이라는 독특한 소재를 활용하여 주제 의식을 드러냄
② 반복을 통해 시적 상황과 화자의 의지를 강조함

쥐 | 김기택

구멍의 어둠 속에 정적의 숨죽임 뒤에 □ : 공포와 불안이 숨어 있는 곳
└ 쥐의 서식지
불안은 두근거리고 있다
└ 욕구 실현과 두려움의 충돌
사람이나 고양이의 잠을 깨울
└ 욕구 실현을 가로막는 두려움의 실체
가볍고 요란한 소리들은 깡통 속에
└ 두려움과 위협의 현실화
양동이 속에 대야 속에 항상 숨어 있다 ▶ 1~5행: 도처에 도사리고
있는 불안과 공포

어둠은 편안하고 안전하지만 굶주림이 있는 곳
└ 편안과 굶주림이 공존하는 어둠의 이중성 └ 식욕 해결의 불만족
『몽둥이와 덫이 있는 대낮을 지나 「 」: 육체적 갈망을 이기지 못하고 공포와 불안을 향해
└ 욕구 해결을 방해하는 장애물과 시간 가는 쥐의 비참하면서도 황홀한 모순적 심리
번득이는 눈과 의심 많은 귀를 지나

주린 위장을 끌어당기는 냄새를 향하여
└ 욕구 해결을 바라는 육체
걸음은 공기를 밟듯 나아간다』 ▶ 6~10행: 욕구의 해결을
└ 조심스럽게, 소리 내지 않고 위해 위험을 마주함
꾸역꾸역 굶주림 속으로 들어오는 비누 조각
└ 욕구 해소에 몰입함 └ 쥐를 죽음으로 몰고 가는 실체들
비닐 봉지 향기로운 쥐약이 붙어 있는 밥알들

『거품을 물고 떨며 죽을 때까지 그칠 줄 모르는』
└ 파국에 직면함 「 」: 죽음 전까지는 식욕을 억제하지 못함
아아 황홀하고 불안한 식욕 (현대인의 맹목적 탐욕 풍자) ▶ 11~14행: 탐욕을 억제하
└ 식욕을 충족하는 황홀함과 죽음을 무릅써야 하는 지 못하고 파국을 맞이하
공포감 사이의 이율배반성(역설적 표현) 는 쥐

출제 포인트

• 소재의 상징적 의미
• 표현상의 특징 이해

필수 문제

01 화자 파악하기
• 화자: '드러나지 않음' (쥐의
죽음을 바라보는 이)
• 상황: 식욕을 억제하지 못하고
쥐약을 먹고 죽음에 이르는
( )를 바라봄
• 정서·태도: 풍자적, 비판적

02 이 시에서 '비누 조각'과
'( )' 은
쥐의 탐욕의 대상이자 쥐를 파국
으로 몰고 가는 위험의 실체이다.

03 이 시에서 쥐에게 항존하는
불안과 공포를 아래와 같이 정리
할 때 빈칸에 들어갈 내용은?

구멍의 어둠 속
( )
깡통 속
양동이 속
대야 속

알맹이 포착

표현상의 특징과 어조의 이해

이 시에서 시인은 마치 자신이 쥐가 된 듯한 입장에서 쥐의 불안과
두려움, 그럼에도 식욕을 억제하지 못하여 결국 죽음으로 나아가는
과정을 냉정한 언어로 형상화하고 있다. 쥐를 죽음으로 이끄는 것은
사람이나 고양이가 아니라 절제하지 못한 자신의 욕망이라는 인식을
보여 준다. 감정의 과잉을 억제한 군더더기 없는 빠른 묘사로, 스릴
러물과 같은 긴장감을 느끼게 한다.

한눈에 보기

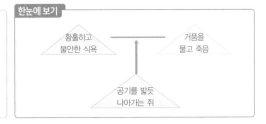

황홀하고
불안한 식욕

거품을
물고 죽음

공기를 밟듯
나아가는 쥐

핵심 정리

▽ 갈래: 자유시, 서정시 ▽ 성격: 묘사적, 반성적, 비판적
▽ 주제: 현대인의 탐욕에 대한 비판
▽ 해제: 이 시는 쥐를 대상으로 정적 속에 숨은 격렬한 움직임을 냉정한 시선으로 관찰하고 묘사한다. 집중력 있는 관
찰과 응시로 쥐 ― 나아가 존재 모두의 움직임 내부에 도사리고 있는, 존재의 죽음으로 이끄는 욕망의 실체와 본질을
보여 준다. 그리하여 표면적 형상에 매이지 않고, 그 속에 내재되어 있는 동물적 본성의 모순성을 드러낸다.
▽ 시의 특징과 표현
① '황홀하고 불안한 식욕'의 역설적 표현으로 쥐가 처한 이율배반적 상황을 형상화함
② 죽을 때까지 자신의 탐욕을 억제하지 못하는 쥐의 모습을 통해 물신화된 현대인의 욕망을 경계함

408 풀벌레들의 작은 귀를 생각함 | 김기택

출제 포인트
- 문명과 자연에 대한 화자의 태도
- 대조적인 의미의 시어 구분

텔레비전을 끄자
△ : 인공적인 것 - 부정적 의미를 지닌 소재
자연의 소리를 가로막는 문명의 이기
○ : 자연적인 것 - 긍정적 의미를 지닌 소재
풀벌레 소리
자연의 소리
어둠과 함께 방 안 가득 들어온다
풀벌레 소리를 도드라지게 하는 상황적 배경
어둠 속에서 들으니 벌레 소리들 환하다
공감각적 이미지(청각의 시각화)
별빛이 묻어 더 낭랑하다

▶ 1~5행: 텔레비전을 끈 후 듣게 된 풀벌레 소리

「귀뚜라미나 여치 같은 큰 울음 사이에는
「 」: 큰 울음에서 작은 소리로 화자의 인식 범위가 확장됨
너무 작아 들리지 않는 소리도 있다
작은 풀벌레의 울음소리
그 풀벌레들의 작은 귀를 생각한다」
□ : '생각한다'를 반복하여 화자의 깨달음을 강조함
내 귀에는 들리지 않는 소리들이 드나드는

까맣고 좁은 통로들을 생각한다
풀벌레들의 작은 귀
그 통로의 끝에 두근거리며 매달린

여린 마음들을 생각한다
대상에 대한 화자의 관심과 애정
발뒤꿈치처럼 두꺼운 내 귀에 부딪쳤다가
문명의 이기에 빠져 자연의 소리를 듣지 못하는 상태
되돌아간 소리들을 생각한다

▶ 6~12행: 풀벌레 소리와 그들의 작은 귀에 대한 관심

「브라운관이 뿜어낸 현란한 빛이
어둠 속의 별빛과 풀벌레 소리를 몰아내는 인간 중심적인 문명
내 눈과 귀를 두껍게 채우는 동안

그 울음소리들은 수없이 나에게 왔다가

너무 단단한 벽에 놀라 되돌아갔을 것이다」
「 」: 그동안 간과했던 삶에 대한 화자의 성찰
하루살이들처럼 전등에 부딪쳤다가
원관념: 풀벌레 소리   문명
바닥에 새카맣게 떨어졌을 것이다
인간의 이기적인 문명에 상처 받은 자연의 모습을 시각적으로 형상화
크게 밤공기를 들이쉬니

▶ 13~20행: 문명의 소리에 묻혀 외면당한 풀벌레 소리

허파 속으로 그 소리들이 들어온다
내면
허파도 별빛이 묻어 조금은 환해진다
풀벌레 소리를 몸으로 느끼고 받아들이면서 자연의 생명력을 회복함

▶ 21~23행: 자연의 소리가 주는 기쁨

필수 문제

01 화자 파악하기
- **화자**: '나' (풀벌레 소리를 듣는 이)
- **상황**: (   )을 끄고 풀벌레 소리에 귀를 기울임
- **정서·태도**: 성찰, 비판적

02 [기출] 이 시에 대한 감상으로 적절하지 <u>않은</u> 것은?
① 1~3행: 화자는 '텔레비전'을 끈 후 평소 관심을 두지 못했던 '풀벌레 소리'를 지각하고 있어.
② 6~8행: 화자는 '큰 울음'뿐만 아니라 '들리지 않는 소리'도 존재한다는 것을 알게 됨으로써 화자의 인식 범위가 확장되고 있어.
③ 9~12행: 화자는 '들리지 않는 소리'의 주체들이 화자 자신 때문에 서로 소통할 수 없게 된 것에 대해 미안함을 느끼고 있어.
④ 15~18행: 화자는 자신이 의식하지 못했던 '그 울음소리들'을 떠올리며, 그 소리를 간과했던 삶을 성찰하고 있어.
⑤ 21~23행: 화자는 '그 소리들'을 귀로만 듣지 않고 내면 깊숙이 받아들이고 있는 자신의 모습을 확인하고 있어.

핵심 정리

- ▼ **갈래**: 자유시, 서정시   ▼ **성격**: 감각적, 성찰적, 비판적
- ▼ **주제**: 풀벌레 소리를 통한 삶에 대한 성찰
- ▼ **해제**: 이 시는 늘 시끄럽고 요란한 텔레비전 앞에서 저녁 시간을 보내던 화자가 텔레비전을 끄고 '풀벌레 소리'를 듣게 된 경험을 통해, 문명의 소리에 길들여져 자연의 소리를 외면했던 자신의 삶에 대해 성찰하고 있다.
- ▼ **시의 특징과 표현**
  ① 대조적인 시어와 상황을 통해 시상을 전개함
  ② 청각을 중심으로 시각, 공감각 등의 감각적 이미지가 드러남

409 감자 먹는 사람들 | 김선우

필수

어느 집 담장을 넘어 달겨드는
_{'달겨드는'의 방언}

이것은,

치명적인 냄새
_{어린 시절의 가난했던 삶에 대한 기억}

▶ 1연: 우연히 맡게 된 감자 삶는 냄새

식은 감자알 갉작거리며[■] 평상에 엎드려 산수 숙제를 하던,『엄마 내 친구들은 내가 감자가 좋아서 감자밥 도시락만 먹는 줄 알아,』열한 식
_{『 』: 가난한 집안 형편 때문에 감자밥 도시락을 먹을 수밖에 없었던 어린 시절}
구 때꺼리를 감자 없이 무슨 수로 밥을 해 대냐고, 귀밝은 할아버지는
_{끼닛거리, 끼니로 할 음식감}
땅 밑에서 감자알 크는 소리 들린다고 흐뭇해하셨지만 엄마 난『땅속에
서 자라는 것들이 무서운데, 뿌리 끝에 댕글댕글한 어지럼증을 매달고,
_{『 』: 감자(가난)에 대한 부정적 감정을 공포심과 어지럼증으로 표현}
식구들이 밥상머리를 지킨다』하나 둘 숟가락 내려놓을 때까지 엄마 밥
주발[■]엔 숟가락 꽂히지 않는다』
_{『 』: 어머니의 희생적 사랑}

▶ 2연: 감자로 끼니를 때우던 어린 시절과 어머니의 희생적 사랑 회상

어릴 적 질리도록 먹은 건 싫어하게 된다더니, 감자 삶는 냄새

이것은,

치명적인 그리움
_{어머니에 대한 그리움}

▶ 3연: 감자 삶는 냄새로 떠올린 유년 시절 어머니에 대한 그리움

『꽃은 꽃대로 놓아두고 저는 땅 밑으로만 궁구는,
_{『 』: 감자의 생태로 어머니의 희생적인 사랑을 형상화함}
꽃 진 자리엔 얼씬도 하지 않는』

열한 개의 구덩이를 가진 늙은 애기집
_{어머니가 보살폈던 열한 명의 식구   어머니}

▶ 4연: 가족에 대한 헌신적 사랑으로 살아오신 어머니

■ 갉작거리며: 날카롭고 뾰족한 끝으로 바닥이나 거죽을 자꾸 문지르며
■ 밥주발: 놋쇠로 만든 밥그릇

출제 포인트

• 과거 회상의 매개체
• '감자'에 담긴 의미
• '늙은 애기집'의 의미

필수 문제

01 화자 파악하기
• 화자: '나 (감자 삶는 냄새를 맡은 이)
• 상황: 우연히 맡게 된 감자 삶는 냄새를 통해 (   )의 헌신적 사랑을 떠올림
• 정서·태도: 그리움

02 [기출] 이 시의 시적 상황을 고려할 때, 다음 중 적절하지 <u>않은</u> 것은?

〈보기〉
… 어머니, 그 시절 저는 ① 학교에 감자밥 도시락을 싸서 다니는 것이 좋지만은 않았습니다. 어느 날인가 그 얘기를 했더니 곁에 계시던 ② 할아버지께서는 감자 드시는 것이 오히려 좋다시며 저를 나무라셨지요. 지금은 감자라도 밥에 섞이지 않으면 11명이나 되는 식구들을 먹이기가 쉽지 않았음을 이해하게 됩니다. 특히 ③ 식구들의 밥이 모자랄까봐 식구들이 밥을 다 먹을 때까지 기다리시던 어머니의 모습이 눈에 선합니다. 하지만 그때 저는 어렸고, ④ 감자에 대한 거부감까지 가지고 있었습니다. ⑤ 그런데 지금은 왜 이렇게 그리운지 모르겠습니다. …

핵심 정리

∨ 갈래: 자유시, 서정시   ∨ 성격: 회상적
∨ 주제: 가난했던 유년 시절 어머니의 헌신적인 사랑에 대한 그리움
∨ 해제: 이 시는 우연히 맡게 된 감자 삶는 냄새를 통해서 가난한 삶 속에서도 식구들을 위해 희생적인 삶을 살았던 어머니에 대한 그리움을 노래하고 있다.
∨ 시의 특징과 표현
① 독백과 대화를 통해 시상을 전개함
② 후각적 이미지를 이용하여 과거 회상의 매개체로 사용함

1990년대 이후   현대시의 모든 것

461

깨끗한 식사 | 김선우

어떤 이는 눈망울 있는 것들 차마 먹을 수 없어 채식주의자가 되었
_{육식의 대상이 되는 가축들}
는데 내 접시 위의 풀들 깊고 말간 천 개의 눈망울로 빤히 나를 처다보기
_{식물 역시 생명을 지닌 존재로 인식함(의인법)}
일쑤, 이 고요한 사냥감들에도 핏물 자박거리고 꿈틀거리며 욕망하던 뒤
_{= 내 접시 위의 풀들} _{역동적인 생명력을 지녔던 과거}
안 있으니 내 앉은 접시나 그들 앉은 접시나 매일반, 천 년 전이나 만 년
_{육식을 하는 사람들}
전이나 생식을 할 때나 화식을 할 때나 육식이나 채식이나 매일반.
_{육식과 채식이 본질적으로 다르지 않음}
　　　　　　　　　　　　　　　　▶ 1연: 생명을 취한다는 점에서 육식과 채식이 다르지 않음

문제는 내가 떨림을 잃어 간다는 것인데, 일테면 <u>만 년 전</u>의 내 할아
　　　　　　　　_{생명에 대한 경외감}
버지가 알락꼬리암사슴의 목을 돌도끼로 내려치기 전, 두렵고 고마운
마음으로 올리던 기도가 <u>지금</u> 내게 없고 (시장에도 없고) 내 할머니들
_{과거의 생명에 대한 경외감 ①} 　　　　　　_{현대의 자본주의 사회 구조}
이 돌칼로 어린 죽순 밑둥을 끊어 내는 순간, 고맙고 미안해하던 마음
　　　　　　　　　　　　　　　　　_{과거의 생명에 대한 경외감 ②}
의 떨림이 없고 (상품과 화폐만 있고) 사뭇 괴로운 포즈만 남았다는 것.
_{먹거리를 상품으로 사서 소비하는 현대 사회} 　　_{생명의 가치에 대해 생각하지 않음}
　　　　　　　　　　　　　▶ 2연: 과거와 달리 생명에 대한 경외심을 잃은 것에 대한 반성

내 몸에 무언가 공급하기 위해 나 아닌 것의 숨을 끊을 때 머리 가죽
부터 한 터럭 뿌리까지 남김없이 고맙게, 두렵게 잡숫는 법을 잃었으니
　　　　　　　　　　　　_{생명에 대한 경외심을 잃음}
이제 참으로 두려운 것은「내 올라앉은 육중한 접시가 언제쯤 깨끗하게
비워질 수 있을지 장담할 수 없다는 것.」도대체 이 무거운, 토막 난 몸
「　」: 인간도 하나의 생명으로 존중받지 못할 수 있다는 두려움
을 끌고 어디까지!
_{생명에 대한 경외심을 잃은 현실에 대한 탄식}
　　　　　　　　　　　　　▶ 3연: 인간도 존중받지 못할 것에 대한 두려움

출제 포인트
- '깨끗한 식사'의 의미
- 과거와 현재의 대비를 통해 얻는 효과

필수 문제

01 화자 파악하기
- 화자: 접시에 놓인 채소를 바라보는 이
- 상황: 식사를 하며 생명에 대한 (　　　)을 잃은 현대인의 삶을 성찰함
- 정서·태도: 반성적, 비판적

02 이 시에서 생명에 대한 고맙고 미안한 마음을 나타내는 2음절의 시어를 찾아 쓰시오.

03 [서술형] '시장', '상품과 화폐'라는 시어를 고려할 때, 인류가 과거와 달리 '고맙게, 두렵게 잡숫는 법'을 잃어버린 이유를 서술하시오.

알맹이 포착

'깨끗한 식사'의 의미

식사는 자연의 순환 질서 속에서 생명을 이어 가기 위해 또 다른 생명을 필요로 하는 자연스러운 과정이다. 이때 하나의 생명을 위해 희생하는 또 다른 생명에 대해 고마움과 미안함, 두려움을 가지는 태도가 바로 깨끗한 식사이다. '깨끗한 식사'에는 생명을 단순히 상품으로만 인식하는 현대인의 태도를 비판하고자 하는 의도가 담겨 있다고 볼 수 있다.

핵심 정리

- ♥ 갈래: 산문시, 서정시　　♥ 성격: 반성적, 비판적, 생태적
- ♥ 주제: 생명에 대한 존중이 사라진 현대인의 음식 문화 비판
- ♥ 해제: 이 시는 육식과 달리 채식이 생명을 존중하는 것이라는 일반적 사고를 뒤집으며, 본질적으로 생명을 취하는 식사의 본질은 다르지 않다고 말하고 있다. 화자는 인류가 자연에서 직접 먹거리를 취하면서 가졌던 경외심이 사라진 현대 사회의 모습을 비판하면서, 자연 속에서 하나의 생명체에 불과한 인간의 미래에 대해 우려하고 있다.
- ♥ 시의 특징과 표현
  ① 식물을 동물처럼 눈을 가지고 피를 흘리는 존재로 묘사하는 독특한 상상력을 보임
  ② 과거와 현재를 대비함으로써 현대인의 부정적 면모를 부각함

411 낙화, 첫사랑 | 김선우

1

「 」: 꽃이 떨어지려는 상황(이별의 순간 가정)
그대가 아찔한 절벽 끝에서
떨어지는 꽃(사랑하는 사람의 비유)
바람의 얼굴로 서성인다면 「그대를 부르지 않겠습니다
「 」: 이별의 상황을 수용
옷깃 부둥키며 수선스럽지 않겠습니다」

그대에게 무슨 연유가 있겠거니
'그대'에 대한 이해와 존중
내 사랑의 몫으로

「그대의 뒷모습을 마지막 순간까지 지켜보겠습니다

손 내밀지 않고 그대를 다 가지겠습니다」
「 」: 마지막 순간까지 '그대'를 마음 깊이 간직하는 것이
영원히 '그대'를 사랑하는 길이라는 인식

▶ 1: 그대를 존중하는
사랑

2

아주 조금만 먼저 바닥에 닿겠습니다
'그대'보다 먼저 바닥에 닿으려 함
가장 낮게 엎드린 처마를 끌고
'치마'의 방언(여성적 이미지)
추락하는 그대의 속도를 앞지르겠습니다
떨어지는 '그대'를 받기 위한 희생적 태도
내 생을 사랑하지 않고는

다른 생을 사랑할 수 없음을 늦게 알았습니다

그대보다 먼저 바닥에 닿아

■강보에 아기를 받듯 온몸으로 나를 받겠습니다
조심스럽게, 소중하게
'그대'와 '나'의 동일시
('그대'와 '나'는 하나라는 인식)

▶ 2: 그대를 위해 희생
하는 사랑

■ 강보(襁褓): 포대기, 어린아이의 작은 이불

출제 포인트

• 화자의 태도 이해
• 표현상의 특징 이해

필수 문제

01 화자 파악하기
• 화자: '나' (낙화를 바라보는 이)
• 상황: (   )를 보며 '나'를 사랑하는 것이 그대를 사랑하는 것임을 깨닫게 됨
• 정서·태도: 깨달음, 존중

02 이 시에서 '내 생을 사랑하지 않고는 / 다른 생을 사랑할 수 없음'을 깨달은 화자가 이를 위한 실천적 태도로 제시한 시구를 3어절로 쓰시오.

03 이 시에서 연속하여 반복되는 '-습니다'는 대상에 대한 화자의 (   )의 태도를 드러낸다.

핵심 정리

♥ 갈래: 자유시, 서정시   ♥ 성격: 비유적, 희생적
♥ 주제: 이별의 상황에서의 진실된 사랑
♥ 해제: 이 시는 이별의 상황을 낙화에 빗대어, 사랑하는 사람을 존중하고 그 사람을 위해 희생하는 사랑에 대한 의지를 형상화한 작품이다.
♥ 시의 특징과 표현
① 극한 상황에 대한 담담한 어조로 화자의 지극한 사랑을 드러냄
② '-겠습니다'(경어체)의 반복을 통해 운율을 형성하고, 상대에 대한 존중과 화자의 의지를 강조함

단단한 고요 | 김선우

「마른 잎사귀에 도토리알 얼굴 부비는 소리」「후두둑 뛰어내려 저마다
└ 」: 도토리가 떨어지면서 마른 잎사귀에 부딪치는 모습   └ 」: 도토리가 바닥에 떨어지는 모습
멍드는 소리」「멍석 위에 나란히 잠든 반들거리는 몸 위로 살짝살짝 늦가
            └ 」: 늦가을 햇볕에 도토리 말리는 모습
을 햇볕 발 디디는 소리」「먼 길 날아온 늙은 잠자리 체머리* 떠는 소리」
                     └ 」: 잠자리가 도토리알에 앉은 모습
「맷돌 속에서 껍질 타지며* 가슴 둥당거리는 소리」「사그락사그락 고운 뼛
└ 」: 도토리가 맷돌에 갈리는 모습   곱게 갈아진 도토리 가루
가루 저희끼리 소곤대며 어루만져 주는 소리」「보드랍고 찰진 것들 물속
└ 」: 도토리 가루가 섞이는 모습
에 가라앉으며 안녕 안녕 가벼운 것들에게 이별 인사하는 소리」「아궁이
                  └ 」: 물속에 가라앉는 것(앙금)과 가벼운 것들이 분리되는 모습
불 위에서 가슴이 확 열리며 저희끼리 다시 엉기는 소리」「식어 가며 단
                └ 」: 도토리 가루에 물을 부어 끈적끈적하게 엉길 때까지 끓이는 모습
단해지며 서로 햝아 주는 소리」   ▶ 1연: 도토리묵이 만들어지
      └ 」: 도토리묵을 굳히는 모습   기까지의 과정

도마 위에 다갈빛* 도토리묵 한 모
완성된 도토리묵의 모습

                              「 」: 역설
모든 소리들이 흘러 들어간 뒤에 비로소 생겨난「저 고요
도토리묵이 만들어지기까지의 모든 소리   수많은 소리를 단단하게 쥐고 있어 생긴 고요
저토록 시끄러운, 저토록 단단한,
     도토리묵 내부의 소리   도토리묵은 부드럽지만 수많은   ▶ 2, 3연: 완성된 도토리묵
                        소리를 몸 안에 단단하게 품고   의 단단한 고요
                        있음(역설, 시적 여운)

■ 체머리: 머리가 저절로 계속하여 흔들리는 병적 현상. 또는 그런 현상을 보이는 머리
■ 타지며: 꿰맨 데가 터지며
■ 다갈빛: 조금 검은빛을 띤 갈색빛

출제 포인트

• 도토리묵이 만들어지는 과정의
  비유적 표현
• '단단한 고요'의 의미

필수 문제

01 화자 파악하기
• 화자: 도토리묵이 만들어지는
  과정을 지켜보는 이
• 상황: (   )이 만들어지는
  과정을 관찰함
• 정서·태도: 관조, 깨달음

02 〈보기〉의 (   ) 안에 들어갈
시어를 찾아 각각 2음절로 쓰시오.
┌─────────〈보기〉─────
│ 이 시에서 화자는 시적 대상
│ 의 (   )한 외면과는 달
│ 리 내면은 시끄러움을, 부드럽
│ 고 말랑말랑한 외면과 달리 내
│ 면은 (   )함을 역설적
│ 표현으로 제시하고 있다.

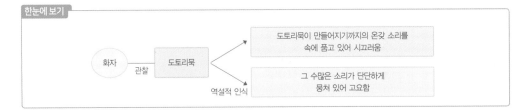

한눈에 보기

화자 ──관찰── 도토리묵 ──▶ 도토리묵이 만들어지기까지의 온갖 소리를
                          속에 품고 있어 시끄러움
          ──역설적 인식──▶ 그 수많은 소리가 단단하게
                          뭉쳐 있어 고요함

핵심 정리

▼ 갈래: 자유시, 서정시   ▼ 성격: 감각적, 개성적, 역설적
▼ 주제: 여러 과정을 통해 비로소 완성되는 존재의 섭리
▼ 해제: 이 시는 '도토리묵'에 대한 역설적 인식을 바탕으로 여러 과정을 거쳐 비로소 완성되는 존재의 섭리를 형상화
  하고 있다.
▼ 시의 특징과 표현
  ① 주로 청각적 이미지를 통해 도토리묵이 만들어지는 과정을 형상화함
  ② 대상에 대한 역설적 인식을 바탕으로 주제 의식을 드러냄
  ③ 동일 시어('소리')의 반복으로 운율을 형성함

그런 저녁이 있다 | 나희덕

필수

저물 무렵
자아 성찰을 하는 시간
「무심히 어른거리는 개천의 물무늬며
「 」: 자연의 움직임 – 시각적 이미지
하늘 한구석 뒤엉킨

하루살이 떼의 마지막 혼돈이며   : 내면 성찰을 하기 위한 화자의 의지적 태도
어떤 날은 감히 그런 걸 바라보려 한다   ▶ 1연: 자연의 움직임과 마
자연의 움직임을 보는 것에서 내면 성찰로 이어짐   주함

「뜨거웠던 대지가 몸을 식히는 소리며
「 」: 자연의 소리 – 청각적 이미지
바람이 푸른빛으로 지나가는 소리며
공감각적 표현(청각의 시각화)
둑방의 꽃들이

차마 입을 다무는 소리며
어떤 날은 감히 그런 걸 들으려 한다   ▶ 2연: 자연의 소리와 마주
자연의 소리를 듣는 것에서 내면 성찰로 이어짐   함

어둠이 빛을 지우며 내게로 오는 동안
내면 성찰로 시상이 전환됨
나무의 나이테를
화자의 삶의 나이테
내 속에도 둥글게 새겨 넣으며
내적 성숙의 의지를 다짐
가만가만히 거기 서 있으려 한다

내 몸을 빠져나가지 못한 어둠 하나
삶의 고통과 힘겨움
옹이로 박힐 때까지   ▶ 3연: '나'의 삶을 성찰함
치열한 삶의 흔적, 성찰을 통한 깨달음

「예전의 그 길, 이제는 끊어져
「 」: 과거의 삶이 소멸된 부정적인 현실
무성해진 수풀 더미 앞에 하냥 서 있고 싶은
                지속적으로 내면 성찰을 하고자 하는 의지
그런 저녁이 있다.   ▶ 4연: 지속적인 성찰에 대
                          한 소망

출제 포인트

- 시상 전개에 따른 화자의 태도
- '옹이'의 상징적 의미
- 다양한 감각적 이미지의 활용

필수 문제

01 화자 파악하기
- 화자: '나'(저녁 무렵의 자연 풍경을 바라보는 이)
- 상황: 자연의 움직임과 소리를 통해 삶을 (   )함
- 정서·태도: 성찰, 의지

02 이 시에서 〈보기〉와 같은 의미를 지닌 2음절의 시어를 찾아 쓰시오.

〈보기〉
- 어둠을 겪으며 성찰한 것으로부터 얻은 깨달음
- 치열한 삶의 흔적

03 이 시에서 저녁 바람의 서늘함을 공감각적으로 표현한 시구를 찾아 쓰시오.

핵심 정리

∨ **갈래**: 자유시, 서정시   ∨ **성격**: 성찰적, 감각적
∨ **주제**: 저녁 무렵의 자연 풍경을 통한 삶의 성찰
∨ **해제**: 이 시는 저녁 무렵의 자연 풍경을 통해 자신의 삶을 되돌아보는 화자의 모습을 그리고 있다. 이 시의 배경인 저녁은 사람도 동물도 집으로 돌아가는 시간으로, 화자는 그 무렵에 느껴지는 세상의 움직임과 소리를 담담하게 받아들이며 자신의 삶을 성찰하고 있다.
∨ **시의 특징과 표현**
  ① 담담하고 차분한 어조로 자신의 삶을 성찰함
  ② 다양한 감각적 이미지를 활용하여 대상을 구체화함

그 복숭아나무 곁으로 | 나희덕

교과서 모의 기출

너무도 여러 겹의 마음을 가진
화자가 대상에 대해 거리감을 느끼는 이유 – 의인법
㉠복숭아나무 곁으로 ☐ : 지시어를 반복하여 중심 소재로 초점을 모음
이해하기 어려운 타인을 상징함
나는 왠지 가까이 가고 싶지 않았습니다 ☐ : 경어체 – 여성적, 고백적 어조
대상에 대한 거리감
흰꽃과 분홍꽃을 나란히 피우고 서 있는 ㉠나무는 아마

사람이 앉지 못할 그늘을 가졌을 거라고
복숭아나무에 대한 선입관 – 쉽게 다가갈 수 없음
멀리로 멀리로만 지나쳤을 뿐입니다 ▶ 1연 1~6행: 멀리서 바라본
반복을 통해 거리감을 강조함   복숭아나무에 대한 선입관
『흰꽃과 분홍꽃 사이에 수천의 빛깔이 있다는 것을
여러 겹의 마음 – 대상의 본질
나는 ㉠나무를 보고 멀리서 알았습니다』
「 」: 대상의 본질에 대해 이해하기 시작함
눈부셔 눈부셔 알았습니다

피우고 싶은 꽃빛이 너무 많은 ㉠나무는
수천의 빛깔을 지닌 이유
그래서 외로웠을 것이지만 외로운 줄도 몰랐을 것입니다
대상에 대한 이해의 심화
『㉠여러 겹의 마음을 읽는 데 참 오래 걸렸습니다』 ▶ 1연 7~12행: 복숭아
「 」: 대상을 제대로 이해하기 위해서는 오랜 노력의 과정이 필요함   나무에 대한 이해

흩어진 꽃잎들 어디 먼 데 닿았을 무렵

조금은 심심한 얼굴을 하고 있는 ㉠복숭아나무 그늘에서
화자가 가까이에서 발견한 대상의 또 다른 모습   화자와 시적 대상이 조화를 이룬 공간
『가만히 들었습니다 저녁이 오는 소리를』 ▶ 2연: 복숭아나무와
「 」: 도치법   대상과 완전한 소통과 공감을 이루는 시간   '나'의 조화

출제 포인트

- '복숭아나무'의 의미
- 화자가 깨달음을 얻는 과정

필수 문제

01 화자 파악하기
- 화자 : '나' (복숭아나무를 바라보는 이)
- 상황 : 복숭아나무에 대한 (   )을 가지고 있다가 뒤늦게 복숭아나무를 이해하고 공감하게 됨
- 정서·태도: 이해, 깨달음

02 이 시에 나타난 '복숭아나무'의 의미를 2음절로 쓰시오.

03 [기출] 이 시의 특징으로 가장 적절한 것은?
① 경어체를 사용하여 웅장한 분위기를 자아내고 있다.
② 지시어를 반복하여 중심 소재로 초점을 모으고 있다.
③ 도치된 문장으로 마무리하여 상황의 긴박성을 강조하고 있다.
④ 의인법을 사용하여 현실에 대한 비판적 관점을 나타내고 있다.
⑤ 색채어를 활용하여 신화적 세계에 대한 동경을 드러내고 있다.

한눈에 보기

그 나무는 아마 사람이 앉지 못할 그늘을 가졌을 것임	→	흰꽃과 분홍꽃 사이에 수천의 빛깔이 있다는 것을 알았음
편견, 선입관		이해, 공감

핵심 정리

▼ 갈래 : 자유시, 서정시   ▼ 성격 : 비유적, 고백적
▼ 주제 : 복숭아나무(타인)에 대한 이해와 깨달음
▼ 해제 : 이 시는 편견과 선입관으로 서로 소통하지 못하는 타인을 '복숭아나무'에 비유하고, 복숭아나무가 지닌 참모습을 발견하는 과정을 통해 타인에 대한 진정한 이해를 소망하는 내용을 그리고 있다.
▼ 시의 특징과 표현
  ① 대상을 의인화하여 주제 의식을 드러냄
  ② 지시어를 반복하여 중심 소재로 초점을 모으고 있음
  ③ '–습니다'의 종결 어미를 사용하여 고백적 분위기를 형성함

415 땅끝 | 나희덕

산 너머 고운 노을을 보려고
꿈과 이상
그네를 힘차게 차고 올라 발을 굴렀지
현실을 극복하고 꿈을 이루기 위한 노력과 열정
노을은 끝내 어둠에게 잡아먹혔지
어린 시절의 꿈이 좌절됨
나를 태우고 날아가던 그넷줄이
　　　　꿈이 좌절된 후의 절망감이 투영된 대상
오랫동안 삐걱삐걱 떨고 있었어
　① 그넷줄이 흔들리고 있는 모습
　② 절망감과 두려움으로 인해 떨고 있는 화자의 모습

▶ 1연: 꿈과 이상을 추구하다 좌절했던 어린 시절

어릴 때는 나비를 쫓듯
　　　　꿈과 이상
아름다움에 취해 땅끝을 찾아갔지
　　　이상적이고 아름다운 공간
그건 아마도 끝이 아니었을지 몰라
어린 시절에 갔던 땅끝은 진정한 땅끝(절망)이 아니었음
그러나 살면서 몇 번은 땅끝에 서게도 되지
시상의 전환(과거 → 현재)　　절박한 삶의 공간, 살면서 겪는 인생의 절망
파도가 끊임없이 땅을 먹어 들어오는 막바지에서
시련, 고통　　　　　　　　위태롭고 절박한 상황
이렇게 뒷걸음질치면서 말야

□ : '땅끝'의 중의적 의미
　① 전라남도 해남에 있는 지명
　② 환상 속의 아름다운 공간
　③ 인생의 끝(절망)

▶ 2연: 인생을 살면서 몇 번씩 겪게 되는 절망감

살기 위해서는 이제 / 뒷걸음질만이 허락된 것이라고

파도가 아가리를 쳐들고 달려드는 곳
위태롭고 절박한 상황
찾아 나선 것도 아니었지만
자신이 원하지도 않았지만
끝내 발 디디며 서 있는 땅의 끝,
　　　　　　　　　　원하지 않던 절망적 상황
그런데 이상하기도 하지
시상의 전환(절망 → 희망)
위태로움 속에 아름다움이 스며 있다는 것이
절망 속에서 삶의 희망을 발견함(역설적 표현)
땅끝은 늘 젖어 있다는 것이
절망적이지만 희망을 품고 있는 공간　　└▶ 바다가 시작되는 부분이기 때문에
「그걸 보려고

또 몇 번은 여기에 이르리라는 것이」
「」: 절망 속에서도 희망이 존재한다는 깨달음이 삶을 지탱하는 힘이 될 것임

▶ 3연: 절망 속에서 깨달은 삶의 희망

• '땅끝'의 의미
• 시상 전개에 따른 화자의 정서 변화

필수 문제

01 화자 파악하기
• 화자: '나' (땅끝에 서 있는 이)
• 상황: 절망적인 상황에서도 (　　　)을 발견함
• 정서·태도: 희망, 깨달음

02 이 시에서 꿈이 좌절된 후의 절망감이 이입되어 있는 구체적 사물을 찾아 쓰시오.

03 [서술형] '위태로움 속에 아름다움이 스며 있다'는 역설적 표현에 담긴 의미를 20자 내외로 서술하시오.

04 이 시의 시어 중 그 의미가 이질적인 것은?
① 어둠　　　② 나비
③ 땅끝　　　④ 파도
⑤ 막바지

핵심 정리

▼ 갈래: 자유시, 서정시　　▼ 성격: 성찰적, 사색적, 회상적
▼ 주제: 인생의 절망 속에서 깨달은 역설적인 희망
▼ 해제: 이 시는 절망적인 상황에서도 삶의 희망을 발견할 수 있다는 역설적 인식을 바탕으로, 인생을 살아가는 바람직한 자세에 대한 깨달음을 드러내고 있는 작품이다.
▼ 시의 특징과 표현
　① 과거에서 현재로 시상을 전개함
　② '땅끝'의 중의성을 통해 주제를 효과적으로 나타냄
　③ 구체적 지명을 모티프로 활용하여 삶의 의미를 사색함

못 위의 잠 | 나희덕

모의 기출

저 지붕 아래 제비집 너무도 작아 / 갓 태어난 새끼들만으로 가득 차고
<u>가난한 삶</u>
어미는 둥지를 날개로 덮은 채 간신히 잠들었습니다
<u>새끼에 대한 어미 제비의 모성애</u>
바로 그 옆에 누가 박아 놓았을까요, 못 하나
      <u>아버지의 고달픈 삶을 연상시키는 소재 – 위태로운 삶의 상징</u>
그 못이 아니었다면 / 아비는 어디서 밤을 지냈을까요
<u>제비 새끼들의 아비는 못 위에서 밤을 보냄</u>
못 위에 앉아 밤새 꾸벅거리는 제비를

눈이 뜨겁도록 올려다봅니다   ▶ 1~8행: 못 위에서 잠든
<u>가족을 위해 희생하는 아비 제비에 대한 연민</u>   아비 제비를 봄(현재)
종암동 버스 정류장, 흙바람은 불어오고
<u>구체적인 지명 – 사실감 부여   삶의 시련과 고난</u>
한 사내가 아이 셋을 데리고 마중 나온 모습
<u>화자의 아버지. 실업을 한 상태</u>
수많은 버스를 보내고 나서야

피곤에 지친 한 여자가 내리고, 그 창백함 때문에
<u>화자의 어머니. 아버지를 대신해 생계를 책임짐</u>
반쪽 난 달빛은 또 얼마나 창백했던가요
<u>어머니의 고단한 삶을 시각적 이미지를 통해 형상화함</u>
아이들은 달려가 엄마의 옷자락을 잡고

제자리에 선 채 달빛을 좀 더 바라보던
<u>가족에 대한 미안함</u>
사내의, 그 마음을 오늘 밤은 알 것도 같습니다
<u>가장의 책임을 다하지 못하는 착잡한 심정</u>
실업의 호주머니에서 만져지던 / 때 묻은 호두알은 쉽게 깨어지지 않고
<u>실업의 상황이 오래 지속되고 있음을 의미함</u>
그럴듯한 집 한 채 짓는 대신

못 하나 위에서 견디는 것으로 살아온 아비,
<u>아버지의 고단한 삶 – 아비 제비의 모습과 유사함</u>
거리에선 아직도 흙바람이 몰려오나 봐요
      <u>삶의 시련이 지속될 것임을 암시함</u>
돌아오는 길 희미한 달빛은 그런대로
      <u>고달픈 가족의 삶에 대한 위안</u>
식구들의 손잡은 그림자를 만들어 주기도 했지만
<u>가족 간의 애정</u>
그러기엔 골목이 너무 좁았고
<u>궁핍하고 가난한 삶을 형상화</u>
늘 한 걸음 늦게 따라오던 아버지의 그림자   ▶ 9~25행: 실업자였던
                                          아버지를 회상함(과거)
그 꾸벅거림을 기억나게 하는 / 못 하나, 그 위의 잠
<u>힘겨운 아버지의 삶 = 못 위의 잠</u>
                                    ▶ 26, 27행: 제비를 보고
                                      아버지를 떠올림(현재)

출제 포인트

· '못 위의 잠'의 의미
· 시적 대상에 대한 화자의 정서
  와 태도

필수 문제

01 화자 파악하기
· **화자**: 제비의 모습을 보며 과
  거를 회상하는 이
· **상황**: 못 위에서 잠든 제비를
  보며 어린 시절 힘겨운 삶을
  살았던 (   )를 떠올림
· **정서·태도**: 연민

02 [기출] 이 시의 시어를 이해
한 내용으로 적절하지 않은 것은?
① 9행의 '흙바람': 엄마를 기다
  리는 가족들에게 '불어오'는
  것으로, 이들에게 닥친 고난
  과 시련으로 볼 수 있다.
② 15행의 '달빛': '제자리에 선
  채' '좀 더 바라보던' 것으로,
  아버지가 자신과 동일시하는
  대상이라 할 수 있다.
③ 18행의 '호두알': '때 묻'고
  '쉽게 깨어지지 않'는 것으
  로, 오랫동안 지속된 아버지
  의 실업 상태를 표현한 것이
  라 볼 수 있다.
④ 24행의 '골목': 가족이 다 같
  이 함께하기에는 '너무 좁'은
  곳으로, 가족의 힘든 상황을
  형상화한 것으로 볼 수 있다.
⑤ 25행의 '그림자': '한 걸음
  늦게 따라오'는 아버지의 모
  습이 담긴 것으로, 가족을 생
  각하는 가장의 마음이 반영된
  것이라 할 수 있다.

핵심 정리

♥ **갈래**: 자유시, 서정시   ♥ **성격**: 서사적, 애상적, 회상적
♥ **주제**: 유년 시절의 아버지에 대한 회상과 연민
♥ **해제**: 이 시는 못 위에서 잠을 자고 있는 제비의 모습을 보며 어린 시절 아버지의 모습을 회상하고 있는 작품으로, 고
  단한 삶을 살았던 아버지에 대한 연민과 안타까움을 드러내고 있다.
♥ **시의 특징과 표현**
  ① 아비 제비와 아버지의 고단한 삶의 모습을 병치시켜 구성함
  ② 과거 회상을 바탕으로 시상을 전개함

방을 얻다 | 나희덕

필수

「담양이나 창평 어디쯤 방을 얻어 / 다람쥐처럼 드나들고 싶어서」
  「 」: 화자(도시 사람)의 소망   필요할 때마다 잠깐씩 머물 곳
고즈넉한 마을만 보면 들어가 기웃거렸다.
화자가 머물고 싶은 곳 ①
지실마을 어느 집을 지나다 / 오래된 한옥 한 채와 새로 지은 별채 사이로
공간적 배경   화자가 머물고 싶은 곳 ②   한옥과 대조(편리한 생활 공간)
수더분한 꽃들이 피어 있는 마당을 보았다.
화자가 머물고 싶은 곳 ③
나도 모르게 열린 대문 안으로 들어서는데
          시골 마을의 넉넉한 인심이 엿보임
「아저씨는 숫돌에 낫을 갈고 있었고
「 」: 수더분한 마당의 모습과 잘 어울리는 시골 농부의 건강하고 소박한 모습
아주머니는 밭에서 막 돌아온 듯 머릿수건이 촉촉했다.」 ▶ 1연: 조용한 시골
          땀 흘려 밭일을 하고 돌아옴   방을 찾아다님

「— 저어, 방을 한 칸 얻었으면 하는데요.
  「 」: 표준어, 도시 사람임을 드러냄
일주일에 두어 번 와 있을 곳이 필요해서요.」

내가 조심스럽게 한옥 쪽을 가리키자
          화자가 머물고 싶은 곳(편리함보다 편안함을 찾는 화자의 모습)
아주머니는 빙그레 웃으며 이렇게 답했다.

「— 글씨, 아그들도 다 서울로 나가불고
  「 」: 사투리, 농촌 아낙의 정감이 느껴짐
우리는 별채서 지낸께로 안채가 비기는 해라우.
          화자가 빌리고 싶어 하는 한옥
그라제마는 우리 집안의 내력이 짓든 데라서
          집안과 가족의 역사
맴으로는 지금도 쓰고 있단 말이요.」
생활의 편리함 속에서도 정신적 가치를 지키려는 태도   ▶ 2연: 방을 얻고 싶다는 말과
                                                              아주머니의 완곡한 거절

이 말을 듣는 순간 정갈한 마루와
                  안채를 지켜온 아주머니의 정성이 드러남
마루 위에 앉아 계신 저녁 햇살이 눈에 들어왔다.
햇살을 의인화하여 높임(집안의 내력을 지켜온 부부에 대한 존중과 공감의 마음)
세 놓으라는 말도 못하고 돌아섰지만 / 그 부부는 알고 있을까.
집안의 내력이 깃들어 지켜지는 곳이므로
빈방을 마음으로는 늘 쓰고 있다는 말 속에
부부의 추억의 공간이자 화자가 공감한 공간
내가 이미 세들어 살기 시작했다는 걸.   ▶ 3연: '나'의 마음을 두고 온
낡은 한옥과 그 집을 지키는 부부에 대한 존중과 공감의 심정   시골집

출제 포인트

- 화자의 정서 이해
- 시상 전개와 공간의 의미

필수 문제

01 화자 파악하기
- 화자: '나'(시골 마을에 방을 얻으려는 이)
- 상황: 고즈넉한 마을의 오래된 (   )에 방을 얻으려다 그 집을 지켜온 부부의 마음에 공감하여 감동함
- 정서·태도: 감동, 존중

02 이 시에서 (   )는 한옥을 사용하지는 않아도 정성을 다해 가꿔 오고 있음을 단적으로 드러내는 시구이다.

03 이 시에서 한옥에 깃든 정신적 가치를 소중히 지켜온 농촌 부부와의 정신적 공감을 이룬 화자의 마음이 구체적으로 드러난 시행을 찾아 쓰시오.

핵심 정리

▾ 갈래: 자유시, 서정시   ▾ 성격: 향토적, 회상적, 교훈적
▾ 주제: 정신적 가치를 지키는 사람들에 대한 공감과 그 가치의 소중함
▾ 해제: 이 시는 화자와 아주머니의 대화를 통해 집이라는 것이 단순히 머물다 떠나는 곳이 아니라 한 집안의 내력이 깃든 곳이며, 함께하는 공간임을 이야기하고 있다.
▾ 시의 특징과 표현
  ① 사투리의 구사를 통해 대화에 사실감과 생동감을 주고, 대화 속 내용을 통해 인물의 정감 있는 모습을 형상화함
  ② 구체적인 지명과 일상적인 대화의 제시를 통해 사실성과 현장성을 높임

418 뿌리에게 | 나희덕

깊은 곳에서 네가 나의 뿌리였을 때
시적 대상('뿌리')
나는 막 갈구어진 연한 흙이어서
화자('흙')
너를 잘 기억할 수 있다

네 숨결 처음 대이던 그 자리에 더운 김이 오르고

밝은 피 뽑아 네게 흘려보내며 즐거움에 떨던
'영양분'의 비유적 표현 – 생명, 희생적 사랑
아 나의 사랑을

▶ 1연: 뿌리를 향한 흙의 사랑

먼우물＊ 앞에서도 목마르던 나의 뿌리여
성장에 대한 갈망
「나를 뚫고 오르렴,
희생적 태도
눈부셔 잘 부스러지는 살이니
좋은 토양
내 밝은 피에 즐겁게 발 적시며 뻗어 가려무나 「」: '흙'의 희생을 통해
'뿌리'가 '흙'의 영양분을 빨아들이는 것을 비유적으로 표현함   자라는 '뿌리'

척추를 휘어 접고 더 넓게 뻗으면
사방으로 뻗어 나가는 '뿌리'의 모습
그때마다 나는 착한 그릇이 되어 너를 감싸고,
'흙'의 사랑   ◯: 원관념 – 흙
불꽃 같은 바람이 가슴을 두드려 세워도
시련
네 뻗어 가는 끝을 하냥＊ 축복하는 나는

어리석고도 은밀한 기쁨을 가졌어라
희생의 기쁨을 강조 – 역설적 표현

▶ 2~3연: 성장하는 뿌리에
대한 흙의 희생적 사랑

네가 타고 내려올수록
'뿌리'가 '흙' 속으로 뻗어 내려 올수록
「단단해지는 나의 살을 보아라
「」: '흙'의 희생의 결과 – '뿌리'가 성장하면서 척박해진 '흙'의 모습
이제 거무스레 늙었으니」

슬픔만 한 두릅 꿰어 있는 껍데기의
'뿌리'에게 모두 내어준 상태
마지막 잔을 마셔 다오
마지막 희생, 사랑

▶ 4연: 마지막까지 모두 다
바치는 흙의 희생적 사랑

「깊은 곳에서 네가 나의 뿌리였을 때
「」: '뿌리'에게 줄 수 있는 것이 많았던 풍요로운 때를 회상함
내 가슴에 끓어오르던 벌레들」

그러나 지금은 하나의 빈 그릇,
모든 것을 다 바친 빈 몸
「너의 푸른 줄기 솟아 햇살에 반짝이면
'뿌리'의 완전한 성장
나는 어느 산비탈 연한 흙으로 일구어지고 있을 테니」

「」: 생명의 순환 – 희생을 통해 다시 재생되는 '흙'의 모습
(연한 흙 → 착한 그릇 → 껍데기 → 빈 그릇 → 연한 흙)

▶ 5연: 희생의 과정을 거쳐 다
시 재생되는 흙의 순환적 삶

필수

출제 포인트

• '흙'과 '뿌리'의 관계
• 생명의 탄생과 성장의 순환 구
조에 따른 시상 전개

필수 문제

01 화자 파악하기
• 화자: '나'(흙)
• 상황: 흙이 (   )에게 희생
적인 사랑을 줌
• 정서·태도: 따뜻함, 희생적

02 이 시의 시어 중 가리키는
대상이 다른 하나는?
① 연한 흙   ② 먼우물
③ 착한 그릇   ④ 껍데기
⑤ 빈 그릇

03 [기출] 이 시에 대한 설명으
로 가장 적절한 것은?
① 말을 건네는 방식을 통해 대
상에 대한 친밀함을 드러내고
있다.
② 자연물을 활용해 대상의 부재
에서 오는 안타까움을 드러내
고 있다.
③ 반어적인 표현을 통해 특정한
시적 공간의 의미를 강조하고
있다.
④ 동일한 종결 어미를 반복해
화자의 일관된 태도를 강조하
고 있다.
⑤ 시선의 이동에 따라 다양한
대상을 순차적으로 묘사하고
있다.

현대시의 모든 것

470

■ 먼우물: 먼물. 먹을 수 있는 우물물
■ 하냥: '늘', '함께'의 방언

시구의 의미

- 밝은 피 뽑아 네게 흘려보내며 즐거움에 떨던 / 아 나의 사랑은: '뿌리'에게 '흙' 속에 있는 영양분과 물을 흘려보내 '뿌리'를 성장시키는 화자('흙')의 기쁨과 즐거움을 이야기한 것으로, 화자의 '뿌리'에 대한 희생적·헌신적 사랑을 나타낸 구절이다.
- 어리석고도 은밀한 기쁨을 가졌어라: 남을 위해 자신을 희생하는 모습이 어리석지만 그 성장을 지켜보는 기쁨이 더 크다는 것을 드러내고 있다. 자식('뿌리')에게 사랑을 주고 기뻐하는 화자('흙')의 지극한 모성애가 나타난다.
- 나는 어느 산비탈 연한 흙으로 일구어지고 있을 테니: '흙'이 자신의 모든 것을 '뿌리'에게 주고 난 후 다시 새로운 생명을 키울 수 있는 존재가 되기 위해 준비하고 있을 것이라는 의미로, 탄생과 소멸이 반복되는 자연의 순환 구조가 나타나 있다.

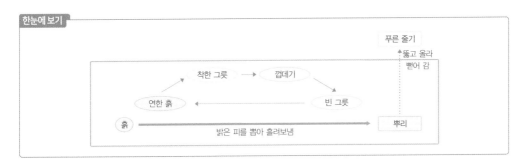

- ✔ 갈래: 자유시, 서정시 ✔ 성격: 독백적, 회상적
- ✔ 주제: 생명의 탄생과 성장을 위한 희생적 모성애
- ✔ 해제: 이 시는 '흙'과 '뿌리'를 의인화하여 모든 것을 내어 주는 헌신적 사랑을 형상화하고 있다. 흙이 뿌리에게 말하는 형식으로, 흙과 뿌리의 관계로부터 자식을 향한 희생적인 모성애를 연상할 수 있다.
- ✔ 시의 특징과 표현
  ① '흙'과 '뿌리'라는 자연물의 속성을 통해 주제를 형상화함
  ② '뿌리'의 성장 과정에 따라 시상을 전개함

산속에서 | 나희덕

길을 잃어 보지 않은 사람은 모르리라
화자의 경험 ① – 어둠 속에서 길을 잃음
터덜거리며 걸어간 길 끝에

멀리서 밝혀져 오는 불빛의 따뜻함을
　　　　　　　　따뜻함과 안도감, 희망을 주는 존재
▶ 1연: 경험 ① – 어둠 속에서 길을 잃
었을 때 발견한 불빛의 따뜻함

막무가내의 어둠 속에서
방향 감각을 상실한 막막한 상태
누군가 맞잡을 손이 있다는 것이
어려울 때 의지할 수 있는 대상
인간에 대한 얼마나 새로운 발견인지
일상의 경험에서 새로운 깨달음을 얻음
▶ 2연: 깨달음 ① – 어려울 때 의지할
수 있는 존재의 소중함

산속에서 밤을 맞아 본 사람은 알리라
화자의 경험 ② – 산속에서 밤을 맞음
그 산에 갇힌 작은 지붕들이
　　　　　　　= 불빛
거대한 산줄기보다
의지하고 도움을 받을 수 있는 대상이 아님
얼마나 큰 힘으로 어깨를 감싸 주는지
▶ 3연: 경험 ② – 산속에서 밤을 맞았
을 때 발견한 작은 지붕의 포근함

먼 곳의 불빛은

나그네를 쉬게 하는 것이 아니라
일시적으로 편안함을 줌
계속 걸어갈 수 있게 해 준다는 것을
지속해서 움직일 수 있는 희망과 힘을 심어 줌
▶ 4연: 깨달음 ② – 어려울 때 삶의
희망을 주는 존재의 소중함

출제 포인트

- '불빛'의 의미
- 화자가 지향하는 바람직한 삶의
자세

필수 문제

01 화자 파악하기
- **화자**: 산속에서 길을 잃은 경
험을 한 이
- **상황**: 산속에서 길을 잃었을
때 (　　　)을 발견하고 따뜻
함을 느낀 경험에서 삶의 깨달
음을 얻음
- **정서·태도**: 성찰, 깨달음

02 이 시의 시상 전개 과정을
〈보기〉와 같이 정리할 때, (　　)
안에 들어갈 알맞은 말을 쓰시오.

〈보기〉
이 시는 1연과 3연에서 화자
의 경험을, 2연과 4연에서 화
자의 (　　　)을 제시하는 방
식으로 시상을 전개하고 있다.

03 [서술형] 4연의 내용을 고려
하여, 이 시에 나타난 '불빛'의 의
미를 40자 내외로 서술하시오.

핵심 정리

▾ **갈래**: 자유시, 서정시　　　▾ **성격**: 성찰적, 사색적
▾ **주제**: 어려움에 처한 이들에게 희망을 줄 수 있는 따뜻한 힘에 대한 성찰
▾ **해제**: 이 시는 산속에서 길을 잃고 헤매었던 화자의 경험을 바탕으로, 어려움에 처한 사람들에게 '불빛'과 같은 존재
가 되고 싶다는 화자의 소망을 노래하고 있다. 이 시에서 '불빛'은 따뜻함과 안도감을 주는 존재, 의지하고 도움을
받을 수 있는 존재, 어려움을 극복하고 살아갈 수 있는 희망을 주는 존재로 형상화되어 있다.
▾ **시의 특징과 표현**
  ① 일상의 경험에서 얻은 깨달음을 바탕으로 주제 의식을 구현함
  ② '불빛'과 '어둠', '작은 지붕'과 '거대한 산줄기'의 이미지 대비를 통해 시상을 전개함

420 엘리베이터 | 나희덕

더 들어가요. 같이 좀 탑시다.

병원 엘리베이터 타기가 이렇게 어려워서야⋯⋯

육중한 몸집을 들이밀며 한 아주머니가 타고 나자

엘리베이터 안은 빽빽한 ■모판이 되어 버렸다
　　　　　　　사람들로 가득 채워진 모습(치열하고 번잡한 삶의 모습)
11층, 9층, 7층, 5층⋯⋯ 문이 열릴 때마다 조금씩 헐거워지는 모판,
산 자의 공간
갑자기 짝수 층 엘리베이터에서 울음소리 들려온다
　　　　죽은 자의 공간
누구일까, 어젯밤 중환자실 앞에서 울던 그 가족일까,
죽음에 대한 의문과 추측
모판 위의 삶을 실은 홀수 층 엘리베이터와
삶의 공간　　　　　　　　　　　　　　　　　　　삶과 죽음의 대조
■칠성판 위의 죽음을 실은 짝수 층 엘리베이터는
　　죽음의 공간
1층에서 만난다, 울며 떨어지지 않으려는 가족들과
삶과 죽음이 멀리 있지 않음(삶과 죽음이 교차하는 공간)
짝수 층 엘리베이터에 실린 죽음을

홀수 층 엘리베이터에서 내려 바라보는 사람들 앞에서

흰 헝겊으로 들씌워진 한 사람만

짝수 층 엘리베이터에 남고, 문이 닫히고,
죽음의 속성(고독함, 공허함)
잠시 후 B1에 불이 들어온다, 그 새에

홀수 층 엘리베이터 안에는 다시 사람들이 채워진다
산 사람들의 모습
더 들어가요, 같이 좀 탑시다⋯⋯ 아우성이 채워지고, 문이 닫히고,
1행과 동일한 시행의 반복으로 삶의 치열함 강조
빽빽해진 모판은 비워지기 위해 올라가기 시작한다

1층, 3층, 5층, 7층, 9층, 11층⋯⋯

삶과 죽음을 오르내리는 사다리는 잠시도 쉬지 않는다
엘리베이터(삶 속에 죽음이, 죽음 속에 삶이 공존함)
　　　　　　　　　　　　　　　▶ 1연: 병원 엘리베이터에서 삶과
　　　　　　　　　　　　　　　　죽음에 대해 깨달음
「 」: 삶과 죽음이 이어져 함께하는 공간인 엘리베이터(열거, 도치, 대조)
「엘리베이터는 나른다, 병든 입으로 들어갈 밥과 국을
　　　　　　　　　환자식을 나름(삶의 공간)　　　　　　대조
엘리베이터는 나른다, 더 이상 밥과 국을 삼키지 못하는 육체를
　　　　　　　　　주검(죽음의 공간)
엘리베이터는 나른다, 병든 손을 잡으려는 수많은 손들을
　　　　　　　　　문병객의 모습(삶의 공간)　　　　　대조
엘리베이터는 나른다, 더 이상 병든 손조차 잡을 수 없는 손들을」
　　　　　　　　　환자를 잃은 문병객의 모습(죽음의 공간)
　　　　　　　　　　　　　▶ 2연: 엘리베이터를 통해 깨달은 삶과 죽음의 공존

■ 모판: 씨를 뿌려 모를 키우기 위하여 만들어 놓은 곳
■ 칠성판(七星板): 관(棺) 속 바닥에 까는 얇은 널조각. 북두칠성을 본떠서 일곱 개의 구멍을 뚫어 놓음

출제 포인트

- 공간의 상징적 의미
- 시적 상황과 화자의 인식

필수 문제

01 화자 파악하기
- 화자: '드러나지 않음' (병원 엘리베이터를 탄 이)
- 상황: 병원 건물을 오르내리는 (　　　　)를 보며 삶과 죽음의 경계에 대해 생각함
- 정서·태도: 담담함, 깨달음

02 이 시에서 '빽빽한 모판'과 '(　　　　　　　　)'는 엘리베이터를 비유한 표현이다.

03 이 시에서 화자가 '엘리베이터는 나른다'라는 통사 구조를 반복하여 드러내고자 하는 의미는 엘리베이터라는 하나의 공간이 (　　　　　　)도 하고, (　　　　　　)도 한다는 점이다.(관형어+보어+동사의 명사형으로 쓸 것)

시상 전개 방식과 핵심 구절의 이해

이 시는 2연으로 되어 있으나 화자가 관찰한 내용은 1연에 제시되고
있다. '모판 위의 삶을 실은 홀수 층 엘리베이터'는 화자가 타고 있
는 엘리베이터로 삶의 아우성으로 가득 채워진 공간을 상징한다. '칠
성판 위의 죽음을 실은 짝수 층 엘리베이터'는 말 그대로 죽음의 공
간이다. 이 두 엘리베이터는 각각 짝수와 홀수를 거쳐 결국은 1층에
서 만나게 된다. 10행의 '1층에서 만난다'에서 1층은 삶과 죽음이 공
존하는 공간이다. 다시 말해 삶과 죽음의 경계가 엷어지는 공간이다.
이처럼 화자는 차가운 금속성의 엘리베이터를 통해 인간의 삶 또한
죽음과 이어져 있고, 어느 순간에는 삶과 죽음의 경계가 엷어지는 순
간에 다다르게 됨을 담담한 어조를 통해 드러내고 있다.

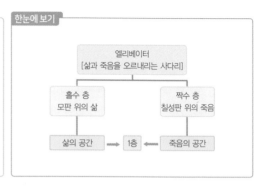

▾ **갈래**: 자유시, 서정시   ▾ **성격**: 성찰적, 상징적

▾ **주제**: 삶과 죽음의 공존에 대한 인식

▾ **해제**: 이 시는 병원 엘리베이터에서 산 사람과 죽은 사람이 오르내리는 모습을 통해 삶과 죽음이 공존하고 있음을 담
담한 어조로 노래하고 있다.

▾ **시의 특징과 표현**
   ① 절제된 어조로 시상을 담담하게 표현함
   ② 일상의 한 단면을 통해 삶과 죽음의 의미를 드러냄
   ③ 대조되는 상황을 통해 삶과 죽음의 속성을 표현함

421 오 분간 | 나희덕

이 꽃그늘 아래서
<u>아이를 기다리며 상념에 빠지는 공간</u>
내 일생이 다 지나갈 것 <u>같다.</u>   ☐ : 추측을 나타내는 종결 어미를 사용해
<u>화자. 여섯 살배기 아이의 엄마</u>   화자의 깨달음을 드러냄
기다리면서 서성거리면서

아니, 이미 다 지나갔을지도 모른다.   ▶ 1~4행: 아이를 기다리며
                                          상념에 빠짐

아이를 기다리는 오 분간
<u>매우 짧은 시간 - '짧은 삶'의 의미를 내포</u>
아카시아꽃 하얗게 흩날리는 / 이 그늘 아래서

「어느새 나는 머리 희끗한 노파가 되고,
<u>「 」: 화자의 상상 - 순식간에 지나가 버리는 짧은 삶에 대한 생각</u>
버스가 저 모퉁이를 돌아서 / 내 앞에 멈추면

여섯 살배기가 뛰어내려 안기는 게 아니라

훤칠한 청년 하나 내게로 걸어올 것만 <u>같다.</u>」

내가 늙은 만큼 그는 자라서

서로의 삶을 맞바꾼 듯 마주 보<u>겠지.</u>
<u>시간의 흐름에 따른 세대교체를 받아들임</u>
기다림 하나로도 깜박 지나가 버릴 생(生),   ▶ 5~15행: 화자와 아이의
<u>짧은 생에 대한 화자의 깨달음</u>   미래를 생각함
내가 늘 기다렸던 이 자리에

그가 오래도록 돌아오지 않을 때쯤

너무 멀리 나가 버린 그의 썰물을 향해
<u>성장하여 화자의 곁을 떠난 아이를 비유</u>
떨어지는 꽃잎,
<u>짧은 순간 - 시간의 흐름을 이미지화함</u>
또는 지나치는 버스를 향해
<u>지나가 버린 시간을 비유</u>
무어라 중얼거리면서 내 기다림을 완성하<u>겠지.</u>

중얼거리는 동안 꽃잎은 한 무더기 또 진다.   ▶ 16~22행: 기다림 속에
                                          삶이 마감될 것을 생각함
아, 저기 버스가 온다.

나는 훌쩍 날아올라 꽃그늘을 벗어난다.   ▶ 23, 24행: 상념에서 벗어
<u>상념에서 벗어남</u>   남

출제 포인트

- 삶에 대한 화자의 인식
- '오 분간'과 '떨어지는 꽃잎'의 이미지 호응

필수 문제

01 화자 파악하기
- 화자: '나' (여섯 살배기 아이의 엄마)
- 상황: 버스로 귀가하는 아이를 기다리며 (   )에 빠짐
- 정서·태도: 깨달음, 명상적

02 이 시에 나타난 '짧은 생'의 이미지를 〈보기〉와 같이 도식화할 때, ㉠에 들어갈 시어를 찾아 2어절로 쓰시오.

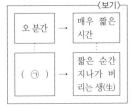

〈보기〉

오 분간	→	매우 짧은 시간
⋮		⋮
(㉠)	→	짧은 순간 지나가 버리는 생(生)

03 이 시에서 화자의 깨달음을 단적으로 드러내는 시행을 찾아 쓰시오.

핵심 정리

- **갈래**: 자유시, 서정시   **성격**: 사색적, 명상적, 관조적
- **주제**: 짧은 삶에 대한 상념
- **해제**: 이 시는 아이를 태우고 올 버스를 기다리는 오 분이라는 짧은 시간 동안의 상념을 담고 있다. 화자는 떨어지는 꽃잎처럼 짧은 순간에 여섯 살배기가 훤칠한 청년이 되어 나타나고, 자신은 백발의 노인이 되어 삶을 맞바꾼 듯 지나가 버릴 짧은 생(生)에 대해 생각하고 있다. '오 분'이라는 시간을 짧은 순간에 꽃잎이 지는 '낙화'의 이미지와 연결하여, 삶은 기다림 하나만으로도 순식간에 지나가 버릴 만큼 짧다는 화자의 깨달음을 드러내고 있다.
- **시의 특징과 표현**
  ① 일상적 경험을 바탕으로 삶의 깨달음을 이끌어 냄
  ② 유사한 통사 구조('이 ~ 아래서 ~ 같다')의 반복을 통해 운율을 형성함

푸른 밤 | 나희덕

EBS

「너에게로 가지 않으려고 미친 듯 걸었던
「 」: '너'에게서 벗어나려 해도 벗어날 수 없음 – 역설적 표현
그 무수한 길도

실은 네게로 향한 것이었다」

▶ 1연: 벗어날 수 없는 '너'에 대한 사랑

까마득한 밤길을 혼자 걸어갈 때에도

내 응시에 날아간 별은
'너'를 향한 '나'의 마음
네 머리 위에서 반짝였을 것이고
'너'를 향한 마음
내 한숨과 입김에 꽃들은
'너'와의 이별로 인해 겪어야 했던 힘겨움
네게로 몸을 기울여 흔들렸을 것이다

▶ 2연: 항상 '너'를 향했던 '나'의 마음

사랑에서 치욕으로,

다시 치욕에서 사랑으로,
'너'와의 사랑 속에서 겪는 감정의 격랑
하루에도 몇 번씩 네게로 드리웠던 두레박
'너'를 향한 마음

▶ 3연: '너'를 사랑하면서 겪는 감정의 격랑

그러나 매양 퍼 올린 것은

수만 갈래의 길이었을 따름이다
'너'와의 사랑에 도달하기 위해 걸어야 하는 수많은 길
은하수의 한 별이 또 하나의 별을 찾아가는
멀고 험하여 만나기 어려움   '너'에게로 향한 끊임없는 몸부림
그 수만의 길을 나는 걷고 있는 것이다
멀고 아득한 사랑의 길

▶ 4연: '너'와의 사랑에 이르는 멀고 험한 길

나의 생애는

모든 지름길을 돌아서
쉬운 사랑의 길   단 한 사람만을 향한 '나'의 사랑
네게로 난 단 하나의 에움길이었다
굽은 길 – 어려운 사랑의 과정

▶ 5연: '너'를 향한 '나'의 온 생애

출제 포인트

- 사랑에 대한 화자의 태도
- 역설적 표현의 의미와 효과

필수 문제

01 화자 파악하기
- 화자: '나'('너'에 대한 사랑을 호소하는 이)
- 상황: (   )에서 벗어나려고 애쓰지만 사랑할 수밖에 없음
- 정서·태도: 열정적

02 이 시에서 역설적인 표현을 통해 대상에 대한 사랑을 극대화하여 드러내고 있는 연을 찾아 쓰시오.

03 [서술형] 이 시의 내용을 바탕으로 제목인 '푸른 밤'이 의미하는 바를 서술하시오.

핵심 정리

▼ 갈래: 자유시, 서정시   ▼ 성격: 열정적, 고백적
▼ 주제: 한 사람을 향한 벗어날 수 없는 사랑
▼ 해제: 이 시는 한 대상을 향한 벗어날 수 없는 사랑의 열정을 그리고 있다. 화자는 '너'를 향한 사랑에서 벗어나기 위해 애를 쓰지만, 치욕과 사랑을 오가는 감정의 격랑 속에서도 결국 자신의 생애가 대상을 향해 가는 유일한 길이었음을 인정함으로써 그 사랑에서 벗어날 수 없음을 확인하고 있다.
▼ 시의 특징과 표현
  ① 역설적 표현을 통해 벗어날 수 없는 사랑의 감정을 강조함
  ② 추상적인 감정을 구체적으로 감각화하여 표현함

가을 노트 | 문정희

그대 떠나간 후
이별의 상황
나의 가을은
계절적 배경(쓸쓸함, 소멸의 이미지)
조금만 건드려도 / 우수수 몸을 떨었다.
이별의 아픔을 가을 바람에 흔들리는 나무에 비유함
「못다한 말 / 못다한 노래
「 」: 떠나간 임에 대한 미련과 이별의 아픔
까아만 씨앗으로 가슴에 담고」
아픔이 응고된 결정체(생명력 없음, 5연의 '슬프고 앙상한 뼈'와 연결됨)
우리의 사랑이 지고 있었으므로
▶ 1연: 떠나간 임에 대한 미련과 이별의 아픔

머잖아

한 잎 두 잎 아픔은 사라지고 / 기억만 남아
아픔이 치유되는 과정
「벼 베고 난 빈 들녘
화자의 황량해진 내면 풍경
고즈넉한 / 볏단처럼 놓이리라.」
「 」: 화자의 무기력한 마음을 가을 들녘의 볏단에 비유함
▶ 2연: 이별 후의 황량한 내면세계와 무기력한 마음

「사랑한다는 것은
「 」: 사랑의 의미에 대한 재정립
조용히 물이 드는 것
사랑의 대상을 닮아가는 것
아무에게도 말 못하고 / 홀로 찬바람에 흔들리는 것이지.」
사랑하는 대상에 대한 서운함과 외로움을 스스로 감당하는 것
▶ 3연: 사랑한다는 것의 의미 ①

그리고 이 세상 끝날 때

가장 깊은 살 속에 / 담아가는 것이지.」
내면 깊숙이   사랑을 간직함
▶ 4연: 사랑한다는 것의 의미 ②

「그대 떠나간 후
「 」: 수미상관(이별의 아픔을 강조함)
나의 가을은 / 조금만 건드려도 / 우수수 옷을 벗었다.」
사랑이 끝난 후에 남겨진 자   이별의 아픔을 낙엽이 떨어지는 나무에 비유함
슬프고 앙상한 뼈만 남았다.
이별로 인한 화자의 아픔
▶ 5연: 이별의 아픔에 대한 강조

출제 포인트

- 시구의 의미 이해
- 소재의 기능과 의미

필수 문제

01 화자 파악하기
- 화자: '나' (사랑하는 임과 이별한 이)
- 상황: (   )이 끝난 후 남겨진 자신을 가을 나무와 낙엽에 비유하며 아픔을 다독임
- 정서·태도: 외로움, 아픔

02 이 시의 1연에서 사랑하는 임이 떠나간 후에 느끼는 미련과 아픔을 드러낸 표현을 찾아 쓰시오.

03 이 시의 1연과 5연의 변형된 수미상관의 표현 방식에서 '우수수 몸을 떨었다.'를 '우수수 옷을 벗었다.'로 바꾼 것은 화자의 이별의 상실감을 (   )으로 구체화하여 강조하려는 의도로 해석할 수 있다.

핵심 정리

- 갈래: 자유시, 서정시   ∨ 성격: 사색적, 감상적
- 주제: 이별 뒤에 남는 아픔
- 해제: 이 시는 '가을 들녘'이라는 객관적 상관물을 통해 이별 후의 화자의 내면세계를 형상화하고 있다. 다하지 못한 사랑이 떠나간 뒤 사랑이 무엇인지 혼자 조용히 사색하며 아픔을 다독거리는 화자의 고독한 모습이 가을의 쓸쓸한 이미지와 함께 나타나고 있다.
- 시의 특징과 표현
  ① '가을 들녘'을 객관적 상관물로 끌어들여 이별 후의 내면세계를 형상화함
  ② 이별의 아픔을 '가을 나무'와 '낙엽'에 비유하고, 수미상관의 기법을 통해 강조함

겨울 일기 | 문정희

필수

계절적 배경 – 고통의 시간
나는 이 겨울을 누워 지냈다.
└ 사랑하는 사람을 잃어버린 화자
사랑하는 사람을 잃어버려
└ 이 겨울을 누워 지낸 이유 – 사랑의 상실
염주처럼 윤나게 굴리던
└ 오랫동안 지속된
독백도 끝이 나고
└── 사랑하는 사람으로 인한 고민과 설렘
바람도 불지 않아

이 겨울 누워서 편히 지냈다.
└ 사랑하는 사람을 잃은 고통을 반어적으로 표현

▶ 1연: 연인을 잃은 절망적 상황

저 들에선 벌거벗은 나무들이
└─ 화자의 쓸쓸한 내면세계를 보여 주는 객관적 상관물
추워 울어도

서로서로 기대어 숲이 되어도
└── 자연은 서로를 위로하며 더불어 지냄 – 화자의 처지와 상반됨
나는 무관해서
└ 사랑하는 사람을 잃은 상실감 때문에

▶ 2연: 실연의 고통으로 인한 고립

문 한 번 열지 않고
└ 타인과의 소통 거부, 외부 세계와의 단절
반추 동물*처럼 죽음만 꺼내 씹었다.
└── 사랑의 상실에서 오는 고통 – 추상적 관념의 구체화
나는 누워서 편히 지냈다.
└ 반복을 통해 사랑의 상실로 인한 고통을 강조
사랑하는 사람을 잃어버린

이 겨울.

▶ 3연: 죽음과도 같은 실연의 고통

■ 반추 동물: 소화 과정에서 한번 삼킨 먹이를 다시 게워 내어 씹어 다시 먹는 특성을 가진 동물

출제 포인트

- 시에 나타난 화자의 상황과 정서
- 표현상의 특징과 그 효과

필수 문제

01 화자 파악하기
- 화자: '나' (실연의 상처로 고통받은 이)
- 상황: 사랑하는 사람을 잃고 겨울 동안 (   )의 시간을 보냄
- 정서·태도: 상실감, 절망감

02 이 시에서 이별의 고통을 반어적으로 표현한 시구를 찾아 3어절로 쓰시오.

03 이 시에서 황량하고 쓸쓸한 화자의 내면세계를 보여 주는 객관적 상관물을 찾아 쓰시오.

핵심 정리

♥ **갈래**: 자유시, 서정시   ♥ **성격**: 절망적, 애상적
♥ **주제**: 사랑의 상실로 인한 아픔
♥ **해제**: 이 시는 사랑하는 사람을 잃어버린 상실감을 삭막하고 쓸쓸한 겨울 이미지로 설정하여 절망적, 체념적 어조로 그리고 있다. 연인과 헤어지고 겨울 동안 누워서 편히 지냈다는 반어적 표현을 통해, 죽음에 가까울 만큼 절망 속에서 지냈음을 보여 주고 있다.
♥ **시의 특징과 표현**
  ① 화자의 절망적인 심정을 반어적으로 표현함
  ② 추상적인 관념을 구체적인 이미지로 보여 줌
  ③ 객관적 상관물을 활용하여 화자의 정서를 형상화함

425

도끼 | 문정희

오늘 저녁 티브이 속의 저 검은 양복들은
　현대 사회의 부정적 생산물　　권력의 핵심에서 활동하는 인물들(정치가)

일 인분의 살코기를 위해
　권력

나에게 사료가 되라 하네　□ : 권력의 희생양

길게 늘어 선 투표용지 또는
　　　　　선거(민중의 권리이자 힘이지만 권력을 만들어 내는 데 사용됨)

민중 또는 들러리들
　　　　　　　　　　▶ 1~5행: 권력자들의 권력 쟁취의
　　　　　　　　　　　　희생양인 민중

『누구를 위한 살코기를 위해 『 』: 정치가들 역시 더 큰 권력을 만드는 데
　더 큰 권력　　　　　　　　　사용되는 존재임을 의미함

나에게 사료이거나, 사료를 만들기 위한

땅이거나 기계이거나
　　　　　　　◇ : '사료'와 유사한 역할을 함
　권력을 형성하는 데 필요한 도구와 수단

결국 개를 먹이기 위해 쑤어 놓은
　민중이 아닌 더 큰 권력이나 특권층

죽이거나 죽이 될 수밖에 없는

뉴스 속의 저 검은 양복들은

나에게 투표용지 속의 동그라미가 되라네
　권력을 위한 희생양이 되기를 종용함　　　▶ 6~12행: 정치가들 역시 더 큰
　　　　　　　　　　　　　　　　　　　　권력에 이용되는 현실

그래, 눈에는 눈, 이에는 이다
　시적 전환(화자의 인식 변화)

나 오늘 무모한 열정으로

아무도 알아듣지 못하는 시를 쓰네
　　　　　　　　　　　진실함, 순수함

티브이를 시의 도끼로 찍어 버리네　　　▶ 13~16행: 시를 통해 현대 사회
　권력에 대한 도전 행위　　　　　　　　　의 부정적 권력 체계에 도전함

출제 포인트

• 시어의 상징적 의미
• 화자의 정서 이해

필수 문제

01 화자 파악하기
• 화자: '나' (비열한 권력 쟁취 행위를 비판하는 이)
• 상황: '티브이' 속 (　　)의 모습을 보며 비판함
• 정서 · 태도: 비판적

02 이 시에서 (　　), 투표용지, 민중, 들러리는 모두 권력의 희생양을 의미한다.

03 이 시에서 부정적 권력 체계에 대한 화자의 저항 의지가 행위를 통해 구체화된 부분을 찾아 2행 모두 쓰시오.

핵심 정리

▼ **갈래**: 자유시, 서정시　　　▼ **성격**: 상징적, 비판적

▼ **주제**: 현대 사회의 부정적 권력 쟁취에 대한 비판

▼ **해제**: 이 시는 '티브이' 속 권력자들의 야비하고 비열한 권력 쟁취 행위를 비판하고 있다. '검은 양복들'은 권력('살코기')을 위해 화자를 비롯한 민중을 권력 쟁취를 위한 희생양('사료')으로 만든다. 화자는 이러한 권력을 비판하는 시를 씀으로써 권력 앞에 도전장을 던진다.

▼ **시의 특징과 표현**
　① 상징적인 표현들을 통해 주제를 부각시킴
　② 열거를 통해 현대 사회의 권력 체계가 지닌 부정적인 모습을 드러냄

426 비망록(備忘錄) | 문정희

남을 사랑하는 사람이 되고 싶었는데
남을 배려하는 이타적인 사람   바람, 이상
남보다 나를 더 사랑하는 사람이
이기적인 사람
되고 말았다
실제

▶ 1연: 남보다 '나'를 더 사랑한 자신에 대한 반성

「가난한 식사 앞에서 「 」: 물질적으로 부족하더라도 항상 감사하며
                          자기반성을 하는 성숙한 삶에 대한 소망
기도를 하고
감사와 긍정의 태도
밤이면 고요히
성찰의 시간
일기를 쓰는 사람이 되고 싶었는데」
자기반성을 통해 성숙해 가는 사람   바람, 이상
구겨진 속옷을 내보이듯
허물
매양 허물만 내보이는 사람이 되고 말았다
    배려와 사랑이 부족한 미성숙한 사람   실제

▶ 2연: 허물만 내보인 자신에 대한 반성

「사랑하는 사람아 「 」: '사랑하는 사람'이 곁에 없지만,
                      아직도 사랑하고 있음
너는 내 가슴에 아직도
눈에 익은 별처럼 박혀 있고」
        사랑하는 사람 – 아름답고 소중한 존재

▶ 3연: '나'의 가슴에 별처럼 박혀 있는 '너'

나는 박힌 별이 돌처럼 아파서
        이기적인 사람에 대한 자책, 회한
이렇게 한 생애를 허둥거린다

▶ 4연: 자신에 대한 자책과 회한

■ 비망록(備忘錄): 잊지 않으려고 말이나 일에서 중요한 내용을 적어 둔 것. 또는 그런 책자

출제 포인트

• '비망록'이라는 제목의 의미
• '별'과 '돌'의 의미
• 유사한 통사 구조의 반복을 통한 화자의 정서 강조

필수 문제

01 화자 파악하기

• 화자: '나'(남보다 자신을 더 사랑한 이)
• 상황: '사랑하는 사람'을 잃고 (   )인 모습을 후회하며 자책함
• 정서·태도: 반성, 자책, 회한

02 〈보기〉의 (   ) 안에 들어갈 말을 각각 2음절로 쓰시오.

〈보기〉
이 시에서는 '~이 되고 싶었는데'의 반복을 통해 화자의 (   )을/를, '~이 되고 말았다'의 반복을 통해 화자의 (   )을/를 제시하고 있다.

03 이 시에서 화자가 자기 자신에 대한 자책과 회한을 비유적으로 형상화한 시어를 찾아 쓰시오.

핵심 정리

▼ 갈래: 자유시, 서정시   ▼ 성격: 성찰적, 고백적, 반성적
▼ 주제: 자신의 이기적인 모습에 대한 반성과 회한
▼ 해제: 이 시는 남보다 '나'를 더 사랑했던 화자가 자신에 대한 회한의 정서를 고백하고 있는 작품으로, 사랑하는 사람을 대하는 우리의 태도를 돌아보게 한다.
▼ 시의 특징과 표현
   ① 비유적 표현으로 시적 의미를 풍부하게 제시함
   ② 유사한 통사 구조를 반복하여 화자의 정서를 강조함

현대시의 모든 것

427 율포의 기억 | 문정희

일찍이 어머니가 나를 바다에 데려간 것은
　　　　　　화자에게 깨달음을 주기 위한 행위
소금기 많은 푸른 물을 보여 주기 위해서가 아니었다
　　　　　　생명력이 없는 공간 ↔ 검은 뻘밭
바다가 뿌리 뽑혀 밀려 나간 후
뻘밭을 가리던 바닷물이 밀려 나간 후
꿈틀거리는 검은 뻘밭 때문이었다
　　　　　　생명력이 넘치는 공간, 바닷가 사람들의 삶의 터전 → 푸른 물
뻘밭에 위험을 무릅쓰고 퍼덕거리는 것들
뻘밭에서 살아가는 생명체들 – 역동적 이미지
숨 쉬고 사는 것들의 힘을 보여 주고 싶었던 거다 ▶ 1~6행: 뻘밭에서 발견한
　　　　　　왕성한 생명력　　　　　　　　　　　　　　　생명력

먹이를 건지기 위해서는

『사람들은 왜 무릎을 꺾는 것일까
『 』: 뻘밭에서 일하는 사람들에 대한 관찰과 사색
깊게 허리를 굽혀야만 할까』

생명이 사는 곳은 왜 저토록 쓸쓸한 맨살일까 ▶ 7~10행: 뻘밭에서 살아
　　　　　　뻘밭의 보잘것없는 모습에 대한 안타까움　　가는 사람들에 대한 사색
『일찍이 어머니가 나를 바다에 데려간 것은
『 』: 1, 2행과 유사한 통사 구조가 반복됨
저 무위(無爲)한* 해조음*을 들려주기 위해서가 아니었다』
　　인위적인 요소가 없는 자연의 파도 소리 = 푸른 물
물 위에 집을 짓는 새들과

각혈하듯 노을을 내뿜는 포구를 배경으로
　　　　　　　　　　　　바닷가 사람들의 삶의 터전
성자처럼 뻘밭에 고개를 숙이고
바닷가 사람들의 삶에 대한 화자의 긍정적 인식
먹이를 건지는

슬프고 경건한 손을 보여 주기 위해서였다 ▶ 11~17행: 뻘밭에서 일하
힘들지만 치열하게 살아가는 바닷가 사람들의 삶의 모습 형상화　　는 사람들에게서 발견한
　　　　　　　　　　　　　　　　　　　　　　　　　　　　치열한 삶의 모습

■ 무위(無爲)한: 아무것도 하는 일이 없는. 또는 이룬 것이 없는
■ 해조음(海潮音): 밀물이나 썰물이 흐르는 소리. 또는 파도 소리

출제 포인트

• '푸른 물'과 '검은 뻘밭'의 의미
• 시의 주제 의식

필수 문제

01 화자 파악하기
• 화자: '나' (어머니와 바다에
　갔던 경험을 한 이)
• 상황: (　　　)에서 생명력 넘
　치는 모습을 발견함
• 정서·태도: 깨달음, 경건함

02 [기출] 이 시의 '푸른 물(㉠)'
과 '검은 뻘밭(㉡)'에 대해 반응한
것으로 가장 적절한 것은?
① ㉠은 순수한 자연을 통해 아
　름다움을 느끼게 하고, ㉡은
　위험이 도사리고 있어 공포를
　느끼게 하는군.
② ㉠은 험겨운 삶을 극복한 사
　람들의 환희를 상징하고, ㉡
　은 힘겹게 살아가는 사람들의
　탄식을 상징하는군.
③ ㉠은 삶과 관련하여 깨달음을
　주지 못하지만, ㉡은 치열하
　게 살아가는 생명들을 통해
　깨달음을 얻게 하는군.
④ ㉠은 푸른 이미지로 생명과
　희망을 환기시키고, ㉡은 검
　은 이미지로 허무와 어둠의
　정서를 불러일으키고 있군.
⑤ ㉠은 화자가 미래에 살아갈
　모습에 대해 상상하게 해 주
　고, ㉡은 어머니와 함께했던
　시절의 추억을 떠올리게 해
　주는군.

핵심 정리

∨ **갈래**: 자유시, 서정시　　　∨ **성격**: 체험적, 사색적, 성찰적
∨ **주제**: 강인하고 건강한 삶에 대한 긍정
∨ **해제**: 이 시의 화자는 어머니와 바다에 갔던 경험을 바탕으로, 뻘밭에서 살아가는 생명체들의 생명력 넘치는 모습과
　그곳에서 생계를 위해 힘겹게 일하며 살아가는 사람들의 치열한 삶의 모습을 형상화하고 있다. 이를 통해 강인하고
　건강한 삶의 추구라는 주제 의식을 이끌어 내고 있다.
∨ **시의 특징과 표현**
　① 일상의 경험을 바탕으로 사색과 성찰을 통해 주제 의식을 이끌어 냄
　② 색채의 대비('푸른 물' ↔ '검은 뻘밭')를 통해 주제를 강조함
　③ 유사한 통사 구조를 반복하여 운율감을 줌

작은 부엌 노래 | 문정희

필수

부엌에서는
가부장적 억압의 공간
언제나 술 괴는 냄새가 나요.

한 여자의 / 젊음이 삭아가는 냄새
여성의 힘든 삶을 후각적 이미지로 표현

『한 여자의 설움이 / 찌개를 끓이고
「」: 가사 노동에 속박되어 자신의 정체성을 상실해 가는 모습
한 여자의 애모가 / 간을 맞추는 냄새』

부엌에서는 / 언제나 바삭바삭 무언가

타는 소리가 나요.
고통받는 여성의 억눌린 분노를 청각적 이미지로 표현
세상이 열린 이래

똑같은 하늘 아래 선 두 사람 중에
남성과 여성
한 사람은 큰방에서 큰소리치고
남성
한 사람은 / 종신 동침 계약자, 외눈박이 하녀로
여성   불평등한 여성의 삶
부엌에 서서 / 뜨거운 촛농을 제 발등에 붓는 소리.
여성이 겪는 고통을 촉각적, 청각적 이미지로 표현
부엌에서는 한 여자의 피가 삭은

빙초산 냄새가 나요.
한스러운 여성의 삶을 후각적 이미지로 표현
그런데 언제부터인가 모르겠어요.
시상의 전환
촛불과 같이 / 나를 태워 너를 밝히는
희생의 상징
저 천형의 덜미를 푸는
가부장적 억압과 구속   벗어나는
소름 끼치는 마고할멈의 도마 소리가
마고할멈은 여성의 출산을 도와주는 신 – 여성이 새로운 존재로 태어남을 청각적 이미지로 표현
똑똑히 들려요.

수줍은 새악시가 홀로
자신의 정체성을 찾아가는 새로운 여성
허물 벗는 소리가 들려와요
억압의 굴레를 벗고 주체적 인간으로 거듭나는 여성의 모습을 청각적 이미지로 표현
우리 부엌에서는…….
자기 정체성을 찾은 주체적 여성의 공간

▶ 1~11행: 가사 노동에 매여 자기 정체성을 상실해 가는 여성

▶ 12~20행: 불평등한 결혼 제도에 고통받는 여성

▶ 21~29행: 자기 정체성을 찾아가는 여성의 모습

출제 포인트

- '부엌'의 상징적 의미
- 시에 반영된 현실과 화자의 태도

필수 문제

01 화자 파악하기
- 화자: 가부장적 억압에서 벗어나고 싶은 여성
- 상황: '(   )'이라는 공간을 통해 여성이 억압받는 가부장적 현실을 비판함
- 정서·태도: 비판적

02 이 시에서 자기 정체성을 찾아가는 새로운 여성상을 상징하는 시어를 찾아 2어절로 쓰시오.

03 [서술형] 1행의 '부엌'과 29행의 '우리 부엌'에 담긴 상징적 의미를 각각 서술하시오.

핵심 정리

- ▼ 갈래: 자유시, 서정시   ▼ 성격: 비판적, 감각적
- ▼ 주제: 가부장적 억압에서 벗어난 여성의 자기 정체성 추구
- ▼ 해제: 이 시는 여성의 활동 공간인 '부엌'을 공간적 배경으로 하여, 불평등한 결혼 제도와 가부장적 현실의 모순을 드러내고 있다. 화자는 여성이 가부장적 억압의 굴레에서 벗어나 자기 정체성을 확립하고 삶의 주체가 되어야 한다고 강조하고 있다.
- ▼ 시의 특징과 표현
  ① '부엌'이라는 상징적이고 현실적인 공간을 배경으로 시상을 전개함
  ② 후각, 청각 등 다양한 감각적 이미지를 통해 여성의 억압된 현실을 형상화함

한계령'을 위한 연가' | 문정희

필수

한겨울 못 잊을 사람하고
<u>사랑하는 사람</u>
한계령쯤을 넘다가
<u>사랑과 운명의 공간</u>
뜻밖의 폭설을 만나고 싶다.
<u>폭설 속에 '못 잊을 사람'과 고립되고 싶어 함</u>
뉴스는 다투어 수십 년 만의 풍요를 알리고
<u>뜻밖의 폭설</u>
자동차들은 뒤뚱거리며

제 구멍들을 찾아가느라 법석이지만
<u>목적지</u>
한계령의 한계에 못 이긴 척 기꺼이 묶였으면.
<u>폭설을 뚫고 넘어갈 수 없는 한계</u> <u>고립에 대한 소망</u>

▶ 1연: 사랑하는 이와 한계령에서 폭설을 만나 고립되고 싶어 함

오오, 눈부신 고립
<u>영탄법</u> <u>'못 잊을 사람'과의 한계 상황에서의 고립 – 역설법</u>
사방이 온통 흰 것뿐인 동화의 나라에
<u>폭설로 뒤덮인 한계령을 아름답게 인식함</u>
발이 아니라 운명이 묶였으면.
<u>'못 잊을 사람'과의 운명적 사랑에 대한 소망</u>

▶ 2연: 우연한 고립이 운명적 사랑으로 이어지기를 소망함

「이윽고 날이 어두워지면 풍요는

조금씩 공포로 변하고, 현실은

두려움의 색채를 드리우기 시작하지만」
「 」: 고립의 상황에서 느낄 수 있는 공포와 두려움
헬리콥터가 나타났을 때에도
<u>고립에서 벗어나게 해 줄 수 있는 구원의 대상</u>
나는 결코 손을 흔들지 않으리.
<u>구조 요청을 하지 않음 – '못 잊을 사람'과의 고립을 두려워하지 않음</u>
헬리콥터가 눈 속에 갇힌 야생조들과

짐승들을 위해 골고루 먹이를 뿌릴 때에도……
▶ 3연: 폭설에 오래 고립되어도 구조 요청을 거부하려 함

시퍼렇게 살아 있는 젊은 심장을 향해
<u>사랑하는 사람과의 고립을 소망하는 화자의 젊은 심장</u>
까아만 포탄을 뿌려 대던 헬리콥터들이

고라니'나 꿩들의 일용할 양식을 위해

자비롭게 골고루 먹이를 뿌릴 때에도

나는 결코 옷자락을 보이지 않으리.
<u>고립의 상황에서 구조되기를 원하지 않음</u>

▶ 4연: 한계령에서의 고립 상황을 선택하려 함

아름다운 한계령에 기꺼이 묶여

난생 처음 짧은 축복에 몸 둘 바를 모르리.
<u>사랑하는 사람과 함께 보낼 수 있는 축복</u>

▶ 5연: 사랑하는 이와 함께 하는 축복에 감격할 것임

출제 **포인트**

- 가상의 상황 설정을 통한 화자의 소망 강조
- '눈부신 고립'의 의미

필수 문제

01 화자 파악하기
- 화자: '나'(사랑하는 이와의 고립을 소망하는 이)
- 상황: 사랑하는 이와의 폭설 속 (   )을 가정하여 운명적인 사랑에 대한 소망을 드러냄
- 정서·태도: 소망

02 2연의 '눈부신 고립'과 같은 표현법이 드러나지 않는 것은?
① 결별이 이룩하는 축복에 싸여 / 지금은 가야 할 때,
② 나는 아직 기다리고 있을 테요, 찬란한 슬픔의 봄을.
③ 괴로웠던 사나이, / 행복한 예수 그리스도에게 / 처럼
④ 모가지가 길어서 슬픈 짐승이여, / 언제나 점잖은 편 말이 없구나.
⑤ 산에서도 오히려 산을 그리며 / 꿈 같은 산정기(山精氣)를 그리며 산다.

03 [기출] 이 시의 시어를 이해한 반응으로 적절하지 않은 것은?
① 1연의 '폭설'은 '만나고 싶다'와 관련지어 보면 긍정적인 의미로 쓰였군.
② 1연의 '자동차들'은 '법석이지만'과 관련지어 보면 부정적인 의미로 쓰였군.
③ 2연의 '고립'은 '눈부신'과 관련지어 보면 긍정적인 의미로 쓰였군.
④ 2연의 '동화의 나라'는 '묶였으면'과 관련지어 보면 부정적인 의미로 쓰였군.
⑤ 3연의 '헬리콥터'는 '포탄'과 관련지어 보면 부정적인 의미로 쓰였군.

■ 한계령(寒溪嶺): 강원도 양양군 강현면, 인제군 북면 사이에 있는 고개. 높이는 1,004미터
■ 연가(戀歌): 사랑하는 사람을 그리워하면서 부르는 노래
■ 고라니: 사슴과의 하나. 노루의 일종으로 몸의 길이는 90cm 정도로 작음

핵심 정리

▾ **갈래:** 자유시, 서정시   ▾ **성격:** 낭만적, 감각적

▾ **주제:** 사랑하는 사람과 운명으로 묶이고 싶은 소망

▾ **해제:** 이 시는 한겨울 못 잊을 사람과 한계령을 넘다가 뜻밖의 폭설을 만나 고립되는 상황을 그리며 사랑하는 이와의 운명적 사랑에 대한 소망을 노래하고 있다.

▾ **시의 특징과 표현**
  ① 일어나지 않은 상황을 가정하여 형상화함
  ② 역설적인 표현으로 화자의 소망을 강조함
  ③ 동화적·비현실적 분위기로 사랑에 대한 화자의 낭만을 아름답게 부각함

현대시의 모든 것

가재미 | 문태준

김천 의료원 6인실 302호에 산소마스크를 쓰고 암 투병 중인 그녀가
_{시적 공간 – 사실성 부여, 궁핍한 경제 상황}　　　　　　　_{시적 대상의 상황}
누워 있다

바다에 바짝 엎드린 가재미*처럼 그녀가 누워 있다
_{그녀가 침대에 힘없이 누워 있는 상태 비유}　　　▶ 1, 2행: 암 투병으로 병원에 누워 있는 그녀
나는 그녀의 옆에 나란히 한 마리 가재미로 눕는다
_{그녀와 시선을 맞추어 수평적 관계를 형성함 – 위로, 애정}
가재미가 가재미에게 눈길을 건네자 그녀가 울컥 눈물을 쏟아 낸다
_{화자}　　_{그녀}　　　　　　　　　_{그녀에 대한 공감과 연민}
한쪽 눈이 다른 한쪽 눈으로 옮아 붙은 야윈 그녀가 운다
_{그녀가 죽음을 향해 가고 있음을 형상화}　　　▶ 3~5행: 죽음을 앞두고 가재미처럼 누워 우는 그녀
그녀는 죽음만을 보고 있고 나는 그녀가 살아온 파랑 같은 날들을 보
_{그녀의 험난했던 삶에 대한 회상}
고 있다

좌우를 흔들며 살던 그녀의 물속 삶을 나는 떠올린다
_{시련과 고난에 찬 그녀의 삶}
그녀의 오솔길이며 그 길에 돋아나던 대낮의 뻐꾸기 소리며

가늘은 국수를 삶던 저녁이며 흙담조차 없었던 그녀 누대의 가계를
_{가난한 삶}　　　　　　　　　　　_{대대로 가난하게 살아옴}
떠올린다

두 다리는 서서히 멀어져 가랑이지고
_{그녀가 점점 쇠약해져 가는 모습 ①}
폭설을 견디지 못하는 나뭇가지처럼 등뼈가 구부정해지던 그 겨울
　　　　　　　　　　　_{그녀가 점점 쇠약해져 가는 모습 ②}
어느 날을 생각한다
　　　　　▶ 6~11행: 가난하고 힘겨웠던 그녀의 삶에 대한 회상

그녀의 숨소리가 느릅나무 껍질처럼 점점 거칠어진다
_{그녀의 병세가 악화되어 가는 모습을 비유적으로 표현}
나는 그녀가 죽음 바깥의 세상을 이제 볼 수 없다는 것을 안다
　　　　　　_{살 수 없다는 것 – 안타까움, 연민}
한쪽 눈이 다른 쪽 눈으로 캄캄하게 쏠려 버렸다는 것을 안다
_{죽음에 임박했다는 것}
「나는 다만 좌우를 흔들며 헤엄쳐 가 그녀의 물속에 나란히 눕는다
_{가재미처럼}　　　　　　　_{죽음의 상황에 처한 그녀에 대한 위로와 연민}
산소호흡기로 들이마신 물을 마른 내 몸 위에 그녀가 가만히 적셔 준다」
_{「 」: 화자와 그녀가 죽음 앞에서 나눈 인간적인 교감}　　　▶ 12~16행: 죽음을 앞둔 그녀와의 교감

* 가재미: 가자미. 몸이 납작하여 타원형에 가깝고, 두 눈은 오른쪽에 몰려 붙어 있음. 심해
의 바닥에 납작하게 몸을 대고 살아가는 물고기로 어릴 때는 눈이 양쪽에 위치해 있다가
성장하면서 점차 한쪽으로 몰린다고 함

필수 문제

01 화자 파악하기
• 화자: '나'(암 투병 중인 그녀를 바라보는 이)
• 상황: 암 투병 중인 그녀의 곁에 누워 그녀가 살아온 삶을 회상하고 그녀와 (　　　)하고 있음
• 정서·태도: 인민, 애정, 안타까움

02 이 시에서 화자가 그녀를 '가재미'에 비유한 이유를 쓰시오.

03 시적 대상에 대한 화자의 정서나 태도로 보기 어려운 것은?
① 연민　　② 원망
③ 공감　　④ 위로
⑤ 애정

핵심 정리

▽ **갈래**: 자유시, 서정시　　　▽ **성격**: 애상적, 회고적
▽ **주제**: 암 투병 중인 그녀에 대한 연민과 애정
▽ **해제**: 이 시는 암 투병 중인 시인의 친척을 대상으로 한 작품으로 알려져 있다. 시적 화자와 그녀를 '가재미'에 비유하여, 힘겨웠던 삶을 살다가 암으로 고통받으며 죽어 가는 그녀에 대한 위로와 연민을 드러내고 있다.
▽ **시의 특징과 표현**
　① 가자미의 생태적 특성을 활용하여 시적 대상의 상황을 묘사함
　② 시적 공간과 시적 상황을 구체적으로 제시하여 사실감을 줌
　③ 현재형 어미를 사용하여 시적 대상에 대한 화자의 생각을 생생하게 드러냄

431 맨발 | 문태준

■어물전 개조개 한 마리가 움막 같은 몸 바깥으로 맨발을 내밀어 보
<u>고단한 삶 속에서 남루해진 몸</u>
개조개가 죽음을 앞두고 있음을 드러냄
이고 있다
성찰의 계기(개조개의 속살)

『죽은 부처가 슬피 우는 제자를 위해 관 밖으로 잠깐 발을 내밀어 보
「 」: 열반에 든 부처가 제자 가섭이 달려오자 관 밖으로 두발을 내밀어 위로했다는 일화
이듯이』맨발을 내밀어 보이고 있다

펄과 물 속에 오래 담겨 있어 부르튼 맨발
<u>고난이 가득한 세상</u>   <u>고단했던 삶의 흔적</u>
내가 조문하듯 그 맨발을 건드리자 조개는
<u>힘겨웠던 삶에 대한 위로</u>
최초의 궁리인 듯 가장 오래하는 궁리인 듯 천천히 발을 거두어 갔다

『저 속도로 시간도 길도 흘러왔을 것이다
<u>조개의 길고 오랜 지난 삶의 속도(느림)</u>
누군가를 만나러 가고 또 헤어져서는 저렇게 천천히 돌아왔을 것이다

늘 맨발이었을 것이다
<u>아무 보호도 없이 살아온 개조개의 삶</u>
사랑을 잃고서는 새가 부리를 가슴에 묻고 밤을 견디듯이 맨발을 가

슴에 묻고 슬픔을 견디었으리라
<u>홀로 삶의 고통과 슬픔을 감내함</u>
아—, 하고 집이 울 때
<u>가족들이 배고픔에 울 때</u>
부르튼 맨발로 양식을 ■탁발하러 거리로 나왔을 것이다
<u>고통을 견디며 생계를 위해 거리로 나섬</u>
맨발로 하루 종일 길거리에 나섰다가

가난의 냄새가 벌벌벌벌 풍기는 움막 같은 집으로 돌아오면
<u>후각과 시각을 통해 몹시 가난한 모습을 강조함</u>
아—, 하고 울던 것들이 배를 채워
「 」: 조개의 고단했던 일생을 성찰함
저렇게 캄캄하게 울음도 멎었으리라』
<u>청각의 시각화(공감각적 심상)</u>

▶ 1~3행: 어물전 개조개가 내민 맨발을 바라봄

▶ 4, 5행: 맨발을 건드리자 천천히 발을 거두는 개조개

▶ 6~15행: 조개의 고단했던 삶에 대한 성찰

■ 어물전(魚物廛): 생선, 김, 미역 따위의 어물을 전문적으로 파는 가게
■ 탁발(托鉢): 도를 닦는 중이 경문(經文)을 외며 집집마다 동냥하러 다니는 일

핵심 정리

♥ 갈래: 자유시, 서정시   ♥ 성격: 비유적, 사색적
♥ 주제: 맨발로 살아가는 개조개의 삶을 통해 성찰하는 고단한 인간의 삶
♥ 해제: 이 시는 맨발로 삶을 살아온 개조개의 모습을 통해 고단한 삶을 살아가는 이들에 대한 안타까움과 삶에 대한 성찰을 드러내고 있다. 화자는 느린 속도로 세상의 온갖 고난을 헤치며 살아오다 결국 어물전에서 죽음을 앞두고 있는 개조개의 모습을 통해, 가족들을 위해 고난을 감수하고 인내해 온 인간의 삶을 형상화하고 있다.
♥ 시의 특징과 표현: 개조개의 삶을 통해 고난을 인내해 온 인간의 삶을 형상화함

평상이 있는 국숫집 | 문태준

교과서 EBS

평상*이 있는 국숫집에 갔다
<u>공간적 배경 - 서로 연민의 정을 느끼며 위로를 주고받는 공간</u>
붐비는 국숫집은 삼거리 슈퍼 같다
　　　　　<u>소박하고 친근한 분위기</u>
평상에 마주 앉은 사람들
<u>각자의 사연을 털어놓는 열린 공간, 수평적 공간</u>
세월 넘어온 친정 오빠를 서로 만난 것 같다.
<u>서로를 편안하고 정겹게 느낌</u>
국수가 찬물에 헹궈져 건져 올려지는 동안

쯧쯧쯧쯧 쯧쯧쯧쯧,
<u>① 국수의 면발을 찬물에 헹굴 때 나는 소리 ② 공감하며 혀를 차는 소리</u>
손이 손을 잡는 말 ┐
　　　　　　　　├ '쯧쯧쯧쯧'의 구체적 의미
눈이 눈을 쓸어 주는 말 ┘ - 상대방의 처지에 대한 공감과 위로

병실에서 온 사람도 있다
　　　── 가슴 아픈 사연을 가진 평범한 사람들
식당 일을 손 놓고 온 사람도 있다

사람들은 평상에만 마주 앉아도

마주 앉은 사람보다 먼저 더 서럽다
<u>상대방의 처지에 공감과 연민을 느끼고 안쓰러워함</u>
세상에 이런 짧은 말이 있어서
　　　　　<u>'쯧쯧쯧쯧 쯧쯧쯧쯧'을 의미함</u>
세상에 이런 깊은 말이 있어서

국수가 찬물에 헹궈져 건져 올려지는 동안

쯧쯧쯧쯧 쯧쯧쯧쯧,
큰 푸조나무* 아래 우리는
<u>평상이 위치한 곳</u>　　　<u>'나'와 타자가 정서적으로 하나가 됨</u>
모처럼 평상에 마주 앉아서
<u>평상시에는 다른 사람의 형편을 살피기 어려울 정도로 고단하게 삶</u>

▶ 1~4행: 국숫집 평상에 마주 앉은 정겨운 사람들

▶ 5~16행: 서로의 이야기에 공감과 연민을 보임

▶ 17, 18행: 서로에게 정서적 유대감을 느낌

■ 평상: 나무로 만든 침상의 하나. 밖에다 내어 앉거나 드러누워 쉴 수 있도록 만든 것
■ 푸조나무: 느릅나뭇과의 낙엽 활엽 교목. 높이는 20미터 정도이며, 잎은 어긋나고 달걀 모양인데 톱니가 있음

출제 포인트

• '평상이 있는 국숫집'의 공간적 특성
• '쯧쯧쯧쯧'에 담긴 타인에 대한 태도

필수 문제

01 화자 파악하기
• 화자: 국숫집 평상에 앉아 다른 사람들을 바라보는 이
• 상황: 사람들이 이야기를 나누며 서로에게 공감과 (　　　)을 느낌
• 정서 · 태도: 연민, 공감

02 〈보기〉의 설명에 해당하는 시행을 찾아 쓰시오.

〈보기〉
• 가볍게 혀를 차는 소리
• 상대방에 대한 공감과 연민이 담긴 표현

03 이 시에 나타난 공간적 배경의 특성으로 알맞지 <u>않은</u> 것은?
① 수평적 공간
② 소박하고 친근한 공간
③ 서로에게 연민을 느끼는 공간
④ 경제적으로 도움을 주고받는 공간
⑤ 각자의 사연을 털어놓는 열린 공간

핵심 정리

▼ 갈래: 자유시, 서정시　　　▼ 성격: 서정적, 일상적, 서민적
▼ 주제: 타인의 삶을 이해하고 보듬는 따뜻한 마음
▼ 해제: 이 시는 고단한 삶을 사는 서민들이 평상이라는 열린 공간에 모여 서로의 아픔에 대해 연민과 위로를 주고받는 모습을 형상화함으로써, 타인의 삶을 이해하고 보듬는 따뜻한 시선을 드러내고 있다.
▼ 시의 특징과 표현
　① 일상적인 상황을 포착하여 절제된 감정과 평이한 시어로 표현함
　② 동일한 시어 및 시구의 반복, 비슷한 문장 구조의 반복을 통해 운율을 형성함

모의 기출

득음은 못하고 그저 시골장이나 떠돌던
떠돌이의 삶을 사는 예인의 길
소리꾼이 있었다, 신명 한 가락에
득음의 경지를 찾아 떠도는 존재 – '왁새'와 동일시
막걸리 한 사발이면 그만이던 흰 두루마기의 그 사내
왁새(왜가리)의 모습을 연상시키는 외양
『꿈속에서도 폭포 물줄기로 내리치는
「」: 득음의 경지에 이르고자 하는 예술혼
한 대목 절창을 찾아 떠돌더니』
          뛰어나게 잘 부른 노래
오늘은 왁새 울음 되어 우항산 솔밭을 다 적시고
시적 대상   솔밭에 퍼지는 울음소리를 형상화
우포늪 둔치, 그 눈부신 봄빛 위에 자운영 꽃불 질러 놓는다
생명력을 북돋워 주는 왁새의 울음소리
살아서는 근본마저 알 길 없던 혈혈단신   ▶ 1~7행: 왁새 울음이 되어 우포
                                          늪에 꽃불 질러 놓는 소리꾼

텁텁한 얼굴에 달빛 같은 슬픔이 엉겨 수염을 흔들곤 했다
얼굴에 묻어나는 삶의 비애
늙은 고수라도 만나면
          북이나 장구 따위를 치는 사람
어깨 들썩 산 하나를 흔들었다
신명 나는 모습
필생 동안 그가 찾아 헤맸던 소리가

적막한 늪 뒷산 솔바람 맑은 가락 속에 있었던가 ▶ 8~13행: 소리꾼이 평생 찾아
왁새의 울음소리   헤맸던 소리를 우포늪에서 찾음
소목 장재 토평마을 양파들이 시퍼런 물살 몰아칠 때
              양파 줄기가 바람에 흔들리는 모습 – 자연의 생명력으로 충만한 모습
『일제히 깃을 치며 동편제* 넘어가는
「」: 날아가는 왁새들의 모습을 소리꾼이 완창한 모습에 비유
저 왁새들』

완창 한 판 잘 끝냈다고 하늘 선회하는
판소리 한 마당을 처음부터 끝까지 부르는 일
그 소리꾼 영혼의 심연이

우포늪 꽃잔치를 자지러지도록 무르익힌다   ▶ 14~19행: 우포늪 꽃잔치
생명력을 북돋워 주는 왁새의 울음소리   를 무르익히는 왁새 울음

■ 동편제(東便制): 조선 영조 때의 명창 송흥록의 법제(法制)를 이어받은 판소리의 한 유파.
호남의 동쪽인 운봉 · 구례 · 순창 · 흥덕 등지에서 발달하였으며, 웅건하고 그윽한 우조(羽
調)를 바탕으로 함

출제 포인트
• '왁새'와 '소리꾼'의 관계
• 시의 주제 의식

필수 문제

01 화자 파악하기
• 화자: 우포늪에서 왁새의 울음
  소리를 듣는 이
• 상황: 우포늪에서 왁새가 소리
  꾼의 (   ) 같은 울음을 울
  고 날아감
• 정서 · 태도: 예찬

02 [기출] 이 시를 이해한 내용
으로 적절하지 않은 것은?
① 6~7행: 화자는 왁새 울음소
  리와 우포늪의 풍경을 연결 지
  어 소리꾼이 추구했던 절창을
  상상적으로 떠올리고 있다.
② 8~9행: 득음의 경지를 찾아
  떠돌았던 소리꾼의 얼굴에 묻
  어나는 삶의 비애를 감각적으
  로 표현하고 있다.
③ 12~13행: 소리꾼이 평생 추
  구했던 절창을 우포늪에서 찾
  아낸 화자의 정서를 드러내고
  있다.
④ 14~16행: 화자가 상상적으
  로 떠올린 세계를 우포늪 일
  대의 현실적 공간과 결부하고
  있다.
⑤ 17~19행: 날아가는 왁새와
  완창을 한 소리꾼을 대비하여
  자연과 인간이 통합된 예술의
  형상을 사실적으로 보여 주고
  있다.

핵심 정리

▼ 갈래: 자유시, 서정시   ▼ 성격: 전통적, 향토적, 생태적
▼ 주제: 생명 공동체인 우포늪의 아름다움과 그 가치
▼ 해제: 이 시는 우리나라 최대의 자연 늪지인 '우포늪'에 있는 '왁새'의 울음소리를 소리꾼의 득음에 비유하여 생명
  공동체인 우포늪의 가치를 효과적으로 형상화하고 있다.
▼ 시의 특징과 표현
  ① 왁새 울음을 소리꾼의 소리에 비유하여 주제를 형상화함
  ② 화자의 자연 친화 사상이 담겨 있음

434 주남지의 새들 | 배한봉

해 지는 하늘에서 주남저수지로
└ '하늘 → 저수지' (공간의 수직적 이동으로 속도감 표현)
새들이 빨려들어오고 있다, 벌겋다, 한꺼번에 뚝뚝, 선지빛으로 떨어
└ 해 질 녘 저수지로 날아드는 새들의 모습 '노을빛 → 저수지 물빛 →
지는 하늘의 살점 같다   선지빛'으로 이어짐
└ 저수지로 내려오는 새의 모습(아름다움+슬픔) ①

┌─→ 음성 상징어와 부사어의 사용으로 밝고 활
└─┘   기찬 새의 이미지 형성(자유로움 → 숭고미)

한바탕 소란스러운 저 장관
└ 저수지로 날아드는 새들의 모습(1연의 내용)
창원공단 퇴근길 같다
└ 저수지로 내려오는 새의 모습 ②(하강하는 새
→ 활기찬 공장 노동자의 퇴근 모습)

┌─────→ 단체로
삶이 박아놓은 가슴팍 돌을 텀벙텀벙 단체로 시원하게 물속에 쏟아
└ 응어리진 삶의 흔적   └ 저수지로 내려오는 새의 모습 ③(=노동자들의 활기찬 모습)
내는 몸짓 같다, 온몸으로 그렇게

삶을 꽉 묶어놓은 투명한 끈을 풀고
└ 가족을 위한 가장의 책임감
집으로 돌아오는 가장들,
└ 치열한 노동의 시간 → 새들이 선지빛으로 떨어지는 시간
그 질펀한 힘이 선혈 낭자한 시간을 주남저수지 물바닥에까지 시뻘
└ '희생, 헌신, 활기참'이 혼재됨   └ 가장들의 노동 – 물속으로 뛰어드는 새
겋게 발라놓았겠다   의 모습 동일시(노동의 고통과 숭고함)

장엄하다, 이 절정의 파장
└ 새들이 물속으로 떨어질 때의 파장(노동의 아름다움)
삶의 컴컴한 구덩이조차도 생명의 공명통으로 만들 줄 아는
└ 부정적 현실   └ 정화된 세상, 생명의 공간
저 순하고 아름다운 목숨들,
└ 주남지의 새와 가장들
달리 비유할 것이 없이 만다라의 꽃이다
└ '나'를 내려놓아야 얻을 수 있는 상상의 꽃(절정의 파장)
저 꽃 만져보려고 이제는 아예 하늘이 첨벙 물속에 뛰어드는 저녁이다
└ 새와 가장들로 인해 하늘과 주남지가 하나가 됨(자연과 인간의 합일)

- 감각적 이미지의 이해
- 비유적 의미 이해

▶ 1연: 저수지로 찾아드는 새들의 모습

▶ 2연: 공장 노동자들의 퇴근 모습 연상

▶ 3연: 가장들의 고통과 노동의 숭고함

▶ 4연: 자연과 인간의 합일과 생명에 대한 애정

필수 문제

01 화자 파악하기
- 화자: '드러나지 않음'(주남지로 날아드는 새들을 바라보는 이)
- 상황: (　　　)로 뛰어드는 새들의 모습에서 가정을 위해 헌신하는 노동자의 삶을 연상함
- 정서·태도: 애정

02 이 시에서 (　　　)은 가족을 위해 노동을 하는 가장과 먹이를 잡기 위해 물로 뛰어드는 새들의 숭고한 모습을 드러내고 있다.

03 이 시에서 주남저수지로 새들이 뛰어드는 모습을 비유한 구절을 모두 찾아 쓰시오.(3개)

핵심 정리

- ✓ 갈래: 자유시, 서정시　　✓ 성격: 숭고적, 자연 친화적, 예찬적
- ✓ 주제: 자연과 삶에서 느끼는 생명에 대한 강한 애정
- ✓ 해제: 이 시는 저녁이 되어 주남지로 먹을거리를 찾아오는 새들의 모습에서 느낀 순수하고 아름다운 생명력과 하루의 고된 일과를 마치고 퇴근하는 창원공단 노동자 가장들의 모습을 중첩하여 노동의 아름다움과 숭고함을 드러내고 있다.
- ✓ 시의 특징과 표현
  ① '뚝뚝', '텀벙텀벙', '첨벙' 등의 부사를 통해 하강의 속도감과 활기참, 헌신과 숭고의 이미지를 표현함
  ② 하강 이미지와 강렬한 색채 이미지를 통해 새와 가장들의 모습에서 드러나는 아름다움과 슬픔의 이미지를 효과적으로 형상화함

1990년대 이후 현대시의 모든 것

435

광화문, 겨울, 불꽃, 나무 | 이문재

해가 졌는데도 어두워지지 않는다
밤이 되었는데도 어두워지지 않음 – 자연의 순리에 역행하는 현대 문명
겨울 저물녘 광화문 네거리
계절 · 시간 · 공간적 배경 제시
「맨몸으로 돌아가 있는 가로수들이
잎이 모두 떨어진 겨울나무
일제히 불을 켠다 나뭇가지에
광화문 네거리가 밤에도 어두워지지 않는 이유   「 」: 인간이 자신들의 욕망 충족을 위해
수만 개 꼬마전구들이 들러붙어 있다」   연출한 부자연스러운 상황
현대 문명을 상징
불현듯 불꽃나무! 하며 손뼉을 칠 뻔했다
화려함에 순간적으로 감탄할 뻔함

어둠도 이젠 병균 같은 것일까
휴식, 재충전의 의미
밤을 끄고 휘황하게 낮을 켜 놓은 권력들
                광채가 나서 눈부시도록 번쩍이게
「내륙 한가운데에 서 있는
「 」: 현대 문명으로 인한 비정상적인 상태 묘사
해군 장군의 동상도 잠들지 못하고
이순신 장군상
문 닫은 세종문화회관도 두 눈 뜨고 있다」

엽록소를 버린 겨울나무들
겨울이라 나뭇잎들이 다 떨어져 없는 상태
한밤중에 이상한 광합성을 하고 있다
꼬마전구 불빛을 쬐고 있는 나무들
광화문은 광화문(光化門)
한자의 뜻을 통한 현대 문명의 비순리성 비판
「뿌리로 내려가 있던 겨울나무들이
「 」: 휴식을 취해야 할 겨울나무들이 착란에 빠짐 – 자연의 생리마저 파괴된 상태
저녁마다 황급히 올라오고」

겨울이 교란당하고 있는 것이다
          마음이나 상황 따위를 뒤흔들어 어지럽게 혼란하게 함
밤에도 잠들지 못하는 사람들
현대 문명이 겨울나무뿐만 아니라 인간도 파괴함을 의미
광화문 겨울나무 불꽃나무들

다가오는 봄이 심상치 않다
다가올 미래에 대한 우려

▶ 1연: 밤이 되면 불이 켜지는 광화문의 겨울나무들

▶ 2연: 어둠의 자연스러움을 부정하는 현대 문명

▶ 3연: 비정상적인 현대 문명에 대한 비판

출제 포인트

• '꼬마전구'의 상징적 의미
• '겨울나무', '해군 장군의 동상', '세종문화회관'의 공통점
• '어둠'과 '겨울'의 이미지

필수 문제

01 화자 파악하기
• 화자: 겨울 '불꽃나무'를 바라보는 이
• 상황: 겨울에 환하게 켜진 (   )를 단 나무들을 바라보며 비판함
• 정서 · 태도: 비판

02 이 시의 내용을 고려할 때 그 의미가 이질적인 것은?
① 해가 졌는데도 어두워지지 않는다
② 밤을 끄고 휘황하게 낮을 켜 놓은
③ 해군 장군의 동상도 잠들지 못하고
④ 한밤중에 이상한 광합성을 하고 있다
⑤ 뿌리로 내려가 있던 겨울나무들

03 이 시에서 '어둠'이 의미하는 바를 간단하게 쓰시오.

핵심 정리

♥ 갈래: 자유시, 서정시   ♥ 성격: 비판적, 상징적
♥ 주제: 자연의 섭리를 거스르는 현대 문명 비판
♥ 해제: 이 시는 광화문 네거리에서 바라본 '불꽃나무'를 통해 현대 문명으로 인해 자연의 섭리가 파괴되는 상황에 대한 우려를 드러내고 있다.
♥ 시의 특징과 표현
   ① 일상적 소재에서 의미를 발견하여 현실을 비판함
   ② 의인화를 통해 대상에게 닥친 부정적 상황을 드러내어 주제 의식을 표출함

436 기념식수 | 이문재

필수

형수가 죽었다
시적 상황
나는 그 아이들을 데리고 감자를 구워 소풍을 간다
화자의 조카들　　　　　　　　　　어머니의 죽음을 알리고 '기념식수'를 하기 위해
『며칠 전에 내린 비로 개구리들은 땅의 얇은
생명력, 재생의 이미지
천정을 열고 작년의 땅 위를 지나고 있다
천장(天障)　　　땅속에 잠들어 있다가 다시 땅 위로 나옴
아이들은 아직 그 사실을 모르고 있으므로
어머니의 죽음
교외선 유리창에 좋아라고 매달려 있다

나무들이 가지마다 가장 넓은 나뭇잎을 준비하러
생명력, 재생의 이미지
분주하게 오르내린다』

『영혼은 온몸을 떠나 모래내 하늘을
「　」: 3월의 풍경 속에서 죽은 형수를 떠올림
출렁이고 출렁거리고 그 맑은 영혼의 갈피

갈피에서 삼월의 햇빛은 굴러떨어진다』

아이들과 감자를 구워 먹으며 나는 일부러
아래의 세 이야기가 의도적임을 알 수 있음
『어린 왕자의 이야기며 안델센의 추운 바다며
안데르센이 지은 〈인어 공주〉의 바다
모래사막에 사는 들개의 한살이를 말해 주었지만』

너희들이 이 산자락 그 뿌리까지 뒤져 본다 하여도

이 오후의 보물찾기는
어머니의 죽음과 죽음의 의미를 이해시키기 위한 행위
또한 저문 강물을 건너야 하는 귀가길은
인생의 아픔(어머니의 죽음)을 받아들여야 하는 현실
무슨 음악으로 어루만져 주어야 하는가
아이들에 대한 연민의 마음
형수가 죽었다
1행의 반복 → 비애감 강조
아이들은 너무 크다고 마다했지만

나는 너희 엄마를 닮은 은수원사시나무 한 그루를
형수의 분신
너희들이 노래 부르며

파 놓은 푸른 구덩이에 묻는다
형수의 죽음을 애도함(죽은 형수의 영혼이 부활하기를 바람)
교외선의 끝 철길은 햇빛
생명력의 상징
철철 흘러넘치는 구릉 지대를 지나 노을로 이어지고
죽음의 이미지
내 눈물 반대쪽으로
슬픔의 반대쪽
『날개도 흔들지 않고 날아가는 것은
「　」: 형수의 영혼(죽음)의 미적 승화
무한정 날아가고 있는 것은』
여운을 주는 종결

▶ 1~11행: 죽은 형수의 아이들과 함께 소풍을 감

「　」: 형수의 죽음과 천진난만한 아이들의 모습, 생명이 약동하는 봄의 풍경이 대비를 이루고 있음(비애감을 극대화함)

「　」: 죽음과 관련된 이야기들(어머니의 죽음으로 인한 충격을 덜어 주기 위한 의도)

▶ 12~18행: 형수의 아이들에 대한 연민의 마음

▶ 19~28행: 나무를 심으며 형수의 죽음을 애도함

■ 기념식수(紀念植樹): 무엇을 기념하기 위하여 나무를 심는 일
■ 교외선(郊外線): 도시와 도시의 주변을 연결하는 철도
■ 안델센: 안데르센. 덴마크의 동화 작가이자 소설가

출제 포인트
• 소재의 상징적 의미
• 계절적 배경의 의미

필수 문제

01 화자 파악하기
• 화자: '나'(조카들과 기념식수를 하는 이)
• 상황: 죽은 형수의 아이들을 데리고 소풍을 가서 형수를 닮은 (　　　)를 심음
• 정서·태도: 비애, 애도

02 이 시에서 시적 대상인 형수의 분신으로, 죽음에 대한 애도의 의미를 지니는 소재를 찾아 쓰시오.

03 이 시에서 형수의 죽음이라는 비극적 상황과 분위기를 대비하여 슬픔의 정서를 부각하기 위해 작가가 선택한 계절적 배경을 쓰시오.

1990년대 이후 현대시의 모든 것

■ 은수원사시나무: 계곡이나 산기슭 아래에서 잘 자라는 교목
■ 구릉: 언덕. 땅이 비탈지고 조금 높은 곳

'소풍'의 의미

이 시의 상황을 고려해 볼 때, '소풍'은 죽은 형수의 영혼을 달래고, 형수의 아이들에게 죽음의 의미와 그로 인한 현실의 힘겨움을 일깨워 주기 위한 수단이라고 볼 수 있다.

'은수원사시나무'의 의미

이 시의 제목 '기념식수'에 해당하는 시어이다. '너희 엄마를 닮은'이라는 표현으로 보아 '은수원사시나무'는 형수의 분신을 상징한다. 따라서 이를 조카들이 파 놓은 구덩이에 심는 것은 형수의 죽음을 애도하기 위한 행위라고 볼 수 있다. 또한 어머니를 잃은 조카들이 이 나무를 의지 삼아, 이 나무가 잘 자라나는 것처럼 굳세게 자라나기를 바라는 화자의 마음이 담긴 것이라고도 볼 수 있다.

'내 눈물 반대쪽'의 의미

화자는 해가 지는 노을을 바라보며 눈물을 흘리고 있다. 죽은 형수의 영혼이 '내 눈물 반대쪽', 즉 슬픔의 반대쪽으로 날아간다고 표현함으로써 생명의 순환과 부활을 기원하는 화자의 마음을 드러내고 있다.

'날아가고 있는 것'의 의미

마지막 행의 '날아가고 있는 것'은 죽은 형수의 영혼이다. 이 시에서는 이 영혼이 '내 눈물 반대쪽'으로 날아간다거나 '날개도 흔들지 않고 무한정' 날아간다고 표현함으로써 형수의 죽음을 미적으로 승화시키고 있다.

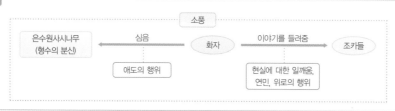

∨ **갈래**: 자유시, 서정시   ∨ **성격**: 애상적, 상징적
∨ **주제**: 형수의 죽음으로 인한 비애와 부활의 기원
∨ **해제**: 이 시는 죽은 형수를 생각하며 형수의 아이들과 나무를 심는 화자의 모습을 통해 죽음의 비애를 아름답게 승화시키는 모습을 형상화하고 있다.
∨ **시의 특징과 표현**
 ① 비극적 현실과 봄의 화사한 분위기를 대비시켜 슬픔의 정서를 부각함
 ② 상징적 소재를 사용하여 의미를 강조함
 ③ 종결되지 않은 문장으로 시상을 마무리하여 여운을 줌

산성 눈 내리네 | 이문재

낯선 작품

산성 눈 내린다
환경 오염으로 더럽혀진 자연
12월 썩은 구름들 아래
　　환경 오염에 대한 자연의 경고(소멸, 하강의 이미지)
병실 밖의 아이들은 놀다 간다

성가의 후렴들이 지워지고
신의 축복의 소멸
산성 눈 하얗게 온 세상 덮고 있다
1행의 변주 반복(환경 오염 강조)
하마터면 아름답다고 말할 뻔했다
자연의 경고에 대한 무감각한 태도
캄캄하고 고요하다
생명력의 소멸, 5행의 '하얗게'와 대조

　　　　　　　　　　　　　　　▶ 1연: 환경 오염에 대한 자
　　　　　　　　　　　　　　　　　연의 경고

그리고 보면 땅이나 하늘

자연은 결코 참을성이 있는 게 아니다
극심한 환경 오염으로 인한 자연의 분노
산성 눈 한 뼘이나 쌓인다 폭설이다
환경 파괴로 인해 발생한 부정적 현실의 심각함
당분간은 두절이다
자연과 인간의 관계 단절
우뚝한 굴뚝, 은색의 바퀴들에
산업화, 물질문명(환경 파괴, 산성 눈의 원인)
그렇다, 무서운 이 시대의 속도에 치여
　　　　　자연의 치유보다 빠른 오염의 속도
내 몸과 마음의 서까래 / 몇 개 소리 없이 내려앉는다
인류의 생존을 가능케 해 준 자연　　　　절망적 현실에 대한 분노　▶ 2연: 산성 눈을 초래한 산
　　　　　　　　　　　　　　　　　　　　　　　　　　　　　업화

『쓰러져 숨 쉬다 보면
『 』: 환경 오염과 파괴의 심각성
실핏줄 속으로 모래 같은 것들 가득
　　　　　　　　　　오염 물질
고인다』산성 눈 펑펑 내린다
　　　환경 오염으로 인한 산성 눈의 심각성
자연은 인간에 대한 / 기다림을 아예 갖고 있지 않다

펄펄 사람의 죄악이 내린다
　　　　자연을 지키지 않고 산업화만 추구한 죄, 산성 눈
하늘은 저렇게 무너지는 것이다　　　　　▶ 3연: 환경 파괴에 대한 자
현실과 미래에 대한 절망감과 부정적 전망, 경고　　　연의 징벌과 절망감

출제 포인트
• 소재의 상징적 의미
• 시상 전개와 주제 의식

필수 문제

01 화자 파악하기
• 화자: '나'(산성 눈을 보고 있는 이)
• 상황: 산성 눈이 내리는 모습을 보며 (　　　)과 파괴에 절망함
• 정서·태도: 절망감, 비판적

02 이 시에서 산업화와 물질문명을 상징하는 소재를 2연에서 찾아 2어절로 쓰시오.(2개)

03 이 시에서 산업화에 따른 인간의 환경 파괴에 대한 자연의 보복을 의미하는 소재를 찾아 쓰시오.

핵심 정리
▼ 갈래: 자유시, 서정시　　　▼ 성격: 비판적, 절망적
▼ 주제: 환경 오염과 파괴에 대한 절망감과 비판
▼ 해제: 이 시는 환경 파괴의 심각성을 '산성 눈'으로 형상화한 작품으로 작가는 자연에 대한 배려 없이 발전만을 생각하는 인간 문명에 대해 비판하고 있다.
▼ 시의 특징과 표현
　① 눈(자연물)에 시적 의미를 부여하여 시상을 전개함
　② 소멸의 하강 이미지를 통해 산업화에 대한 불안감을 표출함

438 푸른곰팡이˘ – 산책 시 1 | 이문재

느린 속도로 그리움과 사랑을 전달하는 공간
아름다운 산책은 우체국에 있었습니다
사나흘 동안 편지가 그대에게 걸어가는 시간
나에게서 그대에게로 가는 편지는

사나흘을 혼자서 걸어가곤 했지요
편지가 전해지는 과정 – 의인화
그건 발효의 시간이었댔습니다
기다림 속에서 사랑이 성숙해지는 시간(= 아름다운 산책)
가는 편지와 받아 볼 편지는
그대에게 편지를 보내고 답장을 받기까지의 동안
우리들 사이에 푸른 강을 흐르게 했고요
화자와 그대를 이어주며 인연이 숙성되는 과정

▶ 1연: 우체국을 통해 오가는 편지에서 깨닫는 기다림의 의미

그대가 가고 난 뒤
그대와의 사랑이 끝나버린 안타까운 상황
나는, 우리가 잃어버린 소중한 것 가운데

하나가 우체국이었음을 알았습니다
기다림의 의미를 깨닫게 해 준 공간
우체통을 군이 빨간색으로 칠한 까닭도
선명한 시각적 이미지를 통해 '경고'의 의미를 강조함
그때 알았습니다 사람들에게
속도와 효율에 길들여져 기다림의 의미를 잃어버린 현대인
경고를 하기 위한 것이겠지요
기다림의 소중함을 잊지 말라는 경고

▶ 2연: 기다림의 의미를 잃어버린 사람들에 대한 빨간 우체통의 경고

■ 푸른곰팡이: 빗자루 모양의 분생자(分生子) 자루를 가진 곰팡이의 총칭으로, 치즈와 같은 발효 식품을 만들 때도 사용됨

출제 포인트
- 화자가 말하는 삶의 태도
- 시각적 이미지의 대비를 통한 주제 의식 강조

필수 문제

01 화자 파악하기
- 화자: '나'(그대를 그리워하는 이)
- 상황: 그대와의 사랑이 끝난 후에 ( )의 소중함을 깨달음
- 정서·태도: 그리움, 안타까움, 깨달음

02 이 시에서 기다림의 시간을 거쳐 발효되고 숙성된 사랑을 시각적 이미지로 형상화한 시어를 찾아 2어절로 쓰시오.

03 이 시의 2연에 나오는 '경고'의 의미를 명령문의 형식으로 간단히 쓰시오.

알맹이 포착

시각적 이미지의 대비를 통한 주제 의식 전달
1연에서는 제목인 '푸른곰팡이'의 이미지와 연결하여, 기다림의 시간 동안 발효되고 숙성되는 사랑을 '푸른 강'으로 형상화하고 있다. 그리고 2연에서는 푸른색과 대비되는 빨간색의 '우체통'을 통해, 기다림의 의미를 잃어가는 현대인들에게 아름다운 기다림의 시간을 잊지 말라는 경고의 메시지를 전달하고 있다.

핵심 정리

- ✔ 갈래: 자유시, 서정시   ✔ 성격: 서정적, 감상적
- ✔ 주제: 사랑을 더욱 성숙하게 만드는 기다림의 소중함
- ✔ 해제: 이 시는 재료를 천천히 발효시키는 '푸른곰팡이'와 여유를 가지고 천천히 걷는 '산책'을 결합하여, 우체국의 편지를 기다리면서 애틋한 마음이 깊어가는 것처럼 사랑을 숙성시키는 기다림의 시간이야말로 속도와 효율에 길들여진 현대인들에게 소중한 것임을 노래하고 있다.
- ✔ 시의 특징과 표현
    ① 부드러운 경어체의 어조를 통해 화자의 깨달음을 전달함
    ② 선명한 시각적 이미지의 대비를 통해 주제 의식을 강조함

439 라디오와 같이 사랑을 끄고 켤 수 있다면 | 장정일

내가 단추를 눌러 주기 전에는
  '그'와 애정을 나누기 위해서 거쳐야 하는 것 – 소통의 매개체

그는 다만

하나의 라디오에 지나지 않았다.
  사랑을 인식하기 이전의 무의미한 존재

▶ 1연: 단추를 누르기 전의
  라디오 – 무의미한 존재

내가 그의 단추를 눌러 주었을 때
  라디오의 전원을 켰을 때 – '그'와 애정을 나누기 위한 행위

그는 나에게로 와서

전파가 되었다.
  '나'와 '그'를 이어 주는 사랑의 감정

▶ 2연: 단추를 누르자 '나'에
  게로 와서 전파가 된 '그'

내가 그의 단추를 눌러 준 것처럼

누가 와서 나의

굳어 버린 핏줄기와 황량한 가슴속 버튼을 눌러 다오.
  고독하고 삭막한 현대인의 내면 의식   사랑을 위한 소통의 매개체
그에게로 가서 나도

그의 전파가 되고 싶다.

▶ 3연: 누군가의 전파가 되
  고 싶은 '나'의 소망

우리들은 모두
  '나' → '그' → '우리'로 확대 – 일회성 사랑에 물든 현대인
사랑이 되고 싶다.

끄고 싶을 때 끄고 켜고 싶을 때 켤 수 있는
현대인의 편의적이고 일회적인 사랑
라디오가 되고 싶다.
언제든 가볍고 편하게 만나고 헤어질 수 있는 존재

▶ 4연: 가볍고 편한 사랑을
  원하는 우리들

출제 포인트

• 단추를 누르는 행위에 담긴 의미
• 김춘수의 〈꽃〉과의 비교

필수 문제

01 화자 파악하기
• 화자: '나' (현대인들의 사랑에
  대해 생각하는 이)
• 상황: (   )처럼 내키는 대
  로 끄고 켤 수 있는 사랑을 나
  누고 싶어 함
• 정서·태도: 풍자적

02 〈보기〉는 이 시가 패러디한
김춘수의 시 〈꽃〉의 일부이다. 이
시에서 ㉠~㉢에 호응하는 시어를
찾아 쓰시오.

〈보기〉
내가 그의 ㉠이름을 불러 주
기 전에는
  그는 다만
하나의 ㉡몸짓에 지나지 않
았다.

내가 그의 이름을 불러 주었
을 때
  그는 나에게로 와서
㉢꽃이 되었다.

이 시의 비판 대상

'라디오'는 언제든 가볍게 끄고 켤 수 있는 존재이다. 이처럼 사랑하
는 사람을 만나고 헤어지는 것을 '라디오'를 켜고 끄는 손쉬운 일에

비유하여, 일회적이고 소비적인 사랑을 하는 현대인들의 세태를 비판
하고 풍자하고 있다.

핵심 정리

▾ 갈래: 자유시, 서정시   ▾ 성격: 비판적, 풍자적
▾ 주제: 현대인들의 가벼운 사랑에 대한 비판
▾ 해제: 이 시는 김춘수의 시 〈꽃〉을 패러디하여 새롭게 재창작한 작품이다. 이 시의 화자는 추상적 개념인 사랑을 구체
  적인 행동으로 표현함으로써, 쉽게 만나고 쉽게 헤어지는 현대인의 소비적 사랑의 세태를 풍자하고 있다.
▾ 시의 특징과 표현
  ① 패러디 기법을 사용하여 풍자적 성격을 드러냄
  ② 추상적이고 관념적인 의미를 구체적 사물을 활용하여 드러냄

하숙 | 장정일

☐: '녀석'의 주된 관심사 → 서구의 물질문명과 감각적인
　　즐거움(양담배, 양주, 도색 잡지, 서양 음악 등)

녀석의 하숙방 벽에는 리바이스 청바지 정장이 걸려 있고
　시적 대상

책상 위에는 쓰다 만 사립대 영문과 리포트가 있고 영한사전이 있고
　　　　　　　'녀석'의 신분을 짐작할 수 있음(영문과 학생)

재떨이엔 필터만 남은 켄트 꽁초가 있고 씹다 버린 셀렘이 있고
　　　　　　　　　　　　　미국산 담배

서랍 안에는 묶은 플레이보이가 숨겨져 있고
　　　　　　　미국의 도색 잡지

방 모서리에는 파이오니아 앰프가 모셔져 있고
　　　　　　　　　　　　　'녀석'이 아끼는 물건임을 암시

레코드 꽂이에는 레오나드 코헨, 존 레논, 에릭 클랩튼이 꽂혀 있고
　　　　　　　　　　　외국의 유명한 대중 가수

방바닥엔 음악 감상실에서 얻은 최신 빌보드 차트가 팽개쳐 있고

쓰레기통엔 코카콜라와 조니 워커 빈 병이 쑤셔 박혀 있고
　　　　　　　　　　　　　　　　　　　▶ 1~8행: 서구 문물로 가득
『그 하숙방에, 녀석은 혼곤히 취해 대자로 누워 있고　찬 녀석의 하숙방 모습
　　　　　　　　　　　서구 문물에 취해 있음

죽었는지 살았는지, 꼼짝도 않고』
　　　　　　　　　　　　　　　　　▶ 9, 10행: 서구 문물에 무
「　」: 서구 문물에 빠져 정체성과 주체 의식을 상실한 '녀석'의 모습　비판적인 녀석의 의식

출제 포인트

- 소재의 의미 파악
- 비유적 표현의 이해

필수 문제

01 화자 파악하기
- 화자: '드러나지 않음'('녀석'의 하숙방 관찰자)
- 상황: (　　　　)들이 가득 찬 방 안에 혼곤히 취한 '녀석'이 대자로 누워 있음
- 정서·태도: 관찰, 비판적

02 이 시에서 '녀석'의 신분을 알 수 있는 소재를 찾아 3어절로 쓰시오.

03 이 시에서 서구 물질문명에 빠져 있는 '녀석'의 모습을 비유적으로 표현한 시구를 찾아 5어절로 쓰시오.

알맹이 포착

'혼곤히 취해 대자로 누워 있'는 녀석과 화자의 태도 이해

이 시에 등장하는 '녀석'은 일상에서 서구 물질문명의 물품들을 소비하고 순간적이고 감각적인 즐거움에 취해 생활한다. 외래문화에 물들어 사는 '녀석'은 이에 대한 비판 의식을 상실한 상태이다. 화자는 녀석의 모습을 비판하는 대신 객관적인 태도와 어조를 유지하는 방법을 통해 '녀석'의 모습의 이면에 담긴 '주체성과 정체성을 상실한 젊은이들의 모습'을 비판하고 있다.

한눈에 보기

핵심 정리

- ▼ **갈래**: 자유시, 서정시　　　▼ **성격**: 비판적, 세태 고발적
- ▼ **주제**: 서구 물질문명의 무비판적 수용에 대한 비판
- ▼ **해제**: 이 시는 시적 대상이 처한 주변의 모습을 관찰자의 입장에서 묘사하여, 서구 물질문명에 빠져 주체성과 정체성을 상실한 한 젊은이의 모습을 비판하고 있다.
- ▼ **시의 특징과 표현**
  ① 화자가 관찰자의 입장에서 대상을 묘사함
  ② 각 행마다 '있고'를 사용하다가 마지막 행에서 '않고'를 사용함으로써 시 전체에 변화를 주며 시상을 마무리함
  ③ 여러 가지 사물들을 열거하여 보여 줌으로써 독자의 비판 의식을 유도함

441 가지가 담을 넘을 때 | 정끝별

이를테면 수양의 늘어진 가지가 담을 넘을 때
　　　어려움을 극복하고 자유를 추구하는 모습
그건 수양 가지만의 일은 아니었을 것이다
　　혼자만의 노력으로 이루어 낸 것이 아님
얼굴 한번 못 마주친 애먼 뿌리와

잠시 살 붙였다 적막히 손을 터는 꽃과 잎
　　　　　　　　　　　　　: 가지가 담을 넘는 것을 도와준 존재

혼연일체 믿어 주지 않았다면

가지 혼자서는 한없이 떨기만 했을 것이다　▶ 1연: 가지가 담을 넘을 수
　　　담을 넘지 못했을 것이다　　　　　　　있었던 이유 ① - 내적 요인

한 닷새 내리고 내리던 고집 센 비가 아니었으면
밤새 정분만 쌓던 도리 없는 폭설이 아니었으면　가지에게 시련을 이기고 신명 나게
　　　　　　　　　　　　　　　　　　　담을 넘을 수 있게 해 준 존재들
담을 넘는다는 게

가지에게는 그리 신명 나는 일이 아니었을 것이다
　　　　시련과 고난을 극복해야 자유가 의미 있음
무엇보다 가지의 마음을 머뭇 세우고

담 밖을 가둬 두는 / 저 금단의 담이 아니었으면
　　　　　　　장애물이자 도전의 계기를 마련해 준 존재
담의 몸을 가로지르고 담의 정수리를 타 넘어

담을 열 수 있다는 걸
자유를 얻을 수 있다는 걸
수양의 늘어진 가지는 꿈도 꾸지 못했을 것이다　▶ 2연: 가지가 담을 넘을 수
　　　　　　　　　　　　　　　　　　　　있었던 이유 ② - 외적 요인

「그러니까 목련 가지라든가 감나무 가지라든가
「」: 수양에서 다른 나무들로 의미가 확대됨
줄장미 줄기라든가 담쟁이 줄기라든가」　　　▶ 3연: 다른 나무의 가지들
　　　　　　　　　　　　　　　　　　　　로 의미 확대

가지가 담을 넘을 때 가지에게 담은
일반화된 나뭇가지
무명에 획을 긋는
깨달음을 얻기 위해 절대적으로 필요한
도박이자 도반이었을 것이다　　　　　　　▶ 4연: 가지가 담을 넘는 일
실패의 위험 요소가 있으면서 동시에 도전을 하게 만들어 주는　의 의의
벗과 같은 존재(도반: 함께 도를 닦는 벗)

핵심 정리

- **갈래**: 자유시, 서정시　　　**성격**: 상징적, 의지적
- **주제**: 자유를 얻기 위한 용기와 협력의 자세
- **해제**: 이 시는 담 너머로 뻗은 수양버들의 모습을 통해 억압과 무명의 굴레를 벗어나 진정한 자유를 얻기 위한 도전은 혼자서 이룰 수 없음을 노래하고 있다.
- **시의 특징과 표현**
  ① '~을 것이다'와 통사 구조의 반복을 통해 운율을 형성함
  ② 의인화된 자연물의 심정을 추측하는 과정을 통해 깨달음을 드러냄

속 좋은 떡갈나무 | 정끝별

속 빈 떡갈나무에는 벌레들이 산다
자기를 앞세우지 않고 대상을 포용하는 마음(반복으로 영원성 강조)
그 속에 벗은 몸을 숨기고 깃들인다
　　　　벌레가 보살핌과 구원을 얻음
속 빈 떡갈나무에는 버섯과 이끼들이 산다
깃든 모든 것에 '삶'을 주는 생명의 근원
그 속에 뿌리를 내리고 꽃을 피운다
　　　　버섯과 이끼가 터를 잡고 결실을 준비함
속 빈 떡갈나무에는 딱따구리들이 산다

그 속에 부리를 갈고 곤충을 쪼아 먹는다
　　　　딱따구리가 먹이 활동을 함
속 빈 떡갈나무에는 박쥐들이 산다

그 속에 거꾸로 매달려 잠을 잔다
　　　　박쥐가 휴식을 취함
속 빈 떡갈나무에는 올빼미들이 산다

그 속에 둥지를 틀고 새끼를 깐다
　　　　올빼미가 터를 잡고 다음 세대를 낳음
속 빈 떡갈나무에는 오소리와 여우가 산다

그 속에 굴을 파고 집을 짓는다
　　오소리와 여우가 삶의 공간을 만듦

※ 1, 3, 5, 7, 9, 11행: 통사 구조의 반복, 다양한 생명체의 열거

※ 2, 4, 6, 8, 10, 12행: 통사 구조의 반복, '산다'에 통합되는 다양한 서술어 나열(깃들인다, 피운다, 먹는다, 잔다, 깐다, 짓는다)

▶ 1연: 속 빈 떡갈나무에 깃들어 사는 온갖 생명들

속 빈 떡갈나무 한 그루의

『속 빈 밥을 먹고　　「　」: 속 빈 떡갈나무가 베푸는 것(1연의 내용)
　물질적인 것
속 빈 노래를 듣고』
　정신적인 것
『속 빈 집에 들어 사는 모두 때문에』　「　」: 나무의 빈 속을 채우는 생명체들 때문에
　안식처, 삶의 공간
『속 빈 채 큰 바람에도 떡 버티고　「　」: 나무가 속에 깃든 존재들을
　△: 외부 시련(=가뭄, 눈)　　　　위해 시련을 견디는 모습
속 빈 채 큰 가뭄에도 썩 견디고
　　　　　□: 부사어를 통해 행위의 구체성을 보여 줌
조금 처진 가지로 큰 눈들도 싹 털어내며』
깃든 존재들의 생성, 성장의 터전이 되며 점점 힘이 빠져감
(유기적 순환 과정에서의 소멸의 이미지)

▶ 2연: 온갖 생명을 품는 속 빈 떡갈나무

한 세월 잘 썩어 내는
다음 세대를 위한 희생(소멸) → 생명체들의 보금자리(생성)
세상 모든 어미들 속
어미처럼 생명체를 품는 속 빈 떡갈나무

▶ 3연: 어미와 같은 속 빈 떡갈나무

• 소재의 함축적 의미
• 소재에 담긴 주제 의식 이해

필수 문제

01 화자 파악하기
• 화자: '드러나지 않음'(속 빈 떡갈나무를 바라보는 이)
• 상황: 속 빈 (　　　　)를 보며 자식을 위해 아낌없이 희생하는 부모의 마음을 생각함
• 정서·태도: 사색적

02 이 시에서 모든 생명체들을 외부의 시련으로부터 보호하는 생명의 근원에 해당하는 소재를 찾아 3어절로 쓰시오.

03 이 시의 2연에서 생명체에게 닥치는 외부 시련을 의미하는 소재 3개를 찾아 각각 2어절로 쓰시오.

핵심 정리

❤ 갈래: 자유시, 서정시　　❤ 성격: 관찰적, 유추적
❤ 주제: 온갖 생명을 품은 속 빈 떡갈나무와 어미의 희생
❤ 해제: 이 시는 속 빈 떡갈나무가 온갖 생명을 품는 모습을 통해 자식을 위한 어미의 희생을 형상화하고 있다. 제목의 '속 좋은'은 본문의 '속 빈'과 같은 의미로 모든 것을 기쁘게 내주는 어미의 마음을 표현한 것이다.
❤ 시의 특징과 표현
　① 통사 구조의 반복으로 운율을 형성하고 주제 의식을 강조함
　② '산다'와 같은 의미의 용언을 활용하여 '사는 것'의 의미를 심화함

선운사에서 | 최영미

꽃이
ㄴ그대와의 만남과 이별을 떠올리게 하는 매개체

피는 건 힘들어도

지는 건 잠깐이더군. □: 종결 어미의 반복을 통해 현실
상황에 대한 깨달음을 드러냄

골고루 쳐다볼 틈 없이
ㄴ그대와 함께했던 시간이 짧은 것에 대한 아쉬움
님 한번 생각할 틈 없이

아주 잠깐이더군.
ㄴ낙화의 순간성 = 이별하는 것은 순간임

▶ 1연: 낙화의 순간성과 허무함

그대가 처음

내 속에 피어날 때처럼
ㄴ사랑의 시작을 꽃이 피는 것에 비유
잊는 것 또한 그렇게

순간이면 좋겠네.
ㄴ이별의 아픔이 빨리 끝나기를 바람

▶ 2연: 이별의 슬픔과 고통

멀리서 웃는 그대여.
ㄴ이별한 임과의 거리감을 드러냄
산 넘어 가는 그대여.

▶ 3연: 사랑하는 사람과의 이별에 대한 아쉬움

꽃이 / 지는 건 쉬워도
ㄴ이별하는 것은 순간적이지만
잊는 건 한참이더군.
ㄴ그대를 잊는 것이 어려움을 강조함
영영 한참이더군.
ㄴ시간적 거리감 강조

▶ 4연: 사랑하는 사람을 잊는 것의 어려움

출제 포인트

• 꽃과 인간사의 대응 관계
• 시어의 대비를 통한 주제 강조

필수 문제

01 화자 파악하기
• 화자: '나' (이별의 아픔을 겪고 있는 이)
• 상황: 사랑하는 사람과 이별한 후 오래도록 (   ) 못함
• 정서·태도: 안타까움, 그리움

02 이 시에서 꽃이 지는 자연 현상을 인간사의 어떤 일에 대응시키고 있는지 2음절로 쓰시오.

03 〈보기〉의 ㉠과 ㉡에 들어갈 시어를 각각 찾아 쓰시오.

─〈보기〉─
　이 시는 꽃이 순간적으로 지는 것처럼 이별의 아픔도 빨리 끝나기를 바라는 마음을 담은 '잠깐', 〔 ㉠ 〕이라는 시어와 사랑하는 사람을 잊기가 쉽지 않음을 나타내는 '영영', 〔 ㉡ 〕 등의 시어를 대비하여 이별의 슬픔을 강조하고 있다.

알맹이 포착

제목의 의미
'선운사'는 전북 고창에 있는 사찰로 동백나무 숲이 유명하다. 겨울을 지나고 붉게 피는 동백꽃은 송이째로 낙화하여 땅에 떨어져서도 그 아름다움을 오랫동안 유지하는 꽃으로 알려져 있다. 화자는 땅에 떨어진 동백꽃의 붉은 자태가 오래도록 남아 있는 것을 보고, 이별은 낙화처럼 순간이지만 그대에 대한 마음은 오래도록 지울 수 없다는 것을 깨닫는다.

한눈에 보기

힘들게 꽃이 핌	힘들게 사랑이 이루어짐
↕	↕
잠깐 사이에 꽃이 짐	이별하는 것은 순간임
↕	↕
(떨어진 꽃이 오랫동안 자태를 유지함)	이별한 후에 그대를 잊는 것이 어려움

핵심 정리

✔ 갈래: 자유시, 서정시　　　✔ 성격: 서정적, 낭만적, 애상적
✔ 주제: 사랑하는 사람을 잊지 못하는 마음
✔ 해제: 이 시는 꽃이 피고 지는 과정을 사랑의 시작과 이별이라는 인간사에 대응시켜, 이별의 순간은 짧게 지나가지만 사랑하는 사람은 쉽게 잊을 수 없다는 깨달음을 담담한 어조로 노래하고 있다.
✔ 시의 특징과 표현
　① 꽃이 피고 지는 자연 현상과 인간사를 병치하여 시적 의미를 확장함
　② 종결 어미와 시어의 반복을 통해 화자의 정서를 부각함

그 샘 | 함민복

'샘'을 이용하는 집   □ : 구어체 종결 방식을 통해 정감 어린 분위기를 조성함

네 집에서 그 샘으로 가는 길은 한 길이었습니다. 그래서 새벽이면

물 길러 가는 인기척을 들을 수 <u>있었지요.</u> 서로 짠 일도 아닌데 새벽 제

이웃 간의 훈훈한 정을 느낄 수 있게 하는 매개체

일 맑게 고인 물은 네 집이 돌아가며 길어 <u>먹었지요.</u> 순번이 된 집에서

물 길어 간 후에야 똬리▪ 끈 입에 물고 삽짝▪ 들어서시는 어머니나 물지

이웃 간의 배려와 양보

게 진 아버지 모습을 볼 수 <u>있었지요.</u> 집안에 일이 있으면 그 순번이 자

연스럽게 양보되기도 <u>했었구요.</u> 넉넉하지 못한 물로 사람들 마음을 넉

이웃 간의 배려와 양보

넉하게 만들던 그 샘가 미나리꽝▪에서는 미나리가 푸르고 앙금▪ 내리

양보의 미덕을 발휘함으로써 훈훈한 정을 느끼게 했던

는 감자는 잘도 썩어 구린내 훅 <u>풍겼지요.</u>

이웃 간의 넉넉한 인심과 정을 시각적 이미지와 후각적 이미지로 표현

- ▪ 똬리: 짐을 머리에 일 때 머리에 받치는 고리 모양의 물건. 짚이나 천을 틀어서 만듦
- ▪ 삽짝: '사립문'의 방언
- ▪ 미나리꽝: 미나리를 심는 논. 땅이 걸고 물이 많이 괴는 곳이 좋음
- ▪ 앙금: 녹말 따위의 아주 잘고 부드러운 가루가 물에 가라앉아 생긴 층

출제 포인트

- • '샘'의 의미와 기능
- • 구어체 종결 방식의 효과

필수 문제

01 화자 파악하기

- • 화자: 어린 시절을 회상하는 이
- • 상황: 서로를 (　　　)하며 샘을 사용하던 시절을 회상함
- • 정서·태도: 회상, 그리움

02 〈보기〉의 (　　) 안에 들어갈 알맞은 말을 쓰시오.

〈보기〉
이 시는 '똬리, 삽짝' 등의 (　　　)인 시어와 '-지요, -구요' 등의 (　　　)체 종결 방식을 통해 고향 마을의 정감 어린 분위기를 부각하고 있다.

03 이 시의 마지막 부분과 〈보기〉에 공통적으로 쓰인 감각적 이미지를 쓰시오.

〈보기〉
어마씨 그리운 솜씨에 향그러운 꽃지짐   – 김상옥, 〈사향〉

알맹이 포착

이 시의 구성

1, 2문장(네 집에서 ~ 들을 수 있었지요)	하나의 샘을 같이 길어 먹는 공동체적 삶의 모습
3~5문장(서로 짠 일도 ~ 양보되기도 했었구요.)	이웃 간의 배려와 양보, 훈훈한 인심과 정
6문장(넉넉하지 못한 ~ 구린내 훅 풍겼지요.)	마을 사람들의 넉넉한 정, 전통적인 공동체 생활의 미덕

핵심 정리

- ♥ 갈래: 산문시, 서정시   ♥ 성격: 회상적, 향토적, 전통적
- ♥ 주제: 샘을 통해 느낄 수 있었던 이웃 간의 훈훈한 정과 인심
- ♥ 해제: 이 시는 네 집이 돌아가면서 길어 쓰던 어린 시절 고향의 '샘'에 대한 회상을 통해, 이웃 간의 넉넉한 인심과 정을 떠올리고 있는 작품이다.
- ♥ 시의 특징과 표현
  - ① 향토적인 시어들을 사용하여 시골 마을의 훈훈한 인정을 드러냄
  - ② '-지요, -구요'와 같은 구어체 종결 방식을 통해 정감 어린 분위기를 조성함

긍정적인 밥 | 함민복

시(詩) 한 편에 삼만 원이면
　　　시의 금전적 값어치(원고료)
너무 박하다 싶다가도

쌀이 두 말인데 생각하면　　　○: 가난한 이웃에게 힘과 위로가 되는 존재
금방 마음이 따뜻한 밥이 되네.
　가난한 사람들에게 힘이 되는 소중한 존재
　'쌀 두 말' 처럼 사람들에게 힘과 위로가 되는 시를 쓰고 싶은 소망

▶ 1연: 시 한 편의 값과 쌀
　　두 말의 비교

시집의 경제적 가치
시집 한 권에 삼천 원이면
　　　값이 싸다
든 공에 비해 헐하다 싶다가도
시를 쓰기 위해 들인 노력
국밥이 한 그릇인데
　춥고 배고픈 사람들을 달래 주는 존재
『내 시집이 국밥 한 그릇만큼

사람들 가슴을 따뜻하게 덥혀 줄 수 있을까

생각하면 아직 멀기만 하네.』
「 」: '국밥 한 그릇' 처럼 사람들에게 따뜻한 감동을 주는
　　시를 쓰고 싶은 소망 – 화자의 겸손함

▶ 2연: 시집 한 권의 값과
　　국밥 한 그릇의 비교

시집이 한 권 팔리면
내게 삼백 원이 돌아온다.
　　　시인에게 돌아가는 물질적 대가(인세)
박리다 싶다가도
적은 이익
굵은 소금이 한 됫박인데 생각하면
　　　부패를 막는 소중한 정신적 가치
푸른 바다처럼 상할 마음 하나 없네.
　　① 언짢을
　　② 변질되거나 부패할

▶ 3연: 시집 한 권의 인세와
　　굵은 소금 한 됫박의 비교

출제 포인트

- '쌀이 두 말', '국밥이 한 그릇', '소금이 한 됫박'의 의미
- 화자가 추구하는 삶의 자세

필수 문제

01 화자 파악하기
- 화자: '나' (시인)
- 상황: 시의 값을 쌀, (　　　),
　소금의 값에 비교하며 사람들
　의 마음에 위로가 되는 시를
　쓰고자 함
- 정서·태도: 소망, 긍정적

02 이 시의 표현 중 성격이 이
질적인 것은?
① 쌀이 두 말
② 따뜻한 밥
③ 국밥 한 그릇
④ 소금이 한 됫박
⑤ 상할 마음

03 이 시에서 '따뜻한 밥'이 의
미하는 바를 15자 내외로 쓰시오.

핵심 정리

- **갈래**: 자유시, 서정시　　　- **성격**: 점층적, 비유적
- **주제**: 어려움 속에서도 긍정적인 태도로 삶을 살고자 하는 소망
- **해설**: 이 시는 가난한 이웃들에게 힘과 위로가 될 수 있는 '시'를 쓰고 싶다는 시인의 소망을 노래한 작품으로, 세상
　을 보는 화자의 따뜻한 시선이 드러나 있다.
- **시의 특징과 표현**
　① 의미상 대구를 이루는 소재들을 나란히 두어 화자가 지향하는 바를 표현함
　② 시적 대상이 '시 한 편의 원고료 → 시집 한 권 값 → 시집 한 권의 인세'로 차례로 옮겨 가며 시상이 전개됨

모든 경계에는 꽃이 핀다 | 함민복

달빛과 그림자의 경계로 서서
달빛과 달빛이 만든 그림자의 경계에 위치한 '나'
담장을 보았다
집 안과 밖의 경계, 벽
집 안과 밖의 경계인 담장에

화분이 있고 ─ '화자, 담장, 국화' (경계에 놓인 존재들)

꽃의 전생과 내생 사이에 국화가 피었다
현생, 꽃이 피어있는 시간(경계)

▶ 1연: 경계에 놓인 존재들을 바라봄

저 꽃은 왜 흙의 공중섬에 피어 있을까
살아있는 모든 것   담장

▶ 2연: 담장에 꽃이 핀 이유가 궁금함

『해안가 철책에 ■초병의 귀로 매달린 돌처럼
　　　　　　　　초병의 귀가 되는
도둑의 침입을 경보하기 위한 장치인가
안과 밖의 단절차단, 경계 짓기)을 위한 장벽
내 것과 내 것 아님의 경계를 나눈 자가
내 것인 집과 내 것이 아닌 밖을 확실하게 나누는 집주인
행인들에게 시위하는 완곡한 깃발인가』
안쪽을 넘보지 말라는 시위용 도구
『집의 안과 밖이 꽃의 향기를 ■흠향하려
건배하는 순간인가』
꽃 담장으로 안과 밖이 하나가 되는 순간

「 」: 안과 밖을 가르는 부정적 도구로서의 담장의 국화 화분(경보 장치, 시위용 도구)

「 」: 안과 밖을 하나가 되게 하는 긍정적 도구로서의 담장의 국화 화분(경계의 의미 상실)

▶ 3연: 담장에 핀 꽃의 의미를 생각해 봄

순수, 순결의 결정체
눈물이 메말라
순수함이 메말라 버린 삶
달빛과 그림자의 경계로 서지 못하는 날
안과 밖, 전생과 내생을 하나로 이어주는 경계
꽃철책이 시들고
꽃 담장, 아름다운 경계, 안과 밖을 통합하는 장치
나와 세계의 모든 경계가 무너지리라
긍정의 경계, '나'와 세계를 하나가 되게 하는 경계

▶ 4연: '나'와 세계를 하나가 되게 하는 경계의 중요성

■ 초병: 적의 움직임을 살피고 경계 구역을 지키는 병사
■ 흠향하다: (천지의 신령이) 제물을 받아서 그 기운을 먹다.

출제 포인트

- 담장의 부정적 기능
- 시구의 의미 이해

필수 문제

01 화자 파악하기
- 화자: '나' (경계에 위치하여 담장의 화분을 보는 이)
- 상황: 나누고 단절하고 차단하는 '(　　　)'가 아닌, 통합하고 하나가 되게 하는 '경계'를 바람
- 정서·태도: 의문, 관찰, 깨달음

02 이 시에서 부정적 도구로서의 담장의 화분을 의미하는 구절을 3연에서 찾아 5어절, 4어절로 각각 쓰시오.

03 이 시에서 긍정적인 기능으로서의 경계를 의미하는 두 개의 구절을 4연에서 찾아 쓰시오.

핵심 정리

- ♥ 갈래: 자유시, 서정시　　♥ 성격: 관찰적, 사색적
- ♥ 주제: 단절이 아닌 통합을 이루게 하는 '경계'의 중요성
- ♥ 해제: 이 시에서 '달빛과 그림자'의 경계에 위치한 화자는 담장 위의 화분을 보며 안과 밖, 전생과 내생을 가르는 부정적인 도구로서의 경계가 아닌, 다른 세계를 하나로 통합하는 장치로서의 경계의 중요성을 노래하고 있다.
- ♥ 시의 특징과 표현
  ① 관찰과 질문을 통해 화자가 생각하는 '경계'의 긍정적 의미를 드러냄
  ② 부정적 장치로서의 경계와 긍정적 기능으로서의 경계의 모습을 제시함

447 사과를 먹으며 | 함민복

사과를 먹는다
일상적인 경험을 통해 삶의 원리를 성찰함
사과나무의 일부를 먹는다 ▶ 1~2행: 사과를 먹음

『사과 꽃에 눈부시던 햇살을 먹는다 ☐: 사과가 열리기까지 함께한 자연물
봄
사과를 더 푸르게 하던 장맛비를 먹는다
여름
사과를 흔들던 소슬바람을 먹는다
가을
사과나무를 감싸던 눈송이를 먹는다』 『 』: 계절의 순환을 거쳐 사과가 열림
겨울
『사과 위를 지나던 벌레의 기억을 먹는다

사과나무에서 울던 새소리를 먹는다

사과나무 잎새를 먹는다』 ▶ 3~9행: 사과가 열리기까
『 』: 다른 자연물들의 도움을 받아 사과가 열림 지 함께한 자연물

사과를 가꾼 사람의 땀방울을 먹는다 ◯: 사과가 열리기까지의 인간의 노력
인간의 노동
사과를 연구한 식물학자의 지식을 먹는다
인간의 탐구
사과나무 집 딸이 바라보던 하늘을 먹는다 ▶ 10~12행: 사과가 열리기
농민의 꿈과 희망 까지의 인간의 노력
사과의 수액을 공급하던 사과나무 가지를 먹는다 △: 사과나무를 구성하는 요소

사과나무의 세월, 사과나무 나이테를 먹는다

사과를 지탱해 온 사과나무 뿌리를 먹는다

사과의 씨앗을 먹는다 / 사과나무 자양분 흙을 먹는다

사과나무의 흙을 붙잡고 있는 지구의 중력을 먹는다

사과나무가 존재할 수 있게 한 우주를 먹는다 ▶ 13~19행: 자연의 순환
화자의 사색의 범위가 점차 확대됨 과정을 통해 열리는 사과

　흙으로 빚어진 사과를 먹는다
생명의 순환 원리 인식(죽음 → 흙 → 사과)
　흙으로 멀리 도망쳐 보려다 – 들여쓰기를 통해 낯설게 시행을 배치하여
시적 긴장감을 조성함
　흙으로 돌아가고 마는

사과를 먹는다 / 사과가 나를 먹는다 ▶ 20~24행: 생명의 순환
생명의 순환 원리에 대한 역설적 인식 원리에 대한 역설적 인식
– 세상의 모든 존재는 서로 연결되어 있음

출제 포인트
- 사과를 먹는 경험을 통해 얻은 깨달음
- 역설적 표현에 담긴 의미

필수 문제

01 화자 파악하기
- 화자: 사과를 먹는 이
- 상황: (　　　) 먹는 행위에 담긴 의미를 생각함
- 정서·태도: 사색, 깨달음

02 이 시에서 사과가 열리기까지의 인간의 노력을 의미하는 시구 3개를 찾아 쓰시오.

03 이 시에서 역설적 표현을 통해 생명의 순환 원리에 대한 깨달음을 드러내고 있는 시행을 찾아 쓰시오.

핵심 정리

- ▽ 갈래: 자유시, 서정시　▽ 성격: 사색적, 철학적
- ▽ 주제: 사과를 먹는 경험을 통해 깨달은 생명 순환의 원리
- ▽ 해제: 이 시는 사과를 먹는 일상적인 경험을 삶의 깨달음으로 연결시키고 있는 작품이다. 화자는 사과를 먹는 것은 사과와 관계된 수많은 자연 현상과 사람들의 노력까지도 먹는 일이라는 생각을 통해, 세상의 모든 것은 연결되어 있으며 생명은 순환한다는 깨달음을 얻고 있다.
- ▽ 시의 특징과 표현
  ① 일상적인 경험에서 얻은 삶의 깨달음을 드러냄
  ② 비슷한 문장 구조의 반복을 통해 운율을 형성하고 의미를 강조함

글로벌 블루스 2009 | 허수경

『울릉도산 취나물 북해산 조갯살 중국산 들기름
「 」: 다국적 요리 재료와 도구들 – 재외 국민인 화자의 처지를 알 수 있음
타이산 피시소스 알프스에서 온 소금 스페인산 마늘 이태리산 쌀

가스는 러시아에서 오고

취나물 레시피는 모 요리 블로거의 것

독일 냄비에다 독일 밭에서 자란 유채기름을 두르고」

완벽한 글로벌의 블루스*를 준비한다   ▶ 1~3연: 다국적 재료와 도구로
외국 생활의 외로움과 고향에 대한 그리움을 달래기 위한 준비   글로벌한 요리를 준비함
→ 서글픔을 유발함

글로벌의 밭에서 바다에서 강에서 산에서 온 것들과
1~3연에 제시된 요리 재료와 도구들
취나물 볶아서 잘 차려 두고 완벽한 고향을 건설한다
재외 국민인 화자가 만들어 낸 새로운 고향 – 반어적 표현

고향을 건설하는 인간의 가장 완벽한 내면을 건설한다

완벽한 내면은 글로벌의 위장으로 내려간다 ▶ 4, 5연: 다국적 재료의 요리로
자신만의 완벽한 고향을 건설함

여기에다 외계의 별 한잔이면 글로벌의 블루스는 시작된다
외국 생활의 비애가 내포된 소재 – 화자가 건설할 '완벽한 고향'의 한계
고향의 입구는 비행장 고향의 신분증은 패스포트

오 년에 한 번 본에 있는 영사관으로 가서 패스포트를 갱신하는
독일에 있는 도시

선택이었다 자발적인 유배였으며 자유롭고 우울한
자발적 선택이었지만 유배와 다를 것 없는 외국 생활
선택의 블루스가 흐르는 세계의 중심부에서 변방까지

불선택의 블루스가 흐르는 삶과 죽음까지 ▶ 6~8연: 어쩔 수 없이 선택한 외
국 생활의 서글픔

글로벌이라는 새 고향, 블루스를 울어야 하는 것이다

이 가난의 고향에는 우주도 없고 이 가난의 고향에는
= 글로벌이라는 새 고향
지구에 사는 인간의 말을 해독하고 싶은 외계도 없다
사람과 사람 사이의 소통이 부재함
▶ 9, 10연: 자신이 건설하려 하는
고향의 한계에 대한 비애

출제 포인트

- '글로벌 블루스'의 의미
- 시상 전개에 따른 '고향'의 의미 변화

필수 문제

01 화자 파악하기
- 화자: 외국 생활을 하며 향수를 느끼는 이
- 상황: 다국적 재료로 (   )를 하며 자기만의 새로운 고향을 만들려 하지만, 그렇게 할 수 없음을 느낌
- 정서·태도: 비애, 서글픔

02 이 시에 나타난 핵심 시어의 의미를 다음과 같이 정리할 때, ㉠과 ㉡에 들어갈 알맞은 말을 쓰시오.

완벽한 고향	글로벌한 재료의 요리를 통해 화자가 마음속으로 만들어 낸 (㉠) 고향을 의미
가난의 고향	완벽한 고향은 사실 블루스의 슬픈 곡조처럼 (㉡)이 더해진 고향이라는 의미

03 마지막 연에서 '별 한잔'을 마시는 행위에 담긴 화자의 의도로 적절한 것은?
① 쓸쓸한 자기 위로
② 현실 극복의 의지
③ 생활의 여유와 낭만
④ 바람직한 삶의 태도 성찰
⑤ 타향살이의 모순에 대한 직시

다만 블루스가 흐르는 인공위성의 심장을 가진
　　　　　　　　　　　인터넷이라는 네트워크로만 소통되는 상황
바람만이 있다 별 한잔만이 글로벌의 위장 안에서 진다
　　술 한잔으로 자신의 처지를 위로하려 함　　　▶ 11연: 화자의 쓸쓸한 자기 위로

■ 블루스: 두 박자 또는 네 박자의 애조를 띤 악곡. 또는 느린 곡조에 맞추어 추는 춤의
　하나

'완벽한 고향'과 '가난의 고향'의 의미

화자는 고향에 대한 그리움을 달래기 위해 다국적 재료와 조리 도구를 활용하여 우리나라의 음식인 취나물을 만든다. 이는 외국 생활을 하는 화자의 입장에서 자기만의 새로운 '완벽한 고향'을 만드는 과정이기도 하다. 화자는 이렇게 만들어진 '완벽한 고향'을 '글로벌이라는 새 고향'이라고 부른다. 그러나 유배나 다름없는 외국 생활을 하는 화자에게 이 새로운 고향은 '블루스'라는 슬픈 곡조의 음악이 흐르는 고향일 뿐이다. 그렇기 때문에 '완벽한 고향'이 아니라 '가난의 고향'일 수밖에 없다. 결국 화자는 '별 한잔'으로 서글픔을 달래며 시를 마무리하고 있다.

한눈에 보기

외국 생활을 하는 화자	→	다국적 재료와 도구를 활용해 요리를 함	→	'완벽한 고향'을 건설하려 함	→	'가난의 고향'에 불과함 → 글로벌 블루스의 비애	→	별 한잔으로 스스로를 위로함

핵심 정리

▽ **갈래**: 자유시, 서정시　　　　▽ **성격**: 고백적, 애상적
▽ **주제**: 외국 생활에서 느끼는 서글픔과 고향에 대한 그리움
▽ **해제**: 이 시는 독일로 이주해 살고 있는 한국인 시인이 타국에서 겪은 정서를 노래하고 있는 작품이다. 화자는 글로벌한 요리로 자신만의 새로운 고향을 건설하려 하지만, 유배나 다름없는 외국 생활에서 고향의 따뜻함을 느끼지 못한 채 서글퍼하고 있다.
▽ **시의 특징과 표현**
　① 외국 생활을 하는 시인이 한국어로 쓴 작품임
　② 요리를 만든다는 독특한 시적 상황을 설정하여 화자의 처지와 정서를 드러냄

449 혼자 가는 먼 집 | 허수경

당신……, 당신이라는 말 참 좋지요, 그래서 불러봅니다 <u>킥킥</u>거리며
<small>사랑의 대상</small> <small>울음을 참으면서 내는 웃음소리</small>
한때 적요로움의 울음이 있었던 때, 『한 슬픔이 문을 닫으면 또 한 슬픔
<small>혼자서 조용하고 쓸쓸하게 우는 울음</small> <small>『 』: 연이은 고통, 거듭된 슬픔(감정의 시각화)</small>
이 문을 여는 것을 이만큼 살아옴의 상처에 기대, 나 킥킥……』당신을
<small>고통을 견디고 극복하면서 살아온 힘</small> <small>▶ 1연: 살아옴의 상처에 기대 당신을 불러봄</small>
부릅니다 단풍의 손바닥, 은행의 두 갈래 그리고 합침 저 개망초의 시
<small>'당신'과 만나 사랑을 이룩함</small> <small>이별의 시름</small>
름, 밟힌 풀의 흙으로 돌아감 당신……』킥킥거리며 세월에 대해 혹은
<small>▶ 2연: '당신'과 이별함</small> <small>당신과의 사랑과 이별 후의 상처</small>
사랑과 상처, 상처의 몸이 나에게 기대와 저를 부빌 때 당신……, 그대
<small>'상처'와의 합일(관념의 시각화), '화자'와 '당신'의 합일</small>
라는 자연의 달과 별……, 킥킥거리며 당신이라고……』금방 울 것 같
<small>합일의 상황에서 당신의 여성성(달, 별)을 봄</small> <small>▶ 3연: 이별의 상처와 합일됨</small>
은 사내의 아름다움 그 아름다움에 기대 마음의 무덤에 나 벌초하러(진
<small>화자가 모성의 감정으로 바라본 '당신' 모습</small> <small>이별의 상처를 억지로 견디는 마음</small>
설 음식도 없이 맨 술 한 병 차고 병자처럼,) 그러나 ■치병과 ■환후는 각
<small>'당신이라는 말 참 좋지요'와 연결됨</small> <small>당신을 끝내 버릴 수 없음을 인식함</small>
각 따로인 것을 킥킥 당신 이쁜 당신……』당신이라는 말 참 좋지요, 내
<small>▶ 4연: 나에겐 여전히 '이쁜 당신'</small>
가 아니라서 끝내 버릴 수 없는, 무를 수도 없는 ■참혹……, 그러나 킥
<small>'이쁜 당신'과 대비됨, 버릴 수도 없고</small>
킥 당신』
<small>무를 수도 없는 사랑의 대상</small>
<small>▶ 5연: '이쁜' 그러나 '참혹' 같은 '당신'</small>

■ 치병: 병을 고침
■ 환후: 어른의 병을 높여 이르는 말
■ 참혹: 비참하고 끔찍함

출제 포인트
• 시어의 상징적 의미
• 시구의 의미 이해

필수 문제
01 화자 파악하기
• 화자: '나' (이별을 한 이)
• 상황: (   ) 후에 당신에 대한 깊은 사랑을 깨달음
• 정서·태도: 슬픔, 사랑, 깨달음

02 이 시에서 '실연의 슬픔과 당신에 대한 사랑'이라는 화자의 이중적 감정이 담긴 시어를 찾아 쓰시오.

03 이 시에서 당신과의 사랑의 과정에서 경험한 연이은 고통을 의미하는 구절을 찾아 10어절로 쓰시오.

알맹이 포착
부사 '킥킥'의 반복과 시적 분위기의 이해
이 시의 중간 중간에 '킥킥'이 반복적으로 제시되는데 부사 '킥킥'의 사전적 의미는 '나오려는 웃음을 참지 못하여 자꾸 터져 나오는 웃음소리를 나타내는 말'이다. 화자에게 당신은 이별의 슬픔과 상처를 준 대상이기도 하지만 결국은 '내가 아니라서 끝내 버릴 수 없는, 무를 수도 없는 참혹'과 같은 존재이다. 이것을 깨달은 화자는 '당신'에 대한 복잡한 감정을 담아 '킥킥'이라는 웃음을 웃고 있다.

한눈에 보기

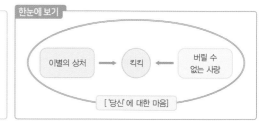

이별의 상처 → 킥킥 ← 버릴 수 없는 사랑

['당신'에 대한 마음]

핵심 정리
▾ **갈래**: 자유시, 서정시 ▾ **성격**: 고백적
▾ **주제**: 이별의 고통과 '당신'에 대한 사랑의 깨달음
▾ **해제**: 이 시의 화자는 실연의 슬픔이 상처로 남는 과정을 통해 '버릴 수도, 무를 수도 없는' 당신에 대한 '참혹'한 사랑의 감정을 노래하고 있다. 의식의 흐름에 따른 시상 전개와 문장의 도치에 의한 내용의 모호함이 감상의 즐거움을 더하게 한다.
▾ **시의 특징과 표현**
  ① 말줄임표와 쉼표, 의성어 '킥킥'의 반복과 마침표의 배제로 시적 분위기를 조성함
  ② 쉼표와 말줄임표를 통해 산문시임에도 독특한 리듬감이 느껴짐

<small>현대시의 모든 것</small>

450 강 | 황인숙

『당신이 얼마나 외로운지, 얼마나 괴로운지
「 」: 삶의 괴로움으로 인한 고통
미쳐 버리고 싶은지 미쳐지지 않는지』
　　　　마음에 있는 것을 죄다 드러내어서 말함
나한테 토로하지 마라
감정의 전가에 대한 거부
심장의 벌레에 대해 옷장의 나비에 대해 　　　△: 일상의 고민거리들

찬장의 거미줄에 대해 터지는 복장에 대해

나한테 침도 피도 튀기지 말라
감정의 토로에 대한 거부
인생의 어깃장에 대해 저미는 애간장에 대해
인생의 장애물
빠개질 것 같은 머리에 대해 치사함에 대해

웃겼고, 웃기고, 웃길 몰골에 대해
과거, 현재, 미래의 못마땅한 자신의 모습
차라리 강에 가서 말하라
　　　자신을 돌이켜 보는 장소
『당신이 직접
「 」: 스스로 감정을 곱씹으라는 의미(강한 권고의 어조)
강에 가서 말하란 말이다.』

▶ 1연: 삶의 고통을 타인에게 토로하지 말고 스스로 직시할 것을 권고함

강가에서는 우리

눈도 마주치지 말자.
존재의 필연적 고독을 인정하라는 의미

▶ 2연: 인간 존재의 필연적 고독을 인정하라고 권고함

출제 포인트

• 배경의 함축적 의미
• 시행의 의미와 화자의 태도

필수 문제

01 화자 파악하기
• 화자: '나 (삶에 대해 충고하는 이)
• 상황: (　　　)을 타인에게 토로할 것이 아니라 스스로 감내할 것을 권고함
• 정서·태도: 권고, 명령

02 이 시에서 자신의 삶과 그로 인한 고통을 직시하는 내면 성찰의 공간을 의미하는 시어를 찾아 1음절로 쓰시오.

03 이 시에서 홀로 강을 보며 스스로의 감정을 확인하고 자신의 감정을 돌이켜 보기를 명령하고 있는 부분 2행을 찾아 쓰시오.

핵심 정리

▾ 갈래: 자유시, 서정시　　▾ 성격: 권고적, 직설적
▾ 주제: 인생의 고통을 스스로 감당할 것에 대한 권고
▾ 해제: 이 시의 화자는 살아가면서 느끼는 고통, 번뇌, 갈등 등의 고민거리들에 스스로 직면하여 헤쳐 나가라고 강하게 권고하고 있다. 결국 의례적인 위로를 받으려 하기보다 자신에게 주어진 고통은 스스로 걸머져야 한다는 화자의 깨달음이 명령의 어조 속에 강하게 배어 있다.
▾ 시의 특징과 표현
① 동일한 메시지를 반복하면서 주제를 점층적으로 드러냄
② 살면서 느끼는 감정들을 독특한 은유로 열거하여 다채롭게 표현함
③ 인생관에 대한 냉철한 인식을 유도하는 화자의 태도가 나타남

451 나는 고양이로 태어나리라 | 황인숙

이다음에 나는 고양이로 태어나리라.
<small>새로운 삶에 대한 지향을 고양이의 모습을 통해 표현함</small>
윤기 잘잘 흐르는 까망 얼룩 고양이로
<small>고양이의 모습을 시각화하여 제시 – 생동감 넘치는 건강한 이미지</small>
태어나리라.　　□□ : 음성 상징어를 사용하여 생동감을 느끼게 함

사뿐사뿐 뛸 때면 커다란 까치 같고
<small>경쾌함 – 까망 얼룩 고양이와 까치의 유사성</small>
공처럼 둥굴릴 줄도 아는

작은 고양이로 태어나리라.

『나는 툇마루에서 졸지 않으리라.
<small>고양이로 다시 태어난 화자</small>
사기그릇의 우유도 핥지 않으리라.』
<small>『 』: 일반적인 고양이의 생태적 특징을 부정함 – 무기력하고 수동적인 삶에 대한 부정</small>
가시덤불 속을 누벼 누벼
<small>적극적이고 능동적인 태도</small>
너른 벌판으로 나가리라.
<small>화자가 지향하는 자유롭고 이상적인 공간</small>
거기서 들쥐와 뛰어놀리라.
<small>천적 관계를 친교의 대상으로 그림 – 주어진 틀에서 벗어나려는 의지 ①</small>
배가 고프면 살금살금

참새 떼를 덮치리라.

그들은 놀라 후다닥 달아나겠지.

아하하하

폴짝폴짝 뒤따르리라.

『꼬마 참새는 잡지 않으리라.
<small>『 』: 천적 관계를 친교의 대상으로 그림 – 주어진 틀에서 벗어나려는 의지 ②</small>
할딱거리는 고놈을 앞발로 톡 건드려

놀래 주기만 하리라.』

그리고 곧장 내달아

제일 큰 참새를 잡으리라.　　▶ 1연: 고양이가 되어 자유롭게
　　　　　　　　　　　　　　　살아가는 삶에 대한 상상

이윽고 해는 기울어
<small>시간의 경과</small>
바람은 스산해지겠지.

들쥐도 참새도 가 버리고

어두운 벌판에 홀로 남겠지.

나는 돌아가지 않으리라.
<small>일상적이고 틀에 박힌 삶에 대한 거부</small>
어둠을 핥으며 낟가리*를 찾으리라.

그 속은 아늑하고 짚단 냄새 훈훈하겠지.

필수 문제

01 화자 파악하기
• 화자: '나'(고양이로 태어나려는 이)
• 상황: 고양이로 다시 태어나려는 (　　　)에 나가 자유롭게 살아가겠다고 다짐함
• 정서·태도: 다짐, 의지적

02 이 시에서 화자가 지향하는 새로운 삶의 공간을 의미하는 시구 2가지를 찾아 각각 2어절로 쓰시오.

03 이 시에서 '-지 않으리라'의 반복을 통해 화자가 강조하고자 하는 바를 간단하게 쓰시오.

[홀쩍] 뛰어올라 깊이 웅크리리라.

『내 잠자리는 달빛을 받아
「 」: 순수하고 밝은 이미지를 통해 자유롭고 고결한 삶의 지향을 드러냄

은은히 빛나겠지.』

혹은 거센 바람과 함께 찬비가
　　　　　자유롭고 고결한 삶을 위협하는 것들
빈 벌판을 쏘다닐지도 모르지.

그래도 난 털끝 하나 적시지 않을걸.
　　　　　　의지적 삶의 태도
나는 꿈을 꾸리라.
　　　화자의 지향점, 이상
『놓친 참새를 쫓아
「 」: 굴레에서 벗어난 자유로운 삶의 추구
밝은 들판을 내닫는 꿈을.』
= 1연의 '너른 벌판'

▶ 2연: 자유롭고 고결한 삶에 대한 다짐

▪ 낱가리: 나무, 풀, 짚 따위를 쌓은 더미

'고양이'의 의미

이 시에서 '고양이'는 화자가 지향하는 삶을 대변하고 있다. 일반적으로 고양이는 쥐나 새를 잡아먹지만, 이 시에서 쥐나 새는 포식의 대상에서 벗어나 놀이의 대상으로 묘사된다. 이는 현실의 굴레에서 벗어나 자유롭게 살고 싶은 화자의 지향이 투영된 것으로 볼 수 있다. 즉 무기력하고 수동적인 삶, 주어진 틀에 얽매어 사는 삶에서 벗어나 자유롭고 고결하게 살아가고자 하는 화자의 의지가 고양이를 통해 드러나고 있는 것이다.

핵심 정리

- ▽ 갈래: 자유시, 서정시　　　▽ 성격: 상징적, 독백적, 의지적
- ▽ 주제: 무기력하고 수동적인 모습에서 벗어나 자유로운 삶을 살고 싶은 소망
- ▽ 해제: 이 시는 일상적인 삶에서 벗어난 새로운 삶에 대한 지향을 '고양이'의 모습을 통해 드러내고 있다. 화자가 되고 싶어 하는 '고양이'는 집에서 키우는 평범한 고양이와 달리, 쥐나 새를 잡아먹는 일반적인 생태에서 벗어나 너른 벌판에 나가 자유롭게 살아가는 존재이다. 이를 통해 화자는 일상의 굴레에 얽매이지 않고 자유롭고 고결하게 살아가겠다는 의지를 드러내고 있다.
- ▽ 시의 특징과 표현
  ① '고양이'에 의미를 부여하여 화자가 추구하는 삶의 지향을 드러냄
  ② 음성 상징어를 사용하여 대상의 모습을 생동감 있게 그려 냄
  ③ '-리라', '-지 않으리라' 등의 표현을 반복하여 운율을 형성하고 화자의 의지를 부각함

모진 소리를 들으면
누군가에게 상처를 주는 언어, 폭력, 부도덕, 불평등 등
『내 입에서 나온 소리가 아니더라도
「 」: 모진 소리가 자신이 한 것이거나 자신을 향한 것이 아니더라도
내 귀를 겨냥한 소리가 아니더라도』

모진 소리를 들으면

가슴이 쩌엉한다.　　▭: 음성 상징어를 사용해 모진 소리로 인해
　　　　　　　　　　상처 받는 모습을 감각적으로 형상화함
온몸이 쿡쿡 아파 온다

『누군가의 온몸을
「 」: 사람들에게 큰 상처를 주는 모진 소리
가슴속부터 쩡 금 가게 했을

모진 소리』

나와 헤어져

덜컹거리는 지하철에서

고개를 수그리고
'나'의 모진 소리로 인해 상처 받았을 누군가의 모습
내 모진 소리를 자꾸 생각했을
화자의 시선이 자신의 내부로 향함
내 모진 소리에 무수히 정 맞았을
　　　　　　　　상처 받았을
누군가를 생각하면

모진 소리,

늑골에 정을 친다
타인의 아픔에 대한 공감 – 화자의 후회와 반성
쩌어엉 세상에 금이 간다.
모진 소리로 인한 아픔을 공동체 전체로 확대

▶ 1연: 모진 소리는 그 자체로 사람
들에게 상처를 준다는 깨달음

▶ 2연: '나'의 모진 소리에 상처를
받았을 타인의 아픔에 대한 공감

필수 문제

01 화자 파악하기
• 화자: '나' (모진 소리의 아픔
에 대해 생각하는 이)
• 상황: 타인의 모진 소리를 듣
고 자신이 모진 소리를 했던
것을 (　　　)함
• 정서·태도: 성찰, 반성

02 이 시의 시상 전개 과정을
다음과 같이 정리할 때, (　) 안
에 들어갈 알맞은 시어를 찾아 쓰
시오.

1연		2연
타인이 하는 모진 소리를 듣는 화자	→	화자가 하는 모진 소리를 듣는 (　　)

03 [서술형] 이 시에서 '쩌엉,
쩡, 쩌어엉' 등과 같이 의성어를
변형, 반복함으로써 얻을 수 있는
효과를 30자 내외로 서술하시오.

핵심 정리

▼ **갈래**: 자유시, 서정시　　▼ **성격**: 성찰적, 감각적
▼ **주제**: 타인과 사회에 상처를 주는 모진 소리에 대한 반성
▼ **해제**: 이 시는 우리가 일상생활에서 어렵지 않게 들을 수 있는 '모진 소리'의 폐해를 환기하고 있다. 자신을 향한 것
이 아니더라도 모진 소리는 그 자체로 사람들에게 큰 상처를 준다는 것을 깨달은 화자는, 자신의 모진 소리에 상처
를 받았을 누군가를 떠올리며 후회한다. 그리고 이러한 성찰은 모진 소리가 타인뿐 아니라 사회 전체를 아프게 만들
수 있다는 인식으로 확장되고 있다.
▼ **시의 특징과 표현**
　① 외부적 상황에서 내면적 성찰로 화자의 시선이 이동함
　② 개인의 문제에서 사회 전체의 문제로 시상을 확장함
　③ 음성 상징어를 사용해 '모진 소리'가 주는 상처의 깊이를 감각적으로 형상화함

453 봄눈 오는 밤 | 황인숙

길 건너 숲속,

봄눈 맞는 나무들.
화자가 주목하고 있는 대상
마른풀들이 가볍게 눈을 떠받쳐 들어

발치가 하얗다.
사물의 꼬리나 아래쪽이 되는 끝부분

▶ 1연: 봄눈 내리는 풍경을 바라봄

나무들은 눈을 감고 있을 것이다.
나무를 의인화함
너의 예쁜 감은 눈.
중의적 표현 – ① 의인화된 나무의 눈[目] ② 막 터져 돋아나려는 초목의 싹[芽]
『너, 아니?
「 」: 의인화와 어순의 도치를 통해 나무에 대한 화자의 애정을 부각함
네 감은 눈이 얼마나 예쁜지.』

▶ 2연: 나무들이 눈을 감고 있을 것이라고 상상함

『눈송이들이 줄달음쳐 온다.
「 」: ① 나무가 봄눈에 덮이는 모습 ② 봄을 맞아 나무의 '눈[芽]' 이 싹트려고 하는 상황
네 감은 눈에 입 맞추려고.』

나라도 그럴 것이다!
나무의 아름다움과 생명력에 대한 화자의 애정
『오, 네 예쁜, 감은 눈,

에 퍼붓는 봄눈!』
「 」: 감탄사, 쉼표, 의도적 행갈이, 느낌표 등의 활용
– 자연의 아름다움에 대한 경탄

▶ 3연: 나무의 감은 눈에 입 맞추려는 눈의 모습을 상상함

출제 포인트

• 시상 전개 과정의 특징
• '감은 눈' 의 중의적 의미

필수 문제

01 화자 파악하기
• 화자: '나' (봄눈 내리는 풍경을 바라보는 이)
• 상황: 봄눈이 나무의 (   )에 입 맞추려고 줄달음쳐 온다고 상상함
• 정서·태도: 애정, 감탄

02 이 시의 시상 전개 과정을 다음과 같이 정리할 때, (   ) 안에 들어갈 알맞은 말을 쓰시오.

1연		2, 3연
화자가 실제로 본 풍경	→	화자가 ( )한 내용

03 이 시에 쓰인 '감은 눈' 의 중의적 의미를 쓰시오.

알맹이 포착

'봄눈' 의 이미지

화자는 봄밤에 눈을 맞고 서 있는 나무를 보면서, '봄눈' 이 나무의 '감은 눈' 에 입을 맞추려고 줄달음치고 있다고 상상한다. 보통 겨울에 내리는 눈이 나무를 비롯한 식물들에게 시련을 주는 부정적 이미지를 조성한다면, 봄에 내리는 눈은 대지에 생명력을 충만하게 하는 긍정적 이미지를 형성한다. 척박한 겨울이 지나고 봄이 되어 내리는 '봄눈' 은 나무가 싹을 틔울 수 있도록 복돋우는 역할을 하기 때문이다.

핵심 정리

⌄ **갈래**: 자유시, 서정시   ⌄ **성격**: 예찬적, 자연 친화적
⌄ **주제**: 봄눈 내리는 밤의 아름다움
⌄ **해제**: 이 시는 봄눈 내리는 밤에 눈을 맞고 서 있는 나무를 보면서 느낀 화자의 정서를 노래하고 있다. 1연에서는 화자가 바라본 실제 풍경을 묘사하고 있고, 2연과 3연에서는 상상을 통해 나무의 감은 눈에 입 맞추려고 봄눈이 줄달음쳐 온다고 표현하고 있다. 이를 통해 생명력 넘치는 자연의 아름다움과 그에 대한 애정을 드러내고 있다.
⌄ **시의 특징과 표현**
　① 의인화를 통해 생명력 넘치는 봄의 아름다움을 노래함
　② 실제로 본 풍경에서 화자가 상상한 내용으로 시상이 전개됨

새는 하늘을 자유롭게 풀어놓고 | 황인숙

보라, 하늘을.
　　　　새가 자유롭게 비상하는 공간
『아무에게도 엿보이지 않고
「　」: 자유로운 새의 비상이 만들어 내는 하늘의 자유
아무도 엿보지 않는다.』

　　　　　　　　　▶ 1~3행: 자유로운 하늘

새는 코를 막고 솟아오른다.
　　　　주변과의 의도적인 단절
얏호, 함성을 지르며
자유를 만끽하는 새의 환호
자유의 섬뜩한 덫을 끌며
　　　　자신의 행위에 책임을 져야 하는 자유의 위험성
팅! 팅! 팅!
3~5행의 모습 청각화(기쁘게 나는 새의 모습)
『시퍼런 용수철을
갑작스럽게 선회하는 새의 모습을 나타내는 객관적 상관물
튕긴다.』
「　」: 거칠 것 없이 하늘을 나는 새의 모습

　　　　　　　　　▶ 4~6행: 새의 자유로운 비상

　　　　　　　　　▶ 7~9행: 새의 가볍고 폭발적인 비상

출제 포인트

- 공간의 상징적 의미
- 감각적 표현의 효과 이해

필수 문제

01 화자 파악하기
- 화자 : '드러나지 않음' (새의 비상을 바라보는 이)
- 상황: 역동적인 (　　　)의 비상을 바라봄
- 정서·태도: 자유로움, 생명력

02 이 시에서 새가 자유롭게 비상하는 공간을 찾아 쓰시오.

03 이 시에서 약동하는 새의 비상을 청각적 이미지로 형상화한 시행을 찾아 그대로 쓰시오.

알맹이 포착

제목의 의미와 주제 의식

이 시의 작가는 자신이 새가 되어 자유롭게 하늘로 날아가는 모습을 상상하고 있다. 비상하는 새의 경쾌하고 폭발적인 모습을 감각적으로 형상화하는 한편, 새가 하늘을 자유롭게 날아다니는 모습을 새가 하늘을 자유롭게 풀어놓는 것으로 발상을 전도하여 참신한 상상력을 표출하고 있다.

한눈에 보기

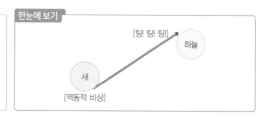

핵심 정리

- **갈래**: 자유시, 서정시　　**성격**: 긍정적, 감각적, 희망적
- **주제**: 자유로운 새의 비상을 통해 꿈꾸는 역동적인 삶
- **해설**: 이 시는 거칠 것 없이 하늘을 날고 있는 새의 모습을 통해 자유롭고 역동적인 삶을 지향하는 화자의 의지를 형상화하고 있다.
- **시의 특징과 표현**
  ① 시각적, 청각적 심상의 시어를 통해 새의 자유로운 모습을 형상화함
  ② 주어가 생략되고 문장 성분이 도치된 시행으로 시작하여 시적 긴장감을 높임

455 슬픔이 나를 깨운다 | 황인숙

낯선 작품

슬픔이 나를 깨운다. / 벌써!
추상적 감정을 구체적 대상으로 형상화함(의인법)
매일 새벽 나를 깨우러 오는 슬픔은

『그 시간이 점점 빨라진다.』 『 』: 감정의 격화, 심화
슬픔에 빠져 있는 시간이 늘어남
슬픔은 분명 과로하고 있다.』
슬픔이 지나치게 커짐
소리 없이 나를 흔들고, 깨어나는 나를 지켜보는 슬픔은

공손히 읍하고 온종일 나를 떠나지 않는다.
인사   화자가 온종일 슬픔에 빠져 있음을 의미함
슬픔은 잠시 나를 그대로 누워 있게 하고

『어제와 그제, 그끄제, 그 전날의 일들을 노래해 준다.』
『 』: 과거의 슬펐던 기억을 환기시킴
『슬픔의 나직하고 쉰 목소리에 나는 울음을 터뜨린다.』
『 』: 과거의 기억에 젖어 슬퍼함
슬픔은 가볍게 한숨지으며 노래를 그친다.

그리고, 오늘은 무엇을 할 것인지 묻는다.
슬픔과 화자가 긴밀한 관계임을 드러냄
모르겠어…… 나는 중얼거린다.   ▶ 1연: '나'의 일상에
                                                      함께하는 슬픔

『슬픔은 나를 일으키고
『 』: 지극히 일상적인 생활의 묘사(일상에 슬픔이 함께함을 나타냄)
창문을 열고 담요를 정리한다.

슬픔은 책을 펼쳐 주고, 전화를 받아 주고, 세숫물을 데워 준다.

그리고 조심스레 / 식사를 하시지 않겠냐고 권한다.』

『나는 슬픔이 해 주는 밥을 먹고 싶지 않다.』
『 』: 슬픔에서 벗어나고 싶은 마음의 표현
내가 외출을 할 때도 따라나서는 슬픔이

어느 결엔가 눈에 띄지 않기도 하지만
슬픔을 잠시 잊음
내 방을 향하여 한 발 한 발 돌아갈 때

『나는 그곳에서 슬픔이
『 』: 슬픔과의 운명적 관계를 인정함
방안 가득히 웅크리고 곱다랗게 기다리고 있음을 안다.』 ▶ 2연: 슬픔과
                                                        '나'의 운명적
                                                        관계를 인정함

출제 포인트

• 화자의 정서와 태도 이해
• 시행의 의미 파악

필수 문제

01 화자 파악하기
• 화자: '나'(슬픔에 젖어 있는 이)
• 상황: 일상이 되어 버린 슬픔과의 (   ) 관계를 인정함
• 정서·태도: 인정, 체념

02 이 시에서 일상이 되어 버린 슬픔에서 벗어나고 싶은 화자의 마음이 구체적으로 표현된 시행을 2연에서 찾아 쓰시오.

03 이 시에서 화자가 일상이 되어 버린 슬픔과의 운명적 관계를 인정하고 있는 부분 2행을 찾아 쓰시오.

핵심 정리

▾ 갈래: 자유시, 서정시   ▾ 성격: 감각적, 체념적
▾ 주제: 슬픔과 함께하는 삶에 대한 인식
▾ 해제: 이 시는 추상적 감정인 '슬픔'이 마치 친구나 가족처럼 일상이 되어 버렸다는 독특한 상상력을 보여 준다. 슬픈 감정을 토로하는 시들이 대개 주체의 감정에 몰입하고 있는 것과는 달리, 이 시는 '슬픔'을 의인화하여 하나의 시적 대상으로 삼음으로써 감정을 대하는 객관적 거리를 확보하고 있다.
▾ 시의 특징과 표현
  ① '슬픔'이라는 추상적 감정을 의인화하여 실감나는 존재로 구체화함
  ② 일상적인 생활의 묘사를 통해 고독한 삶을 감각적으로 표현함

1990년대 이후 현대시의 모든 것

01 노신 p.14

01 노신

02 ⑤ [해설] '하나의 굳세게 살아온 인생'은 예술적 신념과 가난한 현실 사이에서 갈등하던 화자가 고단한 삶 속에서도 굳세게 살았던 '노신'을 떠올리며 고뇌에서 벗어나고자 하는 태도를 드러내고 있는 부분으로 사회 개혁에 대한 의지는 찾아보기 어렵다.

02 데생 p.15

01 황혼

02 들길

03 외로운

03 성호 부근 p.16

01 노을

02 조각난 빙설이 눈부신 빛을 발하다.

03 강물, 노을

04 수철리 p.17

01 눈물

02 밤나무

03 ⑤ [해설] 누이동생의 무덤 위에 내리는 '비', 쌓이는 '눈', 적막한 황혼이면 속삭이는 '별'은 모두 죽음의 적막함과 공허감을 환기하는 소재이다. 화자의 의지와는 관련이 없다.

05 오후의 구도 p.18

01 고독

02 하—얀 기적 소리

03 황혼

06 와사등 p.19

01 도시 문명

02 창백한 묘석, 무성한 잡초

03 ② [해설] 2연의 '늘어선'은 단지 고층 건물이 늘어서 있는 모습을 표현한 것일 뿐. 자아와 세계 사이의 분열에 대한 자아의 반응을 함축하고 있지 않다.

07 외인촌 p.20

01 외인촌

02 고독

03 분수(噴水)처럼 흩어지는 푸른 종소리

08 추일서정 p.21

01 가을날

02 황량함, 고독함

03 선경 후정의 방식으로 가을날[秋日]의 풍경을 묘사한 후 화자의 정서를 노래하고 있다.

09 길 p.22

01 기다림

02 어머니, 첫사랑(계집애)

03 5

10 바다와 나비 p.23

01 나비

02 청(靑)무우밭, 바다

03 ③

04 새로운 세계를 동경하는 순진하고 연약한 존재

11 연륜 p.24

01 열정적

02 섬

03 나도 또한 불꽃처럼 열렬히 살리라

12 유리창 p.25

01 마음

02 유리

03 달빛

13 내 마음은 p.26

01 사랑

02 호수, 촛불, 나그네, 낙엽

03 ⑤

14 수선화 p.27

01 수선화

02 나도 그대를 따라서 눈길을 걸으리.

03 적막한 얼굴

15 파초 p.28

01 동병상련

02 ③ [해설] 이 시에서 화자가 파초의 발등에 물을 부어 주거나, 파초를 자신의 머리맡에 있게 하는 등의 행위는 자신과 같은 처지의 파초를 안쓰러워하는 마음이 나타난 것이다. 파초는 화자에게 모성적 존재라기보다는 돌봐

주어야 할 대상이자 연민의 대상. 자신과 동일시된 존재라고 할 수 있다.

16 국경의 밤 p.29
01 남편
02 불안함(불길함)
03 ①
04 어유(魚油) 등잔

17 눈이 내리느니 p.31
01 민족
02 함박눈이 잘도 내리느니
03 북새

18 산 너머 남촌에는 p.32
01 남촌
02 ③ [해설] 〈1〉과 〈2〉의 3연은 동일한 형태로 반복되어 후렴구와 유사한 기능을 하고 있지만, 〈3〉의 3연은 〈1〉과 〈2〉의 3연과 그 형태가 다르다.

19 남으로 창을 내겠소 p.33
01 동경
02 웃지요
03 ③

20 가는 길 p.34
01 이별
02 까마귀, 강물
03 ② [해설] 2연의 '다시'는 화자가 여전히 떠나지 못하고 망설이고 있음을 나타내는 시어이고, 4연의 '어서'는 행동을 지체 없이 빨리 하기를 재촉하는 표현이다. 따라서 두 시어는 모두 화자가 떠남의 결단을 내린 것을 보여 주는 것으로 볼 수 없다.

21 길 p.35
01 유랑
02 일제 강점하에서 우리 민족이 헤쳐 가야 했던 삶의 길
03 ④ [해설] 갈 곳이 있는 '기러기'는 갈 곳이 없는 화자의 처지와 상반되는 존재로 화자가 부러워하는 대상이다. 화자가 기러기와 떨어져 있는 것은 화자의 정서를 심화하는 것과 관련이 없다.

22 나의 집 p.36
01 큰길

02 나의 집
03 ⑤ [해설] 이 시에서 토속적인 방언을 사용하고 있지는 않다. '멧기슭'의 '메'가 '산'을 예스럽게 이르는 말이기는 하지만 방언은 아니다.

23 먼 후일 p.37
01 가정
02 ②
03 ④ [해설] 화자는 미래인 '먼 훗날'이라는 시간을 설정하고 그 미래에도 잊지 못할 임을 반어적 표현인 '잊었노라'와 결합함으로써 현재의 이별 상황을 인정하고 싶지 않은 마음을 드러내고 있다.

24 못 잊어 p.38
01 잊으려
02 잊힐, 잊히우리다
03 가라시구려

25 바라건대는 우리에게 우리의 보습 대일 땅이 있었더면 p.39
01 희망
02 ③ [해설] '떠돌으라'는 유랑의 삶을 살 수밖에 없는 현실에 대한 화자의 탄식을 드러내는 시어이다.

26 삭주 구성 p.40
01 삭주 구성
02 새, 구름
03 7·5, 3

27 산 p.41
01 삼수갑산
02 ㉠: 시메 산골, 삼수갑산 ㉡: 영(고개), 눈
03 삼수갑산에 돌아갈 수 없는 화자의 비애를 강조한다.

28 산유화 p.42
01 꽃
02 존재의 소멸
03 작은 새

29 삼수갑산 p.43
01 고향
02 ① [해설] '물도 많고 산 첩첩'은 삼수갑산의 모습을 표현한 것이지, 화자가 떠난 고향의 모습을 표현한 것이 아니다. '물도 많고 산 첩첩'은 고향 가는 길을 가로막는

장애물을 나타낸 것으로, 고향의 아름다움과는 거리가
있다.

30 서도 여운 - 옷과 밥과 자유 p.44

01 새, 논밭, 나귀
02 새, 털, 깃
03 나귀

31 왕십리 p.45

01 이별
02 새(별새), 구름
03 웬걸, 저 새야 / 울랴거든 / 왕십리 건너가서 울
어나다고,

32 접동새 p.46

01 접동새
02 ② [해설] 이 시에는 대체로 평서형 문장이 쓰였을 뿐
명령형 문장을 찾을 수 없다. '누나라고 불러 보랴'에서
'-랴'는 의문형 종결 어미이다.

33 진달래꽃 p.47

01 이별
02 ①
03 ⑤ [해설] 이 시는 종결 어미 '-우리다'의 반복, 규칙적
인 시행 배열, 반어적 표현의 사용, 수미 상관 등의 방법
으로 이별의 정한을 형상화하고 있다. 그러나 청각적 이
미지로 화자의 정서를 생동감 있게 드러낸 부분은 찾을
수 없다.

34 집 생각 p.48

01 바다
02 까투리
03 ③ [해설] '객선'은 화자가 산에 올라 바라보고 있는 대
상이다. 따라서 '객선'은 화자가 그리워하는 대상이 아니
라, 고향에 가고 싶은 마음과 고향에 대한 그리움을 심화
시키는 소재라고 볼 수 있다.

35 초혼 p.49

01 이름
02 돌
03 하늘과 땅 사이가 너무 넓구나.

36 봄은 간다 p.50

01 봄
02 ③

03 종소리 빗긴다

37 오다 가다 p.51

01 인연
02 오다 가다 길에서 / 만난 이, 자다 깨다 꿈에서 /
만난 이, 예전 놀던 그대
03 7·5, 3

38 거문고 p.52

01 울지
02 ②
03 해가 또 한 번 바뀌거늘

39 끝없는 강물이 흐르네 p.53

01 강물
02 ③
03 아름답고 평화로운 내면 세계

40 내 마음을 아실 이 p.54

01 마음
02 향 맑은 옥돌
03 ③

41 독을 차고 p.55

01 저항
02 ② [해설] 〈보기〉의 화자는 '소나무'를 통해 자신의 굳은
지조를 표현하고 있다. 따라서 현실에 타협하는 이 시의
'벗'에게 시류에 영합하지 말고 소신을 지키는 가치 있는
삶을 살라고 충고할 수 있을 것이다.

42 돌담에 속삭이는 햇발 p.56

01 하늘
02 ③
03 하늘

43 모란이 피기까지는 p.57

01 모란
02 ③ [해설] 9행의 '다'는 모란이 저버린 것에 대한 화자의
덧없음을 표현한 것이다.

44 북 p.58

01 북
02 가죽

03 인생이 가을같이 익어 가오.

45 연 2 p.59
01 연
02 보람
03 병의 실마리

46 오매, 단풍 들겄네 p.60
01 가을
02 단풍, (붉은) 감잎
03 방언의 사용으로 토속적 정서를 유발하고, 반복을 통해 음악성을 형성한다.

47 오월 p.61
01 오월
02 보리, 산봉우리
03 꾀꼬리

48 남사당 p.62
01 애환
02 은반지를 사 주고 싶은 / 고운 처녀도 있었건만
03 집시의 피

49 푸른 오월 p.63
01 오월
02 푸른빛(청색)
03 외롭구나, 향수

50 떠나가는 배 p.64
01 고향
02 정착지(목적지)
03 화자의 의지를 강조하거나 망설임을 효과적으로 표현할 수 있다.

51 이대로 가랴마는 p.65
01 이별
02 꽃잎, 구름쪽
03 이대로 간단들 못 간다 하랴마는

52 고향 p.66
01 의원
02 의원
03 '아무개 씨'를 알고 있음

04 고향의 따뜻함

53 국수 p.67
01 국수
02 ②
03 ⑤

54 나와 나타샤와 흰 당나귀 p.69
01 산골
02 ⑤ [해설] 이 시에 '나타샤'가 '나'를 사랑하는 상황은 나타나 있지 않다. 따라서 '나타샤'의 아름다운 이미지가 반전되고 있다고 볼 수 없다.

55 남신의주 유동 박시봉방 p.70
01 의지
02 발신인의 주소
03 현실 극복의 의지, 희망
04 ④ [해설] 20~23행의 '더 크고, 높은 것이 있어서, 나를 마음대로 굴려 가는 것'을 통해 화자가 운명론적 세계관에 빠져 있음을 알 수 있다. 따라서 '방'을 운명론에서 벗어나 타인에 대한 책임감을 느끼는 공간이라고 이해하는 것은 적절하지 않다.

56 동뇨부 p.72
01 오줌
02 미각적 이미지
03 내가 아직 굳은 밥을 모르던 때 살갗 퍼런 막내고무가 잘도 받어 세수를 하였다

57 모닥불 p.73
01 모닥불
02 ㉠: 사소하고 보잘것없는 존재들, ㉡: 모두 모닥불을 쬐는 평등한 존재

58 목구 p.74
01 목구
02 힘세고 꿋꿋하나 어질고 정 많은 호랑이 같은 곰 같은 소 같은 피
03 다 찌그러진 들지고방 어득시근한 구석

59 박각시 오는 저녁 p.75
01 자연
02 붕붕, 울어댄다

03 이리하여, 된다

60 북방에서 p.76
01 역사
02 일제 강점기
03 '먼 과거 – 과거 – 현재'의 시간의 흐름에 따라 시상을 전개하고 있다.

61 선우사 - 함주시초 4 p.78
01 저녁
02 ④ [해설] 5연에서 화자는 '않다', '없다'라는 부정적 표현을 활용하여 '우리들'이 함께 있으면 서럽지 않고 외롭지 않고 부럽지도 않다는 만족감을 단정적인 어조로 드러내고 있다. 따라서 이러한 부정적 표현이 이상과 현실의 괴리를 나타내고 있는 것은 아니다.

62 수라 p.79
01 거미
02 ㉠: 서러움, ㉡: 가슴이 메이는 듯함
03 일제 강점하에서 가족 공동체가 붕괴된 우리 민족의 비극적 상황을 드러내기 위해서

63 여승 p.80
01 여승
02 2연 → 3연 → 4연 → 1연
03 산꿩

64 여우난골족 p.81
01 명절
02 ④
03 가족 공동체 간의 유대감
04 시간의 흐름에 따른 전개

65 팔원 - 서행시초 3 p.83
01 고달픈
02 ④ [해설] 화자는 계집아이가 내지인 주재소장 집에서 식모살이를 했을 것이라고 추측하고 있으므로, '유리창 밖'에 있는 '내지인 주재소장 같은 어른과 어린아이 둘'은 유리창 안의 계집아이와 혈연관계에 있는 것이 아니다. 또 '유리창 안'과 '유리창 밖'이 대비되고 있다고 볼 수도 없다.

66 흰 바람벽이 있어 p.84
01 위로

02 ㉠: 흰 바람벽, ㉡: 늙은 어머니, ㉢: 사랑하는 사람
03 나는 이 세상에서 가난하고 외롭고 높고 쓸쓸하니 살어가도록 태어났다
04 ④ [해설] 이 시에서 반어적 표현을 활용하여 시적 대상의 특성을 드러낸 부분은 나타나 있지 않다.

67 논개 p.86
01 충절
02 붉은 그 마음
03 중의법, 진주 남강의 실제 물결과 역사의 도도한 흐름을 의미한다.

68 봄비 p.87
01 봄비
02 나직하고, 그윽하게 부르는 소리
03 서운한, 아픈

69 그날이 오면 p.88
01 자기희생
02 인경(人磬), 북
03 조국 광복의 날

70 독백 p.89
01 반성
02 분한 일 참기
03 인색한 놈

71 고향 앞에서 p.90
01 고향
02 ② [해설] 화자는 고향을 눈앞에 두고도 갈 수 없는 존재이고, '행인', '주인집 늙은이', '장꾼들'은 화자가 고향의 소식이나마 듣기 위해 방황하다 만난 존재들이다. 따라서 화자와 '행인', '주인집 늙은이', '장꾼들'이 처해 있는 상황은 동일하지 않다.

72 성탄제 p.91
01 숲
02 쇠북 소리
03 ⑤

73 소야의 노래 p.92
01 형벌

한 것은 실제로 돌아가라는 것이 아니라, 상상 속에서나마 고향의 모습을 떠올려 보라는 뜻이다. 따라서 '나'가 '가시내'와 함께 '너의 나라'로 돌아가려고 한다는 것은 적절하지 않다.

103 풀벌레 소리 가득 차 있었다

01 임종

02 풀벌레 소리

03 노령(露領), 아무을만(灣), 니코리스크

104 고양이의 꿈

01 고양이

02 봄안개 어리인 시냇가

03 칼날이 은같이 번쩍이더니

105 봄은 고양이로다

01 봄

02 ㉠: 1, 3연, ㉡: 2, 4연

03 입술

106 우리 오빠와 화로

01 편지

02 화젓가락

03 ②

04 ②

05 솜옷

107 차중

01 이주

02 북방, 타관

03 5연(밤은 타관에 / 한창 / 깊어갔다.)

108 달 · 포도 · 잎사귀

01 순이

02 한 단어를 한 행씩 배열함으로써 시각적 느낌을 강조하면서 가을밤의 정경을 선명하게 제시하고 있다.

03 ④ [해설] 3연의 '동해 바다 물처럼 / 푸른 / 가을 / 밤'은 달빛에 젖어 푸르스름한 색조를 띠는 가을밤의 정경을 시각적 이미지를 활용하여 묘사한 것으로, 하강적 이미지와는 관련이 없다.

109 향수

01 고향

02 어머니, 바다

03 수평선 아득히 아물거리는 은빛의 향수, 나는 찢어진 추억의 천막을 깁는다.

110 고향

01 낯설게

02 메마른 입술에 쓰디쓰다.

03 ⑤ [해설] ⓐ는 현실의 고향이고, ⓑ는 화자가 마음속에 간직한 고향을 의미한다. 그리던 고향에 돌아온 화자는 변함없는 자연의 모습을 확인하지만, 그곳이 자신이 마음속에 간직하고 있던 옛날의 고향이 아니라고 느낀다. '구름'은 현실의 고향과 마음속에 간직한 고향의 괴리로 인해 안식처를 잃고 방황하고 있는 화자의 내면세계를 비유한 것이다.

111 그의 반

01 경배

02 도치법, 은유법

03 나— 바다 이편에 남긴 / 그의 반임을 고이 지니고 걷노라.

112 달

01 마당

02 영창

03 ⑤ [해설] '홀로 보는' 마당은 화자가 고요하고 아름다운 달밤의 풍경을 바라보는 공간이다. 따라서 '홀로 보는'은 화자를 둘러싼 고즈넉한 분위기를 드러낸다고 할 수 있다.

113 바다 1

01 포돗빛

02 오 · 오 · 오 · 오 · 오 ·

03 뇌성

114 바다 9

01 역동적

02 푸른 도마뱀 떼, 붉고 슬픈 생채기

115 발열

01 열병

02 다신교도

03 쉼표

116 백록담

01 물아일체

나 건너갑니다.

131 님의 침묵 p.161

01 사랑
02 님의 침묵
03 ③ [해설] 5행은 역설법과 대구법을 사용하여 임의 절대
　성을 강조하고 있는 부분으로, 연쇄법은 사용되지 않았다.

132 당신을 보았습니다 p.162

01 굴욕
02 일제
03 절망적인 상황을 이겨 나갈 수 있는 희망과 의지
　를 주는 존재이다.

133 복종 p.163

01 복종
02 ③
03 일제

134 '사랑'을 사랑하여요 p.164

01 나
02 당신의 얼굴, 당신의 마음, 당신의 시
03 4연

135 사랑의 측량 p.165

01 확신
02 가까워지기
03 추상적인 개념을 보거나 만질 수 있는 것처럼 구
　체화하여 표현하였다.

136 수의 비밀 p.166

01 주머니
02 ③ [해설] '마음이 아프고 쓰린'은 이별의 상황으로 인해
　슬프다는 뜻이므로, 임이 부재하는 현실에 대한 화자의
　인식이 담겨 있을 뿐 주체적 선택과 극복 의지와는 관련
　이 없다. 화자의 주체적 선택과 극복 의지는 주머니를 짓
　다가 놓아두고 짓다가 놓아둠으로써 임의 부재를 부인하
　려는 태도와 관련이 있다고 볼 수 있다.

137 알 수 없어요 p.167

01 등불
02 ㉠: 오동잎, ㉡: 향기, ㉢: 노래, ㉣: 저녁놀
03 밤
04 타고 남은 재가 다시 기름이 됩니다.

138 이별은 미의 창조 p.168

01 임
02 수미상응(수미상관)
03 이별

139 찬송 p.169

01 송축
02 ③
03 뽕나무, 받읍소서

140 해당화 p.170

01 해당화
02 봄
03 아이들, 봄바람

141 무서운 밤 p.171

01 희망
02 하늬바람, 눈보라, 어두운바깥
03 어두운바깥을노려보는날카로운적 – 은눈동자들
　이빛났다.

142 해바라기의 비명 – 청년 화가 L을 위하여 p.172

01 무덤
02 ①
03 노오란, 푸른

143 가정 p.173

01 신발
02 가장으로서의 책임감(삶의 무게)
03 아버지라는 어설픈 것

144 나그네 p.174

01 나그네
02 술, 저녁놀
03 간결미와 함께 시상을 집중시키는 효과를 얻고
　있다.

145 나무 p.175

01 나무
02 서울
03 수도승, 과객, 파수병

146 만술 아비의 축문 p.176

01 아버지

02 처지: 가난한 형편, 정서: 아버지에 대한 정성

03 ④ [해설] 2연의 '밤이슬'은 죽은 아버지의 눈물을 의미한다. 가난한 '만술 아비'가 '소금에 밥'을 차려 아버지 제사에 정성을 다하는 마음에 망령도 응감하여 '밤이슬'이 오는 것이다.

147 모일 p.177

01 시인

02 낡은 모자

03 허나, 인간이

148 불국사 p.178

01 불국사

02 솔 소리

03 범영루 / 뜬 그림자 // 흐느히 / 젖는데

149 산도화 p.179

01 구강산

02 산도화

03 (암)사슴

150 산이 날 에워싸고 p.180

01 자연

02 주객전도(主客顚倒)식 발상

03 그믐달

151 소찬 p.181

01 봄나물

02 성찬

03 자연의 쓰고도 향깃한 것이여

152 이별가 p.182

01 정한

02 바람

03 오냐, 오냐, 오냐.

153 청노루 p.183

01 자하산

02 청노루

03 원경, 근경

154 크고 부드러운 손 p.184

01 죽음

02 새

03 크고 부드러운 손, 그득한 바다, 살아나는 팔, 성좌, 보석, 눈짓의 신호, 부활의 조짐

155 하관 p.185

01 장례식

02 ③

03 열매가 떨어지면

156 그 먼 나라를 알으십니까 p.186

01 어머니

02 자유와 평화의 이상 세계

03 ⑤

04 어린 양

157 꽃덤불 p.188

01 민족 국가

02 완전한 민족 국가 수립

03 ⑤ [해설] 시의 처음과 끝을 유사하게 하는 시상 전개 방법은 수미 상관인데, 이 시에는 수미 상관의 방법이 사용되지 않았다.

158 대숲에 서서 p.189

01 대숲

02 대

03 ①

159 들길에 서서 p.190

01 희망

02 푸른 하늘, 푸른 별

03 저문 들길에 서서 푸른 별을 바라보자!

160 슬픈 구도 p.191

01 절망

02 흘러도 흘러도 검은 밤뿐이로다.

03 4연, 별

161 아직 촛불을 켤 때가 아닙니다 p.192

01 촛불

02 (일제 강점기의) 암담한 현실과 시련, 고난 등의 부정적 이미지

03 ④ [해설] 이 시에서 '촛불'은 어둠을 밝히는 희망의 이

미지로 쓰인 반면, '검은 치맛자락'은 어둠의 부정적 이미지로 쓰였다.

162 어느 지류에 서서

01 지류
02 강물 어느 지류, 역사의 중심에서 떨어진 곳
03 ⑤

163 임께서 부르시면

01 다짐
02 은행잎, 초승달, 물, 햇볕
03 이 시는 1, 2연의 소멸과 죽음의 이미지에서 3, 4연의 부활과 재생의 이미지로 시상이 전환된다.

164 청산백운도

01 교감
02 너그러운 산
03 내 몸이 가벼이 흰 구름이 되는 날은 / 강 너머 저 푸른 산 이마를 어루만지리

165 간

01 용궁
02 간(肝)
03 토끼 – 생명을 지키려는 의지, 프로메테우스 – 자기희생의 의지와 각오
04 세속적 유혹(일제의 유혹)

166 길

01 담
02 참된 자아의 회복
03 ② [해설] ⓐ는 담 쪽에 있는 '참된 자아', ⓑ는 참된 자아를 찾고 있는 '현실적 자아'를 의미한다. '풀 한 포기 없는' 길과 '긴 그림자'가 드리운 길은 모두 암담한 현실을 의미하므로, 두 곳을 걷고 있는 것은 현실적 자아인 ⓑ이다.

167 눈 감고 간다

01 극복
02 (극복) 의지
03 ③, ⑤

168 돌아와 보는 밤

01 현실
02 방(방안)

03 이제 사상이 능금처럼 저절로 익어가옵니다.

169 또 다른 고향

01 정체성
02 아름다운 혼, 또 다른 고향
03 분열된 두 자아 사이에서 갈등하는 현실적 자아

170 무서운 시간

01 성찰함
02 일이 마치고
03 한 번도 손들어 보지 못한 나를

171 바람이 불어

01 정체
02 바람, 강물
03 내 발이 반석 위에 섰다. / 내 발이 언덕 위에 섰다.

172 별 헤는 밤

01 별
02 현재 – 겨울, 미래 – 봄
03 벌레, 슬픔
04 ② [해설] '별'은 '추억, 사랑, 쓸쓸함, 동경, 시, 어머니' 등 화자(시인)가 지향하는 내적 세계를 나타내고 있다.

173 병원

01 병원
02 금잔화 한 포기
03 그가 누웠던 자리에 누워 본다

174 새로운 길

01 길
02 민들레, 까치, 아가씨, 바람
03 내, 고개

175 서시

01 하늘
02 ㉠: 바람, ㉡: 하늘, ㉢: 별
03 별을, 걸어가야겠다.

176 소년

01 순이
02 ㉠: 눈썹, ㉡: 강물

01 손님

02 ③ [해설] 이 시에 나타나는 '하늘', '청포도', '청포' 등은 모두 밝고 평화로운 청색의 이미지로 연결된다. 따라서 청포를 입고 오는 '손님'을 괴롭고 답답한 심정을 지닌 존재로 파악하는 것은 적절하지 않다.

192 황혼 p.225

01 황혼

02 골방

03 행상대

193 상치쌈 p.226

01 나비

02 ④

03 희뜩

194 고풍 의상 p.227

01 도취

02 호장저고리 → 기인 치마 → 운혜(雲鞋) 당혜(唐鞋)

03 ⑤ [해설] 이 시의 '호접인 양 사뿐이 춤을 추라 아미를 숙이고……'에서는 말줄임표를 사용하여 시행을 마무리 하였다. 이는 '아미를 숙이고' 춤을 추는 여인의 아름다운 모습을 '호접'에 비유하면서 말줄임표를 통해 시적 여운을 주어 표현한 것이므로, 시적 대상의 정적인 상태와 동적인 상태가 충돌하는 상황을 표현한 것은 아니다.

195 낙화 p.228

01 꽃

02 귀촉도 울음

03 1연

196 동물원의 오후 p.229

01 철책

02 ④ [해설] 화자는 식민지 지식인으로서의 슬픔을 달래기 위해 공간 Ⅱ를 찾았으나, 그 의도와 달리 오히려 자신이 망국민임을 자각하게 된다. 그리고 화자는 동물원의 철책 안에 갇힌 것이 짐승이 아니라 화자 자신이라고, 즉 공간 Ⅱ에 있는 자신과 공간 Ⅲ에 있는 짐승이 전도된 위치에 있다고 생각하게 된다. 하지만 이것이 세상과의 단절을 지향하는 것은 아니다.

197 마음의 태양 p.230

01 넋

02 가시밭길, 눈물의 이슬

03 높고 아름다운 하늘, 맑고 아름다운 하늘

198 맹세 p.231

01 사랑

02 그 뼈가 부활하여 다시 죽을 날까지

03 대나무로 만든 피리

199 민들레꽃 p.232

01 민들레꽃

02 위로

03 그대 조용히 나를 찾아오느니, 그대 맑은 눈을 들어 나를 보느니

200 봉황수 p.233

01 망국

02 산새, 비둘기

03 봉황(새)

201 산상의 노래 p.234

01 간구

02 ①

03 1연: 조국의 광복, 7연: 새로운 민족 국가의 건설

202 석문 p.235

01 돌문

02 촛불

03 (열두) 층계 위에 이제 검푸른 이끼가 앉았습니다.

203 승무 p.236

01 번뇌

02 ⑤

03 별빛

04 정작으로 고와서 서러워라. / 번뇌(煩惱)는 별빛이라.

05 6연, 7연

204 완화삼 - 목월에게 p.238

01 나그네

02 산새

03 구름, 물길

205 파초우 p.239

01 물소리

02 ⑤ [해설] 이 시의 화자는 자연을 떠돌며 자연과 교감

하는 자로, 화자가 자연을 떠도는 것은 현실에서 벗어나 자연에 은둔하려는 것이라고 볼 수 있다. 따라서 화자가 '이 밤을 어디메서 쉬리라던고.'라고 한 것은 화자가 소망하는 안식처를 언급한 것으로, 화자는 현실 공간이 아닌 자연에서 안식할 수 있는 곳을 찾고자 하는 것이다.

'옆구리 담괴가 다시 도졌나' 하고 스스로 질문을 던진다. 그러나 곧 이전과 다름을 인식하고는 '이번에는 그게 아닌가 보다'라고 대답하며 아내의 죽음을 현실로 받아들이기 시작한다.

222 경이에게

01 경이
02 노란 꽃송이
03 3인칭

223 꽃

01 이름
02 ④ [해설] 4연에서의 '눈짓'은 '나'와 '너'가 '우리'가 되어 서로가 서로에게 의미 있는 존재가 된 상태를 의미한다. 따라서 서로의 본질을 인식하기 이전의 상태를 의미한다는 설명은 적절하지 않다.

224 꽃을 위한 서시

01 규명
02 ……얼굴을 가리운 나의 신부(新婦)여.
03 존재의 본질을 밝히려는 화자의 노력

225 나의 하나님

01 하나님
02 손바닥에 못을 박아 죽일 수도 없고 죽지도 않는
03 늙은 비애

226 내가 만난 이중섭

01 아내
02 ④
03 아내에 대한 무한한 그리움

227 샤갈의 마을에 내리는 눈

01 봄
02 봄의 생명감
03 눈, 정맥(靜脈), 올리브 빛, 불

228 처용단장 1부

01 남쪽 바다
02 보얀 목덜미
03 생성, 소멸

229 나비와 철조망

01 벽
02 첫 고향의 꽃밭
03 철조망

230 서울 하야식

01 서울
02 보리밭, 녹두밭
03 서울 하야식

231 휴전선

01 분단
02 화산(火山), 유혈(流血), 바람
03 4연의 '꽃'은 '우리 민족'을 의미하고, 5연의 '꽃'은 '일시적인 평화(휴전) 상태'를 의미한다.

232 과목

01 깨달음
02 시력을 회복한다
03 화자가 느끼는 경이로움과 깨달음의 충격을 강조한다.

233 교외 1

01 교외
02 무모한 생활
03 한 알의 원숙한 과물

234 검은 강

01 피난길
02 검은 강
03 군대, 죽으러 가는 자, 농부의 아들

235 목마와 숙녀

01 절망
02 목마
03 ⑤
04 ~해야 한다

236 봄비

01 임
02 비
03 향연(香煙)

237 외로운 시간

01 봄

02 ①

03 미움의 쇠붙이들

283 산에 언덕에
p.323

01 소망

02 행인

03 부활한 '그'의 화신(그리운 '그'의 환생)

04 ③ [해설] 이 시는 '그리운 그의 ~ 수 없어도 ~에 ~ ㄹ지어이'와 같은 유사한 통사 구조를 반복하여 운율감을 형성하고 있다.

284 종로 5가
p.324

01 소년

02 ㉠: 도시락 보자기, ㉡: 눈동자

03 창녀, 노동자

04 6연

285 결빙의 아버지
p.326

01 희생

02 요즈음도

03 ④ [해설] '얼어붙은 잔등'은 어린 물살을 보호하는 강물 표면의 얼음으로, 추위를 막아 주던 아버지의 모습을 비유한 것이다. 즉 '얼어붙은 잔등'은 자식을 보호하는 아버지의 헌신적인 사랑을 의미한다. 따라서 '얼어붙은 잔등'이 아버지가 돌아가시게 된 구체적인 사건을 추측하게 한다는 것은 적절하지 않다.

286 방울 소리
p.327

01 고향

02 방울(방울 소리)

03 옥분이, 누나

287 귀로
p.328

01 세월

02 나는 이대로 외로워서 좋다.

03 5연

288 낙화
p.329

01 성숙

02 결별이 이룩하는 축복

03 ③ [해설] 이 시의 '뒷모습은 얼마나 아름다운가.'에서 영탄적 어조를 확인할 수 있다. 또 이 시는 이별의 아픔이 영혼의 성숙으로 승화될 수 있다는 것을 특정한 청자 없이 독백의 어조로 표현하고 있다.

289 폭포
p.330

01 칼자욱

02 (시퍼런) 칼자욱, 장수잠자리의 추락(墜落), 맹목(盲目)의 눈보라

03 나의 자랑은 자멸(自滅)이다.

290 고무신
p.331

01 고무신

02 ①

03 따스한 인정(미)

291 고고
p.332

01 겨울

02 옅은 화장

03 기다려야만 한다

292 바다에서
p.333

01 의지

02 차운 물보라

03 하늘

293 성탄제
p.334

01 아버지

02 ①

03 '옛것'은 '아버지의 헌신적인 사랑과 같은 것'을, '그 옛날의 것'은 '눈'을 의미한다.

04 ⑤ [해설] 화자는 자신이 그리워하는 아버지의 사랑 같은 것을 찾아볼 수 없는 오늘날 도시의 모습에 대해 안타까움을 느끼고 있다. 따라서 영상물의 현재 장면에서 주인공의 감정은 경쾌한 배경 음악과 어울린다고 보기 어렵다.

294 전라도 젓갈
p.336

01 민중

02 썩고 썩어도 썩지 않는 것

03 전라도 젓갈의 맛에는 민중의 삶의 고통이 담겨 있다.

04 우리나라 사람이라면 젓갈의 맛이나 민중의 힘겨웠던 삶에 대해 충분히 공감할 수 있기 때문이다.

295 직녀에게
p.338

01 이별

03 노년기에 이르러 달관과 포용의 정신으로 세상을 보다 아름답게 바라볼 수 있게 되었기 때문이다.

311 동해 바다 – 후포에서 p.354

01 동해 바다
02 자신에게는 엄격하고 남에게는 너그러운 삶을 소망한다.
03 ② [해설] '티끌'은 화자 자신이 아니라 남의 잘못이 아주 작음을 드러내기 위해 사용한 시어이다.

312 목계 장터 p.355

01 떠돌이
02 ㉠: 구름, 바람, 잔바람, 방물장수, 떠돌이, ㉡: 들꽃, 잔돌
03 산서리 맵차거든, 물여울 모질거든

313 비에 대하여 p.356

01 비
02 파괴의 주체(속성)
03 나무에 잎을 달고 꽃을 피우고 열매를 맺는다.

314 산에 대하여 p.357

01 낮은 산
02 ⑤ [해설] 이 시의 화자는 '높은 산'과 같은 고고하고 당당한 삶을 부정하는 것은 아니지만, '낮은 산'의 모습처럼 스스로 낮아져서 다른 사람들과 어울려 희생하며 살아가는 삶의 가치를 더 강조하고 있다. 따라서 '높은 산'의 모습에서 화자가 추구하는 삶의 모습을 확인할 수 있다는 진술은 적절하지 않다.

315 장자를 빌려 – 원통에서 p.358

01 원통
02 그러다
03 세상은 아무래도 산 위에서 보는 것과 같지만은 않다.

316 파장 p.359

01 절망
02 섰다, 색싯집
03 절뚝이는 파장

317 누룩 p.360

01 누룩
02 민중

03 알맞은 바람, 좋은 물

318 벼 p.361

01 생명력
02 ②
03 쓰러지고 쓰러지고 다시 일어서서 드리는

319 봄 p.362

01 역경
02 더디게 더디게 마침내 올 것이 온다.
03 자유와 민주, 평화 등

320 산길에서 p.363

01 산길
02 나는 안다, 나는 배웠다, 신명나지 않았더냐
03 바람, 풀꽃, 이들, 발걸음

321 공사장 끝에 p.364

01 철거민
02 칠흑처럼 깜깜한 밤
03 긴장감과 현장감을 조성한다.

322 마음의 고향 6 – 초설 p.365

01 회상
02 내가 그 어둑한 신작로 길로 나섰을 때 끝났다
03 ③ [해설] 이 시는 다양한 소재들을 동원하여 고향의 모습을 환기하면서 고향에 대한 그리움을 드러내고 있다. '서울로 가는 순이 누나'라는 고향의 특정 인물이 등장하기는 하지만, 순이 누나 역시 고향을 떠올리게 하는 소재 중의 하나이다. 순이 누나 이후에도 비슷한 구조가 반복되면서 고향의 모습을 구체적으로 그리고 있으므로, 시상의 반전이 나타난다고 볼 수 없다.

323 나는 별아저씨 p.366

01 사물
02 별아저씨, 바람남편, 침묵의 아들
03 이 천하 못된 사람을 보아라

324 들판이 적막하다 p.367

01 메뚜기
02 그런데
03 생명의 황금 고리

325 떨어져도 튀는 공처럼 p.368

정답 및 해설

03 그녀는 유일한 살붙이인 손녀와 함께 살아가야 하므로 죽제품 장사를 다닌다 한다.

386 공터 p.436

01 원리
02 공터
03 고요

387 대설주의보 p.437

01 독재 권력
02 굴뚝새, 솔개
03 군단, 계엄령

388 부르도자 부르조아 p.438

01 불도저
02 엄청난 초능력
03 부르주아

389 북어 p.439

01 현대인
02 현대인의 무기력한 모습
03 느닷없이
04 ⑤ [해설] 죽음이 꿰뚫은 '대가리', 자갈처럼 딱딱한 '혀', 짜부라진 '눈', 빳빳한 '지느러미'는 모두 생명력을 상실한 북어를 통해 무기력하게 살아가는 현대인의 모습을 나타낸 것이다. 하지만 커다랗게 벌린 '입'은 무기력하게 사는 삶에 대해 비판하는 모습을 보이고 있으므로, 나머지와 이질적이다.

390 아마존 수족관 p.440

01 열대어
02 열대어들은 수족관 속에서 목마르다.
03 시

391 겨울-나무로부터 봄-나무에로 p.441

01 꽃
02 ④ [해설] '마침내, 끝끝내'는 겨울-나무가 결국 봄-나무가 되어 '꽃 피는 나무'로 변화하는 것에 대한 시적 화자의 감동과 경이로움을 나타낸 것이다. 따라서 '마침내, 끝끝내'는 겨울-나무가 봄-나무이고자 하는 의지를 표현하는 것으로 감상하는 것이 적절하다.

392 너를 기다리는 동안 p.442

01 기다리고
02 ⑤

03 ④ [해설] 이 시에서 화자인 '나'는 오지 않는 '너'를 기다리다가 직접 '너'에게 가고자 하는 의지적 태도를 보이고 있다. 이 시는 이러한 내용을 '나'의 독백 형식으로 전개하고 있을 뿐 대화의 방식은 나타나 있지 않다.

393 늙어 가는 아내에게 p.443

01 아내
02 지금으로부터 14년 전, 늦가을,
03 그대와 더불어, 최선을 다해 늙는 일이리라

394 새들도 세상을 뜨는구나 p.445

01 자유
02 주저앉는다.
03 화자의 처지와 상반된 자유로운 존재로서, 화자의 절망감을 강조한다.

395 심인 p.446

01 화장실
02 화장실, 심인 광고
03 무력감(좌절감)

396 한국 생명 보험 회사 송일환 씨의 어느 날 p.447

01 신문 기사
02 대조, 모순
03 회(灰)의 왕궁
04 콜라주

397 감나무 그늘 아래 p.449

01 성숙
02 반복법
03 땡감

398 날랜 사랑 p.450

01 은피라미떼
02 ㉡
03 은백의 유탄, 날랜 연인

399 면면함에 대하여 p.451

01 느티나무
02 ⑤
03 다 청산하고 떠나 버리는 마을에

01 고립

02 ④

03 ④ [해설] '동화의 나라'는 폭설로 뒤덮인 한계령에 대한 긍정적 인식이 반영된 표현이다. '묶였으면' 역시 '못 잊을 사람'과의 운명적 사랑에 대한 소망을 담고 있는 표현이다. 따라서 '동화의 나라'와 '묶였으면'은 모두 긍정적인 의미로 쓰인 시어들이다.

430 가재미

01 교감

02 암 투병으로 쇠약해진 그녀의 모습에서 납작한 모습의 '가재미'가 연상되었기 때문에

03 ②

431 맨발

01 개조개

02 가난의 냄새가 벌벌벌벌 풍기는 움막 같은 집

03 맨발

432 평상이 있는 국숫집

01 연민

02 쯧쯧쯧쯧 쯧쯧쯧쯧

03 ④

433 우포늪 왁새

01 완창

02 ⑤ [해설] 17~19행에서는 날아가는 왁새와 완창을 한 소리꾼을 대비하고 있는 것이 아니라 동일시하고 있다. 이를 통해 자연과 인간이 어우러진 세계에서 창조되는 예술의 경지와 우포늪의 아름다움을 조화롭게 형상화하고 있다.

434 주남지의 새들

01 주남지

02 만다라의 꽃

03 선지빛으로 떨어지는 하늘의 살점, 창원공단 퇴근길, 가슴팍 돌을 텀벙텀벙 단체로 시원하게 물 속에 쏟아내는 몸짓

435 광화문, 겨울, 불꽃, 나무

01 꼬마전구

02 ⑤

03 휴식과 재충전

436 기념식수

01 나무

02 은수원사시나무

03 봄

437 산성 눈 내리네

01 환경 오염

02 우뚝한 굴뚝, 은색의 바퀴들

03 산성 눈

438 푸른곰팡이 - 산책 시 1

01 기다림

02 푸른 강

03 기다림의 소중함을 잊지 말라.

439 라디오와 같이 사랑을 끄고 켤 수 있다면

01 라디오

02 ㉠: 단추, ㉡: 라디오, ㉢: 전파

440 하숙

01 서구 문물

02 사립대 영문과 리포트

03 혼곤히 취해 대자로 누워 있고

441 가지가 담을 넘을 때

01 담

02 비, 폭설, 담

03 ㉠: 도박, ㉡: 도반

442 속 좋은 떡갈나무

01 떡갈나무

02 속 빈 떡갈나무

03 큰 바람, 큰 가뭄, 큰 눈

443 선운사에서

01 잊지

02 이별

03 ㉠: 순간, ㉡: 한참

444 그 샘

01 배려

02 향토적, 구어

03 후각적 이미지

수능♥기출 완성

밥 먹듯이

매일매일

국어 공부

밥 시리즈의 새로운 학습 시스템

'밥 시리즈'의
학습 방법을
확인하고
공부 방향 설정

→

권장 학습 플랜을
참고하여
자신만의
학습 계획 수립

→

학습 방법과
학습 플랜에 맞추어
밥 먹듯이 꾸준하게
국어 공부

→

수능 국어
1등급을 달성

▶ 수능 국어 1등급 달성을 위한 학습법 제시 ▶ 문학, 비문학 독서, 언어와 매체, 화법과 작문 등 국어의 전 영역 학습 ▶ 문제 접근 방법과 해결 전략을 알려 주는 친절한 해설

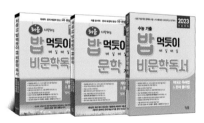

처음 시작하는 밥 비문학
• 전국연합 학력평가 고1, 2 기출문제와 첨삭식 지문 · 문제 해설
• 예비 고등학생의 비문학 실력 향상을 위한 친절한 학습 프로그램

밥 비문학
• 수능, 평가원 모의평가 기출문제와 첨삭식 지문 · 문제 해설
• 지문 독해법과 문제별 접근법을 제시하여 비문학 완성

처음 시작하는 밥 문학
• 전국연합 학력평가 고1, 2 기출문제와 첨삭식 지문 · 문제 해설
• 예비 고등학생의 문학 실력 향상을 위한 친절한 학습 프로그램

밥 문학
• 수능, 평가원 모의평가 기출문제와 첨삭식 지문 · 문제 해설
• 작품 감상법과 문제별 접근법을 제시하여 문학 완성

밥 언어와 매체
• 수능, 평가원 모의평가, 전국연합 학력평가 및 내신 기출문제
• 핵심 문법 이론 정리, 문제별 접근법, 풍부한 해설로 언어와 매체 완성

밥 화법과 작문
• 수능, 평가원 모의평가 기출문제
• 문제별 접근법과 풍부한 해설로 화법과 작문 완성

밥 어휘력
• 필수 어휘, 다의어 · 동음이의어, 한자 성어, 관용어, 속담, 국어 개념어
• 방대한 어휘, 어휘력 향상을 위한 3단계 학습 시스템

고등 국어 수업을 위한 쉽고 체계적인 맞춤 교재

고등국어 교

기본　문학　독서　문법

(전 4권)

고등 국어 학습, 시작이 중요합니다!

- 고등학교 공부는 중학교 공부에 비해 훨씬 더 사고력, 독해력, 어휘력이 필요합니다.
- 국어 공부는 모든 교과 학습의 기초가 됩니다.

```
                  ┌── 사고력 ──┐
    국어 공부 ────┤── 독해력 ──┤ → 모든 교과 학습의 기초
                  └── 어휘력 ──┘
```

'고고 시리즈'로 고등 국어 실력을 키우세요!

- 국어 핵심 개념, 교과서 필수 문학 작품, 주요 비문학 지문, 문법 이론 등 고등학교 국어 공부에 필요한 모든 내용을 알차게 정리하였습니다.
- 내신 대비는 물론 수능 기초를 다질 수 있는 토대를 마련할 수 있습니다.

```
  국어 핵심 개념   +   필수 문학 작품        내신      수능
                                        → 대비 →   기초
  주요 비문학 지문  +   핵심 문법 이론
```